Histoire de la virilité
sous la direction de A. Corbin, J.-J. Courtine et G. Vigarello
3. La virilité en crise? Le XXe-XXIe siècle
Volume dirigé par J.-J. Courtine

男らしさの歴史

A・コルバン／J-J・クルティーヌ／G・ヴィガレロ監修

Ⅲ　男らしさの危機？――20-21世紀

J－J・クルティーヌ編／岑村傑監訳

芦川智一・市川崇・岡健司・小倉孝誠・小黒昌文・下澤和義・
鈴木彩土子・高橋博美・谷口博史・西野絢子・三浦直希・山口俊洋訳

藤原書店

HISTOIRE DE LA VIRILITÉ
(Série de trois volumes dirigé par Alain CORBIN, Jean-Jacques COURTINE et Georges VIGARELLO):
Tome 3. La virilité en crise? Le XXe-XXIe siècle
Sous la direction de Jean-Jacques COURTINE

第Ｉ部　男性支配の起源、変容、瓦解

第３章　不安な男らしさ、暴力的な男らしさ

1re Année. — No 1. PARAIT LE JEUDI 26 Octobre 1905.

Dépôt Légal

Les Faits-Divers Illustrés

Les Événements les plus récents. — Les Romans les plus célèbres.

4 ROMANS | RÉDACTION & ADMINISTRATION : 4, rue de la Vrillière, PARIS (1er) | 12 PAGES ILLUSTRÉES EN COULEURS | ABONNEMENT D'UN AN : FRANCE : 6 fr. — ÉTRANGER : 8 fr. | LE NUMÉRO 10 cent.

DRAME DE LA JALOUSIE

Poignardée par son mari.

Les époux s'adoraient.

La malheureuse s'abattit...

Il but, se grisa, tomba dans l'alcoolisme.

LE MARTYRE D'UNE FEMME

Il y a une dizaine d'années, dans le Doubs, s'unissaient deux jeunes gens : Elie Ménard, vingt-deux ans, et Marthe Fleuriot, d'un an plus jeune que lui. Ce fut d'abord la plus heureuse union. Les deux époux s'adoraient; ils étaient cités comme des modèles par tous ceux qui les connaissaient. L'entente parfaite et la bonne humeur faisaient de leur ménage un véritable paradis.

Peu de temps après le mariage, Ménard eut une idée funeste. Désirant donner à sa femme plus de luxe et de confort, il résolut d'aller avec elle chercher fortune à Paris. Dans la capitale, pensait-il, il trouverait vite l'emploi rémunérateur qui lui permettrait de couler,

CE NUMÉRO EST DISTRIBUÉ GRATUITEMENT

嫉妬に狂った夫に刺された妻の記事

（『レ・フェ・ディヴェール・イリュストレ』紙、1905.10.26 付）。20 世紀全体、とりわけフェミニズム運動が暴力に政治的次元をまだ付与していなかった 1970-80 年代以前、男たちが「彼らの」女——配偶者、恋人、愛人——にふるう私的な暴力は私的なものとみなされ、その解決は家族の問題にとどまるべきとされていた。

第４章　女性の鏡にうつる男らしさ

J・ハワード・ミラー（1918-2004）による第二次世界大戦中のポスター（1943）

第二次世界大戦時のアメリカで軍需産業に従事していた女性労働者は、女の身体的力、意志、自立を称揚するフェミニズムにとって（とりわけ1960年代以降に）ひとつの偶像となった。ウェスティングハウス・エレクトリック社のために作成されたこのポスターの女性労働者は、しばしば「ロージー・ザ・リベッター」と呼ばれる。同類の、さらに男らしい女リベット打ちの姿がノーマン・ロックウェルによって描かれ、『サタデー・イヴニング・ポスト』紙の表紙を飾っている。有能で、仕事を休まず、ストライキもせず、そしてもちろん愛国者である女性労働者を礼賛することが目的である。

第Ⅱ部　男らしさの製造所

第２章　描かれた男らしさと青少年文学

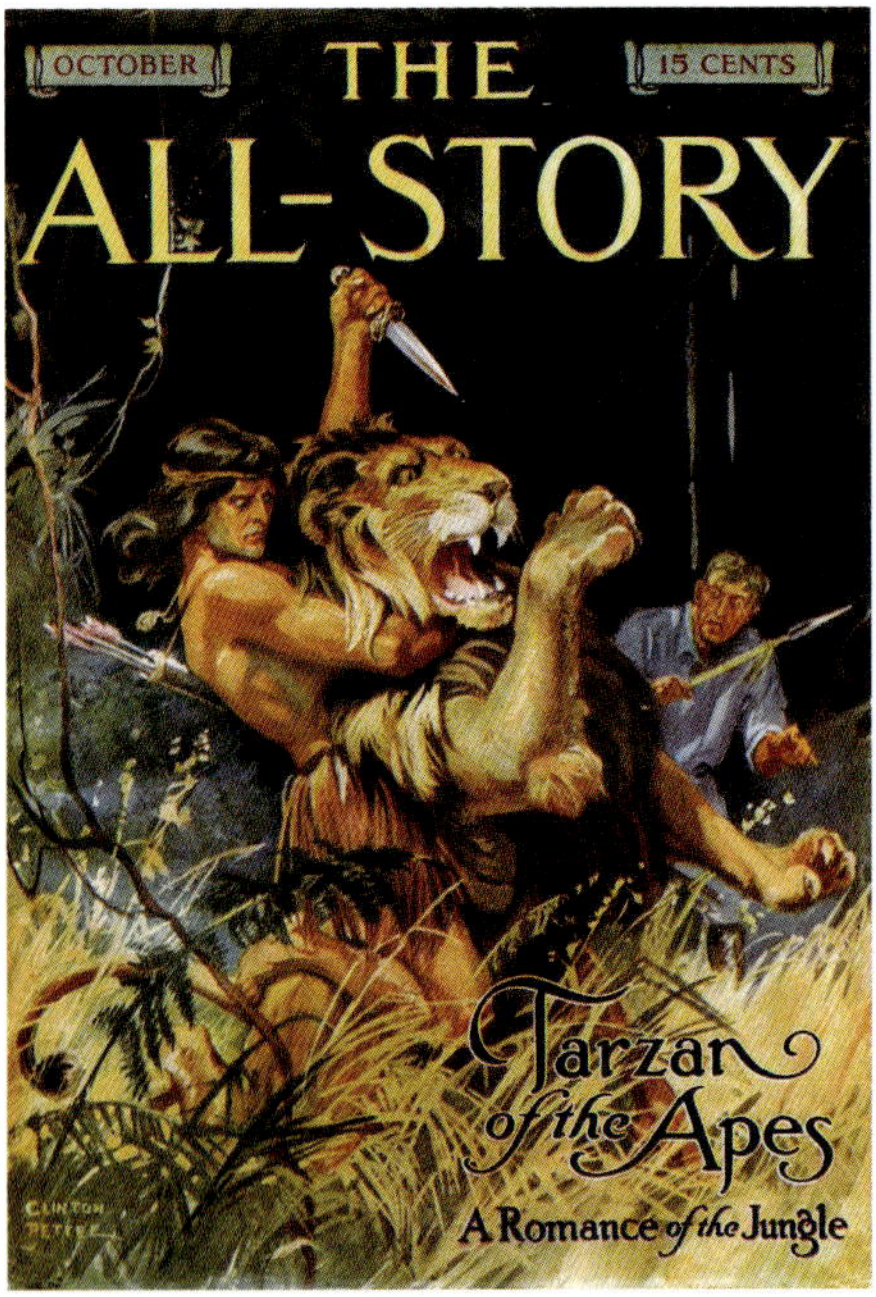

『オールストーリー・マガジン』1912年10月号に初登場したターザン

ターザンは1912年以来、すでにアメリカのエドガー・ライス・バローズによる、廉価な出版物を介した大衆向けの作品（パルプ・フィクション）であった。1920年代に無声から有声へと順に映画化され、この製品の性質自体が、変化し豊かになっていった。無声映画は、合衆国のピューリタニズムが認めうるものとしては例外的に、露出した常ならぬ肉体の存在を押しつけた。有声映画の方は、同名のヒーローにそれもまた常軌を逸した叫び声を与えることによって、神話の重要な一線を超えさせた。その叫び声というのはすぐに――この場合男性の――かなり特殊なアイデンティティーを付与するからだ。

第３章　軍隊と戦争――男らしさの規範にはしる裂け目？

ガスマスクを着けて塹壕で待機する第一次世界大戦の兵士たち

第一次世界大戦以降、近代的な兵士は、危険のなかで身を伏せて縮こまり、戦闘の激しさに対して無力なまま、肌で感じる恐怖をどうにか堪え忍ぼうとする男となった。なによりもまず、兵士は言語を絶する試練を堪え忍ばねばならず、その試練に対してはまったくの無力であるか、ほとんど影響力をもたない。（the Collection Database of the Australian War Memorial）

第４章　スポーツの男らしさ

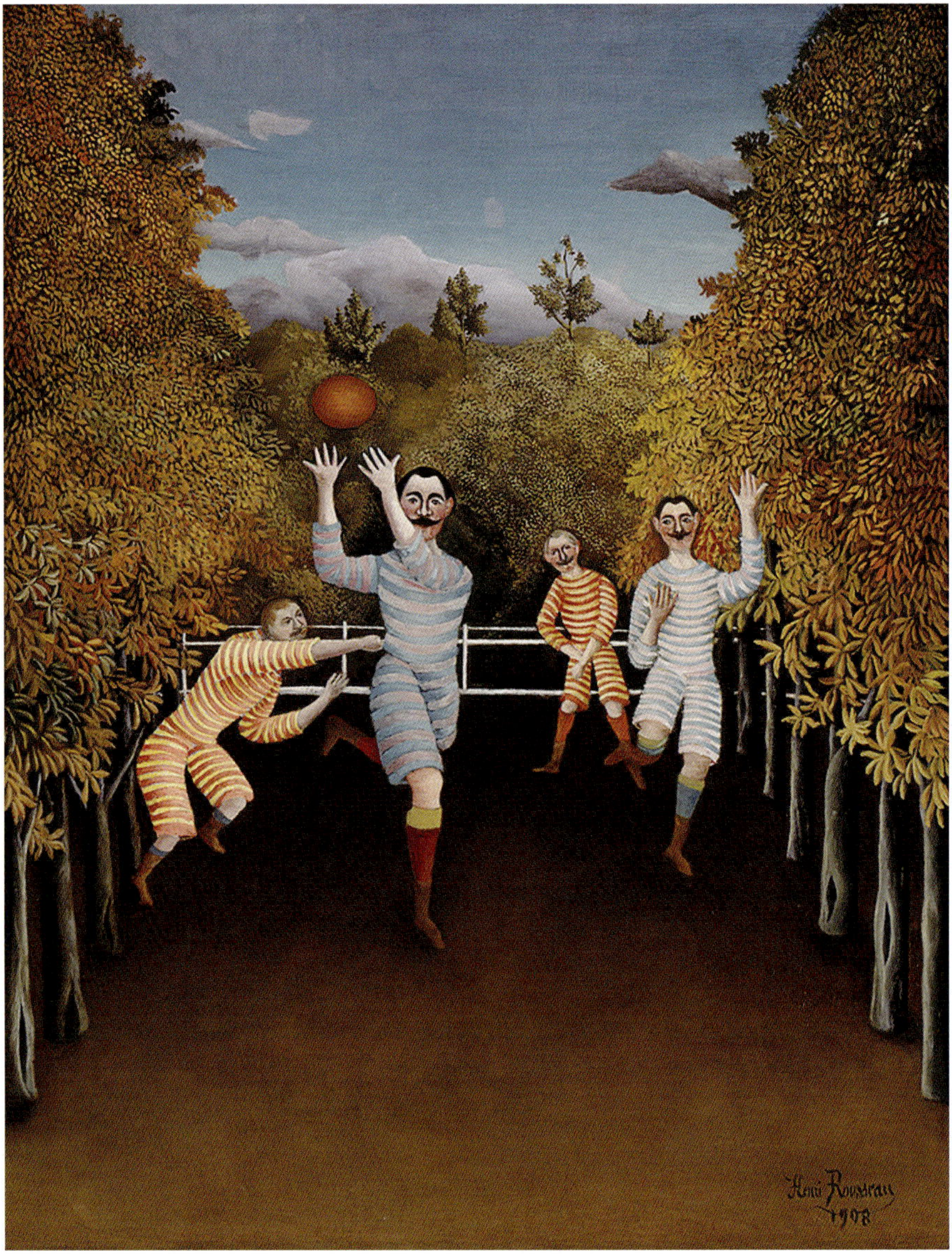

アンリ・ルソー（1844-1910）
「フットボールをする男たち」（1908）

今日のスポーツが伝統的な男らしさの規範をめぐる危機を典型的に例示していることは明らかだ。だがいっぽうでは、実践の経験や場所に応じて、そうした規範を保つ特別な場ともなっている。言い換えれば、スポーツの歴史こそが、男らしさをめぐるひとつの歴史を明らかにしているのだ。（ニューヨーク、ソロモン・R・グッゲンハイム美術館）

第Ⅲ部　模範、モデル、反モデル

第２章　労働者の男らしさ

コンスタンタン・ムニエ（1831-1905）「ウグレの鋳造」（1885-90 頃）

ムニエは、出身地であるベルギーやフランス北部の工業都市、鉱山を中心とした世界の描出に専心した。労働者の姿が何よりもムニエを惹き付ける。とりわけ、存在感をもち、力強くさえある労働者の身体、そしてその身体が伝えるプロレタリアートの威厳の表現である。例えばムニエは、鍛冶職人の前掛けで身を守り、熱で溶けた鉄を扱う、克明に描かれた筋肉を見せる半裸の労働者を画布の中心に据えている。ムニエにとって重要なのは、情景のリアリズムよりもむしろ、どれも皆全身が描出される男たちの存在感である。（リエージュ、ワロン美術館）

第３章　冒険家《アヴァンチュリエ》の男らしさの曖昧さ

「アラビアのロレンス」ことトーマス・エドワード・ロレンス
（オーガスタス・エドウィン・ジョン、1919）

20世紀初頭、冒険の栄光を体現していた最良の例が、イギリス人トーマス・エドワード・ロレンスである。1935年にロレンスが死んだとき、メディアはいっせいに彼を生粋の冒険家と評した。ロレンスはアラブの反乱を支援しゲリラ戦を戦った。大戦直後にロレンスがみずから姿をくらましたことが、「アラビアのロレンス」の伝説を創り出した。
（ロンドン、テート・モダン）

第Ⅳ部　イマージュ、ミラージュ、ファンタスム

第１章　露出――裸にされた男らしさ

アルブレヒト・デューラー「男たちの入浴」（1496-97）

画面の左を見ると、一人の男が立っていて、湧水の出る柱にひじをついているが、その蛇口の形状は、横から見た子供の陰茎のようになっており、それが隠しているものの軸線に正確に沿って描かれている。

（ニューヨーク、メトロポリタン美術館）

イポリット・フランドラン（1809-64）「父から認められたテーセウス」（1832）

この画家は英雄の裸の姿を描いているが、濃い毛でおおわれたその恥骨部はテーブルの背後に位置しており、そのテーブルの上には陰茎と鑑賞者のあいだに肉の塊がどっかり乗せられて視線をさえぎっている。（パリ、エコール・デ・ボザール）

ジャック＝ルイ・ダヴィッド（1748-1825）
「テルモピュライのレオニダス」（1814）

裸体は、あらゆる予備的な素描の上に描かれているが、その性器を覆い隠しているのは、剣ではなくて鞘のほうである。その見かけの平凡さにもかかわらず、ダヴィッドによって選ばれた解決法は、二重の描きそこないとして機能している。その理由はまず、鞘の形と向きが象徴的なファロスを想起させるからである。つぎにとりわけ、鞘――ラテン語の vagina――は、逆説的な意味でしか、この想起に適していないからである。（パリ、ルーヴル美術館）

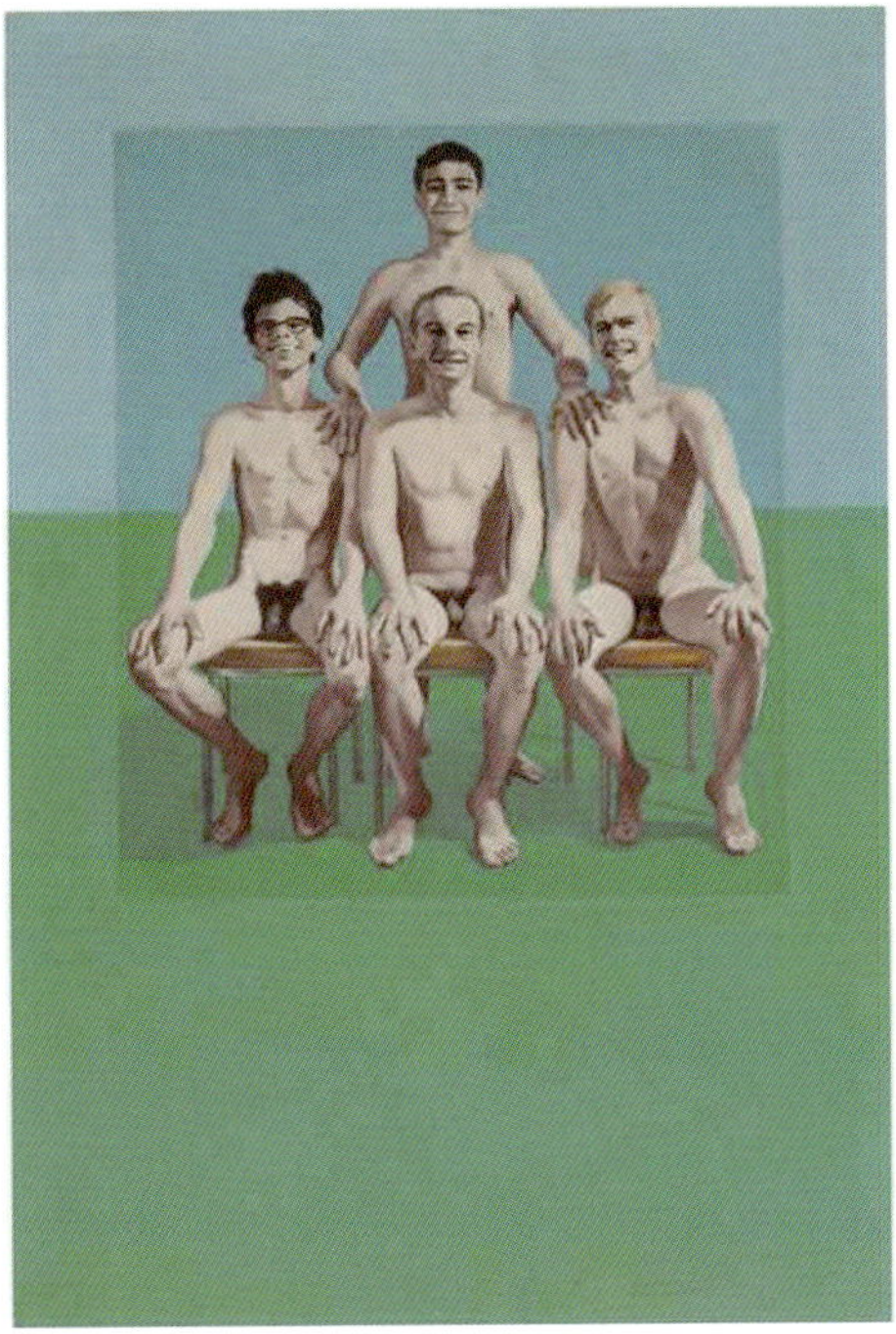

ウィン・チェンバレン（1927-2014）
「詩人たち（着衣の）と詩人たち（裸の）」（1964）

1枚目のパネルにチェンバレンが描いたのは友人の作家たちで、そのうち3人はベンチに座り、4人目は彼らの後ろの真ん中に立って、どことなく学級写真のように集まっている。微笑みを浮かべた彼らは、4人ともみな同じようなありふれた服装をしている。2枚目のパネルは彼らをほとんど同じアングルから描いているが、全員が裸である。

ルシアン・フロイド（1922-2011）「足を挙げたヌード（リー・バウリー）」（1992）
ルシアン・フロイドが描くリー・バウリーは、パフォーマーやダンディとしてしばしば仮装していたときの突飛な衣装は身に着けていない。裸で、はげで、脂肪肥り、肉欲にあふれ、性器はぼってりとして、睾丸の垂れ下がった姿をさらしている。
（ハーシュホーン博物館と彫刻の庭、ワシントン DC）

ルカス・クラナッハ（父）（1472-1553）「磔のキリスト」（1503）

神は人をつくり給うが、イエスは自らのうちで、相容れないはずの、ファロスの性質の規定（力強さ、蘇生）と、ペニスの性質の規定（傷つきやすさ、滅びるさだめ）とを、結びあわせる。ルネサンスの短い一時期に、いくたりかの芸術家たちは、死によって死を克服し現世の欲望には決して屈しない神が持つ性器というものに、形を与えようと試みた。だが、その試みは、抽象的すぎるにせよ猥褻すぎるにせよ、図像学上の成果をあげてはいない。（ミュンヘン、アルテ・ピナコテーク国立美術館）

Buy My Apples, from a late-19th century popular French magazine. Courtesy Linda Nochlin

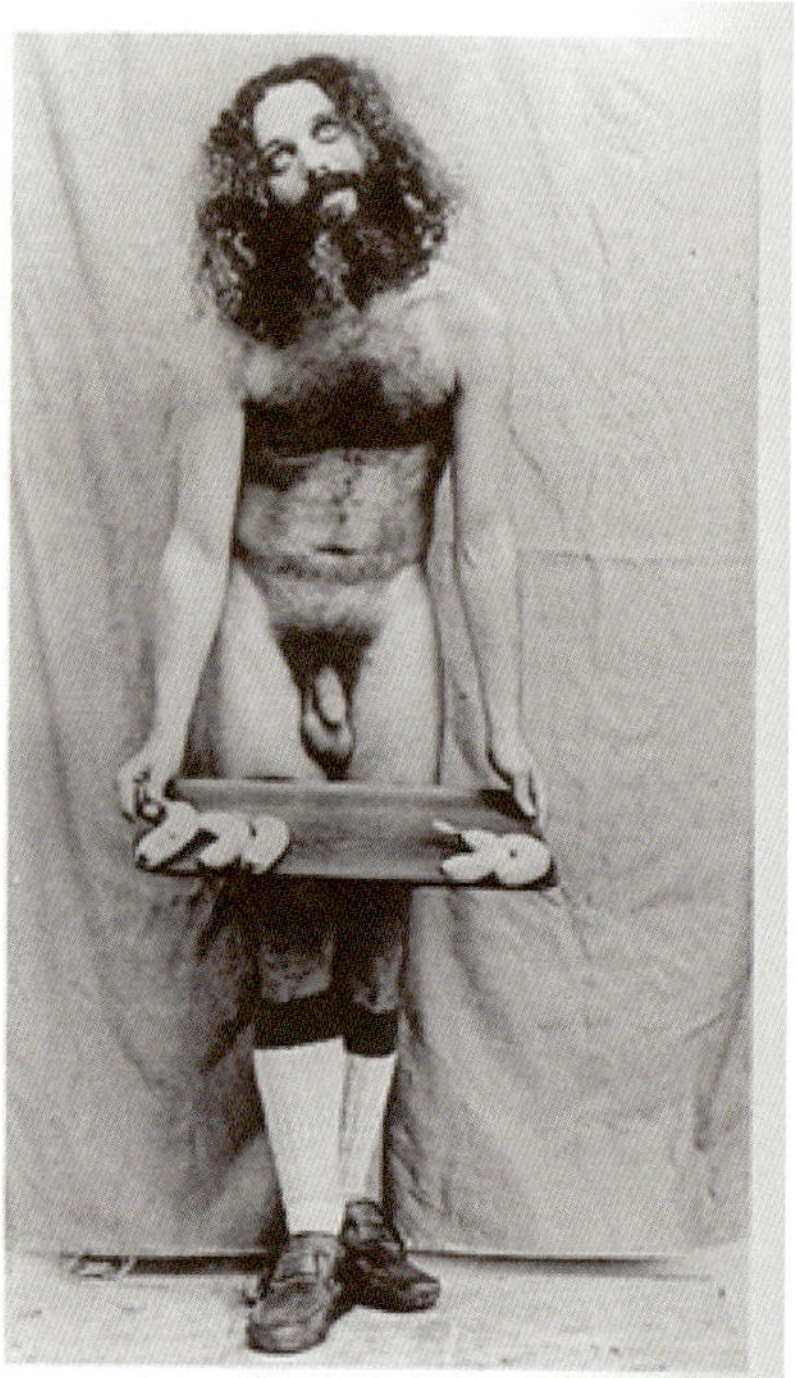

Buy My Bananas. 1972. Photograph by Linda Nochlin

リンダ・ノックリン（1931- ）
「わたしのリンゴを買ってください」
「わたしのバナナを買ってください」
（1972）

美術史家のリンダ・ノックリンは、愛想のよさそうな若い娘がひとり、黒いストッキングしか身につけず、お盆を差し出して「わたしのリンゴを買ってください」と言っている19世紀フランスのいかがわしい写真を、からかう意図でわざと剽窃している。

レオナルド・ダ・ヴィンチ
（1452-1519）
「受肉せる天使」（1513-15）

この美しい両性具有者は、レオナルド・ダ・ヴィンチが生来のバイセクシュアルな性格をめぐって心奥に秘めていた省察の産物であり、やはり自らのうちに、福音（洗礼者聖ヨハネ）からの無意識的影響と、プラトンの説（『饗宴』）からの無意識的影響を、結びあわせている。数世紀ものあいだ、隠されたり紛失したりしていたこの素描は、20世紀末になって再び姿を現したわけだが、アーティストたちが強い関心を寄せている考証的検討の対象が、性的同一性であるような時代にしてみれば、このうえないほど時宜にかなった1枚である。

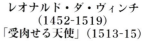

ハンフリー・ボガート（1899-1957）
「アフリカの女王」
（ジョン・ヒューストン監督、1951）

ハンフリー・ボガートと切り離せないのは、「アフリカの女王」で面倒にまきこまれる主人公が着ていた、艱難辛苦のせいで汚れた木綿の布切れだ。

ペリエのコマーシャル・フィルム（1976）

画面に映し出されるのは、あの有名な形をしたガラス瓶だ。その瓶が女性の手でなやましげに愛撫され、とんでもない大きさにふくれあがると、挙句の果てに（イン・フィーネ）、みごとな噴水をぶちまける。

ガブリエル・ヴェール（1871-1936）
「寺院の前で奥方たちの厘銭を拾い集める安南人の子ら」（1989-1900）

ヴェールはそれほど優越感をもってエキゾチックな風景を撮影しているわけではない。しかし、現地人の役割は固定され、入植者に依存した状態におかれている。

マーロン・ブランド（1924-2004）
「乱暴者（あばれもの）」
（ラズロ・ベネディク監督、1953）

「バイクのエンジン音をふるわせる大天使。これは、理由なき反抗の怒りが、ライダーのチームをつうじてしか表現できなかった、現実の青春期の、想像的表現である」とマーロン・ブランドについて記しているのは、『スター』におけるエドガール・モランである。彼の皮ジャンの美しさは、膨らんで、張りつめていて、ほとんど女性的でもあり、目を見張るほどだ。というのも、彼は実際に矛盾のなかを生きているからである。無力さや、熱望や、絶望的な探究のさなかにある彼は、神話的なスターであると同時に、問題の多いスターでもあるのだ。

モーリス・ロネ（1927-83）
「鬼火」（ルイ・マル監督、1963）

ヌーヴェル・ヴァーグのもっとも美しい軽騎兵的なヒーロー、テロリストめいた投げやりはしないが、アルコール中毒による放浪をかさね、悲劇的な宿命を背負い、病的な魅力をたたえ、万事を優雅にこなすヒーローは、まちがいなくアラン・ルロワだ。それは、ピエール・ドリュ＝ラ＝ロシェルの原作にもとづいて、ルイ・マルによって1963年に撮られた映画、「鬼火」のなかで、モーリス・ロネが演じた不幸な男である。

「現金に手を出すな」（ジャック・ベッケル監督、1954）の
ジャン・ギャバン（1904-76）

ギャバンは男らしさのさまざまな表現形態を演じることで、多くの作品を通じて、それら全てを体現するまでになった。キャバレー、兵舎、収容所、工事現場、工房など主立った男性的な空間において、ギャバンは力、自信、男たちや女たちに対する威厳などの男性的特質を凝縮された形で示している。

第３章　文明のなかの巨漢——男らしさの神話と筋肉の力

古代ギリシャ・ローマ風の趣向を凝らして
写真に映るユージン・サンドウ（1867-1925）

血統への強迫観念が同じく男性性の視覚文化にも行きわたっていることは、驚くにはあたらない。世紀変わり目の屈強な男たち、ジョージ・ウィンドシップやユージン・サンドウは、その先駆けだった。古代式のポーズやギリシャ、ローマ風の装身具といった、はるか昔日のヨーロッパにいた力の貴族の視覚的記憶が、民主主義の世の筋肉に戦士としての認証を与え続けていたのだ。

日本の読者へ

一九五五年、私はまだ日本映画を知らなかった。この年、黒沢明の「羅生門」を観て日本映画を発見した。たしかに古い時代の物語とはいえ、私は突然、自分にとってまったく異質な男らしさを描く強烈なイメージと対面したのだった。それ以来、日本映画に見られる男らしさの表象には絶えず魅了されてきた。それと同時にそうした表象が、西洋人の心性と行動を形づくっていた男らしさのイメージとどれほど異なるか、その隔たりに気づいたものだった。優れた研究者たちの知識の成果である本書は、この西洋の男らしさを論じたものである。

もちろん西洋世界においても、男らしさと戦いの場面は密接に結びついているが、そのあり方は日本と違う。本書において読者は、男らしさが展開する他の次元や場面を数多く見いだすだろう。たとえば男らしさを教えこむ方法の変化、男らしさという概念そのもののせいで男たちの両肩に重くのしかかった苦しみや負担、といったものである。

西洋において男らしさは基本的な概念であり、世紀をつうじてその歴史を跡づけられることを示すのも、本書の目的のひとつである。他方、「男性性《マスキュリニテ》」という語がフランスで登場するのは十九世紀になってからにすぎない。

この点で時代錯誤に陥らないよう注意したい。

私自身は、出版社から十九世紀に関する第Ⅱ巻の監修を依頼されたのだが、これはとても嬉しいことだった。西洋ではこの時代こそ、子供の頃から男性に課される男らしさの規範が頂点に達した時代だと考えているからである。

本書の日本語版が刊行されると知って、私も他の著者もたいへん喜んでいる。異なる文脈とはいえ、日本でもこの男らしさという概念が重要だということをわれわれは意識しているからである。

アラン・コルバン
（小倉孝誠訳）

序文

男らしさは古くからの伝統を刻印されている。それは単に男性的であるということではなく、男性の本質そのものであり、男性の最も完全な部分ではないにしても、その最も「高貴な」部分を指す。男らしさとは徳であり、完成ということになる。フランス語の男らしさ virilité という語の由来になっているローマ時代の virilitas は、「精力的な」夫という明瞭に定義された性的特質を有しており、いまだに規範であり続けている。精力的な夫とは体が頑強で生殖能力が高いというだけでなく、同時に冷静で、たくましくてかつ慎み深く、勇敢でかつ節度ある夫という意味である。男 vir は単なる男性 homo ではなく、男らしい男 viril は単なる男性 homme ではなく、それ以上のものなのだ。それは力強さと徳の理想、自信と成熟、確信と支配力を示す。男は挑戦するものだという伝統的な状況がそこから生まれる。男は「自己制御」と同じくらい「完璧さ」や優越性を目指さなければならない。そしてまた性的影響力と心理的影響力が結びつき、肉体的な力と精神的な力が結びつき、腕力とたくましさが勇気や「偉大さ」を伴う、というように多くの長所が交錯している。それはたとえばアレクサンドロス大王からカエサルまで、テセウスからポンペイウスまで、プルタルコスが記述した偉人たちのような、一般に知られた英雄列伝の中で具体的に示されている。しかもこれは厳しい伝統であって、男の完璧さはつねに何らかの欠落によって脅かされているのだ。たとえば自信の中に巧妙に紛れ込む懐疑、期待していた成功を無に帰すかもしれないひそかな亀裂といったようなものである。フランスの田舎で魔法使いが結婚初夜の男にまじないをかけて不能にするという伝承は、伝統的に長男が次男に味わわせようとする挫折感と無関係ではない。完璧な男らしさというのは、必然的にさまざまな要求と対峙することになる。精力絶倫にも幻想はあるし、力強さも脆弱さと無縁ではない。前提とされる男の優越性には不安が伴っているのである。

より複雑な伝統であるこの男の優越性は、いかなる点においても男らしさを硬直した歴史の中に閉じこめることはできない。その特徴は時と共に再構成されていく。商業社会と軍事社会は同じような男らしさの理想を持つことはできないし、宮廷人と騎士は同じような男らしさの理想を持つことはできない。たとえば宮廷人は、戦いの際に昔から必要とされてきた朴訥な価値観と、優雅な洗練という価値観をあわせ持たなければならない。宮廷人は同時代人からときには女性化していると非難されたことがあるが、支配力や勇気を失ったことはない。他方で、宮廷人における男らしさの理想は変化し、彼が名誉にとても固執することや、剣を手にして躊躇せず冷静に死に立ち向かうそのありさまは、現代人から見れば時代遅れに思われる。もちろん宮廷人はためらうことがない。ブラントーム〔十六世紀フランスの軍人、作家〕が描いた十六世紀の宮廷人たちは、徹底的な男らしさを理想化した。性的な力強さは女性にたいする絶対的な影響力と結びつくと考えられていたし、洗練された自己表現は戦いの場で期待される勇気をまったく損なわないと考えられていた。男らしさは、それ自体が再考と手直しの対象になったとはいえ、ここでは義務として課され、外部に露出する。

本書が跡付けるのは、西洋社会におけるこのような男らしさの理想の変遷であり、男としての完璧さへの期待、文化と時代性によってそれ自体が変貌していく影響力と支配のモデルにほかならない。われわれの企図が跡付けるのは、歴史を持たないと思われていたものに歴史を導入しようとする意志である。つまり日常的な慣習行動と社会的紐帯の中枢に位置する歴史、一つの社会、さらには一つの政治と経済の特徴を明らかにしてくれるような歴史である。それはまた、西洋社会の考古学自体において古代以来、社会階層によって、さまざまな下位文化によって、あるいはまた都市住民の理想なのか農民の理想なのか、戦士の理想なのか教養人の理想なのかによって、男らしさというものがどれほど多様性に富むかを示そうとする意志にもとづいている。男らしさは不可避的に人類学の対象であると同時に、歴史的なものなのだ。

残されたのはきわめて現代的な問いかけである。その問いかけは男らしさの内容そのものに関わり、本書がなぜ編まれたかを部分的に説き明かしてくれる。今日、男らしさはいかなる意味でも無条件の影響力をふるうことはできない。たしかに男性支配は残存しているが、その意味を失いつつあり、他方で男女平等が進展している。たとえば女性にたいする男性の「権威」にはいかなる根拠もありえないし、男らしさの減退や女性化を表わす表象にたいして、雄々しい男が有するとされる優越性にはいかなる根拠もない。かつては当然と考えられていたことが、現在では滑稽に近いものとなる。男らしさのモデルは忘れられ、消滅し、つまらない郷愁の対象になる定めであり、ついには「男らしさ」という言葉そのものが無意味になるかもしれない。だからこそ本書では、西洋の歴史に踏み込んで長い行程を辿ってみたのである。西洋の歴史において男らしさの伝統は数多くの変化を経た後に、今日では、崩壊した理想を守る時代錯誤的で硬直したようなどこかの保存場所に保管されているのかもしれないし、あるいは新たなアイデンティティを創出し、さらなる変貌を遂げていくのかもしれない。

アラン・コルバン／ジャン＝ジャック・クルティーヌ／ジョルジュ・ヴィガレロ

（小倉孝誠訳）

男らしさの歴史 Ⅲ　目次

《他巻目次》

第II巻 男らしさの勝利──19世紀……アラン・コルバン編(小倉孝誠監訳)

男らしさの歴史

Ⅲ 男らしさの危機？——20—21世紀

凡例

一　原文でイタリックの書名は『　』、作品名は「　」で括った。

一　原文の引用符《　》は「　」で示した。但し、訳文において意味のまとまりを示すために「　」を用いたところもある。

一　訳注は、短いものは〔　〕に入れて割注とし、長い訳注については〔　〕内に数字を付して、各論文の終わりに置いた。

一　原注に挙げられた参考文献（いわゆる「古典的著作」は原則として除く）で邦訳があるものについては、分かる限りで紹介した。

一　原書には多数の図版がついているが、種々の理由からそのまま採録できなかった。その代わり、訳者の判断で本文と関連の深い図版を独自に選んで収めた。

第III巻序文

かなわぬ男らしさ

ジャン=ジャック・クルティーヌ

（岑村 傑訳）

「アメリカの男にいったい何が起きたのか。ずいぶんと長きにわたって、アメリカの男は、みずからの男らしさを信じ込み、社会における男としての役割に疑いを抱かず、自分の性的アイデンティティを意識するにあたっては余裕と、そして自信を、失うことがなかったように思える。だが今日、男たちはしだいに男らしさを事実としてではなく、問題としてとらえるようになってきている。アメリカ人男性がみずからの男らしさを主張するために用いる手段は、おぼつかず、あやふやである。じつのところ、続々と現れている徴候によれば、アメリカの男は自己像をうまく描くことがすっかりできなくなっているのだ。」(1)

(アーサー・シュレジンガー「アメリカの男らしさの危機」)

歴史家のアーサー・シュレジンガーによるこの分析は、今日書かれたものだったとしてもなんらおかしくはないだろう。しかしながら、それははるか五〇年も昔の分析であり、したがって、男のアイデンティティとイメージにおける重大な危機が認められたのは、二十世紀のちょうど中頃だということになる。ここでアメリカにこだわる必要はない。それはじきに西洋全体にまで拡がって、性的アイデンティティの定義があれほどの激変を見せる一九六〇年代という転換期には、文明の担い手の半分である男の鬱屈がはっきりと表面化することになるのだから。

この男性の危機感に関しては、男らしさをどうとらえるかということが重大な焦点であり、決定的な指標となる。先の二巻が素描する歴史の流れを注意深く追ってきた読者であれば、そのことに驚きはしないだろう。フランソワーズ・エリチエの術語でいう「アルカイックな支配モデル」が、人類学と歴史のあいだで、形成され変化していくのを目の当たりにしたはずだ。(2) それは、太古に始まり現在も存在する種々の表象の人類学的基盤であり、それぞれの性に「差異価」を割り当てて、男の権力による、身体的力、精神的強さ、性的能力の理想を根拠としたヘゲモニーを保証する。(3) 前二巻の読者ははっきりとわかっているはずだ、その男性支配は自然状態とはまったく無関係で、文化、言語、イメージ、そしてそれらによって規定され秩序立てられる行動、そういったものの状態に深く刻み込まれているのだということを。「[これらの諸構造の]命脈は、[それらが]有効に継承されるかどうかに」、つまり、その不変要素が不変要素として継承されていくことに、「かかっている」(4)。

したがって、男らしさの歴史における問題をはっきりと浮かび上がらせるには、次のようにいえばよい。すなわち、男のヘゲモニーが物事の自然で不可避的な秩序に属しているように見えるのでなければ、男性と女性を定義する社会的役割と表象体系の総体は同一のものとして再生産されえない、と。ならば、男らしさの歴史を書くということ、それは、ピエール・ブルデューにならうなら、「歴史の流れのなかにあって、その歴史からそれらの不変要素を取り出し続けてきた、歴史的メカニズムと制度を対象とする」(5) ことなのだ。

本全三巻を通じての目的は、つまり、歴史の消失の歴史をたどることである。だからこそ、そこで焦点になるのは男らしさであって、男性ではない。そう、もし、太古に起源をもちながら現在まで存続している不平等構造、歴史の自然への変換があってはじめて長期にわたる継承が可能になるような、その構造の歴史を編もうというのなら、そのような企図の対象を適切に表す言葉は、フランス語にはひとつしかないといってよい。ほかならぬ、「男らしさ《ヴィリリテ》」という言葉である。男性の歴史はことにそれが生まれたアングロ＝サクソン系の歴史叙述においては主流となっているが、(6) そのように男性の歴史への参照が登場したのは、一九二〇年から二〇一〇年までを扱うこの第Ⅲ巻が確証するように、女の歴史という企図の結果、補完、延長としてでしかなかった。女の歴史が男性の歴史などないままでよいと望まなかったことには、ここで敬意を表しておかなければならないが。しかしながら、男らしさの歴史は男性《マスキュリニテ》の歴史と一体のものではない。「男性《マスキュラン》」というのは、久しく、おおよそ文法用語以外のものではなかったのだ。十九世紀、さらには二十世紀前半の男たちは、「男性」たれ、ではなく、「男らしく」あれと、当時の言い方によれば「本物の」男たれと、焚きつけられている……(7)。と、そこに「男性」がやってきて「男らしさ」にとって代わったことは、男の帝国においてまちがいなく何かが変化したことの表徴にほかなるまい。

だからといって、男らしさは危機に瀕しているといえるのだろうか。終わったばかりの前世紀と始まった今世紀にはたしかに危機が蔓延しているように思われる。その危機はたえずぶり返し、そのためにしまいには不断の様相を呈して、男性支配の縄張りに、戦争や女性との関係や性的能力に、浸潤していくのだ。

十九世紀の終わり、一八七〇年代から第一次世界大戦にかけて、脱男らしさという亡霊が現れてヨーロッパ社会を徘徊する。男性エネルギーの劣化、力の減退、生理的欠陥の増大。男らしさは危険にさらされ、そして国家も一蓮托生である。軍事化された男らしさは、戦争でその悲劇的絶頂を味わうことになるだろう(8)。身体が徹底的に破壊されれば、軍と男らしさの神話は根元から揺るぎ、男性の脆弱さが文化の敏感な心に刻まれるのだ。第二次世界大戦とそれに続く各地での最後の植民地戦争によって果たされるのは、男たちの武勲への情熱にとどめを刺し、犠牲と栄光の果敢な追求に終止符を打つことである。さらに、労働の前線にも、両大戦間に危機が訪れている。労働者は機械化の弛まぬ進行によって仕事を奪われ、一九三〇年代の不況では失業によってより悪条件の仕事へと追いやられる。もっと広い視点に立つなら、それは、都市大衆社会における体制順応主義と官僚主義の勃興によって男らしさのエネルギーが埋没していくように感じられる事態だった。

その事態に拍車がかかるのは、世紀を通じて男らしさが、その古くからの特権に向けられた、両性間の平等の覚醒と進歩ならびにフェミニズムの進展からの異議申し立てに対峙するからである。一九六〇年代、七〇年代以降の女たちによる新たな権利の獲得、公私の空間におけるそれぞれの性の役割の再編、女性に対するさまざまな形での暴力の指弾さらには断罪、そういった一切が男性の煩悶を煽らずにはおかない。父権の失墜に気をもみ、統べる母の全能に委ねられた「父なき社会」の波及を恐れるのだ。かててくわえて、性的不能にかかわる領域が拡大する。二十世紀初頭に精神分析が発明され、さらにその後、性科学が出現すると、性的不能は単なる機械的機能不全だとみなされなくなり、なんらかの心理的なしくじりにその由来が求められて、そのしくじりはそれ以降、主体の歴史全体を左右するものとなる。この問題では、女たちの解放と風俗の自由化が逆説的な結果をもたらした。女性パートナーたちがそれぞれの男と同じようにオーガズムへの権利を有するようになったがゆえに、ならば彼女たちを満足させたいと欲求がかきたてられて、男性のあいだでの競争が激化する。ポルノグラフィがおびただしい量で普及したがゆえに、勃起をめぐる強迫観念がいっそう堅固になり、同時に、性的機能不全をとりまく超医療化が、さまざまな機械的、化学的補綴の市場《しじょう》とともに、不能の文化といえるものを広めることに貢献するのだ。二十一世紀初頭の現在にあっては、男らしさは、ジュディス・バトラーが看破しえたように、それがかくも長きにわたってその象徴、その商品、その表現、その歪曲、そのパロディであった男性身体から分断されているように思われる(9)。

したがって、いまという時代、男らしさには逆説がつきまとう。力と権威と制御に基づく表象が、脆く、不安定で、疑わしいものに見えるようになってしまっていることを、どのように理解すべきなのだろうか。その疑問に答えるにあたって本巻は、まずはそのような評価を歴史的事実からなる現実に照らして検証するように努める。二十世紀という舞台の上で、ジョージ・L・モッセが戦争による諸社会の「野蛮化」と呼んだ事態を背景にして、男らしさは燦然と輝きを放ちもした——さまざまな全体主義がその絶頂となった——のだということを、忘れてはなるまい。そして、件の逆説が、一方の「アルカイックな支配モデル」と、他方の、平等と分担にしかるべき場所を用意することになる性的アイデンティティの再定義を世紀を通じて男のためにも女のためにも求めてきた政治的、社会的、文化的変革すべてとの、相克の結果なのだということも。われわれが生きている現在のどこをとってもわかるように、男性支配の伝統的諸形態と、それらに付きものの常態化した数々の暴力は、消滅してはいないにしても、かつてほど容易には人々の見て見ぬふりの沈黙や無関心による荷担を当てにはできないのである。

そういったことすべてがあいまって、男性のアイデンティティは慢性的な不安定さに苛まれるようになったのだ。男らしい男が絶滅危惧種になったということではない。だから、より正確には、男らしさは文化の乱気流域に、不確定の場に、変動の時期に、入ったというべきだろう。そして、結局のところ、それも驚くにはあたらないのだ、と。そのモデルがよりどころとしたのは肉体における自然であり、かたや身体的力と性的能力のイメージに、かたや自己制御と勇気という理想に、基づいていた。ということはつまり、それには、その裏面として、身体の脆弱さへの恐れ、性的機能不全に対する不安、精神的破綻の暗雲が、つねにともなっていたのである。私が思うに、ピエール・ブルデューはそのことをきちんと理解していた。

> 男性の特権というのは陥穽でもあり［…］、男性一人ひとりにいかなる状況でもみずからの男らしさを発揮しなければならないという義務を課す［…］。生殖能力、性的能力、社会的能力だと考えられ、しかしまた、戦闘すること、暴力をふるうことへの適性だともみなされている男らしさは、何よりもまず、ひとつの責務

なのである。すべてが協働して、かなわぬ男らしさという理想は果てしない脆弱さの根源となるのだ。[10]

今日の男たちは、この千年来の責務をこれからもずっと負い続けるつもりなのだろうか。それとも、そのうまみはあきらめる覚悟で、重荷を捨てて身軽になるのを感じたいと望んでいくのだろうか。そのかなわぬ理想の現代における追求の歴史こそ、本研究最終巻の主題である。

第I部　男性支配の起源、変容、瓦解

PARAIT LE JEUDI
26 Octobre
Faits-Divers Illustr
énements les plus récents. — Les Romans les plus célèbres
RÉDACTION & ADMINISTRATION : 4, rue de la Vrillière, PARIS (1er)
12 PAGES ILLUSTRÉES EN COULEURS
ABONNEMENT D'UN AN : FRANCE : 6 fr. — ÉTRANGER : 8 fr.
LE NUMÉRO
DRAME DE LA JALOUSIE
Poignardée par son mari.
La malheureuse s'abattit...
LE
MARTYRE D'UNE F
l y a une dizaine d'années, dans le Doubs, s'uni
jeunes gens : Elie Ménard, vingt-deux ans, et Ma
d'un an plus jeune que lui. Ce fut d'abord la p
union. Les deux époux s'adoraient ; ils étaient cités co
dèles par tous ceux qui les connaissaient. L'entente parfa
humeur faisaient de leur ménage un véritable paradis.
Peu de temps après le mariage, Ménard eut une idée
rant donner à sa femme plus de luxe et de confort, il
avec elle chercher fortune à Paris. Dans la capitale,
trouverait vite l'emploi rémunérateur qui lui permettra

第1章　男らしさの人類学——無力にたいする恐怖

クロディーヌ・アロッシュ
（谷口博史訳）

フランソワーズ・エリチエはほんの数行で、男性支配に関する「アルカイックな支配的モデル」の仮説を表現してみせた。すなわち、そのモデルは「われわれ人類の起源に」まで遡行していくつかの表象を設置するのであり、そして、それらの表象が時間のなかで作用して男と女のあいだの深刻な不平等の——多様ではあるが連続した——諸々の形態を作り出したというのである。男はその男らしさによって、また男らしさの名のもとに、女に対し可視的なもしくは陰湿な恒常的支配をおこなう。(1) エリチエが男性支配の人類学的起源を研究したのは、レヴィ＝ストロースの系統にしたがってのことだった。それゆえ彼女はこう強調する。「社会の基礎に」人類学者たちが見出すのは、「部族内の女が男によって掌握されていること、さらには、それら部族内の女を、他の部族に属する他の男たちの姉妹や娘と交換して獲得された妻たちが男によって掌握されていること」であり、そのさい「男性を特徴づけるとみなされるものに対しては社会的により大きな価値が賦与されている」(2) ことが確認される。

しかしながらこうした男性支配の起源の背景には、支配に関する一般的な問いというものが浮かび上がってくる。父系制に由来する支配は、部族社会においても、封建制においても、旧体制《アンシャンレジーム》と絶対王政のもとでも働いており、さらには、民主主義社会の到来とともにさまざまな条件が平等化されていくそのさなかでさえ働いているのである。(3) どの歴史的時代をとっても、男らしさは力の同義語である。あるいは少なくとも男らしさは力というものを前提にしている。それゆえ、物理的・身体的力、象徴的力、また同様に精神的力——要するに意志の強さ——、これらは男性的であることの本質的特徴とみなされ、そう価値づけられるのである。男性的であることはいくつかの能力によって表現されるだろう。たとえば命令し合理的決断を下せるかどうかということであるが、こうした能力は権力を行使するためには必要だとみなされているのだ。また男らしさはいくつかの性向をとおしてもあらわれてくるだろう。すなわち、自己制御、強靭、忍耐。(4)

I　陰湿な男性支配

西洋の民主主義社会においては、法が支配の目に見える部分に対して異議をとなえ、その「自然な」性格を問いただし、その強さを制限し、その行き過ぎのいくつかを取り除くことに成功したとしても、それでも法は支配を完全に消し去ることはできなかった。では、執拗に存続する男女の不平等は何に由来するのだろうか。この不平等は、平等を一個の価値、一個の理想、さらには一個の権利とみなす社会においてさえも存続しているのである。というのは、この場合、支配はたいてい陰湿な形態のもとに維持されており、その種の形態に対しては戦いを挑むことはむずかしい(5)。こうした支配が、権力の保持における男女間の根深く根強い不平等を延長させていくのである。アルプヴァックス〔一八七七―一九四五。フランスの社会学者〕が勧めているように、かかる支配の起源を求めるべき場所は、忘れられた生活様式や、消失した心理状態や、いまだ存続しているアルカイックな表象のなかでなければならないのだが、それらの起源をわれわれは推定することしかできないのである。

かつての社会体制はその心的内容の一部を失ってしまった。その体制の存在や性格を理解するためには、それを生み出した集団的思考を思い起こして取り戻すことが不可欠である。この種の思考はとうの昔に衰退し縮小してしまっているが、それでもあらためて賦活される余地はある(6)。

男らしさは男性支配の記憶の中心的要素である。男性支配は男らしさの支配に等しい。もちろん、それに限定されるわけではないが。というのも、身体的な男らしさを欠いた男の場合でも、支配は行使されうるからである。その男が心理的に男らしくあり、他の男たちの身体的男らしさをおのれのために用いるすべを知っていれば、それで十分なのだ。

こうした心理的支配、その構築様式、その陰湿な実行形態、その存続の原因、これらこそわれわれがこれから取り組もうと思うことがらである。いくつかの国においては、女性たちは権利上の平等を手に入れるために長いあいだ歴史のなかで闘争を繰り広げ、ときには司法上、政治上の権利を享受し、さらにまれなことであるが、社会的、経済的権利を享受するにいたった。ところが、女性たちのために発布された法律にもかかわらず、平等はたいていの場合、形式的なものにすぎず、それには形を変えた不平等がともなっていた。かつての西洋社会に比べれば支配が甘受され黙認されることは少なくなったとはいえ、支配の形態はより隠蔽されたものになり、ときにはなかなか見分けがたいものになってしまったのだ。じっさい女性は、ほとんどつねに陰湿なものである間接的な支配によって、事実上の不平等の標的でありつづけており、これらの支配は私生活においても、さまざまな機関や企業などの職場においても同様に行使されている。これらの権力形態を解読し、それと対決し、それを制限することは困難であるけれども、まさしくこれらの形態こそが男性支配の存続について理解することを広範囲にわたって可能にしてくれるのである。というのも、ここに見られるのは、男性支配に関するもっとも今日的なパラドクスであるからだ。すなわち、多くの場所で後退したとはいえ、男性支配は続いており、調停が全体的に衰退しているため、その支配はまさしく陰湿な形態のもとで進化してさえいるのである(7)。

家父長主義と傲慢がこの男性支配の核心に存している。陰湿さは、女性に対して下される暗黙の価値判断のなかに住みついている。たとえば、勤勉な男は思慮深いとみなされるが、反対に、勤勉な女は気取って学識をひけらかすと評される。野心的な男は当然のこととして権力を行使するが、女が権力を行使することになると、裏技に長けていると判断され、女が議論に打ち勝つと、出世主義者だと言われる。広くゆきわたってほとんど見分け難いものとなったいくつかの振舞いを見きわめることはいつでも容易なわけではないだろう。この点に関しては、そうした振舞いを保持し表明し試してみる男たちにとっても、そうした振舞いを被る女たちにとっても変わりはない。それでもこれらの振舞いが、執拗な社会的事実を作り出しているのだ。それゆえ、見かけは無意味に思える細々《こまごま》としたことがらが、様々な社会の制度的基盤に関する——多くの場合見過ごされてきた——中核的な要素の把握を可能にしてくれるのだ。逸話や偶発事とみなされかねないことを繰り返すことによって、恒常的な支配関係を暴くことが可能になるのである[8]。

したがって陰湿な支配は、社会的事実にかんする、不可避的に不明確で問題をはらんだ定義へと通じている[9]。しかしその社会的事実をこえて、ウェーバーが社会学の類型の構築を企てたさいに取り組んだ社会的行為に関するより広範な問いを提起しなければならない。じっさいウェーバーは理解社会学の限界を力説していた。というのも、機能にかんする関係や規則（「法則」）の先に、「永遠に近づきえぬものでありつづける更なる何ものか」[10]が存在することをウェーバーは確認していたからである。貶価的な振舞いや微細で際限のない侮辱のモデルが執拗に存続することにもとづく支配関係にかんしても同様である。たとえば、男は嘲笑的で皮肉な視線を、執拗に、あるいはこっそりと女に送る。すると女は、男の視線に示し合わせて、視線を宙に向けたまま話しはじめる。陰湿な支配のよくある形態である。あるいはまた、ときには場違いな、親しげで、穏やかで、快活を装った口調で男は女に話しかける。語られるのは女を貶める家父長的なことがらであったとしても、口調は甘美なままであり、外観も善良な男のままなのだ。

法律が不平等のいくつかの形態を制限し、さらには罰するようになったとしても、依然として抵抗する他の形態の不平等が存在する。かつてフロイトはそのことを力説していた。文明は「野蛮な力を犯罪者に対して用いる権利をみずから独占することによって、この野蛮な力のもっとも粗暴な行き過ぎを予防できると信じている。しかし、人間の攻撃性のより慎重でより微細な現われに対して、法は何もできないのだ」[11]。最近の数多くの観察が示すところによれば、十五年ほど前にブルデューによって明らかにされた事実が依然として存続し強化されているのである。[12]ブルデューが範例として用いたのは、「疑似家族として」機能している多くの組織体だった。そこでは、主人《パトロン》は「ほとんどつねに男で、感情によって包み込むことや魅惑することにもとづく家父長的権威を行使している」。そしてブルデューはこうつけくわえている。「過剰に仕事を引き受け、機構の内部で起こるすべてのことがらをみずから担うことで、主人《パトロン》は、下位の人物、主として女性であるその人物に全般的な保護を与えるのである」[13]。

範例や証言は豊富に存在する。場所や状況は異なっても、根幹は変化することなく繰り返される。たとえばグレジはあるベテラン女性看護師の話を紹介している。その女性看護師は率先して手術のさいに新人の女性看護師を参加させようとしていた。主任教授《パトロン》が到着してどなり始める。「きみは無責任だ！　なぜこんな娘《こ》を。小さな手術だが、それにしたって！」ベテラン女性看護師は「はなはだしく侮辱されて」こう答える。「先生は勤務について三日しかたっていないインターンを受け入れるじゃないですか」[14]。「そうかもしれない」と主任教授《パトロン》はいう。「でも「彼らは医者だ」」。すると自尊心を傷つけられた彼女はこう打ち明けた。「もしも看護師が男だったら、主任教授《パトロン》は決してその人の職業意識をこんなふうに疑うことなんかなかったでしょう」[15]。こうしてベテラン女性看護師は、女性として、職業人として二重に貶められるのだ。

別の場所、今度は自動車の下請け工場で、ソフィーが主任に関して次のような話をしてくれる。「男の子の場合なら、主任はののしることなく鍛えます。男の子たちとのあいだには、職人と弟子のしきたりのようなものがあるんです」。ある日、経営者《パトロン》がその問題の主任を呼び出した。私に届いた報告によると「きみはしょっちゅうソフィーをブロンド呼ばわりするそうだね。なぜだね？」答えはこうだ。「親切心」から、露骨さを避けて、彼女を「一日中」ばか扱いしないためです[16]。すると、経営者《パトロン》はこうつづけた。「きみが彼女にむかって口にしているのは、まちがいなく侮辱のようなものだ」。ぜんぜんそんなことはありません。私が彼女を「ブロンド」呼ばわりするのは、「彼女には若々しいところがあって、繊細で、とてもかよわく見えるからです」。「彼女はかよわいわけではない」と経営者《パトロン》は答えた。「そのようにいつも軽んじることで、きみ自身が彼女をかよわいものにしているんだ」。彼女には申し分なく資格もあるし能力もある。少なくとも「ののしったりせずやり方を[17]」彼女に教えるべきではないか。結末としては、主任はこの場面を目撃していた誰かにこう白状することだろう。さっぱりわけが分からないし、彼女を何と呼べばよいのかももうわからない。だってあいつは金髪だし、それ以外に何があるっていうんだ。

また別の職場での場面。食事どきのこと。陽気な楽天家で、快活で人づき合いのいい男がいるのだが、高いポストを得ているある女性にたいしては別だ。「ところが、けっして彼女は彼の視線をとらえることはできない。ごくわずかの注目も、ごくわずかの微笑みも」、「彼女の補佐の男性」に向けられることはあっても、けっして彼女には向けられない[18]。陰湿な侮辱。彼女は存在しないのである。

場違いな接近、迷惑な親密さ、計算された不作法など、これらの逸話はすべて不正な貶めが明白であるような状況を示している。陰湿な貶めの形態はそれだけではなく、偽りの礼節、度を越した親切、行き過ぎた丁重さなど偽善によって行なわれることもある。たとえば、執拗に「マダム」と口にすることによって、その女性に話しかけながらも彼女をこっそりと排除する、あるいは少なくとも、彼女の職業上の資格を無視することが可能になる。彼女に対して女性であるということを思い起こさせ、彼女をそれに還元してしまうのだ。あるいはまた、連帯感から敬語ぬきで話しあっている職場や社交のサークル内で、女性にたいしては敬語を用いて話しかけることもそうである。場所が変わっても、風俗は変わらないのだ。財務省で、ある行きづまった企業にかんする会議が行なわれた。参加者のうち女性は一人だけだった。彼女もまた「着任して三カ月になるのに……私は見られても見えていない。まるで透明人間のよう！」と言っている。上司たちの一人は「私に対していつもとても礼儀正しく、……ちょっと格式ばった感じがする」とも彼女は指摘していた。会議の議題は、ライバルのアジア企業との競争、「洗濯機の利ざやの削減」だった。その上司はこの機会を選んで、はじめて彼女の方を向いて、彼女を証人にしようとした。「というのも主婦たちはもうだまされたりしませんからね。もちろん、私が何の話をしているかは、あなたにはおわかりですよね、マダム[19]」。

最後の場面は軍隊で、司令部の会議にひとりの女性が出席していた。司令官のひとりがどのようにして「辛辣な皮肉と露骨な冷やかし」を交互に繰り出しながらこまかな技術的なことがらに関して彼女に反対しつづけたかを彼女は話してくれた。「連隊随一の美女の隣に座ってもよろしいですかな。じつに、今日のあなたはお美しい！」と彼は陽気な様子で感嘆の声を上げる。うんざりしてしらけたまま彼女はどう対応すればよいか自問してみる。「作り笑いを顔に浮かべる以外に何ができるというんですか。……同じような言葉で彼と話すなんてできませんよ[20]」。このようにして陰湿な形態の男性支配は、会話のやり取りの体制のなかに、ある非対称を打ち立てるのであるが、その非対称は語句の使用そのもののうちに秘められているのである。それで彼女はこうつけ加えている、こうしたやり方で傷つけられ浸食されるのは女性たちの自信なのだ、と。

Ⅱ　兄弟愛の融合的な男らしさ——始原的な絆を復活させること

　このように、男性支配の陰湿な形態は、男らしさの伝統の数世紀に及ぶ要請と、今日の民主主義社会の平等原則とが現代において重なり合うことによって生じたのである。しかしながら、もっと遡ってこうした不平等の形態の存続を把握したいと望むなら、その起源について問うことと同様に、歴史的にこうした形態が永続するために不可欠であった中継や炉床について問わねばならない。それにはたとえばトクヴィルが参考になる。トクヴィルは、民主主義化しつつあった西洋社会において、支配の総体的力学の諸段階を把握することができた。彼は中世の社会状態や政治体制から出発して、フランス革命へ、さらには民主主義的体制へとたどってみたのである。こうして政治的、社会的支配の継起する諸々の体制を識別しながら、トクヴィルは従属へと向かう心理的傾向が歴史のなかで安定化するということを導きだした。それが封建社会における領主への忠誠や、絶対王政下の社会における王への従属であり、そこから独立という価値の高まりを経て、そして民主主義社会の自足へと向かっていくのである。じっさい、以後この民主主義社会において「各自は自分自身で自足しようと努める」のである。

　理解していただけたと思うが、我々がここで用いる手法を系譜学的と称することも可能である。その手法とは、もっとも現代的な支配形態のなかに、かつてマックス・ウェーバーが「消失した信仰の亡霊」と呼んだもの、すなわち以前の男性支配形態の希薄になった存在や、その弱められた粗暴さを識別するというものである。じっさい、現代の制度のなかで女性たちを襲う陰湿な貶めの形態の存続が可能になるのは、男性たちのあいだで無意識的な連帯が結ばれ維持されている場合のみだということは明白である。今日の組織や企業のなかには、昔日の兄弟愛の残臭がまだただよっているのだ。

まさしくここに我々がこれからアプローチしなければならない、系譜学――あるいは、こう言ったほうがよければ、男らしさの歴史人類学――のもうひとつの時期がある。第一次世界大戦の直後から第二次世界大戦の直前までのさまざまな兄弟愛組織 fraternités を観察するならば、男らしさの歴史的存在の基本的特徴のいくつか男性支配の核心としてきわだたせることが実際に可能になる。兄弟愛は男らしさの体制の本質的要素のいくつかを開示してくれるのである。その体制とは、すでに予想されるとおり、女性排除の体制であり、それはまた兄弟としての男性同士の緊密な連帯を形成していく体制であり、そしてこれには平等な者たちのあいだでの序列化と、それに先だつ、権威的な家父長制モデルの痕跡が分かちがたくともなっているのである。

二十世紀初頭に兄弟愛をもとにいくつも組織された小さな男性集団にさかのぼってみよう。時期的にいうと、それは大規模な工業化および都市化や経済的、社会的、政治的な危機を背景にして、家族というものが根底から変貌しつつあった時期である。そうした集団の同時代人であった社会学者、人類学者、哲学者、精神分析家たちは十九世紀の末から、それら集団の出版物のなかに懸念される性格をかぎとっていた。それらは大衆的な全体主義現象を萌芽的に含んでいたのである。そのような集団の著者たちはみな、ホルクハイマーの見るところでは、家族内での力の行使というものに敏感であったし、ウェーバーの見るところでは、小集団内での権力保持や、ある種の共同体、とりわけ兄弟愛的な共同体内の関係のうちに潜む脅威的性格というものに敏感であった。兄弟愛的な集団は、男らしさの行動および特徴の表現がきわめて明瞭に読み取れるような範例を与えてくれるのである。ドイツにおける青年運動の熱望は、この上ない攻撃性とともに、ぜんぜん腹をたてる気にもなれぬような愚かしさを同時に示しており、たゆむことなく男らしさを顕彰しながら、男たち同士の関係を明らかにすると同様に、女性たちに対する彼らの関係をも明らかにしていたのである。

ウェーバーの書いたもののいくつかはまさしく小集団にかかわる問題にあてられており、それらは社会的絆の性質に関してはっきりと悲観的な見方を表明していた。一九一九年にウェーバーが記していたのは、民主主義社会におけるある種の「小サークル」[21]の共同体が果たす機能に、憂慮すべき両義性が存しているということだった。一方にあるのは侮蔑、拒絶、烙印、反感であり、他方には神話化、魅惑、幻惑、崇拝が存在し、この両者から作り上げられる矛盾したプロセスにウェーバーは気づいていたのである。これらのメカニズムが自律や自己価値の欠如、剥奪、さらにはそれらの否認に向かうものであることを彼は強調し、それから、差異を前にしてきわめてしばしば生じる恐怖の感情を強調しながら、「団体活動」が民主主義に対してもたらすかもしれない脅威を、結論として導き出している。[22]このようにウェーバーは小サークルにかんして、時代を覆う幻滅という雰囲気のなかにあって、それらのサークルが克服や超越や融合を求めていたと述べている。すなわち、そこでは、距離の消滅や、「男同士のつながり」[23]や、身体と身体の融合をもとめる探求が、指導者に対する崇拝と共存していたのである。[24]

第二次世界大戦の経験に学んだ研究のなかにはふたたび、青年運動やこれらの兄弟愛組織に取り組もうとしているものがある。それらの組織は、なんらかの仕方でナチズム台頭のための炉床となり、ナチズム台頭という未来を作り出したのである。[25]これらの集団は「活力や熱気や感動や理想が欠如していることにたいする抗議」として出現し、「それらは融合的なつながりが広まることを希求した」[26]。そこでは、自己超克が情熱的で漠然とした誓約や、高揚や、融合への欲望のなかで表明されたのだが、それらの誓約、高揚、欲望はあきらかに男らしさの理想に立脚していた。「各自が団体精神にはかり知れない重要性を認めていた。この重要性は漠然と感じられていたのだが、遠足や歌唱やキャンプファイヤーにおいて熱烈に表現されており、各自はそこに始原的な絆の復元を目指す経験を見ていた」とラクールは主張している。[27] そこで営まれていた活動とは、基本的には、新しい形態の生活や生存や潜在的解放を前にした、さまざまな形の古めかしい不安に対応しようとするものだったのである。個人主義がもたらす分裂の危機や、変化する世界の不安定さを前にして、本体＝身体 corps となるものをふたたび見出し、ふたたび作り出し、男性的な集合的本体＝身体の超絶的権力のなかに各自の諸力とエネルギーを溶け込ませようとしたのである。このようにして各自のなかを徘徊する無力へのおそれを忘れようとしたのだ。

ピーター・ゲイは勇気やエネルギーが価値とみなされてきたことを詳細に分析している。それは十九世紀においては、力や男らしさにたいする、文字どおりの祭式にまで至ろうとしていた。彼はまた、「〔この種の祭式は〕近代の発明であるどころか、貴族的理想や古代ギリシアの理想の残像の証しである」[28] と強調している。かくして「男たちは、思春期以降、……男らしさのさまざまな性質、大胆さ、肉体的な力、努力や苦痛に対する耐性などを証明するように義務づけられていると感じていた」。彼らは強く厳しい男になることを熱望しており、それによって、自分たちの実存の意味と目的を形づくる威信を得ようとしていた。これらの若者たちは「つねに試験されるという状況におかれ、失敗を恐れていた」、言いかえるなら、無力というものを恐れていたのだ。彼らは「力を見せること、ライバルや敵になるかもしれぬ者たちの前でけっして弱さを見せぬことを強いられていたのである」[29]。最後にゲイはこうつけ加えている。「男らしさの理想は、最善の場合、攻撃的衝動を解き放ちやすくするための不安定なメカニズムとしてあらわれた」[30]。素朴さと、青年特有の愚かしさと、打算的功利主義の独特な混合を提供することによって、これらの青年運動は、身体同士が接するような場合においても、また、愛情であれ憎しみであれ感情の領域においても、強いものと弱いもののあいだに非常に強力な力の関係を持続的なものとして打ち立てようとしていた。自己を超克するよう駆り立てられたこれらの運動のメンバーたちは、それと同時に、容赦のない従属と服従の儀式にも従わねばならなかった。こうした儀式が男らしい自我の形成そのものにつながっていたのである。

このようにして、今日においても存続している男性の連帯の意味がより明確に理解されるようになる。そして、現在の男性支配の陰湿な現われは、依然として、そうした連帯の婉曲的な痕跡を形づくっているのだ。男性の連帯が意味しているのは、孤立した一人ひとりの個人であれば不安に思うかもしれない無力に対して、結束し、集団的かたまりとなることで対応しようとする方策なのである。さらに加えて、政治的群集の形成――フロイトが『集団心理学』のなか取り組んだもの――が、ふつう思われている以上に、この男性的結合のモデルに、ということはつまり、男性的結束のきわめてアルカイックな形態に、いかなる点において由来しているかが理解されるはずである。だからこそエリアス・カネッティは、限定的集団の男らしさの連帯と、群集が支配するなかで暴発し荒れ狂い殺人にまでいたる暴力とのあいだの連関――ファシズムの発生を理解しようと望む者にとっては欠くことのできない連関――を完全に把握しえたのである。[31] この点に関しては、そうした暴発の諸結果が、十九世紀の末に提示されえた種々の歴史解釈では、たいていの場合、集団の女性的ヒステリーのせいにされたという事実のうちに、補足的な指標を見いだすことができるだろう。歴史現象の基底にアルカイックな支配的モデルが存在していることは忘却される――あるいは、こちらのほうがありそうだが、抑圧される――のだが、ここに見られるのは、そうした忘却ないし抑圧の幾度も回帰する現れのひとつなのかもしれない。男性的な起源が消去されて、女性的なものの氾濫という比喩に置き換えられたのである。

Ⅲ　権威主義的家族と男らしい力の修養

クラウス・テーヴェライトの仕事は、私たちがここで続けているアプローチにおいて、その補足となるような一歩を踏み出すことを可能にしてくれる。[32] 義勇軍 Freikorps の態度のなかに兄弟愛組織の男らしい態度を再発見し、膨大な数の観察を取り集めて、じっさいにテーヴェライトは人格と、自我の形成そのものとにかかわる特殊な肉体状態の存在を明るみに出そうとしている。「男性兵士」の肉体的、精神的構造化にこだわってみることで、テーヴェライトは「男性兵士」のなかに「装甲自我」なるものを見いだした。それは堅固で閉ざされた自我であり、何にもまして「肉体的境界の消滅」を恐れる。そこにあるのは精神的崩壊への恐れなのである。彼はまたこうつけ加えている。「ファシスト国家とは《男性-兵士》の身体が産みだした一個の現実だった」、それは肉体的運動の規律と訓練によって、「筋肉の甲冑」の形をした身体というイメージを作りだした。[33] テーヴェライトがきわめて正当に強調しているように、この種の想像された表象においては、「身体という装甲は……たんに脅威となる外部や、現実の『群がり』、すなわち貪婪な女性性に支配された表象に対抗しているだけではなく……断片化によって脅かされている男性兵士の固有の身体的内面性に対抗して、立ち上げられているのである」。[34] 精神的な統合を喪失することに対する恐れや、断片化への恐怖や、従属といった問題から出発したテーヴェライトが導く結論によるなら、ファシズムの男らしさは「精神生理学的な機能」に属する身体的経論《エコノミー》の一類型として扱われるべきなのかもしれない。そして、この点にかんしては、その経論の類型がいかなる文化に所属しているかは問題ではないのである。[35]

また同じくテーヴェライトの分析は重点移動を行なっていて、そのおかげで、たんに男性／女性の関係からのみでなく、家父長的ブルジョワ家族における息子の人格や「メンタリティ」をとおして男性支配を明らかにすることが可能になるのである。この種の家族は、母親を神話化することを通して、精神的、身体的、性的な経綸のある種の類型を作りだすのだが、この類型は仕事、利潤、収益のなかにエネルギーを得ることをめざし（今日ではこのエネルギーは十倍にも膨れ上がっている）、たんに母親との関係をこえて、妻との関係、さらにはもっと一般的に女性たちとの関係をも規定する。じっさいのところ、ファシストとは母親との分離をけっして成し遂げることはなく、フロイト的な意味での〈自我〉をおのれに構築することはなかったのであろう。こうした考え方の興味深い点はひとえに男らしさの系譜学という視点に存している。そして、ファシズム、より特殊化するならナチズムとは、ヨーロッパの歴史のなかでもっとも多くの人命を奪った、男らしさの開花なのである。「〔ファシズム、ナチズムを〕もはや恐ろしい『イデオロギー』のおぞましい果実とみなすのではなく、ヨーロッパの歴史における男性−女性関係の研究に正しく立脚して描き出すこと」[36]。

「アルカイックな支配的モデル」の人類学的仮説が想定するところによれば、男が女を支配するのは、男が女なくしては繁殖することができないからなのである[37]。女に従属しないためには、女を自らの支配下に置くという選択肢しか男にはなかったのだろう。このことが、テーヴェライトがはっきりと感じ取っていたように、母親と息子の関係を検討するように私たちを促すのである。父親や夫に隷属した母親が置かれている従属の形態に対して、息子たちは少しばかり均衡を回復させようと試みているのかもしれない。というのは、じっさい息子たちは母親を敬愛し、神話化し、ときには神聖視したからである。そのため母親からおのれを切り離すとしても、それは部分的なものにしかなりえなかったのだ。今度はその息子が夫なり父親となって、たとえ母親に対する敬愛はつづいていても、そのさい息子はあの支配的モデルを再生し、彼もまた自分の妻を支配し隷属させるのである。母親と息子のあいだの未完の分離というプロセスがファシスト的人格の〈自我〉形成の核心に存しているのである。このプロセスは女性に対する男性支配に通じており、またすでに見たように、それは密集した、男らしい集団的身体の形成に導くのである。このような集団的身体が全能の男性性というファンタスムに対して、始原的結束という、執拗に存続するアルカイックな土台を提供することになる。

したがって、ファシズムは国家に関する事柄であると同時に、家族に関する事柄でもある。そして男性支配に関しても、それからまったく同様に、その支配を支える男らしさのイデオロギーに関しても同じことが言えるのである。人格と権威主義的性格の形成に気を配るのは家族だ、とすでにホルクハイマーはその研究のなかで強調していた。権威への服従、「従属」が学ばれてきたのは家族のなかにおいてである。結局のところ、家族こそが、ブルジョワ社会の伝統が要求するメンタリティの再生産に寄与しているのだ。[38] 父親は「自然に」家族に対して権力を行使する。その権力は――ホルクハイマーはこうつけ加える――「彼の経済的地位と、法的に認可された彼の肉体的能力に」基づいている。[39]

こうした家族の枠組みのなかで、男性主体は父親という形象に同一化していくことによって、少しずつ男らしい力に対する確信――もしくは幻想――を求めようとする。そうすることで、彼は母親への愛着のなかに、そしてその母親が父系的権威に同意していることのなかに、男らしい力の正当性の確証、すなわち、力を賛美し弱さを軽蔑する根拠を見いだす。神聖視される従属した母親、愛されてはいるがそれでいて尊敬されない母親、そのような母親との関係のなかで、彼は根本的に引き裂かれることになる。じっさい弱くて無力な人物に愛着を覚える一方で、力というものの価値を最高度に高め、無力を軽蔑するように教えられるのだ。[40] 力の修養と、無力さの抑圧。母親に対する息子の関係を研究することは、私たちが人類学的、歴史的な視点をこえて、男らしさの精神分析的人類学の領域において、この問題にアプローチするように導くのである。

男は強くなければならず、それ以上に、自分が強いと示さねばならない。しかしながら、「自然に」男らしいと見なされ、また自らをそう見なす男たちは、何にもまして、自分たちの傷つきやすさが暴かれること、自分たちの無力さが知られることを恐れている。したがって、男性支配はまた、男性的無力を支配し制御しようとする試みとして説明することも可能かもしれない。ある種の男たちは——明示的もしくは暗示的な男らしさの名のもとに——、他者を、肉体的あるいは心理的な弱者の位置に置くよう仕向けられるのであり、さらにはつねにそうするように努めるのだ。それが——ますます精神的なものになっていく——暴力によるものか、陰湿な支配によるものか、あるいは「権威主義的人格」の肉体的かつ精神的暴力によるものかは重要ではない[41]。

〈自我〉の従属関係を扱ったフロイトの論文のなかのひとつの章が、この観点からすると、私たちにはとりわけ興味深いものに思える[42]。そのなかでフロイトはこう主張している。幼年期以降〈自我〉は「その後のいかなる影響をも受け入れることができるが……、それでも、父親コンプレクスのなかで自らの起源によって授けられた性格を生涯にわたって保持しつづける」。換言するなら、〈自我〉は「自我に対立し、自我を支配する」ことができる父親の力に関する記憶を保持するのである。フロイトはさらに進んで次のような想定をするにいたっている。すなわち、父親の形象は、息子の成人した〈自我〉に対する支配と掌握を確実なものにし保証するのだが、それは息子が「かつての〈自我〉のものであった弱さと従属」の痕跡を永久に保持しつづけるからである[43]。幼児期の無力の記憶は完全に消失することはないだろう。

Ⅳ　無力にかんする精神分析的人類学

十九世紀末、従属関係や、力および力への意志という問題はかなりの数にのぼる書物の中心に存していた。あるいは、裏返しのかたちで無力が関心や憂慮の対象になっていたと言ってもよいのだが、しかし同時に無力は引きつづく抑圧の対象でもあったのだ。こうした文脈のなかで、フロイトは人間存在の本源的無力というものを指摘しようとしていた[44]。

最近イギリスの精神分析家フィリップスが、かつて無力という問題にアプローチした際のフロイトにならって、一連の研究のなかで全能という問題を扱った[45]。フィリップスはこう言っている、私には『心理学草案』におけるフロイトは無力を擁護し始めた、あるいは少なくとも無力を承認し始めたように思える、と。つまり、フロイトは無力の経験なくしては「満足の経験も不可能であろう」という事実を擁護し始めたのである。同様に他者や他性への関係も不可能であろう、と私たちはつけ加えておくことにしよう。かくしてフィリップスが主張するところによれば、「問題は私たちの本性のなかにあるのではない。そうではなく、父権的教育が〔問題を〕今あるようなかたちにしているのだ[46]」。さらに彼は指摘する、「無力は交換の結びつきに先立つ人間の条件である」。フロイトの読解を続けながら、フィリップスはこうつけ加える、「人間存在の本源的無力」を最初に認めたことが、「愛され保護されることへの欲求[47]」を目覚めさせた、と。この本源的無力は『幻想の未来』では「幼児における無力の恐ろしい印象[48]」と化すことになる。「快や、力や、力能の場合よりもはるかに、無力は一個の問題であるか、あるいはわれわれが耐え忍ばねばならぬものであるとみなされがちである。無力とはわれわれが育成すべき何ものかではないのだ」[49]とフィリップスは結論する。じっさい彼の指摘によれば、フロイトは今や「現代の男性の大半は無力に背を向けることしかできず……彼らは自分の無力を容認することも、それを耐えることもできない」[50]と考えているのである。

ここにおいて男らしさの条件ははなはだしく動揺する。男らしさの条件は無力という感情のなかで始まりそして終わるのだ。かくして、過剰な男らしい力と手を切ることがあるとすれば、それは無力を承認することになるであろうし、男性の宿命のうちに存する無力という避けがたい性格を許容することになるであろう。それはまた、無力のうちに、両性間の交換という文化の基礎を見いだすことになるであろうし、無力のうちに、男らしさの群居的アルカイズムによる排除や支配から脱する可能性を見いだすことになるであろう。要するに、それは、同性個人たちが集まる粗暴な合体のなかに「装甲－自我」として融合することから離脱するために、無力を許容することなのである。無力を承認するということは、他者との境界や他者の存在に関わる存在というものを前提にしている、あるいは少なくとも、そうした存在のための場所を作りだすことになるだろう。ある意味では、かかる承認は支配の反対物なのである、あるいは支配の行使を予防しようとしているのだ。それは、男らしさの諸表象につきまとうファンタスムの反対物なのである。いわば無力の承認は、男らしさに関して作り上げられる表象によって、男らしさを制限するのだ。

思い出していただきたい、ブルデューはかつて、男性支配は「特権」を作りだすが、それと同時に「罠」をも作りだすと主張していた。[51]一般に女性たちは、陰湿な形態で今日においても存続している男性支配によって、明白にあるいはひそかに苦しんでいて、ときにはその苦しみを実際に表明することすらできないでいる。男性たちもまたこの支配を苦しんでいたりするのだろうか。それはどのような仕方で、そして、どのような理由によってなのだろうか。[52]力の観念、男らしさの観念が男性支配の核心に存している。そうした観念は理想のようなものであり、それは力、スポーツ、セックス、金、利益において限界を克服することを熱望するのであって、しかも、こうしたことがらすべての背後にある社会は、男という性に対してのみならず、それをこえてどちらの性に対しても、有限という観念そのものを拒絶し、ごくわずかでも無力だと疑念を抱くことを拒絶するのである。けれども、最近フランソワーズ・エリチエが指摘しているように、「歴史学的、人類学的知見によって判明したところによれば、被支配者たちを従属させつづけるためには力だけでは決して十分ではなかった――絶滅という手段に訴える場合をのぞけは――、イデオロギーの性格をもった他の抑圧装置が力に伴うことが必要だったのである」[53]。

男性支配と手を切ることはできるのだろうか。アイデンティティにかんする見方を変えて、アイデンティティを「男性的」か「女性的」かのなかに閉じ込めることなく、権力と性の錯綜した関わりをその深みにおいて問いただすべきである。必用なのは問題を政治化することであって、過度に逸話的な視角から問題にアプローチしてはならない。男性支配を縮小させることは可能だが、それを根絶することは不可能だろう。人種差別、暴力、残虐は全員一致で断罪されるが、ひそかに存続しつづけるのだ。

「新しいモデルは、教育をとおして……女性の人権に対する不公平や侵害に目を向けさせねばならない」とエリチエは主張し、さらにきわめて正当にもこうつけ加えている。このことは「男たちにとっても、自分をどう見せねばならぬかという義務からの解放となり得るし、支配と強制によって性を記す登録簿とは異なる何か別の登録簿のなかに、自己の完成を位置づけることにもなり得る……[54]」。しかしその後で彼女はこう警告している。「平等への到達が実現されるとすれば、それは、男性に対する「戦争」においてもぎ取った勝利によるのでもなければ――このとき男性はおのれを防御することしかできない――、支配的図式の視点からすると理解不可能であるような処罰によるのでもなく」、単なる交換をこえた「協力と調和によってなされるのである」。「人類は性的関係の階層化されたヴィジョンのうちに浸りきっているのだが、そこから人類が脱することがあるとすれば、それはたんに政治的な働きかけや客観的理性のみによってなされるのではない。……それは私たち自身に対する働きかけによってなされるのだ[55]」。

ここで必要になるのは、もはや傲慢な力でもなければ、ましてや弱者たちの力でもなく、忍耐を要する長い修練なのである。その修練は無力を承認し受け入れることを目ざす[56]。その修練は類の同一性のなかに、近似したものという問題を見分け、それを同質のものという問題から区別することを目ざす。ところが今日においては、いかなる無力もすべて現代的な個人主義のなかで負の刻印を押されてしまっている。そしてこの個人主義にはナルシシズムの文化が付随しており、そこでは、力や自己充足や傲慢といった価値が、十倍にとまでは言わぬにしても、強化されているのである。これらの価値は、男であるか女であるかには関係なく、異なってはいてもやはり同一の仕方で、一人ひとりにかかわってくる。このとき社会はつねに速度を増していく変化を体験しているのだが、その変化はたいていの場合理解することもできず、ほとんど制御することもできないがゆえに、重大な社会的、精神的、政治的問題に通じているのである[57]。

性的な自己同一性が大きく揺らぐ世界では、アルカイックな男性支配モデルから教訓を引き出して、それによって「徐々に従属から独立へと個人を導く道筋[58]」を描き出すことなど不可能だろう。とはいえ、性に関する差異を消去すべきだという新たな規範のなかに閉じこもることが望ましい道を作りだすかといえば、それもまた確実なことではない。というのも、差異を遠ざけることによって、アルカイックな支配的モデルの不平等と戦おうと望むことは可能になるかもしれないが、それと同時に、同質性や適合性や順応主義を促進することにもなりかねないからだ。

あらゆる差異が引き起こす恐怖に立ち向かうのなら、おそらく、それはむしろ、男であるか女であるかに関係なく一人ひとりのうちに存在する男性的なものと女性的なものの方へ向けてなされるべきなのである。

生命は単純ではない。男性的なものにおいても、女性的なものにおいても。さらに曖昧さも存在する。分割はかならずしも明確ではないのだ。差異はつねにはっきりしているわけではない。境界線は決して正確なものではなく、境界線の向こう側もしくはこちら側でも依然としてほとんど同じであったり、あるいはすでに少しばかり異なっていたりするのではないか。……ここではもっと正確に言うことにしよう。男は男性的なものからのみ作られているのだろうか。男性的なものは一人の男を完全に規定するのだろうか。[59]

男らしさは、この点に関しては理解していただけたと思うが、解剖学の問題とはなりえないであろう。

第2章　医学と向かいあう男らしさ

アンヌ・キャロル
（谷口博史訳）

男らしさを個人的および社会的に定義し表現しようとするとき、医学はどのような仕方で関与するのだろうか。本稿で選択されるアプローチの基盤となる公準によれば、医学は二つの標識をもちいて男らしさというものを定義する。すなわち、医学は男らしさに、一方では、個人としての男性性を追い求め、他方で、この男性なるものの性的な実行能力を要求する。二十世紀までこのような要求はおおよそ単純な判断基準に帰着していた。雄であるための解剖学的基準（適切な生殖器官の存在）と性的能力のための生理学的基準（挿入を可能にする勃起）である。したがって伝統的に医学は複数の資格で男らしさという問題に介入していた。たとえば男性かどうか不確かな場合の判定を行うさいには法医学や解剖学として、また、思春期における男らしさの開花や勃起のメカニズムを説明するさいには生理学として、さらに、性的能力の減退や欠如を治療するさいには治療学として介入してきたのである。

二十世紀になると、医学的知識の進歩がこうした標識を部分的に消し去り、これまで「自然なもの」とみなされていた境界や機能を問いただしはじめた。男性身体にかんして継承されてきた表象像のかたわらで、たとえば遺伝子やホルモンといった新たな科学的概念にもとづいて異なるモデルが形づくられたのである。けれどもこれらのモデルは、古いものの見方からの断絶や、あるいはその改善を生み出しているだろうか。さらに医学は性的機能にますます大きな関心を寄せつつある。これについては前世紀後半における性科学の躍進と普及がその証しとなる。性に関する知識がこのように蓄積されたおかげで、広く行き渡った性科学的な規範が生み出されているのだが、その規範は男らしさに対して、さらには男らしさを証明する仕方に対してどのような影響を及ぼすだろうか。個人の成長において性衝動の重要性が認められるようになったため、前世紀の末には不能が公衆衛生の対象になった。けれども治療学が提供するものは、こうした再定義やこうした変革についてきているだろうか。また逆に、治療学が提供するものは男らしさの定義および不能の定義においていかなる役割を果たしているのか。

ここで問題になる医学は学術的医学に限定されない。つまり学術的医学による発見や、専門誌における学術的医学の議論に限定されるわけではない。もっと広いかたちで、ほかによい名称がないのでやむなく「医療文化」とでも名づけておくことが可能なものに私たちは関心を寄せることになる。この「医療文化」は実験室から診察室へ、メディアへと進んでいき、ときには歪曲や逸脱や単純化といった代償を払いながらも共有された表象として広まっていく。こういってもよい、ここで問題になるのはたんに医学的知識のみではなく、医学知識が知覚され、新たに取り込まれ、実際に用いられるさいの、そのさまざまな仕方なのである。

I　男性性、男らしさ、性的能力——遺伝と医学知識の刷新

二十世紀医学における男性身体の表象のうち一部は過去から継承されたものであり、一部は刷新されたものであるが、継承は二つの源泉から糧を得ていた。液素説と機械論《メカニズム》である。これらが性の違いや、性的能力もしくは性的不能に関する説明を与えていた。こうした過去からの継承を内分泌学と遺伝学が混乱させることになる。男性的なものと女性的なものの境界はこれまで明白な解剖学的体制にもとづいていたのだが、それがあらためて新たな標識に基礎づけられることになる。その標識はより抽象的であり（遺伝子）、また、その基準にはときには段階的な性格が備わっているため（ホルモン）、男性的なものと女性的なもののあいだに連続体というスペクトルが生じたのである。こうした変動は男らしさの定義に影響を与えるだろうか。しかも性的能力のメカニズムに関する知識は、二十世紀の末になっていくつかの新たな理論が生み出されるまで、どちらかといえば貧弱なもの

でありつづけたのである。こうした好奇心の遅延をいかに説明すべきだろうか。

1 精液からホルモンへ——増減可能な男らしさ?

身体に関するかつての液素説的な表象は、男らしさおよび性的能力を血液と精液の豊富さ、さらにはその過剰にもとづいて理解することに帰着していた。それによると、精巣のなかで血液から製造される精液には身体を男性化する能力が備わっているとみなされる。すなわち、男性身体の場合であれば、使用されなかった精液の余剰分が血液のなかに逆流することによって(マスターベーションを断罪するために、ティソはそう説明した)。また女性身体の場合であれば、最初の性交渉のさいに精液が浸み込んでいくことによって。ここから若い女性は結婚によって男性化するという考えが生まれたのである。こうした考えは十九世紀においてはまだ広く受け入れられていた。

二十世紀の初頭においても、男らしさについてのこのような表象は完全に消失したわけではなかった。たとえば、ある小冊子のなかでフォコネ博士は思春期における男らしさの開花をまえにして驚嘆する。

生殖能力は、じっさい、男らしさのもっとも疑い得ない第一の証拠であり、まさにかかる能力なくしては、男らしさなどというものは存在しないだろう……。ここから帰結するのは、この男らしさが、大胆さや肉体的力や勇気ある寛大さを通して、雌に対する雄の優越を自然なものとして賦与するということである。これらの特質はすべて精液の分泌から帰結するのであり、かかる分泌こそ、動物という有機体にとって活力の基本要素であり、エネルギーの驚嘆すべき源泉なのだ。千もの明白な事実がそのことを証明している。(1)

同じころ、男性身体にかんするこうした残滓のような表象は内分泌学によってふたたび活性化されることになる。そして、多くの観点から、内分泌学は液素説とのあいだに新たなつながりを結んだように見える。

内分泌学の誕生は現代的な実験生理学の誕生と同時期のものである。諸々の器官の発達と機能を制御する物質を指し示すために、最初に「内的分泌」について語ったのはクロード・ベルナールだった。二十世紀の初頭に至るまで、一般的な医学的見解では、男性的性格に結びつく「内的分泌」の源泉は精巣だった。ずっと以前から去勢の効果、特に人間におけるその効果は知られていたし記述されていた。すなわち、外観および行動の女性化、性的機能の減退である。しかし、こうした分泌の性質に関しては、いくぶん混乱が生じていた。それは精液なのか、それとも精巣が作りだす他の物質なのだろうか。ある者たち、たとえばブラウン・セカールは一八八九年に精液図式と手を切り、活力と若さを取りもどすため精液ではなく精巣の粒子を実験的にみずからに注射した。当時の言い方をもちいるなら、この「腺質エキス」の効果が、次の世紀において広く普及する「臓器抽出液療法」の基礎となるのであるが、この療法については、あとでまた触れることにしたい。

二十世紀になったばかりのころに作りだされた「ホルモン」という語は、理論の上では、あまりに局所的すぎる考え方から抜け出すことを強いるものである。ホルモンとは「血液中を循環する化学的伝達者」(スターリング、一九〇五年)であり、その役割は文字どおりある特定の器官ないし機能を「刺激する」ことに存している。「内分泌学」は二十世紀の最初の三分の一のあいだに、「分泌腺」の複雑な地理を発見し(一九一七年)、そして、身体を循環して制御するホルモンの驚異的な広がりを発見した。性ホルモンも忘れられたわけではない。性ホルモンは一九二〇年代、一九三〇年代に抽出され、すぐに精製された。先に卵巣ホルモンが合衆国でつきとめられると――このホルモンを得るために必要な材料は産院や病院の婦人科でたやすく手に入ったのである――、精巣ホルモンもすぐにそれに続いた。一九二九年のアンドロステロン、それから一九三五年のテストステロン（合成はそれぞれ一九三四年と一九三五年）。ホルモンは思春期を活性化させる重要な要因とみなされ、それゆえ、少年にとっては、男らしさの獲得を活性化するための重要な要因になるとみなされた。性教育の教科書が書いているように、「生殖器の成長、声変わり、骨格の生育、筋力、性衝動など、要するに男性の二次性徴を支配し支えるのは性ホルモンなのである」[2]。また性ホルモンには、とりわけテストステロンの場合、性的活動を刺激する能力も割り当てられる。しかしまた、子宮内での性的分化にかかわる、もっと早い段階でのホルモンの役割も発見されている。六週まで胎児は性的に未分化状態にとどまっていることが十九世紀には知られていたが、一九四七年から一九五三年のあいだに、アルフレッド・ジョストは子宮内で精巣から分泌される男性ホルモンが胎児の生殖器官の形成を始動させることを証明した。これに先だつ精巣形成を説明することがまだ残されているが、それは今後遺伝学の引き受けるべきことがらであろう。

　こうして両大戦間期において、ホルモン・パラダイムが形成されることになった。初期の段階では、ものごとは比較的明確であるように思われた。つまり、一方には、卵巣で作られる女性ホルモンないし「エストロゲン」が存在し、他方には、精巣で作られる男性ホルモンないし「アンドロゲン」が存在する。性の定義がもはや単純に解剖学的なものではなくなったとしても、解剖学は間接的に介入しつづける。というのも卵巣と精巣は分泌腺として、胎児において、また思春期や、さらにはそれ以降の時期においても性的分化の原動力でありつづけるからである。疑いなく精巣が男らしさを基礎づけるのだ。

　しかしながら果実のなかには虫が巣くっていた。それも、いくつもの理由で。内分泌の地形図は予想よりも複雑であることが判明したのである。たとえば副腎や下垂体のように、一般的な腺でありながら性ホルモンを分泌するものもある。さらに、二項的で安定した基準（外性器の有無）が、量的な変動を被る可動的な基準（ホルモン）に移動したことで、両性間の境界にも不明瞭なものが入りこんでくる。一九二八年に、外科医のダルティーグは幾人かの患者の性別が不明確であることに直面して、次のような困難を証言している。

精巣には二つの機能がある。一方の機能は射精し生殖を行なう外向的なものであり、もう一方の機能は内向的なもので、内分泌‐血液、ホルモンにかかわり、有機体が調和し均衡するために働く。これと同様に、ホルモンの機能にかんしても、dosal〔容量的〕な問題があるのかもしれない。dosalなどという語を用いることを許していただきたい。私の考えをよりよく理解していただくためなのである。dosalな問題とはすなわち、ホルモンバランスの均衡が崩れることによって、有機体は自分の側の性にも反対側の性にも傾くことがありうるということだ。つまり、ホルモンの分泌のみをとりあげて、そして純粋に精子に限定された側面を除外してしまうならば、機能のうえで、男性的である以上に女性的な、――あえて言うなら――睾丸的である以上に子宮的な精巣というものが存在していて、身体的‐心理的な性的均衡を回復するためには、そのような精巣を男性化することが必要になるのかもしれない(3)。

じっさい事態は、男性身体に女性ホルモンが存在し、女性身体に男性ホルモンが存在するということによってさらに複雑なものになっていく。そのためテストステロンは女性においても製造されていることになり(4)、閉経によってエストロゲンの製造が減少すると、その分「男性」ホルモンに活動の余地が生まれるのである。ずっと以前から観察されてきた更年期における男性化はこのように説明される。二つの性がどちらも二種類のホルモンを製造するということになると、度合いの問題はさらにいっそう先鋭化する。ところで、二十世紀の末以来、統計学的見地から見ると、男性比率と女性比率のあいだには有意味な断絶などないことが知られている。つまり――二種のホルモンという区別を依然として用いなければならないと仮定したとき――この二種のタイプのホルモンの比率の隔たりは、異性間の場合よりも、同性の二人の個人間の場合の方が大きいのである。こうして、男性性には、まして男らしさには、実際に曇りが生じることになった。

しかしながら、一般に共有された表象においては――それはときには学術的なものでもあるのだが――、以上に述べたようなニュアンスを統合することにとても苦労しており、場合によっては、まったく統合することができず、そこでは男らしさとテストステロンが大まかに結びつけられてしまう。ホルモン・パラダイムの適用は安易になされてしまったのである。ある視点から見れば、男性化の因子としての精液にテストステロンが取って代わっただけでしかない。一九六〇年代の性科学者たちは、ほとんどつねに「内分泌腺の異常」を訴える不能の患者たちを描き出しており、それらの患者たちによれば、この異常こそ「男らしさの減退」の要因なのだった(5)。じっさい今日においても、一般に広まっている考え方にしたがうなら、依然として、テストステロンが身体のなかに濃密にいきわたっていればいるほど、男性は男らしくなるのである。たとえば筋肉の厚み、声の低さ、体毛の過剰はテストステロンの豊富さを表しており、それは禿げの場合と同様であって、禿げはずっと以前から男らしさの印とみなされてきたのである（そして実際にテストステロンの分泌と結びつけられている）。さらに「テストステロン」という語は、かつてのヒステリーと同様、日常の言語のなかに入り込んで、いくつかの行動や外観と結びついてしまった。そのため、マッチョやスポーツ用更衣室に関して、それらにはテストステロンがあふれているなどという言い方がされる。スポーツという、男らしさのこの上ない実践は、ボディビルダーたちの異常発達した筋肉を見せびらかし、人工的な男性ホルモン(タンパク質同化ステロイド〔筋肉増強剤〕)を投与されたアスリートを見せつけ、著名な女性スプリンターたちの口の周りにはほのかな口ひげの影を作りだした。こうしてスポーツは男性ホルモンと男らしさの結合を媒介することに貢献したのである。

それに加えて、科学は、行動に対するある種の効果、とりわけ攻撃性に対するある種の効果をテストステロンに帰着させるという誘惑にかられた。攻撃性とは、進化論のシナリオにおいては雄に固有の特性とみなされていたのである。(6) 最近にいたるまで、犯罪に関する生物学的決定論の研究はこのホルモンの道を探索していた。かくして性的な意味での捕食は――これは男性的攻撃性が二乗されたものであるが――、男性生殖腺の過剰なまでの豊富さに由来することになる。十九世紀の末以来アメリカ合衆国で行なわれ、今日世界中のほとんどいたるところで提案されている性犯罪者の去勢は、以上のような側面を取り入れているのである。(7) ただし、化学的去勢が推進されたことによって去勢の処置は医療化され「緩和化」されてはいる。初期にあっては、化学的去勢はエストロゲンを投与することであった(これはおもに性的倒錯や同性愛の精神医学的治療という枠組みのなかでなされた)。一九七〇年代末になると、新たな方策が実施されるようになった。それは薬物を用いてテストステロンの産出を抑制するというものであった。化学的去勢はアメリカのいくつかの州で性犯罪者に対して行なわれており、その導入の是非が現在ヨーロッパで議論されている。また以上と同様に、内分泌学の創生期以来、性的方向決定とホルモン比率を一致させたいという誘惑も大きなものであった。(8) もちろんどのホルモンでもよいというわけではない。テストステロン――男性の、それゆえ「行動的な」ホルモン――がほとんど独占的に性を決定する役割を果たすのである。その不足が男性にあってはホモセクシュアルの傾向を引き起こし、その過剰が女性にあってはレズビアンへと導くことになる[9]。

二十世紀の末には男性休止 andropause という概念が作り出された。これに対してはいまだ異論が唱えられることがあるにしても、この概念はホルモン・モデルが男らしさの定義を支配していることの最新の好例である。女性の場合では閉経 menopause はつねに生殖能力の喪失と定義されてきたのに対し、男性の場合では、医学は複数の標識のあいだで迷っており、対称性を勘案すれば精子製造能力ということになるであろうが、しかしいずれの標識もこの能力に依拠してはいないのである。この「年齢に結びついた雄性ホルモンの減少」は生殖能力の欠如よりも、男らしさ――すなわち性的能力――の喪失に由来するのである。それゆえ、この減少を検知するために、血液中のテストステロンの量が用いられるのだ。それにひきかえ、テストステロンの性欲亢進作用に関してはずっと以前から知られているのに、閉経後の女性にそれを投与することに対しては強いためらいが残っている。

したがってホルモン・パラダイムは諸々の表象のなかで男性性と女性性のあいだに一種の連続性を築くことに貢献する一方で、それと同時に男性性と男らしさのあいだにも連続性を築いてしまったのである。男性ホルモンが男性的なものへ導く。しかし男らしくなりうるのはテストステロンを十分に得た男性のみということになってしまった。思春期におけるテストステロンの過少分泌(性器発育不全)、成年期におけるテストステロンの濃度不足、年齢に伴うテストステロンの減少、これらが男らしさの減退を引き起こすことになる。だとすると、男らしさとは、ホルモン的に過剰な男性性のようなものだということになる。これをフォコネは直感的にこう表現した。「男らしい男とは男性性器にもっとも似た男のことである[10]」。

2 男らしさの遺伝学

遺伝学もまた、より最近のことであるが、男性的なものと女性的なものというカテゴリーをとおして男らしさを問いただすことに貢献した。細胞核の染色体の構造は二十世紀の初頭には知られていた。しかし人間に関する研究はなかなか進捗しなかった。人間の染色体はサイズが小さすぎて、電子顕微鏡が使用される以前は観察するのが困難だったのである。それゆえ二十世紀の半ばまで人間の染色体の数と構造は推測の域を出なかったのであり、四十六個の全体が明確に解明されたのは、ようやく一九五六年になってのことであった。男と女では二十三番目のペアが異なっており、女の場合はそれが二つのX染色体によって構成され、男の場合はX染色体とY染色体の組み合わせによって構成される。したがってY染色体の存在が男を作り出す、という結論が引き出された。

ホルモンの場合と同様、こうして科学は初期の段階では両性間の還元不可能な差異を立証したように見えた——それにしても何というやり方だろうか！——。すなわち、差異は、身体の各細胞の中心に微細な印形のように刻み込まれているのだ。こうした差異は性的分化に関する胎児形成の理論によって補強された。性的には未分化な胎児がどちらかの性へ成長していく理由は謎とされていたのだが、Y染色体の発見がその説明を提供してくれたのである。胎児の精巣もしくは卵巣から分泌されるホルモンが将来の幼児の表現型を形成するに先だってY染色体の存在が精巣の形成を促す、と信じられたのである。Y染色体が無い場合には、胎児は卵巣を作り出すことになる。したがって性の決定は二段階にわけて行なわれる。遺伝子の差異にもとづく根本的な第一段階が、「なだれ」現象によって、生殖腺に係わるホルモン的な第二段階を引き起こす。ジェンダー・スタディーズは、このように組み立てられたシナリオが、どれほど女性の役割と男性の役割の社会的かつ文化的分割をまたしても再現するものであるかを、当然のことながら力説した。Y染色体は積極的で創造的な染色体と定義され、X染色体はいわば受動的に、欠損的に、女という性を生み出すのである。このような「自然な」見方がおそらくは女という性の決定に関する研究を凍結ないし、少なくとも遅延させることになった。というのも女という性は出来事の不在に思えたのである。[11] じっさい遺伝学者たちがもっぱらその正確な位置解明に取り組んだのは、一九六〇年代以降では精巣決定因子（TDF）であり、一九八〇―九〇年代ではY染色体領域性決定遺伝子（SRY）だった。

しかしながら二十世紀の末そして二十一世紀の初頭において、こうした自明性の体制に陰りが生じることになった。当初人々が思っていた以上に、可能な遺伝子の組み合わせははるかに広大だったのであり、かつ、その複雑な組み合わせの実例も広範に見られるものだったのである。XO、XXX、XXY、XYY、XXYYという型の人間は数多く存在し（出生の二%は「半陰陽」の型と推定される）、そして表現型と遺伝型はかならずしも一致しないのである。それゆえ女性の表現型をもつXYの人もいれば、男性の表現型をもつXXの人も存在することになるだろう。またSRYが性決定の唯一の因子であるということも確実ではない。性決定はもっとはるかに複雑な相互作用から帰結するのであって、そうした相互作用においてはX染色体も完全に積極的なものとなるはずである。[12]

けれども遺伝子の概念はホルモンの概念よりも抽象的だったので（ホルモン概念は体液に関する古い伝統のなかに反響を見出した）、ホルモンの場合のように学術的な教養から通俗的な表象へ拡散していくことはなかった。たしかに、スポーツはホルモンの場合と同様、この種の伝播を少しばかり促進した。じじつ一九六八年には過剰なまでに男らしさを備えた女性選手の性別を決定し、それによって不正行為を防止するためY染色体の確認が国際オリンピック委員会（およびそれにつづく大部分の各国の機関）によって公式に採用される手段となったのである。[13] しかし一九七〇年代から八〇年代にかけて遺伝子にもっとも広範な宣伝効果を与えることができたのはおそらく社会生物学だった。生物学のこの分野に対しては多くの疑義が表明されているのだが、この社会生物学は、人間の行動を――社会的なものも含めて――「自然の」決定論、とりわけ遺伝的な決定論によって説明することを目指している。その場合、ホモセクシュアルの原因をXXの核型に求めたり、攻撃的行動に結びつく遺伝子を「自然に」Y染色体上で捜し求めたりするのは魅惑的なことなのだ。あるいは、もっと簡単にいうなら、いわば過度に単純化した量的論理を遺伝学に適用して、たとえばXYYの症候を備える人(つまり、四七番目の染色体の型が「男性」である人)は男らしさの昂進をあらわすと想定されることになる。一九六五年、『ネイチャー』誌でイギリスの遺伝学者パトリシア・A・ジェイコブは刑務所内で行なわれた研究の結果を発表した。それによると、XYY症候の頻度は、ノーマルな人びとの場合では〇・一%であるのに対し、刑務所では三・五%だった。Y染色体は、それが過剰なとき行きすぎた攻撃性を生じさせるという考えを広めるには、それ以上のことはもう必要ではなかった。たとえ後の研究がこの仮説を否定しても、その考えは消えないのである。たとえば大ヒット映画「エイリアン3」(一九九二年)では、物語は星間監獄で繰り広げられるが、そこには超暴力的な――特に性的な――犯罪者たちが収監されており、彼らはみなXYYの核型の持ち主なのである。

したがって遺伝学は男らしさの諸表象をくつがえすことはなかった。初期の段階では二進法的な解読格子を提供することで(ひとはXかYである)、遺伝学は性的差異を補強することさえしたのであり、後年の見直しもこの差異を揺るがすことはない。

3 勃起の仕組み――血液、線維、神経

医学研究は性的差異の問題をとおして間接的に男性性と男らしさの関係を問いただしたけれども、男性的能力

とその不能に関する生理学に対してはあまり関心をしめさなかった。何が勃起を引き起こすのか。何が勃起を持続させるのか。勃起作用には、いかなる器官、いかなる機能、いかなるシステムが関与しているのか、また、それはどのような様態においてなのか。血液と線維に主要な役割を付与する旧式の論理は、多少なりとも刷新されたかたちではあるが、二十世紀になってもしっかりと存続していた。しかし勃起のメカニズムの複雑さがじっさいに探究され理解されたのは、ようやく二十世紀の末になってからだった。この遅滞の理由をどう考えるべきだろうか。

体液をもとにした身体の表象体制は勃起を充血だとみなした。しかもそれによると多血質の人間はもっとも男らしいとされたのである。さらに十七世紀以降には、陰茎海綿体に血液が流れ込むことによって、充血が引き起こされることは知られるようになった。このような血行力学的な見方に、十八世紀は機械論に着想を得た説明モデルを付け加えた。そのモデルは、緊張することで運動と生命を養う線維の重要性を説いた。勃起に、筋肉線維が参与することになったのである。筋肉線維の不随意的緊張がペニスの硬直を引き起こすと同時に、静脈の部分的ないし全体的な収縮を引き起こして、血液の放出を妨げるのである（サントリーニ）。十九世紀になってようやく、交感神経と副交感神経といった神経系の複雑な役割が明らかにされた。つまり性的能力は意志に依存するのではなく、脳や脊髄を作動させる多様な要因に依存しているのである。一方で「精神的なもの」は肉体に働きかけて、勃起を引き起こしたり抑えたりすることができる（このことは、ずっと以前から知られていた）。他方、勃起は反射作用からも生じる。心的要因（読書、夢）あるいは感覚的要因（映像、臭い、接触）が男性機能の反応に影響を与えたり、あるいは逆に反応を阻害したりすることができるのだ。

二十世紀はこれらの遺産を否定したわけではない。男らしさに関する現行の表象体制において血液は中心的なものでありつづけている。したがって、多血質はもはやほとんど問題になることはないとしても、性的能力はつねにまず流れと血行力学によって説明されるのである。『ラルース医学事典』は一九二五年に勃起を、次のように定義した。「勃起組織に血液が流入することで柔らかい器官が固く強ばった器官に変化すること」[14]。

同様に、おそらくは女性的な緩慢さと対比して硬直というものが男性的なもののカテゴリーに通じているために、線維の「硬直」という古いモデルのうちの何がしかが存続し、それが学術的な説明にも、一般的な諸表象にもまとわりついているのである。じっさい勃起のメカニズムは、フランソワ＝フランクの研究にもかかわらず、二十世紀においてもよく知られないままだった。かりに勃起のうちに血液の流入を見ることにだれもが賛同したとしても、この流入の原因、そしてとりわけ流入が持続する原因——あるいは、こう言った方がよければ、静脈へ還流することが妨害される原因——は未解決のままであり、そして、実をいうと、ほとんど研究されていないのである。動脈と静脈はそれぞれどのような役割を果たしているのか。一方の血管は拡張して、もう一方は縮小するのだろうか。それは能動的な現象なのか、あるいは受動的な現象なのか。性的不能者たちの静脈への「漏出」（漏出とは男らしさの対極の性向ではないだろうか）が不安をかりたてて、修復手術が行われるまでになった——この点については後述する——。しかし信頼に足る研究が存在しないため、類推による推論もしくは「自然な」なりゆきのようなものによって、かかる留滞の説明は、オーガズムのさいの痙攣的な解放で終わりを遂げる硬直によって説明されるようになってしまった。神経組織によって統御される血液は陰茎に殺到し、動脈の拡張を引き起こし、収縮——確かに無意識的ではあるが能動的な収縮——によってのみそこに留滞することになる。したがって勃起は二十世紀の大部分のあいだ充血と、神経的かつ筋肉的硬直との混合として理解されたのである。

この男らしい硬直というイメージは性に関するステレオタイプにあまりにも適合していたため、とうぜん一般的な諸表象のなかにも受け入れられた。たとえば、男らしさは筋肉の強度と通じていて、それは体育によって獲得されうるという通俗的な発想にも、このイメージがまとわりついている。男らしいということは「股間、尻、胸、脚、腕、手、首、頭といった必要なところに筋肉」[15]をもっていることではないのか。動脈が筋肉組織で構成されていないことが周知のことがらとなっても、勃起の場合には動脈は依然として硬直というイメージを提供しつづけており、この硬直の度合いと持続が、連想によって、力と対応していると思われているのである。しかも射精は筋肉収縮に由来する。強い男はバネのように筋肉を「緊張させるbande」、男らしい男はとにかく「勃起するbande」のだ。ボディビルダーたちは必ずしも医者ではなく、「心身医学のドクター」マルセル・ルエ〔一九〇九―八二。フランスの美容健康に関する著述家〕のような人物をまねて医学の周辺海域を行きかう者たちなのだが、彼らは以上のような考え方を二つの側面から支えることに貢献したのである。まず彼らは性行為を成功させるために必要な身体能力というものに執着した。それから彼らはペニスを、その成長が身体全体の美的調和とかかわりを有する器官として呈示した。前者の場合では、性交は「運動」と比較され、筋骨逞しい《アスリート》者が虚弱な者に対して優位を占めることになる。そのパフォーマンスは持続時間と、発せられる精液の量、さらには「射精距離」によって評価される。男らしさは俗に信じられているように鼻の大きさから読み取れるものではなく、硬さ全般の指標であるこぶしの力強さから読み取られるものなのだ。他方、筋肉組織の調和した発達は男性器官の大きさと張度にその反響を見いだすにちがいない。『男らしさと性的能力』という著作のなかのあるパラグラフで、ルエは理想的なペニスを描き出しているが、それは競技選手の身体との換喩からなる論理に従っている。

美しくあるためには、男性器にも、人間の平均に固有の最小サイズがあるはずだ。この人間の平均に関してはすでに先に述べた。陰茎と亀頭の比率は調和的でなければならない。つまり、亀頭の直径は勃起時の陰茎の直径よりも少しだけ大きなものでなければならない。勃起時の性器は反りのある軽い曲線を描く。……十四センチの長さをこえて、この比率がたもたれるとき、勃起した男の性器はその調和のみで女性を誘惑することができる。露出した攻撃的な亀頭は滑らかな光沢のある様相を呈し、その濃いピンクの色合いは異性の欲望をかきたてる。それに対して、しぼんだ性器の場合、亀頭も小さく、不恰好で、生白い色調なので、異性の欲望を消してしまうだけだ。(16)

ここでもやはり神経的硬直とのアナロジーが働いている。活力一般を表現する男らしさは、最終的には、鉄の意志によって制御されうるのだ。不能者には力と神経インパルスが欠けている。早漏の男には耐久力と神経統御が欠けている。性的不能を回避するためには、「ペニスの筋肉を硬くする」(17)ことが必要ではないのか。

こうした「硬直」モデルが説得力を有していたために、おそらく、勃起のメカニズムの解明は遅れることになったのである。ようやく一九八〇年代になってから、勃起メカニズムは予想外の新たな神経血液図式によって説明されることになるのだが、この図式は性に関するカテゴリーに合致したものではなかった。こうした変化は、一九八〇年にヴィラーグ博士が手術をおこなうために患者の海綿体にパパベリン(筋弛緩剤)を注射したところ、思わぬ結果が生じたことに端を発している。そのときまで不能者であった患者が立派に勃起したのである。この偶然の発見は勃起の生理学の研究をふたたび活性化した。これらの研究が証明したのは以下のようなことがらである。かつてのひとびとが「自然に」考えがちであったように勃起は硬直から帰結するのではなく、反対に、海綿体の胞状部分の平滑筋がまず弛緩することが不可欠で、勃起はその帰結なのである。この弛緩は副交感神経によって命じられる。反対に、通常時の萎んだ状態は筋肉の収縮に由来している。筋肉が収縮して、血液がペニスに流れるのが妨げられる。言い方を変えるならば、男らしい剛直は柔弱や安楽から生まれるのだ。このような新しいモデルは男らしさの表象体制に対して潜在的な影響を及ぼすのだが、その影響は目に見えるものになっているだろうか。モデルの新しさを考慮するなら、その点については疑わしい。たしかにこの潜在的影響は、不能というものを取り除くべき「ブロック」だとみなすある種の言説と合致してはいる。だが、そのさい問題にされるのは心理的ブロックであって、生理学的なブロックではない。かくして私たちは男らしさに関する別の医学的アプローチに入りこんでいくことになる。それは器官的というよりもずっと心理学的なものであり、これによって性科学の開花が実現したのである。

Ⅱ　性科学が問う男らしさ

二十世紀には、じっさい性は医学と緊密に結びついたある学問の対象となった。それが性科学である。[18]十九世紀におけるその先駆者たちはむしろ逸脱行為の方に関心を寄せていたが、二十世紀になると性科学は無意識の深みを検討した。それから性科学は通常の行為を検討して少しずつその内奥を暴いていき、一九七〇年代になるとメディアの空間をうめつくすようになった。性科学は二つの水準において男らしさの構築に介入した。一方で、性科学は性の秘められた私的な性格と手を切って、様々な実際の行為に関する情報を与えた。他方、性科学はこれらの情報を通じて行為を改変することに貢献し、様々なモデルや別の選択肢を提供したり、あるいはそれらに対する抑制を解除したりした。このように性科学の飛躍は「性の解放」と分かちがたく結びついており、性科学はその原因であると同時に結果でもあるのだ。医学的な査定を得て、性科学は一個の規範を構築した。では、男らしさに関する命法はその内容を変更したのだろうか。

1　男らしさと性科学――心的なものから社会的なものへ

心的ファクターが性に関係することはずっと以前から知られていた。たとえば不能の厳密に身体的な原因と、当時の言葉を用いるなら、その「精神的」原因が多岐にわたって競い合っていたことを知るためには、「快楽の調和」[19]に当てられた十九世紀の膨大な資料を読みなおしてみれば十分である。それゆえ、男性の欲望が心的なものの支配下にあって、単なるメカニズムには限定されえないであろうということ、この点に関しては疑う余地はないように思われていた。

しかしながら、この心理学的な局面は第一次大戦後のフロイト理論の普及によって拡張されることになる。現代的な性科学の構築における基礎的な役割は、通常、このウィーンの精神科医に、とりわけその『性欲論三篇』（一九〇五年）に帰せられる。フロイトは幼児の性欲の存在を主張し、それにより生殖の命令から性をきっぱりと切りはなした。これ以後、性を推進するのはリビドー、欲望となる。この幼児性欲がどのように生きられるかが、成人の性的な健康を条件づける。フロイトは性の成熟に複数の時期を定義し（口唇期、肛門期、性器期）、性器期の一段階として自慰を復権させた。こうしてフロイトは、ついでながら――男らしさの問題においても――重大な結果をもたらす区別を導入する。すなわち、自慰によるクリトリスのオーガズムと、挿入によって得られる膣のオーガズムとの区別である。

しかもフロイトは、フリースやヴァイニンガーといった彼の同時代人と同様、各々の人間存在は出発点においては、身体的にも、そしてとりわけ心的にもバイセクシャルであることを確信していた。しかしながら性的差異が知覚されるときの基盤となるのはアンバランスな啓示なのである。すなわち、ペニスの存在が男性性を定義し、ペニスの不在が女性性を定義するのだ。女性性は欠如から、虚ろなものとして生まれるのである。男らしさの地形図では、ペニスは精巣と競い合っている。ペニスをもつかもたぬか、それが問題だ。女子にとってこれは悲痛なことであり、この根本的なコンプレクスは母性や献身のなかに解決を見いだすことができる。男子にとってこれは不安に満ちたものである。たしかに男子には性的能力が付与されるのだが、母親に対するエディプス的欲望を罰するものとして、去勢が男子にはつきまとうのである。

より一般的な言い方をすれば、フロイトの考察は性のなかで無意識という問題を提起して、そして、純粋に生物学的な見方に対し、性に関する心理学的アプローチを強化するのである。それゆえ同性愛も生得的なもの、ホルモン的なもの、さらには遺伝子的なものに由来するのではなく、成人としての男らしさに到達できていないということを表すようになり、この場合、少年の欲望が母親に固着したまま不可能な同一視にまで至っているのである。男性の不能がその起源を見いだすのも、幼年期の性のなか（しかも非常にしばしば不能は潜在的同性愛に由来するものと表現される）、あるいは文明による災いのなかということになる。近親相姦となる対象に固着すると、通常の文脈での男らしさの発露が不可能になると同時に、美徳（母親、妻）か悪徳（娼婦）かという選択しか男に与えない西洋的ダブルスタンダードもまた不可能になってしまうのである。

こうした考え方は医学界においても両大戦間期以降ひろく行きわたった。性交能力と想定されたものに関して、一九五〇年代に精神分析家たちは一種の絶頂期を迎える。彼らは男性たちのなかで――そこには強迫的なプレイボーイたちも含まれていたのだが――潜在的な不能を暴きだした。不能の定義や罹患率の想定は目がくらむような勢いで広まり、それとともに不能は心的な性格のものであるという確信が断言された。バーグラーによれば、「全症例の九九・九％は心因性の不能者である」[20]。しかも、このオーストリア生まれのアメリカの精神分析家は「ペニスの神経症」とか「男らしさの心因的障害」について語るのを好んだ[21]。男らしさがあやふやな男たち（抑圧された同性愛者、不能者）は精神分析的治療を受けることになり、その成功の度合いは性的成熟がいかなる時期にゆがんだかに依存する。「男根期」の場合であれば、バーグラーは六―八カ月のあいだに一〇〇％治癒すると約束する。「口唇期」の場合には結果はより不確定になり、うまくいけば二年で半分のケースが快癒する。

フロイト理論はまたある程度の単純化という犠牲を払いながら通常の医師たちの診療室のなかにも広まった。このような心理学的なアプローチはあまりにも魅惑的なものであったため、一九八〇年代に至るまで、大半の治療士たちはためらうことなく不能の症例の九割以上を心因性とみなした。しかしながら第二次大戦後にみずから性科学者と称した者たちのすべてが必ずしも正統的な精神分析家であったわけではない。いや、むしろ実情はぜんぜん違うものであった。じっさいに彼らが行なったのは、精神分析から診断と治療を借り出して、それを切り貼りすることだったのである。一般向けの著書のなかでヴァシェ博士はこう説明している。「ほとんどつねに不能はとりわけ心的な原因を有している……。不能者たちは、きわめて多くの場合、想像力の病気の被害者であり、この病気の起源は幼年期の感じやすい時期にさかのぼるか、あるいは成年になって一過性の抑鬱のせいで発症するのである」[22]。事実、精神分析は機能障害の「精神的治療」を刷新したというよりも、それをいま一度正当化したのである。一九五一年にある性科学者（泌尿器形成科医）が強調しているように、「経験や病人との接触によって獲得された心理学の単純な常識さえあれば、たいていの場合、不安にかられた者や過敏になった者のうちに抑制的に働く外傷という原因を照らし出すのに十分なのであり、そうした者たちにおいては身体的な基盤も同時に変更を加えられるのである」[23]。

したがって、普及版のフロイト主義が鼓吹したのは、言葉に基礎をおき、ときにはより生理学的な薬物投与によって補完されるような治療法であった。その原則は単純であって、すなわち、患者に話させ、患者に自分を打ち明けさせて、記憶のなかに埋もれている最初の外傷を見つけることである。さまざまな斬新な手法、たとえば一九四〇年代のアメリカの軍事医学が実施した後退催眠なども、病因である記憶を呼び起こすために試された。こうした治療は、知れば治るという確信に賭けているのである。つまり、最初の不能の理由を突き止めることができれば、縛られた綱をほどくことができる、あるいは少なくとも、男らしい自信を得るためのプロセスを再開することができるだろう、というのだ。しかしながらプラグマティズムの信奉者たちはそこに補完的処方をつけ加える。たとえばホルモン治療が処方され（これはときにはあからさまに自己暗示を目的として勧められる）、さらには、性行為の条件づけを解除するために性的パートナーを変更することが処方されるのである。

一九六〇年代までは、必ずしも全員一致というわけではないにしても、性科学において精神分析的アプローチが堅固な地盤を占めていたのだが、そこには徐々に性現象に関するより社会的かつ文化的なアプローチがつけ加えられていった。現代の性科学が行なっているのは、そうしたアプローチなのである。

フロイト的方法とは異なって、現代の性科学は臨床例を詳細に観察することによって築かれるのではなく、むしろ一九二〇年代以降では、合衆国で実施された、通常の性行為に関する統計調査にもとづいている。かくして二十世紀を通じて「普通の」性に関する知識が構築されていくのだが、これは十九世紀から伝えられた婚礼の衛生学とも一線を画するものであった。というのはこの衛生学の内容はあからさまに規範的なものだったからである。生物学者のレイモンド・パールは二五七人の男性を対象にして行為の頻度のデータを集めた。さまざまな医とはいえ師たちや婦人科医たちもこの種の調査を男女どちらの性にも、また他の様々な質問へと広げていった。とはいえもっとも野心的な企ては動物学者アルフレッド・キンゼイのものであった。一九三八年にキンゼイは男性を対象にして（彼は十万人の証言を集めようと考えた）、同時代人の性行為に関する広範なリサーチを試みたのである。その結果は一万二千以上の聞き取りにもとづいており、簡潔に『人間男性における性行為』と題されて一九四八年に刊行され、大きな反響を得た。キンゼイ・レポートはこれまで――とりわけピューリタン的なアメリカでは――語られることのなかったことがらを目に見えるものにするのに貢献した。それは性の問題を公共の場所に据え、手袋を裏返すように内密の領域を裏返してそれを科学の対象に変えたのである。自慰のような行為はありふれたものであり実際は無害であること、あるいは過度の性欲が不能の原因にならないことを、キンゼイ・レポートは数値を背景にして証明した。性行為はもはやたんに個人的なものであるだけでなく、社会的なものになったのだ。男らしさはもはやたんに無意識のなかでのみ築かれるのではなく、集団的な次元に書き込まれるのである[24]。

第二の重要な段階は、一九六六年、医師のウィリアム・マスターズと心理学者のヴァージニア・ジョンソンによって合衆国で実施された調査の刊行とともに始まった。『人間の性反応』は男女並行して研究され、男女両性における性交およびオーガズムに関する網羅的で科学的な研究成果たろうとした。著者たちは性交の段階の基準となる記述（興奮期―高原期―オーガズム期―解消期）を定めた。オーガズムが新しい性科学の中心となり、さらに性科学は「ノーマルな」関係、すなわち一夫一婦主義的で異性間の関係に関する科学とみなされた。性科学が集中して取り組んだのはオーガズムの獲得であり、それも、自分にとってであるとともに相手にとってのオーガズム、できるかぎり両者に同時的なオーガズムの獲得であった。というのも「今日においては、それゆえ、性愛行為の最後のエクスタシーとオーガズムによるショック状態は、精神的かつ性格的な平衡を得るためには不可欠な条件とみなされており、そしてそのような平衡こそが人生を浄化し、幸福にし、楽天的にし、容易にしてくれる[25]」からである。「オーガズム」は日常言語のなかに入っていったが、それには困難がなかったわけではない。そのことを、六〇年代末のダブリンの下町を舞台にして「オーガズム」を追い求める二人の女性を描いたアンジェリカ・ヒューストンの映画「アグネス・ブラウン」がユーモラスに示している。もう少し大まかに言うなら、セックスは成功の印になったのである。セックスは「成功や安定や力と同一視されるほどの価値を付与された[26]」。ある種の者たちにとって、「このことは男らしさが優位するわれわれの社会においてとりわけ真実である。男らしさは男性における純粋に生理学的な諸々の可能性に還元されるわけではない。それだけでなく、男らしさは男性のうちに識別される主要な性格、たとえば活力、気骨、勇気、決断力の総体をも指し示す[27]」。女性の性（一九七一年）と男性の性（一九八一年）に関するハイトのレポートは質問表にもとづくもので、やはりこの新たな性的知識を補完し普及させるものであった。

じじつ性科学はこれと同じ時期に、制度化され、メディアに広まり、商業化したのである。ほとんどのアメリカの大学は一九六〇年代の末までに講座を設置し[28]、ヨーロッパではキンゼイの本、マスターズ&ジョンソンの本が翻訳された（フランスでは一九四八年と一九六七年）。アメリカの研究に着想を得た調査は一九七〇年代のヨーロッパでも引きつづき行われ[29]、性科学の学会がいくつも結成されたり再結成されたりして刊行物を発行した。最初の国際会議は一九七五年にパリで開催された。この表明は多くの専門家を再結集させた。そこには伝統的に性の問題に参与してきた者たちもいれば、また反対に、未開拓分野を求めたり、科学的な正当性を求めたりする者たちもいた。泌尿器科医、性病科医、婦人科医、精神科医だけでなく、また心理学者や精神分析家たちが集まり、さらには山師たちや「セックスのディアフォワリュス〔モリエールの『病は気から』に登場する医者[30]〕」たちが大学教員や傑出した病院長たちのあいだにもぐり込んでいた。じじつ潜在的なマーケットは有望だったのである。一般向けや性教育の著作の刊行はあいつぎ、本物のベストセラーになった[31]。性科学的療法は多様化し、ついには個人もしくはカップルを対象にしたセックスセラピーに行き着いた。これは多かれ少なかれ、マスターズ&ジョンソン・クリニックで実施されている治療法に着想を得たものであった[32]。これらのセラピーは不能と不感症を治すためのものであり、たいていの場合、自分の身体の発見か、行動心理学による条件づけの解除か、あるいはその他のより大胆な手法にもとづくものであった。こうしたセラピーは、落ち目であった精神分析的治療に期待できるものよりも、もっと早く、もっと苦しくない治癒を約束することによって、その成功を確かなものにした[33]。新聞や雑誌はこの種のテーマをふんだんに取り上げ、教化的使命と商業的戦略を融合させた。要するにセックスは売れたのである。女性誌はセックスに多くのページを割くことを常態化し、いわゆる「男性」誌もこれをまね、セックスのテクニックやソフトなポルノをより中心的にあつかうようになった。一九六七年から一九八一年までルクセンブルク放送局で放送されたメニー・グレゴワール〔一九一九―二〇一四。フランスのテレビ・ラジオのパーソナリティ〕のラジオ番組は前例のないほどの成功を博し、一九七〇年以降は、性に関するテクニックのあらゆる側面を扱った（たとえば、一九七三年以降の「性の責任」）。男性リスナーも女性リスナーも番組の女性パーソナリティに手紙を書いて自分たちの問題を知らせ、そしてそれらの問題は医学の「専門家」や性科学者や精神分析家の立会いのもと番組中で議論された[34]。一九七二年には世界保健機構が「性の健康」という楽園的概念を創出し、これは以後普遍的な権利とみなされた。

したがって、性の営みに関する知識は戦後に築かれたのであり、それは医学的な情報（器官と段階の視点からの性行為の記述）、社会的な情報（性的な諸行動）、心理学的な情報（欲望のメカニズム、愛による高揚）をまとめあげた。このような知識は男らしさのイメージや実際の男らしさにどのような影響を与えたのであろうか。

2 規範と男らしいパフォーマンスの再定義

性科学は広く一般の人々に生殖に関する解剖学的知識や、性交の生理学や、快楽の技術を伝えた。これらの知識は否定しがたい規範的な力を有していた[35]。というのもこれらの知識を授けたのは医学的鑑定であり、統計の「真実」であり、暗黙の性道徳だったからである。このようなメディア化の規範的役割は何度も強調され、さらには告発された[36]。とりわけ「オーガズムへの権利」を引き継いだ「オーガズムの義務」は二重の強制を負わせるものだった。女性に対しては、不感症という非難を受けたくなければオーガズムを体験するように命じ、男性に対しては、パートナーにオーガズムを与えるように命じた。

しかし、この性科学的知識が一般的な知識にどのくらいの影響を与えたかに関しては確かめてみる必要がある。たしかに、サイモンの調査(一九七二年)によれば、六七%の男性と五三%の女性が性の問題を扱った書物を読んだことがあった。しかし、読書による不確かな効果を検討するまえに、おびただしい性科学の言葉そのものを超えて、性に関する言説がメディアのなかに噴出していたことを思い起こさねばならない。換言するなら、もしも一九七〇年代の「性の解放」のうちに、白衣を着た人々によって表明され、閨房のなかで学究的に試された医学的革命の具現化しか見ないとすれば、それは素朴すぎる見方であろう。他にもさまざまな規範の供給者がおのれを表現していたのであり、しばしばそこには別の論理が備わっていた。ポルノ産業、なかでも特に映画がそのよい例である。映画は(とりわけビデオ媒体やインターネットでの普及以後)青少年や、さらには、最近の報告が危惧しているように、児童の性的な成熟に関与するようになったと言われている[37]。それに加えて、性的諸関係の根本的な大変動の背景には、性科学的な教化が介入している。たとえば、一九七〇年代における避妊技術の普及による性行為と生殖との分離、少女および少年における初体験年齢の低下と集中、男女両性にとっての経験の多様化。だとすると、こう問うこともできるはずである。男らしさが社会的にどのように定義されるかということに対して、さらにはもっと先に進んで、この社会的定義が男たちの内面でどのように受けとめられたかということに対して、性科学的言説は実際にどのような影響を与えたのだろうか。

この問いの後半部分に答えること、つまり以上に述べたような規範が通常の性行為にいかなる反響を及ぼしたかを測定することは困難である。けれども、個人的経験にかんする諸々の情報が示すところによれば――その種の情報は「内面の告白」(38)の効果のおかげでそれほど稀なものではない――、男らしさのより伝統的な定義に固執する男たちや、あるいは別の起源にもとづく標準規格や「セックスシナリオ」をたっぷり摂取した男たちには(39)、性科学的な規範がそのまま自動的に採用されたわけではなかったのである。ここでは変わらなかったものと修正されたものとをピックアップすることを試みよう。

十九世紀医学によれば、成功した性交とは、男性の視点からすると、節制の精神のもとで行なわれ、男らしい力を枯渇させない短くて力強い性交だった。このような模範はとりわけ二十世紀になると修正されることになるが、それでもいくつかの性格は変わることなく残っている。

男らしさに関するいくつもの可能な常数のなかでも、ペニスのサイズが重要視されることは強調しておかねばならない。一般向けの解剖学や性教育の著作が普及したため、理論的にはだれもが統計的平均を眺めることによって自分は男らしさの階梯のどこに位置しているかを測ることが可能になった。医学的な言説はひとしなみに安心させるものだった。というのも、医学的言説は萎縮時の性器に関しても、また勃起時の性器に関しても、かなり広い寸法の変動幅を与えてくれたからである。しかし、医学的言説が不安をあおるような仕方で通常のものと病気に属するものとの境界線を固定したためか、あるいはこの言説が大衆にはうまく伝わらなかったせいか、多くの男たちのうちには、性器が短小すぎることへの不安が残ってしまった。一般向けの医学がすべての説明となるわけではない。ここでは、自分の裸体を比較する機会が増え、前世紀よりもそれが頻繁になったことを強調しておく必要がある。たとえば兵役の場合や、そしてとりわけスポーツクラブではみんなでシャワーを浴びるという行為はずっとありふれたものになった。さらには、ポルノが大量に視覚的な媒体に移行し、そのため指標をかき乱すことになった。周知のとおり、成人映画の男優たち、たとえばジョニー・ワッド〔一九四四―八八。米国のポルノ男優〕やロッコ・シフレディ〔一九六四―。イタリアのポルノ男優〕はしばしばその恵まれた器官のゆえに評判になった（そしてその器官のおかげでスカウトされた）。結局、パートナーに膣のオーガズムを与えよという命令は、それが失敗した場合には、苦渋に満ちた問いかけを喚起するのである。たとえば、ハイトが引用している男はこう問いかけている。

私は自分に能力があるとは思えないのです。だって、彼女は性交のとき感じていませんから。そういうときにはもっと大きなペニスがほしくなります。明らかに、それで解決するはずなんです。たしかに私のパートナーは、そんなことはないと言ってくれます。私も彼女は嘘をついてはいないと自分を納得させようとはします。でも、もっと大きなペニスという考えがたえず浮かんでくるのです。(40)

したがって「短小ペニス・コンプレクス」あるいは「ロッカールーム・コンプレクス」は一九八〇年代に新た

に登場してきたものとして多くの医師たちによって報告された。[41] このコンプレクスがそれほど新しいものであるかどうかは確実ではないけれども、このコンプレクスが医学的な需要と供給の領域に導入されたという点は確実なことである。息子の小ささに不安になった父親たちも含めて、あらゆる年齢の男たちが診察を受けにきた。これらの不安に対して、医学は場合によってはホルモン療法や外科手術を施すことによって答えた。

つぎに男らしさに関するある新しい命令にはいっそう注目する必要がある。持続についての命令である。周知のとおり、前世紀において早漏が病気とみなされたのは、それが門の前《アンテ・ポルタス》で起る場合のみであった。というのもその場合には、男としての生殖能力が損なわれることになるからである。二十世紀になると、早漏はハンディキャップに、さらには欠陥ということになり、この欠陥はしばしば文明の発達と相関関係におかれた。[42] 非常に広まっていると見なされた早漏は、これ以降、性的な障害を扱う著作の選り抜きのスペースを占めるようになり、そこでは早漏は不能の下位範疇のひとつとされた。しかも患者に対する典型的な質問表にはつねに性交の持続時間に関する問いが含まれていたのである。早漏についての解釈が変化したのだ。伝統的に早漏はオナニーの弊害か過度の内気さのせいだとみなされていたが、新たな性科学のもとでは、それは性的な未熟さの印になり、大人の男らしさへの到達に失敗したことを表しているのである。ところで早漏に関するこの再定義はよりドラマティックな文脈のなかに書き込まれる。たしかに、二十世紀の前半において、婚礼の衛生学に関する手引書は、もっとも貞淑ぶったものでさえ、すでに前戯を行なうことの重要性を強調していた。それらは暗黙のうちに性行為の持続時間の引き延ばしを想定していた。この命令が規範的性科学によって裏打ちされるのは明らかである。というのも、規範的性科学が男性に対して要求するのは、パートナーの条件が整うのを待つこと（女性の場合つねにより時間がかかるものとして紹介されていた）、そして、ひとたび性交が始まったら同時的なオーガズムに達するまでセルフ・コントロール[43]をすることだったからである。同時的オーガズムこそセックスにおける成功の頂点であり、真に分かちあうセックスの完成であると定義されているのだ。しかも、この持続せよという命令は成人映画の果てることのない勃起の光景によって強化された。「小さすぎること」あるいは「早すぎること」への恐れはすでに、両大戦間期にマリー・ストープス〔一八八〇―一九五八。スコットランドの植物学者・女性運動家〕、それからその後メニー・グレゴワールやハイトのもとに送り届けられた手紙のなかに読み取られ、今日においてもインターネットの掲示板ではてしなく繰り返されている。しかも統計学的調査は、それが学術的なものであれ、あるいはセックス産業が行うものであれ、この種の不安を養いつづけている。それらの調査は性交の平均持続時間を丹念に測定し、国別の比較表を作成するのである[44]。こうした心配は男らしさを競技のようにみなす見方を強化するのに貢献し――この場合、性行為は持続を競うスポーツと考えられている――、そして薬物使用への需要を創出することに貢献するのだが、この後者の点については後述する。

　このような持続せよという命令は、より旧式の男らしさの指標に取って代わったように思われる。その指標とは「二度行う」能力、ごく短い時間のうちに性行為を繰り返す能力だった。この点に関してキンゼイ・レポートは数多くの古臭い伝説を破壊した[45]。しかしながら学術的な性科学はこの問題に関して曖昧な述べ方をしている。たしかに性科学は、長引く萎縮状態をふたたび固くするには、それに適した回復期間が必要であることを明らかにした。しかし、他方で性科学は、男性とちがって女性がオーガズムを立て続けに何度も繰り返しうると主張することによって、男性にとっては潜在的に不安要素となるような不均衡を作りだした。男性は自分がパートナーに見合っているかどうか不安なのだ。さらに、そう主張することで性科学は、女性が底なしの快感を得られるということに関して古くからの眩惑をおそらく新たに活性化したのである[46]。

けれどもむしろ男らしさの不安はおそらく性行為の回数に向けられる注意において示される。これが性科学的な統計調査の最初の目標のひとつであること、そして、患者に対する問診ではかならずこの項目が問われることを思い起こすべきである。十九世紀までの慎重さに比して、ある逆転が生じた。セックスは疲弊させない、とキンゼイおよびその同類たちは力を込めて主張した。しかしこの逆転は新たな不安を引き起こす。ハイトに尋ねられた男性のうちの九〇％は自分の行為の回数が不十分であると考えている。性科学が提供する指標は潜在的に不安要素となることが判明した。すなわち、指標は守るべき規範であると同様に、男らしさのチャンピオンたちにとっては超えるべき平均値だと理解されたのである。このことは年齢に結びついた回数に関する不安のなかにはっきりと読み取られる。そこで問題となるのは、もはや自己節制を行なうことではなく、反対に、老化の最初の兆候を見いだすか、それとも自分の性的な若さを自分自身に証明するか、ということなのだ。さらに、男性たちにあって、この回数はしばしば、性の解放の印である経験の多さに結びつけられる。ハイトに尋ねられた男性が率直に明かしているように、「セックス革命は私をいらいらさせます。というのも私の性体験はあいかわらず増えたりしてませんから。なのにメディアはみんながもっとたくさん体験していると言うのです[47]」。

最後の命令——もっともこれは持続の命令に緊密に結びついているのだが——、それは快感の命令である。自分の快感、これは新しいものではない。むしろ、何よりも相手の快感を求めることが新しいのである。両大戦間期から、パートナーに快感を与えることの重要性が婚姻の衛生学に関する著作や指南書のなかでは主張されており、そのなかにはときにかなり過激なものもあった[48]。お互いの性愛的な満足が成功した結婚の条件になったのである。たとえそのシナリオではつねに男に指導する役割が、女に指導される役割が付与されているとはいえ、たとえ医師たちがみなリズムのうえで「オーガズムの解離[49]」が見られることに賛同しているとはいえ、この新たな義務は男の双肩にかかるプレッシャーを高めるのであり、快楽を同時に得るための最良のテクニックというものに対して男たちが深く不安を抱いていることを明かすのである。マリー・ストープスを読んだ男性は自分の困惑を書き表している。

あなたは同時的なオーガズムの必要性を強調しておられます。私もその必要性は感じているのですが、でも私は自分にはそれができないことを認めねばなりません。……よろしければ、どうすればそのような完璧な段階に到達できるのか教えていただけないでしょうか。それを達成することが私には妻に対する自分の義務だと思えるのです(50)。

一九七〇年代、マスターズ&ジョンソンやハイトの研究以後、性科学は病理としての女性の不感症の範囲を非常に縮小して、男性の側の不手際をきびしく指弾した。これに呼応して、女性たちも訴えた。女性たちはオーガズムへの権利を要求し、今後は見返りなく「受け身でいる」ことを拒絶したのだ。七〇年代は、女性の性的な不満足がもっとも強い宣伝力を得た時代だったのである。女性たちが大量に偽装していることが露見し、とりわけ、このことは男らしさのパフォーマンスに疑念を投げかけた。

ハイト・レポートのことを聞いたので、私は自分のパートナーにオーガズムの偽装について話してみました。すると彼女はまったく平然として、私を相手にそのようなふりをすることがあると認めたのです。私は赤ん坊のように泣きました。それを知って私は深く傷ついたのです(51)。

しかも性的な関係は、少なくとも若者にとっては、それまでの世代とはまったく異なった背景のもとで繰り広げられるのである。性的関係を始めようとするパートナーである二人には、文化的にも技術的にも等しい知識が備わっている。複数の相手と豊富な経験を持つ男性が処女に等しい女性を尊大に指導するなどということはもはや問題にならないのである。

ここでもまたこの快楽の命令が潜在的に不安を与えるものであることを強調しなければならない。この命令は性科学そのものの曖昧さを糧にしているので、それだけいっそうの不安を与えることにもなるのだ。フロイト以来、クリトリスのオーガズムと膣のオーガズムのあいだにはヒエラルキーが存在している。前者のオーガズムは自慰によっても得ることができる表層的で未熟なものである。挿入と結びついた後者のオーガズムが大人の性愛を定義するのであり、それは深さによって特徴づけられる――この深さはたんに解剖学的なものであるだけではない――。ところでこのヒエラルキーは二十世紀を通じてずっと一般向け性科学のなかで存続していく。たしかにキンゼイ、マスターズ&ジョンソン、とりわけハイトはそうしたヒエラルキーの存在を打ち砕いた。でも効果はなかった。区別は持ちこたえ、そして魅惑する。古典的な性交――挿入――によって得られる膣のオーガズムのみが真のオーガズムなのである。一九八〇年代初頭には、オーガズムのポテンシャルが高いと想定された、あの名高い膣の性感帯Gスポットをめぐってメディアの宣伝が行なわれたが、これはオーガズムのヒエラルキーをふたたびアップデートするものでもあったのだ。唯一の「真実のオーガズム」に対する女性たちの偏執的な探求から生まれる不安と欲求不満に関しては多くのことが言われてきた。しかし、このような探求が男らしさの定義に担わせる重みに関しても考察してみる必要があるだろう。挿入によって正統的なオーガズムをパートナーに与えることができる者こそが男らしいということになる——同時的な快楽という妙技的な命令は考慮しないでおく——。いわば永遠の前戯とでもいうべき果てのない手管によって表層のオーガズムしかうみだせない者は男らしさに欠けることになる。けれども、男らしさの不安に対してこの種の言説が実際にどのような効果をおよぼしたか測定することはできるのだろうか。資料は慎重に扱わねばならない。というのも、性科学者が引用する症例はしばしばあまりに教化的機能が強すぎるため、それらが少しばかり構成されていたり、あるいは少なくとも選択されていたりするということは避けられないからである。プライベートな告白に関していえば、それらが有意味な統計的閾値に達しているときは、大した不安を表してはいないのである。しかも、男らしさの属性のひとつが、自分の動揺や情動を押し隠して嘆きを抑制する能力であることはまちがいない。「挿入している際に妻に快感を与える方策を教えてください。そうすれば私は一生あなたに感謝することでしょう[52]」と一九六〇年代の末にある良き夫はメニー・グレゴワールに書き送ったのだが、こんなことを考える男たちはたくさんいたのだろうか。ハイト・レポートの示すところによれば、クリトリスのオーガズムを二級品のオーガズムだと考える男たちが大勢いたとしても、それよりもさらに多くの男たちは依然として自分がパートナーに快感を与えたことがあるかどうかまったく知りもしなかったのである。彼らの性交にあっては、挿入は規範でありつづけ、解剖学的知識は劇的なまでにあやふやだったのである。

二十世紀の最後の四半世紀になると、男らしさの表現は数々の規範のなかでますます一個のパフォーマンスに似るようになっていく。性器の力と寸法、実践や体位や相手について求められる多様化、行為の回数と持続時間、パートナーが感じるオーガズムの量と質。けれども、これらの要因（なかでも最後のパートナーに関する要因）[53]はどのような割合で、マスターズ&ジョンソンがすでに指摘していたパフォーマンスの不安 performance anxiety

のなかに加わっていったのだろうか。不安があるとしたら、その原因は、きちんと制御された完璧な挿入によってパートナーをオーガズムまで導くことができないかもしれないという恐れなのだろうか。あるいはもっと単純に、その原因は、自分が十分に男らしいと示すことができないかもしれない、つまり、より平等でより競争的になった性交において男の役割を果たせないという恐れだったのだろうか。男らしさの命令は解放されて自由になった世界のなかに書き込まれるのだ。そしてその世界においては、性的関係はありふれたものになり、「闘争領域の拡大」は男たちを、複数の性生活と多様な経験をもち期待をあらわにする女たちと競い合わせるのである。

あらゆる場合において、性的能力の問題は重要性と、かつてないほどの可視性とを獲得する。これまでは閨房と診察室に限定されていたこの問題は、これ以降、個人が成熟し開花することに関わり、そして個人が正常な社会関係のネットワークに入っていくことができるかどうかにも関わるようになる。つぎに検討しなければならないのは、この性的能力を修復するために医学が提示した解決策である。

Ⅲ　男らしさの回復

男らしさを損なう原因が性的能力の減退なのか、器官の不全なのか、男性性の欠陥なのかによって、その回復もきわめて多様でばらばらの形態をとった。しかもこの件に関しては医学が独占権を握っているわけではない。性科学者というものが登場する以前では、患者たちが診てもらうことができたのは、新しい知識に関心を示さなかったり十分な養成を受けていなかったりする一般医[54]、あるいは減退に関する器官的な見方と心的な見方のどちらか一方に偏向している泌尿器科医や精神科医でしかなかった。そして患者たちは詐欺師に診てもらうことさえあったのである。

それでも医学は男らしさの瓦解に対して解決策を提供しようと努力した。それらの解決策には、身体の表象と結びついた根本的治療と、一時期のあいだ用いられ流行現象となった治療手法とが混在しており、それゆえこれらの解決策を展望しようとするさい厳密に通時的な論理を採用することは不可能になる。男らしい身体の旧式の表象にもとづく古い遺産のうえに、両大戦間期には、臓器抽出液療法が、それからホルモン療法と結合した心理療法や精神分析が重ねられた。一九七〇年代には、そこに新たな外科的選択肢がつけ加えられた。しかしながら一九八〇年代まで、手法の多様性は結果の貧弱さを隠しきれなかった。治療が効果的になるには、二十世紀の最後の二〇年を待たねばならなかったのである。それにしても、これらの治療法が私たちに対して男らしさの表象に関し何かを教えてくれるとしたら、それはいかなる点においてなのだろうか。治療法はいかなる効能にもとづいているのか。そして、治療法はひるがえって、どのような男らしさを定義することになるのか。

1　伝統の刷新――強くする、刺激する、引き延ばす

男らしいパフォーマンスへの懸念によって、二十世紀中を通じて催淫的な薬物の使用がつづけられてきた。そうした薬物は非常に古くからある成分によって構成されていたが、少しずつ研究とグローバリゼーションから生まれる新たな製品によって豊かになっていった。さらに廃絶していた手法のいくつかが甦ることさえあったのである。たとえばアフリカからの移民たちがもちいる解呪の法がこのことを証明している。

処方されたものであろうと、自家製のものであろうと、こうした伝統的な薬物の基底は男らしい身体のもっとも古い表象に通じている。それは、すでに述べたように、性的能力は血液と精液と熱にもとづくという考え方で

ある。二十世紀が始まったばかりのころ、ブレニュス博士は早漏に効き目があるものとして、自分の「特別な軟膏」の「冷却成分」を褒めそやした。反対に「欲望の迅速な満足を十分に可能にするほど力強い即効的な成果を作りだしたいとき」、彼は「一瓶五フランで売られている物質を外用すること」(55)を薦めている。おそらくこちらには温熱的成分が含まれていたのであろう。自分自身でおこなう初歩的な治療においては、発赤効果のある製品でマッサージすることがおそらく長いあいだ実践されていたようである。一九二〇年代になると、ダルティーグがもっと洗練された手法を取りまとめたが、その見かけ上の新しさの下には古い論理が隠れている。そこには、粘性血清や「活性化」ないし「高濃度」血清の注射と同様に、輸血も挙げられていたのである。薬物はより限定的な効能とより高い純度をもつ物質によって充実していった。たとえばスペルミンやオルシチンなどであるが、これらは男らしさを形づくる物質を身体に再注入すると考えられたのだ。しかも両大戦間期のこの液素説的な療法を、ホルモン療法が——これについては後でもう一度触れることにする——ふたたび強力に正当化することになったのである。さらに付け加えておくと、合衆国では十九世紀の末以来ハモンドによって陰部への通電が奨励されていたのだが、これは性的な衰弱や虚弱を治癒しうるものと思われていた。周知のとおり、電気流動体は長いあいだ神経流動体の代替物として人気があり、両大戦間期まで散発的にこの電気流動体が用いられつづけたのである。このような早い時期における現代的治療法のなかでも、シンパシーの理論にもとづく中心療法 centrothérapie については特別にスペースを割く必要がある。その起源はフリースの理論(一八九七年)にまでさかのぼる。フリースは鼻のなかに陰部に結びついた領域 genitalstellen が存在すると考えていた。そこからフランスの医師ボニエは一九一三年に鼻の内部の焼灼による性的不能の治療を考案した。ただしボニエ自身はこの治療法がなぜうまくいくのか説明することはできなかった。二十世紀の半ばになると、この経験にもとづく中心療法は「圧迫stress」の諸効果の研究によって科学的にふたたび正当化された。中心療法は「鼻部圧迫」による治療法となり、フランスやドイツで散発的に行われている。より一般化して言うなら、性的不能に対するどんな些細な治療法にとっても、完全に自然に由来する「強壮作用」がその基盤となっているのである(56)。

二十世紀の後半になると、男らしさに関する伝統的な自己治療に対しては、通信販売、薬局、そしてもっと最近ではセックスショップ、インターネットなど、多様な流通経路をとおして非常に多岐にわたる製品が提供されるようになった。ペニスを無感覚にする——そして射精の収縮を遅らせる——麻酔剤から、多かれ少なかれ目標を限定された催淫的な強壮剤にいたるまで(ローヤルゼリーからスピルリナをへて朝鮮人参にいたるまで)、回復の論理は全体的な回春治療と局部的な修繕とのあいだで揺れ動いている。

またこれとともに、男らしさを身体的パフォーマンスとみなす見方は運動や筋肉トレーニングから借りてこられた回復実践へと人びとを導いていった。たとえば一九七〇年代の初めごろ、ルエのような人物が自分の読者にむけて、持久力とセルフ・コントロールを改善するために呼吸法と柔軟性を訓練し、骨盤基底、会陰部、腹部、臀部の筋肉を鍛えるように薦めていても、そしてもっと一般的に、ナチュラル志向にもとづく強壮の教えに従うように薦めていても驚くべきことではない。しかもヨガはあいかわらず今日でも性的能力を補佐するものとみなされており、とりわけ骨盤周辺の循環を改善するためのポーズはそうである。男らしさを保つために自慰を行なえという薦めになると、さらに大胆なものになるが、こうした性愛的なトレーニングは、すでにブラウン＝セカールによって示唆されていたものであり、たいして衝撃的なものではなかった。性科学による解放の効果はすでにそこまで及んでいたのである。二十世紀の末になっても、依然として性的不能者は——まぎれもなく、補助的トレーニングとして——鏡の前に立ちペニスでタオルを持ち上げる練習をするよう勧められていた(57)。

これらの命令が別のタイプの方法と対立していることはすぐにわかるはずである。見たところもっと普及していて、そして原理においてはもっと古くからあるその別のタイプの方法とは、すなわち、ペニスのサイズを大きくするために毎日手で、もしくは器具をもちいてペニスを伸ばすという方法なのである。こうした方法は身体を受動的で可鍛的なものとみなす古い見方に通じていて、これは身体を刺激に反応するものとみなす見方――ボディビルディングの元となった見方――よりもさらに古いものである。二十世紀の初めにあるアメリカの発明家が特許登録をした真空ポンプの成功もやはりこうした受動的な拡張の論理にもとづいていた。その原理は単純である。ペニスをチューブのなかに入れて、そのチューブを真空にする。するとペニスは血液の流入によって機械的に膨張する。パワーポンプ、XL、マグナム、マジリフトなど今日でもなお販売されている商品の暗示的な名称はこれに由来しているのである。真空《ヴァキュウム》は規則正しいトレーニングのようなものによってペニスを徐々に大きくすると約束してくれるのであり、これは自分の男性器のサイズに満足できない男たちにとっては魅惑的なものになるはずである。たとえば最近のある広告はこう説明している。「ピストル型の硬くて心地よい取っ手のついたこのペニス開発用真空ポンプをもちいて、あなたの男らしさを改善してください。シリンダーは透明で目盛りつきなので、トレーニングの進み具合が一目瞭然です」。しかし真空《ヴァキュウム》には別の側面もある。真空《ヴァキュウム》は不能に対する有力な解決策ともなっていたのだ。この点に関してはあとでもう一度触れることにする。

2　臓器抽出液療法、精巣移植、ホルモン療法

ホルモンがもたらした希望については少し時間を割かねばならない。ホルモンはある診療の流行を生み出したのであり、性的能力の回復も間接的にその恩恵をこうむっている。

この流行の出発点はもっと以前、一八八九年にさかのぼる。七十二歳であったシャルル＝エドゥアール・ブラウン＝セカールが、インド豚と犬の精巣の抽出物をみずからに皮下注射したのである。男らしさの減退を補うことが目的ではなかったのは確かであり、もっと広範に、若さを回復して寿命の持続を延ばすことが目的だった。実験結果は『標準的および病理的生理学資料 Archives de physiologie normale et pathologique』において、そしてその四年後には『ブリティッシュ・メディカル・ジャーナル』において発表され、それ以後大きな関心を引くことになった。挙げられている肯定的な諸結果のなかでも、放尿の到達距離が伸張したことは、不能に興味をもつ人々の関心を引かないわけにはいかなかった。「屠殺場から雄牛の睾丸がこのんで採取された。雄牛の睾丸は準備が簡単で長く保管のきく強力な抽出物をあたえてくれる」[58]と一八九三年にダルソンヴァルは説明している。輪切りにされ、グリセリンのなかに、ついで食塩水のなかに浸された雄牛の睾丸から濾過液を取り出し、それを殺菌し薄めて自分に注射するのである。一日に二〜八グラムの割合でもちいると、結果は三、四週間後にあらわれる。幾人かの医師たちからは侮蔑的に「ブラウン＝セカール霊薬」とか「セカルディーヌ」と呼ばれ、見解も非常にさまざまに別れたが、精巣抽出物の商品化は世紀末ごろニューヨークで始まった。

ホルモンが発見されて経験にもとづく実践に対し科学的な基盤が与えられたことによって、この種の関心や実験はあらためて盛んになった。精巣や卵巣からの抽出物注射に、これ以降、人間や動物からの移植がつけ加わることになる。一九一三年、アメリカの外科医レスピナッスが障害のある男性に精巣の薄片を移植した。その一年後、外科医ライドストンは自殺者の精巣の移植を自分自身に試みた。一九二〇年代と三〇年代は生殖腺移植の黄金時代だったのである。アメリカではサン・クエンティン刑務所（カリフォルニア）の医師スタンレーが、山羊、鹿、猪の精巣からつくられた物質を六百人以上の囚人たちに移植したり注射したりしていた。[59]フランスの外科医セルジュ・ヴォロノフはフランス、イタリア、オーストリア、さらにはヨーロッパの外にも多くの弟子や協力者を得ていたが、彼の方法はサルから得た移植組織のインプラントにもとづくものだった。ヴォロノフははじめ精巣抽出物を注射する実験を行なったが、その効果については確信をもてなかった。それで彼は老化プロセスを逆転させるため老いた動物に若い動物の精巣を移植することを繰り返し、十分に納得できると思えるような観察を蓄積して、一九二〇年には人間に着手することにした。サルの精巣の数枚の薄片がその有効成分を広められるように患者の陰嚢のなかに移植されたのである。サルの移植組織が選ばれた理由は、人間の、とりわけ人間男性の線維を手に入れることが不可能だったからであるが、それだけではない。男らしさの新たな象徴に昇格した霊長目には無傷の生命力があると考えられたのだ。「以下のことを証明するために長たらしい論説をする必要などまったくない。すなわち、文明は……われわれを、明らかに、われわれの祖先たち――サルたち――にくらべて身体的な劣性状態に置いてしまった。彼らはアフリカの森林や草原でわれわれとは違う単純で健常な生活をおくっているのだ[60]」。

これらの結果は一九二二年のパリ、ついで一九二三年のロンドンの国際外科会議において発表された。この治療は肉体も心も若返ること、平均余命が伸びることを約束するものであるが、同時にまた、男らしさの減退のケースにも効果があるとされた。たとえば病弱な老人が大胆に剣を掲げた決闘者に変貌するのをあらわした写真がそのような期待を抱かせたのである。ところで「かかる失調はある程度の年齢に達したあらゆる男性にあっては恒常的な現象であり、つらい零落の感情をもたらす[61]」とヴォロノフは記している。この題材に関してヴォロノフは慎重でありつづけたが(「生殖腺の臓器抽出液療法はあらゆる療法のなかでもっとも効果の薄いものである」)、それでも彼はこの領域において大いなる希望を生みだすのに貢献したのであり、大量の志願者を――有名な者もそうでない者も含めて――移植へと向かわせたのである。そうした志願者たちが、フランスでは何百人も、世界では何千人も、移植を行なう診療所へと押し寄せていった。

このような成功の印として、ヴォロノフの弟子のひとりが大っぴらに「基盤的生殖能力」のマーケットを要求した。それが外科医のルイ・ダルティーグである。[62] 彼は「文明による不能者たち」を回復させることができると自負していた。ダルティーグはこの「文明による不能者たち」というものを非常に広く定義していたが、それでもやはり定義の基盤となるのは性的活力だった。すなわち彼らは「生きる努力に関する不能者であると同時に、性的努力に関する不能者でもあるような神経症患者なのだ。あらゆる観点から見て、彼らには活力が欠けている[63]」。ダルティーグを信じるならば、不能者は一団の憐れむべき――当時の用語法でいうと――精神薄弱者に限定されることもなければ、枯渇した知識人や行動家に、さらには好色な老人にさえ限定されたりはしない。「みずからの不能を嘆きながらも、日々のなかで接する人々からは疑われることなく健常者と思われ、さらにはふんぞり返っているようにさえ見える人々は大量に存在しているのだ[64]」。こうした弱者たちに、ダルティーグは時間も回数も増大させる性的能力、より豊富な射精を約束する。自分の治療の奇跡的効果の例証として、彼は患者のひとりを引用している。その二十六歳の患者は勃起が長持ちしなかったのだが、手術後ダルティーグに勝ち誇るようにこう書き送った。「私は性行為のペースをときには平均週三回をこえて立派に保つことができています。性交を喜んで二回繰り返すこともかなり頻繁にできました。こんなことは以前には決してできなかったことです[65]」。

ついでに記しておくことにするが、臓器抽出液療法は性的能力の回復にのみ役立つわけではない。この療法は十分な男らしさに到達することのできぬ者たちの男性性を強めるのにも使用される。じっさい、精巣で作られる男性ホルモンというものが存在すると信じられたため、性同一性障害を生殖腺の移植によって解決しようと試みられた。それゆえ男らしさが不確かな性的倒錯者には非常に早い時期から精巣の移植や注射が施された。オーストリアの生理学者オイゲン・シュタイナッハはこのタイプの治療法のパイオニアである。一九一二年、彼は雄と雌のモルモットをもちいて精巣と卵巣の交叉移植を行なった。二匹のモルモットは自分とは異なる性に固有の振る舞いを――とりわけ性的領域では――するようになった。ここからシュタイナッハは、同性愛にはホルモン的な下地とホルモン的な療法が存在するはずだという結論を引きだした。一九一六年から一九二一年のあいだに彼は何人も同性愛者を手術し、彼らから「両性具有的な精巣」を除去したのち、性的により適合している人物から得た線維を移植した。ダルティーグは一九二八年には三件の手術を行なったことを認めており、後年その患者たちが結婚したことがその手術の成功の証しとなっている。ニーハンスは内分泌腺の移植技術を、女性化や同性愛など数多くの症候に対し使用した。彼は以下のような症例を引用しているが、これによって男らしさの動物寓話には新たな形象が加えられることになる。

女性化の傾向のある二十八歳男性、若い娘のような顔立ち、口ひげ顎ひげの形跡なし、女性のような声、ペニスは短小、睾丸ほとんど存在せず。ペレ博士はベッドに寝ている患者を見てこう言った。「ボンジュール、マドモワゼル」。一九二九年三月五日、警察犬の精巣を移植。患者は大いに変化し、男性になり、声も男らしくなった。一九二九年六月十八日、彼の睾丸の発育を確認して、彼の担当医は非常に驚いた。[66]

しかしながら精巣移植の流行は一九三〇年代には終焉を迎える。長期的な効果は思わしいものではなかったのだ。移植組織は活性的であるどころか、どうやら「死に向かう線維」[67]でしかなかったのである。企業によるあからさまな商業路線は医療倫理と衝突する。そしてとりわけテストステロンの分離と精製が新たな道を開くことになる。以後、ホルモン療法が移植に取って代わった。ホルモン療法は経口薬や筋肉内注射によって行われ、一九五〇年代になると、抽出物を結晶化したものが、圧搾結晶という形で恥丘の皮膚の下に挿入されるようになった。また同じように流行したものとして、次のようなものが挙げられる。局部用もしくは一般用のホルモン軟膏や膏薬、下垂体や副腎の分泌腺からの抽出物を組み合わせた混合物、リンのような強壮剤、血管拡張効果をもちアフリカ原産ということで有望と思われたヨヒンビンのようなニュータイプの催淫剤。性科学者たちを信じるならば、生殖器の欠陥に悩む患者たちは執拗にこれらのホルモン療法を要求する。そして多くの治療家たちがホルモン療法を処方するのだが、ただしそこには情報が、あるいは選択肢が欠けていたのである。もっとも懐疑的な者たちや心理療法の信奉者たちでさえ、プラシーボ効果を期待してこれらのホルモン療法を使用した。したがってホルモン療法は、心理療法と並んで、一九七〇年代までもっとも多く用いられた治療法でありつづけた。要するにホルモンは非常に早い時期から、生殖腺機能不全の治療、思春期における発育不足の補完に用いられ、より最近では明白な小陰茎症の治療を補うために用いられていたのである。

3　自然を模倣する、あるいは自然を超える——装着される男性機能、マシーン、外科医

勃起こそが男らしさの中心的な標識とみなされているため、その当然の帰結として、勃起がうまくいかないときにはそれを機械的に再現しようという試みがなされた。充血の不足であれ、神経興奮の不十分さであれ、様々な医学的な解決策が提案されたのである。

最初にもちいられた方法は、すでに触れた真空ポンプによる方法だった。勃起筋や他の鬱血筋を治療に用いる

こと（ザブルドフスキー、モンダ）は第一次世界大戦以前から指摘されていた。真空は血液の流入を引き起こし、男性器の膨張を生じさせるのだから、ペニスの根元に輪を装着して血液の環流を妨げればよいのである。三〇分程度であれば危険なく勃起を維持することができる。単純で無害で実行するのが容易な方法として（医者の処方箋はあってもなくてもよかった）、真空《ヴァキュウム》は「拡張」（上記参照）という名目で買われていても、実際には勃起の不十分さを改善するためのものだった。真空ポンプは今日でもなお販売されつづけている。ただしその説明書には快適とはいえない副作用が詳しく述べられている。苦痛をともなう締めつけ、ペニスが冷たく感じられること、ペニスが青くなること、射精しなくなること（あるいは尿道に射精すること）。さらに、真空ポンプはひそかには使用できないので、男性パートナーもしくは女性パートナーの寛大なる協力が必要になる。

他にももっと根本的な技術が外科によって試みられた。外科はヒューマンマシーンを迅速に「修理」するのである。外科はたんにホルモン療法を補佐するだけではなかった。たとえば血管障害や筋肉障害に対する治療の論理においても、あるいは男らしさに障害のある者に対して補填物を与えるという補佐の論理においても、外科は不能に対する一連の治療法を開発していたのである。

急いで血液外科に話を進めることにしよう。勃起は血液の流入によって生じ、その血液が器官のなかに留められているかぎり持続するという確実な事実に血液外科はもとづいている。要するに血液の流れを調節すればよいのである。不能に対するこの治療法は二十世紀が始まったばかりのころの合衆国で絶頂期をむかえた。リストンとウッテンによって陰茎背静脈の結紮が、漏出と勃起鎮止を防ぐために実施されたのである。この二人の外科医はしばらくのあいだは五〇%を超える記録的な治癒率を表明していた。両大戦間期には、これとは別の機械的な解決法が合衆国ではロウスリーによって、イギリスではミリンによって開発された。その方法とは陰茎基底部を囲む筋肉に褶曲を設けて勃起を助けるというものであった。勃起における血行力学に関心が寄せられたことによって、少しのちになると、陰茎動脈による供給に対する関心が高まっていった。この供給が不十分な場合、また静脈への漏出がある場合には、勃起が根本的に損なわれることもあるのだ。この方面の開発はもっとのちになって、一九六〇年代にアメリカの外科医オコーナーや、チェコ人のヴァーツラフ・ミヒェル、それからゴールドスタイン、ヴィラーグによって行なわれた。不能に対する陰茎外科は、いずれにせよその報告は限られたものであったが、一九八〇年代になって勃起における神経筋のメカニズムが研究され解明されたことによって衰退していった。

補綴外科に関しては、修復外科一般と同様に、その出発点は最初の世界大戦のときに位置づけられる。合衆国にはすでに避妊具の下に隠れるような添木や鞘のようなもの（スクルレイター、ヴァーチュタ一）が存在していた。では何が新しいのかといえば、それは補綴具を患者の身体に組み込むことだったのである。戦傷者の陰茎切除手術が原因となり、まず最初はドイツ（ボルゴラス）、イギリス（ギリス）、アメリカ（ハワード、バーンズ、バークマン）、フランス（クヴレール）の外科医たちは切除された器官の代りに移植を試みた。最初に用いられた移植組織は肋軟骨から採取されたが、この組織は時間の経過とともに弾力性を失うか、吸収され消えてしまった。したがってこの技術がじっさいに広まっていくには、安定した素材が使用されるようになるのを待たねばならなかった。一九四〇年代にはプラスチック素材が試験され、一九六〇年代の初めにはアクリルが用いられるようになり、さらに一九六七年にはシリコンポリマーの一種サイラスティック（リアマン）が玉座を奪った。

ペニスの補綴具やインプラントは最初のうちは動かなかった。それは器官に十分な大きさと硬さを与えるためのものであり、ときにはたんに勃起に必要な血液の量を少なくするためのものだった。そのために海綿体の代りに詰め物が埋め込まれたのだが、多くの欠点が存在した。硬い素材の場合、補綴具は邪魔になり、あるいは陰茎硬直症に近い永続的勃起のように見えた。サブリーニが向きを変えられる軸のついた添木を用いたこと（一九七四年）により可動性が得られるようになったが、寸法に関しては、自由はきかなかった。決定的な進歩がなされたのは一九七〇年代だった。アメリカの外科医スコットが水力式補綴具を実用化したのである。これによって勃起から射精にいたるまでのプロセスの全体を再現することが可能になった。膨張可能なインプラントがペニスのなかに設置され、腹部に入れられたタンクと結ばれる。メカニズムを作動させるポンプが陰嚢に移植される。この移植によって、思いどおりに勃起させ、それを好きなだけ持続させて、さらには射精を再現することさえできるのである。しかもそれでいてパートナーに気づかれることもない。この点はとても重要であるように思われる。こうした特性のおかげで、私たちはペニスの人口装具が言外に暗示していたことがらを知ることができる。人口装具とは、否応なく不能を認めるよう迫る方法であり（海綿体が存在しなければ、今後絶対に自然な勃起は得られない）、そしてとりわけ性的障害を残酷なまでにあからさまにする方法だったのである。これはもはや治療ではなく、その場しのぎなのだ。さまざまな利点があるにしろ、事実上、補綴を心理的に受け入れることができるかどうかには差があっただろう。それでも、一九八〇年代までは補綴が唯一可能な解決策だったという事実が存在し、この事実によって補綴の普及を説明することができる。合衆国では毎年一万から一万五千の手術が行なわれ、ヨーロッパではその十分の一であった。他の解決策が出現してからは、補綴は下火になった。一九九一年から二〇〇〇年のあいだで、ペニス補綴具の埋め込み手術の総計は二万九千件から一万二千件になったと思われる。[68]

修復外科的な解決策であったペニスの外科手術も現在では同じような方向転換を経験しているようである。二〇年ほど前から、生殖器の美容整形に関する要求が高まっているのだ。あるいはもっと正確に言うと、ペイロニー病のような疾病による変形を治療するための手術をのぞけば、患者たちの大部分は男性器官の体積や長さの増大を求めている。陰茎を引き延ばすためには、肝堤靭帯の一部が切除される。これによって数センチメートルかせぐことができる。ここでもまた男らしさの二つの標識のあいだで選択しなければならないのだ！　切除部分が大きければそのぶん勃起した器官は柔らかくなってしまうのである。硬さを得るためには、皮膚と海綿体のあいだに——たいていの場合身体の別の部分から採取された脂肪からなる——人工もしくは自然の層を挿入しなければならない。

美容整形外科との対比は無駄ではない。あるフランスの外科医によると、

患者たちのプロフィールはかなり紋切型である。三十歳から五十歳、スポーツ好き、ボディビルダー、スポーツジムに通う、ある者たちは外見に関わる欲望を抱き、また他の者たちは露出症的な欲望を抱いている。じじつ、これらの男たちは自分の上半身、肩、腿に筋肉をつけるのと同様に、一貫性を配慮して、そして「少しばかり隣のやつ以上に見せたい」という配慮から、生殖器官にも筋肉をつけたいと望むようになる。

この医師はある患者の考察を引用しているが、その患者は手術を「より大きな車」[69]の購入になぞらえている。

4　「勃起不全（ED）」の化学療法——男らしさの注射から男らしさの錠剤へ

単純で効果的な治療の時代が始まったのは一九八〇年代の初めだった。したがってこれはごく最近のことであり、勃起のメカニズムが解明されたのと時期的に一致している。実をいうと、この始まりは勃起メカニズムから

結果としてもたらされたというよりも、メカニズムに付随したものだったのである。その証拠に、ヴィラーグがパパベリンの効果を発見したのはほとんど偶然によるものだった。その後この方面の研究が体系的になされたことによって、不能治療に革命をもたらすような薬物が開発された。この薬物はまた、疾病分類学上の新しいカテゴリーを創出することになった。それが勃起不全〔ED〕である。

外科医ロナルド・ヴィラーグがパパベリン注射にもとづく治療の試みの結果を発表したのは一九八二年のことだった。一九八〇年代を通じて試験されて成功をおさめた物質はほかにも存在する（一九八三年のフェノキシベンザミン、一九八七年のプロスタグランジン）。海綿体注射（ＩＣＩ）の基本的なやり方とは、海綿体に一定量の活性産物を自分で注射するというものだった。約十五分後には勃起が始まり、一時間まで持続可能になる。この薬用量にはいくつかの制限がある。注射は一日一回、一週間で二回までとされる。さらに費用も高くつく。一回の注射でおよそ（現在のレートで）十五ユーロほどになる。この方法は一九九〇年代の終わりにＭＵＳＥ方式が実用化されたことにより改善された。ＭＵＳＥ方式とは尿管をとおして活性物質を注入するものであり、これによって注射は無用になった。注射は外傷を与えたり線維症を引き起こしたりすると判断されたのである。

この点に関しては強調しておかねばならない、海綿体注射は不能に対するじっさいに有効な初めての治療法だったのだ。これが転機となり、心理療法は切り捨てられて、ヒューマンマシーンの専門家たちが不能の問題を目覚しいしかたちでふたたび手中に収めることになった。泌尿器外科が足踏みをしているうちに、ボストン・グループに所属する泌尿器科医たちのあいだで新たな治療の流派が形成された。同じころ、薬剤研究所は高成長すると判明した市場に大量の資金を投資していた。こうした方向転換は不能に関する新たな定義をもたらし、不能は「勃起不全〔ED〕」[70]に変化した。すなわち不能とは「性交渉をもつに十分な堅さを備えた勃起が得られないこと、もしくは維持できないこと」になったのである。かくして不能は個人のメカニックな問題に還元されつつあり、これまで性科学が開発してきた心理学的、関係論的領域は背後に置き去りにされた。

しかしながら海綿体注射の普及は依然として限られたままであった。そこには先に挙げたような肉体的な原因のみでなく、他の心理的な次元の原因もかかわっている。というのも、これによって得られる勃起が欲望とはまったく切り離されているからであり、この勃起には対象などいらないのである。露骨にもこの勃起は男らしさを他者および自己のアイデンティティとは無関係なメカニックな能力に還元する。ある専門家によると、男は「自分自身でおのれの男らしい力を表現することはできないのであって、このことが問題を引き起こす」[71]。それゆえ、その有効性にもかかわらず、この治療をやめる率は高い。このことはつまり、性に関する心的次元が集団的な心性をみずからのうちに取り込んだため、男らしさに対しても深い自我の参画が要求されるようになったことを意味しているのだろうか。

数年間の研究ののちにシルデナフィルが計画的に発見されたことによって、こうした矛盾は解決したように思われる。シルデナフィルが提供する治療手法は簡単に使用でき（経口）、効率的で、とりわけ、男らしさに関する現代的な考え方にいっそう合致したものだった。というのも、これによって性的刺激という条件のもとで勃起することが可能になったのである。一九八九年から一九九三年のあいだに錠剤は改良が重ねられ試験された。一九九八年春にはバイアグラという名称でアメリカの市場に登場したが、値段は高価だった（錠剤ひとつで約十ユーロ）。それでも処方箋の大洪水を引き起こした。最初の一週間で六万六千に、一カ月で百万に達した。「何万人もの男たちがこの薬に向かって殺到した……数日でバイアグラはアスピリンと同じくらいに有名になった。そしてそれはいまも続いている。医者たちは絶えることなく処方箋を発行している。あらゆる新聞、あらゆるテレビ局で話題になっている」[72]。このようにアメリカのある医師はフランスの同業者にむけて述べている。五月になると今度はヨーロッパの市場が開かれた。

バイアグラがヨーロッパに到着した際の医学的な文脈はどうかといえば、勃起不全の推定罹患率が驚くほど高まっていたのである。罹患率はあらゆる方面を対象にした調査によって膨れ上がっていた。たとえば性生活の出発点での失敗、ときおり生じる「故障」、生活が満たされたカップルにおける欲望の減退、年齢の進行にともなう困難、これらは病気ということになったのであり、それゆえ、かつては我慢するかあきらめるしかなかったのが、いまでは治療が可能になったのである[73]。不安がしのびよってくる。恥ずかしくてコンプレクスであった問題に対してシンプルな解決法を提供したことで、容認の閾値が下げられて新しい病気が創造されたのだろうか。「治療がなければ病気もない」とボストン・グループのメンバーの一人アーウィン・ゴールドスタインは認める[74]。公衆衛生の新たな問題が生み出されたのであり、その問題は寿命の延長と「年長者」の増加とともに拡大していくと専門家たちは予測している。

この潜在的な患者の増加は処方箋と保険適用の問題を提起する。処方箋は一般医に託すべきか、それとも専門医のみに託すべきか。錠剤に関する保険適用を一貫して行なうべきか。フランスではこれらの問題は長い時間をかけて論議され、保健省は一九九九年十一月に国民倫理諮問委員会に問題を委ねた。委員会の選択は処方箋に関しては範囲を広げること、保険適用に関しては器官的な病気に限定することだった。じっさい不能（関係的で非器官的な不能）に対する全体的なアプローチを復活させることができるとしたら、それはファミリードクターしかいないように思える。委員会は製薬企業からの誘惑の声や、誤った欲求から生じる依存症に対して警告し、パフォーマンス追求と年齢による影響の拒否にもとづく性文化のありかたを批判している。二〇〇一年には政府もこの見解にならって、シルデナフィルに対しては「特例薬物」として保険適用を行なっている。

しかしながらこうした制御の試みはむなしかった。ジェネリックとまがい物が増大し、インターネット上で販売されるようになると、この青い錠剤は自己投薬と詐欺師たちの世界の方へなし崩し的に移行していった。性に関する過剰な医療化は医療の消失へといたるのであろうか。バイアグラ・パーティは道徳的で一夫一婦的な性関係から離脱して、ドーピングセックス目あての乱用という亡霊をさまよいださせる。中間形態の商売も開始され、それは堅実な医学とこの上なく陳腐なマーケティングにもとづいて自由に行われている。たまたまネット上で目にしたドイツの広告には白衣を着た二人の人物が描かれていて、「最大の男らしさのため」三十九時間以上の効力を約束し、さらには「あなたのパフォーマンスに関してはもう心配はいりません」と約束していた。「お客さまたちの声」では、ある自称服用者がさらに二人の女性を要求しており、「これでもまだ薬の効果はなくならない」のだった。バイアグラは男らしさを、この上なく還元的な勃起中心主義[75]に連れ戻すことで、性革命がもたらした効果を一掃してしまうことになるのだろうか。

まちがいなく、男らしさを定義するさいの医学の重みは二十世紀になって増大した。知識の発展とメディアによるその普及、身体に対する配慮の高まり、個人的な完成のために性が占める位置……。医学への関心が高まったことに対しては数多くの要因が同時に働いている。しかし、生物学が両性間の境界を一新し、性科学が性のシナリオを開放し男らしさとその実践に関してより柔軟に定義しなおす可能性を提供したとはいえ、男らしさに関する狭い考え方と、いっそう高められた要求と、それからおそらくは、いっそう広範囲に普及した不安のうえで、逆説的なことに医学の二十世紀は閉じられたのである。たしかに治療学はかつてであれば治癒できないと判断された状況を解決した。だがそれには男らしさの要求の中身が貧困化するという代償がともなった。二〇〇六年九月、黄埔の病院の中国人外科医たちが、事故のために器官のほとんど全体を切断された四十四歳の男性に初めてのペニス移植を行なった。移植されたペニスは脳死状態の二十二歳の青年から提供された。手術は技術的には成功したかに思えた。いかなる拒絶反応も見られなかった……心理的なものをのぞけば。じつは、外科医グループは大いに落胆したけれども、患者とその妻は心理的に非常に混乱してしまい、その二人の要請をうけて移植器官は二週間後に取り外されてしまったのである。おそらくこれは、ある種の医学的な還元主義にもかかわらず、現代の男らしさを定義するさまざまな標識のうちには、慰撫となる複雑さが存在しているということの補足的な証左なのである。

第3章　不安な男らしさ、暴力的な男らしさ

ファブリス・ヴィルジリ
（三浦直希訳）

二〇〇三年七月、音楽グループ〈ノワール・デジール〉のスター歌手ベルトラン・カンタは、恋人である女優マリー・トランティニャンの殺人容疑で逮捕され、裁判にかけられ、有罪判決を受けた。当事者たちの知名度ゆえに、その三面記事はうわさの的となった。三面記事はまた、マリー・トランティニャンの死の原因となった暴力についての二つの考え方をめぐり、対立する立場を生んだ。一方には、この歌手と女優の関係の激情的性格を強調する者たちがいた。そして他方には、彼女の死を夫婦間暴力の被害者となった多数の女性の死のひとつとみなす者たちがいた。

この二十一世紀初頭には、他にも象徴的な事件がニュースの一面となった。自分が振った恋人に二〇〇二年にヴィトリー゠シュール゠セーヌで生きたまま焼かれたソアーヌ・バンジアーヌ殺人事件や、離婚を拒否し、二〇〇四年八月に妻を五発の銃撃によって殺したラグビー選手マルク・セシヨンである。カンタとセシヨンの二つの事件は、裁判にかけられたのが有名人であったゆえに、劇的かつ例外的なものとなった。一方ソアーヌの事件に関する公的な議論では、団地における暴力がより語られた。しかしこれらの事例の背景にあるのは、ほとんどの場合、男たちによって「彼らの」女――配偶者、恋人、愛人――にふるわれる私的な暴力という問題である。

今日では、こうした暴力と闘うことの現実性、重要性、必要性を同時に考慮することについてのコンセンサスが存在する。しかし二十世紀全体、とりわけフェミニズム運動が暴力に政治的次元をまだ付与していなかった一九七〇―八〇年代以前はどうだったのであろうか。そうした暴力は私的なものとみなされ、その解決は家族の問題にとどまるべきとされていたのである。暴力の現在の定義は多数あり、その身体的、心理的、経済的、性的形態によって変化するが、現在の定義は過去数十年間の慣行を記述するためには有効であろうか。そうした暴力行為が存在していたとしたら、それはどのように知覚されていたのか。多くの人々が性的関係を夫婦相愛の義務の一形態とみなしていたとき、婚姻の枠内で課せられる性的関係は、いかにして暴行と知覚されえたのか。今日では、夫婦間暴力が社会的に認知され非難される一方で、その加害者においても被害者においても依然としてその否認が見られる。それゆえ、この暴力形態がそのようなものとして認知されていなかった時代の否認の強さが想像される。二十世紀全体における男性による女性への暴力について問うことは、容易なことではない。一九八〇年代以前の時代については、この問題に取り組んだ著者はほとんどいない。そうした暴力は、頻度や周知性においてある閾値以下にとどまるかぎり、確かに容認されていたように思われる。極端だったり、反復的だったり、例外的に知られたりした事例における常軌を逸した特徴だけが、そうした行為を可視的にしたのである。そうした例を通じて、二十世紀における暴力的な男らしさの歴史を組み立てることができる。

I 暴力と男性としてのアイデンティティ

アンヌ＝マリー・ソンが示したように、[1]男性性と暴力との関係は十九世紀に根本的な変化を経験した。男たちは、フランス革命とともに市民権と戦争の独占権を獲得したものの、攻撃的な男性性——男であることは闘うことであり、挑発的な振る舞いをし、暴力によって自己の力を証明することである——から抑制された男性性へと徐々に移行した。軍職を養成していた兵舎は、とりわけ服従と管理を学ばせた。学校は、必要な節制や、怒りを抑えた理性の正しい使用法を教えた。村や町のけんか、決闘のような「男」同士の最も激しい暴力の現れは、消滅するか、少なくともその質的、量的な強度を部分的に失った。このように二十世紀初頭においては、少しずつ重みを増していた男性の新たなモデルは、暴力との抑制された理性的な関係というモデルであった。しかしながらこの変化は、根本的なものではあったものの、男性による暴力の使用の消滅を意味するものではまったくなかった。一方では、この種の変容は時間のうちに刻み込まれ、新たな社会規範との個人的妥協のうちに刻み込まれた。他方では、暴力とその正当性についての知覚は、個人によって著しく異なっていた。一九六二年には、ある男が自分の妻を殺害しておきながら、「普通より強く殴ったわけじゃない！」[2]と言い切っている。この男にとっては正当性の問題はなく、自分の「普通の」行動の帰結に驚いているだけのように見える。しかし——他の登場人物、すなわち配偶者、証人、当局にとってこの件の核心はそこにあるのだが——男による女への、「自分の」妻への暴力の使用が容認される水準はいかなるものであったのか。[3]こうした虐待を受けていた女たちは、どの時点でそれに終止符を打つべく行動しようとしたのか。家族、隣人、同僚、医師、公的機関は、いつそうした暴力を行きすぎた耐えがたいものとみなし、ついには介入したのか。

最も目立つ事例、よって最も深刻な事例について研究せざるをえない。なぜならそうでない事例は、記録に登場しないからである。とはいえダニエル・ヴェルツァー＝ラングが書いているように、それは「怪物、卑劣漢、狂人に似た暴力的な男——これは実際には例外なのだが——という神話をまたもや流布させる」危険をはらんでいる。「この神話は、暴力的な男に関する個人ごとの心理学的説明を提供するため、女性にとっての被支配の状況を隠蔽してしまう。女性が主体の地位につくことや、反抗することを妨げるからである」[4]。それゆえ、男性の暴力の平凡さを復元することが肝要である。最も劇的な事例の記述を通し、女性一般にふるわれた暴力についての言説、法律違反の閾についての言説、拒絶や理解の表明を手にすることができる。なぜならそうした事例は、深刻なものとなる前は、すべてが「普通」だったからである。

平凡なものであろうとなかろうと、攻撃的な男性性から抑制された男性性へのこの変化の詳細な年譜を描き出すことは難しい。われわれは、二つの世界戦争の時期の多数の夫婦の離別であれ、女性の市民権獲得であれ、対独協力で告発された女たちの丸刈りであれ、諸々の出来事をこの変容との関係において位置づける。逆に離婚、姦通、強制猥褻、強姦に関する法律の安定性は、変化に鈍感な一九七〇年代以前の時代を擁護していた。[5] とはいえわれわれは、一方では社会秩序を守りつつ——つまり適切な暴力の枠内で過度の混乱なしに——男性支配を維持する手段と思われるものを、他方では男性的なものの不均衡の表れとして知覚される行為を、古めかしい男らしさの無秩序な表れから区別する。そして最後に、一九七〇年代以降の時代の実情はいかなるものであり、暴力は女と男の関係において今後いかなる地位を占めるのかを問う。

Ⅱ　男らしい秩序と暴力の可能性

二十世紀初頭のフランス社会は、性の観点からすれば根本的に不平等であった。政治的、社会的、家族的権利の大部分は、男たちの専有物のままであった。それゆえ、この不均衡を守り、「自分たちの女」(母、姉妹、妻、娘)が性的秩序、よって社会秩序を乱す振る舞いをしないようにすることは、男たちの責任であった。女たちは依然として法的にも知的にも責任能力がないとみなされ、どの男も女たちの品行方正を確実なものにしなければならなかったのである。かくして、子供のしつけによって体罰が正当化されていた——体罰は道理にかなったものであり、子供のためになると考えられた——のと同様に、ときには体罰が自分の妻を「管理する」ため、家長としての自分の評判と男としての名誉を尊重させるために課せられることもあった。庶民の金言「上手に愛する者は上手に罰する」[6] は、常識としては、家父長的権力のための力の使用を正当化していたのである。

1　貞節を確実にすること

妻の監視について男への命令を語ることわざには事欠かない。「ビロードの手袋をして妻を選び、鉄の籠手をして妻を見張れ」。たとえ過ちを犯した女を罰することになろうと、また長期間、彼女たちににらみをきかせることのできない夫を罰することになろうと。中世以降、妻を寝取られた夫や打ち負かされた夫に対し多くの場所で行われていた「行列」は二十世紀初頭まで存続し、「無能な夫が引き起こしたスキャンダルの永続性」[7]の証拠となっていた。だが動揺は残ったものの、圧力はそれほど明確ではなくなった。同僚、友人、家族の一員、さらには「公然の噂」が、不貞を働かれた夫に妻の振る舞いについて知らせ続けていたが、そうした集まりは組織されていない。

たとえば三十三歳の労務者で一九三〇年代にラガッシュ医師の患者であったルイは、周りの者全員から「真相を教えられた」だけでなく、その権威を回復することができない者とされていた。「[彼は]自宅や作業場で妻を寝取られた夫と呼ばれたが、[作業場では]こう言われていた。『俺ならそんなことは受け入れない』、[さらには]彼を指さしながら誰に話すでもなく『寝取られた夫』と」[8]。

医学界は、第一次世界大戦直後の社会と同調し、女たちの貞節と服従をめぐる男たちの不安を引き継いでいた。レヴィ＝ヴァランシ教授[9]は一九三一年の法医学学会の際、浮気な女たちの増加が、婦人に対する男たちの疑惑の増大を説明すると考えた。嫉妬とそのもっとも暴力的な帰結――情痴犯罪はそのひとつである――が、専門家、法学者、医師、犯罪学者の関心を引いていたのである。

そこには、第一次世界大戦の両性の大規模な別離の影響のひとつを見るべきであろうか。戦争の歳月によって隔てられた夫婦には、そうした試練をうまく乗り越えられた者たちもいればそうでない者たちもいた。試練としては、遺棄の不安、銃後に残った妻による不貞への不安があった。何人の男たちが、市民生活に戻る際のみずからの苦労を妻の行動のせいにしたのであろうか。前線でふくらんだ銃後の生活についての幻想。夫の何カ月もの不在の最中に獲得された妻たちのさらなる自立に対する無理解。『ラ・ギャルソンヌ』〔自由奔放な娘を描いたヴィクトール・マルグリットの小説〕が象徴する女性解放運動の拒絶ではないにしても、そこからの隔たり。戦争によって不安定となった家庭への帰還。これらすべてが、家庭でのみずからの地位をめぐる男たちの深刻な不安を説明していた。市民‐兵士、祖国の防衛者たる男性という役割を果たしたばかりだというのに、彼らの家父長と夫としての権威に異議が唱えられていたのではないか[10]。

法は道徳と協調し、不貞の場合に夫と妻を不平等に罰していた。妻については一貫して罰し、夫については夫婦の住居で愛人が養われている場合のみ罰せられた。新たな夫婦のモデルが出現し、両性の関係と貞節にいささか均衡が戻った。すでに世紀の変わり目までに、不貞のあらゆる刑事罰を廃止するための重要な動きが現れていた[11]。ほかの徴候も、婚姻外の性交渉によって代表される近代のある種のイメージが社会に広がっていたことを示している。一九三〇年六月二十五日にはアンドル＝エ＝ロワール県の重罪院で、自分より四十歳若い妻が愛人を持つことを契約によって許していた男が、それを以下のように弁明している。「仕方がないではありませんか、これが人生というものです！　時流に合わせなければならないのです」。そして次席検事が不貞な妻にその逸脱を指摘した際には、彼女はこう答えた。「だって許可がありましたから[12]」。この時代の雰囲気はまた、病的に嫉妬深い婿を担当する精神科医に対し、その義理の母によって語られている。「私の娘は自分の夫を寝取られ亭主にしないのですから、現代的ではありません[13]」。

伴侶の不貞に対する男の苦悩は、三重の恐れへと変化した。すなわち、恋敵への敗北という恐れ、「自分の」妻の喪失という恐れ、そして子孫の血統の管理を失うという恐れである。父親による、しかしまた母親による子供への暴力――それには近親相姦も含まれる――という問題は、ここではそれ自体を主題としては扱わない。しかしながら、これら二つの形態の家族間暴力がいかに絡み合っているかを強調しておかなければならない。子供たちは、しばしば両親の口論の目撃者となると同時に、父の暴行の犠牲者および夫婦の争いの争点となった。妻の不貞が非難の対象となった場合、子供たちの血統がすぐに疑問視されることとなった。一九三九年六月に嫉妬深く暴力的な男が妻によって殺された直後、隣人の女は「彼は子供たちをののしり、彼らが私生児であると言っていました」[14]と明言している。子供たちの事情聴取によって、彼ら全員が実際に標的となっていたことが確認された。十歳の第二子マリー＝ルイーズは、捜査官に対し、母が父を殺した夜のことをこう語っている。

昨日、パパは夜八時頃に家に帰りました。パパは私たちをしかりつけました、私たちがもう寝ていたからです。パパは私たちを叩こうとしましたが、ママが私たちを守りました。パパは床について、それからまた起きて、わめきはじめました。私は夜中に目を覚まし、怖すぎて眠れませんでした。私は自分の部屋を離れませんでした、ママに禁じられていたからです。［…］パパは私たちの部屋に来て、私たちをベッドから引きずり出そうとしました。ママはそうさせませんでした。パパはママを平手打ちにしました。［…］パパはよく、理由もなく私たちを叩きました、私はママが大好きです。[15]

ののしりや殴打が、家庭全体に氾濫する。家における暴力による男性的、家父長的専制権力の押しつけは、家族全員を身体的衰弱と精神的不安定性へと追いやるのである。

2 金、アルコール、家

実力行使、殴打、恐怖は、夫が口論の相互性をたちまち妨げたり中断したりすることを可能にする。口にされる非難が結局いかなるものであっても、一方的な暴行が男の独占的権力を押しつける。現実のものであれ仮想のものであれ、妻の不貞はしばしば男性の振る舞いの口実となり、支配の暴力的実践の口実となった。金、アルコール、家が服従の三角形をなしていた。

家庭は、十九世紀末から一九七〇年代にかけて根本的な変化を経験した（都市化、新興住宅地の発展、労働者の住居の大型化、不衛生な居住条件の解消）。とはいえ家庭は、全体としては「一家の主婦」[16]の領域でありつづけた。夫が家長とすれば、家政の縄張りは妻に属していた。公的領域と私的領域はこのように不均等に分割されていたわけだが、それでもやはり多くの男たちは、自分の権力を家においても明確にする必要を感じていた。彼らは家庭生活の管理を放棄しながらも、その経済的、財政的支配を保ったのである[17]。かくして、住居は特権的な場であると同時に夫婦間暴力の争点でもあったことが理解される。そこでは夫婦げんかが繰り広げられ、その最中にはどの家具や物も、彼らが投げる物や武器となった。一九四〇年代のマルタンとアンドレアの場合、「けんかはしだいに激しくなり、彼は彼女を平手打ちし、彼女自身も彼に掃除道具を投げつけたという[18]」。あるいは二〇年後の一九六二年五月二十二日の『オーロール』紙が物語る夫婦げんかの場合、「妻があまりにも浪費家だったため、［彼は］かっとなって妻を脚立で殺した[19]」。家庭のさまざまな物が、それを用いる者に応じて夫婦の身体的な不均衡を埋め合わせた、あるいは強化した。これにより、打擲の結果はしばしば深刻なものとなったのである。

そうした劇的な出来事とは遠い麺棒、箒、食器、義母から贈られた花瓶といったなじみ深い品々は逆に、長いあいだ女性形の家政的専制を象徴していた。すでに行きすぎとみなされていた振る舞いの影響は、ユーモアによって弱められていた。しかし両性の逆転は、妻に負けようとしていた男たちにとっては否認としての、また警告としての価値を有していた。

家は、この両性間戦争の本質的な争点であった。誰がそこに住み、自由に出入りでき、物事の秩序を定めるのか。イレーヌ・ネミロフスキーは、単なる田舎の家から監獄への変容を数行で描写している。

ソランジュが来た。彼女の夫は、まもなく彼女を幽閉するだろう。彼は、自分たちが田舎に建てたばかりの家に彼女を閉じ込めた。彼女がパリに来るたびにけんかになる。彼は、彼女に一切面会を認めない。彼女の健康を口実にするが、実際には嫉妬深いのだ。[20]

隔離は一夫一婦主義のハーレムのごとく、絶対権力、独占的な性の保証と化す。

これとは反対の身振り、ただし住居の支配という同じ論理において「ルイは妻に『出て行け』と怒鳴り、彼女を踊り場に放り出し、頭にケガをさせる。[21]」妻は家政に不可欠であったため、男の絶対権力を意味する追放は、ほとんどの場合一時的なものにとどまった。家計の問題に関しては、多くの非難が明確な形をとった。こうして、浪費する妻というステレオタイプの動機が理解される。収入が主として夫に由来し、妻の過度の支出を口実に夫が家庭の維持に必要な額を払うことを渋る場合。また妻、あるいは結婚していない場合にはパートナーが、世帯収入の過半とはいかずとも大きく貢献しており、男が自分の自由になる金が十分にないと非難する場合。すべての例において、ときには貧窮にいたる財政的従属が支配と報復の主たる手段となっていた。しかもこの手段は、警察署の記録に見られる家族の遺棄と扶養手当の不払いに関する多数の記載が証言しているように、離別後にも続けられるのである。

「年来のアルコール中毒者である彼は、同棲相手をほとんど毎日金の問題で叱責していた。なぜなら彼の給料は、好きなだけ飲むためには不十分だったからである」[22]。多くの事件に「酒」が見出されることは、驚くべきことではない。酒はけんかの原因あるいは暴力を助長する要素とみなされ、暴力と密接に結びつけられていた。反アルコール中毒キャンペーンは、この点をお気に入りの主題のひとつとした。一九一九年の〈全国禁酒同盟〉のキャンペーンはすでに、「アルコール中毒は人間をけだものにする」と告発していた。こうしたキャンペーンは、夫婦間暴力を予防する政策であるとは言えないものの、家庭内の粗暴な振る舞いに対する社会的非難を証言している。とはいえ、アルコールに関する言説は両義的なものである。すなわちそうした言説は、酔ったアルコール中毒の人間を告発することで、その責任の一部を免除し、その暴力の原因を社会の貧困や病気に帰しているからである。

アルコール中毒で暴力的な人間は、長らく風景の一部となっていた。村であれ都市であれ、社会生活の注意深い探索者であるジョルジュ・シムノンは、『クー・ド・ヴァーグ』におけるサルラ親父のように、そのいくつかの肖像を描いている。

　彼は、カフェの緑の丸テーブルの前で人生をすごしていた。[…]　彼が妻を殴り、妻は日々の大部分を泣いてすごしていたというのは本当だったのか。妻をほとんど完全に破産させてしまい、いずれ農場は競売にかけられるというのは本当だったのか。［…］こうしたことすべてがささやかれていたのだが、そのあいだ彼は、町の人間のように明るい色の服を着て、カード遊びをし、食前酒を飲んでいた[23]……。

語り手が言及しているうわさは、まさしく周囲の人々の態度を見抜くことの難しさを示している。

3　初期段階における家族、隣人、同僚、公権力

今日では大部分の著者たちが、夫婦間暴力がふるわれる際のきわめて私的で内密な枠組みを強調している。ダニエル・ヴェルツァー＝ラングにとって、これは主要な特性である。「夫婦間暴力は、私的で親密な関係においてふるわれる。いくつかの発作的な事例をのぞけば、夫婦間暴力はそれが生じる場面の当事者以外には不可視である[24]」。

彼は、一九八〇年代以降作成された数百もの記録をもとに、「秘密の漏斗」について語っている。この漏斗は五層からなり、これらの層によって、暴力の秘密はしだいに広く共有されるという。当初は夫婦だけが知る秘密は、いさかいの最初の爆発の目撃者である子供たちへと広がる。つぎにそれに気づきうる、あるいは目撃者となりうるのは、家族や友人である。この時点で、家族の住居の壁はもはや暴力の行使の限界とならず、暴力は公共空間へとあふれ出す。最後に、物理的な暴力が社会的空間へとあふれる。同僚、社会福祉士、警官が家族間暴力に巻き込まれる。現代について確認されるこの図式は、一九七〇―八〇年代以前の時代についても議論しておく価値がある。なぜならまず、自分がどんな被害にあっているかを周囲に知らせることは、自分自身の意志にのみ

依存するわけではないからである。この情報は、当事者たちの独占的支配を免れるのである。第二に、夫による妻への暴力はすべて、当初は不当なもの、あるいは恥ずべきものとは見なされていなかったからである。どんな被害にあったかを語るために発言することは、より容易に思われたのではないか。それは反抗的、浪費癖のある、あるいは不貞の妻に「家庭の良き父」として体罰を課したものであると考えられたのだから。

両大戦期の流行小説家エドゥアール・ペッソンは、女たちが定期的に集まるマルセイユ周辺のある界隈の世界を描写している。

みなが自分の不幸を語り、誰もが隣人以上の不運に見舞われたがっていた。男たちはひどくこきおろされていた。［…］――うちのはそれよりひどいよ。あいつはいつも家にいて、養ってやるのはわたしなのに、その礼に……殴られるんだ。(25)

この口調は、かろうじて口にされた告白というよりも、むしろ集団的なストレス解消に近い。

情報源がどこであれ、夫婦間の暴力は周囲に知られるように思われる。しかしそれぞれの事例によって、人々が知る内容の性質とそれを知る契機の違いは大きい。一九四九年三月に夫によって殺害されたC夫人の例は、この差異を明確に示している。家族、隣人、そして夫婦が暮らしていたサン＝トゥアンの町の商人たちは、惨事の後に実際に刑事課の捜査官から取り調べを受けた。(26) 全員がこの家庭の不和を知っていた。しかし上階の隣人女性がすでに一九四一年から気づいていたのに対し、被害者の義理の姉妹はようやく戦争末期に、また殺人犯の母はさらにその一、二年後に知った。夫の幼なじみの女性は、「彼は相当に酒浸り［で、］家庭は和気あいあいとしたものではなかったこと」を知っていた。しかしこの女性が本当に注意を引かれたのは、ようやく犯行の四、五カ月前、C夫人が窓から助けを呼んだときであった。そこでこの友人が夫人宅へと上がったところ、夫人は「髪と服の乱れた姿で、夫が自分を絞め殺そうとしたこと、それを止めようとした母親を夫が殴ったことを［彼女に語った］」。同僚たちの場合は、カフェの前で行われた犯行の目撃者であり、そこで〔被害者の〕アンリエットと一緒に飲んでいたのだが、夫が口にしていた脅しについては何も知らなかったようである。被害者が受けていた暴力に周囲が気づいた時期は、よって一九四一年から殺人が起きた一九四九年までの八年にわたる。

C夫人は何をされていたのか。この点についてもまた、それぞれが事態を部分的に目撃していた。隣人の女性は踊り場で、夫人が「あばずれ、ろくでなし」とののしられているのを耳にした。夫人は彼女に後で、平手打ちもされたと告白している。義理の姉妹に対しては、夫人が長枕の下で見つけた折りたたみ式カミソリ――開かれた刃がひもで柄に固定されていた――の話のように、告白はより詳細であった。事実、C夫人は本物の恐怖を味わい、自分の生命を危惧していたのである。夫人は、夫が武器を持っていることを知っていた。夫は、そのことをある床屋に自慢していたのである。

結局は悲劇的な結末によって、多くの細部を知ることが可能となった。しかし殺人が起きるまでは、C家に生じていたことは、誰の目にも不和と暴力的な夫という平凡な話に見えていた。事態は、一九四六年にC夫人が一カ月の不在の後に夫の懇願と約束によって帰宅した際にそう思われたように、結局は丸く収まると期待されていたようである。

公権力と警察は、いつ、どのように、なぜ介入を決断したのであろうか。各警察署の記録に残された供述を幅広く調査しなければ、暴力の被害者である女性たちがどの程度の割合で当局に訴えたかを見積るのは難しい。なぜパリのバルベス署では一九三五年についてはいくつもの供述が見つかり、一九四六年についてはまったく見つからないのであろうか。いくつかの調査だけでは、こうした訴えの量、ましてや多様さについて結論を引き出すことは可能ではない。そこには公安の、調書を取る者たちにおける対照的な態度を見るべきであろうか。ある者たちは事実を子細に記録し、ある者たちは事態が結局は丸く収まるであろうと考え、訴える女たちに帰宅するよう厳命したのであろうか。たとえば、バルベス署で一九三五年六月一日に記録された「軽い暴行」の事件には、単にこう記載されている。「帰宅。この住所でともに暮らす夫に対する告訴はせず[27]」。

他の例では、通報と介入が増している。たとえばベルヴィル地区の八百屋M氏による行為は、定期的に警察署に通報されている。妻が夫の暴力から逃れるために最初に夫婦の住居を離れた一九二二年に、彼は早くもみずからの自殺を予告する二通の手紙を地区の警察署と妻に送っている。これは実際には妻を帰宅させるための恐喝の一形式にすぎないのだが、妻は帰宅する。それから二カ月も経たないうちに、M夫人は再び警察署を訪れ、「夫が六週間以上前からもはや金を渡してくれないと明言し、夫が彼女と二人の幼い子供たちの生活費を出すよう非公式に介入するよう求める」。家庭の外でさえ暴力的な性格のM氏は、一九二六年と二七年の二度、暴行傷害罪と禁止された武器の所持罪で有罪判決を受けた。一九三一年には、今度は彼の兄弟が、ナイフで脅されたとして供述を行っている。そして一九三四年の十二月には、母と娘が「彼が自分たちを追いかけ、脅し、殴打したことを知らせるために署に現れる」。

M氏は明らかに、治安にとって問題となっていた。彼の暴力は、家長の権限の行使も私的な範囲も逸脱していたからである。しかしながら、彼は第三者の訴えの結果有罪判決を受けたのであり、妻も兄弟も供述書への記録だけで満足していた。問題は存在し知られていたが、当局が家族に取って代わることはなく、介入しなかった。

結局、「酔った夫による虐待に疲れ、妻Mは夫を洗濯ベラで殺害する」。逮捕された彼女はセーヌ県重罪院に告訴されたが、重罪院は一九三五年七月三日に彼女を無罪放免した。[28] 陪審員たち、そして彼らの前には捜査官たちが、M氏の態度は男性の権威の正当な表現であるどころか、「たえず酒におぼれている暴力的で粗暴な男」の振る舞いにすぎず、その殺害はいかなる処罰にも値しないと考えたのである。

こうした人物たちの両価性は、私的なものと公的なもの、正当なものと容認しがたいものとの境界がいかに不確かであったかを際立たせている。二十世紀を通して、私的な領域での男性による実力行使についての二つの見方が並立した。それに向けられるまなざしは、当初は理解を示していたものの、非難するものへとゆっくりと変化した。力のしるしとしての懲罰から、無能さの暴力的な発露へと移行したのである。

Ⅲ　男らしさの混乱がもたらす暴力に対する断罪

男性による暴力の一部は、男にとってはみずからの特権——つまり異性に対する権力——を尊重させる機会であると理解されたため容認されていた。それと同時にフランス社会は、それとは別の暴力の発露にしだいに敏感になっていったように見える。すなわち、フランス社会にとっては断罪すべき、違法なものと化した暴力である。女性解放、そして役割と権力とを均衡させるゆっくりとしたプロセスの最中に、夫婦間暴力の行使はひそかな私的領域に閉じこもったに違いない。そして暴力をふるう者を、自分自身の男らしさに対する不安を粗暴さによって露呈した男のように思わせる危険をもたらしたに違いない。

「暴力的な夫は、支配するために行動するのではなく、支配を実行するために行動する」[29]。人口学者マリーズ・

ジャスパールのこの指摘は、夫婦間暴力の目的性という問題を提起している。夫婦間暴力が他者にふるわれるのは、自己の支配を確実にするためではなく、まさに自己のため、自己の権力、男らしさを確かめるため、自己の能力を自分に証明するためであるという。女性に対する暴力は、男性支配の実行であるだけでなく、この支配を実行できないという一部の男たちの不安を露わにしており、女性よりもむしろ「男性たる自己」と他の男たちに向けられたものであるという。精神分析の延長線上では、性はすでに二十世紀初頭からこのような不安の本質的な構成要素とみなされていた。

1　暴力性と性的不能

夫婦間の性の障害と暴力の爆発との関係は、明確に証明されていた。一九三三年には、ヴォワヴネル医師が「身体的に夫として平穏に性行為を成就できない不能」のうちに「いくつかの爆発の原因」[30]を見出していた。その一五年近く後、彼の同業者のダニエル・ラガッシュは、ある著作――すぐに恋愛の嫉妬に関する典拠となり、今日でもそうである――において、この仮説を彼の長い臨床経験から抽出された多数の症例で例証することで確証した。そのひとつに、東部鉄道の従業員で四十八歳のリュシアンの話がある。彼は、再婚した妻と一九二九年一月から暮らしていた。夫婦関係はすぐに悪化し、リュシアンは精神科医との後の面談の最中に、自分の深い劣等感にはっきりと言及している。

私には妻がいますが、妻は私のペニスにうんざりしているんです。［…］家事については、命令し財布のひもを握ってきたのは妻です。［…］家では、私は無価値でした。

医師は、険悪化の大まかな段階を以下のようにたどっている。

一九三二年十二月には、彼らの関係は非常に間隔の空いたものとなった。彼はしばしば射精できなかった。[…]もはやけんかせずには床につけないことで、神経が高ぶることがあった。[…]彼は、彼女が他人のものになることは決してないと彼女に答えた。[…]怒りが蘇り、彼は妻をののしり、売女呼ばわりしながら顔につばを吐きかけた。脅迫しながら暴力的に、妻を絞め殺すためにのど元に飛びかかった。(31)

リュシアンが拘禁されたのは、この殺人未遂のためである。彼の性的不能は、ベッド、自宅、そしてまた外における悪化した自己像であり、それゆえ彼は妻そしてまた他の男たちに対する二重の劣位に置かれていた。こうして妻の浮気への危惧が増し、嫉妬のとりわけ暴力的な表出が助長されたのである。ル・ブールジェの四十四歳の理容師アルマンにとっては、性的な自慢話と結びついた暴力が自己の定期的な再確認として機能していた。

[彼は]妻を性的に満足させることができず、嫉妬深く妻を監視し、妻の浮気をたえず疑い、誰彼となく愛人ではないかと疑っている。妻の否定に激怒して彼女を殴り、髪の毛をつかんで引きずることもあり、窓と扉に南京錠をかけている。商売がうまくいかないたびに、嫉妬の発作が再発した。彼は、他の者たちより性的に強壮であることを定期的に自慢していた。(32)

ルヴァロワの花屋アンリの場合は、「ルヴァロワ一の美女」を妻にしたことが自慢であったが、それと同時に妻が自分を性的に枯れさせたと非難していた。

彼女は、彼を本気で愛したことはなかった。金のために結婚したに違いない。彼女は猟犬であり、みだらな女である。[…]彼女と結婚する以前、彼は同時に五人もの愛人を持ったことがあり、非常に積極的だった。結婚後は消極的である、と彼の医師は書き写している。(33)

夫の消極性か妻の拒絶、あるいはその両方が男らしさの否定として機能し、こうした不安な男たちを脅かしていた。彼らはこのような欲求不満、快楽の禁止を去勢のように体験していたのではないか。(34)去勢という男性的不安はたしかに存在する。これは間違いなく幻想ではあるが、立法者が刑法においてこれに特別な地位を与えるほど強い幻想であった。かくして、去勢は「傷害」(三〇九、三一〇、三一一条)という一般的な規則から外れ、三一六条によって規定されている。「去勢罪で有罪の者はすべて、終身懲役刑に処す」。同様に三一六条は、外科医により患者の意志に反して行われた手術の事例では卵巣切除にも適用されたもの(35)、男たちを恐れさせたのはまさしく性器の切断であった。そのような事例はきわめてまれであったにもかかわらず、何人かの著者たちは、そうした事例が非常に蔓延していると想像している。ジョゼフ・レヴィ=ヴァランシは一九三一年の法医学学会に集まった同僚たちの前で、「去勢は、嫉妬深い女においてはまれではない(36)」と明言している。医師であるとはいえ、彼はやはり男性の同族たちの不安を共有しているのである。

精神科医や精神分析医のほうが、事件の状況により注意を払う警察の捜査官よりも、あるいは社会的環境を重視する社会学者よりも性に関連するものを強調することは理解できる。それゆえ情報源によって物の見方をゆがめられてはならないのだが、男性による暴力の原因についての二つの分析を対立させる議論が繰り返されている。一方は心理学化するもので、個人の病理を参照し、そうした行動を混乱した個人的履歴によって説明する。他方は、社会的背景と男性支配の重要性を特権的に扱う。どの学科も、個人的なものであれ社会的なものであれ自己の分野を特権的に扱うことは当然であるが、両者の相互作用を無視することなどできるだろうか。多数の暴力的な男たちが表明する性的不安は、たとえ病的なものと診断されたとしても、再定義されつつある両性関係への反応や、場合によっては支配の諸属性の喪失に直面しての不安を露わにしたのではないか。

いずれにせよ、男らしさを剥奪される可能性へのこの恐れは、殺人においてその頂点に達する。

2 禁じられた断絶

離別は、暴力の被害に終止符を打つための主要な解決策となっている。二十世紀初頭に戻れば、一八八四年にナケ法によってフランス法に離婚が再導入されたことで、夫婦のもっとも激しい争いを平穏に解決することを多くの人々が望めるようになった。チェーザレ・ロンブローゾやアレクサンドル・ラカサーニュとならぶ近代犯罪学の始祖のひとりであるエンリコ・フェッリは、この点についてこう書いている。「離婚は殺人を消滅させるであろう(37)」。この過度の楽観主義は、数十年後にジョゼフ・レヴィ＝ヴァランシによって反駁された。彼はこう確認している。

離婚訴訟中や訴訟後に拳銃の弾がどれほど頻繁に発射されるかを目にすれば、アレクサンドル・デュマの考察がいかに正しいかがわかる。「離婚が身体と利害を分離するとしても、心も魂も解放するわけではない」[38]。

文学に着想を与えてきたように、情痴犯罪あるいはむしろ精神科医たちが「殺人的嫉妬」と好んで呼ぶものは、夫婦間殺人においてしばしば言及される動機である。「情痴犯罪」という通称は、極限的な暴力にロマンティックな側面を与える効果を間違いなく持っている。殺人事件の記録が当事者の一人または全員の殺人と／または自殺に終わる恋愛関係の事件に関連している場合、そこにはまた、殴打、侮辱、脅迫、恐怖の長く苦しい道のりの終着点としての死亡が見られる。やはりジョゼフ・レヴィ＝ヴァランシが一九三一年に記しているように、いずれの事件においても「嫉妬による犯罪は、妻は夫の財産であるという夫たちのあいだにあまりにも普及した考えによって、正当化されないとしても説明される」[39]。惨劇にいたる道のりがどうであれ、自分の所有と思っていた妻を失うという見通しは、権力、権威、そして全能なる男らしさの否定のごとく機能する。なるほど殺人は男性だけのものではなく、さまざまな捜査により、何十年かの間隔で、女性殺人者の所行もまた明るみに出されている。とはいえ医師、法学者、犯罪学者は一致して、殺人者の大多数が男性であり被害者の大多数が女性であるという特徴を強調している。一九四七年には、ダニエル・ラガッシュが嫉妬殺人による一二二人の受刑者をもとに「すばらしい条件で」作成された統計を引用している。被害者の一五％が男性（愛人、夫、内縁の夫、恋敵）であるのに対し、七五％が女性すなわち妻、愛人、内縁の妻であり、残りは恋愛のいざこざにおける第三者（子供、父母、義父母、隣人など）を合わせたものである[40]。二〇〇八年の内務省の調査によれば、パートナーや元パートナーの被害者として死亡した一八四人のうち、一五六人が女性であった[41]。

二十世紀全体を通じて、妻が出ていくことを男が妨げようとする場合、犯罪は似たものとなっている。一九二八年にはある化学技師が、妻が夫婦の住居を離れ、ついで定期的に殴打されていたという理由で離婚を勝ち取った後、妻の頭に弾丸を撃ちこんで殺害している。[42]一九四四年にはある機械工が、「虜囚生活から帰還した夫のもとに帰るべく彼と別れる準備をしていた愛人[43]」を絞殺する。一九六二年には「オート＝マルヌ県の工員が、彼が酒浸りであるという理由で夫婦の住居を二人の子供と去っていた妻を、猟銃で頭部を撃って殺害した[44]」。二〇〇八年には「内縁の妻への暴行による懲役を二週間前に終えた嫉妬深く暴力的な男が、この女性に再会する。［…］彼女は彼に、もはや彼とともに戻りたくないことを説明する。それに耐えられず、男は街頭で彼女をナイフでおよそ三〇回刺す[45]」。

これらの四つの殺人は、いずれも相手が独立した生活を営むことを防ぐことを動機とする他の多くの殺人に属している。殺人は絶対的権力の行使であり、いっさいの交渉を禁じ、唯一の二者択一として受忍か死かを押しつける。女性は、従属するか死ぬかしかできない。

3　女らしさを破壊すること、女性を破壊すること

女性に対する男性の暴力行為は、身体的でない暴力を考慮に入れるならばとりわけ数え切れないものとなる。いらいらした夫による平手打ちと、ある女性の頭部と身体の切断——彼女の四肢は一九四四年二月にサン＝マルタン運河の周辺や内部で発見された[46]——との隔たりは巨大である。

そうした行為には、まずこぶしや足による殴打があるが、またグラスや食器の中身、瓶、さらにアイロンやすでに言及した脚立など、さまざまな物体の顔への投擲もある。場合によっては、男はナイフを使ってパートナー

を刺し、生命への危険が増大する。配偶者の一方の死亡によって終わる最も重大な事件では、火器が見られる。これはしばしば予謀のしるしであり、殺人犯が自殺を試みることもある。

これらの暴力の形態はすべて、個別の詳細な説明の対象となりうるかもしれない。とはいえ形態のいくつかは、重大さの水準は異なるものの、被害者の女性としての身体のイメージをも責めさいなむ意志を示していることに気づくであろう。二十世紀全体を通じて、このような破壊行為が見られる。こうした行為は、下品で侮辱的な言葉をともない、相手のアイデンティティを否定する。ある母親は戦後まもなく、息子が嫁に加えた暴力について証言している。

二度か三度、息子が嫁を殴るのを見ました。わたしが居合わせたけんかの最中、息子は彼女に対してとても下品でした。嫁がわたしの家を去るおよそ一月前、息子は彼女を畜生、売女、あばずれ扱いし、彼女はそうした言葉にひどく傷ついたので、息子の頭を火かき棒で殴りました。(47)

五十四歳のある花屋は、妻が「もう出歩けない(48)」ように夜のあいだに髪を切ってしまう。殴打によって、妻の顔に傷痕を残す男たちもいる。そのようにして、虐待された妻と思われたくないならば、家にいるよう妻に強いるわけである。また犯罪学者ギュスターヴ・マセが二十世紀初頭に「液体の短刀(49)」とあだ名したもの、すなわち濃硫酸の使用もそうである。ある男に体を許さなかったという理由で、ぽん引きにとっては無用な女であるという理由で、顔を永遠に損なわれ、かくしてもはや好かれないという刑罰を下されること。ある二十七歳の娘のように、そのために死亡することもある。彼女は義理の兄弟から顔面に濃硫酸をかけられた後、一九三五年二月にラリボワジエール病院で亡くなった。彼は、彼女にひそかに「恋して」いたのである。[50]顔の徹底的な破壊は、序論で言及した最近のソアーヌの事例を想起させるだけでなく、女性らしさの一時的ではあるが大規模な破壊のプロセスをも想起させる。第二次世界大戦末期の女性の丸刈りである。

4 男らしいフランスが女たちを非難したとき

二十世紀半ば、男性の暴力は家を出て個人間の領域を離れ、多数のフランス国民が参加するなか、ドイツの占領軍に協力したと非難された女たちに対し大規模に行使された。フランスのあらゆる場所で、二万人近くの女性たちが丸刈りにされた。初期の女性たちはすでに占領下の一九四三年から、大部分の女性たちは解放の時期に、さらには一九四六年初頭にされた女性たちもいる。[51]よって彼女たちは、粛清の枠組みのなかで、女性に特有なやり方で責められたわけである。男性の対独協力者たちと同様、女性も拘禁され、裁かれ、投獄され、ときには処刑されることもあったが、女性という理由で丸刈りという追加の罰を受けたのである。同じく女性という理由で、敵との関係は性的な意味合いを持った。彼女たちは、「ドイツ人と寝ていた」という理由で丸刈りにされたのではない。そうではなく、女だからドイツ人と寝ていたとみなされ、丸刈りにしなければならないと考えられたのである。一九四四年夏のフランス社会は、戦争を継続し、社会を粛清し国を再建するために多大な努力を必要としていた。しかしこの再建は、単に物理的、人間的なものだけではなく、国民としてのアイデンティティを取り戻すこともまた課題であった。敗北によって辱められた国では、人々は市民兵士の義務にすでに失敗していたことになる。なぜなら彼らは、ドイツ人が「息子や伴侶の喉を裂きに内懐《うちぶところ》にまでやってくる〔ラ・マルセイエーズ〕」ことを妨げられなかっただけでなく、その多くが征服者によって捕虜として連れ去られたために、国が経験した試練のあいだ不在だったからである。フランスは再び勝利者とならなければならず、再び男らしくならなければならなかった。それゆえフランス女性に対し、まさに彼女たちがはじめて投票するとき、政治的市民権は獲得したとしても、彼女たちの身体は男性の支配下にあり続けていると言わなければならなかったのである。丸刈りは、二十世紀の第二四半期における大部分のヨーロッパ諸国においてそうであったように、両性関係のゆるやかではあるが根本的な変化に対する男性側の手荒な反応であった。

Ⅳ　女性による防衛と反撃

男性による暴力の歴史は、被害者が受動的に被った暴力の長い目録につきるものであってはならない。すでに見たように、そうした行為の正当性はしだいに減少し、女性たちは少しずつ身を守り夫に抵抗した。

隣人、家族への訴えはつねに無駄であったわけではなく、子供をつれた、あるいは子供ぬきでの出発は単に逃避となっただけでなく、夫が家長としての役割を担えないことを万人の目に示すことで圧力をかける手段ともなった。そして夫婦の対決の際には、殴打はつねに一方向のものだったわけではなく、ほとんどの場合夫の方が力が強かったとしても、一部の女性は反撃することをためらわなかった。夫婦間の殺人事件には女性殺人犯も存在しており、事件の四分の一では殺人犯が女性であった。嫉妬深かったり、愛人の助けを借りて邪魔な夫を始末しようとしたり、罵詈雑言、侮辱、暴力の長い苦難に終止符を打とうとしたのである。たとえば女Pは、一八年間の不幸な結婚生活の後、一九三一年に就寝中の夫に致命傷を負わせた。彼女の夫は酒浸りで粗暴であり、結婚生活のはじまり以来彼女を頻繁に殴っていた。夫は卵管炎を、ついで淋病を疑ったため、彼にそそのかされた医師たちは子宮摘出手術を行った。P夫人の怨恨は病気によるものと診断されたため、有罪判決は下されず精神病院に収容された。「精神病院で、彼女は仲間たちに自分の行為の正当性を主張している。彼女は自身の監禁を侮辱とみなし、退院もしくは重罪院への移送を求め、『自己の大義の弁護』を要求している(52)」。この意見にはレヴィ＝ヴァランシ医師も同意しており、研究を以下の言葉で締めくくっている。「犯罪は実行され、彼女はもはや病気ではない。彼女を拘禁することは、不当な監禁である！」別の例では、すでに見たように、裁判所は苦難にかくも根本的に終止符を打った女たちを無罪放免するか、執行猶予つきの有罪判決を下していた。

しかしながら、女たちが個人的にこうした暴力に対抗し、女性や家族や同僚の連帯に頼りえた一方で、集団的な反応の事例はほとんど知られていない。一九七〇年代のフェミニズムの復活は、女性たちの身体を関心の中心に据えることで、このような実情を根本的に修正した。

1　一九七〇年代から二十一世紀初頭にかけてのあらゆる男性的暴力の拒絶

一九七〇年代以降、男性による女性への暴力とフランス社会との関係は間違いなく変化した。MLF〔女性解放運動〕は一九七〇年を「女性零年」として宣言したが、フランス社会とこの暴力との関係のような深部での動きの場合、これほど明確な境界には収まりえない。とはいえ一九七〇年代は、男性による暴力という観点からすれば、相互に依存したいくつもの現象の結びつきと関連している。一方では十九世紀以降、男性の粗暴さに否定的な感受性がますます普及していた。その重大な傾向が継続し、「攻撃的な男らしさ」の拒絶が確実なものとなり、男性による暴力の行使が正当とされる閾値が低下した。他方では、根本から男性的な社会の不均衡をいくつかの法律が緩和することとなった。すなわち、一九四四年の投票権、一九六七年の避妊の合法化、一九七〇年の「父権」の「親権」による置き換えである。だがとくにフェミニズム運動は、中絶自由化のための闘争と平行して、強姦がほとんど罰を受けていないという問題を提起した。刑法は強姦に対して最も重い刑罰を明白に備えていたものの、実際に断罪されるのはきわめてまれであり、強姦事件は軽罪裁判所に告訴される強制猥褻罪として再分類されていた。

2 強姦は犯罪です

一九七二年に中絶裁判となったボビニーでの裁判の際、中絶したとして告訴されたマリー＝クレールは強姦の被害者であった。彼女は告訴していなかったため、検事は弁論の際に強姦の事実に疑念を表明した。しかし彼女は免訴され、この裁判が中絶合法化のための闘争における勝利となったために、強姦の問題は残されたままとなった。その後の歳月において、強姦に対する闘争は自由で無償の中絶のための闘争に比して副次的なままであったものの、しだいに重要性を増していった。その論理は当時、非常に政治的なものであった。強姦は、男性支配の性的な表れとして定義されたのである。さまざまなスローガンが誕生した。「女性がダメと言うときは絶対にダメ」や「強姦は犯罪です」、そして最も過激な「この男は男である、この男は強姦者である」まで。一九七六年には、アメリカで *Against our Will*〔邦訳『レイプ・踏みにじられた意思』〕という題で前年に刊行されたスーザン・ブラウンミラーの著作がフランス語に翻訳された。ブノワット・グルーはその序文で、いかなる点で「強姦は性犯罪ではなく、普通の男性によって［犯される］暴力と権力の行為である」[53]かを強調している。同様に彼女は、南仏で強姦された二人の若いベルギー人キャンパーの三人の女性弁護士[54]の事例に言及している。この弁護士たちは、事件の重罪院への送致を獲得したのである。

事実、それまで裁判所が強姦事件を裁く際の遠慮、さらには特別なはからい——軽罪裁判所への移管、被告の要請によって発せられる傍聴禁止、被害者に対する合意の疑い——を告発することを可能にしたのは、このエクサン＝プロヴァンスの重罪院での裁判であった。強姦は法律の側面を越えて、男性支配の実践のうちに位置づけられていた。

すべての性的暴行は、あるタイプの男性／女性の支配関係——これは社会によるある選択の徴候である——を前提としている。意識的にであれ無意識的にであれ、いくつかの男性的価値は事実上、強姦を男性の「自然な攻撃的な男らしさ」と女性の「マゾヒスト的受動性」によって正当化した。(55)

ボビニーと同様、エクサン＝プロヴァンスでの裁判を中心として生じた騒ぎは、二年後に法改正をもたらした。一九八〇年十二月二十三日の法律は、強姦を強制と挿入により犯罪として再定義した。「どのような性質のものであれ、あらゆる挿入行為(56)」と。新法はまた、合法な性交と違法な性交という旧来の区別を廃止し、夫婦間の強姦の告訴を可能にした（一九九二年六月十一日の法令）。

ブノワット・グルーの表現を用いるなら、他の「暴力と権力の行為」もまた、ひとつずつ押さえこまれていった。フェミニズム運動は先の例と同様に、告発と法改正の要求による政治の面での戦いと、女性への具体的支援という面での戦いを対にして行っていた。また男性支配の暴力を非難する記事、ビラ、ポスターに加えて、その被害者となった女性のための相談所や受け入れ施設が開設された。一九七八年には、殴られた女性のための最初の受け入れ施設であるフローラ・トリスタン寮がクリシーに開設され(57)、そしてほぼその一〇年後の一九八七年には、暴力的な男性のための受け入れ施設ＲＩＭＥがリヨンに開設された(58)。

この戦いの別の側面として、職場での性的嫌がらせの問題が一九八〇年代に登場する。「なでること」であれ、不愉快な性的な言い寄りであれ、猥褻な画像の押しつけであれ、よりまれには愛撫であれ、未遂であれ関係の強要であれ、こうした行為は「初夜権」に対する闘争を反映している。そのうち最も有名なのは、リモージュのアヴィラン社の女性磁器絵師労働者たちによる一九〇五年の闘争である。リムーザン地方の首都の労働者たちの強い社会的不満を背景に、ある職工長が会社の若い女性たちを誘惑している――今日では「嫌がらせをしている」と言われる――として告発される。女性労働者たちが運動に合流し、彼の解雇を要求する。職工長プノーが争議の中心であり、「いと高きプノー殿のための歌」が、住民に彼をこう告発する。

プノーのおやじは悪党さ（二回）
いつも気取るよ伊達男
栗毛の女と
毎日一緒

〈繰り返し〉
だからわたしら言うんです
くたばれプノー、くたばれプノー

娘が必死に働くと
仕事をもらいに来るならば
名前を尋ねるその前に
彼女のおっぱい触るのさ
お気に召したら
すぐ採用[59]

結局、工場閉鎖《ロックアウト》、暴動、武装警官隊の介入をともなう一カ月間の争議を経て交渉が開始される。一九〇五年四月二十六日に操業が再開されたが、そこにプノーはいなかった。

およそ八〇年後、嫌がらせの告発はもはや上司のそれだけではなく、男性同僚によるそれにも及んでいる。一九八〇年代半ばに遠慮がちに報道されたいくつかの性的嫌がらせ事件の後、欧州委員会の調査が明らかにしたところによれば、フランスでは八%の女性が職場において性的な性質の圧力を受けたことがあるという[60]。意識の目覚めは公然のものであった。一九八五年には、『ビバ』によって公表された調査が強調するところでは、いまや三六%の女性が自分が性的嫌がらせの対象になっていると考えていた[61]。同年には、〈職場で女性にふるわれる暴力に反対するヨーロッパ協会〉が設立された。告訴が、そしてまた初期の有罪判決が増加した。一九九二年には、新たな刑法の二二二―三三条がこう明言している。「性的な性質のはからいを得る目的で他人に嫌がらせをする行為は、一年の禁錮と一万五千ユーロの罰金に処す」。

こうした相次ぐ意識の目覚めは、暴力の再定義へと結びついた。「殴られる女」、そして何より身体的な暴力というイメージは、しだいに心理的、言語的、性的、経済的な他のあらゆる形態の攻撃へと拡大された。そしてこうした形態はいずれも、女性に対する男性支配の粗暴な実践、および個人と暴力との関係の再定義を表していた。身体的ではない形態の暴力の拡張は子供に適用されたが、たとえば一九七〇年代の心理的拷問という概念の登場が証言しているように[62]、男性にもまた適用された。

強姦であれ、夫婦間暴力であれ、職場での性的嫌がらせであれ、一九八〇―九〇年代は公権力側の意識が目覚めた年代であった。その反響は、この新たな意識を表す宣言、さらには協定の増加など国際的な規模で見られる。一九九三年には、民主主義ヨーロッパにおける女性への暴力に反対する政策についての共同宣言が、ローマにおいて加盟国によって採択された[63]。一九九五年には北京会議〔世界女性会議〕が、諸国が「女性に対するさまざまな形態の暴力――とりわけ家族間暴力――がどの程度蔓延しているかについての研究を促進し、データ収集を組織し、統計を作成し、この暴力の原因、性質、深刻さ、帰結についての研究を奨励する[64]」よう促した。翌年の一九九六年には、世界保健機関が最初の国際調査を開始した。また他にも多数の国で、たとえばフランスで〈女性の権利〉の事務局によって一九九七年に開始された研究のように、この主題系についての研究が行われた。

最近の研究において提出された数字が示すところでは、フランスでは、一〇人にひとりの女性が過去一年間に夫婦間暴力の被害者となったことがあり、そのうち百人以上が夫の殴打によって死亡している。サンプルの〇・三%――二十歳から五十九歳までの女性の人口に適用すれば、およそ四八〇〇〇人――が、強姦の被害者[65]となったことがある。転換の日付を正確に決定することはできないものの、女性への暴力に対する新たな感受性、より明白な社会的非難、公権力のより早期かついまや予防的となった介入が確認される。

3 支配の暴力的形態の残存か、あるいは変容する男性性の結果か

一九七〇年代以降もたらされた変化は、——法的な平等性における進歩が社会的にも同じように迅速に実現されたわけではないが——確かに現実である。男性支配が一世紀で消えたわけではないが、多くの面で弱まった。各人がどのように自己を男性、女性と考えるかも、同様に著しく変化した。子供の世話としつけ、社会参加と政治権力、学業、軍やその民間における延長としての警察、賃労働、スポーツのような分野は、ジェンダー間で強固に分割されていたのだが、そのすべてが独占権の一部を失った。それと同時に、男性による暴力はますます非難され、その正当性はますます低下し、その範囲は拡大され、その断罪はますます頻繁かつ厳格なものとなった。しかしながら、男性による暴力は依然として存在しているだけでなく、かつてないほど多いという印象を抱くことがある。調査とその統計学の記録の増加は、われわれに現象の広がりを示し、その深刻さを意識する助けとなる。しかし、そうした数字をいかにして正確に解釈すればよいのか。報道機関への訴え、警察署への告発、あるいは社会福祉士との接触の増大は、暴力の増加や、さらに「一線を越え」ようとする女性たちのより激しい反応を意味しているのであろうか。あるいは、さまざまな介入者の感度と活動が増したことを意味しているのであろうか。はっきり言っておくが、同一の統計学的道具の使用にもかかわらず年ごとに生じる変化にすでに疑念が生じている一方で、二十世紀のさまざまな時期における強姦、殴打、傷害の数を比較することを可能にするものは、現在何もない。非身体的で、被害者、犯人、証人の主観を免れない別の形態の暴力については、論じないことにしよう。

攻撃的な男らしさの「回帰」はありうるのかという問いは、いくつもの西欧諸国で提起されている。フランスでは、こうした議論は二〇〇〇年代初頭に集団強姦について行われた。この年代は、最近になって「転換期」と

名づけられている。この状況は、前代未聞の、郊外の「大規模団地」と「移民出身」と描写される若者に限定されたものとして提示された。そうした暴力はしばしば、文化的なギャップとポルノの浸透の相乗的な結果であるとみなされていた。

しかしながら諸々の分析は、このような現象は新しいものではなく、一九六〇年代の「愚連隊」による集団強姦もまた当時のうわさの的となっていたことを示している[66]。他にも、集団的な強姦による有罪判決の数は一九八四―二〇〇六年にかけ、他のすべての性的な違法行為が同時期に増加しているのとは逆に、安定している[67]。大部分の著者たちは、ある集団による男らしさの集合的な主張は、さまざまな社会的出自の集団内に見られる通過儀礼的形態であると一致して強調している[68]。ポルノや広告といった普及率の点で見過ごせないいくつかの媒介が、従属とサドマゾヒズムの戯れが浸透した幻想の世界を基盤とし、粗暴で支配的な男らしさというイメージ、そして男への服従によって開花する女らしさというイメージを維持、さらには助長しているのである。

アイデンティティの不確かな時代における男らしさのこうした攻撃的な形態は、一般的な傾向に反して存続しているのか、それとも下火になりつつあるのか。この問いに答えるには、またもや歴史学的な道具が欠けている。

われわれは今日、重大さは明らかになっているものの、男女関係――そして個人間の紛争における暴力の地位――の変化ゆえに、一貫して下火になりつつある暴力を前にしているのか。逆にわれわれは、男性による暴力の再発を目撃しているのか。進行中のジェンダーの割り当ての再均衡化と修正に動揺し、暴力の不使用ゆえにみずからの男性としてのアイデンティティに不安を抱く男たちの「暴力的な反動《バックラッシュ》」を目撃しているのか。このような分析は、すでに約二〇年前にクリスティーヌ・カステラン＝ムニエによって提出されている。彼女にとっては、暴力はアイデンティティの指標を失った男たちが頼る「防衛的な男性性」であるという。「[男性は]現代女性がますます逃れようと望んでいる支配関係の外側で自己を表現するのに苦労している」[69]。

被害者である女性たちが暴力について語る際になお残存している困難については、その沈黙の主たる動機の変化という仮説を述べることができる。この沈黙が従属、恐怖、否認といった多数の要因に起因しているとしても、容認の沈黙や夫婦間暴力を当然とみなすことから、恥辱の沈黙への移行が行われたのかもしれない。すなわちいまや被害者の女性たちは、暴力を受けたことで、両性間の平等という新たなモデル——なるほどその適用は非常に不十分ではあるが、実効的ではある——から排除されるのではないか。

二十世紀はじめから二十一世紀初頭にかけて、男たちは女たちを犯してきた。それは、他の男たちに対する振る舞いのように、卑劣な理由や政治的な理由、あるいは敵対といった理由によるものではなく、単にそれを普通のことと考え、自分たちの男としての資質に必要であると考えていたからである。あらゆる量的な要素（夫婦間殺人の数、届け出られた強姦ではなく強姦の実数、暴行傷害の告訴）が不在であるため、慣行の変化を正確に描き出すことは困難なままである。夫婦間暴力は、今日では一世紀前より増えているのか減っているのか。戦後の夫婦の再会は、夫婦間で最も暴行の多い期間だったのか。武器、振る舞い、侮辱、性的慣行の押しつけは、一九二〇年と二〇一〇年では同一なのか。われわれがそれについて何も知らないとしても、そうしたものへの社会的非難はたえず増大してきた。そうした暴力の破壊的影響の理解が広まった。広報活動は数を増し、まなざしと提案される解決が変化した。二〇〇四年以降、暴力的な夫は家庭裁判所の判事によって家族の住居から遠ざけられる可能性がある。「二〇〇七年には、警察と憲兵隊により、夫や元夫による成人の妻に対する四七五〇〇件以上の意図的な暴行が記録された[70]。」「暴力的な男らしさ」の数は大変なものではあるが、とはいえ「普通のもの」ではなくなった。それはいまや、告訴され、議論され、以前より頻繁に有罪判決を下される。これには個人間の身体的暴力の減少という意味での「習俗の文明化」、そしてフェミニスト運動が大いに関係している。そしてまた、より好戦的でなくより温情のある男性としてのアイデンティティの再定義、つまり手短に要約するなら、いまや女性と共通する土壌での再定義が大いに関係しているのである。

第4章　女性の鏡にうつる男らしさ

クリスティーヌ・バール
（鈴木彩土子訳）

「これまで何世紀にもわたって、女性たちは、男性たちにとって、鏡としての役割を受け持ってきました。彼女たちは、男性の姿を実物の二倍にして映しだす、魔術的で甘美な力を持つ鏡であったのです。この力がなければ、大地はまだおそらく沼地のまま、ジャングルのままであったことでしょう。わたしたちの戦争の功績も、未知のものであったでしょう」

ヴァージニア・ウルフ、『自分だけの部屋』(1)

鏡としての女性は、男らしさのもうひとつの歴史をなぞるのにふさわしい手がかりを与えてくれる。太古からのこの女性の役割は、ヴァージニア・ウルフにより先のように言及され、二十世紀、現代的な価値を帯び、そして、性の平等という概念が目を見張る発展を遂げたのにも抵抗し、さらにはその発展にブレーキをかけることにさえも貢献した。というのは、この女性の役割は、独裁政治によって利用されたからである。女性の鏡としての役割の有効性は、ジェンダーの規範を、人々の心理の内部に、若いうちに植えつけることができるか否かにかかっている。そして、そのように内面化されたジェンダーの規範が、後に性的欲望を形成することになる。しかしこの旧式なインスピレーションによる鏡作用は、ある種の現代性と相容れる点があるとしても、大変問題視されている。フェミニストたちは、より現実に忠実な鏡を作る。鏡を破壊し、それよりは女性に関心を向けるフェミニストたちもいる。彼女たちにとって、男性は第二の性であって、男らしさは二次的な問題なのである。

しかしながら、男らしさについてのフェミニスト批判の歴史を展開することは可能である。もちろんそれはフェミニスト思考の中心にあるものではないけれども。シモーヌ・ド・ボーヴォワールはこの問題をなおざりにはしなかった。彼女のねらいは、社会的に構築された性の差異の特徴を証明することだからである。一九六〇年代以降、女らしさ神話、また同じく男らしさ神話も急成長する。鏡は、男たちに、男らしさの、――彼らの男らしさの――、受け入れがたいイメージを映しだして見せた。男らしさとは、死をもたらすものであり、好戦的、犯罪的で人体の四肢を切りつけることも容赦しない、という性格である。フェミニストたちにとって、男らしさは、今後女性差別的行為と関連づけられる。男らしさとは男性による支配を示すのである。

二十世紀の終わりには、ジェンダーのもうひとつの考え方があらわれた。そしてそれがフェミニストの思考の中心的概念となっていく。過去におけるよりもしっかりと、性とジェンダー、性とセクシュアリティとを切り離して考えることで、男らしさ、また女性が男らしくなっていくことについての、別の見方が可能になる。女性が男らしくなることはアンチ・フェミニストたちの以前からの関心事である。彼らアンチ・フェミニストたちにとって、女性が男らしくなるということは、二つのジェンダーがお互いを補完しあうという関係が終わることを意味し、さらには、異性愛的欲望の退廃、そしてその結果としての、人類という種の消滅を、意味するのである。

I　男らしさ――欲望の対象

ヴァージニア・ウルフは、女性の鏡としての役割について、「暴力と英雄的態度で行動するすべての者にとって必要不可欠なものなのです。だからこそ、ナポレオンもムッソリーニも、揃いにそろって女性の劣等性をあれほどに強調したのでした。なぜなら、女性が男性より劣っているのでなければ、女性は男性を実物より大きく映し出す鏡であることをやめるでしょうから。ですから、女性は男性にとってしばしば必要なのです(2)」と語っている。実際、二十世紀の多くの女性は男らしさを肯定的にとらえた。男らしさとは、ある種の体格のタイプであったり、態度、世界についての話し方、考え方だったり、とりわけ、男性と女性との関係を構築するうえでのひとつの考え方であった。

1 性的欲望――《純粋な男らしさ》の求愛行動

まず最初に、欲望の対象としての肉体を考えてみよう。女性の鏡によると、男らしさにはいくつかの特徴があり、それは古代ギリシアにみられる男性の肉体の典型的なタイプから来ている。これは二十世紀においても相変わらず高い人気を保ち、特にヌーディストと体操選手のあいだでこの傾向は顕著である。かといって、いくつかのバリエーションがないというわけではない。フランス人フェミニスト作家で平和主義者のマルセル・キャピイ〔一八九一―一九六二〕にとっては、一九三〇年、男らしさという言葉から連想されるのは、大戦中のドイツ兵捕虜のイメージであった。「身長が高く、広い肩幅、引き締まった腰、丁寧にひげの剃られた顔、青い目……。注目すべきは男性の背の高さ、肩幅の広さ、腰の幅である。上半身ががっしりとしていればいるほど、そして下半身が細ければ細いほど、彼は美しい(3)」。この女性的視線の存在はしばしば隠蔽される。あたかも過去の女性は、見られるために存在する純然たる対象にすぎず、自分たちの感覚と欲望を持ち合わせていないとでもいうように。ところが、女性たちが男らしさについて話す論評は、女性の鏡が男らしさを映し出す能力について判断する際の格好の証言としてとらえることができる。ここでのフェミニズム的問いは、男らしさに対する女性の欲望の表現が、真に女性独自のものであるか、ということである。その鏡は、男性の店で買われたのではないか？　シモーヌ・ド・ボーヴォワール自身、男らしさの美しさを好意的に、「肉体に活気を与える超越のあらわれであり、肉体は肉そのものに堕ちてはならない[4]」と定義した。女性も男性と同様、スパイもの、冒険もの、また連続テレビドラマなどのマス・カルチャーの消費者であり、マス・カルチャーは、男女間の、ステレオタイプの誘惑の駆け引きを前面に押しだして見せる。一九六〇年代、七〇年代のテレビ画面を占拠していたのは、性的側面をより強調させた男らしさのイメージであり、それは常に戦闘シーンとともに提示された。「愛」と「戦争」ということばが、あたかも同一のものであるかのように、有無を言わさずに共に提示されていたのである。

　二十世紀後半の二十五年間で、最もはっきりとした変化として認知された社会現象のひとつは、女性たちが自分たちの性生活をより確実に掌握したということである。男らしさの定義は非常に相関的なものなので、女性の性生活の掌握というこの進歩は、最も保守的な人々のあいだでは、男らしさの喪失として解釈された。しかし、性的パフォーマンスを約束するものとしての男らしさの表象が、むしろ二十世紀の終わりに幅をきかせるようになる。マス・カルチャーのなかにはあたらしいタイプの余興が生まれた。*Chippendales*《チッペンデールズ》は男性入場禁止のディナーショーを展開する。女性の観客たちは、そこで目の保養をし、楽しみ、ボディビルで身体を鍛えた男性ダンサーのストリングのなかに、札をすべりこませるのである。対象としての男（男—対象）は、それでも男らしいと言えるのだろうか？　主体であるという性格を失っているのだから、もはや男らしくないのだとも思える。しかしその体つきが体面を救っている。筋肉がつき、自信に満ちたポーズをとり、一見したところ逆さまになったシチュエーションを演じている……。その後に逆転が起きることを前提として。すべては正常にもどるだろう。

2　女性の鏡における《純粋な男らしさ》

フランスのフェミニスト作家フランソワーズ・ドボンヌ〔一九二〇—二〇〇五〕は、彼女自身が十五歳のときにいだいた「黒いブーツを履いた若いイタリア男性たち」に対する熱狂ぶりを回想する。エチオピア戦争に旅立った彼らは、彼女の夢想のなかで英雄となったのだった。このような欲望は、だからといって、彼女を受身のポジションに置くわけではない。「私は自分のアトラスの上に紅海の海岸線を転写し、夢のなかで、彼らと一緒に上陸した(5)」。なぜ、ファシズムは欲望を喚起するものとして映ったのか、とは追求されるべき問題である。三〇年代に入るとすぐに、ヴィルヘルム・ライヒ〔一八九七―一九五七。オーストリア、ドイツ、アメリカ合衆国の精神分析家〕はファシズムの原動力分析に着手し、性的フラストレーションや、リビドーをリーダー的存在に向けて集中させること、性を抑圧し、コントロールすることが、ナチの扇動の背景にあることを示した。女性たちは、ファシズムという、非常に男性的なシステム構築において、性的な領域で貢献した。レニ・リーフェンシュタール〔一九〇二―二〇〇三。ドイツの女優、映画監督〕は「意志の勝利」(一九三四年)において、総統の征服者的男らしさを賞賛している。

「黒い年々」における日常生活において、ファシスト的男らしさにむけられる女性の欲望は顕著なものであった。このファシスト的男らしさは、ムッソリーニという人物のなかに体現されている。女性は彼を見ただけで妊娠してしまうのではなかったか? 出生率の向上をねらう国では意味深長な冗談である。こんなふうに、女性のファシズム参加が求められていた。たとえば、一九三五年に開催された「信仰の日」に、イタリアへの制裁処置をとった国際連盟に対する抗議として、その豪華な祭典の最中に、イタリア女性は自分たちの金の指輪を鉄の指輪と引き換えに差し出したのであった。「象徴的であるだけの行為にとどまることなく、金が象徴する女性の信仰が、鋼鉄が象徴するローマ帝国の男性的強さへと、変身を遂げるために(6)」。しかし、この行為はより内面的な側面を持つ。つまり、婚約指輪の提供をとおし、ムッソリーニ本人との結合が象徴的になされたのである。

ファシズムは、性差、または、性的欲求的な観点に立った支配者―被支配者の関係分析を生み出した。たとえば、サルトルは、対独協力を、「支配する占領者の強力、かつ男性的魅力に屈服した女性的活動」[7]と定義した。しかしながら女性蔑視的紋切り型には注意が必要である。それは一九三〇年代以降にひとつの潮流となった、女性を独裁政治のもっとも熱心な支持者とみなす考え方である。[8]ファシズムに対する女性の熱狂に、ある種の性的要因があるとするなら（しかし男性の熱狂の中にもこの要因は見受けられるが）、さらに政治的、社会的構成要素こそが見受けられるのであり、それこそわたしたちが明るみにださなければいけないものである。どのようにして、また、なぜ、女性はこのイデオロギー的な男らしさのモデルを支えることができたのか？

一九二九年以降、ヴァージニア・ウルフは「純粋な男らしさの時代の到来」[9]を予想した。ナチズムによって、性別のジェンダーへの一致は優勢人種の特権とみなされた。迫害される者は、この二分法を遵守しなかった者とされた。つまり、進歩的で男性化したユダヤ人女性、女性化したユダヤ人男性、そして、もちろん男女の両性における同性愛者たち、というように。収容所では、人間性の剥奪は、ジェンダーの痕跡の強制的な削除によっておこなわれ、抵抗は、ときとして、その保持によりなされた。「種」の交配への憎しみは最優先事項である。しかしほかにもおおくの交配が考えられる。それは、たとえばジェンダーとジェンダーの交配であり、実際当時それは起きていた。このジェンダーの無秩序状態に対抗し、また女性に権力を与え、男性を女性化し、種を堕落させたデモクラシーに対抗して、ヒトラーは、男らしいモデルを主張する。「人種的国家［*Völkisch*］」は、男らしい力の高邁な体現であるべきであり、女［*Weiber*］とは真の男性をこの世に送りだすことのできる存在でなければならない[10]」。唯一、国家だけが、権力と規範とを保持するのであり、各個人は、性別に関わらず、「種」への奉仕という国家の最上級の関心事の前に服して従うことになる。この新しい社会政治的な組織の範疇において、妻―

母というキリスト教的モデルが優生学的妄想によってリサイクルされ、ふたたび価値あるものとされた。ナチは常に女性を必要とし、女性はナチに鏡を提供する。ナチが必要とする女性の第一の条件は、まず、アーリア人種であること。婦人［*Frau*］というよりはむしろ、雌［*Weib*］であること、[11]つまり生殖者、血の純潔を守り伝えていく者であり、できれば四人の男子の母親であること。「国家社会主義が、女性に、その働きと引き換えに与える報酬とは、再び国家社会主義が、男性、つまり真の男性、堂々とし、まっすぐに立ち、勇敢で、名誉を愛する男性を、育てることである」[12]と、ヒトラーは一九三五年のナチ党の集会で宣言した。国家社会主義党は、男たちの同盟、男性的秩序であろうとし、「戦争と、純粋な体とビヤホールの男らしい友情によって」[13]結ばれている。一九二一年に女性はこのシステムから除外された。第三帝国の人名辞典には男性の名前しかない。ナチズムは、「その性格から、男性的運動である」[14]（ジョゼフ・ゲッペルス）。

3　共犯的女性

ナチズムが作りだした女性に対するこの敵対的環境は、彼女たちの使命感をくじくことはなかった。女性の社会的存在を否定（女性のいない社会という幻想）する動きや、高等教育や多くの職業を禁止することで、女性を家庭に押し込めようとする論調も、女性たちの意気を頓挫させることはできなかった。性の絶対的な相違というモデルを主張するために筆をとる女性が現れる。「男性は彼自身の自己を確立することで人となるが、女性は自己を放棄することによって人となる」、とグイダ・ディール〔一八六八―一九六一。ナチ党の女性党員、一九二六年に女性闘争連盟を結成〕は書いている。[15]女性ナチ党員の地位は、男性的論調との矛盾と衝突しつつ、前進していく。女性党員の中には、もっとも激しい闘争や国家のかじ取りへの参加を望むものもいた。ささやかな場所が彼女たちのために用意された。それは、彼女たちが、彼女たちの性のなかの「エリート」に属する、という誇りをもたらすものだった。

女性のナチズム支持は、ある部分では第一次世界大戦中の「女性の国有化」の結果である。この戦争が、あらゆるエネルギーを動員する全面戦争であったからだ。[16]ナショナリズムは、フェミニズム運動を見逃しはせず、敗戦国においてフェミニズムに対する態度を硬化させた。ドイツでは新しい体制に適応した「ナショナル・フェミニズム」[17]なるものが発展した。しかしながら、この思想は、暴力的なまでに反フェミニズム的であった。なぜならそれは、女性たちに、「ユダヤ的発明」である「女性解放運動」からの「解放」を求めるからである。一九三三年には、ナチ党に投票する女性は、男性と同程度に多数であった。それに続く年において、ナチの女性組織の加盟者は六歳から六十歳まで十二万人にのぼった。彼女たちは、国家が理想とする性的秩序に忠誠を誓い、この秩序を私的つながりよりも上位に位置づけた（このことから、近親者、たとえば夫、を告発することが正当化されたのである）。女性特有の場所で組織されたその女性たちは必ずしも、男性についての肯定的見解だけを発展させたわけではなかった。男性は「いつも自己中心的で、傲慢で、野心的であるだろう」[18]とは、国家社会主義女性連盟の全国女性指導者ゲルトルート・ショルツ＝クリンク〔一九〇二―一九九九〕の言である。

ナチの視点からみれば、女性動員はひとつの成功であった。伝統的に陽の目を見ることのなかった母親としての仕事と家事の意義を認めることは、しっかりと特定された社会的機能にある種のオマージュをささげることになった。活動領域補完性――イデオロギー的準拠、例えば、アルフレート・ローゼンベルグ〔一八九三―一九四六〕は、男性をマクロコスモス（大宇宙）の建築家、女性はミクロコスモス（小宇宙）の保護者として定義した――という考え方は、女性は家庭に、男性は自身の活動を家庭の外のいたるところで発展させること、という構図を求める。しかし家庭は国家から免れない。なぜなら、家庭はナチのシステムの基盤だからである。そして女性は、ナチの犯罪的企てに加担する。たとえば、収容所の看守として働いた人々の一〇%は女性が占めた。SS《親衛隊》に属する女性もいた。親衛隊は単なる兵士たちの共同体ではなく、ヒムラーの言葉によれば、ひとつの秩序であった。歴史家クローディア・クーンズにとっては、直接的な参加だけでなく、ナチズムにおける女性の生存圏《レーベンスラウム》[19]を受け入れたことによって、ドイツ人女性は「憎しみ渦巻く環境のなかで愛という幻想を保持することによってナチズムに根本的な貢献をし」た。「女性として誕生したことによる恩赦」は存在しない[20]。女性を、ナチズムの被害者としてしかとらえようとしない平和的な論調は、一九八〇年代以降、この犯罪的歴史における彼女たちの責任をしめす数々の研究によりぐらついている。

ファシズムとフランコ主義は女性たちの大きな支持により男らしさの勝利も導いた。これらは、その大衆的伝統と成り立ちを源泉として、男性優位のイデオロギーをはぐくむのに必要不可欠なものを引き出した。イタリアでは、知識人や芸術家たちが、二十世紀初頭からこの男性優位主義を刷新し、エロティシズムの趣を与え、美化した。一九〇九年の「未来派宣言」は、「道徳主義、フェミニズム打破」を謳う。道徳主義とフェミニズムが並列に置かれているのは偶然ではない。しかし、時がたつにつれて、この掟破りで公然と宣言された性差別主義は、伝統的な色合いになっていった。カトリック教会の重圧が、ドイツでの場合と比較して、この思想に微妙なニュアンスをもたらしたのである。イタリアでは、一九二九年のコンコルダートによって、国家は教会と協力し、教会は力のあるフェミニスト団体を抑制して、ファシズム体制下での家族信仰強化が推し進められた。スペインにおいても、国家の男性優位的論説をつくりあげるにあたって、司祭たちが担った役割の重要さを強調する必要がある。つまり、神は女性の原罪を罰そうと欲し、ゆえに出産の苦しみと男性への服従を強制した、という論調である。一九四三年、聖職者は若者に、「女性は男性の一部から作られている。男性の権利と力の優位はこれに由来するのである。[…]。女性は愛するためにつくられ、男性は命令するためにつくられた(21)」と教えた。ラテン社会における伝統的な男性優位主義にとっては、女性は「家庭をきりもりし、子供をつくり、夫にたいして不貞をはたらく(22)」ために生まれたようなものなのである。現代的ファシズムの理屈においては、女性の不貞はもはや冗談のたねではなく、不貞を犯した妻の殺害は、フランコ主義のスペインでは、罪に問われないのであった。

ファシズムの女性紙では男らしさを明確に定義していない。おそらく、男らしさはこのようにして史実性を失い、永遠なる男性のイメージのもとに理想化され、さらには、あたかもそれが言わずと知れた国民的特色のひとつをなしているかのように、説明不要のものとして描きだされていた。男らしさの神話はある種のソフトフォーカスを必要とした。それはまた、ヴァージニア・ウルフの言葉をここでもう一度繰り返すならば、拡大化する鏡を必要とした。最後に、シモーヌ・ド・ボーヴォワールの言葉を思いだそう。つまり、男らしさの神話には、他者として作り上げられた女性らしさに対しての相関的意味合いしかない、ということを。したがって、一九三〇年には *Giornale della donna*《ジョルナーレ・デラ・ドンナ》〔一九一九年から一九四三年まで刊行されていたファシスト女性向けの定期刊行物〕がこのように書いたのだ。「ファシスト的スタイルによれば、真に男らしく戦士である男性には、とりわけ女性的で、静かで優しい女性が必要である。母としても、姉妹としても、妻としても(23)」。

イタリアの全国女性評議会もこの方針に不賛同ではなかった。穏健派であるイタリア女性評議会は、都市部における女性の活動を博愛主義的観点から必要なものと考え、女性指導者のなかにはファシズムが母親としての役割の重要性を認めたことを評価する者もあった。スペインでは、カトリック教会の女性支部とファランヘ党の女性部門の構成員たちが、一九三九年以降、国家への奉仕を開始した。彼女らは女性を犠牲の精神へと駆りたてた。

政治的殉教をさけぶ女性候補者の論説は、最終的にはあまりに男性的すぎて、時がたつにつれ消えていき、痛苦主義もほどほどの候補者がとってかわった。「男は、その陰でひとりの女性が彼のために祈っているときほど勇気のでることはない。男たちが英雄になるとしたら、それはわたしたちがここで働き、祈っているからだ[24]」と主張する積極的な宣言は終わりをつげた。女性らしさを強調する政策は男らしさという秩序の「復興」にとって必要なものである。一方の権力の獲得は、他方の権力消失に結びついている。数々の権利、ある種の職業の剥奪、母親としての立場に拘束されることなど……。

反フェミニズムは、特定の理論家たちに依拠している。彼らの中の一人、ジーナ・ロンブローゾ〔一八七二―一九四四〕は、カトリック社会におけるその影響力できわだっている。彼女は女性を二つのタイプにわける。妻―母―家政婦、つまり「他者中心主義者[25]」とフェミニストであり、フェミニストは、不幸を約束され、他の女性にとって危険な存在である。なぜならフェミニスト以外の女性は、すべての女性にもたらされる権利によって弱体化するからだ。一方、男性は「自己中心的である。男性は自身を、自分の関心、自分の快楽、自分の仕事を、自分の生きる世界の中心にしようとするという意味で[26]」。「自然の法則」をよりどころとして、秩序をもとにもどすことを正当化する言説は、国境を越え、この時代に特有のものであった。

4　超越としての男らしさ――ボーヴォワールの男性（賞賛）

その人生と著作からみて、シモーヌ・ド・ボーヴォワールが男らしさを敵視しているわけではないことは明らかである。彼女は、サルトルと対等の立場であるという意識を持っていた。サルトルは、どちらかといえば男性的な伴侶である（それは、彼が女性を口説くことを好んでいたこと、支配層としての男性の典型的な生き方に共鳴して世界をコントロールすることを称えていることや、著作の中で数々の性的メタファーがちりばめられた男性的表現を多用することなど[27]、からみてもわかる）。しかし、サルトルを相棒に持っていることは、彼女が女性の置かれた立場を分析する妨げにはならなかった。ボーヴォワールは、その日記、回想録の中で、自らが抱く知的なものへの欲求、また物質的な欲求をつづっているが、これらの欲求は、男性的な世界に存在する仕方に合致するものである。しかし、わたしたちが関心を持つのは、彼女が、二十世紀におけるフェミニズムの金字塔である著書『第二の性』（一九四九年）において、男らしさに与える位置である。

それは、ジーナ・ロンブローゾのような、本質主義的また反動的な考えとの完全な決裂を意味する。女性であること、または男性であることは、「状況《シチュアシオン》」に由来するものである、という主張だからである。「生物学的データ」が無視されているわけではない。なぜなら、人間とはまず身体であるからだ。単純な成長をたどる雄にたいして、雌の成長は、妊娠、月経、閉経という、女性の疎外を引き起こす生理のせいで、複雑なものとなる。しかし重要なのは、もちろん、この女性哲学者が主張する構成的視点にある。「人は女に生まれない」（身体に性があるということは否定されているわけではないにしても）。「女になるのだ」（主体である女性は、自分の体を単なる肉体としてではなく「タブーや掟による拘束に従わざるをえない体」なのだと自覚している）。ボーヴォワールは、精神分析の視点をとりあげ、とりわけ、フロイトの学説で、彼のエレクトラ・コンプレックスにおける女児のペニス願望についての分析は、男性中心の観点を基準にしており、実際には考えられないこと、あまりにせっかちに一般化されすぎている点を指摘している。フロイトのエレクトラ・コンプレックスとは、女児の「男らしさの要求」であり、それは、女児が自分にペニスがないことを発見して、その理由を自分が去勢されたためであると想像したことからの反応であるとされる。しかし、ボーヴォワールは、女らしさを否定し父親と一体化する少女が、クリトリスの段階にとどまったり、不感症になったり、ホモセクシュアルになったりするというふうには考えない[28]。彼女によれば、運命を、男性的傾向と女性的傾向とのあいだの闘争というふうに単純化するべきではなく、とりわけ、異性愛間の性行為においてはそのような見方をすべきではない。性行為の際に男の下に置かれるというのを女性の味わう屈辱であるとか、クリトリスによるオーガズムを幼稚であるとか、ヴァギナによるものを女性的オーガズム、というように見るべきではないのである。ボーヴォワールはまた、ペニスの人類学的価値についても記している。すべての人類が見舞われる不安感から逃れるために、男の子は、自分のペニスを肉の玩具、自分の分身ととらえ、それは自分の価値の指標となり、彼が将来持ちうる誇りの源となる。「このように、ペニスが、肉体的に超越を具現していることはあきらかだ」。その一方で、女の子は「このようなアルターエゴ《もうひとりの自分》を持たないので、完全な客体となるようにしむけられる[29]」。男根は支配権を象徴するが、ここでボーヴォワールははっきりと、自分を主体としてとらえることのできる女性が、男根の等価物を発明するのを妨げるものはないと主張する。

数人の作家についての考察を通して、ボーヴォワールは、男らしさがいかに相関的なものであるかを示している。l'Un《ひとりの男性》の立場が、他者である一人の女性の立場を決定する。さまざまな形態が可能である。しかし、他者である女性の運命を握るのは、それが対等な関係であるとしても、子供っぽい女、運命の女、セックスの対象としての女、動物としての女であっても、どの場合でも男なのであり、献身的な愛情の中にそれは表現される。女は「男の世界観と彼らの自己中心的な夢[30]」の表面的投影にしかすぎないのである。モンテルランについての考察では、ボーヴォワールは典型的な女性蔑視的で不幸な男らしさを明るみにだしている。D・H・ロレンスについては、異性愛的な男らしさのもう少し明るい側面を指摘し、その例としてチャタレー夫人と狩猟番との間の完璧かつ神秘的な結合を挙げている。

ボーヴォワールは、「今日の女性たちが女らしさの神話を失墜させつつあるのに対して」、「男らしさの威信はかき消されるというのにはほどとおい[31]」、と観察する。ボーヴォワールが自立した女性に示す道は、自由、平等、友愛の価値観のもとにカップルを再定義することである。この道は、生物学的基盤と文化的遺産とともになされる。ボーヴォワールは文化的遺産を否定はしないのだ。とにかく、女性を男らしくすることは行きづまりのように思われる。女らしさを捨てることは、人間性を捨てることになりかねない。

美化する鏡が不可欠である関係があるとすれば、それは恋愛関係である。シモーヌ・ド・ボーヴォワールは対等の関係を構築しようとする。彼女は、自由な女、自立し、自分の進むべき道を知り、感情に左右されることなく進んで行く女性像を提供する。しかし、二十世紀には、ボーヴォワールのような自信が持てず、男らしさに出会って動揺する女性の声が多く聞かれた。回想録の中で、マルローの最初の妻であるクララ・マルローは、自分自身が被った「心理的拉致」について分析している。フェミニズムのイコンとなったシルヴィア・プラス〔一九三二―六三〕も同様である。もっとも有名な詩「ダディ」の中で、彼女は、西洋の男らしさの像に対する魅力―反発について探求している。

女はみんなファシストを崇拝する
顔を踏みつける、野獣
あなたのような獣の野蛮な心

この詩の結末は父親殺しである。暴力は正当防衛として容認されている。このようにして怒りの時が、過剰な理想化の時を経て、訪れたのである。

Ⅱ　拒絶された男らしさ

両性間の平等の概念は、二十世紀にめざましく推しすすめられたわけだが、それは男らしさを激しく糾弾することなしには行われえなかったのである。フェミニストたちにとっては、男らしさは男性支配を意味し、それを彼女たちは、時代によって、またそれぞれの感受性によって、「マスキュリニズム」、「父権性」、ときには「男らしさ主義」とも名づけた。彼女たちの鏡が映し出すのは、暴力の情景、国家同士の、また性と性との戦争という情景であった。

1　《泣け、女性市民たちよ》

しかしながら、戦争の男らしさを批判するのは容易なことではない。まず、女性と男性とは共に同じ世界に生きているからであり、一九〇五年にノーベル平和賞を受賞したフェミニストで『武器を捨てよ！』で世界的に有名な作家ベルタ・フォン・ズットナー〔一八四三―一九一四〕が言うように、戦争を前にしての女性的態度と男性的態度のあいだに違いはない。フェミニストたちは、現代の闘争の形態の変貌を明晰に理解していて、男性に同情の念を抱く。彼女たちは、男性たちを、二十世紀の幕を開けた殺戮の首謀者としてではなく、犠牲者として認識する。自分たちの払った犠牲は、男性にくらべて取るに足らないとの意識は、罪悪感のもととなり、さらには彼女たちの多くにとって自己検閲として作用するようになり、結局のところそういう女たちが愛国的高揚にいたるのだった。女性たちは、心理的にも身体的にも傷つけられた男たち、酒浸りになり、恐れを抱き、泣き、かたくなに口を閉ざす男たちの、言葉に尽くしがたい苦しみをおしはかる。これら生身の兵隊たちを目にして、女性の目に映っていた典型的な戦士のイメージは崩れることになった。女性たちのほうは、看護婦という私的、また公的な地位を手に入れたのである。温和で、優しく、父性的な男たちがどうすれば「自らの意志に反して野獣となり、望まないのに、自然の法則にも、また神の御心にも反して、殺人者となることが可能なのか？」[32]

男性を男性として非難するというよりは、大多数のフェミニストたちは、男性たちを戦士にした社会構造を告発した。どうして子供たちにはむしろ消防士や救助隊員ごっこをさせないのか？　魅力的で、いたるところにあふれている戦争ごっこのおもちゃについて、第一波、第二波のフェミニストたちは見解をともにした。フェミニストたちは、世の母親に、男児の教育方法を変更するようにと、繰り返し説いた。スウェーデンでは、一九七九年、戦争的なおもちゃは禁止され、それは追随すべき例として示された。

男らしさの習得は、徴兵によってもおこなわれるが、第一波、第二波のフェミニストたちはその実態を告発した。アルコール、売春、情緒欠如感、そして「下卑た」[33]扱いは、「ある種の拷問」へと発展しかねず、フランス人女性弁護士ジゼル・ハリミ〔一九二七—〕は、それを男らしくあれという命令と結びつけた。フェミニスト批評家たちは、徴兵禁止を求める六八年の五月革命の若者たちの意見に同調した。男らしさは槍玉にあげられ、除隊になることはもはや不名誉ではなくなった。女性の鏡に映る戦闘的男らしさは、妻、母、娘としての固定化された役割を前提としている。ところで、これらの役割は変化するのだ。急進的なフェミニストは、鏡を割り、「銃を持つための体」を生産することを拒否する。これは新マルサス主義的無政府主義のスローガンであり、二十世紀を通じ、順調に浸透した。

戦争は、男性にとり男らしさを証明する機会となる。軍服を身に着けることからくる虚栄心、「かすり傷」自慢、死の危険を省みない勇気というように。しかし、戦争はもはや「栄光にみちたプロムナードではない[34]」と、クララ・マルローは記している。そしてフェミニストたちは現代戦争の恐怖、過剰な軍備、市民と軍人の犠牲者の爆発的増加を告発することに尽力することになる。女性の権利が認められるとともに、フェミニストたちは、紛争を未然に防ぐための政治的代替案を提案するようになる（教育における変化、新しい経済的均衡、軍備解除等）。彼女たちの国際的団体は国際連盟、続いて国際連合にも席を置くようになり、影響力を発揮している。彼女たちのあいだには意見の相違がないわけではない。というのは、複数のフェミニズムと複数の平和主義があるからである。このようにして、プロテスタントの女性活動家、女性共産主義者、女性無政府主義者、さらには人道主義的な問いに重きを置く女性共和主義者たちが、それぞれ主張を繰り広げたわけであるが、意見の相違を乗り越えて、彼女たちをひとつにまとめるのは、問題のジェンダー論的見方であった。すなわち、女性は命の側にいる、つまり、女性は高尚な価値観の体現であるのに対し、男性は死の側にいる、というものである。「われわれのフェミニズムは過度に……女性的すぎるので、戦いや殺し合いを夢見ることはできない[35]」とフランスの婦人参政権論者のセシル・ブリュンシュヴィック〔一八七七―一九四六〕は書いている。

いかにして男性の戦士的な欲望を説明することができようか？　生物学的説明が排除されたわけではない。フェミニストのオデット・チボーは、テストステロン（男性ホルモン）がそれに一役買っているとして、男性の攻撃性をおさえるため、キプロステロン（男性ホルモンの拮抗剤）のピルの服用を提案している[36]。マドレーヌ・ペルチエ〔一八七四―一九三九〕は、男性的本能の動物的側面を強調している。その理由から、彼女は売春を、男性たちの性的ストレス解消の場として有効であるとして認め、それで強姦の件数をおさえることができるとしている。攻撃的であるという、男性に与えられた役割は、数千年前からわれわれの世界観に組み込まれてきたが、ここにきて、それは、役割ではなく、男性の本質であるというふうに、論調が混同してくる。「先史時代のもっとも古い資料からみても、男性は常に武装しているものとしてわたしたちの目に映る[37]」と、シモーヌ・ド・ボーヴォワールは記している。狩人としての男、続いて戦士としての男……。「クロマニヨン時代から、進歩はどこに見られるのか?[38]」現代の戦争の新しい様相にもかかわらず、また、近年進められている軍への男女の共同参画にもかかわらず、戦争は依然として男らしさと本質的に深くつながっている。そして女性平和主義運動家とフェミニストの活動家たちとともに次のように発言するのには、一歩踏み込むだけで十分である。「戦争はとりわけ男性的な事実である。だれが戦い、虐殺し、強姦し、拷問をかけるというのか?[39]」。さらには、作家ナンシー・ヒューストン〔一九五三―〕と主張を共にしよう。彼女は二〇〇九年にこう書いた。「そうだ、このように引き裂き、強姦し、他者の身体を銃で、こぶしで、または剣でひらき、機関銃で微塵にし、首を切り、切った頭で球遊びをするには、ペニスと睾丸がなければならない[40]」。ナンシー・ヒューストンにとって、それは「本能」であり、その現実を否定することは深刻な間違いである。同様に、彼女は、母性を暴力に対抗する倫理的意識の源として再評価することを提案するが、それればボーヴォワールのエピゴーネンたちにとって気に入らないものではなかった。この暴力についての討論と、平和運動における、女性=母=平和、という等式の重要性についての討論は、女性として「誕生したことの恩赦」への問いへと、わたしたちを導くことになる。どのようにして、ドイツのナチ女性たちやアブ・グレイブで虐待行為を行ったアメリカ人女性兵士のような存在と、もう一方では、女性はむしろ自分たちを非暴力の側に置くという、歴史的経験から見てこちらもまた異論の余地のない現実とを、共存させることが可能なのか？

　女性における暴力（それは、男性に対するもの、女性同士、子供に対して、そしてよくあるのは、自分自身に対する暴力を含め）を否定しないにしても、男性における暴力と女性における暴力は対をなすものではないことは認めざるをえない。歴史的にみれば、戦争的男らしさがまず問題視され、次には女性に対する暴力を通して現れる男らしさがそれに続く。日常の言語は、そもそもペニスと銃を結びつける（「一発ぶちかます」という表現のように）。「わたしたちの身体はわたしたちのもの」と一九七〇年代のフェミニストたちは言い、女性の肉体と性の完全な尊重を叫んだ。彼女たちにとって、強姦は父権社会の結果としてもたらされたものであり、いたるところに存在する支配関係が、発作的に表面化したものなのである。強姦を犯すものは、しばしば犠牲者の顔なじみの人物で、「どこにでもいる何某氏」であり、身ぎれいで、ごく普通の一家の父であり、一目瞭然の変質者とか、徘徊者、性的欲求に満たされないよそ者といったステレオタイプとは正反対の人物なのである。闘争は法的なものである。フェミニストたちは強姦が犯罪として認められることを望む。だが、闘争は同時に知的な論争にもなる。それほどに、強姦は熟考を要する主題と認められていないのだ。優勢を占める考え方は、男性たちによって擁護される。彼らは「それが男性の本能だ」と信じて疑わないのだ。テストステロンの発見は、男性の性向が攻撃的性へと向かう傾向があるということの裏づけとなった。この自然の法則に基づく説明は「化学的去勢」という解決案を推し進める人々により今でも主張されている。フェミニストとしての優先事項は、被害者女性の声を公にすることだ。ときにはそのメッセージは聞き入れられた。ニューヨークの劇作家、イヴ・エンスラー〔一九五三―〕の、「ヴァギナ・モノローグス」は五カ国語に翻訳され、繰り返し再演された。そして、この成功をきっかけに一九九八年にはＶデーが設立された。Ｖデーとは、女性への家庭内暴力、レイプ、生殖器の切断と名誉殺人〔女性の婚前、婚外交渉、さらには強姦による処女喪失を家族全体の不名誉とみなし、家族の名誉を守るために女性の父親や兄弟が女性を殺害するという風習〕を阻止するための世界的キャンペーンである。(41)

2 「解放された」性の最前線で

性の革命の時代に、男らしさを論じるフェミニスト批評家たちの関心は、誰にとっての解放なのかという点での解釈があいまいなこの「解放」を描く最も象徴的な作家たちの作品中の性差別に光を当てることに集中した。それが、ラディカル・フェミニズムの誕生を告げる記念碑的著作、ケイト・ミレット〔一九三四―〕による『性の政治学』(一九六九年)で展開されるメッセージである。そこで彼女は、文学批評の手法を用いてその問題に取り組んでいる。ヘンリー・ミラーとノーマン・メイラーの著作分析を通し、ケイト・ミレットは、ミラーについては、殺しが常習的に行われる男性的文化で使用される、あからさまで生々しい表現に注目し、それが女性を軽蔑の対象という立場におとしめているとしている。そしてメイラーでは、男らしさへの絶対的信仰を見出し、その信仰が、主に性行為の描写において達成されていること、また性的恐怖症(ホモセクシュアル、不能、男性の女性化、さらにはアメリカが女性化していくことに対する恐怖)が見出されることを明らかにした。ケイト・ミレットは、女性は彼女たち自身の性の解放を目指さなければならないと結論づけた。

アリス・シュヴァルツァー〔一九四二―〕は、社会学的見地およびドイツとフランスの女性運動活動家についての調査をもとに、セクシュアリティの問題を扱っている。セクシュアリティとは、あらゆる政治的熟考を逃れる、女性にとっての服従の場である。『性の深層――小さな相違と大きな結果』(一九七五年)で、彼女は異性愛関係の非常にくらい構図を描きだして見せた。彼女が薦める鏡は、女性が「セルフ・ヘルプ」のグループ内で用いるものである。彼女たちは、自分の身体を親密にながめるため検鏡を使い、自分の体の美しさを発見するのである。女性たちのこのようなナルシスト的復権は、男らしさを脱神話化する。

男らしさという考え方に取り付かれた、この男社会において、男と女の違いを探すのには長い時間はかからない。実際、それはそれほど大きくない。平時で八、九センチの違いだと、専門家は断言する。勃起した状態でそれより六～八センチ長くなる。この取るにたりない付属物の中に男らしさがあるというのか？　この魔法の力、女性の欲望を刺激し世界を支配することのできる男らしさがこの中に潜んでいるというのか？

アリス・シュヴァルツァーは、解剖学上の運命というものはないと考える。ペニスでも子宮でもなく、「力」と「無力」がわたしたちを男と女にするのである。[42]挿入が「男性的力の最高のデモンストレーション」[43]である一方で、シュヴァルツァーに証言を提供した女性たちにとっては、ヴァギナによるオーガズムが得られるかどうかという境界線は不確かなままである。よって、ヴァギナへのペニスの挿入を必要条件として成立するという、異性愛という拘束の正当性は告発されはじめる。

アリス・シュワルツァーが、ボーヴォワール的に、ジェンダーの違いを判別して、それによってフェミニスト的視線から異性愛のセクシュアリティを疑わしいものとするなら、リュス・イリガライ〔一九三〇―〕にとっては、それは第一に性器の違いである。精神分析医であり、『検鏡、もう一人の女性について』（一九七四年）と『ひとつではない女の性』（一九七七年）の著者である彼女は、たとえばふたつの唇がつねに触れあう女性器の形のような具体的データをもとに、女性的相違の理論を打ちたてた。彼女は、生殖器から得られるのとは別の性的快楽への到達、という思想を発展させる。このような別の快楽への道を発見する女たちの体においては、快楽は、生殖器のようにひとつの場所に限定されるのではなく、体中のすべての部分が性器となるのであり、そのことは男性たちを動揺させることになる。つまり、それは、イリガライが想像するには、女性たちが、女性たちのあいだだけで、特権的に得ることができる性的快楽なのである。男性はといえば、彼らは、自分の体から切り離され、機械的なやり方でしかオーガズムにたどり着けない。

フェミニスト思想、またさらに、女性運動家の実践でも、新しい生活様式が発明された。それは、あるグループでは「男の世界」に対するとても大きな自立になりえるものとなった。これらのグループが、異性愛者による集合であるかないかは問題ではない。この理想的な自立のスタイルは、性的な関係を超越し、感情、政治、文化、経済すべての側面において女性を解放する。一九八〇年の終わりにあらわれたのは、ラディカル・レズビアニズムというスタイルであり、それは政治的選択として提示された。女性の運動は、西欧社会のいたるところにおいて、欲望が変貌するということを、想定可能なものとした。抑圧からの解放は新しい欲望をつくりだし、あたらしい快楽を可能にした。ホモセクシュアルに転向することはこの解放の力強いシンボルとなる。レズビアニズムが、フェミニズム実践の政治的に正しいやりかたとして発展した一方で、もっと急進的な運動家たちのあいだでは、それ以外の生活スタイルも独自の位置を確立した。そのなかには、カップルとして生きることの拒否、排他的な恋人関係の拒否などがあった……。

これらの例は、男らしさ批判の辛辣さを、性的、暴力的の二重の意味でよく説明している。女性芸術家たちはこの規範の逆転に諧謔を込めて参加した。オーストリアのアクショニストでフェミニストであるヴァリー・エクスポート〔一九四〇―〕は、一九六九年に「ジェニタル・パニック」と題するパフォーマンスを行った。彼女は、股のところをカットしたジーンズをはき、自分の性器を露出させながらポルノ映画館内を歩きまわったのだが、さらに手にはライフルを持っていたのである。フランスでは、ニキ・ド・サンファル〔一九三〇―二〇〇二〕が一連の「射撃絵画」のパフォーマンスを実演し、集団による暴力（アルジェリア戦争）ばかりでなく彼女が十一歳のときに父親からレイプされた経験をも表現した。オノ・ヨーコ〔一九三三―〕は、一九六四年に「カット・ピース」のパフォーマンスを行う。それは、観客を窃視や支配への欲望と対峙させるというパフォーマンスであり、オノ・ヨーコは、観客をステージ上に招いてはさみを渡し、彼女の衣装を切り裂くように要求した。暴力を意図的に扱うパフォーマンスで、よくあるテーマではあるが、彼女自身に課された暴力であるため、彼女が自分で暴力を行使するよりも、受け入れられやすいと言える。現代芸術はおそらく、身体に関するタブーが消滅したという事実が、もっとも力強く表明される場のひとつであるだろう。この非神話化の数え切れないほどのイメージのなかで、彫刻家ルイーズ・ブルジョワ〔一九一一―二〇一〇〕の例をあげておこう。ロバート・メイプルソープ〔一九四六―八九〕の撮影による写真の中で、歳を重ねた彼女が、微笑みながら、小脇に巨大な自作のペニスの彫刻を抱えている一九八二年の作品である。彼女が自分の作品につけたという「小娘」という名前と、また、尻または胸ではないかと思えるくらいの丸い睾丸の大きさに注目すると、それはいかにも不気味な礼賛ではないか！

女性運動は、それに関わった多くの女性に開放的な発言をうながした。彼女たちは同時に避妊という革命にも立ち会った。彼女たちの言葉は男性にとっては耳に痛いものであり、彼らは、当初、重々しい沈黙でそれに反応したように思える。彼らの中でフェミニストであると宣言した者はごくわずかだった。男性たちのある種の良心的グループができ、彼らはセクシュアリティの分析を優先課題とした。しかしそれは長続きしない。どうやって罪悪感に立ち向かえばいいのか？　ムーヴメントから排除されたという感覚（女性運動における、男女の非―混合性、つまりféminitude《女性独特の考え方》を前にして、どう対応すればいいのか?)、さらに男性嫌悪の風潮に、どのように向き合えばいいのか?

この男性嫌悪の試みで、最も有名な足跡を残したのはヴァレリー・ソラナス〔一九三六―八八〕による『全男性抹殺協会マニフェスト』である。一九六七年に自費出版されたこの性差別主義の風刺的な小論は、男らしさを「体質的欠陥」とみなす。Yの遺伝子(雄)はXの遺伝子(雌)の不完全な形でしかない。男? むしろ「女のなりそこない」であり、「装置」、「移動する張形」である。本質的には受身的性質で、男は自分の真の欲望を隠そうとする。それは女になりたいという欲望である。「ポップ・アートの法王」であるアンディ・ウォーホル〔一九二八―八七〕に向けて、一九六八年、銃口を向けることで、ヴァレリー・ソラナスは、彼女の攻撃文書を実行に移したように見える。彼女は現代的男らしさの最重要人物の一人に狙いをつけたのである。

一九七〇年代の爆発的な大衆ポルノグラフィの隆盛を、多くのフェミニストたちは、それが彼女たちの活動とフェミニズムの最初の勝利に対する、男性側の返答であるとみなした。この陳腐な見世物は、たいていの場合エロティシズムとは区別され、女性作家ブノワット・グルー〔一九二〇―〕にとっては「誇大妄想的差別主義者の夢[44]」の、フェミニストの理論家リュス・イリガライにとっては「ファルスに対する宗教的崇拝[45]」の、特権的な支えである。それでも、ポルノグラフィはモラルの終末の明白なサインであるとして認識された。フランスでは、性差別的表現に対する戦いが十分な反響を得ることができず、かえって検閲の拒否という考え方が勝利をおさめた。

ポルノグラフィに対する最も構築された攻撃は、アメリカから発した。「ポルノグラフィとメディアにおける暴力に反対する女性たち」(一九六七年サンフランシスコにおいて結成)は、この主題についての最初の国内大会を一九七八年に開催した。その年は「ポルノグラフィに反対する女性たち」がニューヨークで結成された年である。これはのちにもっとも影響力のあるグループとなり、スーザン・ブラウンミラー〔一九三五―〕やグロリア・スタイネム〔一九三四―〕、アドリエンヌ・リッチ〔一九二九―〕、そしてとりわけ、一九八一年に『ポルノグラフィ――女を所有する男たち』を出版することになるアンドレア・ドウォーキン〔一九四六―二〇〇五〕といった活動家たちをよりどころにしていた。ラディカル・フェミニズムの記念碑的人物であるドウォーキンは、ポルノグラフィを、女性に対する憎しみの明らかな表明であり、女性を自己嫌悪へと導くものとみなした。法律の上では犯罪行為であるレイプが、ポルノグラフィのショーではありきたりにおこなわれている。屈辱と暴力が、ポルノグラフィの消費者たちを興奮させる。そして実際に行動に移すようにうながすのではないか? アンドレア・ドウォーキンにとって、現実とフィクションの間にはつながりがあり、スナッフムービーでこのふたつは混ざりあう。スナッフムービーは実際のレイプや殺人を見せると言われている。フェミニストの法学者キャサリン・マッキノン〔一九四六―〕は、ポルノグラフィが原因で起きた被害はリベラル国家という枠組みの中で闇に葬られてしまうと主張する。合衆国憲法の最初の修正案は公私の境界線を尊重することを条件に、自由を保障する。しかしこの境界線こそが、まさにフェミニストたちによって疑問視されているのである。差別に反対する運動という名分で、複数の都市で採用された反ポルノグラフィの措置は、反憲法的であるとされたが、このキャンペーンへの反響は大きなものであった。国家に請願することが満場一致の賛成を得られたわけではなかった。国家を巻き込むことは個人の自由を侵害する大きな危険であると、「プロ・セックス」のゲイル・ルービン〔一九四九―〕、ドロシー・アリソン〔一九四九―〕、ジョーン・ネスレ〔一九四〇―〕、ジュディス・バトラー〔一九五六―〕、パット・カリフィア〔一九五四―〕等のフェミニストは、警鐘をならしさえした……。彼女たちは、反ポルノグラフィの言説において、女性に悲惨主義的な被害者のイメージが与えられていることに異議を唱えたのである。女性は性行為で主体になることができる。彼女たちに固有のポルノグラフィを生み出すこともできるし、見世物から得られる快楽を、そう、男たちにより男たちのために作られたショーを、彼女たち自身のために逆利用することができる。このような反対の立場が一九八〇年代のアメリカの「セックス・ウォーズ」をうみだし、それはフェミニストたちの内部分裂を象徴することになる。

3　男らしさの反撃を前にして

一九八九年十二月六日、モントリオール。マルク・レピーヌは、理工科大学の、あるクラスに侵入し、男子学生と女子学生とを分け、「お前たちはフェミニストだ」とののしりながら女子学生たちに銃口を向けた。「お前たちはここに用はない」(この高尚な男性的知識の場はお前たちの場所ではない)。十四名の女子学生が殺された。ついで、彼は銃口を自分に向けたのである。その死体から、攻撃すべきフェミニストの重要人物の名を書いたリストが見つかった。疑いの余地はない。この犯罪は紛れもなく性差別的性質のものである。さらには、はっきりと反フェミニスト的犯罪であり、これがこの犯罪行為の稀有な点であった。メディアにおいてはしかし、個人的狂気による犯罪という説が主流であった。反フェミニズムという考えが考慮に入れられた場合、それは古い世界が「フェミニズム革命」によって崩れ去っていくのを目にする男たちの動揺を指摘するためか、あるいは、この悲劇を逆手にとるフェミニストたちを非難するために使われた。

女性作家ニコル・ブロサール〔一九四三―〕はこう語った。

理工科大学で起きた出来事は、雄としての戦略（女性蔑視、男性中心主義、凡庸な性差別主義）から、男性としての政治的解答（反フェミニズム）にいたるまで、その中心にはある明白なことがあるということをわたしたちに思い起こさせる。つまり、男性は、女性が女性としての権利を要求しなくても（つまり単に女性である場合）、彼女たちが権利要求をする場合でも（フェミニストである場合）、彼女たちが男性に関心を持つ場合でも（女性異性愛者）、男性をまったく無視する場合でも（レズビアン）、変わらず一貫して女性というものに対して敵対的である、ということだ。(46)

ケベックのフェミニストたちは男性性についての反省的研究に着手した。性差別に対抗する男性による集団も生まれた。研究結果については両者の意見の分裂もあった。たとえケベックが、一九六〇―七〇年代に急速な変化を遂げ、重圧的なカトリックの伝統と決別し、強力なフェミニズムの発展をうながす社会になったという特色を持っていたとしても、それでもやはり、両者の一致した見解にたどりつくにはいたらなかったのである。

マルク・レピーヌの行為は、その風潮の文脈上でとらえられるべきである。一九九〇年の転換期には、マスキュリニストとでもいうようなものが発展した。それはまず父親としての「権利」を守ろうとするグループとして出現した。カナダにおける、*Father4Justice*《ファーザーフォージャスティス》、両方の親の親としての同等の権利を主張するベルギーにおける運動など……。次いで、ドイツの*Väteraufbruch für Kiinder*《ファーターアウフブルッフ・フュー・キンダー》（一九八九年）、フランスの*SOS Papa*《エスオーエス・パパ》（一九九〇年）というような団体があげられる。*International Men's Movement*《国際的男性運動》が作られた。数々の著作も発表された。ケベックの心理学者、ギー・コルノー〔一九五一―〕の『男になれない息子たち』（一九八九年）は大きな反響を生んだ。マスキュリニストたちは、スパイダーマン、バットマン、スーパーマンの仮装をした芝居がかった派手なパフォーマンスで、メディアの関心を集めることに成功した。「マスキュリニズム」という言葉の選択は、フェミニズムという用語の対置概念となろうとする意図に基づいている。彼らの論理は、逆の鏡をよりどころとしている。つまり、男たちこそが夫婦間の暴力の犠牲者であり、叩きのめされ、アイデンティティ的誇りを探し求めている存在なのである[47]。心理的に元気を取り戻すことは、彼らがもちいるひとつの手段である。よって、彼らの父親としての態度は、改良されなければならない（赤ん坊とともに飛び跳ねること、母乳を避けるために哺乳瓶を使用すること、母乳育児は父親には不利であるから！）。体力的な面で元気を取り戻すことも無視されてはいない。マスキュリニズムはまた、「筋肉主義[48]」でもあり、スーパーヒーロー、「スーパー生殖者」、「怪力を持つもの」への崇拝を誓い、それらはジョン・ウェイン、シルヴェスター・スタローン、アーノルド・シュワルツェネッガーといった男優たちによって体現されている。マスキュリニズムは、もちろん、男性のあらゆる女性化を断固拒否する。彼らは、反性差別主義者の男性たちを「座って放尿するものたち」と揶揄し、ジェンダーについての研究を拒否する。彼らは、フェミニストたちに「フェミナチ」とか「女性性差別者」というようなあらたな名称を与え、彼女たちのせいで、妻たちや娘たちによる偽のレイプや小児性愛の糾弾が起き、また、男性自殺者が増加の一途にあると批判した。メディア、特に、数千万という読者を持つ「男性向け」雑誌（『プレイボーイ』、『ペントハウス』）のおかげで、彼らは大きな影響力を持つにいたった。彼らはまた、保健衛生（精神療法助手）や教育関連の職業も標的にした。これらの職業は、社会の女性化についての分析の際、特に取り上げられることの多い領域である（この職業に従事する女性が高比率を占めること、職業を学ぶ学生間の男女の混合の比率、男子を「おしつぶすような」女子生徒の輝かしい成績等の特色のために）。ケベックでは、ある中等教育機関は、先ごろ男子生徒のために、警官や兵士が、職業道具やユニフォーム、車を使って進行役を努める特別デーを開催した。マスキュリニズムの論調は、性差別主義的な犯罪において大きな役割を果たすが、それらの犯罪はたいていの場合、メディアでは、その性差別的性格を抜きにして語られ、通俗化されるのである。

マスキュリニズムが頭角をあらわしたとき、アメリカ人のフェミニスト、スーザン・ファルディ〔一九五九―〕は、著書『バックラッシュ』（一九九一年）で、それを、一九七〇年代のフェミニストの勝利に対するひとつの反動であるという診断をくだした。七〇年代のフェミニズムの勝利によって、女性たちの自立がより可能になり、彼女たちの人生を彼女たち自身で切り開くことが可能になったのだった。具体的には、離婚の簡略化、離婚した父親からの扶養手当の受け取りを可能にする強制的措置などの改革があげられる。バックラッシュという現象は、その反動としてあらわれた政治的転換であり、この時期には多くの国において、非常に保守的な勢力が権力を握ることになる。社会的に困難な状況が、とめどない経済的不安定を作りだし、男に与えられた資産の供給者という役割が不確かなものとして揺さぶられることとなった。女性は、勝利者と見なされる一方で、一九三〇年代と同様に、スケープゴートとしての役を背負ったのである。

この社会的、文化的な動きは今のところ少数派であるが、その思想を拡散することには成功し、その思想は、西欧社会で一九八〇年以来勢力をとりもどした極右のグループの形成において、確実に見受けられる。フェミニズムに対する政治的回答か？　確かにそうだろう。そしてフェミニストたちはそれを見逃すことなく、女性有権者が彼女たちに続く。女性票と男性票の票数の格差は極右政党の得票において非常に際立っている。このようにして、フランスでは、二〇〇二年、大統領選の決選投票で、女性有権者たちは、左翼の候補者であるリオネル・ジョスパン〔一九三七―〕に票を投じた。あらゆる点から見て男らしさの権化とでもいうべき、極右政党国民戦線の歴史的リーダー、ジャン＝マリー・ル・ペン〔一九二八―〕ではなしに(49)。

フェミニズムと反フェミニズムが、そして男らしさを問題視することと男らしさの擁護とが繰り広げる、政治的闘争の出口を予見することはできない。西欧社会における女性の権利獲得は重要なできごとであった。これら獲得された権利のひとつひとつは、男らしさという壁にできたひとつの割れ目と考えられることができる。もし男らしさを、支配する側によって与えられた特権の総体と定義するなら。

Ⅲ 〈女性たち〉によって魅了された男らしさ

現代西欧社会のようなジェンダーの体制においては、ふたつのジェンダー、ふたつの性、という厳格な呼応関係が遵守されなければならない。人類学者ニコール＝クロード・マチューは、性とジェンダーの作りだす、想定可能なあらゆる関係のシステムを分析し、このような体制において、ジェンダーとは性のことである、ことを示した。[50] これは、異性愛の体制であり、体制維持が脅かされていると感じると、すぐさま、束縛、操作、鎮圧という手段に訴える。[51] 制度がこの体制の看視役をつとめ、時と場合によって、制度から逸脱した行為を「罪」、「犯罪」、「精神病」というように名づける。二十世紀終わりのフェミニズムは、これらすべてを「異性愛主義」ということばで表現した。このフェミニズムのもっともラディカルな分派は、ゲイとレズビアンのムーヴメントといっしょになって（それら三つの関係はいつもシンプルとは限らないけれども）、これ以降、性の規範からの逸脱をべつのやりかたで分析するようになり、それは人文科学研究に数えきれないインスピレーションを与えた。それは、非常に重大な認識論的変動であって、男性支配と、男性支配が女性に及ぼす影響についてのフェミニスト的研究があらわれるのを可能にした認識論的変動に匹敵するものであった。したがって、第二の革命と呼べるものであり、それは、政治論理、哲学、文学、映画、芸術の分野にあらわれる。要するに、あるひとつの文化となったのであり、たとえそれが少数派であったとしても、社会全体に拡散されたのである。北米（サンフランシスコ、ニューヨーク）で生まれたこの文化は、旧大陸にもわたった。この新しい展望は、しばしば「クィア」と呼ばれる。「クィア」というこの呼称については、思想を単純化するものとして多くの異論があるとしても、この新しい視点があらわれたことで、われわれは、われわれの研究課題を表現しなおすことを強いられることになる。女性の鏡は古いフェミニズムのフィクションとなる。「女性という主題」は危機に入った。女性という主題とは欺瞞的な視点である。この視点は、独断的に、主題の無限の多様性をひとつにまとめてしまう。つまりたいてい、白人の異性愛者で、中産階級出身で学歴があり、健康で、多かれ少なかれピューリタン的であり、思想的には小心翼々としている、というカテゴリーの女性たちの立場を反映する特定の視点を代弁するために集結されているのである。「女性という主題」を扱うことは、ジェンダーに再び本質を与え、単純に「性」という言葉を置き換える。「性」というのは政治的に不適切な言葉となったのだ。

鏡はもはや異性愛者中心ではなく、『ストレートの思考』（一九七八年）を逸脱する。[52] 男性なしに、男らしさはどうなるのか？　彼らが、男らしさの正当な保有者であったのであり、その独占権を守ろうとさえ試みていたのに？　反フェミニズムは、実際、「性の差異」の保持を優先事項とする。女性の男性化は、フェミニズムに対するもっとも効果的な脅迫である。この脅迫は時間の流れに耐え、ジェンダーの規範を動揺させたくない女性や男性たちをおじけづかせる。おそらくは「悪いジェンダー」は「下品」であり、それはホモセクシャルという汚名を連想させるからだろう。

男らしさについてのたったひとつの「クィア」的観点を見出すことはできない……。新しいエピステメは、共時的、通時的な多様性、特異性を追求するように強いるからである。二十一世紀の初めのジェンダーの「崇高な変異《Sublimes mutations》」においても、また過去を読み返してジェンダーの法にそむいた女性たち、男性たちを探求すると、フェミニズムはいつにおいても主要なインスピレーションの源であり、向けられた批判とつねに接触しながら、変身し続けていることがわかるのである。

1　特別な女性の男らしさ

いつの時代にも、男性のジェンダーを採用する女性たちがおり、彼女たちはしばしば男としてのアイデンティティを手に入れることまでした。そしてそれは、彼女たちに、結婚、就職、昇給、より遠くまで旅すること、美しい制服に身を包んで軍隊で戦うことを可能にした[53]……。このような女性たちは、彼女たちの公的な性的アイデンティティが暴露されたときには、おおきなリスクを背負うことになる。彼女たちは、ある意味で、階級の脱走兵であり、男としてふるまうことで社会的に昇進する。彼女たちはおそらく逆のことをする男性たち、つまり、女性という、支配される立場、そして性的存在としての面を強調されている立場へとあえて向かう男性たちよりも、良く理解されるだろう。男装する女性たちの中には、高いレベルの尊敬を得ることに成功する者もいた。どちらかというと「死後」の尊敬であったが。それがジャンヌ・ダルクのケースであり、彼女は最終的に聖人と認められた。このジャンヌ・ダルクの例は、男性性と男らしさとが、分離可能であるということの、後世につづく安定した証明となっている。

われわれは、女性たちが特別な存在になるのは、同じく特別な環境下においてであるということに気づく。つまり、百年戦争または、二十世紀のふたつの大戦下において、である。戦争の文化は男性化された女性のイメージを利用する。アメリカ合衆国においては、第一次大戦中、優雅な「クリスティ・ガールズ」〔第一次大戦中に海軍のポスターに登場した女性像。この名称はイラストレーター、ハワード・チャンドラー・クリスティから〕までもが、軍服に身を包んだ。第二次大戦中には、「ロージー・ザ・リベッター」〔J・ハワード・ミラーが一九四二年に製作したポスターに描かれた女性〕が、作業服をまとい、腕の筋肉を膨らませて、女性労働者たちの男らしさを象徴した。このイメージは、今日にいたるまで、*We can do it*〔戦時中のアメリカでプロパガンダに使われたポスター・イメージ〕のイコンであり、アメリカの歴史の不可欠な一ページとなり、世界的なレベルでフェミニストたちのイメージとなっている。

探そうと思えば、およそどのような社会的領域においても、このような男らしい女性を見出すことが可能である。スポーツは、二十世紀において、とても重要な口実を彼女たちに提供した。これもまた衣服をとおして男性となるのであるが……。しかし、男らしくなるには、ひとつの要素があれば十分であった。フランス人フェミニストで平和主義者のエレーヌ・ブリオン〔一八八二―一九六二〕のような例がある。彼女は一九一八年三月に軍法会議にかけられたが、マスコミは、彼女は、男性用のラヴァリエール〔大型の蝶結びのネクタイ〕を締めていたのでよりいっそうにみっともないと酷評した……。

このような女性たちに注がれる社会的視線は両義的である。男らしい振る舞いは一般的には賞賛される。それらの行いがゲーム（スポーツ）の分野において発揮される場合には特にそうである。奇抜なもののための場所は確保されている……。風紀を乱しすぎない範囲ならば、という条件つきで。ジェーン・デュラフォアは、女性文学者であり、短髪で燕尾服を着込んでいたが、完璧に二十世紀初頭のパリの上流社会に溶け込んでいた。芸術家的ボヘミアンは男装に寛容である。現象は限られた範囲内でのもの。それは、すでに、男装した女性という名誉ある伝統のなかに刻みこまれているのであり、これらの女性の中で、フランスの十九世紀におけるふたつの栄光ある例を挙げることができよう。ジョルジュ・サンドとローザ・ボヌールである。

　女性によるある種の男らしさの取得は、逆に鎮圧される。バーカー大佐の例がそれをよく示している。彼女は、第一次大戦中、イギリス軍隊に志願し、男性として通り、結婚もした。一九二〇年代に秘密が暴かれ、罪を問われて投獄された。このような女性たちのしばしば「(男性より)優れた」成果(毒気を含むほめ言葉であるが)は、男のイミテーションとみなされる。イミテーションの段階から芸術的パフォーマンスへと昇華するには、一線を越えるのみなのであるが、その一線はアングロ・サクソンの国々でのほうが容易に越えられた。これらの国々は、二十世紀初頭に *male impersonators*《男装の女性俳優》によるショーを経験しているのであった。

　特別な存在であるという気持ちに浸り、男装をする女性のなかには、自分たちの違反行為に政治的意味を持たせる者もいた。それが、非常に珍しいタイプのいくにんかのフェミニストの場合である。フランスでは、二十世紀初頭に、マドレーヌ・ペルチエが、女性による男らしさの取得についての論理といえるものを発展させた。彼女によれば、それが性の平等と自信を獲得するための唯一の道なのである。それはまた、性的関係の拒絶と、異性愛者的な誘惑の駆け引きのコードを拒否することを前提とした。ペルチエによれば、男らしさとは、男性性とはしっかりと切り離されたものである。それは、支配するものが有する特権の総体である。例えば、男性は、女性の衣服よりも快適、実用的で、さらに価格も安い服を着る権利を持つ、というように。同時代に生きた別の男らしい女性たちは、逆に、反フェミニズムの道を選択した。女性作家ラシルド〔一八六〇―一九五三〕がその例である。彼女は『ヴィーナス氏』でスキャンダルを巻き起こした。この小説は、ジェンダーの倒錯についてのとても巧妙な実験的作品である。彼女はフェミニズムを拒否する。フェミニズムは、彼女の考えでは、女性の優位をうたっているのである。またべつの興味深い例は、ヴァロンチン・ド・サン・ポワン〔一八七五―一九五三〕、『末来派女性宣言』（一九一二年）の執筆者である。彼女は人間を男と女に区別するのは不条理である、と考える。なぜなら、人類は女性性と男性性によってのみ構成されているからである。女性に欠けているのは（男性に欠けているのと同じように）、男らしさである。粗野な女性はモデルとなるべきで、それはフェミニズムを封印するものであり、フェミニズムは政治的間違いなのであって、秩序と文明の行き過ぎしかもたらさない。しかし男らしさとはいったい何か？　ヴァロンチン・ド・サン・ポワンにとって、それは、エネルギー、戦士としての性格であり、残虐性、放蕩である。これらの反フェミニズムの女性たちの伝記を読んでみれば、おそらくその心理的な理由が、彼女たちがどうして男らしさを評価し（そして女らしさを放棄し）たのかが明らかになるだろう。しかし、これらの女性たちの生涯がわれわれに語るのは、いずれにしても結局は、一般的な男らしさのモデルの持つ牽引力の強さなのである。

このことは、アルフレッド・アドラー〔一八七〇―一九三七〕にとっては、完璧に筋が通っているように思われた。個人心理学の創始者であるアドラーは、女らしさの拒絶に、社会的起源を見出した。つまり評価の低い立場を放棄することであり、そしてそこに、彼は、ある種の反抗の態度を、――きわめてもっともな反抗だが――、を見出したのである。アドラーの説は、すべての女性は本心では男性になりたがっている、といってもいいようなものだが、実際には、あるマイノリティだけが、彼の呼ぶところの「男らしい抗議」によってその欲求を表面化させるということを彼は認めなければならなかった。

男らしい抗議は男性においても同じく存在する、とアドラーは記している。それは優越コンプレックスであり、それは超男性への崇拝によって、さらにあおられ、増加する。優越コンプレックスは、あらゆる人間的感情の表現を不可能にしてしまう。感情は、それほどに女性的な弱さの徴候であるとみなされてしまうのである。この、男性側のコンプレックスは、研究されたり言及されたりする機会が、女性の男性的抗議にくらべて少なかった。なぜならおそらく、男性における極度の男らしさというのは、社会的秩序に反するものとはあまり考えられなかったからであろう。

この短い大雑把な検討から、次のことを心に留めておこう。個人を解放するための選択としての男らしさ。このエリート的モデルの政治的両義性（エリートモデルがフェミニストであっても反フェミニストであっても）、男らしさが誘発する反応の両義性——賞賛、糾弾、鎮圧。戦争のような特別な状況においては、男らしさの習得を、手段として制度化すること。例外があることで規範は確認され、女性らしさは変わらずにそのままでいられることになる。

2　性的倒錯者からブッチへ

ある女性たちの男らしさは、二十世紀において精神医学の分析対象となった。精神医学はジェンダーに深い関心を示す。これらの女性たちの男らしさは、以降、その倒錯のタイプ別に考えられることになった。まず、欲望の倒錯、つまり欲望が女性に向けられること。次に肉体的倒錯、男性的な性的特性が二次的に認められる場合。そして心理的倒錯であり、これは活動的な性格においてよく認められるものである。フェミニズムが飛躍したときにこの理論が発展したのは偶然ではないだろう。この理論は、男性支配に対する異議を、心理的なもの、また、ときに病理的なものとして説明することを可能にした。一九〇〇年代のレズビアニズムの流行は、ひとつの解放が進行しつつあることを象徴的に示している。

これらの理論の影響は、女性を愛する女性に襲いかかることになる。彼女たちのなかには、男性としての魂が女性の体のうちにとらわれの身になっているのだと、自己定義するものもいた。つまり遂行困難であり、社会的に問題視されるが、しかしすくなくとも存在する権利だけは与えられる運命を背負っているということである。これがこの理論の逆説的効果であった。つまり、日陰の存在に陽を当てることになったのである。ヴィクトリア女王朝の社会にあっては、レズビアンは存在しなかった。そしてフェミニストたちにとっては、それはロマンティックでプラトニックな感情にすぎなかった。『寂しさの泉』という小説が一九二八年に出版され、この転機を象徴することになった。これはおそらく、「レズビアン」文学においてもっとも有名な小説であり、多くの読者にとって入門書とでも言うべきもので、つい先ごろまで影響力を持っていた。卑猥であると非難され、イギリスで三十一年の間出版禁止となった[54]。主人公のステファンは、女性として生まれたが、女性としての自分を見出せず、男らしい活動に惹かれる。彼女の性的欲望は、女性らしい女性に向けられる。自伝的要素が作品に力を与え、小説は、「性の亡国者」たちの存在の権利を求める口頭弁論で幕を閉じる。作者のマルグリット・ラドクリフ・ホール〔一八八〇—一九四三。イギリスの作家、詩人〕は、作家としてラドクリフ・ホールと名乗り、通称ジョンと呼ばせていた。大変に男性的であり、貴族階級的な特徴を隠そうとしなかった。彼女はフェミニストではなく、政治的には保守的であった。ムッソリーニの賛美者であったが、ムッソリーニと言えば男らしさの見本とでもいうべき人物である。

庶民的な環境では、二十世紀全体にわたって、男性性（または男らしさ、男性性の爛々たる翻訳である）は、レズビアン文化の一部をなしていた。フランス語で *Jules*《ジュール》と言えば男性的なレズビアンを指しており、彼女はたいてい女性的なレズビアンと関係を持っている。ただ前者の男性的レズビアンだけが、一般の目に映るのである。英語で言う *butch*《ブッチ》がこれにあたり、この用語は今日一般に普及している。ジェンダーの掟は、彼女たち専用の出会いの場において厳守されるべきものである。ケベックでは、一九五〇―六〇年代において、レズビアンが、ブッチでも*fem*《フェム》でもないのは白い眼で見られ、彼女は、信用に値しないとでもいうように、ひとりの*kiki*《キキ》とみなされた。

一九七〇年代のフェミニズムは、「役割」としてとらえられているものをあらたに問題視し、異性愛カップルにおける権力の不平等な分配に反撃する。ブッチたちは、男性性による人間性の疎外の模倣行為を展開し、曲解しているとして批判された。おそらくこの拒絶には階級的な軽蔑感がある。上品な同性愛（サフィズム）は、むしろ男女両性具有者を典拠としているからだ。

一九八〇年以降、特に一九九〇年代になってから、ブッチのレズビアンたちはみずからの「誇り」を取り戻し、それはパンクファッションとサドマゾヒストとしての色合いをおびるようになった（SM《エスエム》）。[55] 短く刈った髪、革の衣服、そして、中には、パッキング〔ペニスの存在を見せかけるような行為〕のような行為を伴うものもいた。それは、ディルド革命の時期であったが、ユーモアをこめてアメリカのフェミニスト作家ドロシー・アリソンによって紹介された。彼女は、「たるんだズボンの論理と実践」における彼女の進歩、そのための専門店の発見、そしてポルノグラフィへの関心を「告白」した。[56]「雄の言語」ではあるが、彼女は一女性読者として「雄の言語」を脱ジェンダー化して、そこに興奮のもととなるものを見出すにいたった。ポルノ映画、本、ディルド、バイブレーターなど……。これらの品々は「グッド・ヴァイブレーション」で販売されたが、この店は、この種の専門店の草分けとして、一九七七年に、サンフランシスコの女性たちによって開店されたのである。

3　プロ・セックス、クィアとトランス

アメリカ・フェミニズムの一部のこのような発展は、反ポルノ派の激しい攻撃を受ける。セクシュアリティを

めぐって、バーナード・カレッジ（ニューヨーク）で、一九八二年に開かれたフェミニストたちの研究会議では、主催者たちは、これら反ポルノの傾向をもったレズビアンたちを排外することを選択した。彼女たちの言葉によれば、それは新しい正統派フェミニズムについての議論を開き、それに対する批評を可能にするというのが名目であった。当時の正統派フェミニズムは「レズビアン・フェミニズム」の影響下にあった。そこにひとつの新しい勢力が形作られたが、それはやがて「プロ・セックス」と名づけられた。これは、レズビアンのムーヴメントの、多様で少数派のレズビアンたちの経験から着想を得ている。彼女たちの源泉は多様な勢力の境界線上に見出される。つまり、サドマゾヒズム（S／M）、「レザー・コミュニティ」、ゲイ・レズビアンのムーヴメント、そして女性運動である。

この新しい勢力の立役者の一人がゲイル・ルービンであり、彼女は、重要文献『セックスを考える――セクシュアリティの政治のラディカルな論理のための注意書き』[57]の作者である。彼女は、一九七八年に、サモワの立ち上げに参加した。それは初のレズビアンS／Mのグループである。彼女は男性的セクシュアリティを悪魔化することを拒否した。男性のセクシュアリティの認知のされ方は、とりわけゲイのコミュニティとの交流によって変化する。彼女はポルノグラフィを、さらには売春までも擁護した（彼女はそれを「性の仕事」と呼んだのである）。

バークレイで教鞭をとる哲学者ジュディス・バトラーは、ある意味で、ルービンの後継者である。一九八〇年代の終わりから一九九〇年にかけて、彼女の思考は、一九九一年にテレサ・ド・ローレティスが名づける「クィア理論」の中心的思想になった。彼女の主要著作『ジェンダー・トラブル』（一九九〇年）は、性的倒錯の例を根拠としている。当時はちょうどドラァグキングが注目を集めた時期であり、それによって男性性はある種のパフォーマンスとなり、風刺的側面をともなった。それはつまりはひとつの変身であり、たいていの場合一時的なもの、パーティのため、コンクールのためのものであった。一九八五年にサンフランシスコのバーで始まったのが最初で、続いてニューヨーク、ロンドン、ベルリンというように広まっていった。現象としてはきわめて少数派のままであり、フランスでのように多くの場合、無視されたにも関わらず、当時の知的状況のなかでは、ある種の重要な価値を持つようになり、ジェンダー・ファッキング〔伝統的なジェンダー・アイデンティティや性役割の概念を破壊しようとする意識的な行動〕の実践の新しい例を作り出すにいたった。[58] しかし、出来の良いパフォーマンスで男らしさが華々しく提示されているにしても、男らしさは、それ自身として分析されることはないか、ないに等しかった。しかし、それは示唆的な鏡であった。なぜなら、パフォーマンスとして取り上げられ、注釈を施されたのは、なかでも特に男らしさの持つ利点であったからだ。怒りや、攻撃性をより容易に表現できるという点、それによって尊敬をより容易に得ることができるという点。ダイアン・トール〔一九四八―〕は、ドラァグキングのワークショップの主催者であり、たとえば、重々しくゆっくりと一歩歩くたびに、体が歩いた場所を占有するような歩き方を教えた。男として衣服を着ることは「力を与える《エンパワーメント》」ことであり、この意味で、フェミニスト的行為である。「プラスチックのペニス」(これはマリー・エレーヌ・ブーシエ〔一九四七―。フランスの社会学者、クィア活動家〕の言葉であるが、[59] このようにわいせつな言葉をつかうことはこのサブカルチャーの重要な構成要素である)との遊戯もまた、同様に大きな力を持つ。「プラスチックのペニス」はあきらかにマスキュリニズム文化の主要な記号表現である。しかし、それはまた、わたしたちの生活において増加していく人工装具の重要さの象徴でもある。[60]

　男性的美しさの規範は粉砕された。おそらく、男性性よりは男らしさを探し求めるべきではないだろうか。体が太っているにしてもやせているにしても、背が高いにしろ低いにしろ、黒人であるにしろ白人であるにしろ。

九九九年の「ドラァグキング・ブック」の中に、男らしさのスタンダードというべき基準を見ることができる。背広とネクタイ、ラッパー、カウボーイ、レザー着用のゲイ、エルビス・プレスリーのそっくりさんたちも忘れずに顔を連ねている[61]。しかし、アメリカ人女性アーティスト、デル・ラグラース・ヴォルカノ〔一九五七―〕の非凡な写真の中に見られるような、解釈し直され、パロディ化され、昇華されたスタンダードは「ジェンダーの変形」として定義される。鏡はまだここにある。口ひげを描き足したり、腕の力こぶを確認するために。自分の変化を楽しみ、自分のアイデンティティを選んだり、複数のアイデンティティを演じたりすることができるという興奮を味わうために。

最近発表された『シュブライム・ミューテーション』では、変化する肉体の美しい写真の数々が、性のタイプの変化を証言している（変化は、レズビアン・ゲイ・プライドと題され、以降、ＬＧＢＴＱＩと呼ばれるもののなかに徴候としてみられる。Ｂとはバイセクシュアルのこと、Ｔはトランスセクシュアル、Ｑはクィア、Ｉはインターセクシュアルのことである……[62]）。近年、トランスジェンダーのムーヴメントが発展を見たが[63]、それは性、ジェンダー、セクシュアリティの定義についての再考を促した。このようにして、外科手術による変身による移行は異議を唱えられ、ますます拒否されるようになる。ペニスを持たずに男であることは可能である。ペニスを持たなくても、戸籍上、男性であると認められる国も、いくつか存在する。トランスセクシュアルたちは、自分たちが、自分の心理的性と合致しない体で生まれたという気持ちがある。トランスジェンダーというのは新しい用語であるが、増加傾向にあるトランスジェンダーたちにとって、ジェンダーとの関係はそれぞれ異なる。ジェンダーは、ますます大きな亡霊として認知され、二元論的なものとしてはみなされなくなっている。新しいジェンダーが生まれる。クィアの中では、ブッチはひとつのジェンダーである。インターセックスとは、今日では二つのジェンダーの間にある人を指す。デル・ラグラース・ヴォルカノのようなアーティストは、自分だけのジェンダーを作り出すことを目指している……。

男らしさは、このような状況において、放棄されるどころか、逆に再発見される。男らしさは、男性性とは区別される。男性性は、男らしさのように幻想的なものではなく、もっと平凡で、トランスセクシュアルやおそらく多くのトランスジェンダーたちが日常生活において手に入れたいと渇望しているものである。同様に、ブッチは、必ずしも男らしいジェンダーを意味しない。彼女たちは、単に、日常、男性的な外観をしているということなのである。テストステロンの摂取は自伝的な物語を提供する。例えば、マキシミリアン・ウルフ・ヴァレリオ〔一九五七―〕の例がある。彼は、「元レズビアン・フェミニスト・パンク」であり、サンフランシスコ生活の経験を持ち、男性になってから、ジェンダーについての認識を根本的に変えた。男になってからの彼は、ジェンダーの社会的説明を論じる言説を見直し、生物学を第一に置いて性の相違を説明した[64]。彼が行う性の比較では、女性の性は常に不利な立場であるように見受けられる。男性ホルモンと名づけられているものの摂取によって、多くのポジティヴな変化がもたらされたとしているからだ。セクシュアリティに関しては、リビドーの増加により劇的な変化がもたらされた。哲学者ベアトリース・プレシアド〔一九七〇―。スペインの哲学者〕のアプローチはそれとは異なっている。彼女は、テストステロンを期間限定で摂取したレズビアンとしての自らの体験をもとに、理論を構築する。彼女はこの経験をポスト・クィアの知的コンテクスト（というのは、彼女によれば、「文化的行為と強制的反復がわたしたちを男と女にするように仕向けるのであり、それなしに解剖学的真実というのは存在しない[65]」からである）、それから日常の生活においてドラッグと人工器具が浸透しているという社会的な状況（「あなた方は自分を生物学的女性と思っている。けれどもあなたたちはピルを摂取している。生物学的男性と思っている。けれどバイアグラを摂取している。あなたたちはノーマルであって、そしてプロザックを摂取している[66]」、さらには、「ポスト・ポルノ」の文化的コンテクストの中に位置づける。彼女の、繊細な感受性をもつ読者にはあまり薦められないこの著作は、この文化的ポスト・ポルノの状況に加担するものだ。「生物学的男性」として行動することを自らに許すことで、彼女は、女性の目には映らない男性性の隠された側面を発見し、それがもたらす新しい感覚に対して、明らかに喜びを感じている。「そうやって、少しずつ、ある種の特別な明晰さというものが根づいてくるのであるが、それはセックスに対する欲望、また、歩き、外出し、町中を横断したいという抑えがたい欲望の爆発を伴うのである。[…] それは、わたしの筋肉、脳の拡大された能力を反映する、力の印象にほかならない[67]」。ここに政治的熟考を要する大きな課題が提示されている。

テストステロンを六カ月摂取すれば、どんな生物学的女性も、おてんば娘やレズビアンに限らず、どんなプレイガール、どんな近所の小娘でも、ジェニファー・ロペスであれマドンナであれ、男性という種の仲間になることができ、支配階級のその他のメンバーたちと見分けがつかなくなることができる[68]。

このようにして二つのジェンダーというシステムに襲いかかる真剣な威嚇が現れたと、ケイト・ボーンスタイン（MtF《エムティエフ》 または *Male to Female*《男性からの女性》）は指摘する。ケイト・ボーンスタインは、異性愛的に男性であった立場からレズビアン女性となったのであり、彼は、ペニスのあるなしにかかわらず、新しい男性の誕生を祝福する。この新たな男性たちは、しばしばフェミニスト的感性を持ち合わせており、新しい男性性を創造する男性たちなのである[69]。

男性性—男らしさは「クィア」のたったひとつの探求課題ではない。いくつかの「アウト・ジェンダー」的パフォーマンスでのノージェンダーは、あらゆるアイデンティティの境界を消してしまうが、これもまた現代的研究の一分野である。ある種のS／M的実践（以降BDSMと呼ばれる。BはS／Mプレイにおける*bondege*《縛りのプレイ》、Dは*discipline*《鞭》、*domination-soumissio*《支配服従》、*sado-masohisme*《サドマゾヒズム》）、ある種の仮装は、セクシュアリティの普通に考えられているカテゴリー区分を消し去り、別のアイデンティティに道を開く。この遊戯的な領域においては、いまだにまず目に付くのはパロディ的な男らしさであり、とくに制服により喚起される想像から生み出される男らしさが顕著である。

「ジェンダーのアウトロー」たちは、一般にわたしたちが思っているよりも、男女ともにずっと多数である。なぜなら掟やぶりが可能な場所はさまざまであり、それは肉体の問題に限らないからである。

4　男らしさの拡散？

社会の周辺で起こることは、メディアと消費の社会では早急に再利用される。そのようにして、一九二〇年代には、「ギャルソンヌ」のファッションが性の自由への渇望を象徴した。「ギャルソンヌ」ファッションの源は本質的にレズビアン的なものだ。(70) 短く切った髪形は、当時、品がないとされた。男物のスーツのラインは、女性の体のふくらみを隠し、コルセットで体の線を浮き出させるのに終止符をうった……。世論はといえば、ホモセクシュアリティの「爆発」だとして不安の声をあげた。しかしそれは、女性たちが「ギャルソンヌ」ファッションを取り入れるのに歯止めをかけることにはならなかった。女らしさの制約が軽減され、女らしさそのものが変身を遂げて、男性ファッションに変化をもたらした。この発展はむしろ女性たちにとって好ましいものである。もしショートパンツのほうが、裾を引きずるドレスよりずっと走りやすいということを認めるのであれば。しかしながら、男性風のファッションは一般化することはない。ユニセックスファッションはめったに長続きしないものだ。多様性のほうがずっと魅力的だからである。そして、西欧社会の女性たちは、一九六〇年から一九七〇年代にかけてズボンの着用を生活に取り入れたとはいえ、正統的な女性的ガードローブを放棄することはできない（もしくは放棄することを望まないのだろうか？）。二十世紀の終わりには、コルセットやストッキングといった古い装身具の復権も見受けられた。

女性の男らしさは人々を怖がらせ続ける。それに対してはほぼ自動的に、美的または道徳的に否定的な判断がくだされる。たとえばテニス選手のアメリ・モレスモは、そのような風潮の犠牲になった。警官になろうとする女性や軍隊に入隊する女性に制服を与える際には、常に、なんらかのためらいをともなう。「女性でいつづけ」なければならない、「女性らしさをまっとうし」なければならない、というように、あたかもすでにそれが明らかで、義務ででもあるかのようなセリフが、今日でもまだあちこちで聞かれるのである。

カナダで、レズビアンの大学生を対象におこなわれたあるアンケートは、性の規範に対する彼女たちのポジションについて、彼女たちが、自分たちのポジションが性の規範を転覆するものである、と認識しているには程遠い、という結果を示している。[71] 二人のうちひとりはレズビアンであることを隠している。彼女たちが参考にするのはクィア文化ではなく、テレビドラマ「Lの世界」[72] である。彼女たちの大半は、自分たちがレズビアンとして生まれたと認識しており、自らの「女性らしさ」を受け止め、女らしい女性に魅力を感じ、それがレズビアンのイメージの向上につながると思っている。彼女たちのうち「ブッチ」として自己認識しているのは二%だけである。このことが示すのはおそらく、女性的外見を最大限に性的なものとしようとするという現状において、フェミニズムの影響、ましてクィア思想の影響に限界があること、そして異性愛という規範のもつ力と、その規範を破ることで被るリスクの大きさである。映画「ボーイズ・ドント・クライ」（キンバリー・ピアース監督、一九九九年）は、ネブラスカで起こった、若いＦｔＭ《エフティーエム》（*Female to Male*《女性からの男性》）であるブランドン・ティーナが、最終的に殺害されるにいたるまでの暴力の連鎖を描いている。実際に起きた事件をもとにしており、それは、数々のホモセクシュアル嫌悪、レズビアン嫌悪、トランス嫌悪を根源とする事件のうちのひとつである。

　したがって、今日においてもまだ、「男なしの男性性（または男らしさ）」が、破壊力を保っており、二元的システムを脅かしていると主張することができる。この二元論をもとにしたシステムは、究極的な女性的ジェンダーと男性的ジェンダーの姿（ビンボとボディ・ビルダーという極端な例に現れるような）に対峙した女性たち・男性たちにとって、相変わらず拘束力を持つものである。しかし、「男なしの男性性（または男らしさ）」は現代のフェミニズムの唯一の展望というわけでは到底ない。ジェンダーのアイデンティティについて、精神的、または肉体的面での研究、その費用、影響について考えることが必要だろう。「クィア」の立場の絶対自由主義的背景は問題を呈する。そして、「クィア」の絶対自由主義的要素は、おそらく、アメリカ合衆国とは違って、国家の役割と社会の制御作用が信用を保っている社会には移行可能ではないだろう。アイデンティティ的政治が占める重要性をなげくフェミニストたちもいる。彼女たちによれば、そのような政治は「性と「種」と階級の、象徴的、身体的、精神的特性の擁護または異議をめぐって恍惚状態になって」[73]おり、彼女たちは、政治がこの点に集中することで、今という時代が抱える数々の大きな問題、つまり、環境問題、新帝国主義、宗教の原理主義、貧困化、新リベラリズムというような、政治的介入を必要とする大問題がないがしろにされるとして、警鐘をならしているのである。

「鏡のなかに映しだされることは最高度の重要性を持っているのです。なぜならそれが活力を補充し、神経系統を刺激するからです」[74]。ヴァージニア・ウルフの言うことが正しいとするなら、西欧男性の非男らしさ化についてのすべてのテーゼは確証されるということである。なぜなら、二十世紀とは、女性たちが鏡を自分たちに向けた前代未聞の世紀だからである。この革命は、性、ジェンダー、セクシュアリティに関して、自明の事実として馴化されてきたものと知的確信のすべてを攻撃する。この革命は、知的、政治的、感情的な抵抗を引き起こさずにはいられない。『火星から来た男と金星から来た女』というようなエッセイの成功は、ジュディス・バトラーの影響を相対化し、おそらく軽度の抗不安剤としての役割を果たす……。現在進行形の革命が、どこにむかうのか予言することはできない。しかし、政治的批評においても、流行というものがあり、したがって、相反する政治思想の傾向が順番にくりかえされるとするならば、女性らしさというものが、性とは切り離されて、そしてすべての性のために、熟考の対象となり、正当な欲望の対象となることも可能なはずである。それは、一九七〇年代の文化にあらためて結びつく女性的態度というわけではない。男性性—男らしさの組みあわせが作りだす関係のためだけに明白なやり方で存在するものを、女性の側から名づけることが必要になるのではないか？

第5章　英語圏の男性性と男らしさ

クリストファー・E・フォース
（高橋博美訳）

つい最近、ある同僚に相談を持ちかけられたことがあった。彼女は某雑誌に論文を寄稿したのだが、そこに、「男性性」についての分析を加えてみてはどうかと薦められたというのだ。彼女はこのテーマが私になじみのものであると知っていたので、査読者たちを難なく説得できるよう、この分野での基本文献を教えてくれと私をせっついた。私の返答は要領を得ないもので、当の相手も、私自身も、納得させうるものではなかった。「それがですね、ないんですよ。いずれにせよ、あなたが想像しているようなものはないですね」。男性性の批判研究という領域は、一九七〇年代の女性解放運動の歩みを踏襲して発展したのではあるが、実際には、多種多様な分野の見解がない交ぜにされたものであった。人文学の専門家たちが、自らの研究を「男性学」に寄与するものとして位置づけることがあるが、対象に対する彼らの視点は、たいていの場合、方法のレベルでも、概念のレベルでも、人文学という宇宙で、同じ主題の周囲を群がって回る他の者たちと一致することはない。さらに、研究方法は、それぞれ著しく異なっており、発達心理学や社会生物学、はたまた宗教原理主義の見解を単純化し、要点のみをかいつまんだものであったりする。そして、宗教原理主義の信奉者たちの多くは、社会、政治、宗教が、いかにして男性性を作り上げるかという点については、ほとんど関心を示していないのが実情である[1]。「男性性の研究とは、批判的思考の一学派であり、正真正銘の一専門分野の地位へと大股で近づいている[2]」という約十年前に予見された事態は生じなかったのだ。かくして、同僚が望んだような簡単な解決法を提示することは不可能であった。

英語圏の知識人のあいだでなされている男性と男性性についての研究は、その観察対象がそうであるように、多岐にわたり、複雑なものとなっているがゆえ、本稿においても、単純な解答を与えうると主張するつもりはない。本稿の目的はささやかなものである。一九七〇年代以来、男性性についての研究に形を与えてきた主要な諸概念のうちのいくつかを素描し、人文学の研究者たちが――とりわけ歴史学者が――対象をどのように理解したかを概観することである。また、さまざまに異なる男性性と確固たるものとしてある「女性性」とのあいだの繋がりについての諸研究を検討する。さらに、「男性性の危機」という在り様に関して、また、男性的なふるまいが時代や国境を越えて保ち続けてきた連続性の諸形態に関して、現在、話題となっているいくつかの論争に挑んでみるつもりである。

1　男性性について考える

一般的に、男性および男性性に関する批判研究は、二つの大きな理論的観点に大別される。クリス・ヘイウッドとマーティン・マック・アン・ゴールによれば、「それらの違いは、性同一性の形成に関する唯物論の批判とポスト構造主義の批判とのあいだの緊張関係という形で説明される」。「唯物論的」見解を支持する者たちは、多かれ少なかれ安定した社会および制度的基盤――ここから男性性の規範が生み出されているのであるが――を一掃してしまう。他方、「ポスト構造主義」に与する者たちは、そうした規範が形骸化する際の曖昧さ、不安定さ、矛盾を明るみに出すことに固執する。これら二つのモデルは、総合してみれば、相補った形で、「男性性の形成に先立つ物質的、文化的、心理的実践と制約」[3]を論じる興味深い方法を提示しうる。一部の研究が力を注いでいるのは、まさしくこうした方法である。[4]しかし、実際のところ、唯物論者の見解とポスト構造主義者の見解とのあいだの相違は、おおよそ社会科学と人文学の違いに一致し、こうした違いが多くの場合、両分野の対話を妨げる障害となっている。

男性支配についての初期の批判をたどると、「家父長制」に関する唯物論の確固たる理論につきあたるのだが、これは、一九七〇年代の第二波フェミニズム〔ウーマン・リブという運動形態を契機にアメリカで主に展開された運動。ジェンダーの視点を取り込んでいった」で定式化されたものであった。この理論においては、女性を支配する欲求が男性そのものに深く根ざしたものとしてみなされ、家父長制は、経済的、政治的、社会的構造全体を通じてもたらされる、根本的に男による強制の超歴史的表現として捉えられている。マルクス主義フェミニズムは、この理論を全面的に発展させ、資本主義体制において、いかにして男たちが産業で生産を支配し、同時に、女によって再生産を支配してきたかを強調した。かくして、ポルトガルのジェンダー研究者ソフィア・アボイムは、「男性と男性性は同一の抑圧力として考えられてきた」とし、資本主義と家父長制は、まったく別のものでありながら共犯関係にあるそれぞれの秩序を通じて、女性を支配してきたのだと説明した。[5] 後の研究者たちは、家父長制についての概念をより洗練させた形に発展させ、今日では、この概念に基づいた新たな解釈を研究の拠り所とする者もいる。しかしながら、多くのフェミニストは、このカテゴリーが安易にことを単純化しすぎていると考えている。ジェンダー間の微細な相互作用の精妙さを説明するには十分ではなく、多くの女性たちに（あるいは、この場合、男性たちに）、一見するとまったく手のつけようもない抑圧と闘うための可能性を示唆するにも十分ではないというのが理由である。[6] 家父長制の理論は、形式的、政治的、社会的構造のなかに具現化されているかのごとき権力の「法的」概念に依拠し、男性性が普通に有する流動性や不安定さを硬直したレトリックで固めてしまった。かくして、男性と「男性性」は、男性支配という単純な事実に還元され、男性の行動が現実にもつ複雑さや微妙な違いを浮き彫りにしようとする一切の試みを妨げてきた。

より複雑な解釈が生まれたのは、一九三〇年代以降である。アメリカの心理学者たちが、男性と女性の模範的行動を分析する際の道具として、性的役割についての批判を発展させた。[7] この理論は、一九五〇年代と六〇年代を通じて完成の域に達し、生物学的性と「ジェンダー」とのあいだの相違についての斬新な概念によって確固たるものとなったが、一九七〇年代には、試練に直面し、断固たる批判にあった。フェミニスト側からだけでなく、多くの男性研究者――なかには「男性解放運動」と関係がある者もいた――の側からも批判された。彼らの主張によると、家父長制は、女性にとってのみならず、男性にとっても有害なものである。心理学者ジョゼフ・H・プレックは、男性の性的役割の理想が、完全に幻想的なものであり、体力、性的能力の誇示、権力をふるう能力、これらすべてを発揮しなければならない少年たちに、計り知れないプレッシャーを与えたと論証した。プレックは自らの見解を例証すべく、北アメリカにおいて、男性性に関する諸概念が、歴史的に変化している点を強調した。以前、「伝統的な」男性性が第一に求めたのは、体力、攻撃性、衝動性で範を示すことであったのだが、一九五〇年代以来、男性の行動の「現代的」な形として要求されているのは、むしろ自己制御と経済的成功なのである。[8] かくして、プレックは、「男性アイデンティティの性的役割」を誤った形で固定化せずに、男性アイデンティティが形成される際にあらわれる緊張、矛盾、不安をみとめたのだった。さらに、現代の現実とは完全にずれた規範的理想を深刻化させるとして、心理学そのものを弾劾した。[9]

一九七〇年代末、プレックは、性的役割について、規範性のゆるい理論を打ち立てようと試みたが、こうしたアプローチは、すぐさま数多くの限界につきあたった。とりわけ、権力の影響を説明することが不可能であった。一九八〇年代初頭、オーストラリアの社会学者R・W（ロバート・ウィリアム〔男性名〕、現在は、レイウィン）・コンネルは、性的役割の理論では説明しきれないさまざまな男性性のあいだに存在する差異を、家父長制の概念に十分に関連づけた上で、理論化する方法を構想した。この主題をめぐって、コンネルは多々論じてきたが、なかでも、非常に大きな影響を与えた論考のなかで、男性性を「ジェンダー関係におけるひとつの位置、男性と女性がジェンダーのそうした位置を独占しようとする際の実践、身体的体験におけるこのような実践の影響、人格と文化、これらすべてを満たすもの」[10]と定義した。グラムシ〔アントニオ・グラムシ、一八九一―一九三七、イタリアのマルクス主義思想家〕によって理論化された「ヘゲモニー論」の概念に依拠し、コンネルは「覇権的男性性」なる論を展開し、「家父長制の正当性という問いに対して、一般に受け入れられる返答を具体的に与え、男性の支配的位置と女性の従属を保証する（と思われる）ジェンダーの実践の在り様」[11]を描き出した。ある種の男性性が「覇権的」になりうるのは、「文化的理想と制度化した権力との一致」がみられる場合であるが、女性に対する男性の支配に正当性を付与する現存する諸様式に変化があれば、不安定にもなりうる。したがって、覇権的な男性性とは、諸関係が「歴史的に変成する」システムということになるが、とはいえ、その男性性は、ある一定の時期の男女関係の全構造にしっかりと組み込まれているのである。こうした観念が枠組みを提供し、その内部で、男性は互いに評価しあい、関係に入っていく。かくして、男性は支配の理想を作り出し、同時に、「下位の」、「二次的な」、規範に鑑みて欠陥のある男性性の集合体を作り出す。つまり、同性愛者の男性性および人種や階級の違いを刻印された男性性である。実際のところ、男性的行動は、女性によりは同性に好んで向けられるのであるが、それでも、家父長制という考えは、コンネルの見解のまさしく中心となっている。覇権的男性であることを自らに禁じている親フェミニストでさえ、その覇権的男性性の共犯者であり続ける。女を貶める世界においては、男であるというただそれだけのことで、こうした男性性がもたらす象徴的、物質的利点を享受するのである。コンネルが呼ぶところの「家父長制の配当」[12]である。

人文学で多用されている覇権的男性性の概念は、男性性の批判研究を大いに前進させた。「家父長制」の概念とは異なり、競合し、序列化された種々の男であるあり方の全様相を、微妙に見分けることが可能となったのだ。だが、その一方で、さまざまな批判にもさらされてきた。一定の時期に優勢であった男性性の形態を、その内部にある違いや矛盾を考慮に入れることなく、一枚岩の構造をもった同質的な総体のように提示しているという理由である。[13] こうした観点からすれば、結局のところ、覇権的男性性の概念は、家父長制の概念の轍を踏むことになる。ステファン・M・ホワイトヘッドは、こう結論づけた。コンネルの直感が「支配的男性性の格好の縮図を提示するにしても［…］、それを濫用することで、結果として、男性性のうちにある流動的でありうるものを、男性性の上部に張り出している構造によって不明瞭にし、その構造と混同することになる」。[14] ジェフ・ハーンは同様の疑念を表明し、覇権的男性性の概念が有効となるのは、男性性というよりは覇権を中心に考える場合であって、また、社会生活のなかで男性が行使する権力に、今後の研究が焦点を当てる場合であると述べた。[15] かくして、ハーンは、「男性と男性性」という常套句の分析的な脱構築を提唱するのである。

ポスト構造主義者によって、男性と男性性とを切り離した分析が推し進められることとなり、覇権的男性性という考えが生み出されつつあるその只中で、この考えに異議が唱えられた。一九八〇年代以来、英語圏の研究者たちは、ジャック・デリダ〔一九三〇―二〇〇四〕、ミッシェル・フーコー〔一九二六―八四〕、ジャック・ラカン〔一九〇一―八一〕などフランスの思想家の理論を取り入れ、発展させた。これらの思想家たちは、互いに比較的緩やかな関係を保ちつつ、総じて、言語的、意味論的、文化的な基底構造――普遍的、基礎的、二項対立的（男性／女性、白人／黒人、自然／文化、生もの／火を通したものなど）カテゴリーに従属したものとして知覚される――の形式分析においては距離を取ってきた。ポスト構造主義は、英語圏の知識人の世界に、人文学の分野で「言語的」転換、ときには「歴史的」転換と呼ばれるものをもたらし、激しい論争と大混乱を引き起こした。[16] 男性性についての初期研究が、（社会学のように）明確に規定された専門分野の枠組みを与えられていたのに対して、ポスト構造主義的転換の方は、学問間の領域の違いを超えた方法論に重きを置くこととなった。

ジェンダー学の研究者たちは、そこに数多くの道具を見出した。「男性」と「女性」の二項対立に対するデリダ的脱構築に加え、分散化された権力についてのフーコーの見解は、「個人的なことは政治的である」〔第二波フェミニズム運動台頭期に、ラディカル・フェミニズムによって提唱されたスローガン〕と主張するフェミニストたちの主張に見事に一致した。同様に、知は、(集中した権力ではなく) 分散された権力関係に「つねにすでに」〔ハイデガー用語。人間を「世界内存在」として捉え、世界はあらゆる存在者において、つねにすでに現に在ると考えた〕基づいているとするフーコーの分析は、知識人たちの言説全体が女性や同性愛者を語る際に押しつけてきた「科学的真実」への批判に加勢した。[17] 一九七〇年代の諸理論は、ジェンダーを社会的諸言説で層をなした集合体とし、多かれ少なかれ確固たるものである生物学的性を隠蔽したのだが、ポスト構造主義の視点からすると、これらの理論は突如、素朴で単純化されたものに映ったのだった。多大な影響力をもつフェミニストの理論家ジュディス・バトラー〔一九五六―。アメリカのポスト構造主義思想家〕にとっては、確固たるものとして見える「性」の根拠それ自体が、ジェンダーの外部としては考えられえないのであろう。あるいはむしろこう言えるかもしれない。『性』と呼ばれるところのこの構築は、ジェンダーとまったく同様の文化的構築物である。事実、おそらく問題となっていたのは、つねにすでに、ジェンダーであり、結果として、性とジェンダーの違いがしまいにはまったく区別されないということになる」。ジェンダーはむしろ「遂行的」行為の側にあり、「男性」や「女性」のアイデンティティとみなされているものを作り上げている「行為者」なのだ。しかし、こうした事態一切は、部分的、非統一的かつ不完全な方法でしか達成されることはない。その理由はと言えば、ジェンダーが形をとって現れる実践が、規範の「シナリオ」に内在する理想を決して十分には表現しえないということにつきるかもしれない。[18] また、研究者の言説においては、「ジェンダー」は、いまや、名詞としてというよりむしろ動詞として機能していると言われることがあるが、英語では、「ジェンダー」という語が（知識人の言説の内部であれ外部であれ）、「性」という語を凌駕し、結果として、それまで「性」の用法に属していた意味的属性のいくつかを獲得するにまでいたっている[19]。事実、ジェンダーはこの地点で、生物的であれ社会的であれ、物理的な規定一切から切り離され、「女性的男性性[20]」の研究で名高いジェディス・ハルバースタム〔一九六一―。アメリカのジェンダー、クィア理論家〕に倣って、男なき男性性を考える者まででてきている。

かくして、ポスト構造主義は論争の的となりつつも、とりわけ、イギリスとアメリカ合衆国において、社会科学ならびに人文学の領域を根本的に変えることとなった。コンネルは、ポスト構造主義の視点を検討し、象徴的関係を記号のネットワークの内部で考える際、その視点がいかに正しいかを認識するにいたった。しかし同時に、ポスト構造主義が、生産と消費に基づき制度や自然環境に組み込まれている関係に重きを置いてこなかったとして、コンネルは懸念を表明した。ポスト構造主義の研究は、社会についての一切の具体的な理論を欠いており、あたかも「言説が社会分析の唯一の対象であって」、その結果、「男性性が問うあらゆる種類の問い[21]」に思考を馳せることができないかのようである。しかしながら、言説が物質世界から切り離された状態にあるという解釈は、ポスト構造主義の中核をなす考えを誤って表現したものだ。文学者トッド・W・リーザーは、男性性という亡霊が存在するというコンネルにとって重要な考えが、ポスト構造主義において否認されているわけではなく、むしろ、「諸関係の流動性や不安定性、そこに現れ出る断層と亀裂、さらに、支配的であることを隠そうとする際のヘゲモニーの試みの成功や失敗[22]」に注意はもっぱら向けられているのだと捉えている。ポスト構造主義は、物質世界を拒絶するわけではなく、むしろ、さまざまな言説の物質化する力を強調するのだ。今日、大多数の社会学者は、分散化された権力の概念を「男性と男性性についての批判研究の第三の波[23]」の要素とみなしている。かくして、ヘイウッドとマック・アン・ゴールは社会的なものについて思考することを放棄せずに社会学における還元主義を回避するために、今後の研究は、「実りある対話のなかで互いに構成要素となる社会的なものと文化的なものの諸カテゴリー」[24]を網羅すべきであると示唆した。こうした展望のもと、最近、発展をみたのが、ソフィア・アボイムの研究である。アボイムは、われわれが複数の「男性性」という表現を用いる際、その複数性は経験に基づく違いのみに拠るのではないという点を忘れてはならないと述べ、さらに、バトラーにとって重要なジェンダーの不安定性という考えに同調し、「複数性はあらゆる男性性に内在的な特徴」だと見なすべきだと強調する。「それは、その形成と生成の原理そのものである。結果として、あらゆる男性性は内的に異質な要素が混合されたものであり、つねに、緊張と衝突によって作りあげられている[25]」。複数性と矛盾に力点を置くこうした研究が、最先端の研究成果となっている。

2　男性性の歴史を作る

男性性研究の最前列には歴史家たちがいる。彼らはたびたび奇抜な方法を考案し、文脈のなかに位置づけられるはずの資料に理論分析を施してきた。この学問自体が、そもそも、人文学でもあり社会科学でもあるということになっているのと同様に、男性性の領域においても、歴史家たちは、前述したような「唯物論」対「ポスト構造主義」なる対立の両側を陣取り、多彩な視点をもって研究している。「家父長制」に執着し、覇権的男性性の概念を用いる歴史家もいれば、その多面性や流動性を研究しつつ、往々にして、社会的なものの科学モデルにいっさい依拠しない歴史家もいる。これら二つの視点から導き出された主題や研究法は、互いに相容れないこともあるのだが、とはいえ、こうした多様性は、深刻な不安材料となっているというよりはむしろ、この分野の豊かさを反映していると言える。

男性性の最初期の歴史において、「唯物論」的視点がまず目につくのだが、それは、男性解放運動という言葉を耳にするようになり始め、女性解放運動が社会生活のなかに緩慢な変化をもたらし始めた頃であった。よく知られていることであるが、一九七〇年代に、ナタリー・ゼーモン・デイヴィス〔一九二八―。アメリカの歴史家〕は、「女性の歴史にも男性の歴史にも同様に関心を持つよう」歴史家たちを促し、「社会階級を専門とする歴史家が農民研究のみに没頭してはならないように、支配された性のみを扱ってはならないだろう」[26]と述べた。しかしながら、この勧告はほとんど無視され、「ジェンダー」は、「女性」の同義語として機能し続けてきた。プレックが男性の性的役割についての批判を試行錯誤の末に考え出し、コンネルが初期論考を発表したのとほぼ同時期に、社会史の専門家ピーター・N・スターンズは『男であれ！　近代社会の男性』（一九七九年）を刊行した。スターンズは、既にある一連の二次文献を安易に用いずに、現存する社会史を検討して、ヨーロッパ、北アメリカにおいて、産業革命以降の男性の理想が、いかに変化してきたかを調べ上げた。ジェンダーは、「唯一の道具でなくとも、社会分析に有効な道具である」という点を論拠とし、男性性の現代における「危機」を、「工業化や都市集中化、近代社会の発展、十八世紀末以降の態度の近代化に伴った大規模な変化のプロセス」[27]と長期間にわたって結びついてきた社会構造に関連づけた。工業化は、男性性の伝統的な形態に数々の挑戦を投げかけたと言えるが、スターンズは、主要な挑戦を取り上げ、文化の違いにかかわらず、いくつかの全般的特徴を共有する男性ごとに分類し、相当数の類型を示して見せた[28]。

理想の型を社会学的に定義したこうした新たな試みが重要な出発点となり、より特殊な研究が展開されていくのだが、これはまさに、スターンズの望んだところであった。続いて、数々の同様の類型が、アメリカの男性性の初期の歴史にも現れた。一九九〇年代初頭、アンソニー・ロタンドは、十九世紀初頭以降、「自力で成功した男《セルフメイド・マン》」に新たに重要性が付されたのを機に、「共同体」に存する伝統的な男性性の諸形態は影が薄くなったと主張した。こうした中産階級モデルは拡がりを見せたが、二十世紀に入ると異論を呼び、より攻撃的な「情熱的」男性性に取って代わった。(29) ロタンドの類型論は、マイケル・キンメル〔一九五一―。アメリカの社会学者〕の研究『アメリカにおける男らしさ。その文化的歴史』〔一九九六年〕で発展を見た。キンメルは、植民地時代から今日にいたるまでのさまざまな男性性の状態を調べ、十八世紀と十九世紀の労働者階級における「すぐれた職長」と「雄々しい職人」が、いかに一九〇〇年代の「売買人」の勢力台頭を前に衰退していったかを示した。(30) キンメルは、きわめて優れたレベルで歴史を書く社会学者であり、覇権的男性性の概念を方法論的に使用し、また政治的にも利用したのだった。イギリスの男性性の歴史において先駆的研究をなしたジョン・トッシュに倣い、キンメルは、この概念の有効性を主張する。覇権的男性性の概念を用いれば、研究者たちは、自らの研究を家父長制に対するフェミニズムの批判へと関連づけることができるというのである。(31) キンメルの著書は、以来、再版され、アメリカの男性性の歴史研究のもっとも重要な出発点となっている。

社会史の観点からすると、「ジェンダー」は、その他の社会構造および制度にしっかりと根を下ろしていたと言えるが、ポスト構造主義の成功を機に、歴史家たちは往々にして理想や性的役割の形成における言説の役割を検討するようになった。この新しい方向性がもっとも明確に示されたのは、歴史分析のカテゴリーとしてジェンダーの「有用性」を論じたジョーン・ワラック・スコット〔一九四一―。アメリカの歴史学者〕の一九八六年の論考においてであった。スコットによるジェンダーの定義には、二項対立のデリダ的脱構築とフーコーによる権力の拡散の概念に基づいた二つの中心的な命題があり、多くの歴史家たちに重要視された。「ジェンダーは二つの性のあいだにみとめられるさまざまな違いに基づいた社会的関係の一構成要素であり、また、権力関係を示すための非常に重要な方法である」[32]。性的差異に関する言語が、概念、関係、制度の全領域を巧妙に構造化する方法に注意深くあるよう、スコットは歴史家たちに呼びかけた。かくして、歴史に新たな方法や対象を提示し、これまでの女性史の表現様式《エクリチュール》——家父長制の抑圧を描き、歴史上重要な役割を果たした女性たちの発見を重要視してきた——をはるかに超えたところへと、フェミニズム批評の範囲を拡げたのだった。だが、フェミニストの歴史家たちに総じて評価されたわけではなかった。ジェンダーを語る際、こうした強調がなされることで、女性の抑圧から注意を逸らしてしまうと多くは考えたのだった。いずれにせよ、スコットの研究の影響によって、男性性をより流動的な方法で歴史分析する方途が開かれた[33]。また、フーコーが政治・社会制度の関係に還元されえない権力関係の文脈で性の知を分析したことによって、性を研究する歴史家たちの研究は一変されることとなった[34]。

さまざまに変化する歴史状況に鑑みて、男性の行動や規範を分析する傾向が広がり、歴史家たちは、時期というものを考慮に入れて、男性性を研究するようになった。なかでも、ゲイル・ビーダーマンは、その著『男らしさ《マンリネス》と文明』（一九九六年）で、社会史とポスト構造主義とを初めて真に相対させた。ジェンダーと人種の共通部分を論証的に分析し、その上で、さまざまな時期に呼応する男性性を定義しようとしたのだった。ビーダーマンは、アメリカで「男性性」という語が使用されるようになったのは、やっと一九〇〇年ごろになってからであり、部分的には、男らしさ manliness という性質に付されたヴィクトリア朝流の重苦しいまでに道徳的な意味合いへの反動であったと論証した。また、男らしさという性質を、礼儀正しさ、上品さ、宗教心に重きを置く中産階級の道徳の理想として描き出した。十九世紀初頭、「男性的」という言葉は、せいぜい男女を類概念として区別する「空虚でとらえどころのない形容詞」であったのだが、一九三〇年代になると、『男性性』は、二十世紀のアメリカで馴染みのものとなった男らしさの理想を寄せ集めたものを意味することとなった。つまり、それまで労働者階級の男たちの専売特許であった攻撃性、体力、雄としての性なる理想である」[35]。したがって、一方で、洗練され、礼儀正しく、宗教的な男性のハビトゥスのうちに具現化されているヴィクトリア朝の理想があり、他方で、「男性性」は、理想的にはすべての男たちが共有しなければならない攻撃性、性欲、「原始的な」性質への近代的な魅了を表していた。そこにこそ、男性性のジェンダーが今日なおアメリカで支配的である理由があるとビーダーマンは主張する。

このような歴史的な激変のなかには、真実の大部分が含まれており、それはたんにアメリカの歴史に限った話ではない。十九世紀初頭、ほぼすべての英語圏の国で、中産階級の人々が「宗教心と上流社会の作法」に憧れを抱くという現象が見られた。だが、そうした現象も、スポーツチーム、「筋肉的キリスト教」〔十九世紀イギリスで流行った。強健な肉体と快活な生活によって、良きキリスト教徒になれるという教え〕、格闘競技を通じて、男性的な表現がより無骨な形を取った社会の要求に座を譲らねばならなかった[36]。歴史家ジョン・トッシュは、著書『男の役割』のなかで、イギリスにおける男性性に関して、ほぼ似たような状況を描き出している。十九世紀初頭、男たちを家族の長または家計を支える者として規定しようとした言説は、数々の冒険小説に見られるような「家庭生活からの逃避」、植民地への旅立ち、世界大戦への参戦など、冒険への熱狂が高まるなかで消滅するにいたった[37]。トッシュは、攻撃的な男の流儀を好むこうした傾向に語彙の変化が伴ったとは考えず、イギリスで「男性性」が言葉として広く用いられるようになったのは、一九七〇年代に入ってからだと主張している。実際、トッシュはビーダーマン以上に、ヴィクトリア朝時代の男らしさのうちに、広い範囲での影響力を見出している。ヴィクトリア朝の男らしさには、「宗教心と上流社会の作法」に加え、「身体的」な意味合いがないわけではなく、身体の頑丈さ、自己防衛や決闘の準備、また、クリケット、猟犬、狩猟、ボートレースのような男らしい運動への団体での参加、さらには、外見や性的能力さえも、男らしさの意味するところとして含まれていたと指摘した。ボクシングや決闘の実践は、たいていの場合、労働者階級に限られたもの（十八世紀には貴族の特権であった）とみなされていたにもかかわらず、それでも、「男らしさ」として描かれるにいたった。[38] いずれにせよ、イギリスにおける「男らしさ」には、ビーダーマンが「男性性」に当てはめた特徴の多くが、表現として含まれていた。

ポスト構造主義は、当然ながら、重要な言葉および時代や状況によるその言葉の意味的変化へとわれわれの注意を促すのだが、とはいえ、そうすることで、ポスト構造主義から意味的な定説を引き出さねばならない理由は少しもない。ビーダーマンは、もっと古い時代を研究する者は「男性性」という語を分析的に使用してはならないとは主張していないし、トッシュは、男性の理想と行動を検討する際、意味の上で厳密な注意を払い過ぎても、「容易には答えは与えられない」[39]とわれわれに警告している。当然のことながら、「男性性」を意味する言葉が存在しない言語で研究する学者たちは、英語で言うところの manliness（男らしさ）と masculinity（男性性）との違いに、ほとんど注意を払ってこなかった。ドイツ語の Männlichkeit は、「男らしさ」と「男性性」の両方の意味を含んでいるのだが、ドイツでも、中産階級の理想は同様に、十九世紀の穏健な敬虔主義的なものから、二十世紀の転換期にいたり、攻撃的な男らしさを誇示することへと変貌を遂げたのだった。[40] フランスでは、十七世紀に masculinité（男性性）なる語が現れたのだが、礼儀正しさや上品さから、性的能力や攻撃性にいたるまで、男の価値の一切を描くのに使用されていたのは、ほとんどつねに virilité（男らしさ）であった。[41] アンヌ＝マリー・ソーン〔フランスの女性史研究家〕は、男であるあり方の十九世紀の二つの相異なる定義を、「男らしさ」なる語がいかに内包しえたかを論証した。勇気、名誉、暴力を第一とする攻撃的な男らしさの流儀は、暴力的衝突をはっきりと拒絶する傾向を前に、少しずつ姿を消していき、十九世紀末頃、「男性性の二つの体制」は、共存しがたくなり、語彙の変化が必要となった[42]。

意味的な区別がどうあれ、イギリスやアメリカ合衆国の昨今の歴史の変化に伴い、ビーダーマンやトッシュが考察した根源的変化は、より複雑なものとなった。実際、男性の理想が硬化していく様をビーダーマンが描き出そうとした同じ時期に、文学研究の専門家ジェニファー・トラヴィスが見出したのは、脆弱さや心の傷に向けられた注意が強化される傾向であった。トラヴィスによれば、当時、多くの男たちが、「女性的な」感情よりはむしろ「男性的な」情動を公然と表す権利を要求していたのだという[43]。同様に、トッシュによる一八九〇年代前後の「家庭生活からの逃走」に関する記述についても、家庭空間における男たちの絶え間ない貢献を明るみに出した新たな諸研究によって考察が進められ、かくして、均一のものと思われてきたジェンダーの理想の内部にある微妙な点やもっとも重要な緊張関係が明らかにされた[44]。覇権的男性性という概念で男性を一括りにするのは便利な方法ではあるのだが、行動の違いを考える際、支配的集団の内部にとどまらざるをえない。同様に、時代ごとに人々を類別した上で一般化するのでは、男性の行動の不規則性と連続性を同時に説明することができない。これら一切はアボイムが「類型化の不確実な性質、単純化すると同時に理解可能性をもたらすもののためだけでなく、アイデンティティの政治を通じて、正義の探究を許すという意味でも必要な性質[45]」として示す事態を反映している。男性性は、実際にも、また、表現されたところでも、男性性を縁どるために作り上げられた類型よりも、えてしてぼやけて見えるものである。

男性性の歴史について右記に見た概観は、男性研究が現れるにいたった複雑な状況を十分に示している。一九九〇年代以降、歴史家たちは、実にさまざまな方法で、この主題に取り組んできた。カレン・ハーヴィーとアレクサンドラ・シェパードは、イギリスの歴史研究に関して、著者間に見られる数多くの相違点を指摘した。男女の諸関係を家父長制で分析し、男性性の規範の共通部分を社会階級と身分をもって分析する者たちがいれば、男性性の主観的経験を探り、また、男性性の表現がいかに政治・社会的規範に結びついているかを調査する者たちがいる。ハーヴィーとシェパードは、「こうした見解は異なる問いを立てるのみならず、社会・心理・文化的アプローチのあいだの差異と緊張そのものが、実に幅広い歴史調査の主題をも創出し、時にそれらは、互いに了解不可能なまでとなっている(46)」と指摘した。ちなみに、こうした多様性は、アメリカの史料のなかでもまったく同様に見出される。

男性性の歴史研究への関心が高まると、それを中傷する者も出る。フェミニズム批評は、ジェンダーに爆発的な関心が向けられた事態について、執拗に不満を表明している。フェミニズム批評家の多くは、こうした事態が、政治的フェミニズムが立つ土台を破壊すると考える。これらの見方によると、男性性の研究は、「女性に対する男性の権力を過小評価し(47)」、フェミニズムの政治の刃を鈍くなまらせることになりかねないのだ。こうした理由で、ジョン・トッシュは再び、歴史家たちに覇権的男性性の概念を取り上げるよう促し、「研究者たちの現在の語彙のなかに、『家父長制』が事実上存在しないという事態が示すのは、深く根を下ろし、執拗に存在する男女間の不平等――一九七〇年代、一九八〇年代の研究ではよく言及されていた――が、危惧すべきほど拡がっているということである(48)」と断言したのだった。しかしながら、われわれがこれまで見てきたように、こうした諸概念の一枚岩的なあり方は、イメージ、アイデンティティ、性的実践の複雑さと相容れない。今日、男性性の分野のほとんどの研究者たちがもっとも大きな関心を表明しているのは、「あらゆる形態での男女の二項対立の破壊(49)」に対してである。そして、これらの研究者の多くが、ムリナリニ・シンハの以下の考えに意見を同じくしている。「男性性の歴史は、より根源的に、権力関係を対象とすることができよう（そして、事実、そうせねばならないだろう）。人種、階級、カースト、ジェンダー、性のヒエラルキーによって、複合的に行き渡ったネットワークとして、ということである」[50]。こうした言説と権力関係の複雑な絡み合いの方へと、われわれはいま、目を向けねばならない。

3　男性のうちにある「女性的なもの」

唯物論とポスト構造主義は、さまざまな違いがあるにもかかわらず、男性性は根源的に関係に基いて構成されたものとして扱われるべきだと考える点で一致を見ている。また、種々の言説全体を通じて、男性性がいかに定式化されてきたかを検討することが、英語圏のジェンダー研究の中心的課題でありつづけている。当然のことだが、男女の根源的な区別は、決定的なものであるのだが、実際のところ、男性性はほとんどつねに、マイケル・キンメルがいうところの「女性の、あるいは女性性の『観念』、そして、とりわけ他の男性が女のようだと判断することの認識」[51]に囚われている。かくして、オーストラリアの心理学者リン・シーガルは、「純粋な」男性性へと到達しようとする試みは、『女性性』の絶えざる拒否」によるものであり、その女性性とは、女性の側に与する女性、個人、集団ばかりでなく、「女性的」と文化的にみなされる性質や欲望、つまるところ、男性自身の内側に見出されうるものを指すと主張した。「自分自身や他人を気にかける能力、思いやり、感情移入、恐怖や弱さ、受動的であることの喜び——これらの性質は言うまでもなく本質的に『女性的』なものである」[52]。かくして、男性性を作り上げるということは、内部でも、外部でも、「女性的なもの」を食い止め、外に追いやり、排除しようとする、二つの前線での戦いのようなものである。そうすることで、雄々しい自己が形成、保存され、統制と支配に基づくより大きな社会構造へと組み込まれるのだ。「女性的なもの」は、差異を示すその他のカテゴリーによって変化するゆえ、男性性は、ジェンダーや性の問題、また人種や階級という問題にも関係してくる。互いに繋がりあうこうした空間の探求は、人文学の領域で大きな関心を呼び起こし、男性性の主体と社会・政治構造とのつながりを研究対象とする研究者もでてきている。

大多数の男性にとって、「女性的なもの」のもっとも親密な源泉は、身体そのもののなかに秘められているのであり、西洋では、女性の身体は、たいてい乱れた情念と官能の喜びの源として捉えられ、同時に、人間の脆弱さ、獣性、死すべき運命を呼び起こすものとして考えられてきた。英語圏のフェミニズム理論は、西洋の知的伝統が、肉体を離れた男性性と理性とを同一視する合理主義の伝統を作り上げることで、身体と情念を社会の外に追いやってきたとたびたび指摘してきた。「男性的」理性と「女性的」身体とのあいだのこうした緊張関係を理解することが、フェミニズム科学《エピステモロジー》にとって、いかに決定的なまでに重要であったかは、デカルト哲学における「思考の男性化」についてのスーザン・ボルド〔一九四七―。アメリカのフェミニズム思想家。カルチュラル・スタディーズ研究で知られている〕の分析を見れば明らかである。[53] さらに、十九世紀初頭に、中産階級の男性を公的領域へと促し、女性を私的領域に閉じ込めようとした「領域分離主義」の諸問題が注目されるようになった。ジーン・ベスキー・エルシュテイン〔一九四一―。アメリカの政治学者〕は、「公的」、「私的」領域という世界の空間的な分割が個人の心理に反映していると強調し、その後、キャロル・ペイトマン〔一九四〇―。イギリスの政治学者〕は、社会契約論が性的差異（そして女性の公的領域からの排除）を一慣習の所産とはせずに、いかにして「自然」という台座の上に刻みつけたかを示した。[54] 結果として、男性の精神は、公的、道徳的、理性的自我と、私的、家庭的で肉体に囚われた自我とに分裂することとなった。「したがって、問われるべきは、単に二つの性のあいだの問題ではなく、各個人の自我の内部における問題、とりわけ男性的自我の問題なのだ」[55]とエルシュテインは示唆する。同様の「合理的」諸制度が、男性による女性のブルジョワ的統制を正当化してきたが、これらもまた、男の心理を和睦の可能性もない、反目する二つの実体へと分割した。

二分化された男性的自我の分析は、論議の的となり、混乱を招いた最たるものであった。ドイツの研究者クラウス・テーヴェライト〔一九四二—。社会学者〕は、全二巻からなる『男たちの妄想』（一九七七—七八年）のなかで、これを詳細に検討した。この著作は、一九八〇年代末に英語に翻訳され、とくに、映画、文学、文化研究において、男性性の理論を分析する際には外せない重要な文献となった[56]。テーヴェライトは、文学、歴史、社会学、心理学といったさまざまな分野から着想を得て、ファシズムの憂慮すべき想像世界を探索することへと身を投じた。その際、二五〇冊の小説と一九二〇年代にドイツ義勇軍《フライコール》〔ドイツの志願兵部隊あるいは民兵組織の呼称〕——このドイツの兵士たちは一九一八年の第一次大戦休戦協定の後にも武器の放棄を拒否した——によって書かれた回想録を丹念に読んだのだった。テーヴェライトは、彼らの回想録から、ユダヤ人についての言及を拾い上げるよりはむしろ、女性や女性性について語られていることを、とりわけ、軍人の男らしさの定義となる純化された厳格さと明確に対立させながら指摘していった。テーヴェライトは、「女性的なもの」が、これら男性たちのまさしく内部で、そしてまったく同様に、社会的な想像の産物のなかで、いかなる位置を占めているかを示し、こうした女性的なものの存在が、内部からも外部からも男性たちをひきずり込む恐れがある感情的で性的な「流動性」という脅威に、不安に満ちた反応をもたらしうると指摘した。ユダヤ人と共産主義者をこの幻想に同化させることで、「女性的なもの」へのファシストの恐怖は、社会の敵として彼らがみなす他の者たちと一体化することとなった。「以来、ファシズムは人間の欲望に対する戦いを続け、特殊な属性をもつ集団に責任を負わせた。つまり、女のような性質、病的な者、犯罪者、そしてユダヤ人、これらすべては、『ボルシェヴィズム』という傘のもとで共存し得たのだった[57]」。「女性的なもの」と解読された多くの要素は、実際のところ、人間そのものに内在的であるがゆえ、そうした幻想上の「他者」は、最後には、人間存在そのものでしかないという恐れがあった。ファシストによる死の物神化は、そうした結論を確証するようなものであり、さまざまな時代、さまざまな場所に存在する暴力や攻撃に対する男性的な熱狂は、それを確証し続けている[58]。テーヴェライトは、ファシストの男性性とその他の男性性を明確に区別しようとしなかったのだが、このことは、研究者たちに考える材料を大いに提供した。なかには、ファシストに見られる男の不安が、西洋、とくにアメリカ合衆国において、今日もなお拡がり続けていると主張する研究者たちもいる[59]。

テーヴェライトは、男性的な主体性のもっとも極端な形態として、徹底的に「女性的なもの」を根絶しようとする様を描き出している。そこでは、女性的なものの原因は、自己の外部にある「他者」という憂慮すべき存在に帰されているか、あるいは、男性の内部にある「だらしなさ」と同一視されている。テーヴェライト自身は、同性愛についてほとんど言及していないのだが、研究者の多くは、同性愛者がたいていの場合、「女性的」男性の典型例であり、社会的に「男性ジェンダーのヒエラルキーの最下位[60]」に位置しているとみなされていると考える。とはいえ、同性愛者は、男性精神に否認された側面のひとつを幻覚のように表象し続けている。異性愛者の意識にとりついてやまない、抑圧された対象選択の無意識の「もの悲しい」体内化とジュディス・バトラーが考えるものをもたらしているのだ[61]。しかしながら、男を愛する男たちが「女のようだ」とみなされる際の特徴は、歴史的に見て恒常的特徴であるどころか、歴史上、幾多の変遷を経てきた。十九世紀の「男色家」と「性倒錯者」との区別に関するミッシェル・フーコーの分析は——この分析によって、禁じられた性行為に対するかつての懸念に取って代わり、個人の病理が執拗なまでに強調されるようになった――、デイヴィッド・ハルプリン〔一九五二―。アメリカのジェンダー、クィア、批判理論の理論家〕のような研究者たちをして、「同性愛」という語は、十九世紀半ば以前、特異な歴史的構築物を取り入れようとする意志なくして使われることはなかったと断言せしめるにいたった。[63] 社会史の重要な著作『ゲイ・ニューヨーク』(一九九四年)のなかで、ジョージ・チョーンシー〔一九五四―。アメリカの歴史家〕は、十九世紀のニューヨークで、労働者階級の移民の男たちが挿入において積極的な役割を演じるかぎり、「女のようだ」とレッテルを貼られることを恐れずに、いかに他の男たちと性的関係をうまく持ちえたかを描いてみせた。同性愛の性を「女のようだ」とけなす表現は、一九三〇年代以前には非常にまれにしか用いられなかったが、その頃になって、男らしさをもっと強く求めねばならないと憂慮した中産階級が、自らと「ホモ」に一線を引こうとしたのだった。[64] 一九七〇年代、筋骨隆々とした肉体を誇示して仮装をする、同性愛者の「クローン化」現象が起き、女のようなふるまいは、激しく弾劾された。彼らは「女性的なもの」に極度の軽蔑を示し、同性愛者の「だらしなさ」を排斥しようとさえした。こうして、同性愛者の女性化されたステレオタイプを拒否しようとするいくらかの試みによって、それを望むものたちの性的な傾向がどうあれ、かえって男性性の支配的なイメージを強化したのだった。[65]

「女性的な」男性は、遺伝的にも、文化的にも、「普通の」男性とは異なっている。こうした表現は、西洋における人種のイメージの構築においても、帝国主義的企図の正当化においても、中心的な役割を担ってきた。ジョーン・スコットは、権力に関するフーコーの見解をジェンダーの分析へと方向づけ、パレスチナ出身の文学批評家エドワード・サイード〔一九三五―二〇〇三〕は、知と権力の関係が人種の支配や植民地支配を生み出す際の方法を提示することで、研究史上、非常に重要な役割を果たした。サイードの研究では、ジェンダーの問題は二次的にしか扱われていないのであるが、にもかかわらず、西洋思想がジェンダーを用いて、東洋を無気力で、官能的で、「女性的」な地——「東洋の英雄たちに喜んで強姦され、支配される」[66]エキゾチックな女たちと女のような男たちが住んでいる——として、いかに類別してきたかを指摘した。続く研究がサイードの示唆を裏づけし、発展させた。かつての研究のほとんどは、植民地の状況における女性の役割と表象を強調していたのだが、サイード以後の研究者たちは、ジョアンナ・デ・グロートが述べているように、「男らしさと植民地支配は、商業活動や統治の実践においても、エクリチュール、旅、芸術の逃避の地としても、互いに確認、保証、強化の役割を果たしている」[67]との見解で一致している。これらの直感によって、植民地主義と男性性とのあいだの繋がりを——支配的な男性性であれ、社会規範を逸脱した男性性であれ、植民地においてであれ、本国においてであれ——より密接に分析していく方法が求められるようになった。

インドの心理学者アシシュ・ナンディ〔一九三七―〕は、イギリス人が亜大陸で傲慢な男らしさを自らの専売特許とし、原住民を卑しめ、彼らへの支配を正当化することで、植民地化された臣民をいかに女性化しようしたかを最初に描き出した者のひとりであった。[68]十年後、ムリナリニ・シンハによって、より詳細な歴史的記述がなされた。シンハは植民地のインドにおいて、「男らしいイギリス人」と「女のようなベンガル人」なる対比に構造と意味を与えるために、ジェンダーの言説がいかに使用されたかを指摘した。原住民がイギリスの規範に適応できないとの理由で、土地の住民は自国の経済活動を管理できないものとみなし、より優れた種によって支配されるに価すると考えられたのだ。[69]文学研究者レーワティー・クリシュナスワミは、こうした「軟弱化」のストラテジーのなかに、植民地化のもと、支配された民族に帰された『男性的なものにおける女性的なもの』の民族単位の病理化」を見て取っている。病理化は誤謬であるというよりはむしろ、「別なる性質を持つ男性性の理想を歪曲し貶めた認識」[70]である。軟弱化はいくつかの効果をもたらし、かくして、女のようなインド人の一部は、体操やボディビルディングに打ち込むよう努め、イギリスの植民者と同じ性質をもつ「好戦的な」人種に変貌しようとしたのだった。[71]つまり、人種的ヒエラルキーの正当化は、部分的には、女のようだとみなされた性質を徹底的に自らのうちに取り入れることによって実行された。こうした内面化の結果、現地人の男性性についての植民者の主張を否定する防衛戦略がたびたびなされたのだった。

　植民地という文脈ではないところでも、似たような戦略が用いられた。ドイツのフェミニストの歴史家たちによる男性性についての最先端の諸研究、および、人種とジェンダーに関するサンダー・ギルマン〔一九四四―。アメリカの歴史学者〕の重要な研究に着想を得て、[72]ジョージ・モッセ〔一九一八―九九。ドイツ出身の歴史学者〕は、十七世紀に健康、美しさ、力強さ、英雄的な自己犠牲に深く根ざした「男性のステレオタイプ」が形成されるのに平行して、弱々しく、病的で、気が狂い、臆病だとみなされた「異分子」（とりわけ同性愛者とユダヤ人であった）を寄せ集めた御都合主義の「ネガ」の同定がいかに求められたかを描いて見せた。[73]ダニエル・ボヤーリン〔一九四六―。アメリカの宗教史家〕は、ジェンダーに関するこうした反ユダヤ主義のステレオタイプの由来を、もっとも古い時代まで遡って描き出し、タルムードの伝統に則った博学で温厚なラビの人物像のなかに、西洋を支配してきた戦闘的な理想への「断固たる拒絶と排斥」をみとめ、そこに、今日、べつの男性性を作り出しうる視座を見出している。[74]したがって、十九世紀末に、「筋骨逞しきユダヤ人」の到来が求められたのは――イスラエル国の男性優位で戦闘的な側面において、今なおその効果が見出されるのであるが――、ユダヤ人に付与された男性性の欠如に対する果てしない中傷への拒絶として解釈されうるだろう。[75]

　この点に関して、アフリカ系アメリカ人の状況は、より複雑となっている。実際のところ、彼らは歴史的に、一方で臆病と弱さに、他方で獣性と野蛮さという両極性に同一視されてきたのだが、それは「女性的なもの」のある種の説明のなかに見られる傾向でもある（女性的なものに、ある時は内気さを、ある時は冷静さの欠如をみとめる場合がそうである）。かくして、多くのアフリカ系アメリカ人は、以下のような広く流布した意見を共有している。「アフリカ系アメリカ人の社会は、男の権威を真に肯定することのうちに、その想像上の解決が存する、黒人の男性性に古くからある危機を［体現しているのだろう］[76]」。男性優位論者の戦略を用いて、劣勢にある自らの社会・政治的立場を乗り越えようとするプロレタリアの場合がそうであるように、アフリカ系アメリカ人が、待遇における尊厳と平等を求めるとき、集団が有するさまざまな見解を、男性という立場のみに還元してしまうことがある。社会活動家ベル・フックス〔一九五二―。本名、グロリア・ワトキンズ。アフリカ系アメリカ人の知識人であり社会活動家、フェミニスト〕が指摘しているように、有色人種の多くが、黒人を非人間化するステレオタイプの考え方を受け入れ、維持しようとさえし、そうしたステレオタイプを「卓越の徴」とみなし、それが政治的にも、社会・経済的にも、彼らを支配する白色人種に対する自らの「優越」を保障するかのように考えているかのように見える[77]。黒人の男性性の「危機」は、敵の手の内（つまりジェンダー）を使って、抑圧者である白人を打倒するよう被支配者の男たちに促し、こうして、女性に対する男の権力は、巧妙に再活性化されるのだ。しかしながら、以下に見るように、「男性性の危機」という考えそれ自体が、論争のすぐれた主題となったのだった。

4　「危機」と連続性

危機の概念は、それ以前の安定した健康状態からの逸脱という意味を含んでおり、また、その健康状態を取り戻そうとする治療への欲望をも含んでいる。ところが、われわれにとって重要な問題が現れるのは、「男性性の危機」という歴史的存在について考えるときである。どんな時期を取り上げてみても、混乱状態の前に、安定した時期があったようには思われない。一九五〇年代の古き良き時代へのノスタルジーに浸る男たちもいる。しかし、白人中産階級の支配が安定していたと評判高いこの時期、歴史家たちは、男性性がかなりの不安にさらされていた事実を明らかにした[78]。時代を遡ったからといって、解答は見当たらない。男性の激しい不安が目に見えて現れたのは、一九三〇年代、一八九〇年代、一八五〇年代、そして一七八〇年代である[79]。ピーター・スターンズは、産業革命を伝統的な男らしさとブルジョワが変革した男らしさとのあいだの分割線として捉え、「男らしさはとうの昔から危機的状況にある」と述べた[80]。けれども、この歴史的エピソードは危機感の「起源」とはみなされえない。というのも、イギリスでは、一六九〇年代にしてすでに、不安がみとめられているからである。また、最近の研究によれば、中世にはむしろ安定していたという証もない[81]。実際、歴史を見ると、無限とも言えるほどの「危機の時」が見出される。古代に遡れば、ギリシア人とローマ人は、「贅沢」が男らしさを「弱体化する」危険があると嘆いたものだ[82]。ジェンダーの危機を歴史的に定義しようとすれば、ほとんど無限に時代を遡らなくてはならず、過去には安定していたという幻想は現実と相容れない[83]。

研究者たちの多くは、男らしさの危機なる考えにほとんど信を置かず、男性ジェンダーを襲う混乱状態に直面するたびに生じてきた危機の意識に隠された戦略を問うている。かくして、文学批評家サリー・ロビンソンは、危機の言説とは「遂行的な」戦略であり、その目的は戦略が描き出そうと願う状況を生じさせることでしかないと述べている。「特定の危機の現実性は、それが存在するという物質的な証拠や社会的な文脈でもたらされた真の外傷に拠るのではなく［…］、むしろ心的外傷の感情や変化の決定的瞬間に関して、説得力ある表象を生み出す言語、隠喩、イメージが持つ力に拠るのである」。危機の言説が現代のアメリカで訴えているのは、いかに白人男性が一九七〇年代以来、歩みの遅い女性、同性愛者、少数民族の犠牲者となっているかであり、いかに「傷ついた」男たちに彼らの立場にふさわしい特権を再発見し再確認するために戦う準備をさせるかであるとロビンソンは指摘した。[84] こうした見地では、「危機」は、男の、白人の、異性愛者の支配が繰り広げるものに対する反動的な「しっぺ返し」の一要素にほかならないであろう。しかし、ここでは、言説の面から見るのではなく、社会学的な問題提起が可能であろう。かくして、ジェフ・ハーンとキース・プリングルは最近の研究のなかで、「男性性の危機は存在するか、言い換えれば、男性の危機はより根源的な意味において存在するか」と問うている。[85] 後者の問いが非常に重要な意味を持つのは、たとえば、今日、ヨーロッパで男性が直面しているいくつかの健康問題について考えるときである。ヨーロッパでは、男性は女性よりも健康面で不利な状況にあり、それは寿命の短さ、事故や病気や自殺の確率の高さに見て取れる。これらの問題は、ある国々ではより深刻な状況にあるのだが、概して、メディアの関心を引かず、結果として、男性たちは、健康問題に関して過度に楽観的である。[86] 多くの男性が直面する健康問題が、男性性特有の傾向――危険を冒すこと、無責任、薬物の使用を良しとし、医療サービスに頼るべきであっても、弱さをみとめることへの躊躇いがある――が原因となっていることには疑いがない。男子生徒の成績の低下、あるいは暴力犯罪の問題でも、同様の議論が展開されうるであろう。そうした場合、危機にあるのは、男性性それ自体ではない。一部の男性たちが危機に直面しているのであって、というのも、部分的には、彼らがある種の男性性を実践しているからなのである。

ジェンダーの領域における危機の認識が、白人男性が社会・経済的権力を絶えず掌握しているという現実に呼応していようがいまいが、この危機の存在が呈する問いがつねに問題としているのは、ジェンダーのアイデンティティや理想の、場所や時代を超えた連続性である。「伝統的」な筋骨たくましい男らしさの諸形態は、より穏健な、より「現代的な」諸形態を前に後退しているとの主張に反して、イギリスの男性性に関する最近の歴史を見ると、伝統的、歴史的な明確な区分とは一線を画する変化と連続性とのあいだの相互作用が存在していることがわかる。ハーヴィーとシェパードの言に従えば、歴史家たちは、男性性に関して、相互に絡み合う二つの歴史的見解を提唱している。「第一に、周期的モデルに則ったプロセスがある。それは男性性の柔軟な解釈と厳格な解釈のあいだの振動のうちに見出される。こうしたプロセスから次のモデル、より一般的な連続性のモデルへと繫がっていく」[87]。そして、たとえ、より男らしい男性性の諸形態が、「先進」国では有用ではなくなってきているように見えるにしても、われわれは、ロビンソンが問うたように、いかなる作用が働いて、男性性の筋骨たくましく、攻撃的で性的な解釈が近代性において繰り返し取り入れられてきたのかを問題とすることができるであろう。「厳格な」男性性と「穏健な」男性性のモデルは、伝統から近代への動きを直線で捉えるかのように、連続して論理的に繫がっているのではなく、それぞれの言説が交わり、さまざまな歴史的瞬間に、一方が他方を修正しに来る弁証法的な連関を維持している。明らかに、こうした力学は、あらゆる種の国民的文化のなかに働いている。かくして、ロシアについての最近の研究は、行動の伝統的モデル（アルコールと攻撃性がまず基本にある）に根ざした「厳格な」男らしさの様式が、十八世紀以来、国家の西洋化という事実を形式的に承認し、西ヨーロッパのモデルを範に取った男性性の「新たな」洗練と、いかに競合し続けてきたかを示した。ロシアの状況が示しているのは、「危機」の唯一の瞬間というよりはむしろ、「男性性に関する公的なモデルとそうでないものとのあいだの、また、古いモデルと新しいモデルとのあいだの、つねなる交渉」[88]と言えるだろう。

「厳格な」男性性と「穏健な」男性性とのあいだに現在横たわる緊張関係は、西洋を横断するより広範な現象である[89]。新たな精神性の出現が、往々にして「背徳的な」モデルの導入として捉えられるという事実は、現代の男性性形成の作用が、国家の枠を超えた要因を有している点を強調している。[90] 結局のところ、成人男性人口は、ほとんどつねに、「国民」に類似したものとしてみなされるのであるから、実践や理想におけるジェンダーの変化は、市民全体がどう捉えられているかという問題に必然的に影響する。歴史家たちは、ジェンダーの世界におけるる危機が、いかにして国民へ投げかけられた挑戦として進んで解釈されてきたかを説明した。十八世紀のイギリスでは、荒々しく攻撃的な男らしさの形態が、洗練され、教養のある、フランス起源の紳士《ジェントルマン》の理想との緊張の只中に共存していた。したがって、礼節は、女のようであると同時に、非イギリス的なものとして捉えられていた。[91] 同様に、アメリカでは、過去そして現在においても、アメリカの「ヨーロッパ化」に極度の不安が伴っている。つまり、大西洋の向こうの洗練されたやり方を取り入れることは、軍においても、経済においても、侵略的な拡張を基盤としたこの国の男らしさをなおいっそう弱体化させる危険があると考えられている。[92] 男性性が危機にあるという気持ちをわれわれが抱くのは、部分的にはそうした言説が、いま起きている多様な変化——地域や国に特有のものもあれば、国境なき近代性の氾濫のほとばしりとでもいうものもある——を凝縮させ、転位させるからである。[93] 知の観点からすると、「危機」の概念は、大げさであり、古めかしく、あるいはイデオロギー的なものを出来させるものと言えるだろう。しかし、歴史上の行為者からすれば、往々にして、ほかでもない現実として知覚されるのだ。われわれが置かれた状況において、実際には、なしで済ますことができない概念である。

結論として、これらすべての研究は、西洋、とくにアメリカ合衆国において、日々増大する男性性の不安を背景に発展したものであると言うことができるであろう。アメリカでは、女性、同性愛者、少数民族の権利のための戦いが、ベトナム戦争によって国の誇りに加えられた傷を深刻化したようであった。これらすべてが、失われた男らしさへの郷愁をもたらし、また、今日、不明瞭かつ有害なフェミニズムがさまざまな文化に見出されてきた「真の」男性性を躍起になって削除しようとしているが、そうしたやり方に対する懸念を引き起こしている。[94] まさにそこにこそ、男性研究に携わってきた者たちが理解しようとし、前進させようとした問題の対象がある。アンソニー・シノットがいみじくも指摘したように、男性性のいかなる領域を対象に取ってみても、男性性のイメージは、現代の文化的状況において、過度に単純化された形で、「英雄」、「悪人」、「犠牲者」というカテゴリーに分類されている。[95] 真実はおそらくこれらのラベルの狭間にあるのだと仮定するなら、男性性の批評研究は、つまるところ、サリー・ロビンソンが力強く表現したように、フェミニズムが目指すものの必要不可欠な発展として考えられるだろう。

われわれが男性性を研究する理由——別の見方をするなら、他の者たちが「真の」男らしさが失なわれたことを悲しむ理由、あるいは、失われた本質をそこに再発見しようと望む理由——は男性性に関するフェミニズムの批評が、アカデミックな文化的世界に深く浸透してきたという事実に由来する。［…］昨今、かくも綿密に検討されてきた「男性性」は、えてしてフェミニズムの理論化の対象であり、したがって、「男性性はフェミニズムといかなる関わりがあるのか」という問いへの答えは「すべてにおいて」であらねばならないのだ。われわれが研究し、脱構築し、今日、再建しようと試みているこの男性性を創り出したのは、フェミニズム思想であり、ここでの男性性とは目に見える限りのすべてのものである。[96]

こうした議論は、世界を単に解釈しようというのではなく、世界を変えようとする者たちに、もっとも大きな価値をもたらすであろう。

原注

本稿の草稿について助言や示唆をいただいたロバート・ナイとカレン・ダウニングに、また、執筆の機会を与えてくださったジャン゠ジャック・クルティーヌに心からの謝意を申し上げる。

第II部——男らしさの製造所

第1章

ひとは男らしく生まれるのではない、男らしくなるのだ

アルノー・ボーベロー
（三浦直希訳）

シモーヌ・ド・ボーヴォワールは、もし第一の性により多くの関心を抱いていたら、こう書いていたかもしれない。「いかなる生物学的、精神的、経済的運命も、人間の男性が社会内でまとう姿を定義することはない。男homme と、男らしいと形容される超人 surhomme の中間にあるこの産物を作り上げているのは、文明全体である」。むろんこのような文章は、いささかもぶしつけなものではない。一九七二年のあるテクストでこの哲学者自身がふと強調していたことであるが、『第二の性』の「ここ数年間に幼年期を対象として行われたますます本格的な研究によって強化された」彼女の有名な定式は、その対となる定式「ひとは男に生まれるのではない、男になるのだ」によって補完されなければならないという。彼女の結論によれば、「男らしさもまた、最初から与えられているのではない(1)」。それゆえ、男児を成人男性の状態へと自然に導く成熟のプロセスは、社会が男児を男らしい状態に適した身体的、精神的特徴に合致するよう導く際の緩慢で根本的な刷り込み作業からすれば、取るに足りない役割しか果たさないと考えなければならなかったのである。

単なる事実確認を超えて、こうした主張には告発という価値が含まれていた。この主張は「第二波」のフェミニズムの戦いの系譜に属し、性的アイデンティティの疎外的特徴を男というジェンダーについても証明することをめざしていた。伝統的な男らしさの特性は、自然によって与えられたものではなく文化的、社会的、政治的文脈によって生み出されたものである以上、今度は男たちが男性という条件と結びついたモデルや役割から解放され、男性支配の命令から解放され、平等と相互理解にもとづく新たな関係を女性と結びうるとされたのである。男らしさの製造装置を特定するという計画が具体化したのは、このような観点においてであった。一九七五年にジョルジュ・ファルコネとナディーヌ・ルフォーシュールによって発表された『男たちの製造』からエリザベート・バダンテールの『XY』にいたるまで(2)、かくして一群の批判的文献が、少年たちが幼年期と思春期に、権力と支配の関係の連鎖に身を置く準備となる思考形態と行動様式をいかにして内面化することとなるのかを解明しようとした。

このような分析の枠組みはまた、社会科学においても実り多いものであることが明らかとなっている。この同じ公準から出発した社会学や人類学のさまざまな調査が、諸々の社会化の審級と教育制度が、ジェンダーのステレオタイプの伝達やこの規範的枠組みに対する少年たちの反応をどのように担うのかを研究しようとした。(3) 逆に歴史学者たち、とりわけフランスの歴史記述は、こうした問いとは長いあいだ距離を置いていた。女性史が周知の成功を収めた一方で、男性のジェンダーは暗黙的に一般的事例と理解されたまま残り、それゆえ特別な注意には値しないように思われた。(4) ましてや、幼年期、青少年期、教育制度の歴史学についてはなおさらである。この歴史学は、最近までジェンダーの問題系にはほとんど無関心なままで、男らしいハビトゥスの生産と伝達のメカニズムを明らかにし分析しようとすることはごくまれであった。これはつまり、ここで作成しようとする概観は、多くの場合ばらばらの資料からなる、広大な不明瞭な領域の残る草案にとどまるということである。

I　伝統的な男らしさの最後のきらめき

一九七〇年代以降、男らしさの伝統的モデルの根本的な問い直しが見られるとすれば、それはまさしく、このモデルが依然として強固に確立されていたように見えたからである。それゆえ、男性支配への異議申し立てがいかにして少年たちの社会化と教育の諸様式を覆しえたかを分析する前に、二十世紀の大部分の期間に男らしい特徴をすり込んだプロセスに関心を向けることが適切である。まずは、男らしさとは何より成熟した男、夫、父、家長の属性全体であることを想起しよう。このような確認は、ほとんど自明の理 lapalissade という価値を持っている——この語の語源的意味〔十六世紀の将軍ラ・パリスをたたえる民謡の一節「死の寸前まで彼は生きていた」に由来〕で満足するならば。とはいえこの確認は、有益にもわれわれにこう想起させてくれる。すなわち若い男性は、成人男性の共同体への参入がさまざまな段階で準備されさまざまな儀式によって認められるまでは、男らしいとはみなされないということである。結局、少年が男になるのは、生物学的成熟という緩慢な作業が成就するのに応じ、その社会化に参与する諸制度が彼に男らしいハビトゥスを伝達する任を負うからである。男らしいハビトゥスとはつまり、成熟に達したとき、男としての役割を担うことを可能にするような身体的、精神的傾向の総体である。

1　家族

家族は、時間的順序においてもそれが遂行する社会化の作業の奥行きにおいても、それぞれの性に割り当てられた性質と役割の学習に主要な地位を占めている。子供が男女間の仕事の伝統的な分担を内面化するのは、とりわけ家族内においてである。とはいえ家族生活の実態は、その経済的、社会的条件に密接に依存している。女性の家内への隔離および外での活動の男性への割り当てというブルジョワ的モデルが、二十世紀の最初の三分の二のあいだに普及する。とはいえ労働年齢の女性たちの大半は、職業活動の遂行を継続していた(5)。

こうした条件ゆえに、一般に「家族生活」と呼ばれているものは、庶民階層の多くの子供たちの日常には限定的な地位しか占めていない。これとは逆にブルジョワと中産階級のますます多くの部分では、幼年期は家庭的な世界の内部で展開され、この世界の管理と維持は主として女性に帰属している。このような環境が、少年の性的アイデンティティの形成に最初期から貢献する。とはいえ彼の男らしさが認められるには、「母のスカートを離れる」ことが必要であろう。

子供の性別に応じて両親の態度が何歳から変わりえたかを明確にすることは、とりわけ困難であるように思われる。少女に課せられるステレオタイプを明らかにする目的で一九七〇年代に行われたいくつかの調査は、この区別が非常に早期からのものであることを示唆している。生後二四時間ですでに、男児は同じ身長と体重の女児よりも「大きい」と形容されることが多い。男児への授乳はより長く続き、離乳と清潔のしつけはより遅い(6)。なるほどそのような観察結果を、先行する数十年について留保なしに一般化しうるわけではまったくない。とはいえこうした観察結果のおかげで、つぎのように述べることが可能となる。すなわち、早期かつ無意識的に最初の分化が遂行され、子供が性別を持つという条件を自覚する以前にさえ自己のジェンダーと関係する規範を内面化しはじめるのは、まさしく家族内においてである、と。

とはいえ形態的な面では、女児と男児の分化はもっと遅いように見える。すべての子供にワンピースを着せ、四、五歳まで長髪のままにさせておくという習慣は、田舎では第一次世界大戦後も存続した場合もある。五歳を過ぎてもやはりワンピースを着ていたピエール・ジャケズ・エリアスは、しかしながらすでに自己の男性性を自覚していた。彼は、ズボンをはいた友人たちの服をうらやみ、「小さな男という地位への昇進(7)」を示すズボン着用の儀式を待ちわびる。男児たちのワンピースと、はじめての半ズボンの儀式がいつ廃れたかは依然として不明である。この変化はおそらく、都市文化のモデルが田舎へと浸透したことから生じた。都市で用いられるショートパンツは、より早期から男児の男性性を示すとともに、男児を子供っぽさの境界内にとどめもする。ズボンの着用は思春期まで延期される。よってズボンは、青少年にとっては自己の生まれつつある男らしさの象徴である。体毛や声変わりへの言及と同様に、ズボンは新たな身体的状態への遠からぬ到達だけではなく、新たな社会的地位への到達が周囲の家族によって認められたことを証言するのである。

同様に思春期は、宗教教育の終わりと自律的で責任ある信仰への到達を示す儀式の時期とも一致する。世俗化の力学にもかかわらず、カトリックの盛式初聖体、プロテスタントの堅信式、ユダヤ教のバル・ミツヴァは、多くの家庭で重要な儀式であり続けている。大人のスーツを着た男児の写真やはじめて贈られた時計――自主的な時間管理の象徴――は、これらの儀式がその宗教的機能に加え、幼年期の終わりと成年への最初の段階を越えたことを象徴的に示す機会となっていることを示唆している。

子供の運動機能と心の形成に遊びが果たす役割はよく知られている。その特権的な物質的媒体である玩具は、二十世紀を通じて注目すべき飛躍を遂げた。それゆえ、ジェンダーの区別の学習と少年による男らしいハビトゥスの内面化に玩具が果たす役割について問うことが適切である。十九世紀末には、玩具産業の躍進が性差を強く含意した典型的モデルの一般化を促した。少女たちには人形、産着、ミニチュアの家が用意され、これらは女らしさの属性、すなわち母性と住居の手入れを演出する。少年たちには、とくに男性的とみなされる事物や活動が提供される。すなわち、木やブリキの列車や自動車や飛行機、大工仕事や建設のゲーム、そしてもちろん戦争の玩具である。一八七〇年の戦争〔普仏戦争〕の終結以来、製造業者はかくして大砲や軍装セットを大量に提供する。第一次世界大戦は、予想されるようにこうした傾向を強めた。すでに一九一四年のクリスマスには、軍隊の玩具の割合はカタログが提供する新製品のおよそ四分の一から半分へと推移している。たとえばボンマルシェ百貨店の一九一六年冬のカタログは、鉄兜、装甲車、縮小版の臼砲などのついた塹壕セットを提供している(8)。

戦争の玩具の割合は戦後低下する。新たな自己同一化のモデルが、冒険や遠方での探検という主題を通して少年に提供される。プランタン百貨店の一九二一年クリスマスのカタログは、ティピー〔北米先住民の円錐形のテント〕

やインディアンとカウボーイのセットを紹介している。同様に翌年のカタログには、初のサハラ砂漠横断へと出発したシトロエンのキャタピラー車の縮小模型も見られる[9]。同じ時期には、メカノ社——その製品は二十世紀末まで変わらぬ人気を博することとなる——の広告とカタログが、少年たちを一貫して登場させている。玩具の素材である金属、玩具が要求する器用さと技術の習得、玩具が製作を可能にするクレーン、飛行機、トラックゆえに、メカノはすぐれて男性的な玩具なのである。

玩具は明らかにジェンダーのいくつかのステレオタイプを再生産し、少年が自己の遊びにおいてまさに男らしい性質や振る舞いを示すよう促す。とはいえ戦争の時期を除けば、そこに確固たる意志のしるしを見出しうるかはさだかではない。なぜなら一九五〇年代までは、遊びの教育的価値はほとんど考慮されず、親たちはほとんどの場合、遊びは大人にはたいした利益のない子供じみた娯楽であるとみなしていたからである[10]。少年たちのための玩具が男らしさの基準に合致していることは、おそらく意識的な戦略よりもむしろ、社会的な順応主義の重圧と、大人の生活を模倣しその性質、能力、経験を想像的な仕方でわがものにしようという子供たちの欲望に由来している。最後に、玩具の使用が製造業者や販売業者の商業的戦略がそう思わせるほどつねに区別されてきたかどうかはさだかではない。たとえば男女混合の兄弟姉妹の場合、子供たちは普通なら他方の性に割り当てられる遊びを交換、共有、伝達したかもしれない。とはいえ少年のための玩具は、男らしさの手ほどきの道具として明確に考案されたものではなくとも、支配的なステレオタイプの維持に強力に貢献し、またある程度は——それを実際に評価することは依然不可能であるが——男児による男らしいハビトゥスの内面化に参加することに変わりはない。

2 仲間集団《バンド》

少年は家庭の外で、同年代の者たちとの接触により、男らしさの手ほどきに積極的に参加する集団を見出す。庶民階層では、子供と青少年の仲間集団は、同じ年齢クラスと同じ縄張り——村、街区、ときには通り——への二重の帰属にもとづき構成される。彼らほど自由でなく、普通は母の家事を手伝うよう動員される少女たちがそれに参加することはまれである。仲間集団は、それゆえ家庭のアンチテーゼとして登場する。家庭は、少年が子供っぽさへと送り返される女性的世界なのである。仲間集団内では、厳しさ、力や勇気の遊び、挑戦や自己主張といったものからなる男性性への関係がかき立てられる。仲間集団はまた、はじめての煙草、性教育の代替となるみだらな冗談や遊び、権威に対するはじめての虚勢、はじめての万引きといった通過儀礼の場でもある。男たちからすればまだ子供にすぎない者たちは、大人の男性性を象徴する態度をわがものとすることで、同類たちの前で自己の男らしさを主張しようとするのである。それゆえ反対に、幼年期や女性性を想起させかねないものはすべて手ひどく拒絶される。より早熟な思春期、特定の身体的傾向、卑俗な事柄に対するより明確な性向はいずれも、仲間集団のボスの権威の土台となる男らしさのしるしである。ボスの権威は、とはいえ一時的なものにとどまる。ウィリアム・ホワイトは、一九四〇年代初頭のボストンのイタリア系アメリカ人の若者の仲間集団の研究のなかで、リーダーの体型が崩れるだけで、その支配的地位を疑問視させるのに十分であることを示している。(11)

ときに田舎では、青少年の仲間集団は、信心会、司法書士団、青年修道院といったすでにすたれたより公的な団体の末裔となっている。一九六〇年代までは、仲間集団は共同体生活において、とくに村祭の組織と進行に固有の役割を保持していた。たとえばエフライーム・グルナドゥーは、五月祭のために村の少年たちが夕飯後に集まり、郷土の娘たちの玄関扉に月桂樹の小枝をかけに行ったことを語っている。仮装し謝肉の火曜日の謝肉祭を組織したり、歌や滑稽な言動で結婚式を盛り上げるのもやはり彼らである。[12] 奉納祭や守護聖人の祝日の際の彼らの集団行動は、こうした若々しい社交性の両面性のすべてを明らかにする。酩酊、騒動、乱闘は奔放な男性性のしるしであり、ある程度は容認される。なぜなら「青春は過ぎ去る運命にある」からである。とはいえ、こうした若者の夜の喧騒が鍋釜たたき〔不釣り合いな新婚夫婦や非難すべき人物の家の前で鍋釜類をたたいて非難を表す中世の風習〕の伝統を引き継ぐものである場合、その犠牲者はつねに、個人的な行動によって共同体の秩序を損なう者である。すなわち妻に支配される夫、よそ者の夫婦や年齢差が大きすぎる夫婦である。かくして男性性の混沌とした表出によって、村の若者たちは共同体の世俗裁判権およびその団結の中心人物として振る舞う。そして集合的規範の内面化によって、みずからが地位にふさわしく振る舞う準備をしていることを示すのである。[13]

若者たちがカフェに行くのもまた、仲間集団としてである。カフェは男性的社交性の中心地であり、それゆえ男らしさの通過儀礼の行程の決定的段階である。アルコールの消費と金をかけたゲームは、幼年期を終えたことの証拠となる。とはいえ、男という地位へと到達させるには不十分である。カフェは、アルコール飲料のヒエラルキーと行動のコードが反映する秩序を有している。エフライーム・グルナドゥーとその仲間たちが通っていたサン＝ルーのカフェでは、若者たちはカシス入りブランデーを飲んでいたのに対し、アメール・ピコン〔苦みのある薬味酒〕、アブサン、蒸留酒は大人専用であった。兵役から戻ったばかりの「青年上等兵曹」は、若者たちにビリヤードの技を教え、[14] かくしてカフェの通過儀礼的連鎖における中間集団の役割を果たす。

3　青少年運動

悪いつきあいを恐れるブルジョワジーと中産階級の場合、青少年はより厳しく監視される。そうした青少年の一部にとって、青少年運動は家族による管理から一時的に逃れ、仲間同士でいくらかの自由を分かち合う手段を提供する。この運動は一九二〇年代から一九五〇年代にかけて開花したもので、その宗教的、政治的保証ゆえに親たちを安心させたのである。また、運動が活動の枠内で与える自律性のおかげで、青少年は仲間集団での生活と、そうした生活と男性性との野性的関係の妙味をいくらか味わいえたと断言できる。

ほとんどの場合は男女別であったこうした運動自体、少年の男らしさの養成の問題と無関係どころではなかった。この問題は、身体的な面でも精神的な面でも、また宗教団体の場合は霊的な面でも完全な男を鍛えるという公然たる野心によって明らかである。ボーイスカウト運動は、若者の余暇を枠組みとする男らしさの養成の原型として登場し、その教育方法と組織形態は、両大戦間の大部分の団体のモデルとして用いられた。このような養成は実際、十九世紀半ばにイギリスに出現した筋肉的キリスト教 Muscular Christianity のイデオロギーを根源としている。このヴィクトリア朝文化の産物は、スポーツと野外活動を若者の身体の力、道徳的な正しさ、霊的な深みを同時に増進する手段、そして男らしく征服的なキリスト教の大発展をもたらす手段とみなした。この潮流は、当初はパブリック・スクールや大学の上流階級に限定されていたが、ＹＭＣＡや少年隊 Boy's Brigade といった青少年組織を通じ、より幅広い大衆とアングロサクソン世界全体に広がった。[15] 一九〇七年のボーイスカウト運動の誕生は、このような潮流に属している。とはいえベイデン＝パウエルは、宗教的というよりむしろ公民的で愛国的な方向性を自己の方法に与えている。そうした方向性のおかげで、プロテスタント文化の国々を越えて広がることができたのである。たとえば一九一一年にフランス・ボーイスカウトを創設した海軍大尉ニコラ・ブノワは、かくして学校による仕事を「性格、真の愛国心、身体の器用さ、状況適応能力を発展させる男らしい教育[16]」によって補完するという自己の野心を明確にしている。

男らしさの教育たるボーイスカウト運動は、男らしさによる教育でもある。この運動は実際、十九世紀末の心理教育学的潮流の痕跡をとどめている。そうした潮流の結果、成人の人格形成における青少年期の役割が再評価され、性的成熟にともなう衝動はもはや抑制すべき脅威としてではなく、むしろ誘導すべき生命エネルギーの備蓄とみなされることとなった。[17] スイスの教育学者ピエール・ボヴェによれば、「ベイデン＝パウエルの天才」は、青少年の「闘争本能」を冒険と征服や対決のゲームという想像界によって動員し、それをみずからの公民的、道徳的教育の原動力としえた点にある。[18] かくしてこの対決の教育学は、自己の純潔を保つよう少年に執拗に勧めることと同様、青少年の男らしい衝動を教育的目的のために利用する意志を示している。

スポーツや野外での共同生活と結びつけられた若々しいエネルギーと生命力を賛美することは、両大戦間の青少年運動のほぼすべての言説のライトモチーフとなっている。男らしさの新たなステレオタイプは、もはや市民や家長といった成熟した男の地位にではなく、自然と触れ合う冒険生活によって育まれた若い男性の身体的、精神的活力に結びつけられる。[19] このモデルの力は非常に大きかったため、ユースホステル運動のような男女混合の運動においては、若い娘たち自身がそれに賛同し、男性的な態度や言葉遣いを取り入れた。かくして「ユースホステル会員」は、ストッキングとスカートをショートパンツと短靴に取り替え、リュックサックを背負い、化粧も帽子もなしで出かけるのである。「娘たちにとっては伝統的な女性のイメージから抜け出さなければならなかったし、男らしさのイメージである少年的外観の下に女らしさそのものを放棄ないし偽装しなければならなかった[20]」と、その仲間のひとりは回想している。

このようなステレオタイプが秘めるブルジョワ的、自由主義的秩序への異議申し立ての潜在力は、革命派の極右がいかにしてそれを横領し、「新たな人間」の神話を作り上げ、それを老人たちの退廃し疲弊した共和国に対置したかを説明してくれる[21]。しかしながらこれは、選択的親和性というよりむしろ両大戦間の紋切り型の過激な表現にすぎない。同様に、ヴィシー政府が自然のかたわらでの厳しい生活と体育によって「男らしく、健康で、団結し規律正しい若者を作り直す[22]」ために青年練成所 Chantiers de la jeunesse を創設した際、老元帥〔ペタン〕の体制はただ、先行する数十年間にあらゆる主義の若者組織によって反復された繰り言を繰り返したにすぎない。

4　学校教育

学校は、子供と青少年の生活においてしだいに重要性を増していったが、二十世紀のかなりの部分は男女別学のままであり、少年たちの男らしさの教育に複合的な役割を果たした。一般的には、教育機関は少年たちの生まれつつある男らしさを陶冶することよりも、ある実証的な知識の全体を彼らに伝達することに腐心していたが、一方ではある特定のタイプの男性を養成することをまさにみずからの使命としていた。このような企図は、中堅および上級エリートの再生産を保証する男子の中等教育にとりわけ読み取ることができる。中等教育における古典学級と古代の作家の学習は、男性的な雄弁術の技法を生徒たちに伝達することをめざしていた。それは、政界においても実業界においても有効な社会的支配の道具なのである。フランスでは、たとえば一九二五年の授業計画に付随する指示が、以下のような古典教育の目的を想起させている。すなわち、高校生たちのうちに「将来の征服のための強力な道具、つまりたくましい思考[23]」を作り上げることである。

寄宿舎は繰り返し批判の対象となり、十九世紀末以降その人数は顕著に減少したものの、高校生のうちの無視できない部分が寄宿舎に入り続ける。生徒たちは寄宿舎でおよそ一〇年間、一般的には修道院や兵舎に匹敵するほど厳格な生活環境に服す[24]。寄宿舎への批判にはしかし紋切り型のところがあり、含みを持たせる必要がある。

厳格で抑圧的な監視体制を課す大規模な高校とは別に、より甘く、ほとんど家庭的な雰囲気に支配されることもある多数の小規模な学校が存在するからである。[25] とはいえまったく男性的なこの世界は、暴力の痕跡をとどめていることがある。体罰は第一次世界大戦以降減少したものの、イギリスにおいてもドイツにおいても懲罰方法のひとつであり続けた。フランスでは公式に廃止されたにもかかわらず、体罰が残存していることもある。[26] しかし暴力はまた、大人たちの監視がゆるむときには、生徒たち自身のあいだでふるわれることもある。暴力は一般的に、年長者によってふるわれる。彼らの身体的成熟と、男らしいとされる振る舞いを模倣する能力が、年少者に対する彼らの支配を正当化するのである。寄宿舎内でも少年たちの仲間集団においてと同様、「男らしく見せる」ことは、新入生いびりを逃れる方法、そして支配者の地位につく方法となる。一部自伝的な小説『聖歌隊の少年』でエティアンブルが語るところによれば、第一次世界大戦中そして一九二〇年代半ばまでは、高校の劣悪な環境ゆえに、上級生が新米に支配力をふるい、ときには性的に虐待することが可能であった。地方の寄宿生である若きアンドレ・スタンデルは、劇的な新入生いじめを受け、かくしてその子供っぽい無邪気さを急激に失う。そこで彼はもはや新入りとみなされないように、先輩たちの隠語と振る舞いを取り入れ、彼らとともに煙草を吸い、酒を飲み、女がいることを自慢し、権威に挑戦するのである。[27]

『聖歌隊の少年』はまた、ブルジョワの青少年の苦しみを描き出している。彼は生まれつつあるみずからの男らしさが引き起こす問題に直面し、寄宿舎の放蕩的な雰囲気のうちに、自分の家庭環境も高校が読むよう与える検閲されたテクストももたらしえない解答を見出すのである。エティアンブルはここで、小説を用いながら、若者の本物の性教育の不在を告発する多くのモラリストが繰り返した批判と合流している。シャルル・ヴァグネール牧師はすでに十九世紀末に、「若者は導き手も指導もなく最も危機的な年齢に達する」と嘆いていた。親や教育者の沈黙ゆえに、彼らは「悪い仲間」や悪い読み物の悪影響にさらされたのである。[28] 社会学者エドモン・ゴブローはその数十年後に、少年を二重生活へと導くブルジョワの上品ぶった態度と偽善を告発した。自分の家族と階層の外では、「どんな手がかりもなく見抜けない放蕩生活。家庭内では、純真無垢とありそうもない無知の誇示」。シャルル・ヴァグネールと同様ゴブローは、抑制と「性本能への抵抗」の学校となるような青少年の性教育を勧めている。[29] 性教育は、若者に情念と欲動の制御を教えることで、「自己の男らしい尊厳の感情と自己自身への尊敬」[30]の保ち方を教える。しかしこの理想は、若者たち自身のあいだで通用している価値の秩序、むしろ逆に性的な活動を男らしさの基準のひとつとする価値の秩序と対立する。それが男らしさの基準となっているのは、男という性に力と支配のイメージが結びついているためであると同時に、性的活動が、成人男性の行為をわがものとすることを可能にする成熟を顕示するからかもしれない。

学校はモラリストたちの呼びかけには応答せず、性の問題についてはかたくなに沈黙を守っているものの、生徒の体育と身体的発達を完全になおざりにしているわけではない。大陸ヨーロッパでは、学校での体育は、徴兵制の軍隊の形成によって軍事力と国民の身体的な力強さとの関連性が確立された十九世紀に生まれた。たとえばプロイセンでフリードリヒ・ルートヴィヒ・ヤーンがトゥルネン〔体操〕を発明したのは、一八〇六年のイエナでのナポレオン軍に対する敗北直後であった。フランスでは、一八八〇年の公立男子校への体育の導入は、一八七〇年の〔普仏戦争の〕屈辱と学校による国民の再生という共和国の企てを反映している。第一次世界大戦までは、体育の経験と大衆への普及に必要な基盤を同時に所有する軍が、体育の授業計画の練り上げと指導教官の養成に主要な役割を果たした。[31] とはいえその正当性には、とりわけ文民の体育教師や教授によって異議が唱えられた。一般的に彼らは、職業的な試験において、ジョワンヴィル士官学校で養成された指導教官たちよりもよりよい成績を収めたのである。

体育を補完する実践としてのスポーツの導入もまた、体育を軍隊的起源から解放することに貢献した。ベルエポック以降、とりわけイギリスの教育に関するクーベルタンの著作を源泉とする思潮全体がスポーツの教育的効果を主張し、学校のスポーツ団体の増加を奨励した。カトリックの青少年クラブでも、スポーツは少年の身体と精神を同時に鍛え、兵士、家長、キリスト教徒としての男らしい義務に備えさせる手段として奨励された[32]。このようなスポーツへの熱狂は、戦争直後には青少年クラブにおいても高校においても確かに見られる。とはいえ学校の授業計画へのスポーツの導入は、強力な抵抗によって妨げられた。方法論と段階的な実習の不在、スポーツ選手に過度の努力を強いかねない競争の論理、そして動作の専門化が体育の専門家たちの不信を呼んだのである。彼らからすれば、実証的な生理学的データにもとづく方法論的な体育だけが、真に恩恵をもたらしうるのである[33]。

とはいえ実際には、体育の状況はそれほど輝かしいものではない。教養と知的な学識が優位を占める高校の非常に階層化された世界は、体育教師たちと彼らの学科には周縁的な地位しか割り当てない。教師の動機づけの不足に加えて訓練も不足している小学校もまた、彼らにとってはさらに環境が悪いのである[34]。

5　労働、兵舎

成人男子の養成に関する学校の野心は、庶民階層の期待とは一致しない。この階層にとっては、基礎的な学識の獲得——それがどんなに有益だとしても——も体育も、男らしさの源泉とみなすことはできない。農民と労働者の世界にとって、男の地位は生産活動の枠組みにおける力の使用と学校の座席では得られないノウハウの習得と密接に結びついている。男らしさの養成が真に開始するには、よって学齢期の終わりと職業生活への参入を待たなければならない。職業生活への参入はより遅くなる傾向にあるものの、それが成年期への移行を直接的に示すと考えるにはやはり早すぎるままとなっている。一九五〇年代初頭には、十四歳の少年のほぼ三分の一と十六歳以上の青少年の半分以上がすでに就労していた[35]。しかし若年労働者はもはや子供ではないとしても、一般的には両親の家に住み続け、給料を入れ、その権威に従い続ける。

職業生活は、見習いからはじまることもある。その家が世襲財産を持つとき、つまり自営農、一部の職人や商人の場合、息子たちのひとりが父の仕事を補佐し、後を継ぐ準備をする。しかし大部分の少年にとっては、仕事の初体験は、たとえば作業員や作男といった非熟練労働の遂行となる。どちらにとっても、この時期は労働者の世界へと統合され、この世界を組織する規則と儀式を徐々に吸収し、その厳しさと潜在的暴力を経験する時期である。たとえばジョルジュ・ナヴェルは、第一次世界大戦直前のポン゠タ゠ムーソンの精錬工場での労働にそのように言及している。「精錬工場の男たちは、彼らの助手として働く少年たちに厳しく、平手打ちや尻への蹴りを用いて仕事のために彼らを鍛える」。大戦直後に石工として雇われた彼自身も、現場を支配する侮辱や粗暴さに耐えなければならなかった。他にもある建具屋の息子が、一九二〇年代の父についての見習いが罵詈雑言と乱暴の連続であったことを語っている[36]。意識的にせよそうでないにせよ、男たちはこのように少年たちの身体的耐久力と精神的堅固さを鍛えようとした。そうしたものが彼らをまっとうな労働者にし、そうしたものだけが、ひどく疲れる労苦の人生全体に耐えられるようにするというのである。

全員を対象とした徴兵制が存在する国では、男らしさの養成が成就するのは兵舎においてである。少年が成人男性という地位へと到達する前の最終段階としての徴兵は、アルノルト・ファン・ヘネップが記述する通過儀礼の図式に従う。すなわち、日常的世界からの分離、一定期間の余白での——兵舎での——生活、ついで男らしさの共同体への加入、そして通常の社会生活への帰還である。この期間中に、新兵は身体的な力、武器の技能、成人男性の特徴たる勇気と規律の感覚とを獲得し終える。兵役が「男たちの製造」に寄与するという考えは、人々の精神性に深く定着している。かくして一九七〇年のＩＦＯＰ〔フランス世論研究所〕の世論調査が強調するところでは、二十四歳以上のフランス人の八一％が依然として兵役は「男性の養成に有益」とみなしている。[37]

しかも徴兵は、徴兵検査の通過にともなう祝祭的な習俗から、新兵をその後の生涯にわたって「同年兵」に結びつける連帯感まで、その通過儀礼的価値を強調する一群の儀式と伝統に取り巻かれている。ピエール・ジャケズ・エリアスは、「両親は小郡役所《カントン》所在地での検査に臨む新兵たちの帰りを不安な思いで待つ」と徴兵検査について記している。一九二〇年代のブルターニュ地方では、フランスの他の田舎と同様、兵役に不適格と宣言されればどうしようもない人間とみなされ、妻を見つける機会をまったく失ってしまうこととなった。「しかしいばり屋が歩兵隊や砲兵隊で兵役を果たすと、次の試練は結婚であるだけに、どの娘たちももはや彼につつましい態度を取らせることはできなくなる」[38]。かくして徴兵検査は、将来の新兵の男らしい能力をまさに検査するものとして機能する。[39] 検査終了時にこれ見よがしに身につけられる「兵役によし、娘たちによし」というボール紙のメダルから、伝統的な酒盛りや同様に伝統的な「売春宿めぐり」にいたるまで、「同年兵」による役所所在地訪問にともなう一連の習俗がその証拠である。

人類学者ミシェル・ボゾンは、一九五〇年代にブレス地方でなおも行われていた示威行動を記述したが、一般に新兵の入隊に先立つ期間には、このとき彼が「男らしさの祭」と形容した示威行動が生じる。村の若い男たちは、二十歳になるとあらゆる種類のゲーム、競争、極端な行動に身を投じる。彼らはとりわけ、帽章やリボンで着飾って農家から農家へ赴き、一杯の酒や新兵の宴会のための硬貨とひきかえにダンスや鳴きまねをする。新兵の宴会は四八時間の乱痴気騒ぎであり、そのあいだに大量のアルコールが消費される。意味深いことに、ミシェル・ボゾンが確認しているところでは、この祭りの儀式は兵役それ自体には決して言及しない。多数の地域に見られ、ときには「新兵友の会」へと継続される徴兵にかかわる習俗は、それゆえ軍隊への出発を祝うことを機能としているわけではない。この習俗は逆に、若者たちが男らしさを奔放な仕方で誇示し、まもなく成年へと達することを告知する通過儀礼となっている。(40)

Ⅱ　ぐらついたモデル

われわれはすでに、フェミニズムによる批判が女らしさの伝統的モデルの疎外的性質を告発した後、一九七〇年代には男性性を男らしさのステレオタイプから切り離すことにいかに専念したかについて言及した。男らしさの誹謗者たちは、男らしさは男性の生まれつきの属性ではなく、男性支配の永続化をめざす一群の教育的、社会的プロセスの結果であることを示した。そうすることで、両性間の平等のための闘争に新たな戦線を開くだけでなく、「古典的な男らしさの戯画を放棄しこの『テロリズム的神話』から解放されたいと願う男たちに武器を与えようとしたのである。(41)

とはいえ支配的な男性性の基礎となる社会的モデルの問い直しは、多くの点で、両性関係の均衡の再調整へと導くより古くより根本的な道程の一段階にすぎない。たとえば二十世紀最後の三分の一に男児の社会化と教育について行われた修正は、しばしばひとつの運動から生じている。すなわち、かつては男性だけのものであった特権を女性に許可するという、この修正よりも前に開始された運動である。男らしさの教育を支えるものは、まずはひそかに、ついで二十世紀最後の数十年間にはより公然と、少年たちの専有物ではなくなった、あるいはその社会的価値が低下した。とはいえ、こう問うことができる。男らしさの伝統的なモデルへの参照はすべて、幼年期と青年期の社会化のプロセスから本当に消え去ったのか、それともモデルのいくつかは新たな姿のもとに継続しているのか、と。

1　家族

男性としてのアイデンティティの形成に参与する社会化のすべての審級のうち、家族はおそらく最も根本的な変化を経験している審級である。そうした変化は、いくつもの面で同時に進行している。第一にフェミニズム運動は、伝統的に家族の内的秩序の基礎となっていた家父長モデルに対する一世紀来の闘争を完遂する。夫婦財産制度に関する一九六五年の法律、そして「父権」の原理を両親の親権で置き換えた一九七〇年の法律が、母の法的な劣位に終止符を打つ。以降、家族生活の管理は、もはや成人男性による支配の正当性を認めない法的な土台に依拠することとなる。

家族内での男性と女性の役割の再編は、より根本的には、新たな父性モデルの出現と、子供の性別に応じて両親の振る舞いの指針となる規範の顕著な変化をもたらす。スポック博士の世界的ベストセラー『スポック博士の育児書』のいくつもの版を比較することは、この意味でとりわけ参考になる。一九六〇年のフランス語版では、この小児科医は三歳から六歳のあいだに男児がいかにして自己の性を自覚し、自分が父のような男になることを自覚するかを説明している。男児は父を観察し、その態度を模倣し、より男性的な遊びを採用し、かくして「後には職業的にも道徳的、社会的にもその男としての役割を果たす」準備をするのである。女児の場合は、自分の母に似ようとする。少女は赤ん坊を世話するように人形を世話し、家事に関心を抱くのである。二〇年後、この同じ章はもはや性別を区別せず、三歳から六歳の「子供たち」が「彼らの親」に似ようと熱望すると主張しているだけである。「子供は、仕事に行ったり家事（料理、掃除、洗濯）をする遊び、子供（年下の子や人形）を世話する遊びをする。家の車を運転したり、パーティに行くつもりになる」。女児が母を観察し、母が自分の仕事や家事についてどう考えているのか自問するのと同様に、男児は父を見て同じ問いをみずからに投げかけるのである(42)。

アメリカで一九七四年に出版された後年の著作『困難な時代の育児』――『今日の子供と親』という味気ない題名で仏訳されたもの――では、スポック博士は自分のフェミニスト的立場にいくつかの微妙なニュアンスを付け加えている。彼はフロイトの精神分析の諸公理に依拠することで、性的アイデンティティ形成の重要性と、このプロセスに両親が果たす根本的な役割を再確認している。なるほど「彼らの玩具、衣服、活動を分けることが、子供たちにある性別への帰属を自覚させるわけではない」。この小児科医によれば、家事に参加すること、あるいは息子に人形を与えることを拒む父は、自分が男とみなされないという不安感と恐れを息子に伝えることになるだけである。しかしながら、男児が男性に属していることを自覚するには、「男であることを誇りとしている父、男児に愛情を返し他者との協力と競争という関係にくつろぎを感じる父を男児が愛し影響を受けられること」が重要である。結局スポックによれば、「唯一肝要なのは、父がくつろぎ、息子と調和のとれた関係を保つことである」(43)。

このアメリカ人小児科医の教えは、家族内で体験されていることの実態を必ずしも反映していないかもしれない。それでもこの教えは、両性間、世代間関係の根本的な変化を証言している。かくして、男らしさの教育の伝統的モデルはもはや通用しない。そうしたモデルは、父たちが、息子たちからすれば家の束縛を比較的免れ一定の距離を保った権威を体現することを想定していた。意味深いことに、スポック博士はそうした父を、くつろぎと愛情関係にもとづく規範的図式で置き換えたが、伝達すべき男性としてのアイデンティティに関する点については、この図式は比較的あいまいなままとなっている。

「新たな父」の形象は一九七〇年代からしだいに重要視されてきたが、こうしてその複雑さのすべてが明らかとなる。一方でこの形象は、かつては抑圧され母親にのみ割り当てられていた情動的、情緒的備給を父親に認める。それゆえ「ファザーリング」のおかげで、父は子供たち――とりわけ息子――と、より早期かつ強い絆を結ぶことが可能となる。[44] しかしこの形象は他方で、家庭での男性の役割の特殊性を減少させる傾向にある。さらにこの特殊性の残滓は、いまや規範と行動との矛盾を抱えている。原則という面では、家事の公平な分担は社会的に既定の事柄であり、男性の大多数によって当然とみなされている。実践という面では、逆にそうした仕事への男性の参加は、女性が引き受ける責務よりも明確に少ないままである。一九八〇年代に行われた調査によれば、両性間の平等という考えにこだわると明言する家族においてさえ、女子が男子より三倍も家事に参加していることが明らかとなっている。[45]

他にも、一九六〇年代半ば以降の離婚の持続的な増加と社会の単位としての家族の脆弱化が、父という形象の衰退と子供の社会化におけるその役割の減少とに帰着している。離婚件数の八五%以上、そして内縁関係の両親の離別のほぼすべてにおいて子供の親権は母親に帰し、よって父親は訪問権を行使するだけである。一九八八年には、家族の状況についてのある調査が、離別した両親の子供の三九%がもはや父親に会わず、二三%が一月に一回未満しか会わないことさえ明らかにしている。[46] かくして片親の家庭で暮らす十五歳未満の未成年の一五%のうちの大多数にとっては、父の形象は不在の形象であるか、比較的ぼんやりした形象となっている。これに加えて、家族の再編の図式は多様である。多数の子供たちが、生物学的な父ではない男性と日常をともにしている。しかしながらそうした男性はさまざまな程度で、ときには生物学的な父と共同で、子供たちの教育に参加することもある。こうした状況の増加は、父の機能の再定義、とりわけ何人もの男性による父の諸機能の分割へと行き着く。以上の結果、多数の少年にとっては、男性的アイデンティティの内面化と成人男性という地位への歩みはもはや、男らしさの価値観と態度を体現する父という後見者的形象によって導かれることはなく、いまや複雑な手順をたどることとなる。すなわち少年に、諸々の断絶や矛盾を乗り越えて自己のモデルを見出すよう強いるような手順である。

これに類似した矛盾は、玩具という別の社会化の要素の水準にも見られる。カタログや専門店の売り場は、少年向けの商品から少女のための商品をはっきりと区別し続けている。フェミニストの批判は、この区別がステレオタイプ的で時代遅れであることを執拗に告発している。フェミニストの批判によれば、そうした区別は、ジェンダーの伝統的モデルの維持に参与しているのである。少女のための玩具の大多数は、マザーリングや家事を志向したままであり、少年たちの玩具は物理的な力による支配の想像、すなわちテクノロジーによる支配、征服や戦争をしばしば演出している。より騒々しく、より力強く、より競争と敵対関係を志向するそうした玩具は、男性性の男らしい属性を定着させるのに寄与しているとされる[47]。これは、製造業者と販売業者によって採用されたマーケティング戦略だけが原因ではない。そうした戦略が消費習慣の方向づけに寄与しうると考えられるとしても、消費習慣はまた、消費者固有の論理によっても導かれている。かくして玩具の世界における男らしさのステレオタイプの継続が明らかにしているのは、その社会的正当性の衰退にもかかわらず、親と子供がそうしたステレオタイプを、少なくとも部分的には男性性の通常の属性とみなしているということである。とはいえ玩具によるこのような男らしいハビトゥスの取得は、距離をとって行われずにはいないと考えられる。なぜなら同時に、社会化の力学により、少年たちは両性間の平等という規範を内面化するよう導かれ、男らしい価値観や態度をあまりに公然と要求し行動に示さないよう教えられるからである。

2　学校、労働、兵舎

すでに述べたように、二十世紀初頭に学校が実際に男子の男らしさの養成に関与したのは、二つの方法によってにすぎない。すなわち体育と、これほど明示的にではないが、高校で行われる古典人文教育によってである。ところでいずれの場合においても、男らしさの養成という側面は早くも両大戦期から薄れている。体育の分野ではまず、当初それに結びつけられていた軍事的目的よりも、保健衛生的目標が明確に優位となる。地方体育学院は、一九三〇年代以降中等教育の体育教師の養成を担い、医学部の管轄下に置かれていた。学院内では、もはや将来の市民－兵士の力の増大ではなく、児童と青少年の健康維持を目的とする体育という考え方が勝利する。[48] ついで中等教育では、高等教育の機会均等というフェミニズムの権利要求により、女子高と男子高がしだいに同格のものとなる。一九二四年に獲得された男子と女子のバカロレアのカリキュラムの統合は、一九七五年に全公立教育機関における共学の一般化によって完了した運動の第一歩となった。

とはいえ性による区別のいくつかの形態は、ひそかに存続している。実際いくつかの研究によれば、教員は男子と女子とで無意識に異なる態度をとることが明らかとなっている。教員が彼らに提案する練習、尋ねる質問、与える罰が、それぞれの性に割り当てられた性質を定着させるのに寄与している。[49] しかも、合格率は今日では女子の方が高いものの、より威信のある学問の課程やグランドゼコールの準備学級は、男子の方をより多く受け入れ続けている(50)。とはいえ学校制度そのものは、もはや両性間のいかなる違いも前提としていない。

いわゆる「ポスト工業」社会における労働の変遷もまた、労働が若者の男らしい社会化に果たしていた役割を失わせた。まず就学期間の延長が、大勢の青少年を職業活動から遠ざける。二〇〇〇年代末のフランスでは、十六歳の男子の五・三%と十八歳の男子の一八%だけが就労している(51)。なるほど早期から労働をはじめる者たちは、一般的に工業、職人仕事、建設の部門でそうするのであり、そうした部門は非常に男性化されており、身体の力、手先の器用さ、仕事への厳しさが依然として評価されている。しかしながら、ほとんど資格を必要とせず、男らしい性質を活用する職業は、一般的には評判が悪く、流刑の手段とみなされた。そして職種と職務の大部分が女性へと徐々に開放されるにつれ、職業による統合からは、成人男性の地位の象徴的承認という価値のすべてが取り除かれたのである。

このことは、兵役についても同様である。兵役はかつて、男らしさのアイデンティティの象徴的認証プロセスの最終段階とみなされていた。フランスではその中止が検討される以前でさえ、徴兵と男らしさの関係が薄れる傾向にあったことをいくつもの指標が示していた。一九七一年の法律は、男性とほぼ同じ条件で女性が平時に国防の義務に志願することを許可したが、この法律が最初の突破口を開いた。女性による申請は比較的少数のままではあるが――一九七二年の七五三件から一九九五年の四四〇七件へ――、軍が提供するポストの数をほとんどつねに二倍以上うわまっている(52)。このことが示唆しているのは、男性による独占の終わりが、軍機構の意志よりむしろひとつの社会進化に対応しているということである。それと同時に、兵役が若者の男らしさの養成を完成させるという考えは、世論における信望を少しずつ失っていく。一九七〇年にフランス世論研究所が明らかにしたところでは、十五から二十四歳の農業従事者と労働者の四分の三は依然として兵役を男らしさの学校とみなしているものの、同年代の学生でこの意見を共有しているのは半分以下である[53]。この比率は、その後数十年間減少していく。かくしてますます多くの被召集者が、国民としての義務の民間的形態、すなわち国際協力援助、企業における奉仕、良心的兵役忌避、また一九九二年からは「都市奉仕」へと向かい、兵舎から逃れようとする傾向にあった。一九九〇年代半ばには、非軍事的奉仕を実行する者は、合計で被召集者の二〇％以上となった。おそらく彼らは、そのことでみずからの男性としてのアイデンティティが脆弱となる恐れがあるとは考えていなかったであろう。

一九九六年には、ジャック・シラク大統領による義務的兵役停止の決定が大論争を引き起こした。論争は、徴兵の戦略的効用と同様、その社会的効果をも対象としていた。とはいえ意味深いことに、若者の男らしさの養成という問題は一度も言及されなかった。同様に二十世紀末の戦略地政学の激変や軍事テクノロジーの進化により、徴兵制を有していたヨーロッパ諸国の大部分が、一九九二年のベルギー、一九九九年のポルトガル、さらには二〇〇一年のスペインのように徴兵制を停止したり廃止したりすることとなった。男子の男性としてのアイデンティティの形成における根本的な役割を軍に割り当て、徴兵に通過儀礼という象徴的価値を割り当てる二世紀前に開始されたサイクルは、かくして終焉を迎えたのである。

より一般的には、人生の諸々の時代の社会的定義が変遷したことで、二十歳でのある段階の通過に形式を与える儀式の妥当性が著しく低下した。青年期は、二十歳から二十五歳までの青年後期第一期へと延長される。若者はしばしばこの期間に、親の家——二〇〇二年には、二十歳から二十四歳までの若者の六六％の生活の場となっている——と、安定したカップルとして居を構えることとのあいだの中間的な生活様式を経験する。この期間は庶民階級よりも富裕層においてより頻繁に見られ、より長期であって、経済的制約の結果ではない。それはむしろ、経験を多様化し青春時代からできるだけ長く恩恵を受けるために、成人としての生活を延期したいという願望の結果なのである。(54)

青春時代と余暇の重視、職業の地位の脆弱化、家族という単位のもろさと父親の形象の衰退ゆえに、成人男性の地位からはその社会的価値のかなりの部分が失われた。成熟する若者は若さという資本を失うが、それゆえこの損失を男らしさの資本の獲得によって十分に埋め合わせることができない。成熟する若者には、青春時代の延長を可能にするためのさまざまな戦略が提供される。だがより大きな規模では、そうした戦略が積み重なり、伝統的に青年期を成年期から区別していた境界を徐々に消し去ることとなる。それゆえ少年たちの男らしい社会化の地図が混乱しているのは、男女間の役割や機能の伝統的分配の問い直しだけが原因ではなく、この社会化がめざしていた男らしさのモデルが、その社会的妥当性と魅力を失ったからでもある。もはや年齢の標識ではなくハビトゥスとしての男らしさは、それでも若い男性の文化的環境と精神的世界から消え去ってはいない。彼らからすれば、男らしいとされるいくつかの態度や振る舞いは、確かな魅力を保っているのである。とはいえそうした態度や振る舞いは、全体社会の価値観と規範から切り離され、若者文化固有の特徴となる傾向にある。この特徴は、若者文化を大人の世界に結びつけるというより、むしろそこから区別するのである。

3 庶民の若者の男らしさの文化

おそらく男らしい態度の重視は、庶民階層における若者たちの社会性の不変項とみなすことができる。一九六〇年代の革ジャン族《ブルゾン・ノワール》や一九七〇年代の不良のような「団地の若者たち」が維持している男性性との関係は、先行する年代の若い労働者や農民のそれを多くの点で引き継いでいる。この関係には実際、女を排除し成員に男らしい態度の採用を要求する仲間集団への結集という同じ傾向、身体的な力の同じ称賛——とりわけ集団内や敵対する集団とのけんかによる——、逸脱した態度とアルコールや麻薬の濫用という同じ性向が見られる[55]。

とはいえ一九七〇年代までは、男らしさの価値観が労働者文化の中心的地位を占め、またより一般的には、庶民階層による伝統的な男性アイデンティティの定義の中心的地位を占めていた。男らしい行為の実習の場である若者たちの仲間集団は、当時の庶民の若者の社会化におけるひとつの役割を担い、成人の世界への統合に向けたひとつの段階となっていた。最近の諸々の社会経済的進化は、伝統的な労働者的職業の衰退、そこへの就業を可能にしていた技術的な免状の価値の低下、そしてとりわけ若者の失業の増大をもたらした。経済的資源を持たず、学校教育をしばしば軽視する庶民の若者の一部にとっては、男らしさという資本が、彼らが活用しうる唯一の固有の財として残っている[56]。ところが労働者の世界の進化そのものが、このような資本の価値を失わせ、活力、ライフスキル、会話のセンスと責任感といった、一般的に若い娘たちがよりうまく適応している価値を重視する傾向にある。こうした競争に直面した少年たちは、自己の男らしいアイデンティティに閉じこもり、男という条件と結びついた特権を自分たちの界隈で守ろうとすることで、自己の社会的展望の欠如を補う[57]。とはいえ、庶民的な団地の比較的閉ざされた世界でジェンダーのステレオタイプの重圧と暴力を被っているのは、若い娘たちだけではない。男らしくあれという紛れもない命令が少年たちに与えられ、それと距離をとることに成功する者はほとんどいない。彼らは支配的な男性集団への自己の帰属の正当性を証明するために、自己の男らしさと異性愛をたえず証明しなければならない。そうした集団の統合の機能だけが、社会的承認の欠如を糊塗してくれるのである[58]。

庶民文化、労働者文化、農村文化の崩壊、男らしさの諸価値の社会的、職業的な無効化、そして人生の諸年代のあいだの通過儀礼の消失により、庶民の若者の男らしさの文化は、いまや統合というよりもむしろ追放の方向で作用している。このことが、いくつかの新たな形態の不安が、放埒に対するかつての自己満足の後継者となったことを部分的に説明してくれる。

4　中産階級の男らしさの文化

青年期の延長、そして青年期が徐々に獲得した自律性ゆえに、同年齢の友人からなる非公式の集団への若者たちの参加が一般化した。こうした集団は、西欧社会の主要部分を現在形成している巨大な中産階級においては、幼年期の家族の世界から成人の自律性への緩慢な移行に第一級の役割を果たしている。集団はとくに、青少年が同輩や異性の仲間とともにより広大な経験の場に向き合うことを可能にする。異性の仲間は、青少年のジェンダーのアイデンティティの構築と確立に付き添うのである(59)。

この確立はまた、青少年が参加すべく選択するモデルを通じても表現される。しばしば自己同一化の欲求ゆえに、彼らは非常にステレオタイプ的に誇示されたジェンダー、そして明確な性差を反映したジェンダーを有する実在のあるいは想像上の形象をめざす。こうした形象が、まだできたてで不確かな男性ないし女性としてのアイデンティティを力強く確立するための目標やコードを彼らに提供するのである。かくして大衆文化のイコン――映画の主人公、ポップ音楽やラップ音楽の歌手、テレビゲームの登場人物やスポーツのアイドル――が、それが具現する男らしい価値観や態度に比例して、少年たちに強力な魅力を感じさせる。このような影響力を意識するマーケティングと広告の専門家は、俳優やスポーツのチャンピオンから頻繁に助けを借り、彼らに結びついた男らしさの想像と、自分たちが宣伝する任を負ったブランドや製品とのあいだに象徴的な紐帯を築こうとする。より一般的には、「若者マーケティング」は男らしさのステレオタイプを進んで動員し、青少年の自己同一化の欲求をとらえ、彼らが代表する消費者のターゲットに到達しようとするのである[60]。

青少年期に男らしさのモデルの魅力に向けられるまなざしは、つねにこのように落ち着いた、あるいは好意的なものとはかぎらない。仲間集団のお祭り気分の遊戯的な社交性の裏には、より極端な行動が隠されているかもしれない。すなわち、暴力的な通過儀礼、アルコールや麻薬の摂取、強迫的あるいは捕食者的な性欲、大勢でのポルノグラフィの利用などからなる行動である。たとえば事態を憂慮するある文献は、アメリカのカレッジやハイスクールの友愛会 fraternities の暗く危険な側面を強調し、そこに現れるたがのはずれた男らしさの非行を告発している。かくして中産階級の若者のある部分全体が、学業を終えると完全に道を見失い、成人としての生活の家庭的、職業的責任を引き受けることができなくなるのである[61]。

5　若者の男らしさの新たな文化?

より長い時間の尺度で考えれば、こうした青少年の経験は男らしさとのある関係を作動させるが、この関係は庶民の若者が伝統的に示す男らしさとの関係を想起させずにはいない。しかしながら、中産階級出身の青少年や学生がこのような男らしい振る舞いのモデルを採用することで、新たな不安が生じている。実際このようなモデルの採用が明らかにしているのは、こうした若者——成功と出世への強い期待が注がれ、かつては教育者の厳しい監視下に置かれて育った者たち——の社会化の大きな側面が、いまや大人の管理から逃れているということである。かくしてこうした青少年は、伝統的な男らしさのステレオタイプ——身体的な力の制御、女性、アルコール、疲労、危険への恐怖を支配する能力——を若者特有の特徴として解釈し直す、若い男らしさの文化を鍛え上げる。そしてこの文化は、ある程度対抗文化として機能するのである。とはいえこの文化は、逸脱的な文化ではない。大衆文化の媒介者によって豊富に中継されるこの若い男らしさの文化は、青少年の領域をはるかに超えて誘惑する規範的システムを生み出し、成人男性への移行の諸々の古典的な指標を解体することに貢献するのである。

男らしさのステレオタイプがいまや少年たちの社会化と教育に占める地位は、ひとつの明白な矛盾を示している。少年たちが目標として育つよう促される成人男性のモデルは、不確かな形象となり、その男性性はもはや支配の諸属性の所有を特徴としていない。父性そのものが、男らしさの標識として登場しなくなっている。なぜなら一方では、西欧社会は性と生殖の象徴的分離を完遂したからであり、他方では、父権が被った価値低下ゆえにである。そして青少年の大部分は、同年代の若い娘たちが正当にもこだわる平等社会という理想を内面化している。とはいえ、男らしい価値観や態度が社会的な場から消え去ったわけではない。日常的に大衆文化は、スポーツ興行、映画、デジタルな娯楽によって、そうした価値観を象徴し青少年を魅了するイコンを伝達している。成年〔男らしい年齢〕という男性の自己同一化のモデルには、かくして成人男性の通常の責任から大部分切り離された男らしさの想像物が取って代わった。一部の著者たちによれば、一方での男性というジェンダーの脆弱さと不確かさ、そして他方での男らしいステレオタイプの圧力とのあいだの矛盾が、青少年の自己の男性性との関係の動揺の根源にあるという(62)。

しかしながら、大衆文化によって伝達される男らしさの想像をわがものとする若者たちは、必ずしもそれにだまされているわけではない。彼らはこの想像物を通じて、みずからに固有の若者文化を採用する。そうした文化はときとして、大人の世界との対立をもたらすこともある。若者たちは、粗野で奔放な男らしさの経験によって、教育的、社会的プロセスのたえず強まる支配と、文明化され型にはまった社会の規範の重苦しさを埋め合わせる手段を探しているのかもしれない。男らしさの想像のおかげで、それゆえ彼らは力と雄々しさに満ちた英雄たちと同一化し、危険な味のする冒険の遠い地平を夢見ることができる。そうした地平は、大人になれば、彼らの大部分が諦めてしまうのだが。

第2章　描かれた男らしさと青少年文学

パスカル・オリー
（西野絢子訳）

「人は男に生まれるのではない、男になるのだ」この言葉は厳密にはシモーヌ・ド・ボーヴォワールのものではないが、この章の意図を十分に要約している。ただし、男らしさを教え込む方法は他にもたくさんある。古来の家族と現代の学校――この二つの制度を、始まったばかりの二十一世紀の観察者たちは「危機」に瀕していると診断しているが――、これらの傍らで、フィクションは根をおろし、道徳的規範や忠告が衰退していくのをものともせず発展している――なぜならおそらく、フィクションというのは何よりも表現することを目的としているからであり、道徳的な表現をするときは巧妙なやり方を選ぶからである。

ここではこの本の他の章と同様に、中心概念についてまず合意するべきであろう、すなわち男らしさか、あるいは男性性かということである。フィクションについていえば、そしておそらく二十世紀全体についていえば、答えは単純明快である。というのもこの時代は、近代以前の社会の大半が男性を定義するときに中心においてきた、男らしさというもの自体もまた、明らかな危機に瀕する時代でありながら、男性性はそれに応じて価値を増していく時代であるからだ。われわれがここで扱う「青少年向け」フィクションは独自のやり方でこの変遷を証明していくであろう。本企画の方針に従いここでは西洋諸国の枠組みの中で扱うが、西洋諸国というのは当然ながら他の地域のエリートたちの理論的モデルとなっている。

1 「師の声」というシステム

括弧付きで示した「師の声」という表現は、フランス圏の法的表現、この場合、一九四九年七月十六日の「青少年向け出版物」[1]についての法律に依拠している。一九五〇年代以降、西ドイツでは多くの法が制定され、また――検閲の寛大なモデルである――コミックスコードがアメリカで一九五四年に、コミックス・コード・オーソリティを後ろ盾に編されたが、これ自体——ハリウッドのコード・ヘイズの場合と同様——、連邦の権力介入を避けるために、アメリカ・コミックスマガジン協会から発せられたものである。[2] これらとともに、そのフランスの法律が証明しているのは、その光のもとにこれから述べるすべては読まれなければならないほど重要な現象である。つまり、近代における「青少年」という概念の発明であり、それは決まった範囲の年齢層を示していて、固有の特徴、欲求、表現方法を備えていると考えられている。[3] 新たな経済的人間を作り上げた産業化よりも、あるいは人間社会に新しい組織規定を課した都市化よりもさらに、この青少年という抽象的実体は、二つの政治的所与を反映している。この実体自体がその文化的結果となっているともいえよう。つまり一つには人民主権の制定、もう一つにはそれに結びついた、識字運動の全国展開を背景とした、義務教育の制定である。専用の組織（プログラム、施設、養成所）と学校教育の道具（方式、マニュアル、画像）を創り出すと同時にその産物ともなっている教育的言説は、十九世紀の間急増していったが、それを超えて、われわれが立ち会っていたのは、青少年のフィクションと呼びうるものに没頭する一つの社会全体が設立されていくプロセスであった。そのプロセスは、西洋において第一次世界大戦の前夜に、完成した形と伝統的な状態に到達していたと考えられる。それらを確認するには、先述した明らかに青少年だけへと向けられた、大部分が民間の編集組織（出版社、メディア・グループ、劇団……）の性質をみればよい——この点、全体主義の経験は、通例というより、相対的な例外といえるだろう。

その組織は、公衆の期待を前面に出すか、あるいは逆に、あるイデオロギーの擁護を前面に出すかによって、三つの大きなカテゴリーに配分できる。イデオロギーを擁護する場合、フィクションは、新聞雑誌に掲載されると、情報を与え教育的意図を示す部分が現実的な効果を上げるので、それに乗じて道具化する。教会、政党、あるいはイデオロギー的に偏った教育機関と明確に結びついたジャーナリズムや出版社は、あるひとつの姿を描き出し、それは世紀の半ばから明らかに危機に入るとしても、両大戦間には勢力的であった。意外にも、この姿は革新と無縁ではない。例えばフランスではボンヌ・プレス傘下の諸々のカトリック系の出版社は、十九世紀末の創立期以来、非宗教的な会社の後塵を拝するのではなくそれらの先を行った。バイヤール・プレスとなる一九六〇年代には、年齢層別によるタイトルを「つなぎ合わせる」という案の先駆者となり、そうあり続けるだろう。それらの会社において、イデオロギー的違いを超えた共通点は、情報を与える目的を持ったテキストに対して、厳密な意味でのフィクションに、限られた場所を割り当てることである。たとえばバイヤール社が革新的であったのは、漫画を消滅させたことに現れている。その対極では、商業目的を優先する民間の会社が、編集戦略としてつねに、出来る限りより多くの公衆をひきつけることを狙っている。その道具は主に物語で、大衆の「好み」と一致すると考えられる三つのジャンル、すなわち、コメディ、冒険、恋愛である——もっともいずれも、政治的に無害という外見にも関わらず、社会的コントロールが権威的な価値システムの上に固く身をおく限りは、そのコントロールを逃れられない。別の言い方をすれば、一九六〇年代の大変動期まで、コメディはあまりに下品すぎる、冒険物はあまりに乱暴すぎる、恋愛物はあまりに性的すぎる、と判断されかねなかった。その結果、これらの編集組織の大部分は、いかなるイデオロギー（宗教系あるいは非宗教系）をも示さずに中立の立場にたつとしても、やはりその社会的コントロールの多くの規則を内在化しそれを守っていたのだ。たとえば一九五〇年代の、ベルギーの青少年向け定期刊行物の二大主要タイトル（実際はフランスとベネルクス諸国全体に覇権的な影響力を持っている）、『スピルー』と『タンタン』は、カトリックの信仰と教義と固く結びついている[4]。一九五〇年代の『スピルー』では、教育的な漫画の立派な模範であり続けている『ポールおじさんの美しいお話』（ジャン＝ミシェル・シャルリエそしてオクタブ・ジョリによるシナリオ、様々な画家による絵）というシリーズも含め、毎号の内容をひとりのイエズス会員が監視している。

おわかりのように、ここで出版物の場合に限ってみたところで、テキストだけが問題なのではない。読む行為を媒介として為される世界の表現には、図像という部分が大量に含まれている。広範な技術の進化のおかげで、図像は印刷物の中に容易に組み込まれるようになった。つまり「イラスト」のことであり、それから次第に漫画のことでもある。一般に青少年向けの出版に専化している幾人かのイラストレーターたちが、青少年の想像世界に大いに貢献し得たとしたら（一九四〇年から一九七〇年、フランスのボーイスカウト界のどこにでも現れたピエール・ジュベール〔一九一〇―二〇〇二。フランスのイラストレーター〕の重要な例を挙げておこう[5]）、漫画は、新聞や雑誌において開花し、四分の三世紀のあいだ中、次第に影響力を増し、消滅する頃には、対象となる読者が若者だけに限定されなくなってきた。しかし青少年向けに描こうと考えている人は、他の方向性を辿るすべを知っている。

たとえば十九世紀には見世物のある二次的なカテゴリーが生まれたが、その同時代人がそうであったと同じくらい歴史研究によって見下されたために、今日まであまり研究されていない。それは「青少年のための」演劇であり、大人たちの演劇が、舞台の本質への回帰という方向で、一九一三年にコポーが改革したことによって、大いに洗練されたのとは反対に、映画との競争の中で生き残るのに苦心した。ジェームス・バリーの『ピーター・パン』は、最初は一九〇四年にロンドンで演じられた戯曲であり、それ自体、「音楽付きの夢幻劇[6]」から着想を得たものであった。このような見世物の様式は、連続ドラマやラジオ「ドラマ」、次いでテレビの青少年向け番組などのプログラムを充実させ、さらに多くの映画やテレビドラマもこの流れに属している。「オズの魔法使い」（一九〇〇年出版のライマン・フランク・バウムの原作をもとに一九三九年にヴィクター・フレミングが製作）

から、ティム・バートンの映画までがその例である。[7] ドラマと造形の総合芸術、ひとつの特殊な芸術——実際、多くの分析家はそれを映画と根本的に区別している——であるアニメーション映画は、検閲や商業的な戦略が入り混じって、若い観客向きへと迅速に限定されることになる。すれからしのベティ・ブープは舞台の前面から退き、より賢くみえるウォルト・ディズニーのヒーローたちに場所を譲ったのだ。二十世紀末、アニメーションの映像は、ビデオゲームの中で勝利を得るであろう。この媒体は見事に神話をリサイクルし、またステレオタイプを操るのだが、[8] アニメがゲームに身体的参加を再導入して「ロール・プレイング」がその満足度を高める。[9] 二十一世紀の初め、青少年たちに提供される想像世界は、少しの文学と、少しの劇作品、そして多くの音声映像が競合する大きな市場となるであろう。もちろん、いわゆるポピュラー・ミュージック（英語圏のモデルに従い、よりよく言うならポップ）が、想像世界の出現、対話、構成展開に貢献することも無視できない。[10]

このように各媒体の力、制約、論理を個別に考えることが必要なので、それぞれに全く同じ重要性を与えてはならない。また、観察者はテーマや人物を回帰していく秩序に立ち戻りながら各コーパスを眺め渡すことができる。次世紀がどのように扱うかはさておき、二十世紀は十分に今までの神話の全体に再び手を加えたので、今となってはそれらの神話の「現代」ヴァージョンが、口承文化（『ろばの皮』）であれ、エリートの文学教養（『ピーター・パン』）であれ、あるいは最近の映像文化（「スーパーマン」）であれ、たしかに存在するといえる。しかし「翻案」の状況によってはしばしば厳密な論理に呼応し、ある形象化が適切であるとか、またある媒体が社会的影響があるかなどについて多くのことを物語ることがある。

二十世紀、オーソドックスな回帰の図式は、もともとテキストや漫画の形で編み出された人物を映画やアニメーションが再製作する、というものである。一九五二年にシナリオライターのゴシニとイラストレーターのウデルゾによって発明されたアステリクスのような登場人物は、その後次々と形を変えていく、活字、ラジオ、アニメ（翻案、それから原案のシナリオ）そして実演、というように。[11] ディズニー・カンパニーが翻案——時々あまったるいと批判されるが——において演じる役割は大きい。まずは、もともと特定のある国の文化（『ピノキオ』）、そして／あるいは社会的文化（『不思議の国のアリス』）から提供されたものを、地理的広がりと社会的広がりのなかで拡散させる。[12] 二十世紀の終わりごろ、テキスト版の大衆配信は、大衆の欲望を膨らませるのに最適と考えられていた映像の配信と強く連携したものとみられていたかもしれない（『ハリー・ポッター』）。しかし、ターザンのような神話の普及についての細かな分析によると、一九一二年以来、すでにアメリカの独学者（エドガー・ライス・バローズ〔一八七五—一九五〇〕）による、廉価な出版物を介した大衆向けの作品（パルプ・フィクション）であったこの製品の性質自体が、一九二〇年代になるや無声から有声へと順に映画化されたことによって、変わって——そして豊かになって——いるという。[13] 無声映画は、合衆国のピューリタニズムが認めうるものとしては例外的に、露出した常ならぬ肉体の存在を押しつけた。有声映画の方は、同名のヒーローにそれもまた常軌を逸した叫び声を与えることによって、神話の重要な一線を超えさせた。その叫び声というのはすぐに——この場合男性の——かなり特殊なアイデンティティを付与するからだ。最初の映画「ターザン」（一九一八年）と、最初の有声映画「ターザン」（一九三二年、ジョニー・ワイズミュラー主演）の間で、今度は漫画が独特な身体性を印象付けるという重要な役割を果たす。ハル・フォスター〔一八九二—一九八二〕の描くターザンは、一九二九年一月、冒険コミックス、つまりとても「滑稽な」漫画の時代を切り開いたのだ。「青少年」文化と「成人」文化の間にも流通があり、前者の一部は後者の断片からできているということに注目したい。つまり数世紀以来、「師の声」は、一般的な文学の中に取り込むことができそうな要素をみつけるとすぐに、その部分を子供向けにしようと工夫をこらしている。たとえばロバート・スティーブンソンやジャック・ロンドンの作品の大部分の運命が、必要であればお子様向けヴァージョンを介して、その例となっている。[14]

今や「師の声」の性質と地位について明らかにすべきである。というのもその支配の本質は、分析するには予想以上に複雑であり、たとえ男性的かつ西洋的という二重の特徴が大いに優勢なのだとしても、そのような唯一の型の権威に要約することができないからだ。一方で明らかなのは、作者の大部分が教育者ではなく、さらには世間に名の通った布教者（その種の人物はボーイスカウト文学の中に見出せる）でもなく、芸術家（作家、デザイナー、映画監督、ビデオ作家、グラフィックデザイナー）であるため、信念よりははるかに表現の方を重視しているということだ。しかもそのような立場は美的に自立した状態を導くことはできても、倫理的な自立を保障することは全くない。それがひとえに終始、わずかな再評価があるにもかかわらず、青少年のために働く芸術家が先験的にあまり正統とされないがゆえだったとしても――そのことは「ローマでの二番手たち」とは別の「彼らの村での一番手たち」を出現させることを妨げない。[2] 結局のところ、その時期最も著しく進化したのはジェンダー的身分においてである。青少年向けのフィクションは当初から、他の分野よりも早く、女性が頭角を現した分野であるとはいえ――「成人」文学で起きていることとは逆に、そこでは男性は女性のペンネームを持つようにしむけられたほどなのである――、この分野の文学でもっとも顕著な傾向の一つは、女性の作者が増加していることである。その明白な資質のほかに、『ハリー・ポッター』の作者の性別というのは、ジョアンナ・キャサリーン・ローリングにはじめてチャンスを与えた出版社の選択に一役買った。

西洋の優位に関しては、内部バランスによって分裂した製作状況が生まれているということを考慮し、微妙なニュアンスをもたせるべきである。分裂が存在するのは、ほとんど完全に国内で普及している作品レパートリーと、世界化されてはいるが、英米による生産が増加しつづけている作品レパートリーの間である。しかしながら後者にもはっきりとした違いがあり、英国的基準——これを考えなければ『ロード・オブ・ザ・リング』や『ハリー・ポッター』が展開する世界を理解することはできない——と、アメリカ的基準、たとえばバロウズ〔一九一四—九七〕が描き、一九三〇年代四〇年代のニューヨークの漫画家たちが標準的な形式を提示したような、スーパー・ヒーロー達のジャンルを構成する基準との差である。同様に、漫画の特殊な運命は、約三十年のあいだにフランスとベルギーの生産に独特の場所を用意した。というのもベルギーという国のアイデンティティに深く起因する理由があり、反宗教改革から生まれたその国には、近代的な宗教宣伝活動への熱意がはっきりと刻まれているのだ。つまり、カスターマンとデュピュイのような出版社が最初の成功を得たのが、はっきりとカトリック色を打ち出した成人向けの作品のおかげであったことは、偶然ではない。

2　男性的価値

一九四九年七月十二日の法律の第二条が、乱暴なまでに明瞭に説明しているのは、組織化された成人の世界が任務として「青少年向け出版物」に託していることである。それは表現を禁ずるべき価値の定義を見れば明らかで、つまり「犯罪、嘘、盗み、怠惰、卑怯、憎しみ、放蕩、あるいは重罪、軽罪、又は児童や青年を堕落させるような性質を持つ、あらゆる行為を好意的に表現している」(15)ような出版物を禁じている。この合間から、正当なフィクションが守り、主張すべき価値観を読み取ることができる。世紀半ばにおいて、まだ男性によって支配されているこの世界が、肯定的そして否定的な女性の登場人物を通じて女性に与えている価値について、ここで過度に時間をかけて検討はしない。たとえこれらの女性人物たちが、男性主人公に対して徐々に自立していくという変化の様子を詳細にみることが興味深いことであるとしても。しかし男性らしさを形成する最も基本的な二つの特徴が前面に出たのは、ちょうどこの期間のはじめから終わりまでである。こちらでは組み合わされたり、あちらでは別々にされたりするその二つの特徴とは、強さと忠誠である。強さというのは本質的に肉体的なものである。最も「ポピュラー」な製品は――つまり教育的提示が最も欠けたものということだが――、よろこんでこの手段に頼るであろうし、終わりつつある二十世紀の中立的になった類型学は、これを「戦争」と「アクション」の間に配分するであろう。一九八〇年代からは、西洋での制度化された支配の崩壊と同時代のものであるコンピューターゲームの世界が、その手段に頼るようになってくるだろう。

しかし男らしいヒーローの新しい姿、つまりスーパーヒーロー像がつくられたのはそれ以前の時代である。[16] 発明された状況は明らかである。すなわち一九三〇年代の危機に陥ったアメリカ社会、より正確に言えばニューヨークと、ワスプなら我先にやろうとはしない苦役を課されていたユダヤ系の芸術家達（映画監督と漫画家）である。[17] 形態はコミックスで、媒体はコミック・ブックあるいは日刊のコミック・ストリップであり、日曜版の家庭用の付録向け週刊挿絵版という、一般には非常に要求の高いものが補っていた。一九三八年六月に現れた『スーパーマン』はある典型を提示した。正義の味方で、超能力を持つ男、一方では次々と沢山の「超悪役たち」（スーパーヴィラン）と対決することを余儀なくされるが、他方では、待望されてやまない優位性は――「危険無しに勝つことは、栄光なく勝利すること」――即座に彼の性格の二面性によって埋め合わされる。なぜなら彼の才能の出所は、苦戦を伴ない（クリプトン星）、その才能の授与は永続的ではないからだ（クリプトナイトへの反応）。『スーパーマン』の成功は、ある一つの定型の成功となった。特にヒーローの元来の両義性をどう扱うかにより、典型をめぐる一連のバリエーションを生み出した。ヒーローを単独にするなら『スパイダーマン』（一九六二年）が、複数にするならば『ファンタスティック・フォー』（一九六一年）などがその例となる。

しかし『バットマン』（一九三九年）は、こうもり男の変装の下には、ふつうの人間の頭脳という手段しか持ち合わせていないが、強運によって助けられている。この例がすでに最初から示しているように、正の側の登場人物が、頭脳系のほかの能力を動員しないことは珍しい。戦闘マシン、たいていは傭兵である日本漫画の「忍者」もまた、慎みと適応という道徳（忍法）の達人である。謎解きという仕組みのもとに作られた、「若い読者」向けの探偵物フィクションは、若い読者を育成している。というのもプロの刑事の役は、それが警察官、私立探偵、ジャーナリストあるいは兼任者であれ（フランス・ベルギー漫画のなかではモーリス・ティーユのジル・ジョーダン、エルジェのタンタン、エドガー・P・ジャコブのレ・ブレックとモルティメなど）、多くの場合、読者が同一化しやすいように、読者と同じ歳あるいは少し年上のアマチュアの人物に置き換えられているのである。それは個人の場合も（エーリッヒ・ケストナーの『エミールと探偵たち』）、集団の場合もある（イーニッド・ブライトンの、『ザ・フェイマスファイブ』、『ザ・シークレットセブン』）。最も乱暴な行為が検閲されると、謎めいた印象が勇敢で少なくとも間違いは侵さないヒーローたちを作り出す。彼らが巻き込まれていく筋では、しばしば謎の解明自体は二の次となり、読者の欲望を満たすために作られ、また徳の高い目的のために必要であると公然と正当化されたアクションが連続していく。

ライヤード・キプリングの『イフ』（一九一〇年出版）という詩の中でずっと響いているアルペジオのように——この詩は「息子よ、君はいつか男になるのだ」という最後の決まり文句によって有名である——、二十世紀は、十九世紀と同様、男性的力に崇高な表現を与えようと大いに努力してきた。ここで問題になるのは「精神力」のことであり、別の言い方をすれば、自分の意志を押し通すために、情念をコントロールする力のことである。男らしさがめざすのは、結局のところ、その出所がどこであれ、制御力にすぎない。従って、理想的な男の姿を作り出すための他のより社会的な素質も重要になってくる。それは近しい者との関係の中では、友愛の精神によって突き動かされる人物像となり（一九二〇年に始まった、マーティン・ブラナーのアメリカ漫画『ウィニー・ウィンクル』シリーズ、一九二四年から『ビコ、クラブのリーダー』というタイトルでフランス語に翻訳されている）、他人との関係の中では、忠誠の精神によって突き動かされる人物となる（一九四六年からモーリスによって描かれた『ラッキー・ルック』シリーズ、シナリオは一九五五年から一九七七年の間にルネ・ゴシニによって書かれた）。

ボーイスカウト文学は、この特徴の完全な例を示しており、ベーデン＝パウエル〔一八五七―一九四一。イギリスの軍人、スカウトの創立者〕自身、パトロール隊長らしく「友愛と判断力」という組み合わせでこの特徴を要約している[18]。フランスにおいて、スカウト文学は一九三〇年代末、「シーニュ・ド・ピスト〔道案内〕[19]」というコレクションの創設によって青少年向け出版のなかでの地歩を固めた。このコレクションは、このジャンルの先駆者的タイプであるキプリングのモデルがまだずっと浸透しているような、ギー・ド・ラリゴディ〔一九〇八―四〇〕のような、もっと現実的なタイプのフィクションを根付かせた（一九三三年出版の『ユグ』、一九三八年出版の『虎とその豹[20]』）。そうとはいえ、その現実主義にも限界がある。例えばセルジュ・ダラン〔一九一〇―九八〕著の『金メッキの腕輪』から『ワインの染み』にいたるまでの必読のシリーズを守る主人公が、スカンジナビア王子、エリック・ド・スウェーデンボーグというブロンドの若い大天使であり（「エリック裁判官、偉大なるエリック、最愛のエリック、万歳[21]！」）死んでもなお賛美される場合には（『エリックの死』一九四三年）。しかし硬化した成人世界での若いトラブルメーカーを「健全な」要素に変換することは可能である。そこから、新しくかつ騎士道倫理にかなった世界が再び作られ（ジャン＝ルイ・フォシンヌの『エイヤックの仲間』、一九三七年出版）、また、それはパトロール隊長の変身した姿とでも言うべき若い大人の仲介のおかげである。結局のところスカウト運動は成人教育プログラムの中のつかの間の期間にすぎず、同輩同志の平等というイデオロギーを保持しており、そのイデオロギーは師と弟子という伝統的な関係を抜本的に解消するものでは全くない。最終目的はいつも、規律正しい社会を、自主的な支持と規範によって築くことであるからだ。

これらの特徴は全て、長編のサガの領域まで広がり、普通の人間の世界とは何の関連もない時空間に位置するアングロ・サクソン系のファンタジー（幻想ものの闘争主義的変種）の生産へと行き着く。ファンタジーは、次に挙げるようなモデルたち――第一に大衆に対する成功のモデル――に支配されている。すなわち、最初は文学として出たジョン・R・R・トールキンのシリーズ、『ロード・オブ・ザ・リング』、そして最初は映画であったジョージ・ルーカスの連作、「スター・ウォーズ」、この一組に加えるべきは、最も有名な中世幻想のロール・プレイング、『ダンジョンズとドラゴンズ』（ゲイリー・ガイギャックスとデイヴ・アーンソン、一九七三年）である。そこに展開する物語の型は、いつも騎士道や訓練、頻発する善と悪の対決を示し、原型を更新することは全くない。トールキンやルーカスの作品の中に見られるのは、戦いの実演と、両者とも師たち――しばしば同じ（「スター・ウォーズ」では模範的なオビ＝ワン・ケノービとマスター・ヨーダ）――から与えられる知恵の教えとの組み合わせである。これは、二十世紀のちょうど終わりにおいてこれ以上に伝統的なものはないというシェーマの永続性を示している。当然ながら、トールキンは、中世文学の教授にして、アーサー王の武勲詩の編纂者で、『ベオウルフ』と北欧サガの注釈者であり、アングロサクソンの神話から糧を得た[22]ということを思い出そう。そしてルーカスは明確に、『千の顔をもつ英雄』の作者、ジョーゼフ・キャンベル〔一九〇四―八七〕というアメリカ人神話学者の作品を引き合いにだしている。[23] トールキンの友人でファンタジーの他の大成功作『ナルニア国物語』（一九五〇―五六年）の作者、C・S・ルイスもまた、中世とルネサンス文学の教授である。[24]

このような状況に基づいて、全ては複雑化し、全ては果てしなく進展していく。ルイスとトールキンは、自分たちのキリスト教信仰は隠さずに、自分たちのフィクションが、福音書の救済が表向きには存在しない世界に位置しながらも、キリストのメッセージと相容れる道徳を伝達しているということを、徹底して主張するであろう。とはいえ彼らの国際的な成功は、むしろ、ニューエイジ〔3〕の再読の波と連結している。そういうわけで、一九五四年以降に現れた『ロード・オブ・ザ・リング』の人気は、アメリカにおける一九六五年以降の大衆版の普及に関連している。そして二〇〇一年から始まる映画化とともに、はっきりとした聴衆のひろがりを経験した。それは一九七七年の「スター・ウォーズ」サガ最初の映画によって引き起こされた、ファンタジー映画の波の始まりの年から、半世紀後のことであった。[25]

3　動揺、進展

ヴィクトリア朝期の少年向けフィクションのマガジン（ボーイズ・ストーリー・ペーパー）[26]と、アメリカのコミック・ブックスに出版された漫画とを隔てる百年にわたり、男らしさの表現が進展していく兆候は、いくつもの点で衝撃的にみえるだろう。イギリスにおいて典型的なヒーローは当初、社会の上流階級に属していることが多かったが（『ボーイズ・オウン・ペーパー』又は『ボーイズ・オブ・イングランド』などのマガジン）、少しずつ、勤勉で社会的責任のある中流階級（『ザ・ビッグ・スタッフ』シリーズ）、さらには大衆階級に属する少年に近くなってきた。こうして一九〇〇年代のプロットに固有であった人種主義と植民地主義は、少しずつ下火になり、他者に対してより慎重で、さらには確実にためになる言説へと場所を譲るようになった（一九四八年はフラマリオン社のポール・フォシェ編集、廉価な現代作品コレクション「カストール神父のアルバム」の中の『大地の子供達』シリーズがはじまる）。しかしその進展は、これまで使われてきたジャンルに固有な論理にまだ基づいている。

たとえば意義深いことに、英雄的人物は大抵、長続きするためにとりまきを伴っているのだが、彼らは肯定的な登場人物の兄弟姉妹の中に含まれていないながらも、弱弱しく又は不完全な男性人物を代表しており、それが読者の圧倒的支持を集めている。ジャック・マルタンの作品に登場する完璧な男アリックスは（一九四八年に始まったイラストシリーズ）、オナックという自身に似せて作った唯一の弟子しか伴わないが、ひけをとらず完璧なタンタンは、気性の烈しいキャプテン・アドック、夢想的な（あらゆる意味で）[4]トゥルヌソル教授、平凡な刑事デュポンとデュポンを伴っているし[27]、同様に、知的でエネルギーに満ちたアステリクス、あるいは賢く博識なパノミクスは、ガリアの村の誇張された男たちがいなければ、読者を飽きさせるであろう[28]。確かに喜劇の分野である以上、まずは笑わせることが問題となり、不完全な人物たちを犠牲にして、コントラストによって理想的な人間のあるべき姿を明るみに出す。しかし男性主人公自身は、最も波乱に富んだ運命のもとで扱われるとしても、既成のタイプの人物たちよりも、より複雑で逆説的、あるいは矛盾を伴なった特徴を表すことができる。

『ボタン戦争』（一九一二年）の中でルイ・ペルゴー先生が描くように、男の対決を現実的に描写したものでさえ、二つの図式の上で作用する。つまり一方では「大人」の姿勢を「子供」の世界に移植したものは、男性の行動を一種の陽気な人類学の中に定着させる。他方、皮肉な視線は、大人の問題点も含めて、問題点から劇的要素を排除する。しかしペルゴーは、第一次世界大戦の痛手から決して立ち直ることはない田舎の社会のことを語っている——ペルゴー自身がその戦争の犠牲者の一人となるであろう——。伝統的な価値が解体し終え、グローバル化がすすみつつある文化的枠組みの中で揺らいでくるのは、英雄化のシェーマそのものである。こうしてイタリア人漫画家ユゴー・プラットは、まだ古典的な冒険シリーズをいくつか発表したあと、一九七〇年代以降に発表したのは、コロト・マルテスという人物の姿をした、冷静で秘密主義のヒーローのタイプである。その倫理的屈託のなさ、自由思想の哲学は、コスモポリタニスムと覚めた意識のイメージそのものを反映している。[29]

冒険的なレアリスムから遠ざかり、超自然的な幻想の分野への「冒険を試みる」とき、優れた男性人物もまた、複雑さは増しても、男らしさを失うことになる。ハリー・ポッターは二十一世紀はじめの青少年向けフィクションの中で最も偉大なヒーローであろう。一九九七年から二〇〇七年の間に出版された七巻の売り上げは、最新の日付では既に、積み重なる翻訳を含めて四億部を超えており、これはその規模だけでなく、グローバル化に基づいたその速さからも、前例のない現象である。[30] 全巻においてこの人物像は美徳の規範であり、教養小説、特にその下位分野である寄宿生小説における規範といえるが、寄宿生小説においてイギリスの系統(『チップス先生さようなら』、一九三四年発表のジェームズ・ヒルトンの本で、一九三九年、サム・ウッドにより映画化)は、フランスの系統(『サン＝タジルの失踪者たち』、一九三五年発表のピエール・ヴェリの本、一九三八年にクリスチァン＝ジャックが映画化)よりも一般的に順応主義的である。ハリー・ポッターはグリフィンドール寮の寄宿生で、そこの価値システムを説明しているが、そのシステムには当然ながら忠誠心に結びついた勇気が再確認できる。連合した二つの寮は、忠誠心ほどは華々しくない美点を前面に出している、ここでは叡智——レイブンクロー寮——、あちらでは勤勉——ハッフルパフ寮、というように。古典的な師弟関係は、始終、ハリーとホグワーツ校の校長、アルバス・ダンブルドアを結び付けているものによって表現されている。七巻の分類がちょうど学校の学年に対応し、従って最後には七年制の完全な育成プロセスを作り出すということは、作者の意図の多くを語っている。時代（ベルリンの壁崩壊後）と場所（アメリカではなくイギリス）が持つ支配的な印象が、そこに自由な人間主義の色彩を加えている、というのも、悪人たちは一つの寮――スリザリン――に結託しており、サラザールという名の人物によって創立されたその寮は、貴族的倫理、つまりは人種差別主義が君臨する寮なのである。さらに加えるなら――できなくもないということだが、そしてヒーローは男の子であるが――、ハーマイオニー・グレンジャーに代表されるJ・K・ローリングが女性に与える役割を通じ、あるジェンダー化された色あいも見出すことができる。それでもやはり全体的な雰囲気は、全てのファンタジーと同様、人類が束縛されている世界と相互に関連しており、「剣と魔術」のモデルに外れることなく、魔法の知識に頼ることよって筋がすすんでいく。それによって人物間と社会間の関係の全体はかき乱されているのだ。

混乱がさらに大きくなるのは、男性的アイデンティティ自体が、権力の源はどこなのかという根本的な疑問によって問題視されるときである。二十世紀初め、オズの魔法使いは既に、単なる手品師で、自分の手品に手が負えなくなっていたことが明らかになっていた。しかしながら、滑稽な三人の英雄（臆病ライオン、かかし、ブリキ男）がそれぞれ自由になっていくことで、甘い幻想の雰囲気の中、均衡を立て直していた。逆に、四分の三世紀の後、混乱が生じるのは、皮肉とは全く無関係な装置の中においてである。〈栄光の三十年〉につづく新しい文化サイクルの偉大なるサガ「スター・ウォーズ」のエピソード六、を観た人が発見するのは、邪悪なシス卿たちの司令官、芝居がかったダース・ベイターが、若い正義のヒーローで、「ジェダイ」騎士であるルーク・スカイウォーカーの父親であるという事実だ。さらに、最後に父性が高まっていく中、父親が犠牲的死を遂げることにより、道徳の均衡全体が立て直される。さらにより構造的にみるなら、スーパー・ヒーローの話はしばしば、主人公の超能力と社会における主人公の平凡さとの間のコントラストの上に成り立っている（スーパーマンの裏にはクラーク・ケントが、バットマンの裏にはブルース・ウェインが、スパイダーマンの裏にはピーター・パーカーが……）。ここで論理は堂々巡りになる、つまり、ヒーローのアイデンティティは根本的にはどこにあるのだろうか、という問いが生じる、目覚しいエネルギーを放出しているときなのか、あるいは永遠に平凡に回帰するところなのだろうか、と。最も困惑するのはスパイダーマンの場合である。なぜなら大部分のエネルギーが使われるのは、まさにピーター・パーカー自身が引きおこす敵意と、彼自身が引きずる不満から逃れるためなのだから。

マンガという広大な宇宙は――第二次世界大戦後、コミックスというアメリカの提案に対する日本の答えとして生まれた――、対象とする読者と相関させるべき男らしい人物像の、果てしないほどの種類を生み出した。この大衆的なメディアは、本質的にもうけ主義の区分化（少年／少女、成人／青年、恋愛／官能、など）のもとに動いている。[31]西洋の漫画の場合と同様、マンガが一般的に、画像面でもテーマ面でも、より多様でかつ急進的な方向へと進展していった様子は、男らしい人物に、さらに両義的な像を導入したことに表れている。『鉄腕アトム』（手塚治虫、一九五三年から）という、ピノキオの人間的な発展として考案された少年ロボット、あるいは『サイボーグ００９』（石ノ森章太郎、一九六三年から）というマフィアの親分達に対抗するサイボーグ・グループ、他の言い方をすれば、いずれもアメリカのスーパー・ヒーローをかなり独創的に曲用したものであることが多いのだが、それらの時代の後にくるのは、オスカル嬢という『ベルサイユのばら』（池田理代子、一九七二年から）に登場する男装したヒロインの時代である。しかしおそらくここで問うべきは女性らしさについてなのだろうか、というのもこのシリーズは見事な成功を収めた女性作家によるものなのだが、原則的には女性読者に向けられているのだから（少女マンガという、少年にむけられた少年マンガの対極）。逆に重要であるのは、最も人気のあるコミックマンガシリーズの一つ、『ドラえもん』（藤本弘、一九七〇年から）という少年を対象としたマンガの主人公は、題名になっている小さなロボットであり、それは、のび太という臆病な怠け者、恋する内気な少年で、太った腕白たちの使い走りにされている人間の主人公を、いつも難局から救うのだ。世紀末のマンガのシリーズで最も有名な一つ——特に西洋で——『ＡＫＩＲＡ』（大友克洋、一九八二年から一九九〇年）は、過激な暴力に巻き込まれたヒーローたちを描いている。彼らは終わりの無い苦しみから、死によってあるいは変貌によってしか抜け出せない。背景にあるのは、彼らの混乱した人格と相同構造にある、破壊された再建すべき世界である。こういった最近の観点によれば、注目すべきは主人公（ここではチームのリーダー金田）が学習プロセスの最後の解決として、ケイ、という慎みと古典的な道徳を持つ安定した少女と、カップルを作ることである。

しかし、結局のところ両義性は、一世紀前にヴィクトリア朝期の真ん中、ピーター・パンという人物のなかに潜んでいたのではないだろうか。ピーター・パンは母親のいない子供で（フック船長はおそらく父親となりうるだろう）、「大人になりたがらない少年」——原作の劇作品の副題——、ちょうど「明るく無邪気で情け知らず」の小さなあのパン神のように、永遠なる現在の中に生きている。いつまでも彼の「ネバーネバーネバーランド」の中に避難しているが、そこは本来、彼の友人ウェンディをはじめとする他の子供たちなら、成長すると追い出されてしまうような場所なのだ。[32]そして半世紀後（一九四三年）、青少年文学の世界的ベストセラーであるアントワーヌ・ド・サンテグジュペリの『星の王子さま』[33]は、我々に次のこと以外には何を語るのであろうか。すなわち、大人というのは——ここでは当時最も現代的で男らしい勇敢な飛行士の服装をしているが——、力と知恵によって成長した子供のことではなく、子供時代を裏切るような子供のことである、ということ以外には。

訳注

〔1〕「皇太子教育のために検閲を経た」の意から、子供にとって不適切な部分を削除した、の意。

〔2〕「ローマで二番でいるよりは、村で一番でいる方がよい」、「鶏口となるも牛後となるなかれ」、の意。

〔3〕一九六〇年代後半から、近代的合理主義に反し、内面世界を追求する霊性復興運動が世界的に大衆間で流行した。

〔4〕天才科学者で月旅行のためにロケットなどを開発している。

第3章

軍隊と戦争
——男らしさの規範にはしる裂け目?——

ステファヌ・オードワン=ルゾー
（小黒昌文訳）

本章で取り組もうとする主題ならではの難しさについて、それを取り除くことはできないまでも、まずはその存在を指摘することからはじめよう。西洋社会は、十九世紀を通して経験してきたあらゆる発展のなかで、軍事的な主題や戦争活動を男らしさの神話につよく結びつけてきた。それによって、戦いに向けた準備や戦いそのものが、男らしさをはかるうえでの、唯一とはいわずとも決定的な指標にまで仕立てあげられた。くわえて、徴兵制度への要請がしだいに広まるなか、徴兵というこの新たな制約は、西洋社会を生きるおおくの若者たちに次々と課せられていった。そして、「男らしさの軍事化」[1]は、武器を手にとる年齢に達したすべての男たちにとっての責務となり、第一次世界大戦においてその血塗られた頂点に達したのである。『男らしさの歴史』第Ⅱ巻の結論部で強調したように[2]、戦争がつづいた四年間に招集された七千万人の男たちにとって、男らしさとは、戦闘と恐怖に立ち向かい、身体を傷つけられる危険と対峙し、怪我や断末魔、死を堪え忍ぶ能力のうちに読み取られるものであった。一九一四―一八年は、はるか以前に練り上げられた「男性像」[3]が悲劇的な成功を収めた年月だったのである。だがその成功は、まさにあまりにも悲劇的であったがために、再検討の萌芽を胎内に宿さずにはいられなかった。この点でいえば、たとえ二十世紀が戦争の時代であったとしても、それは西洋において戦争に関する主題の価値が下落した時代でもあった。漸進的だが後戻りできないこの現象は、はやくも両大戦間期から顕著だった。そして一九四五年以降に加速し、二十一世紀初頭の今日では、戦争の可能性それ自体が――ここで想起すべきは、真の戦争、すなわち圧倒的な数と集団的な厳しい試練をともなう戦争であり、西洋の常備軍が参加しているような、いわゆる「国外」での作戦ではない――ヨーロッパの期待の地平から消えたようにも思われるのだ。

戦争の価値低下は兵士のそれを招き、あれほど長いあいだ武器の着用と結びついてきた男らしさの神話の価値低下を引き起こした。それが容易だったのは、職業軍人制軍隊がいたるところで徴兵制軍隊に取ってかわり、平時の市民世界におけるその価値と軍固有のエートスとのあいだの溝をたえず拡大しながら、軍人という職の囲い込みに寄与したからだろう。われわれが冒頭から強調する難しさは、まさにそこから生じている。軍隊と男らしさを結ぶステレオタイプには、現代社会が自分の姿を認められるような参照点がもはや備わっていないようにみえるだけに、その死を証明することへの誘惑はいっそう強くなる。だがそうなると、分析を試みるやいなや、こうした主題が本来うけるべき共感を違えてしまう恐れが大きい。われわれとしては、マルセル・モースによるみごとな厳命――「いかなる道徳的な判断も持たないこと。驚かないこと。憤らないこと」[4]――を採用しつつ、件のステレオタイプへの包括的なアプローチに挑戦したい。

1 兵士の恥辱

第Ⅱ巻の結論部で指摘したように[5]、はやくも二十世紀初頭には、近代的な戦争の登場によって、兵士の男らしさをめぐる虚飾のおおくが終わりを告げたように思われた。第一次世界大戦以降、近代的な兵士は、危険のなかで身を伏せて縮こまり、戦闘の激しさに対して無力なまま、肌で感じる恐怖をどうにか堪え忍ぼうとする男となった。なによりもまず、兵士は言語を絶する試練を堪え忍ばねばならず、その試練に対してはまったくの無力であるか、ほとんど影響力をもたないのだ。以降、生還者――とりわけ第一次世界大戦の生還者――の証言に溢れかえるのは「肉屋」〔殺戮の意もある〕や「畜殺場」といった言葉であり、兵士の身体が肉切り台の肉片と混同されるような、非人間化した戦争の新しさを際だたせている。今までにないこの身体的脆弱は、二十世紀に生じたその後の戦闘においても消えることがなく、武器が多様になりその威力が大きくなることでむしろ増大した。こうしてソ連では、あの「愛国的大戦」によって三百万人もの傷痍軍人が生まれ、戦後ソビエト社会の廃棄物となり果てた[6]。そして、二〇〇三年以降アメリカ軍がイラクで被ったテロ攻撃を経て生きのびた負傷兵たちが、メディアによって大々的に写真に収められ、撮影され、インタビューされたのである。

だが、兵士の男らしさをめぐる神話が被った最大の損害は、身体という障壁に対する大規模な攻撃のうちにあるのではないか。その激しさは、長いあいだ隠蔽されたのち、民間でもますます知れ渡っていった。近代的な戦闘が引き起こした甚大な身体の破損は、はやくも第一次世界大戦において写真に収められ、それ以降は数を増しながら大量に記録されてゆく。身体的な疲労もまた同様であり、カメラは、戦闘による極度の肉体的な憔悴に起因した、身体と表情の痛ましさを見逃しはしない[7]。そのうえ写真には、これまで目に見えなかったもの、すなわち、戦争の疲労によって引き起こされる心的な侵害を可視化する力があることが明らかになる。ここではその一例として、ベトナムで一九六五年三月に決行されたヘリコプター作戦をめぐるラリー・バロウズ〔一九二六―七一、イギリス出身の写真家〕の有名なルポルタージュを想起しよう[8]。ヘリ部隊が敵の砲火に曝されるなか、バロウズは途切れることなく部隊長を撮り続けるが、その表情はもはや誰だか分からないほどにゆがんでいる。帰還したのち、カメラはいまいちど部隊長をとらえているが、彼にはもはや身体を支える力もない。弾薬箱の足許でうずくまり、あれほど男らしかった兵士はちぢこまった姿で泣き崩れ、苦痛にゆがむ顔を隠そうともせずにいる。

戦いについて語る言葉が徐々に解き放たれ、戦闘に臨む兵士の身に起きていたことが次第にはっきりと想起されていくなかで、近代的な戦争は、軍隊と男らしさをめぐるステレオタイプの正体を暴くことにいっそうたやすく寄与したように思われる。この現象がヨーロッパであらわれるのは、第一次世界大戦を経験した退役軍人たちの証言、とりわけ一九三〇年代の証言によってである。ポール・ファッセルは一九四四年から四五年にかけてフランス遠征を経験した退役軍人でもあるが、彼がきわめて重要な著作で明らかにしているように[9]、この現象は第二次世界大戦を経てさらに拡大してゆく。すくなくともアメリカの証言文学に関していうならば、それはベトナム戦争とともに頂点に達するだろう。それ以降、人々が物語るのは恐怖にとらわれた兵士のあるがままの姿であり、失禁し、ときには脱糞するさまなのだ……戦いの恐怖のうちに生じる内面的な崩壊が、まずは兵士自身によって包み隠さず明らかにされる。近代的な兵士は――その身体において――辱めをうけながら、その屈辱をみずから告白する戦士なのだ。「筋肉が引き裂かれ、脳みそが地面に飛び散っているのをみては心を痛めつけられたものだ」。ベトナム戦争終結からまもなく、海兵隊の中尉だったある人物はこのように書き、さらに続ける。「ぞっとすることだが、不死の魂が地上に身をおく場所とみなされる人間の身体は、栄養を与えられ、手入れされ、あれほど入念に飾りつけられながらも、実際には吐き気を催すような物質に満ちた脆い衣にすぎない[10]」。だが、はたしてそれは人間の身体なのか？　ここではむしろ、男の身体、兵士の身体として理解すべきなのだ。

では、二十一世紀初頭にあって、兵士の男らしさにまつわる神話は、ついに身ぐるみ剥がれてしまったのだろうか。一見したところ、それは明らかだ。しかしジョージ・モッセが書いているように、ステレオタイプの特性は「持続性をその本質とする[11]」点にある。したがってここで注目すべきなのは、その浸食をめぐるさまざまな様相なのだ。

2　再発見

まず留意したいのは、軍隊と男らしさの神話が、近代的な戦闘によって課せられた再検討に易々と屈したわけではないということである。神話は抵抗するなかで何度も再構成され、時として熱狂の域にまでひきあげられた。

よく知られているのは、ファシズムによるステレオタイプの激化に関するケースだ。ジョージ・モッセは次のように書く。

この歴史的な時期にあって、近代的な男らしさは極限の領域に達した。ファシズムの台頭以前には（台頭後もまた同様だが）、男らしさは一度としてこれほどの高みにまで登りつめたことはない。つまり、新たな希望と本質的な象徴的価値を与えられたのである。[12]

ムッソリーニにとって重要だったのは、「いつでも死ぬ用意ができている兵士階級を創造する[13]」ことだった。だからこそ、イタリアのファシズムにとって「戦争は、新たな男らしさを鉄と炎の中で鍛え上げ、新たなイタリア人を鍛造する鍛冶場でなければならない[14]」。ドイツでは、現実を否認することで軍隊と男らしさをめぐる指示対象の再構成が可能になったが、この否認は、一九一六年の物量戦争に由来する「鉄の男」の神話を通じて、まさしく大戦中に明確化したものである。エルンスト・ユンガーは、他のドイツ極右勢力の間ではほとんど広まっていなかったあの繊細な手つきで、一九二〇年代の著作のなかにこの神話を生きながらえさせた。種の退化にあれほど極端な不安を覚えたナチズムとともに、男らしさと戦争の新たな神話の再構成が完遂される。その神話とは、アルノ・ブレーカー〔一九〇〇―九一。ドイツ第三帝国で活躍した彫刻家〕が念入りに再調査をし、ヨーゼフ・トーラク〔一八八九―一九五二。ナチスを代表する彫刻家〕がさらに攻撃的に見直したのちの古代彫刻が、古代ギリシャに準拠しつつ象徴するものであった。そして彫刻はとりわけ、膨張した筋肉、硬直した顔立ち、力にみちた姿勢によって、その価値が見直されたのである。男らしさをめぐるこの新たな美学は他章で取り扱われることになる。[15]

ここでは次の点を付け加えたておきたい。すなわち、男らしさと戦争をめぐるこの美学は、スターリンによる共産主義の美学とじゅうぶんに合致しており、だからこそ東ドイツは、自国のスポーツ施設でナチの彫像をためらうことなく再利用した。ジョージ・モッセは次のように書く。「たとえ国家社会主義的な作品が攻撃的な表現を際立たせていたとしても、すべての作品は、それが共産主義的であれ、国家社会主義的であれ、男らしさの理想を共通項として宿していたのだ(16)」。

実際、軍隊と男らしさをめぐる神話は、ファシズムによって罪深い使われ方をしたにもかかわらず、一九四五年の敗北で損なわれることはなかった。第一次世界大戦後がそうであるように、あたかもこの神話は、その驚くべき柔軟性によって変貌し、新たな価値を獲得し、ついには第二次世界大戦を生きのびたかのようだ。ときにその対価となったのは悲劇的なコノテーションだ——戦いにおける男らしさとは、結局のところ、「死ぬすべを知っていること」にほかならない——。それは当初から存在していたが、紋切り型から発して、戦闘における死の無条件な探求にまで激化し得たのである。マルセル・ビジャール将軍（陸軍中将）が写真家マルク・フラマン軍曹とともに一九五九年に出版した写真集を例にとろう(17)。それが語るのは、一九五七年末のビジャール指揮第三植民地落下傘連隊による過酷な作戦であり、そしてオーレス山地からティミムン砂漠にまでいたる一種の秘儀伝授の旅だ。その真の報いが死であることは、はやくも冒頭で告げられている。「道の曲がり角、砂丘の背後、尖鋒、あらゆる場所でわれわれは待ち合わせをしていた。ところでそれは、みずからの死との待ち合わせだったのだ……」この死は、あらかじめふさわしいものでなければならず、苦悩によってそれに値するものとなる。なぜなら「死の権利を得るためには苦しまねばならなかった」からだ。落下傘連隊が身を投じた激しい戦闘では、死が何度となく襲いかかってくる。そこでは、憎しみの欠如と、成功をめぐるいっさいの陶酔の拒絶とが、入念に刻印されているのだ。「ながいあいだ予測の立たなかったわれわれの戦いは終わった。夜の訪れに耳を傾けるいっぽう、彼方では最後の掃射が響きわたっていた。勝利を収めたこの夕べにあって、巨大な悲しみがわれわれを締めつけていた……」写真集をしめくくるのは、献辞にその名が刻まれたひとりの兵士の死である。表彰されること一三回、じつに七度の負傷を経てディエンビエンフーから脱した軍曹だ。「……次はサントナックの番だった……」致命傷を負いながらも傷の痛みを克服しようと努める彼の姿が、大きな二枚の写真に映し出されている。そして最後の写真は、仰向けになって頭を背嚢にもたせかけ、ついに息絶えたその姿をとらえている。安らいだ表情と、英雄ならではの明らかなる清廉さ。キャプションには次のようにある。

死ぬために、彼はさらに最後の努力をせねばならなかった。勝利したのだということはよくわかっていた。だからこそ彼の穏やかな顔は、われわれの目にかくも美しく映ったのだ。彼が防界線の向こう側に探していたもの、それはわずかな数のベトナム兵と彼らの銃ではなく、ずっと前から彼に取り憑いていたあの不可能なことがらだった。それは犠牲と死のうちにのみ宿っていた。ただそれだけが、いっそう偉大で、いっそう近づきがたいものとひとつになることを可能にする。それが神を理解するための、サントナックなりのやり方だったのだ。

ピエール・シェンデルフェールの映画作品――「三一七小隊」（一九六四年）、「クラブタンブール」（一九七七年）、「愛と戦火の大地」（一九九一年）――もまた、そのもっとも絶望的な語りのなかで、軍隊と男らしさの神話をめぐる、もうひとつの注目すべき解釈を与えてくれる。そこに見出されるのは紋切り型と結びつく美徳のすべてだ。身体的、精神的な勇気はもちろん、名誉、命令の絶対的な遵守、感情の抑制、ゆるぎない団結、そして同胞愛が挙げられる。だがそこには、おそらくあまり予期していなかった別の側面が加わることになる。そのひとつが、女性に対する男性優位な振る舞いの完全な欠落だ（「愛と戦火の大地」では、バーに招かれた女性ミュージシャンに対して兵士たちがしめす敬意の証がほとんど滑稽に映る）。そして軍職の悲劇性も同様だ。男たちが死んでゆくということは誰もが——そして彼ら自身が——知っているが、彼らはそうした悲劇を大言壮語せずに引き受ける。また極端なケースとして、兵士たちは性の境界に接近する贅沢を楽しみ、ほとんど「女性的」に映ることがある。「クラブタンブール」や「三一七小隊」で思い浮かべたいのは、ジャック・ペランの繊細な顔立ちであり、彼のもとをけっして放れない黒猫であり、しみひとつない制服に身を包んだ男のダンディズムである。男らしさは純潔を求めるということも付言しよう。そうした禁欲のかたちはそもそもビジャールの著作にも存在するが、それは同時に同性愛的官能のクリシェによって際立ってもいた。

亡骸と孤独、飢えと渇きのうちにわれわれが見出していたのは、ずっと前から追いかけていたあの敵だったように思われた。それはすなわち自分自身であり、自分の恐怖であったが、自分の身体のほうは、突然語りかけてきては、汁がしたたるような果物、愛想のいい女たち、深々としたベッド、そして快適な生活を要求するのだ……。(18)

男らしさが純潔を保っていることは、原住民を組織したゲリラ部隊を率いたドミニク・ド・ラ・モット中尉の証言にも見て取れる。中尉は下士官たちに対してベトナム人女性とのいっさいの関係を禁じ、指揮を執るタイニン近郊の小さな部署では、あまたの誘いにもかかわらず、あらゆる女性の出入りをみずからに禁じている。[19]

明らかに重要なもうひとつの側面を特徴づけるのは、兵士同士を結びつける男らしい団結である。それはときにカメラのレンズがとらえるような、非常に強い情動の力に駆りたてられた肉体的な近さのことである。だからこそ、朝鮮半島やベトナムにおいて、ある兵士がべつの兵士に向かって文字通りその身を投げ出すような激情の光景を戦場カメラマンがとらえることも稀ではないのだ。ここでは同胞の肩に涙が流れ、[20]あそこでは傷ついた兵士が友に向けて腕を広げている。[21]むこうでは、負傷者の身体にいくつもの手が添えられている。ベトナムでは、アンリ・ユエが、瀕死の兵士に対する救護兵の絶望的な人工呼吸を撮影することに成功している。その写真は——そしてベトナムで撮影された「アンダーソン小隊」（一九六七年）のようなピエール・シェンデルフェールの映画作品もまた——ひとつの重要な事柄を明らかにしている。すなわち、男らしさにみられる感情の流露が、戦いへ連れだって行く者たちを——ときには永遠に——結びつけるということだ。

もちろん、こうした参照点については、それが語る事柄ゆえに拒否することもできるし、あるいは、語ることをあまりにも露骨につっぱねる事柄を理由として拒むこともできる。しかし、それをいくらかの共感とともに眺めることが禁じられているわけではない。さらにいえば、内側からそれを理解するために彼らの「視点」に身をおくことは、なおさら禁じられていないのだ。

3 男らしさと性《セクシュアリティ》

しかし、軍隊と男らしさをめぐる神話が、二十世紀において、いっそう露骨で暴力的、挑発的になってゆく性的な要素に覆いつくされたそのさま——今日、神話がそこから解放されたことを示すものは何もなく、むしろその逆である――から巧く目をそらそうとするのもまた誤りだろう。

すべては軍事訓練にかかっている。戦いをめぐる身体的な教養の習得は、残念ながら二十世紀よりも十九世紀にこそ広まっていたものだ。[22] 二十世紀的な軍隊教育、兵士の訓練は、精鋭部隊ではときに情け容赦のない厳しさを帯び、兵士たちの「男性化」に重要な貢献をするだろう。そして、男らしさと軍隊の社会構造《ハビトゥス》を構造化するような自己、他者、女性の所作と表現をすべて――統率の圧力と集団の圧力、そして自分自身への圧力によっても――内化するよう強いるのである。アルジェリア戦争に際して落下傘兵の免状授与式がどれほど性差を強調していたか想起しよう。「お釜野郎どもはひざまずけ！」という命令に続いたのは、試験に合格した者たちに対する「立て、男たちよ！」という、注釈の必要のないひとことだった。[23]

重要な論点となるのは軍隊教育の性的な側面であり、それはとりわけ一九四五年以降のアメリカで明確になっている。それが海兵隊ではほとんど戯画的であり、事実、スタンリー・キューブリックの傑作「フルメタル・ジャケット」（一九八七年）の前半部では風刺的に描かれている。男たちを引き受ける鬼軍曹は、前提とされる男らしさが新兵に欠けていれば、確実にそこを突いてくるのだ（「ホモ」、「牝猫」あるいはただ単に「女」といった誹謗はそこから生じる）。同様に、武器の男根的な側面もそのまま利用され、意図的に誇張される。有名なのはアメリカ軍の訓練キャンプでの歌だ。「こいつは俺のライフル［武器を突き上げて叫ぶ］／こいつは俺の銃［股間を指しながら歌う］／あっちは殺し／こっちはお楽しみ」。[24] このように、アメリカ的な訓練には、戦闘における攻撃性と男性的な性《セクシュアリティ》とを密接に一体化させた兵士のイメージを作り上げる猥褻な側面がある。だがその点に言及するまでもなく、二十世紀には、武器がその本来の男根的な性格を、増幅こそしなかったがいたるところで保持し続けたことは指摘できる。[25] はやくも第一次世界大戦において、おおくは非常に生々しい映像と文章が、戦場からも「国内戦線（銃後）」からも発信され、そこではきまって大砲の砲身と勃起した男根が同化されている。同様に、第二次世界大戦では、砲尾に弾丸を込める行為がいくつもの示唆的な紋切り型を生みだした。飛行機の爆弾自体もこの性的な象徴体系を免れず、一九九一年には、湾岸戦争開戦時の空爆で息を吹き返した。アメリカ空軍の爆弾に描かれた「ソドム・フセイン Soddom Hussein」の文字は——イラク大統領を「女性化」しつつ、わかりやすくその名前に当て込むことで——砲弾の男根的な側面を強調していたのである。

こうした表現は個人が所有する武器においていっそう顕著になる。兵士は武器とのあいだに親密な関係を築き、武器を自分の身体とひとつにしようとするのだ。この点であらゆる曖昧さを排除した象徴となっているのは、現代社会でもっとも有名な銃器AK—47である（第二次世界大戦後に、ソビエトの銃器設計者ミハイル・カラシニコフによって作られ、曲線を描いた特徴的な弾倉を持つ）。「軽度」の紛争に身をおく新米兵士は好んでこれを手にし、カメラの前で自らを誇示する。男性器と兵器の砲身とのあいだには、ときにきわめて簡単に類似性が生まれ、それが司令部にも好まれることがある。第二次世界大戦中、そしてさらには一九九一年の湾岸戦争に際して、アメリカ軍司令部は、兵士が武器をより効果的に保護できるようにと、大量のコンドームを発注した。ベトナム戦争を経験した退役軍人が書いているように「兵器は力なのだ。一部の人間にとって、武器を所持することは、絶えず勃起した状態にあるようなものだ。引き金を引くたびに感じたのは、純粋な性的快楽なのだ[26]」。元アメリカ軍中佐にして心理学者・歴史学者でもあるデーヴ・グロスマンは、言葉を吟味してさらに強い発言をしている。

銃（とくに自動小銃）を持って引き金を引いたおおくの男たちは、大量の弾を吐き出すその力と快楽が、あふれんばかりの精子を放つさいに感じられる興奮に似ているのだということを、心の底で認めるはずだ[27]。

価値を見積もるべきものとして残されているのは、銃の男根的な表象がになう遂行的な役割である。それは二十世紀にあって、アメリカ軍だけのものではなかった。一九四四年、ワルシャワ蜂起の鎮静化にあたって、複数のポーランド人女性が柄付手榴弾で犯され、加虐者たちはそれを爆発させたことを指摘しておこう[28]。またソンミ村では、一九六八年三月十六日の虐殺事件のさい、ウィリアム・カーリー率いる小隊の兵士たちが一部の女性を銃身で犯し、トリガーを引いて犠牲者たちを死に至らしめたことが知られている[29]。

つまり問題にすべきなのは、二十世紀における軍隊の男らしさの指示対象が次第に性的要素を強めている点である。女性をめぐるエロティックな描写は、第一次世界大戦の塹壕世界の現実だった。あまたの絵葉書や、兵士たちのあいだで作られた新聞がそれを証明している。そして、たとえばアメリカ軍の飛行機のキャビンに描かれたデッサンが示すように、第二次世界大戦は性描写がさらに存在感を肥大させる機会となったのである。そもそも英米軍の司令部がこのエロス化を奨励したのであり、だからこそ一九四一年の『ライフ』誌に掲載されたリタ・ヘイワースの写真五〇〇万枚が兵士たちに配布され、アメリカ兵向けの雑誌『星条旗』やイギリス兵向けの『起床ラッパ』は、とりわけ扇情的なピンナップ写真を掲載し続けた。戦時下のイギリスで漫画のヒロインだったジェーンの肌の露出は、戦況が悪いほどに強調され、一九四四年六月から七月にかけてのノルマンディ上陸作戦で、彼女はけっきょく全裸になったのである[30]。

このエロス化が純然たるポルノに横滑りしたのはもっと遅く、恐らくは一九八〇年代のことであった。たとえば一九八二年のフォークランド紛争に参加したイギリス海軍の艦船では、(司令部の許可を得た) エロティック映画「エマニュエル夫人」とならんで、こっそり出回っていた本物のポルノ映画が上映されており、乗船していた従軍記者たちをひどく驚かせた[31]。それよりわずかに前の一九八一年、イスラエル軍によるレバノン侵攻のさい、パレスチナの戦闘員たちは、包囲されたベイルートにある映画館の地下に身をおき、武器を手にしてオナニーをしつつ、西洋もののポルノ映画――初めてこの手の見世物を目にする若者たちは唖然とするのだが[32]――を鑑賞している。さらに一〇年がたつと、ポルノは兵士たちの世界を覆いつくしたように思われるが、それは近代的な軍隊における真のポルノ文化だと敢えて言い得るほどであった。この点では、海兵隊のエリートスナイパー、アンソニー・スオフォードが、一九九一年の湾岸戦争での対イラク攻撃待機に関して語った証言に説得力がある[33]。同様に、一九九一年のクロアチア紛争勃発時には、大量のポルノ映画が配信されたことが知られている。一部の作者は、クロアチアとボスニアの女性たちをおそったセルビア軍の強姦の嵐と結びつけることを躊躇わず、現実にあった強姦は、ひとたび映画化されるや、こんどはその地域のポルノ映画市場を増長させるほどであった[34]。おなじように、二〇〇三年にアブグレイブ刑務所でイラク人捕虜たちにたいしておこなわれた様々な拷問にも、そうした事象を透かし見ることができる。

もっとも、戦時下での強姦の横行は、西洋社会においても、非西洋社会においても（日本兵による一九三七年の「南京事件」を想起[35]）、二十世紀全体にひろがっており、それは前世紀とのかなり明確な断絶となっているように思われる。実際には強姦は、しばしばそう信じ込まれているように、戦争にさけがたく寄生する行為ではない。二十世紀になって、女性の身体は、友好関係／敵対関係の中心的な賭け金へと変転し、あるいはたちかえり、同時に、軍隊と男らしさの規範をなす決定的な構成要素のひとつとなったように思われる。たしかに強姦は、量的にもたいへんな規模に達している。その膨大な件数は、一九一四年のベルギーおよびフランスへの侵攻をめぐる無視できない現実であった[36]。そして、強姦の幻想は、一九一八年秋のドイツ入国をひかえたフランス兵たちにとって、それに勝るともおとらない重大な現実だったのである。[37] 一九四四年五月、グスタフ・ライン崩壊ののち、強姦はイタリアにおけるフランス遠征軍の振舞いを決定づける要素となる。[38] 同様に、西部戦線ではドイツ兵が、[39] そして反対に、オーストリア[40]や東プロイセン、ベルリン[41]ではソビエト兵たちが、みずから率先してこの行為におよんだ。強姦はベトナムでふたたび高い数字を示し、すでに触れたことだが、ボスニアでは、「民族的な[42]」分裂を加速させることを目的としたセルビア人たちが、それを戦慄の兵器として利用したのである。

もっとも、戦時下の強姦——辱められた女性の身体をめぐって、たがいに団結して、男らしさを誇示し合う無教養な兵士たちの集団が徒党を組んでおこなう行為[43]——は、たんに敵と味方の徹底した区別を表しているわけではない。ヨーロッパに逗留したアメリカ軍兵士に強姦されたフランスとイギリスの女性たちの境遇を、[44] あるいはドイツに強制連行されながら、ベルリンに到達した同胞の兵士たちに犯されたソビエト人女性たちの境遇を考えてみよう。[45] こうした行為は、恐らくは相当に例外的ではあるが、スーザン・ブラウンミラーによるかつての主張を反映している。「女性が戦時下に強姦の犠牲者となるのは、彼女が敵を代表しているからではない。それは彼女が女性だからであり、だからこそ敵とみなされるのだ[46]」。実際のところ、すくなくとも一部の立場からみれば、女性の身体に対する暴力は、戦争経験全体に与えられた意義という角度から読み解けるとする仮説を完全に排除できないのではないか。その意義とは、戦争に関わる男らしさを、もっとも簡潔でもっとも全面的、そして明らかにもっとも耐え難いかたちで肯定するものに他ならないだろう。強調しておきたいのは、強姦とは別の性的な暴行の実践のうちにも、そうした肯定の姿勢が体現されうるということだ。それはたとえば、一九一八年秋に解放されたベルギーや、フランコ支持の軍隊に占領されたスペイン、そして一九四四—四五年の国土解放下フランスに横行した、女性の髪を刈り上げる行為に認められる。それは「再び見出された男らしさ」を中心とした「国家再建」の象徴だったのだ[47]。

しかしながら、性的であると同時に性差を突きつけるその残忍さの核心においてさえ、戦争をめぐる男らしさは、ときに思いがけず弱さの徴を曝け出す。一九四五年四月から六月に匿名のベルリン女性がつけた日記はその特徴的な例だ。ソビエト兵の第一陣が到着するや、ワイン倉庫で二度にわたってきわめて暴力的に強姦されたのち、件の女性は、「庇護者」としての将校、「公式の」そして敢えていうならば「同意に基づいた」強姦者をえらび、一兵卒による制御の効かない性的暴力の脅威から身を守ろうとした。ついで五月初旬には、赤軍の少佐を第二の庇護者として「受け入れる」。その礼儀正しさに疑いの余地はなかったが、少佐は自分の言寄りをことわるか否かの選択肢を与えてはくれない。しかし、キエフの爆撃で妻子を失い、負傷の原因となった弾丸の破片がいまなお足に残っていたそのソビエト人将校は、この完全なる性的隷従状態の文脈にあって、ほとんど哀願するかのような、弱々しい強姦者を体現していた。あまりにも驚愕した彼女は、「泣き崩れ、あれほど長く続いた苦しみを自分の身体から追い出すために、すべての涙を流し」た。「彼が私の髪を愛撫するのを感じる」と書いた彼女は、次のように付け加えている。「やがて夜の暗闇のなかで、私は彼に対して、自分がどれほどの痛みを感じ、どれだけ傷ついているかを告げた。そして優しくしてくれるよう頼んだのだ。彼は一言も口にせず、優しく思いやりにあふれ、ほどなく休息のときを見つけて私を眠るがままにさせたのだ[48]」。

4　軍隊の女性化にむけて？

性がになう役割は、社会や文化によってきわめて多様な形態を示している。だが戦争に関する事柄が問題になるやいなや、多様だったその役割はいたるところで類似した形態に固着し、ほぼ世界中で、戦闘領域から女性を排除するまでになる。逆に戦争は、時代や場所に応じてきわめて変化に富んだ形態を示すが、その多様性がもっとも限られるのがジェンダーの領域においてである。女性の排斥は、あたかも永続的な要素であるかのように、いたるところで認められる。この不変式の根本的な原因を分析することは、本章の枠組みに収まるものではない。[49]ここでは次の点を指摘するに留めよう。たとえ女性に対して戦闘の門戸が普遍的にも完全にも閉ざされたことがないとしても、ジェンダーの壁は戦闘へのアクセスという問いが立てられたとき以上に分厚くなることはない。[50]だからこそ、この壁の建設自体に関して戦争が果たす役割を問題にする価値があるのだ。

ところで、さきに過ぎ去った百年の年月こそが、まさにこの点について歴史的かつ人類学的なレベルでの根本的な断絶の起源であるように思われる。この断絶は、女性の軍職獲得に関係し、おそらくはさらに重要だろう、戦時下の戦闘領域への女性進出にも関わっている。こうした経緯は困難をきわめ、論争の的ともなった。それはいまも変わらず、獲得されるその成果には、おそらく一部の専門家が考えるように、裏と表があるのだ。[51]断絶が明白であることに変わりはなく、それは西洋の軍隊に限られるものではない。武器着用の排他性が終わりを告げたために、軍隊と男らしさの規範におおきな亀裂が走ったことは明らかだ。そのことが西洋社会でほとんど議論されていないという事実が、おそらくは問題の重要性をしめす補足的な指標となるだろう。だからこそ、そこに立ち止まる意義があるのだ。

周知の通り、十九世紀は、軍隊の社会から女性と子供を効果的に排除した。軍事行動の偶然や変装で与えられた機会によって一部の女性が戦闘を経験することはあったものの、野営地や行軍中の軍隊を中心に数多くいた近代の女性たちの役割は、戦うことではなかったのだ。革命期や帝政期の軍隊にはそうした例が相当数あるが、それはあくまで付随的なものに留まっている。その点で二十世紀は、二つの世界大戦における戦争の全体化、そして闘争のイデオロギー化に後押しされながら、十九世紀に真っ向から対立するものとして刻印されるだろう。それ以降、ここではすこしずつ、そしてあそこではもっと幅広く、ときには決定的なかたちで女性が軍職につくことになるのである。

この現象は第一次世界大戦と期を同じくしている。まず強調すべきは、英米軍における女性要員の存在だ。彼女たちはいっさい戦闘に関与しないが、戦時下に女性が軍服をまとう第一歩を切り開いたことにはちがいない。同様に、志願看護師の採用が、伝統的な「性の役割分担」と思った以上に合致しないこともしばしばだった。事実おおくの看護師はみずから望んで職に就き、戦いの世界にできるかぎり近づこうとする。そして一部の女性たちはそこから完全に戦場へといたるのだ。イギリス人女性フロラ・サンデスのケースがそれだ。一九一四年に三十八歳を迎え、セルビア軍のもとで志願看護師となった彼女は、一九一五年秋の総撤退のさいに軍とともに闘う状況に身をおいた。彼女は軍曹に昇格し、一九一六年には重傷を負ったが、一九二二年まで現役に留まった。そして同年、彼女はふたたび女性の服を身にまとい、イギリスに戻って結婚したのだった（彼女はそれまでずっと男装していたが、これは軍人のアイデンティティを定義するうえで服飾がもつ重要性を表している[52]）。

だがそれも、個人的な例外の枠におさまる話だ。だからこそ、一九一七年三月の革命後にロシアでおきた女性たちの戦闘は、まったく異なった射程の断絶を作り上げることになる。もっとも重要な戦いは、マリア・ボチカリョーワ、通称ヤーシカが指揮したものだ[53]。一八八九年、かつての農奴の娘として出生したヤーシカは、一九一五年にはトムスクで歩兵連隊に従軍するまでになっていた。戦闘に加わって一九一六年に負傷したのち、一九一七年五月には、ペトログラードで二千人の女性志願兵からなる部隊を指揮した。厳しい規律のために、兵はすぐ三百人にまで減ったという。このわずかな戦力とともに、ヤーシカは一九一七年七月のロシア最後の攻勢に参加、彼女は重傷を負い、部隊は壊滅した。女性がこのように軍事化した理由についてはのちに立ち戻るとして、さしあたってはそれがまったく些末事などではないと記すにとどめよう。つづく内戦では、こんどは赤軍において相当数の女性が従軍した。おそらくはこの動員が、近代の戦争において初となる女性の大量配備、すなわち一九四一年から一九四五年までのあいだソビエト連邦でおきた女性の軍事投入を準備したのだろう。

じっさい第二次世界大戦は、第一次世界大戦によって開かれた裂け目をおし広げた。そしてここでもまた、東部戦線が質量ともに性の領域侵犯の筆頭に位置づけられるのだ。一九四一年六月のドイツ侵攻ののち、何十万もの女性――おそらくは兵士として八〇万人、くわえてゲリラとして二〇万人――が赤軍に参加し、ソビエト軍の八％、ゲリラ部隊の一〇％を占めるまでとなった。そのうえ、大半の女性が直接には戦闘に加わらなかったものの、かなりの数の女性兵士が戦いを経験し、一部の兵士は対空砲や追撃、空爆、狙撃といった専門分野でその名を馳せた。この点でソビエト軍はナチスドイツと際立った対照をなしている。終末期にあったナチスは、若者を、そしてときには子供を動員したが、女性の動員を徹底して拒むことで、ほとんど最後まで軍隊と男らしさの規範を守り抜いたのである。[54]

ソ連ほどではないものの、連合国もまた女性の軍事化に参画した。アメリカの婦人陸軍部隊ＷＡＣは、一九四二年の創設当初には補助的な兵力でしかなかったが、一九四三年にはすでに、その名のもとで完全に軍の一部を成し、一九四五年には一〇万人の兵力を数えた。ＷＡＣは戦闘には加わらない。しかし千人ほどの女性が空軍および海軍に兵士として組み込まれている。これと平行して、武力を用いたさまざまな抵抗運動に参加した女性たちの数はたいへんなものだった。ソ連ゲリラのケースにくわえ、女性兵士はフランス、[55]ギリシャ、ポーランド、デンマークに認められ、なかでもイタリアでは、三万五千人の女性が武器を手にしたようだ。だが、はるかに数字が大きいのはバルカン半島においてである。ユーゴスラビアでは約一〇万人を数え、解放国軍兵力の一〇%を占めていた。だとすれば、戦闘地域への参画を男性が独占することへの異議申し立てという観点では、第二次世界大戦がその決定的な瞬間であったのはほとんど疑いえない。まさにこの意味で、すべての戦争当事国で軍隊と男らしさの神話が高まりをみせた年月は（もちろんその傾度はさまざまだが）、それと平行して、つまりは矛盾をはらみながら、男らしさの神話を問題視する重要な局面となったのである。

そして、それは短期的な現象ではなかった。というのも、第二次世界大戦後には、西洋の軍隊における女性軍事化の流れは後退こそするものの、それでもなおアメリカ軍の例が示すように、消失したわけではないのだ。イスラエルは建国後すぐにイスラエル国防軍ツァハルの女性部隊を創設した(56)。女性兵士たちは軍隊として闘ったわけではないが、神話には新たな裂け目が生じた(57)。これと平行して、冷戦の紛争は戦闘における女性参加の例を増加させている。とりわけ、女性が大量に参戦したベトナムのケースがそうであり、また、クルディスタン地方や一九八〇年代末の南アフリカ、さらには一九七九年の勝利以前のニカラグアにおけるサンディーノ主義者たちにおいても同様だった。とりわけこれらの例は、男性による武器所持の独占を非難するうえで二十世紀のさまざまなゲリラが果たした重要な役割を確証するものだ。

近年、西洋の軍隊における女性の存在が制度化されるなか、たしかにあらゆる主要な紛争は別だとしても、軍隊と男らしさの規範には、あらたな位相の亀裂がはしっている。もっとも顕著なのはアメリカの変革だ。ベトナム戦争終結と同時に徴兵が廃止されるいっぽう、一九七〇年代初頭には女性の雇用がはじまる。一九七二年には三%だった女性兵士は、一九八〇年に八%となり、二十世紀末には一四%に達する。こうして女性は、アメリカ軍のすべての作戦にとって不可欠となった。そもそも、軍事行動における女性の存在が目にみえるようになったのは、一九八九年のパナマ侵攻、ついで一九九一年の湾岸戦争（四万人の女性がクウェート奪還に参加した。これは展開した兵力の六％にあたり、一二名が死亡、そのうち五名は敵の攻撃で命を失った）、そして女性が現地アメリカ軍の一〇％を占めたボスニアでの作戦においてである。

他の国々もこれに匹敵する変革の道筋をたどった。フランスをふくむ主として一二あまりの西洋諸国が、常備軍に女性のポストを設けている。NATO軍では、女性の数が増加の一途をたどっている。くわえて彼女たちは、戦闘に関わる役割へと日々すこしずつ近づいている。おおくの場合、このような漸進的な変化は、空軍から海軍へ、そして最後に門戸が開かれた陸軍へとむかうのだ。こうした変革がいかなる限界にぶつかるのかは後述することにしたい(58)。

女性の段階的な軍事化は男たちの憤りに満ちた反動をともなったが、そこから推し量れるのは、女性の軍事化が軍隊と男らしさの規範をどれほど再検討にふしていたかという点である。一九四二年初頭に陸軍婦人補助部隊創設が提案されたおりにはアメリカ議会議員からの反発があったが、それはつぎのような特徴的な言葉で語られている。「侮蔑にもほどがある！　アメリカの男らしさに、いったい何があったのだ(59)？」　それから三七年ののち、ベトナムで闘った元アメリカ軍総司令官ウェストモアランド将軍も同様の憤慨を口にしている。「良識ある男なら誰であれ、自国の戦争で女性兵士が戦うことなど望みはしない(60)」。一九八〇年、海兵隊――このエリート部隊は、たしかに長いあいだいっさいの女性徴兵に反対していた――の司令官は、戦闘領域への女性のあらゆる介入が、伝統的な男らしさの指示対象に対して引き起こすだろう損害の重大さについて、きわめて明確な姿勢を示していた。「後方のどこかしらにいるあの女性のために自分は闘っているのだと思いたい男にとって、それは大変な心理的動揺となるだろう……男としてのエゴが踏みにじられるのだ(61)」。一九九一年の湾岸戦争では実際に女性が参戦したにもかかわらず、司令官であったシュワルツコフ将軍はのちに次のように評価した。「戦時下に女性が果たさねばならない役割についての決断は、女性の権利に基づくのではなく、軍事的な要請に基づいたものでなければならない」[62]。

一連の発言を、あるがままに、すなわち、偽りのない深刻な衝撃のしるしとして受け取ろう。このしるしは、軍隊の女性化が軍隊と男らしさの規範に開けた裂け目をめぐる数十年来の動揺を、いくらかでも明瞭にかいま見せてくれるのだ。

5 数々の限界？

だが、問題の裂け目は、社会的にも文化的にも重要であるにもかかわらず、その外観が示唆するよりもはるかに狭いものなのではないか。問いをべつな角度から再検討しよう。まず確認したいのは、軍事的領域への女性の進出――彼女たちの大半は、そこにアクセスすることをまったく望んでいない――が、それでもなお限られた規模に留まっているという点だ。二十一世紀初頭の今日、社会が「女性の権利」をめぐって百年にわたる変化を遂げてきたにもかかわらず、そして、何度も繰り返された重大な戦争体験のなかで、武器所持が男性の特権であるという規則があらゆる角度から覆されたにもかかわらず、数字は饒舌だ。世界中の常備軍に仕えている二三〇〇万人のうち、じつに九七％は男性である[63]。実戦領域へのアクセスを分析の中心にすえれば、軍隊と男らしさによる抵抗はさらにおどろくべきものになる。そうなると女性の存在は、取るにたらないとは言わないまでも、いっそう限られる。現在の軍隊において、戦闘を目的とした部隊の九九・九％は男性である[64]。したがって戦いに挑むよう定められた軍隊は、今日でもほぼ完全に女性を排除し続けているのだ。軍隊と男らしさをめぐる体制――というのも、ここに見るように、問題となるのは体制ではないか？——の核心は、厳密に数量的なレベルからみて、まったく無傷なままなのである。

女性を戦闘領域に取り込んだ数々の戦争を経験してゆくなかでも、核心はすでにそのような状態にとどまっていた。いくつもの証言からわかるのは、隊列で女性と隣り合わせになった兵士たちが、地上戦に際してはさまざまな手を使って、もっとも危険な任務、概してもっともリスクに晒された任務から彼女たちを遠ざけようとしたということである。おおくの場合、女性を守ろうとする男たちの姿勢は、自然なかたちで、ほとんど反射的にあらわれるが——まさにそうであるがゆえに、詳細に検証することがいっそう興味深い——、そうした姿勢は、女性の側から、やはり同じように反射的で自然な同意を得られていたように思われる。(65) 過激な暴力の領域から自分が排除されたことについて女性兵士が何を思ったのか、何ひとつ知られていないこともある。ガリナ・アレクセヤヴァは次のように回想した。

私はクルスク会戦に参戦していた。通信部門の士官となったのだ。それはきわめて特殊な装甲車両による戦いで、部隊はドイツ軍の防衛陣地を砲撃していた。私のような女性が何人かいたが、男の兵士たちは、私たちを戦車に乗せたがらなかった。いちど、ひとりの女性が戦車にのっているときに攻撃を受け、車両が炎上して彼女の髪がすっかり焼けてしまったことがあった。それからというもの、女性はだれひとり戦車に乗ることはなかったのだ。(66)

過去を思い返しながら、ふたたびこうした性差が導入されたことを評価した女性たちもいる。「前線での男たちは、私たちに対して驚くべき態度をとっていた。彼らはつねに私たちを守ってくれていたのだ。彼らが普段の生活であのように女性と接するのを、私はいちどとして目にしたことがない」。かつて対空砲火部隊の指揮をしていた元伍長のヴァレンティナ・パヴロフナはこう回顧した。[67] いっぽう、明らかな憤りを感じているケースもある。「熊手」とあだ名されたジャンヌ・ボエックがそうだった。一九四四年二月、彼女はモルビアン県の抵抗勢力《レジスタンス》に破壊工作の訓練をつけるためにパラシュートでフランスに降り立った。カンペール解放のさい、マッチョなフランス人大尉が、最後の戦闘に臨むための武器を彼女に与えるのを拒んだのだという。「おわかりになりますか?」七〇年たったのちもまだ強い恨みを抱きながら、彼女は問いかける。「爆弾を作って、若い男の子たちにその使い方を教えて、短機関銃や手榴弾、自動拳銃を操ったんです。そのうえで、靴下を繕うのがお似合いだなんて!」[68] 役割における性差が唐突に再召還された事実は、第二次イラク戦争で二〇〇三年におきたジェシカ・リンチの物語に彫り込まれている。整備補給中隊の所属だった若き海兵隊員の彼女は、輸送隊が道に迷うなかでイラク人によって捕らえられた。しかし、特殊部隊の作戦行動によって解放され(その経緯はすぐさま合衆国大統領に伝えられている)、高揚感のうずまくアメリカに迎え入れられたのである。おなじ状況下で、いったいどんな男性兵士がこのような恩恵を期待できただろうか。女性たちが享受したそのほかの配慮を明らかにする以下の逸話がこれに加わる。一九四八年、イスラエル建国をめぐる紛争で数名の女性が負傷したときのことだ。

男の兵士が傷を負ったのであればまだ堪えられると思っただろう男たちが、女性兵士の傷にショックを受けていた。そうなると、彼女が必要な治療を確実に受けられるようにするために拡がった騒ぎのなかで、任務は忘れられていったのだ。[69]

したがって、戦争で本当に実践されていたことを詳細に検証すれば、次のようなことがわかる。性の障壁は、ほとんどの場合、そしてそれがもっとも明確に侵されているような紛争の中枢にいたってもなお、きわだった遮断性を保ちつづけたという事実だ。男らしさの特権である戦闘参加から女性を執拗に排除する動きが、そこに刻みこまれているのを読み取らないわけにはいかない。たしかにそれはステレオタイプに不可欠な特権である。というのも、唯一この特権だけが、暴力的な死の危険を独占的に引き受けながら、ほかの数々の特権の存在とその保持を正当化できるのだから。血なまぐささではおとるものの、現代社会の男たちは、平時にこれを享受したのであり、いまもなお享受しつづけている。だがそれにくわえて、問題の特権がきわめて不均衡なかたちで共有されている以上（現代の軍隊において、戦闘に晒されうる女性の数がいかにすくないかはすでに見たとおりだ）、そして兵士たちの「クラブ」への参加を許される女性がごくわずかである以上、この狭き門をくぐり抜けることは、構成員である男たちにとってきわめて価値を高めるものではないか。幾人かの女性が男の兵士たちのなかに受け入れられるためには、あらかじめそのような特権にふさわしくなければならない。そしてこの事実を経ることによって、軍隊と男らしさをめぐる神話は価値を高めているのではないだろうか。

今こそ、混乱を招くひとつの問いを立てる時だ。近年女性たちが軍の世界にアクセスすることによって――すでに見たように、それは本当に闘う者たちの世界に入る数よりもはるかに多いのだが――、軍隊と男らしさの現実には象徴的な裂け目がおおきく口をあけている。だがいっぽうでは、いっそう根本的に、そしてある意味では隠密に、軍隊の男らしさの強化に寄与しているのではないだろうか。というのも、女性が武器を携行する新たな状況は、彼女たちを取りまく環境ではなく男たちの立場によって達成されるように思われるからだ。(70) この点で驚くべきなのは、西洋の軍隊における男女共存についての調査と証言によって、彼女たちが「同志」である男性兵士と将校からのセクシャル・ハラスメントの犠牲になっているという現実が白日の下に晒されることではないか。つまるところ、女性の軍事化に反対するアメリカのフェミニズムの一翼による批判が事態の核心を突くのは、軍事システムが女性の取り込みによって変化していないことを示唆するときだ。サンドラ・G・ハーディングが書いているように、「リベラルなフェミニズム」のある種の形態は、これまで男性だけのものであったすべての排他的な地位（そこには武器の携行も含まれる）に女性がアクセスできることに満足して、彼女たちには「自分たちの性のアイデンティティの主要な側面について、その等価物を男性に求めるのではなく、男性的なあり方を利するかたちで取引する」よう要求するのだ。[71] 女性が世界中の主要な軍事システムに切り開いた裂け目が、軍と男らしさをめぐるステレオタイプを表面的にしか、あるいはその外見だけしか弱められないというのは、まさにこの意味においてである。

二十世紀における数多くの歴史的状況が、こうした見解を弁護してくれる。一九一七年のヤーシカの例が示しているように、彼女が性の障壁を転覆させるのは、それをより良いかたちで再構築するためでしかない。「恐らく私がナイーブだったのだろう。この一握りの女性たちが、ロシアを荒廃から救えるだろうと考えたのだから。……だが男たちはもはやこの恥辱をよしとしてはいなかった」。[72] 言いかえれば、女性から一時的に示された模範によってロシアの男たちがふたたび「本当の男」となり、その役割を十全に果たすこと、すなわち闘いつづけることを受け入れることが問題だったのだ。くわえて驚きなのは、ヤーシカがその出身部隊で男たちに受け入れられたとき、つまり「自分が彼らにとってたんなる一女性ではなく、本当にひとりの同志なのだと理解されたとき」に、[73] 彼女が女性としてのアイデンティティを失っている点だ。その明白な徴《しるし》として、一九一五年秋、ヤーシカは「自分の存在をいっさい気にしなくなった」[74] 男たちと一緒にシャワーを浴びることさえできるようになっている。おなじように性同一性を喪失したケースは、ブリジット・フリアンの証言にも認められる。一九四三年、彼女はロンドンの情報・行動中央局に関係した軍事活動組織でレジスタンスの活動家となったが、負傷したのちフレーヌで拷問を受け、一九四四年五月にはラーフェンスブリュック強制収容所に送られた。一九四五年以降、わずかのあいだ平和活動に立ち戻ったものの、戦争とは決して縁が切れなかった。こうして一九五一年にはジャーナリストとしてインドシナに渡り、もっとも危険な条件のなか、常に戦闘部隊――とりわけ落下傘部隊――に付き従っていった。従軍記者としての際だった経験（それはアメリカ軍に従軍したベトナムと、そして第三次中東戦争へと続いてゆく）について考察しながら、彼女は次のように告白している。

兵士とおなじ危険やおなじ疲労を共有するなかで、彼らは私を自分たちと同一視するようになり、もはや私のうちに女性を認めないこともしばしばだった。尖峰や穴のなかで闇に包まれながら語らうなかで、「男同士だからいえるんだ」というあのライトモチーフを何度耳にしたことだろう。その影響からか、自分が男性として話していることに幾度となく驚かされたものだ。[75]

性同一性を放棄することで声色にまで影響があるというケースが、イスラエル国防軍で過ごした女性たちによるいくつかの証言に認められる。新兵の教育係だった予備役の女性中尉は語る。

勤務中の私を見ても、私だとはわからなかったはずよ。いま見ている私とは全然ちがって、男子みたいだったんだから。まず、体型を強調したりしない、とても厚手の服を着るの。武器も持っているし、それなりに「タフ」だしね。それに、話すときは低い声なの。（いつもの声で）こんなふうに話すんじゃなくて、（男の声音で）こんな具合さ。[76]

性同一性喪失をめぐる最近の例――とりわけ劇的なもの――としては、二〇〇三年のアブグレイブ刑務所の象徴的なケースを思い浮かべることができる。当初この刑務所は、女性士官ジャニス・カルピンスキー准将の指揮下にあった。そこでの拷問を記録した写真がいっそう衝撃を与えたのは、それが女性たちの手になるものだったからだ。だが彼女たちは、イラク人捕虜への――とりわけ性的な――虐待が広まるなかで、男たちにひろく利用されていたというのが実際のところだ。マリー・ダグラスが言ったように、「人間の肉体に彫り込まれるのは［…］、社会のひとつのイメージだ[77]」。まさしく戦争に関する昨今の流れのなかで、これ以上ないほどに困惑をもたらすのは、米軍の若き女性たちによるおぞましい共犯のもとで、敗者である敵国イラク人の身体にいわば「彫り込まれた」、軍と男らしさのアメリカ的なステレオタイプがふたたび支配的になったことだろう。

「今日では、流される血の対価として性の境界があるわけではないのではないか？」ある歴史家のグループから出されたこの問いに対しては[78]、次のように答えたいと思う。二十世紀初頭以来のあまたの亀裂や転換、変容にもかかわらず、問題の境界はその大部分において気密性を保っているのだ、と。ジョージ・モッセが正確に強調していたように、「男らしさのイメージはわれわれの文化において知覚に強く訴えつづけている」。そして「問題は、男らしさが転覆させられるかどうかではなく、それがどこまでたわむのかを知ることだ[79]」。この分析は、いかに不快であったとしても、問題が戦争をめぐる男らしさに限定される以上はいっそう正確に思われる。というのも、そこではまさに男らしさのステレオタイプの核心が問題となるからだ。すでに見たように、二十世紀における二つの大戦とゲリラ戦の経験を契機として、一定数の女性が戦闘領域に入り込み、それによっていくつもの裂け目が口を開けたが、ひとたび紛争が終結するとそれらはすぐさま閉じられた。おおくの国家の正規軍における、女性をめぐる最近の軍隊化傾向に関して言えば、それが象徴的な面でどれほど重要であったとしても、状況に乗じることはないだろう。なぜなら、暴力の経験、つまりは死を迎え入れること、そして死を課せられること、あるいは血を流すことにたいする根本的な錠前は念入りに閉じられたままだからだ。こうして、あたかも西洋社会が軍隊と男らしさのステレオタイプの本質を保存したかのようにして、全てがすすんでいるように思われるのだ。もしそうであるならば、ジョージ・モッセの指摘はあらゆる点で正しかったのだといえる。つまり、これまでのところ、おおくの事柄が正反対の様相を呈しているにもかかわらず、「男らしさの理想は持ちこたえた」のであり、「現代社会のつなぎ目」としての「男らしさを打倒するのは困難だ[80]」ということなのだ。

第4章　スポーツの男らしさ

ジョルジュ・ヴィガレロ
（小黒昌文訳）

初めてスポーツを実践する人びとが決まって口にするのは、曖昧模糊としながらも多様な喜びである。たとえば一八七〇年代末のサン゠ラザール駅コンコースで、あるいはチュイルリー公園の小道で競争に臨んだ若者たちが最初に語ったのは、身体的な快楽であり、満足感であり、解放の意志だ。(1) 同様に、十九世紀末イギリスの『スポーツ辞典』が競技の体系化を強調し、いっそう「厳粛」で強固に「組織された」(2) その様式を忌避するなかでこだわるのは、直接的な感情、すなわち、かき立てられた歓喜 delight (3) や努力であり、動作と身体の美 pretty (4) でもあった。力説されるのは、スポーツ実践の開花とその強烈な魅惑であり、競技の活性化だが、そのこと自体は、直接的な第一印象と並外れた魅力からなる、大衆的な思潮のうちに限定されている。そこでは、行動と感情が分析される以上に語られ、もっとも簡潔なかたちで正当化される。だがそれが、より中心的とはいわずとも、より本質的なひとつの世界を包み隠してしまう危険を孕んでいるのだ。

たとえば無視することができないのは、初期のスポーツ実践にはきまって存在し、おおくの場合は言外に含まれるひとつの準拠、すなわち力や勇気、支配にたいする準拠である。それは自明の理を前提とするだけに、いっそう暗黙なものとなる。スポーツは「今際の際の」身体的、精神的な資質を振りしぼらなければならないのではないか。そしてスポーツは、抑制された「優越」を追求するべきではないか。ながいあいだ女性による実践がほぼ皆無だった世界において、あらゆる要求には、最初から了解済みの特徴がある。すなわち完璧に磨き上げられた男の特性を想起させることだ。そもそも、おおくの評論家がこうした直観をたくみに理論づけている。とりわけスポーツの「観念論者《イデオローグ》」は、同じ二十世紀初頭という時代に、男の完全さを奨励する文章を次々と著した。それは、力強さと、目の行き届いたその応用であり、「筋肉」とその精神的な「機能」であり、さまざまな対決の例証であり、審判とルールの体系によって正当化され、価値を与えられた男たちの「戦い」である。こうして卓越性の核心にはひとつの特性が重要な位置を占める。すなわち、男らしさだ。それはさまざまな言説で繰り返し断言されている。ピエール・ド・クーベルタンが強調するのは、「スポーツは男らしさの象徴そのものとして立ち現れる」[5]という点だ。スポーツは「訓練官」であり、主役となる男たちの特性を極限まで研ぎすます。だからこそスポーツは、二十世紀初頭の文化における「男らしさ」という語の正確な意味を明らかにしてくれるはずなのだ。

しかし、時とともにいくつもの避けがたい亀裂が生じる。まずはその特性をめぐる議論だ。そこでは、かならずしも「支配」を目的としていない一部の特性が優位に立ちうる。現代社会において感覚対象や情動が増大し、さらには相互間聴取への意識が拡大することで、二十世紀を通じてスポーツの実践をめぐる緩慢な心理学化がすすんだ。それによって際立ったのは、男らしさをめぐる伝統全体から切り離された行動の基軸であり、それはすなわち感覚、内省能力、私的快楽であった。さらに重要なのは、スポーツを実践する者たちに関する議論である。男らしさは、ながいあいだスポーツ選手の主要な特性と考えられてきた。しかし、女子スポーツ選手の存在が強調され、彼女たちに期待される「価値」が男性に求められる力、勇気、没入、決意などと完全に同じであれば、「男らしさ」はその優位を失ってしまう。男たちのあらゆる独占権は正当性を欠き、あらゆる「超卓越」は意味を喪失する。必然的にスポーツは、男らしさのふるびた優越を転覆させることで、二十世紀をとおしてかつてないほどに変容したひとつの文化を明らかにする。それは、公共空間を両性間で均等に共有することであり、男女それぞれの務めを混ぜ合わせて新たに配分し直すことである。伝統的に男にあてがわれてきた「最大の」美徳のイメージは、完全に脇に追いやられてしまう。男らしいという表現そのものが歪曲し、さらには「解体」されてしまうのだ。

残されるのは、近代スポーツの世界に属する、明白だがいっそう複雑で逆説的でもある特質の数々だ。ときとしてほとんど認識されず、あるいはほとんど受け入れられない男女間の平等はその一例である。男子競技に対して頻繁かつ熱心にあたえられるメディア的な特権や、競技人口にみる男女間の不均衡も同様だ。「フランスにいる八百万人の競技者のうち、女性は二四％にすぎない(6)」のである。そこから、現代の避けがたい疑問が生じる。今日のスポーツが伝統的な男らしさの規範をめぐる危機を典型的に例示していることは明らかだ。だがいっぽうでは、実践の経験や場所に応じて、そうした規範を保つ特別な場ともなっている。言い換えれば、スポーツの歴史こそが、男らしさをめぐるひとつの歴史を明らかにしているのだ。

I　明白な男らしさ、注釈つきの男らしさ

はじまりの時期にこだわらなければならない。それは基底をなすと同時に意味深長でもある。明らかに快楽と魅力が最優先され、それが誘惑の効果をたしかなものにしている。余暇をめぐる想像、ゲームへの民主的な参加、スタジアムという空間の創出、非宗教的な試合日程の発案など、スポーツの誕生は繰り返し研究されてきた(7)。産業社会は、労働と非労働の間の新たな時間配分やコミュニケーションの刮目すべき加速、そして都市とその飛地や周縁の集合的な制御によってスポーツの誕生を実現したのである。試合数の増加、ルールの契約化、スコアの体系化、結果の配信など、近代化のあらわれは数多い。スポーツを実践する者がそこから引き寄せるのは、それまで知られていなかった楽しみの発見である。ポール・モランは自身の自由独立とラグビーについて、一九〇五年に次のような証言を残している。「十七歳のとき、わたしは窓を開け放った。スタジアムの空気が入ってき

た。……不意に、わたしはそれが生きることなのだと理解した」[8]。時期をおなじくして、ピエール・マッコルランは、ほぼ同様な確信を抱いている。「油を引いた皮の楕円球が、太っていてとらえどころのない小さな神のように入り込んできた。驚嘆した信奉者たちの心を打つにちがいない神のようだった」[9]。

こうした快楽の根底には、いくつもの明確な価値基準がある。それらが活動に価値を与え、身体的な特性を区別し、そこに心理的な特性を結びつけ、優越性をうえつける手段となるのだ。「祖先」はみな、この始原の世界の主役である男に結びついており、そのことが、期待される能力をきわめて特徴的なものにしている。つまりは「真の男たち」だけが、すなわち身体的にも精神的にも戦うすべを知っている者たちだけが、「真のスポーツ選手」たりえるのであり、男らしさだけが勝利を手にできるのだ。

1　「男らしい」身体の「自然発生的な」定着

そもそも男らしさという言葉は、スポーツの実践をめぐる初期の描写にくりかえし現れている。もっとも簡潔に語るのは、一九一〇年代の思い出を綴るジャン・ド・ピエールフウだ。

日焼けをした身体の持ち主で、筋肉が盛り上がって長い足をしたこの見事な若者たちを、わたしは呆然と見つめていた。競技に注力して変貌した男らしい身体がはなつ熱気と、草いきれのさわやかな香りとがしみ込んだ空気を、わたしは吸っていた。そして、身体的な生の輝かしい美しさを理解したのだ[10]。

力のきらめきと、盛り上がった筋肉。そこにみる男らしさは、他に抜きん出ているといえよう。それは、つねに「男性らしい」[11]ストライドの持ち主であったジャン・ブアンのレースにも、そしてさらには、主要な動作がつねに男性的な格闘技にも存在する。「筋骨たくましい防御の姿勢、それは男らしい身体のもっとも美しい身がまえのひとつであり、当然ながら、人体のあらゆる筋肉に価値を与えている」[12]。だからこそ、一部の身体的な「型」がはっきりと優遇される。すなわち、スマートさよりも筋骨隆々な姿、弛緩よりも緊張、軽量よりも重量が好まれるのだ。二十世紀初頭の有力なスポーツ誌『野外生活』は、こうした観点からレスリングが放つ魅惑を強調している。それは「まちがいなくもっとも流行しているスポーツであり、レスリング選手が退屈とは無縁なように、大衆がこの競技に飽きることはない」[13]。一九〇〇年から一九一〇年にかけての紙面は、試合の予告やぶつかり合う筋肉のイメージ、胸板が盛り上がって挑発的な口ひげを蓄えたレスラーたちの写真であふれかえっている。そもそも上半身を反りかえしたレスラーの姿勢は、二十世紀初頭に写真に収められたすべてのスポーツ選手がとったポーズであり、後ろ手をくんで胸を突き出し、顎をあげたその姿は、不可欠な特色となるほどであった。先験的には力を象徴する競技でなくとも、力強さは目に見えるべきであり、それがだめでも、想像できなければならない。トロントのダイビング選手ルイス・ゴールデンとウィン・アンドレの風貌がその例である。一九〇〇年、彼らは三二メートルの高さの飛び込み台にそそり立ち、カメラにむかって胸板を誇示している[14]。一九〇八年ロンドン・オリンピックの水泳選手も同様で、彼らはカメラマンの前で肩と腹筋に力をいれ、自分たちの力強さをいっそう説得的にしようとしている[15]。二十世紀初頭のツール・ド・フランスに参加した自転車選手までもがそうであり、ジャーナリストは彼らをヘラクレスばりの力を持った存在として描き出している。一九〇四年のモーリス・ガランは「ブルドッグ」であり、「イノシシ」であり、「戦う野獣」だった。彼はつねに「頭を低くして飛び出す」[16]力を備えていて、ツール・ド・フランスを主催するスポーツ日刊紙『自動車《ロト》』のコラムニストたちは、そのあらゆる特性が傑出していると考えていた。「コロンブの巨獣」とよばれたフランソワ・ファベールは一九〇七年にメッツで勝利したが、それは彼が「野獣のように突進する」すべを知っていたからだ。[17]イポリット・オクチュリエは「鍛冶場のふいご」[18]のような肺と、桁外れの上半身の持ち主だった。実際そのシルエットは、引き締まってどっしりとした様子で描かれ、重量感と力強さを結びつけている。

粗野な力を洗練させるのは、それについて語るさいの典拠の数々である。そこには、「先祖伝来の戦闘本能」[19]のような何かを想起させるものや、レスラーみずからが戦いの際の異名として選んだものがある。「ジャングルの猛獣」、「リヨンの鷹」、「牛（タフガイ）」、「恐怖の艦隊」、「鉄人」、「人殺しコンスタン」、「アトラスのライオン」などその例だ。[20]もちろん勝者は試合ごとに変わるが、提示される規範には変化がない。「ライオンたちは、ロシアのライオンという動物界の新星の前にひざまずかねばならない」[21]。とりわけレスリング選手の身体は、その大きな横幅と美しい輪郭とによって模範であり続ける。たとえばトルコ人カラカノフは、一九〇五年当時、「見事に均整がとれていて筋骨隆々であり、彼ほどに美しい男を目にするのはきわめて稀」だった。[22]力強いシルエットは、二十世紀初頭のあらゆるスポーツ選手に期待されるところであり、だからこそ繰り返し強調されるのだ。おどろくべき持久力を持った競歩選手ジョージ・ラーナーも例外ではない。彼は一九〇五年に一時間で一三、二七五キロを踏破しており、「その風貌は運動選手本来のもの」[23]であった。無駄のない身体は、それに不可欠な男らしさと対をなすのだ。

2　イデオロギー化とその心理的な力学

だがスポーツの発明は、身体的な描写や、ある種の自然発生的な魅力の喚起に限定されるわけではない。スポーツ選手が渇望するのは包括的なプロジェクトであり、その構成は明確だ。すなわち、クラブへの自由で平等な参加、代理人の選出、自主性、地域から国、そして国際レベルへとステップを踏んでゆく競技の階級制と段階的な選抜である。スポーツ選手は、より本質的な部分でひとつの世界を構築し、産業社会がその意味づけをおこなった。それはパフォーマンスと記録の世界であるとともに、旧来の宗教的な社会の祝祭からは独立した世俗的なスペクタクルの世界でもある。スポーツ選手は、眺望と果てしない地平、そして英雄たちを伴った新たな神話空間を徐々に作り上げてゆく。それはほとんど対抗社会として定められた世界であり、平等、人徳、忠誠を育む、現代社会の純化されたモデルなのだ。余暇は、規範を培い、取るに足りない表面的な娯楽のいっさいを告発することで正当化される。それは「真剣」でしかありえない。すなわち「暇つぶし」である以上に「有効な時間」なのだ。余暇は「完璧」でさえあり、「理想」を賭け金とするだろう。人びとを魅惑したのはこうした規範の神話である。そしてそれは、すこしずつ群衆を引き寄せながら、凋落しつつある宗教的な熱狂の一部に取って代わるほどだったのである。この神話はまた、生まれたばかりの組織やスタジアム、そして密やかな同一化への思いをかきたてる試合とともに、数々の表象と主題からなる新たな世界を構築することにも寄与した。

だからこそ、このプロジェクトは教訓と切り離すことができないのであり、「開祖たち」はその何たるかを積極的に説く。スポーツは出会いと祝賀であり、いずれにせよ世俗的な盛儀ミサなのだ。スポーツはとりわけ時代の現れであるだろう。フェアプレイの精神は、伝統的な宗教的団結の崩壊後に頭角を現し、群衆は旧来の寺院が倒壊したさきに新たな寺院を見いだすのだ。近代スポーツの創造には、いくらかそのような要素がある。それは、忠誠心を劇化した表象であり、集団の力の表象でもある。そして伝統的には宗教によって密かに提供されてきた絆をいっそう正当化するために民主主義社会が生み出した表象なのだ。そもそも宗教的な典拠への明確な言及がなされるのはそのためである。「近代オリンピック競技組織にとって重要な第一の特質は、それがひとつの宗教であることだ[24]」。そこから理想化を追求する言説が生まれる。スペクタクルはみずからを超えて機能しなければならない。それは、衛生的な側面と卓越への意志とを伴ったほとんどユートピア的な行為であり、すなわち「人間精神の筋肉強化[25]」なのだ。その中核をなすのが「偉大さ」である。それがなければ、競技はもはや育成ではなく娯楽となるだろう。そしてサーカスがスタジアム競技を凌駕して、娯楽が教育に勝ることになるだろう。

こうしてスポーツをめぐる初期の文章には、精神的な成長をいっそう正当化するための形容詞と名詞が溢れかえる。「武勇」と「格闘と勝負の精神[26]」について語るのは、ピエール・ド・クーベルタンに着想を与えた人物のひとりであるディドン神父だ。ポール・アダンはその上をいき、二十世紀初頭には初期の『スポーツ精神』誌で「根性を支える活力の増大[27]」を論じる。ピエール・ド・クーベルタンは『オリンピック・レビュー』誌における考察のなかで「公益に資するための身体的特質の発展[28]」と言い添えた。ここでもまた力が問題となるが、それは共有されたある種の理想へと向かう精神的な力だ。だが、卓越を賛美する表現が溢れかえるなかには、避けがたい曖昧さが残されている。「勇気」、「英知」、「危機を恐れぬ精神」、「忍耐」、「雄々しさ」、「不屈」といった言葉は[29]、文脈だけがその意味をより正確にしてくれる。たとえば男性性への執拗なこだわりは、二十世紀の幕開けとともに待望された個々人の再生と同様、戦争に対する詳細な言及によって説明される。そして当然ながら、「男らしい」精神は、ここでもまた、男らしさをめぐるその時代のヴィジョンに通じているのだ。

3　なぜ「再生」なのか？

初期のスポーツ選手は、女らしさにほとんど思いをめぐらさない。そもそも女性による実践はながいあいだ制限され、厳しく方向づけられてきた。二十世紀初頭にさまざまなかたちで提案されたダンス体操や[30]、一九一二年にユゼス公爵夫人が奨励した一連の競技に含まれるような[31]、変化に富んだ園遊会や社交ゲームなどがその例だ。実践する女性はきわめて稀で、禁止事項が非常に多かった。一八六九年の第一回パリ＝ルーアン・ロードレースには三人の女性が参加しているものの、翌一八七〇年には女性のあらゆる自転車競技への参加禁止が決定された。十九世紀末には女子競歩が開催されたが、それものちに禁止されている[32]。一九〇八年のオリンピックでは、女子アーチェリーが男子競技に迷い込むように名を連ねるが、ピエール・ド・クーベルタンが「真のオリンピックの英雄」のうちに認めるのは「個人の男性競技者」だ[33]。近代オリンピックの創始者は徹底した「排除」に固執する。その語り口は断定的だ。女性を人目にさらすのは「いかがわしい」ことであり、彼女たちに身体的な努力を課すのは「過剰」であり、荒々しさに曝すのは「危険」であって、競技で「その活力」に訴えるのは「ぞっとする」ことなのだ[34]。二十世紀初頭に大衆化した表現の数々は、生理学者たちの言葉によって確立され、議論を豊かにする論拠となる。たとえば、女性の注意力やその警戒心には「欠落があり、それがスポーツに対する根本的な不適合を生みだしている」という[35]。当時のスポーツ関連誌を概観すれば、スポーツ文化とその規範、そしてその価値観がどれほど男性に特化しつづけていたかが理解できる。この命題は「自明の理」であり、あらゆる例証をこえたところに存在する。競技者も大衆も大多数が男性であり、体操器具のために作られた宣伝広告も男性的だ。たとえば、初期のアメリカ・ボディビルディングに想を得たホワイトリー・ヘルス・エクササイザー[36]は、力強く盛りあがった筋肉を約束する。その姿は、均整のとれた輪郭の男性だけをモデルにして肖像を量産したポール・リシェ〔一八四九—一九三三。フランスの彫刻家〕のブロンズ製アスリート像を思わせるほどであった[37]。ターゲットとなるのは想像の領域だ。卓越こそが男らしさなのである。

戦争と戦闘への頻繁な言及が、他の何ものにもましてそのことをはっきり語っている。十九世紀末の国家主義が主題を正当化し、暴力で建立された植民地帝国が「背景」[38]を提示し、一八七〇年のフランスの敗北がそこに地域的な遺恨をつけ加えた。そもそも、一九〇七年に書かれたポール・アダンの『スポーツ精神』は、フランス軍のかつての勝利を喚起することで幕を開けている。「オーステルリッツとイエナの戦場における祖先の尽力が彩った時代から百年がたったいま、ラテン民族の若き世代の魂と身体にあの勇壮さが甦るよう手をさしのべようではないか」[39]。いっぽう一九一三年に著されたピエール・ド・クーベルタンの『スポーツ心理学』は、「スポーツと戦争」との比較によって閉じられる。「スポーツは戦争に役立つすべての資質を花開かせたのだ」[40]。「敵の脅威」[41]は二十世紀初頭のスポーツ関連書籍の地平に留まりつづける。そして劇的な効果もまた練り上げられ、たとえばスポーツに関する事故や負傷の場面は、頻繁に軍隊の戦闘シーンと結びつけられる。ラグビー選手シリル・ラザフォードは、フランス・レーシング・クラブとスタッド・ボルドレーとの「恐ろしくラフな」対決で「顔を血まみれにして」試合を終えたことで、「スポーツにおける名誉の負傷という流行」[42]を生みだしたともいえる。いっぽうヨーゼフ・フィッシャーは、「頭に傷」を負って「大量出血」しながらも[43]、一九〇〇年のボルドー＝パリ間ロードレースに勝利した。そしてルイ・トゥルスリエは、一九〇六年の同レースで「痛々しい落車」を乗り越え、「全身に打撲を負って膝がぱっくりと割れた」[44]状態で三位の座を保持したのである。テクストは叙事詩的でありたいと願う。傷は精神的な勇敢さをめぐる想像力を増大させ、同様に男らしさをめぐる想像力を膨らませる。傷を喚起することで、人びとは心を揺さぶられるのだ。

残されるのは、二十世紀初頭に他の何よりも男らしさの主題を強化したひとつの文化的基調である。それは克服すべき退廃にたいする危機感であり、堕落への不安であり、進歩の可能性に容赦なく抗う何ものかへの脅威である。[45]そこで参照されるのは、新たな生物学的理論の数々だ。たとえば、進歩の「不調」が生じた場合は、反進化の可能性が問題となる。退化の主題は新しく、統一を欠いていて、「生殖の」力の弱体化に集中する。それは、旧来のものだった暴力や売春、アルコール、ポルノにたいする恐れとも、かたちを変えてふたたび結びつく。この主題は遺伝を対象とし、伝染病のようにすべての世代に広まってゆく無秩序に狙いを定める。より広くみれば、退行をめぐるレトリックは「学問、芸術、産業において第一線に到達した力強い文明」[46]にやどる病を理解させてくれる。この不安がいっそう特徴的なのは、それがおそらくは初めて民族と血のつながりを想起させるからだ。ミシュレが非難するのは、「長い時間をかけて準備」され、「同時代の一事実」として汲み取られるような「血の力の衰退」[47]である。エミール・ゾラの描くフレスコ画が例証するのは病的な遺伝であり、ルーゴン＝マッカール家の人びとを抗いがたく結びつける身体的な決定論だ。『退廃』と題された「デカダン」の詩群は、そのタイトルによって一八八五年当時のパリ文壇を沸かせた。[48]この主題は二十世紀初頭にも存続し、そこに神経症や過労、さらにはある種の精神疲労までが加わってゆく。「現代社会を動かすばねの弛緩」[49]が原因となって「神経衰弱の頻度」が「増大」するのだ。[50]そこから生まれるのが、対立的緊張への意志の拡がりであり、「反動」への固執であり、力強さをめぐる想像力の強化であり、[51]そして考えうるスポーツからの応答にたいして抱くあのきわめて特別な感情なのだ。スポーツは、「自分たちの公然の欠陥を治療する」[52]ものと目された戦いの実践であり、「生存のための戦いで求められた特質」を獲得すべく努めるような、規律ある競技や挑戦である。[53]

そもそもジャン＝ジュール・ジュスランは、一九〇一年に『スポーツの歴史』を執筆し、「かつては、学があることではなく、強くあること」がどれほど「重要だったのか」を示して「回帰」への期待を正当化しようとした。[54]アンリ・ベルグソンは一九一二年の『ゴロワ・リテレール』誌上でスポーツに言及し、可能性としての再生についての考えを確言している。「私がとりわけ評価するのは、スポーツがもたらす自己への信頼である。……私はフランスの精神的再生を信じているのだ」[55]。ピエール・ド・クーベルタンは、集合的不安とその逆転の可能性、目に見える「欠陥」とその「反動」を対峙させながらこの主題を総括している。最初に想起されるのは「普遍的な神経症」だ。拡散性のこの陰鬱な病は、「動揺した社会」[56]をその原因としつつ、一連の人工的な興奮状態を引き起こす。それは、「神経体系」[57]の発作や放棄の効果、「男らしさの感覚をめぐるある種の喪失」[58]をともなう深刻な病でもある。そこでは統御された力、つまりは「スポーツ」の力が唯一の頼みの綱となり、神経を強固にする活力を保証してくれるだろう。そして、課業と静寂からなるスポーツセンターだけが、「再生の寺院」を具現するのだ[59]。

4 「超男性」よりも「制御」を

「反応力」であり抵抗力であることを求められたこの新たな力には、領土と境界がある。それは「男らしい」力だが、露骨に「性的」ではない。この点からみれば、アルフレッド・ジャリの「超男性」は巧妙な文学フィクションでしかない。アスリートの筋肉増強と「絶対的な愛人」[60]の快楽増大はおなじところに収斂し、両者の結合は超男性を死にまでいたらしめる。過剰な欲望と性の無限のために「鉄のような自分の身体のなかでねじまげられ」るのだ[61]。だがこうした収斂や結合は、スポーツをめぐる「教義」をきわめて慎ましやかに肯定する当時の姿勢とは無縁なものだった。アスリートはまず、スタジアムに身をおく存在だ。異性の気をひくために達成された功績への言及は稀でさえある。そこからはっきりと浮かび上がるのは、いっそう強固に隔てられた世界の存在である。一九一一年にトリスタン・ベルナールが描いたボクサー、ニコラ・ベルジェールは、「その魂と希望のすべて、そしてヴァン・ストゥール嬢への愛のすべてをこめた」一撃をスタンレー・ハリソンの鼻っ面に見舞って「ぶちのめし」、戦前の予想をひっくり返した。[62]だが、田舎から出てきて、愛の情熱によって変貌した闘士ニコラは例外でしかない。スポーツの黎明期にあって、競技の成績は誘惑を目的としない。ピエール・マッコルラン〔一八八二―一九七〇。フランスの作家〕はそのことをもっとも簡潔に語っている。作家は、自分が経験した十九世紀末のラグビーとともに、チームメイトの姉妹であるシルヴィのはかないシルエットを喚起する。「手から手へと渡ってゆくボールを巧みな手さばきで取りにいった四五分間、テンポの速いその争いをシルヴィの眼差しに捧げていたわけではなかった。十六歳にして、われわれは規律に従うすべを心得ていたのだ」[63]。シルヴィを無視していたわけではない。しかし、彼女は魅力的だが「忘れられていた」のだ。

ピエール・ド・クーベルタンは、さらにそれを強調し、「若い男性」の性的な欲望にきわめて特殊な位置を与えている。オリンピックの創始者はその種の欲望を「病的」だと考えた。十九世紀末にゆっくりと寛容になっていった社会道徳を、彼はまだほとんど感知していなかったのである。彼が問題の欲望を喚起したのは、その抑止のためであった。結果として、筋肉の制御と同様に想像力の統制を請け負うべきスポーツ、という見方が生まれた。とりわけそこから生じるのは、思想傾向をもった力強さへの期待である。それはたとえば、『性教育』を目的として続け」られながら、「ポルノグラフィを後押しする」ことを約束された「恐るべきキャンペーン」を補えるような力強さだ。[64]スポーツが男らしさを創造することに疑いはない。それは男らしさの「象徴」ですらある。[65]いっぽうで男らしさは、制御と平静の拡張と同様、何よりもまず筋肉の増強と戦いの拡大を前提とするのである。

Ⅱ　過剰な男らしさ、覆された男らしさ

スポーツをめぐる発見やそのルーツという主題は、両大戦間期の全体主義社会による「主導」のもとで変質しながら拡大してゆく。禁欲主義、征服力、指導者や「集団」への絶対服従といった要素が、スポーツに関する身振りや語法のなかに「食い物にできそうな」おおくの参照点を見出すのだ。一新された男らしさは、みずからも一新された男のうちに具現されるだろう。それは悲劇的な逸脱であり、スポーツに追従する者たちのなかには、その決定的な落とし穴をつねに見破れなかった者もいた。民主主義社会のスポーツが、旧来の男らしさに異議を唱え、個人主義と自立を優先し、それ自体は以前ほど頑丈でもなければ重量感もない身体を提唱する規範へと舵を切っていたときのことである。

1　全体主義世界と過剰な男らしさ

スポーツによる「男らしさ」の動員に忌まわしい側面があることは明らかだ。すなわち全体主義社会の闇である。ファシズムは再生の概念に新たな方向性を与えた。一九二〇―四〇年代ヨーロッパの独裁体制における「新しい人間」には、「アスリート」の容姿が与えられている。スタジアムは変貌の場として、そして支配政党はその場の当主として描き出される。当然ながら、それを語る言葉や具体例は、全体主義の体制や地理的条件によって異なっている。たとえばファシズムの枠組みでは「民族の身体的健康」[66]が支持され、社会主義の枠組みでは「労働者たちの身体的な向上」[67]が優先される。前者とともに支配的になるのは民族と血による融合の主題だが、後者

において優位になるのはイデオロギーと「教義」による融合の主題である。[68] だがいずれの場合にも、排斥と戦いを目的として考えられた高等人種の理想郷は、軍職を筋肉修練の地平に位置づけるのだ。切迫した感覚、すなわち人類学的な再生に対する「危急」の感覚もまた、身体的なパフォーマンスを的の中心にすえており、いってみれば、若さと筋肉が新しさの代わりになることがほとんどだった。

期待の核心にあるのは硬直と反動であり、それ自体はよく知られるとともにひろく研究されてきた主題だ。ムッソリーニ政権の指導者たちは、教会がイタリア人を「軟弱化させ、男らしさを失わせ、武装解除した」のだと嘆く。[69] そこから生まれるのが「若者のアスリート的、軍隊的な教育」だ。[70] ナチスの指導者が嘆くのは「劣等」民族の存在が引き起こす「退廃」であり、彼らの退化こそが男らしさの欠如を表す記号となるだろう。それでも男らしさは絶対的だった。注目すべきは、レニ・リーフェンシュタール作「民族の祭典」[71] でたえず繰り返された身体の線と、一様に列をなした体操選手の姿であり、アルノ・ブレッカーの彫像にみる、隆起して均斉のとれたあの大理石像だ。[72] 冷やかな外見と硬直した顔立ちが、美を理論的な参照点に移しかえ、着想源とみなされるギリシャ的な身体をたんなる抽象的な記号に帰してしまう。眼差しは欠落し、外観は「イデオロギー化」されている。すなわち、性的要素を付与したり、個性を立ち上げることが拒絶されるのだ。集団への融和が個別性と特異性をかき消したのである。男性的な側面は圧倒的な力で君臨し、その輪郭は堅固さとスマートさとを混ぜ合わせている。そもそも一連の募兵の口説き文句が賭け金とするのは「新しい女」ではなく「新しい男」であって、それはすなわち「すべて」に奉仕する無駄のない筋肉の力なのだ。女性がないがしろにされるわけではない。妻や母としての地位に就き、人口管理者としての「腕っ節」を鍛えられ、教育されるのだ。揺らぐことのない、もっとも古典的な「母性的」フォルムとしての「豊かな胸、大きな腰、小さな肩」[73] に結びついた女性の身体は、そこから生じるのだ。

追放と強制加入のうえに成り立っている以上、結局のところ、それは絶対的な男らしさであり、粗暴な男らしさなのだ。スポーツはもはや口実でしかなく、身体はその具体的な現れでしかない。残されるのは、現代人のおおくが抱いている悲劇的な誤解である。それは、あらゆるスポーツの実践をある種の高潔な行ないに同化させることであり、ソ連やナチスが巧妙に引き寄せたスポーツの隠された一面を認められずにいることだ。たとえばピエール・ド・クーベルタンは、ベルリン・オリンピックの主催者たちに対してあきれるような賛辞をささげている。「美の記憶……、勇気の記憶……、希望の記憶……ドイツ国民とその指導者が、彼らの達成したことによって感謝されんことを」[74]。

2 「民主的な」スポーツと多様性という命題

全体主義的な強要や、体型の厳密な均一化をのぞけば、一九二〇―三〇年代のスポーツの実践が多様性に対して開かれているのは明らかだ。それは、風体と生理学をめぐって絶えずいっそうの広がりをみせるスペクトルの開放である。さまざまな競技が確固たるものとして導入され、それが多様な身体的特徴を課すことにもなる。自転車競技選手は重量挙げの選手ではないだろうし、ランナーはレスリング選手ではありえない。一九二四年に中距離走で勝利したウィリアトは、もはやイノシシではなくノウサギとして描かれている。この場合、ほっそりとした筋肉をもつ動物のほうが、節くれ立った筋肉質の動物よりも力を発揮するのであり、「どっしりとして膂力にあふれるイゾラは、金髪のウィリアトの軽やかな身のこなしと長いストライドの前では、何ほどのものでもなかった」のだ[75]。マルク・デットンは一九二四年当時のスキフ〔セーリング競技の一種目〕の選手であり、規格外の力を持ったこぎ手であったが、彼もまた、盛りあがったフォルムの上半身よりも、細長い手足の持ち主として示されるだろう。「彼の容姿は、並外れて頑丈なアスリートのそれではなく、長身でやせていて、腰まわりも細い[76]」のだが、ライバルたちとは比較にならないほど有能だった。一九二三年のモンツァ・モーターサイクル・グランプリの勝者であるルネ・ジラールは、「機敏で危険を恐れないレーサーや、彼自身がそうである勇敢なスポーツマンを思わせる容姿ではまったくなく[77]」、平凡なシルエットで技術者たちのなかに埋もれ、先達もいなければ個性も持ち合わせないのだった。身体的な規範は、多種多様な実践や専門性によって混乱する。そのうえ、いくつもの類型が体の線や体格を変奏させてゆく。そのうえアルフレッド・トゥーリスは、一九二四年の著作『スタジアムにかけた人生』で、おおくの体型を「短軀」「中軀」「長軀」の区別のもとに分類した[78]。そして「丸型」「平型」「立方体」「猫背」「波形」といった輪郭の類型も生みだされ、曲線と膨らみのありようを多様化させている[79]。スポーツ選手の外形は、単一の在り方を前面に出しながら、多彩さのなかで途方にくれる。いずれにせよ、高い価値を与えられた風貌は、重々しい力をそなえた旧来の規範との対比のなかで、体を長くのばし、柔らかくなり、細みをまして、洗練される。言い換えれば、「彫像」には「変化」の可能性があるのだ[80]。そのもっともすぐれた例は、一九二三年ツール・ド・フランスの勝者アンリ・ペリシエであろう。「重量感もむくみもないままに力強く、体つきはやせている。彼はノウサギのように速いのだ[81]」。『自動車《ロト》』紙は注釈なしで指摘する。「労働馬は終焉をむかえたのだ[82]」。

それは男らしさでありながら、膨れあがった筋肉という旧来のステレオタイプからは逃れているのだろう。そこに加わるのは、競技自体をめぐるいっそう個人主義的なものの見方である。力が注がれる中心点が場所を変えているのだ。たとえば、長いあいだ支配的だった集団への呼びかけは、いまや薄れる傾向にある。スポーツは「すべて」に仕えるのだと確信し、もっぱら「民族と祖国の偉大さ[83]」に役立つものとみなす姿勢はすたれる傾向にあるのだ。本当の意味での「拡大」が後押しするのは、より個人的なスタイルだろう。それは「自己」への関心であり、「自己」を育むとは言わずとも深めてゆくひとつの方法である。なかでも「優れた」テニス選手は「個性の獲得に身をささげ[84]」、唯一自分だけの「ショット」を使いこなさねばならない。「優れた」ランナーは極限の感覚に耐え、「脱皮[85]」するかのように自己の外に出て、いわば限界を超えるのだが、それはなによりもまず心理的な恩恵のためである。ポール・ヴァレリーにとってはスポーツ実践が自己についての問いをたてる特別な機会だということと同様だ。「運動の絶え間ない分析、細部に関する丹念な研究……それが賢人の生活の基底そのものをなす」のである[86]。こうして対戦相手は、そこまで荒々しくもなければ苛立ちをかき立てもしない一個人として立ち現れる。男らしさはかわらず強固で、いっそう複雑で繊細になったのであり、漠然と「和らいだ」わけではないのだ。

結果として、一九二〇―三〇年代には、内面的な力に対していっそう関心が集中した。これは、ひとたび体型の多様性が受けいれられれば、スポーツ選手に残されるのは個人としての決意と粘り強さだけだろうということを認めるものだ。たとえば、ツール・ド・フランスの発案者であるアンリ・デグランジュは、スポーツの分類とその序列についてくり返された質問に次のように答えている。「もっとも難しいスポーツ、それは意志のスポーツだ[87]」。一九三〇年代初めに「スポーツの未来」を大胆に考察したリュシアン・デュベックは、形態論的な主題を「回避」しながら次のように確信する。「もはやスポーツにとっては、不可欠なだけでなくその本質をなす精神的な要素だけが問題なのだ[88]」。スポーツの男らしさは、いっそう内的な側面、すなわち勇気、粘り強さ、献身へと向かってゆく。心理学化や階級の上昇、能力主義に敏感な民主主義社会が讃えるすべての特質が指向されるのだ。言い換えるならば、男らしさは、かつてほど人目は引かないがたしかに存在し、かつてほど露骨ではないが待望され、高く評価されるものとなったのだ。ツール・ド・フランス一九三五年大会のアルプス・ステージで勝利を収めたシルヴェール・マエスは「泥の鎧をまとい、人を寄せつけず壮麗で、ほとんど超人的な意志の証のようだった」[89]。一九三五年の『自動車《ロト》』紙主催マラソンの勝者ベジャは「血まみれの足」で完走し、「並外れた勇気と強固な克己心の証」をたてた[90]。あるいは、エミール・マッソンが勝利した一九三八年のフレッシュ・ワロンヌ〔ベルギー南部ワロンヌ地域で開催される自転車ロードレース〕は、寒さと雨によって「単なるレースを超えた苦難」に変貌したのだ[91]。

3　女性による実践と、自明の理に対する異論

女子スポーツの実践は、一九二〇年代をとおしてまずはゆっくりと浸透していった。にもかかわらずそれは男らしさという主題の位置を感じ取れないほどにしか変えることができていない。一九一七年には、フランス女子スポーツ連盟というべき組織が創設された。女子ライセンス所持者が数えあげられ、選手権が正式なものとなり、いくつもの記録が生まれる[92]。たとえば一九一九年にチュイルリー公園で開かれた「筋肉の祭典」は、女子スポーツにとって「大衆にその活力を誇示する」機会となったはずだ[93]。また、一九二八年のアムステルダム・オリンピックに女子陸上競技があったことで、女子スポーツはいっそう一般化した。しかし、それが中心的な競技となったとか、強く支持されたというわけではない。スタジアムにおける女子競技の多様性は限られたものにとどまっていたし、報道にしめる割合も限定的だった。逆に女子スポーツの実践は、結局のところ男性アスリートの資質と同じように「特別」だと判断しうるような資質を前面に出すことで生き延びていたのだ[94]。

繰り返さなければならないのは、女子によるスポーツの実践が稀であり、めだった反響も無かったという点だ。

女子スポーツに対する無関心、さらには軽蔑の歴史はすでに研究されている[95]。女子スポーツ競技がはらむ危険についての議論は一九二〇年代を通して絶えることがなく、その歴史については幾度となく解説がくわえられてきた。「いかなる場合でも、われわれは女性のためのスポーツ競技の有用性を支持しようとは思わない[96]」。これは生理学者たちが示した抵抗例である。スポーツの愛好家たちは、「女子サッカーの力など十二歳のジュニア・チームでも勝てるくらい貧弱なものだ[97]」と皮肉っている。そしてレポーターたちは無遠慮に言い放つのだ。「彼女たちにはアスリートとしての力強さと俊敏な実行力が欠落している[98]」。両大戦間期のあらゆる図像の中心には二つのイメージがあり、両者はしばしば比較される。すなわち「優美」を表象するとされた女性アスリートのイメージと、「力」を表象するとされた男性アスリートのイメージだ。この象徴的な記号は、一九三五年の『スポーツ全書』誌で正確に再現された[99]。フィギュアスケートのペアで世界チャンピオンになったクレリチェッティ嬢と、重量挙げのオリンピック・チャンピオンであるルイ・オスタンが、向かい合わせで見開きのページを飾ったのだ。比較したときに強烈な印象を与えるのは旧来のステレオタイプだ。その役割は確立され、判断の基準は定まっているように思われる。

しかしながら、新しさが頭角を現すのは、女性による実践そのものや女性の身振り、物腰、具体的な技法のなかにおいてだ。たとえば、フランス人女性としてウィンブルドンで初めて勝利を収めたシュザンヌ・ランランは、一九二〇年代に自分のプレーの秘訣について尋ねられた際、予想されたあらましからは遠ざかりながら詳細に説明している。

どうやってテニスのチャンピオンになったかですって？　女子チャンピオンのプレーは、速くてラインぎりぎりにきまるロング・ドライブを中心に組み立てられているわね。でもそれだと、ボレーやスマッシュで得点をきめる男子のプレーとおなじ刺激は味わえなかった。私は彼らのようにプレーできるようになりたかったの。でも強靭な肉体もなければ、必要な腕力もなかった。……私はそのためにトレーニングをしたの。[100]

シュザンヌ・ランランは「女子」テニスと袂を分かつ。彼女は男子のようにプレーすることを学び、おなじ能力を手に入れ、もはや男子と区別がつかないような効果のショットを放つ。必然の結果として、彼女によって女性的なプレーと男性的なプレーの区別はもはや失われ、あるのはただ、力と巧さとが等しく組み合わされた「似通った」試合運びになるだろう。そうして初めて、男子と女子のチャンピオンはプレーにおいて混同される。女子は「たとえ一流の男子プレイヤーが相手であっても、非常に手強い選手」となるのだ。[101] この新機軸が要となる。すなわち、以前からもっとも「力強い」男子のものとされてきた資質が、共有されうるという事実が明らかになるのだ。一九二六年、アメリカ人女性ガートルード・エダールが英仏海峡横断遠泳で男子の記録を破っていることを思えば、このように断言しても異論の余地はあるまい。[102] こうした変化からはひとつの明確な要求が生まれうるのであって、一九二四年の『スポーツ百科事典』にはそれがはっきりと示されている。つまり、女子スポーツは「もう弱々しさとは無縁でありたいと願う性」のものなのだ。[103] 同年、アンリ・ド・モンテルランは著書『オリンピック』のなかで、その点をふまえてひとつの重要な結論を導きだしている。作家は「スポーツの動きが美しく輝かせた」プレムール嬢を描き出し、[104]「男らしいスポーツの、厳格でスパルタなメカニズムを混乱させる」女性の実践を、よりいっそう強調したのだった。[105] ここで問題となっているのはまさに男性的な支配のイメージ、ながらく誰もが認めてきた旧来の男性像による支配のイメージなのだ。

Ⅲ　確固たる男らしさから混乱した男らしさへ

旧来の男らしさがかつての基準を喪失したのは、まさに具体的な日々の実践と所作においてであり、それはスポーツに関してもまったく同様であった。女子重量挙げ、女子バイアスロン、スポーツでの武器使用といったいくつもの営みが、男性に特化した力の権利主張を流行遅れにしていった。男らしさの特性は、身体的ないしは心理的に特有な何らかの揺るぎなさを基盤としながら、その対象を喪失してしまう。近代スポーツがわれわれに教え、厳密な平等の原理によって実践に移されるのが、まさにこうした撹乱なのだ。もちろん、身体が「ユニセックス」になったと結論づけられるわけではあるまい。当然ながら、筋肉が女性化し、柔らかさが男性化しても、二つのモデルを同一のものに帰することはできないだろう。平等とはむしろ、「自由な他性[106]」すなわち「絶えず再構成されながらもいっさい消え去ることのない性の相違[107]」のうちにこそ宿るのではないか。残されるのは、ひとつの確信だ。すなわち、身体的な特質を共有することによって差異の再発見と位置づけの変更が促されるということだ。

残るもうひとつの状況は、いっそう暗黙裏で複雑だ。スポーツは、暴力を模倣し受肉するその実践によって、あるいは粗野な身振りによるその表現によって、ひとつの保存庫であり続ける。それは旧来の男らしさの領土であり、再生への「抵抗」を体現するものだ。そこから生じるのは、今日まで乗り越えられていないひとつの逆説である。すなわち、スポーツの実践が平等へと導き、その平等を血肉にいたるまで体現すると同時に、これ見よがしで「好評を博した」スペクタクルの数々をとおしてその平等に異議を唱えるという逆説だ。

1 平等の制度とその効果

一九八〇年代末のヨーロッパで放映された日本のアニメ『アタッカーYOU!』全五八回が、かつてなく明らかにしているのは、想像世界をめぐる変動であり、それはすなわち西洋のスポーツにおける男と女の関係の根本的な変化だ。主人公の女子中学生、葉月優は、バレーボールのテレビ中継で立樹爽の「圧倒的な」プレイを目の当たりにする。そしてすぐさま熱中し、完全に心酔したのだった(108)。彼女はバレーボールを始め、学び、トレーニングをして経験豊かな選手となり、さらにはキャプテンとしてチームを成功へと導いてゆく。出来事のたんなる連なりを越えて彼女のあり方を明示しているのは、二重になった特徴である。優は「男子のようにプレイ」をして、男子とまったくおなじボールを放ち、とりわけ荒々しくて衝撃的なアタックをくり出てゆく。彼女が追求するのは、断固とした支配であり、避けがたい結果であり、異論の余地のない成功でもあった。頭角を現す優の立ち振る舞いは男子とまったくかわらない。チームメイトへの檄までが、昔ながらの荒々しさや男性的な男らしさの様相を呈し、相手チームを次のように描き出すのだ。「みんな！ 連中はもうダメだ！ たたき潰してとどめを刺そうぜ」。反逆こそしないものの、コーチとの関係も決して「服従」によって築かれることはない(109)。それでも、優の物語は恋愛と無縁ではない。立樹爽に対する恋ごころを演出することで、彼女が「男性化」したと結論づけることを禁じているのだ。

一九八〇年代末にあって、テレビアニメシリーズがひとつの文化的な契機を示している。『アタッカーYOU!』は、まずその成功によって、放映局である第五チャンネルの視聴占拠率五二%を確保した。そしてその実際的な結果として、フランス・バレーボール協会は、アニメ放映後の一年間、ライセンス取得後八〜一二年を経過した数千人を新たに雇用した。アニメがおさめた成功は感性の変動を確実にし、男女の間での男らしさをめぐる基準をこれまで以上に混乱させるとともに、スポーツを革新の典型例として持ち出したのである。

これは、スポーツ競技自体の変化によっていっそう確かになったことでもある。ながいあいだ男のものと考えられていた競技が、もはやそうではなくなっている点を例に取ろう。陸上競技は、男女間の適性の均衡を前提としながら、年を追うごとに次々と女子競技をくわえていった。短距離走は一九二八年から存在していたが、一九六四年のオリンピックでは女子四百メートル走が導入され、一九七二年には千五百メートル走、一九八四年にはマラソン、一九八八年には一万メートル走、一九九二年には一万メートル競歩、二〇〇〇年には棒高跳び、三段跳び、そしてハンマー投げ、二〇〇八年には三千メートル障害物競走が導入されている。身体的な基準が共有され、競技もまた共有される。女子バイアスロンは、銃を取りいれることでそれをいっそう明らかにしている。一九八〇年代には「婦人参政権論者」だった女性たちが[110]、今日では「天性の射撃手」となったのだ。[111]競技に関するコメントも、「女性性」を語るために「男性的な」形容詞を用いることで、その点を確固たるものにしている。アメリカの体操選手マリー・ルー・レットンは一九八四年のロサンゼルス・オリンピックで勝利したが、彼女は流麗で優美であるだけでなく「頑健」で「爆発的」であり、「活力にみちた体操選手の新たな血筋」を創造した。[112]ジェニー・ロンゴやマリー＝ジョゼ・ペレックは「巨人」であり、ジャッキー・ジョイナー＝カーシーは「ランボー」であり、フェリシア・バランジェは「爆発的なスタートダッシュ」の持ち主だ。シュテフィ・グラフは「不屈の精神」の持ち主で[113]、「唯一無二」のフロランス・アルトーは「海上で男たちの向こうを張」った。彼女は大西洋単独横断の記録を打ち破り、「第四回ルット・デュ・ラム選手権の単独横断で」強烈な印象を与えたのである。[114]アルトーにとってそれがいっそう重要な功績となったのは、極限の疲労や血に染まるいくつもの傷、そして流血の克服という、伝統的な男らしさの基準をともなっていたからだ[115]。こうしてフロランス・アルトーは、自らの身体を男性的な苦しみの完璧な象徴へと高めるのである。

「人物像」は決定的に転換した。ベストセラー作家であり情熱的なランナーでもある村上春樹は、カリフォルニアでジョギングをしているときに自分を追い抜いていく女性たちのシルエットにこだわりをみせている。「彼女たち［は］……風を切るように一直線に道路を走っていく。そこには間違いなく、何かしら攻撃的で挑戦的なものが感じられる。彼女たちは……自らに確信を持っている[116]」。そしてミシェル・トゥルニエは、この主題をひとつの象徴的な人物像へと変えてみせる。

超人的な力がもはや男らしさを前提としていないのであれば、なぜ女性の身体にも同じようにそれが宿りえないといえるだろうか。男らしさと力とを結びつけていた協定は、女らしさと弱さとをつなぐ協定を巻き込んで消え去るのだ。……すなわち、新たなイヴの到来だ。現在のヨーロッパでそのモデルとなるのは、ジェニー・ロンゴ、クリスチーヌ・アロン、アメリー・モレスモ、ジュスティヌ・エナンといった面々であり、わずかな脂肪もなく、絹のような皮膚の下でうごく、柔らかく肉付きのいい筋肉のモニュメントなのだ。乳房自体はもはや胸筋の柔らかな代役でしかないが、もちろん場所ふさぎな男性の睾丸ほどには人体の動きを妨げたりしない。成功は華々しく、完全に女らしさの領域にとどまっているのだ[117]。

つまりは平等の原則がすべてを変えたのだ。身体的な特質は、男女間で根本的に異なっていたにもかかわらず、たがいに「交換」されている。力と弱さは、もはや性的な帰属をコード化するものではない[118]。男性的な価値も転覆するなかで、「女性」を指す「美しい性」あるいは「弱い性」といった表現はその意味を失っている。身体的な特質がはっきりと性の枠内に限定されていなければ、すべてが変わる。[119] もはや力がひとつの性のものとみなされず、美や弱さもまた、ひとつの性のものと考えられないならば、すべてが変わるのだ。たとえば、美容と健康を重視した男性誌が考案される。評価のための規範は、その価値と対象をずらしながら変化する。最良の例は、男性の容姿をめぐる「美人コンテスト」だ。関心の焦点は位置をずらし、身体の輪郭や過剰なまでの筋肉よりも、優雅さや個人の気品、すなわち「容姿の洗練とセルフケア、男性的な美の促進」を対象とするのだ。[120] こうしたコンテストで与えられる称号もまた変化した。たとえば、もはや「ムッシュー・ヨーロッパ」ではなく「ミスター・ヨーロッパ」となったことは、微かだが決定的な表現の緩和だ。ようするに、平等がモデルの交配を可能にしているのだろう。「女性は、より穏やかで親切な、そして攻撃的ではない男性を求めるいっぽうで、みずからはファイターや征服者となるよう仕向けられていたのだ[121]」。その結果として、女性アスリートのシルエット自体が変化することになる。身体は大きく強固になり、これまで以上に筋肉の緊張を振りかざす。女性誌のモデルたちはダンベルとトレーニング器具を用いており、提案される練習方法は体力と気力を動員するものだ。すらりとした四肢と筋肉質な体型の持ち主として『ヴォーグ』誌に載ったある人物は、はやくも一九五八年の時点で語っている。「あなたの筋肉こそが若々しい体つきの条件となるのです[122]」。そのいっぽうで、「硬さ」をめぐる旧来の男性的イメージはかつてないほどに忘れ去られていた。

体つきは、ここでもその位置づけを変えている。露骨に盛りあがった胸板は姿を消し、同様に、角ばった凹凸や厳格な体の線もまた消え去っている。輪郭は細くなり、曲線が長くのび、筋肉は絡み合うかわりにほぐれてゆく。ウォシャウスキー姉妹監督作品「マトリックス」に登場するキアヌ・リーヴスの流れるようなフォルムは、基準となるひとつの規範を導入し、信奉者を生むほどに重要なモデルとなった。主人公の所作はパートナーのそれに近づき、さらには、機動性にみちた跳躍やリズム感のある移動、そしてなめらかですらりとした出で立ちがたがいに似通ってゆく。宙を舞う軽やかさが、これまで知られていなかった明白な結びつきのなかで、二人のシルエットを交錯させるのだ。

男性アスリートとして高く評価される規範も、それほどまでに変容したことはなかった。二〇〇二年に「イギリスでもっともエレガントでセクシーな」男性に選ばれたデヴィッド・ベッカムもまた、新たなイメージを導き入れた。彼の登場によって、どっしりとして力強いスポーツ選手の容姿は、磨き上げられた選手のそれに取ってかわる。そして、その並外れた穏やかさと、洗練にいたるまでに整えられた外見は、毅然とした態度やプレイの荒々しさにも結びつきうる。まったく新しい「交配」の創始者であり、「マッチョ・マンと、鏡にべったりの美声年とのはざま」[123]にいる男として描かれるデビッド・ベッカムは、二十〜三十五歳の若者の四〇%を惹きつけながら「男らしさのコード」を変えたスポーツ選手として、いくつかのアンケートで取り上げられてもいる。[124]

2 「危険な」男らしさ?

洗練に対するこの要求は、さまざまな実践の階層化においても具体的に現れる。「平等の夢」は「伝統的な男性性を破壊」[125]し、評価されていたはずの物腰を、これまで以上に力を込めて追い払ったのだ。「旧来の」男らしさは「危険な男らしさ」となった。[126]かつての「戦う男」としての身振りは不安をかきたてるものとなったのである。たとえば、ボクシングの威光は決定的に消え去った。「粗野な」競技や、吹きさらしのグランドで行われる「激しい試合」は決定的に告発されたのだ。[127]「男らしさ」という言葉自体がはじめて軽蔑的な価値を示唆するようになったのは、一九五八年、あまりに激しいと判断されたプレイをめぐって国際ラグビー評議会がラグビー・フランス代表に警告した際のことである。[128] 荒々しさは「消え去」って、身体は「軽やかになる」。過剰な乱暴は、もはや過ちの典型でしかない。力と激しさが後退したことによって、スポーツの身振りは実際に変形しているのだ。

より控えめではあるが、サーフィンやグライダー、スキー、ウィンドサーフィン、車輪つきのあらゆる乗り物といった新たなスポーツ用具のほとんどが常に重きを置いているのは、正面からのコンタクトを奨励する競技よりも知覚情報を優先する競技である。その成功は次第に大きくなり、三〇〇万人以上のプレイヤーを惹きつけた。[129] これは操縦と滑走の勝利である。そこでは感覚の作業が筋肉のそれに勝り、新たな実践には情報が関わることになる。サーファーやウィンド・サーファー、スカイダイバーは、環境に対して直接に働きかける力の行使よりも、環境からもたらされる情報の注視に全力を注ぐ。すべては「フィードバック」とその早さ、その正確さのなかに宿るのだ。「これらのスポーツ用具は、製造に際して最先端の技術的進歩の成果を集結させ、使用に際してはもっとも理論化された合理的な知のデータを注ぎ込んでいる」。[130] 情報の奔流が、かつて支配的だったエネルギーの流れを凌駕する。つまりスポーツの実践全体が、情報と知覚的な統制という命題によって支配されているのだ。トレーナーもコメンテーターも感覚の「聴取」を最優先する。チャンピオンは何よりもまず「自分の感覚作用」を「発見」し、あるいは「再発見」しなければならない。獲得すべきは「身体のあらゆる部位についてのイメージ」なのだ。[131] 近年『レキップ・マガジン』誌に掲載されたフェンシング選手の写真は、新たな基準をはっきりと示唆している。「不意に明滅する光のサインを備えた標的のおかげで、エペのオリンピック・チャンピオンであるエリック・スレッキは、専用のパソコンを使って自分の反射時間と反応時間を研究することができる。そしてもちろん、その効率を可能なかぎり改善することができるのだ」。[132] コミュニケーションに関する支配的なイメージは、身体の理想的な規範を変形させた。重要なのは、もはや力や美しさだけではなく、完全であるとともに直ちに使える情報なのだ。

滑走、聴取、感性によって、スポーツの実践は根本的に新たな方向へとむかう。そして、美しさ、敏捷さ、浮遊感を優先し、現代の軽やかさをかつての重々しさのようなものに対置させ、長い時間をかけて将来のスポーツのありようを描き出しているかのように見える。(133)「ローラースケート・スピリット」は、流れるようなそのシルエットと、優雅な容姿、敏捷さによって、すべてのスポーツに血を通わせるだろう。(134)

3　スポーツは「男らしさ」の保存庫か？

スポーツはまさに文化をめぐる主要な証言者であり、伝統的な「男らしさ」が大きく後退したことを例示し、男と女の身体的な規範の根本的な変化を演出している。

しかし、単純なことはなにひとつない。スポーツは、より複雑な側面もまた明らかにしている。生じた変化には異論の余地がないにもかかわらず、スポーツに関する表現や所作は伝統的なものにとどまっているのだ。「粗暴さ」の備給は「粗暴さ」をめぐる想像の産物を伴うだろう。それは、フランソワ・ド・サングリーが語る「男らしい反抗」(135)や、さらにはフランソワ・デュベの語る「拒絶行動」(136)を例証するひとつの方法なのだ。ここでは、時代遅れの荒々しさと厳格さが可能であるようにも思われる。それはもっとも古典的な男らしさに立ち戻る手段だ。まず挙げるべきは競争をむねとする競技であり、そこでは他のケース以上に、男女それぞれの存在が平等から遠ざかっている。というのも、「公式ないし非公式の競技における女性の数は男性の三分の一」なのだ。(137)世界は共有され、男女が肩をならべる空間は存在するものの、そこではいくつもの「領土」が明らかに男性的なままである。さらにいえば、とりわけこの共有された世界では、支配と厳しさについて語る旧来の言葉が依然として消え去っていない。たとえば、こと男性が話題となるときには、攻撃やもっとも古典的な戦いに関する隠喩とイメージが紙面の見出しを独占するのだ。おそらくは遠回しな言い方であり、「和らげた」表現でもあるのだろうが、それでもなお性差を突きつける明確な表現である。一九七五年のウィンブルドンで、アルチュール・アッシュは「悪の天使」のごとくジミー・コナーズを「打ちのめす」[138]。「鷲」のようなフランツ・クラメールは[139]、一九七六年のインスブルック冬季オリンピックの滑降で勝利した。一九九三年のシュトゥットガルド世界陸上で百メートル走に勝利したリンフォード・クリスティは「吠えるチーター」のようであった[140]。一九九一年の東京世界陸上では、カール・ルイスのライバルだったマイク・パウエルが「仮借なき死刑執行」に手を染めるいっぽう[141]、五カ国対抗ラグビー国際大会で対決したフランスとアイルランドは「壮麗なぶつかり合い」に全力を投じていた[142]。そこに婉曲語法が透けてみえるのはまちがいない。戦いのイメージは、具現される以上に演じられている。それは現実である以上に演劇的な場なのだ。初期のスポーツでは「名誉」であった負傷も[143]、もはやそうではない。苦しみはもはや義務ではないのだ。変化は決定的であり、ルールに則った対決には「戦争への覚悟」がいっさいない。そこでは、ずっと以前から軍人的要素が忘れられているのだ。しかし、かつての基準を参照するよう促す展望は、ここかしこに残されている。そうした基準がいっそうの存在感を放つのは、筋肉とエネルギーの衝突が、まるで郷愁に駆られるかのようにして、いまでは失われた「支配的状況」を想起させるからだ。すなわち「攻撃的な」価値基準や「男性的な」論評、男だけのものとみなされる「粗野」で「ぶっきらぼう」な態度である。何よりもまず男性的な、新たなジャンルのサーフィンにおける滑走の実践自体が、危険とは言わないがもっとも波乱に富んだアクロバティックなリスクを組み入れうるだけになおさらなのだ。

スポーツの男らしさを断言する声は、まず格闘技でおおく聞かれる。「柔道で戦う女性というのは、どこか自然さを欠いている」[144]。かつてのオリンピック男子柔道チャンピオンはこう強調している。当然ながら、ボクシングについてはさらに容赦なく断言される。「男でも醜いのに、女となれば完全に滑稽」であるとか、「女がボクサーだって？　ちょっとは分別があると思ってたんだけどな」[145]という具合に、今日のブログには断定的な意見や議論が溢れかえっている。そして確固たる女子スポーツ選手たちは「アスリートとみなされない」ことに不満を漏らす証言をおおく残しているのだ。[146]『レキップ』紙のきわどい表現はいくつものテーマを裏打ちしている。「ロンゴ〔一九五八―フランスの女子自転車競技選手〕はマッチョと韻を踏む」[147]のだ。社会学的な調査によって確認されるのは、このように古びた意見が保たれているという事実だ。「ひじょうに興味深いのは、女性に対する男性化訴訟が、他所では失効しているなかで、スポーツでは依然として今日的な意義を持っているという点だ」[148]。スポーツは旧来の男らしさが自己を確立できる最後の大陸なのだろうか。クレール・キャリエはそこに「男性性の今日的な発展に抗する楯となるもの」さえ認めている。[149]

とりわけ、あるひとつのスポーツの「縄張り」が、他の競技以上に熱を入れてかつての基準を保ち、今日の基準への抵抗を続けている。ラグビーである。『ドロップ』紙は次のように確信している。「ラグビーは男らしいスポーツであり、そこに女性の場所はない」[150]。そう信じる地方チームの選手たちもまた、厳密に男だけの「グループ」を作り上げ、あらゆる女性的な影響をこれみよがしに退けて「男同士」の催しを増やしてゆく。ランド地方でサン＝ヴァンサン＝ド＝ティロスの「村人たち」のラグビーチームについて調査をしたセバスチアン・ダルボンが集めた女性たちの証言は、ほとんど象徴的というべき例となっている。

おたがいの家で食事することもあったけれど、男たちは自分の話があるときは外に出て、私たちをのけ者にするの。ラグビーとかメンバー募集の話のときがそうね。わたしたちには何もわからないのよ！　このあいだのこと覚えてる？　パトリックは誰が入って誰が抜けるか知っていたけれど、アランを隅っこのほうに連れて行ったじゃない。女には知られたくなかったからなのよ。あの人たちとはラグビーの話にならないのはわかってるの。(151)

身体の規範が変容し、男女の関係が転覆した世界において、「戦いのスポーツ的な身振り(152)」のなかには、そのいくつかに関して、男らしさをめぐる古びたイメージが保たれ続けている。そこから浮かび上がるのは、そうしたイメージをめぐるほとんど神話的な必要性とその限られた領土、そして避けがたい老化である。

男らしさのルーツをかつてないほどに明示し、筋肉と勇気、精神的な強固さのうえに築き上げたのちに、近代スポーツの発展がもっとも具体的に示しているのは、そうした特性がどれほどごく単純に共有されうるかということである。女子スポーツは、それ自体が平等のひとつの実行である。それがいっそう重要なのは、長いあいだ男の主要な「特質」に属すると考えられてきたものを「奪取」しているからだ。女子スポーツは、昨今転覆した両性間の関係を、身体的かつ視覚的に表現するものなのである。

しかしながら、それに抵抗する拠点の数々を無視することはできない。「戦争」としてのスポーツは、特異な場でもあるのだ。それはすなわち、男のもっとも強固な特性が、今なお時として、恐らくはその直接的な「身体性」ゆえに、ほかでは大きな異論を呼ぶだろう特権を保っていると主張する場なのだ。

第5章　犯罪者の男らしさ？

ドミニク・カリファ
（岑村　傑訳）

「やくざ者ラファエル」は映画史に残る作品ではない。しかし、ある場面はいまでも有名だ。ひとりで鏡の前にいるフェルナンデルが突然自分の兄弟に、「無敵、男のなかの男、やくざ者」〔フェルナンデルが歌う劇中歌のタイトル〕に、変身する場面である。一九三八年のクリスチャン＝ジャック監督によるその映画の主人公は、内気で小心な、自動車工場の夜警モデスト〔フランス語で「控え目な」という意味〕・マノスク。彼は、両大戦間期大衆映画お手のものである人違いをきっかけにして、自分に双子の兄弟、強面のラファエルを作り出す。ラファエルが初お目見えするのは、紳士服店の試着室のなかだ。その映像をよく見てみよう。そこは女のいない世界であり、男的なものを原動力として画面全体が整えられている。後景をなすのは、古代ギリシャの美青年然とした、ファッション・グラビアから抜け出してきたかのような怪しげなマネキン人形たちだ。ひ弱で感じやすい「おばか」であるひとりの店員が、おずおずとその場面の目撃者を務め、ほかの従業員と数人の客は呆然と固まってその不意の出来事を見ている。ラファエルはネクタイを締め、やや窮屈な三つ揃いに身を収め、ポケットに親指を差し、頭には帽子をぴたっと決め、威圧的な顔をして、体を揺すって歩き、有無を言わせぬ迫力と秘められた暴力が醸すじつに性的な存在感を放っている。その「男」、男のなかの男は、あのいまでも有名な歌をやおら歌い出す。

おれは人食いの肉を食らった、おれの胃袋ときたら弾丸だって溶かしちまった、
そうでなくちゃ興奮しない、文句があるか。
だって、アフリカ大隊製って、おれがぶら下げている商標にゃ書いてある、
さあ見ろ、これがすっかり上から下まで、やくざ者、無敵、男のなかの男の姿だ！

滑稽で、お笑い芸に属する場面だが、そうであるにもかかわらず、そこには「男」像を形成するものが明確に示されている。犯罪という「サブカルチャー」のなかで時とともにその意味を形成してきた「男」のことだ。本章が扱うのは、その「犯罪的人間」[1]の表現と構成要素であり、その「犯罪的人間」が有する小宇宙を創造しうる力、ひとつのアイデンティティを、さらにはひとつの文化を築きあげることのできる力である。しかしながら、そのような「凶悪な男たち」に注意を向けることは、おそらく、悪人たちの社会のみならず、西洋の男性性の本質的特徴についても多くを知ることに通じるはずだ。男の性的身体について、つまり男性性について、最初の理路整然たる言説が現れるのは、拷問されている人間――すなわち犯罪者――の苦悶する裸体をめぐってではないか[2]。徒刑囚の行進〔強制労働刑に処された罪人たちは、鎖につながれて徒歩で徒刑場まで連行された〕は、一八三六年まで、烙印を押された「大罪人」の身体をフランスの大道にさらすが、それはジェンダー的劇場として構想されていた。その演出方針は、男たちの感覚と感受性に強く訴えるように女たちの影をいっさい排除することを、むろん無理なことではあったが、目指すというものだったのだ[3]。犯罪は男の特性である、と有名なトリノの医師チェーザレ・ロンブローゾは考えている。真に犯罪的な女がごく少数いるとしても、彼女たちのその性質は、ロンブローゾによれば、彼女たちが男らしさを秘めているがゆえなのだ。「罪を犯す女が近いのは通常の女ではなく、犯罪者であれ正常者であれ、男である」とロンブローゾは書いている[4]。一方で悪人たちの社会は、一九四四年の『花のノートルダム』でジャン・ジュネが解説するように、その全体が性《セクシュアリテ》を要《かなめ》とした土台の上に建っている。したがって、犯罪者のさまざまな姿をとおして見ることで、男性性のきわめて重要な図式のいくつかが明確なかたちをとり、活性化する。男性性は、われわれが社会の外れに生きる男に魅惑されるとき、赤裸となって、そのありのままの壮麗さのうちに解読することが可能になるのである。

I　犯罪者としての男の肖像

ちんぴら、やくざ、あるいはゴッドファーザーでもいいが、誰であれ仲間から「男」として認められる者たちは、共通の特徴をいくつかもっている。それは身体的外見や特殊能力にかかわる特徴であると同時に、とりわけ、男性性のおびただしい価値を説明してくれるはずの「心性」にも属するものである。

1　筋骨隆々の男たち

人が「男」を認めるのは、まずもってその見た目と身体的力においてである。身体的暴力が司る人間関係のシステムでは、力、体力、筋肉が重要な属性となる。「男」、それは第一に「屈強な男」、「たくましい男」、「筋金入りの男」、「筋骨隆々の男」であり、その証拠に、その手の能力にまつわる通り名が数多く作られている。体つきや顔つきは尋常ではなく、そのよくある特徴として、強烈な獣性がにじみでている。身長と体格がものをいうのはもちろんだが、とくに目にとまるのは、首、上半身、腕である。本当に屈強な男は、概して、がっしりとしていて、短足ではあるが、手、腕はたくましい。「血の気が多く」、多血質の人間だ。一方で、顔や表情の美しさはまったくの添え物で、それどころか邪魔になったり、不信感を与えたりすることさえある。ハンサムな男は、第一次世界大戦後に登場する新種の人間のひとり——〔女客の相手をする〕ダンスホールのダンサー、ジゴロ、「つばめ(5)〔年上の女の愛人〕」——か、あるいはもっとひどいと「おかま」だと見られるし、そうでなくとも、恋愛と女に対するコンプレックスに縛られた軟弱者にされてしまいかねない。そうなったら、その先いいことはひとつもない。

重要なのは、したがって、美しくあることではなく、強く、たくましくあることだ。その元型は、ジャン・ロランが二十世紀初頭に『フィリベール館』のなかに登場させた、力の権化、恐怖の権化たる「おぞましいおちびちゃん」である。「そのおちびちゃんは未熟児や奇形児のような醜さで見る者を不安に陥れたが、桁外れに大きい上半身と手足はじつにたくましく、人の目を惹きつけるのだった」(6)。この腕、この手こそが、「男」の力の指標であり、ひとつの文化の基盤となる価値の地平そのものなのである。思い出されるのは、ウージェーヌ・シュー『パリの秘密』〔一八四二―四三〕での、ロドルフと「短刀」との最初の出会いである。主人公ロドルフが「短刀」にみまうみごとなパンチが、『男』の名において!」、「短刀」を魅了し、彼にとって朽ちることのない記憶となって、永遠の敬意を湧きあがらせるのだ。一九二〇年代から不良たちのあいだでもてはやされる存在となるのは、ボクサーである。マルセル・セルダン、ジョルジュ・カルパンティエ、ジェイク・ラモッタらはイコンさながらに崇められるほどで(7)、また、いくつかのボクシング・ジム、たとえばモンマルトルのヴェロン通りのジムなどは、一九六〇年代まで不良文化のメッカとなる。「物騒な街《カルティエ》」や、あるいは刑務所では、現代でもスポーツ・ジムのなかにそのような身体崇拝が生き続けている。

腕や手は力のあからさまな記号であり、えてしてその延長となるのが武器である。本来的に男性固有のものである武器によって、腕や手の支配力は倍加する。不良文化にあって長いあいだ、武器といえば白兵――ナイフ、短刀――か鈍器のことだった。いずれも男根的象徴として、発揮される男らしさを増幅するのだ。「折りたたみ式ナイフ、メリケン・サック、鞭、棒、警棒、棍棒、パチンコ、砂などの詰まったブラック・ジャック」(8)、と一九一一年にある議員が注釈している。もっとも、そこには椅子の脚という伝統的な鈍器が落ちてはいるが。こういったもろもろの道具一式のなかでも、ナイフは別格の武器であり続けて久しい。「男なら、はじきじゃなくてナイフを使うもんだ」、と犯罪団のベテランが若いチンピラたちにきっぱりと言う。「血が出なきゃだめだ、はじきじゃ見えるか見えないかの穴だけだ、血は赤ワインみたいで、それだけが本物だ[9]」。しかし、二十世紀になると次第にライフルやサブマシンガンといった火器が、そしてそれにつづいて拳銃が、勢力を広げていく。拳銃はひとつのれっきとした文化を構成する要素となり、さらには男たちの崇拝の的となるのだ。ただしそれでもなお、その鋭利な刃先をむき出しにしたナイフは「男と男の」対決における正式な道具である。血が流れればその対決にはいっそう魂がこもるのだから。

強力な身体には、また、決まったいくつかの態度や性格も宿る。力があるということは打たれ強いということだ。「男」とは、酒をどれだけ飲んでも、あるいはパンチをどれだけ浴びせられても、それに耐え、平気でいられる者である。力があるということは、さらに度胸があり、威勢がいいということだ。その男たちは「心臓に毛が生えた野郎」で、怖じけづくことなどないタイプに属する。力があるからこその揺るぎないまなざしは、意志にみなぎっていることの証でもある。「刑務所も梅毒も、やつにとっては痛くもかゆくもなかった。どんな困難よりもやつの強い意志のほうが上だったからだ。危険のただなかを抜け目なく泳ぎ、戦うと決めたら怒ることも興奮することもなく戦う[10]」。これが「モンパルナスのビュビュ」についての、彼と接したことのある人間たちによる評である。「男」だということは、じつに、一見してそれと分からなければならない。身体、姿勢、しぐさはいずれも明らかなしるしであり、男らしさの標識なのである。「スイングする」歩き方は、しなやかであると同時に断固たるものであらねばならない。それはアパッチ〔アメリカインディアンのアパッチ族になぞらえて、都会のごろつきがこう呼ばれる〕の歩き方であり、ジャヴァ〔三拍子の大衆的なダンス〕を踊ったりナイフを繰り出したりすることで培われたのだろう。さらに時代がくだれば、「黒ジャンパー」〔黒い革ジャンパーを着ている愚連隊〕も同じ歩き方をしていて、「乱闘」やロックンロールのたまものだ。また、ブラジル人の遊び人《マランドロ》の歩き方もそれで、体を揺らして歩く《アンダール・ジンガード》その姿はサンバのリズムとカポエラの軽やかさを想い起こさせる(11)。「男」だということは、耳で聞いてもそれと分からなければならない。男たる者、必要とあらばどすの利いた声を出し、ろうろうと響かせることができなければならないのだ。それゆえに、あまりにもかぼそい声に生まれついてしまった男たちは、ともすると痛ましい運命を生きることになる。一九三〇年代のちんぴらである「尼っ子」ロベールがよい例だ。あるジャーナリストがこう素描している。「彼はその通り名に我慢しながら、はらわたが煮えくりかえっていて、あの女のような声にひどく辱められているのだと思う。初対面でその声が彼のたくましい胸から飛び出てくるのを聞くと、こっけいなのだ(12)」。

2 「見かけの文化」

美しさが相対的に信用されていないからといって、美的な趣味や感性が欠落しているというわけではない。それどころか、ならず者たちの世界は、見かけの文化につねに相当な関心を払っているところを示してきた。「男」、本物の男は、いかなるときでも「身なりよく」、「ぱりっと」して、「きまって」いる。服装への最大限の気配りは、それがなければ「男」とは言えない特徴のひとつでさえあり、裏社会におけるモードの歴史は競って幾通りも書くことが可能だろう。第一次世界大戦までは労働者風の格好が主流である。自分の身なりにうるさい、ごろつき、アパッチ、不良たちは、「象足」ズボン〔日本で言う「ラッパズボン」のこと〕をはく。そのズボンは「ベン」あるいは「ベヌーズ」と呼ばれていて、その名はベナール紳士服店に由来するが、ムフタール街にあるその店には悪の花形たちがこぞって通い詰めていた。彼らが「ベン」に好んで合わせるのは、たいていは青で、細かいプリーツの入ったパネの作業服か、それにすこし遅れて出回るフラン＝ピカールのジャケット、あるいは大人気の、船員が着る横縞のシャツである。フランネルの太いベルト、別名「男砕き」と、ぴかぴかで、多くが色物の靴がそこに揃えば、非の打ちどころがない。髪型も大切だ。十九世紀終わりに、やはりムフタール街のケイラ理髪店は、刈りあげたうなじ、撫でつけてポマードで固めた前髪、飾りにいくつかのカールという「ブーツ」カット、あるいは「たばこ箱」とも言われるカットを流行らせていた。さらにはカスケット帽も欠かせない。縁高カスケット（グリヴェル）やひさし付き平型カスケット（デフーまたはデフ）である。アパッチの典型であるこうした格好は、庶民街ではかなり長いあいだ廃れなかった。しかしながら、第一次世界大戦の直後から潮目は明らかに変わる。アパッチ風の姿はしだいに見かけられなくなり、代わってのしてくるのが、すでに一九一〇年代から名の知れた「女衒」たちが先んじて挑戦していた、「凝った」スタイルである。スーツ、ベスト、エナメルの靴、パールグレーのソフトハットといったいでたちだ。両大戦間には「シカゴ・ギャング」[13]の影響が増していく。それに拍車をかけたのは麻薬の密売と白人女性の人身売買で、どちらも急成長を遂げ、暗黒街の潤沢な資金源となる。それは極端なひけらかしの時代、三つ揃いのスーツ、派手なネクタイ、二色の靴、ボルサリーノ帽、ダイヤの指輪の時代だった。裏社会の大物たちは、マレ地区、カファレリ街一〇番地の店「シェ・ミシェル」で服をあつらえる。『デテクティヴ』や『ポリス・マガジン』といった新聞雑誌は新種のならず者たちを、写真を掲載する以上そのイメージの流布に寄与することにはなるのだが、それでも彼らを揶揄している。「エレガントを履き違えた服装をして、絹の靴下にエナメルのエラスティックシューズ、指には重そうな印章指輪をじゃらじゃらさせている[14]」、というのだ。ボルサリーノ・スタイルは、だが、行きすぎた幻想にはならない。広まったことはたしかだとしても、それはかならずフランスの伝統と、たとえば頭に載せた平型カスケットと、組み合わさってのことだ。結局は混成タイプが幅をきかせる。一九三一年のアウグスト・ジェニーナ監督作「パリ＝ベガン」でジャン・ギャバンが演じた「パナム〔パリの俗称〕のかわいい色男」ボブなどは、その雛形である。しかしながら、こういった特性は、第二次世界大戦後になると勢いが衰えていく。社会的あるいは民族的周辺でいくつかの例外はあったものの、犯罪界は、服装についてはひとつの鋳型に流し込まれるかのように、右を見ても左を見ても革ジャンとジーンズ、さらに時代がくだればジョギングウエア、そんな格好ばかりということになる。そのような変化に、古き良き時代を懐かしむ者たちは、裏社界の終焉をはっきりと告げる予兆を見たのだった。

3　技量と能力

これまで描いてきた身体には、当然のこととして、重要な能力が宿っている。自分の筋肉と拳を有効に使うことができる能力だ。それはまぎれもなく決定的な力量であり、評判を上げたり下げたりするのも、「でかいこと」を可能にするのも、序列が正しいことを証明するのも、その力量である。それほどの「男証書」はほかにない。しかし、パンチを食らわせることはたんなる力の発露ではなく、それはまた、いやおそらくはとりわけ、身体的暴力が司る社会における必然であり、生存の問題なのだ。「この裏社会では暴力だけが法だ」と、ジャック・メスリーヌ〔一九三六―七九。「社会の敵ナンバーワン」と呼ばれたフランスの犯罪者。強盗、殺人、脱獄を繰り返し、最期は警官隊に射殺された〕は書いている。「一生涯、この教訓のおかげで、難しい状況にあっても俺は優位を保つことができるだろう」(15)。一九九五年から二〇〇六年まで投獄されていたティエリー・シャトビは、さらに明快だ。「暴力にさらされて、それに反発しているうちに、わたしは現在の自分になった。口を閉じ、刺青を入れ、そういう暴力に立ち向かうための殻を作りあげたのだ」[16]。しかし本物のやくざは、その力を用心深く使うことを知っている。「かっとなるなんてとんでもない、俺は話し合いができるぜ」、と「やくざ者」ラファエルは解説していた。自分が上だという自信をもつ真の大物は、何か沽券にかかわるというのでないかぎり、感情を爆発させたりはしないだろう。

その「男」固有の根本的な特質にくわえて、集団内での社会的、経済的生活においてはなくてはならないといってよい山ほどの技術的能力があり、それが備わってこそ一人前となる。いくつかは単にその身体文化の表現であり、発露である。ダンスがそうだ。バストシュ〔パリのバスティーユ界隈の俗称〕の庶民的ダンスホールから現代のブレークダンスのパフォーマンスにいたるまで、ダンスはつねに、力と欲望と男らしい身体の統御を表現する、男の娯楽のひとつであり続けた。裏社会のドンや顔役たちは、自分では踊ることをしなくなっても、ナイトクラブや流行りのキャバレーに通うことはやめない。たとえばモンパルナスやシャンゼリゼには、『悪党たちのパノラマ』を書く一九三四年の〔ブレーズ・〕サンドラールをあれほどまでに魅了する店があったのである。さらに、ダンスのみならず、ほかの能力、いくつかの純粋に技術上の能力が必要とされる。博打で手口を自在に操ることは、まちがいなくそれに属する。初歩中の初歩（競馬場の台の上での三枚当て）のかたちをとる場合から、カジノの倍賭け、ポーカーの高度な心理戦などできわめて緻密に発揮される場合にいたるまで、不良は「遊び」のための知識を所有している。その知識いかんで、存分に楽しむと同時にうまく金が稼げるかどうかが決まるのである。また、やはり多くの者に一目置かれるのが、口先の能力、論証の能力だ。パリの場末独特のからかい、巧みな弁舌、寸鉄人を刺すせりふなど、「男」はことばを弄して自分の力を実証することに長け、悪党のさまざまな語法の使い道に通じている。別の態度が勝ることもあるとはいえ――寡黙や沈黙も同様に否応なく敬意を集める——、隠語の知識が不可欠であることに変わりはない。裏社会の継続的な専門職化のなかで、純粋な技能が重視されていく。多種多様な盗みの方法（介抱泥棒、釣り銭詐欺、メリケン詐欺〔アメリカ人富豪になりすます信用詐欺〕、スリなど）が、ヴィドック以来、どん底社会の有名人たちを連綿と生み出しているが、くわえて錠前破りやバーナー使い、（金庫の）「開き屋」や（壁の）「貫通屋」、偽造屋や化学屋といった、より近代的な専門家が登場する。いずれの能力もそれだけで名声を築くことができ、またどれもが必須の技術的切り札となって、ひとつの具体的な犯罪計画のもとに裏社会ならではの「チーム」が構成されるのだ。おしなべてそのようにして、一九二二年一月のマルセイユでの特急列車襲撃から、ギュ・メラ、エミール・ビュイッソン、ルネ・ラ・カンヌを経て、一九七八年から七九年のジャック・メスリーヌの最後の「大仕事」にいたるまで、二十世紀の大型犯罪はなされたのである。(17)

4 「メンタリティ」、「男」の専売特許

しかし、何にもまして「男」を作るもの、それはその倫理感、その「メンタル」である。「男らしい性格をもつ者だけが男である」(18)と、ある裏社会の観察者は記している。その価値を決めるのは二つの原則だ。第一の原則は、異論の余地なく、ある種の実直さ、すなわち「男のモラル」を築きあげている現行の掟や規範の遵守である。「男のモラル」は、微に入り細に入り誇りの感覚を課してくる。「男」は約束を破らず、危険や戦いを前にして「怖じ気づく」ことなく、自分の縄張りを守り、他人の女を奪わず、奪うとしたら「正々堂々と」けじめをつけるだろう。とりわけ、共犯者や友を、あるいは犯罪者社会のほかのメンバーの誰かを「売る」ようなこと、「たれこむ」ようなことはしない。それこそはいちばんの禁忌なのだ。その禁忌を犯す者は「男」であることをやめ、「犬」、「た

れこみ屋」、「密告屋」になる。絶対的なものとして与えられながら、この誇りの領分はいうまでもなく侵され続け、そのことを嘆く言説が二十世紀全体を通して（それ以前の諸時代も同じように嘆かれているのだが）途切れることはなく、「男」が「男」だった時代へのノスタルジーをかきたてたのだった。それでも、昔もいまも、その誇りの問題がいちばんの理由となって、不良たちの生活を彩る数多くの抗争劇が起きていることに変わりはない。その同じ行動規範が、いくつかの暴力行使を尊重するよう強いるのだ。正当に「激怒」している場合を除いて、執拗に、抑えることをせずに、過度の暴力あるいは根拠のない暴力をふるうことは、「男」の憲章をないがしろにする、信用の置けない人間のしるしである。「突き立て屋」がまさにそれで、「突き立て屋」というのは刑務所特有の用語で、性的暴行、とりわけ子どもに対してそれをおこなう者を指す。そしてそのような裏社会の「掟」とメンタリティに背く乱行をおこなえば、いかに激しい集団的制裁にさらされるかは、誰にでもわかることだ。とくに刑務所内では「突き立て屋」は格好の餌食となり、なぶりものにされるのである。フリッツ・ラング監督の映画「M」のなかでは、一九三〇年のベルリンで少女たちを手にかける殺人者を追い詰めて捕まえるのは、悪党たちだ。その殺人鬼を裁く貧民街の法廷には男たち、女たちが集まり、その男女が驚くべき意見の一致を見せて、男のモラルに違反したその人間を罰するのだ。性的な問題が絡まなければ、過度な暴力が断罪されることは少ないし、むしろ人を魅了することすらある。ただし、それほどの暴力にふける人間が異常な衝動に従っているということは、誰もが認めるところだろう。そのような人間は殺人鬼となり、サディストとなり、ときには「怪物《モンスター》」とさえなり、そうであるがゆえに組織的犯罪の世界からははみ出るのである。

第二の大原則は、女性に対する侮蔑である。それはとても強い感情で、それによってグループの結束は固まる。もちろん、母親については、不良たちにとって聖なる存在なのだから、別に考える必要がある。またおそらく、ある男たちにとっては価値がある、規格外れの女たちがいることも認めなければならないだろう。たとえばマルチーヌ・ヴィロケがそうだ。彼女は数々の武装強盗に加わり、さらに一九七五年七月には、弁護士に変装し、手には手榴弾をもって、裁判所での公判の真っ最中に自分の夫を脱走させるのである。「またしても、女が男の行動を見せた」と、この事件についてメスリーヌは書いている。しかしながら、これはあくまで例外だ。裏社会のモラルは恒常的な女性蔑視の上で動いている。女などどうあがいても引き立て役だと思われているのだ。このような現実の基盤にあるのは、性的関係についての動物的な見方である。挿入行為（性器への、肛門への、口への）に還元された性行為は、力の示威、支配の表現だと見なされるのだ。女は（「受け」の同性愛者もまったく同じだが）男の権威と力に従うものだと考えられている。もちろん、その世界が愛というものを知らないわけではない。しかしながら、愛は、男が満たすべき条件によって課される制限の枠内にとどまらねばならないのだ。皆から一目置かれてアルジェのカスバの主に納まっている「船乗り」ぺぺが、それまでの絶大な信頼を失い始めるのは、ギャビーによってかき立てられる熱情に抗うことのできない姿をさらし、狼狽のなかで次第に精気を失っていくときだ。子分のひとりであるカルロは、「ぺぺの感情の高ぶりを目の当たりにしていたが、それは彼の見るところこれほどの男にはふさわしくない感情で、ぺぺの男としての誇りをいささか傷つけてしまうものだった」(19)のである。

ところで、女は侮って然るべきということになるのは、否応のない経済的支配のためでもある。売春が、街娼であれ、娼館であれ、あるいは「白人女性売買」によるものであれ、犯罪社会全体の屋台骨そのものなのだ。犯罪における掟や縄張りや序列は売春業のそれでもあり、したがって女たちはそれぞれの集団にとって主要な、さらには多くの場合唯一の、財源となるのである。アルベール・ロンドル〔一八八四―一九三二。ルポルタージュで活躍したフランスのジャーナリスト」は『ブエノスアイレスへの道』でこう書いている。「暗黒街は女を搾取する《エクスプロワテ》「男」たちの社会であり、彼らはほかの男たちが森を開発したり《エクスプロワテ》、特許から利潤を得たり《エクスプロワテ》、鉱山やミネラルウォーターの水脈を採掘したり《エクスプロワテ》［…］するのと同じようにそれをするのだ。彼らは彼らで人権〔＝男権〕擁護連盟を、だが女を土台にして、作ったのだった」[20]。この支配には、いっさい例外はない。その点からいえば、「公娼館」が一九四六年の閉鎖まで女主人、女将、やり手婆といった女たちによって切り盛りされていたことは、まやかしにすぎず、フランスにおける警察の規則万能主義が強いたものだった。じっさい、どの女主人のうしろにも、その場の所有者あるいは主人である男がいるのだ[21]。街娼たちはというと、彼女たちは仲買人すなわち「肉屋」によって売春宿に、さもなければ、白人女性売買の最盛期である一九一〇年から一九三〇年にかけてはブエノスアイレスやモンテヴィデオの娼家に送られる、ありふれた「商品」である。

このような関係であればこそ、とりわけ「女をしつける」必要、つまり定期的に女を殴り、「叱り」、「正す」必要が生じる。そこには男らしさの二つのしるしが見てとれる。本質的な属性である力の行使と、男性支配の実演である。またその結果として、「男」が拒絶あるいは軽蔑するものは、きまって女性化されることになる。あらゆる罵りのことばは、なるほど、女性形なのだ。かくして汚い手を使った輩は「卑怯者」だし、共犯者を売った奴は「たれこみ屋」、「手先」〔「フランス語で卑怯者」、「たれこみ屋」、「手先」はいずれも女性名詞〕なのである。

5 烙印

その力、その権威、その支配への意志の目に見えるしるしと烙印も、「男」は身に刻んでいる。長いあいだ梅毒——瘡毒——の瘢痕が、やくざ者の顔の上にあって、その男が女衒を生業にしているということ、そしてすぐれてブルジョワ的規範である衛生に反旗を翻しているということを、証明してきた。その役割は一九五〇年代の初めまで、つまりペニシリンのおかげで梅毒が衰退してしだいにその役割の意味が失われていくようになるまで、続くだろう。[22]さまざまな傷跡は男を作る価値の大部分を総合する、第二の揃いの服である。そこには暴力と偉業、苦痛と試練、力と権力が読みとれるのだ。それは傷であると同時に男らしさの証である。[23]古代ローマでは執政官に立候補した若者たちが公共広場《フォーラム》でみずからの傷跡をさらけ出し、衆目に自分の価値の証拠を呈示してみせた。同様にのちの犯罪者はおのれの傷跡を、それぞれに男らしさを雄弁に物語るしるしとして示すのである。アーミテージ・トレイルとハワード・ホークスの「スカーフェイス」にならって（作家も監督も、現に左頰に傷跡があったアル・カポネから直接の着想を得ていたのだが[24]）顔に傷があれば、明らかなメッセージがすべての人に、絶え間なく送られることになるだろう。「彼が笑っても、その部分は笑うことを拒み、そのために顔の表情は驚くほど不気味になるのだった」。

刺青は男らしさの証の最後に控えるものであり、おそらくもっとも訴えかける力が強い。二十世紀の最後の四半世紀まで変わらず、刺青の大半は犯罪と服役経験に結びつくものである。「今日フランスでは、誰かが刺青をしていれば、それは疑わしいしるしとみなされうる」と、一九五〇年、警察本部長ジャック・ドラリュは記している。[25]早くも感化院時代に「刺」してもらう者もいれば、中央刑務所や流刑地でそうする者もいるが、刺青を彫る場所としての筆頭はアフリカ大隊〔一八三二年に編成された囚人による軽歩兵部隊〕である。アフリカ大隊は、一九五〇年代の終わりまでは若い犯罪者の大部分が通る道だった。じっさいビリビ〔アフリカ大隊を指す隠語〕では、公式には禁止されていたにもかかわらず、ほとんどすべての男が「青」かったのだ。[26]それは何にもまして男の実践である。独房や同居房で休憩時間に囚人が肌に彫ってもらうのは、ばらばらで、つながりのない、断片的な記号で、言語化するのは困難だが、苦痛や挑発や反抗を十分に表すものだ。技術が与えてくれる紛れもない威厳を身にまとう彫り物師は、手近のものを道具にし、藁布団に寝た施術される男たちの裸の身体の上で仕事を進めていく。作業で用いられるのは針、剃刀、あるいはときにパンチ、木の破片、缶詰の一部を研いだものなどで、感染症で化膿を引き起こす危険は顧みられない。ありとあらゆるものが顔料代わりになる。石炭、寸胴鍋の底からこそげた煤、赤色には瓦の破片、青色には砕いたスレート片といった具合だ。[27] こんな条件下では、刺青彫りは激痛をともなうことがたいていで、場合によっては危険なものとなる。ある医師が総括するところによれば、「［施術は］、周知のように、きわめて敏感な組織層に対するものであり、［そのため］苦痛は結果として神経にいくつかの障害を生じさせ、耐えがたいものとなって、失神を引き起こすことがある。蜂窩織炎と膿敗血症による死亡さえ確認されている」。[28] それがゆえに、刺青とはすなわち強い「男」の力、勇気、耐久力でもあるのだ。ロンブローゾの人類学はその点を見誤らず、刺青を犯罪者たちの「感覚の欠如」を証明するものだと考えている。刺青で覆われていることは、したがって、やくざ者であることのしるしなのである。いくつかの刺青は、たとえば目の輪郭を強調するもののように、とてつもなく痛い。「それに耐えるには我慢強さが必要で、彼らの言う「猛者中の猛者」でなければならないのだ」。[29]

どのようなイメージ、どのようなメッセージを、この「地獄に墜ちた男たちが織りなす巨大なタピスリー」[30] はわれわれに投げかけるのだろうか。これらの刺青でもっとも多いのは、愛と性に関するものだ。よくあるのは腕や前腕に彫られているひとつの名前、あるいは組み合わされ、矢に射貫かれたハートを戴いた二つの頭文字である。それらが意味するのは泥棒たちの恋であり、ひとりの男とその女をつなぐお互いへの帰属関係である。もっと下品なところでは、はっきりと性器に結びつく、「愛の蛇口」、「ご婦人を悦ばせるために」、「おれは助平な豚」

などというのがあったり、あるいはときに直接陰茎に彫られているものもあるのだ。それ以上に明確なかたちで、しかじかの文句が男らしさを伝える役割を担っていることを示すのはむずかしい！　ある男たち、ほとんどは「受け」の同性愛者か男娼だが、彼らは背中や腰に女の顔や身体を彫ってもらう。ある彫り物師は愛好家にこう言ったものだ。「背中に女たちの顔っていうのは、ああそうよ、お客を一味ちがう男にしてやるためさ」[31]。しかしながら、このみずから望んだ烙印には、さまざまな別の機能もある。目印としての刺青がそうで、たとえば「ごろつきの点」（左目の下に打つ）、あるいは手や手首に入れる連続点などだ。また挑発の記号になることもあり、「くたばれポリども」はかなり広まっていたし、右の掌の「くそったれ」は軍隊式敬礼に反抗し、懲治部隊兵たちのひげを剃った唇には飾るように口ひげが彫られるのである[32]。思い出の品としても刺青は価値が高く、おもに流刑地土産、軍事刑務所土産ということになる。それはシンボル（懲治部隊兵のひさし付きケピ帽、スコップとつるはしの束、軍の隠語で軍法会議を指す「角灯」）や、北アフリカを想起させるモチーフ（椰子、砂丘、ムーア人の顔）であったりするが、いちばん多いのは、「アフリカの思い出」、「ビリビ」、「苦悶の地モロッコ」といったように、体験を証言する簡単な文句に凝縮されている場合だ。さらに別に分類できるものしてとてもよく目につくのが、社会の外れにいる男たちの悲劇的な運命への示唆、刑務所や軍隊や流刑地などはそれぞれその一段階にすぎない不幸のサイクルにはまり込んでしまった生涯への示唆で、「ファタリタス〔運命〕」、「望みなし」、「悪い星の下に生まれた」、「デイブレル〔死刑執行人〕のために」といった具合である。

しかしながら、多くの刺青は、いや大部分といってよいかもしれないが、どのような明確な意味づけにも収まらない。そこには愛国的な記号もあればいいかげんな記号もあり、動物があり、キリストがあり、ナポレオンがあり、マルヌの戦いがあり、あるいは、おもにカイエンヌ〔流刑地があったフランス領ギアナの首都〕でのことだが、「脱走」の表象がある。十九世紀末のアフリカ大隊兵の刺青を研究したラカサーニュ博士は、モチーフは彫り物師から押しつけられることが多いと報告している。「われわれが出会った刺青を入れた男たちのなかには、自分に彫られている刺青の意味を知らない者が大勢いた(33)」。アフリカ大隊のある古参兵はこんな刺青を覚えている。「鼻の下に蝶を入れていて、目の下に羽を広げているものだから、なんとも突飛な顔になっていた(34)」。「男」のしるしとなるのは何か特別なモチーフではなく、刺青を彫るという行為であり、刺青を入れているという事実なのである。

皮膚の上にある刺青はまずもって、不良たちにそれほどまでに影響を与える身体の文化、筋肉の文化について物語る。その短い形式、その図柄、そのシンボルは、社会の外れにある男を作りあげる重要な価値を、踏んでいくべき段階を、欲や苦しみや憎しみを、赤裸々に、十二分に教えてくれるのだ。それは、その男の人生の劇的な一齣、肉体の奥深くに終生——「ＰＬＶ〔フランス語で「一生のあいだ」を意味する表現 pour la vie の略記〕」——刻まれたその一齣の鮮明な記憶であり、生々しい縮図である。たいがい刑務所体験と結びついている刺青は、また、罰せられている男にとっては自由の表明でもある。別の服役者によって肌に刺青を描いてもらえば、そのようなかたちでその新しい社会に初めて参加し、その社会の規範を自身のものとしたことになる。元強盗で懲役を食らったこともあるジャン＝バチスト・ビュイッソンが一九七七年に書いているように、もはや何ひとつもたざる人間にとって、「残されているのは皮膚であり、その皮膚を旗にするのだ(35)」。いくつもの刺青を彫ることは、さらに大きな意味をもつ。刺青で覆われた男、上半身、手足、とくに顔をいっぱいの刺青で飾った男、そういう男は、自分が永久に社会の外れで生きていく運命にあるということを知っている。それは、ジュード博士が一九〇七年に考えていたような、「論理的思考と予測能力の完全な欠落のしるし(36)」ではなく、人生がそこで終わっているということをきっぱりと表現するものなのだ。刺青、刑務所の隠語で言う「もんもん」の本領は、そのときにこそ発揮される。「そんな姿になる奴らは、お先真っ暗の男たちだ」[37]と、ある元服役囚は解説する。「もんもん」を背負って、これからは何でもする腹をくくった男たちのことだ。彼らは自分が体現している社会の呪われた部分を、みずからの身体に貼りつけて見せているのである。

ひとつの知と、ひとつのモラルと、そしてあるひとつの女使用法とが交差する地点にこそ、男の姿が出現する。それらの切り札を肉体的力と結びつけることができる男に、絶対的な権力が確約されるのだ。彼は「男」であり、自由で無頼、何も彼を傷つけることはできず、誰であれ彼を縛ることはできない。「モンパルナスのビュビュ」と綽名され、一九〇一年にシャルル＝ルイ・フィリップによって戯曲の主人公となる女衒モーリスは、まさにそのような絶対者だ。

モーリスは、女たちを手に入れ、しつける男である。彼は花屋のベルトを捕らえる、その美しい処女を選ぶ、それから自分で彼女を楽しんで、そして商売道具にする。彼は自分の周りを眺め、ひとにらみで物事を理解してしまう［…］。錠前を扱う複雑な技がわかっていて、指先を器用に動かし筋肉をぴくっとやればいいだけだ［…］。狼の歩き方と呼ばれる音をたてない歩き方ができるし、熾火のような目で暗闇を見ることができる。痛めつける拳、命を奪う拳をもち、攻撃も防御もお手のもので、ナイフの刃を操れば危険のなかで道を切り開く。そちこちで人が痛がり苦しむ街の通りを、彼だけは何の心配もなく歩いていくのだ。[38]

Ⅱ　視線の工場

ところで、やくざや女衒のこのような肖像を前にすると、多くの疑問が湧きあがる。その第一は、それが拠って立つ情報源についてのものだ。そのような表象は、じっさい、どこに由来するのだろうか。不良たちが書き残すことはほとんどなく、使えるいくつかの回想には、それを収集したジャーナリストや小説家の筆致が色濃いことがほとんどだ。したがって、起源を探すのであれば、ほかの場所に向かわなければならない。日刊新聞や専門紙のなか、娯楽文学、大衆文学、犯罪文学のなか、「現実派」シャンソン〔二十世紀初めに登場し、両大戦間期に流行したシャンソンのジャンル。庶民のつらい日常や切ない恋愛を歌う〕のなか、映画のなか、あるいは警官の回想のなか、つまりは悪漢と裏社会の表象が絡み合う、あの解きほぐせない濃密な塊のなかに。二十世紀にあれほどまでに流布した「裏社会《ミリュー》」ということば自体、舞台の上で誕生しており、フランシス・カルコによって一九二〇年四月にルネサンス座で上演されたその芝居は、じつに『わたしの男』と題されていたのである[39]。さて、その一群の文章は多くが著名な書き手たち、カルコはもちろんのこと、ブレーズ・サンドラール、ピエール・マッコルラン、ジョゼフ・ケッセル、マルセル・モンタロンなどによるもので、とめどない詩情と幻想性を放つがゆえに、まさに「男」の神秘主義を構築するにいたっている。マッコルランのスラム街小説のひとつにこのような一節がある。「俺は『男』だ！　そのことば、『男』ということばに、ボブは酔っていた。自分の口からそのことばを出すと、涙がこみあげてくるのがわかるのだ[40]」。それは「女たちが俺たちを何ともいえない目で見てくる」からだろうか、それとも、ボブが共同体の、「屈強な男」たち、「抜け目ない男」たち、「腕ずくの男」たち、いまもこの先も人に崇められる男たちの共同体の一員に、自分はいまやなったのだと実感するからだろうか。

それらの文章は、たしかに美しい。生彩に富み、悲劇的な、あるいは感動的なひとつの世界を作りあげている。しかしながら、その世界が犯罪社会で実際におこなわれていることと関係があるのかということになると、よく見積もっても、疑わしい。それを構築した者たちが認めるところによれば、その違反の世界からたちのぼらせるべきは、詩情である。「陰にこもった際限のない詩情[41]」、「いかがわしく、しかし圧倒的な詩情[42]」であり、さらにときにそこに加わるのが、逆説的で感傷的なモラルと、直近の過去に対する懐古的な愛着である。それがゆえに、ことばとそれに込められた感情的な意味に、あれほどまでに格別な注意が払われるのだ。「ほかならぬこれらのことばが発する禍々しい光輝のなかに真実を探さなければならない」とマッコルランが記すのは、「刑務所」、「死刑執行人」、「流刑地」といったことば、「絶望と恐怖に満ち満ちたことば[43]」のことだ。もちろん、「男」もそういうことばのひとつである。「彼は『男』ということばをそれが意味しうることの極限においてまで理解し［…］そのことばは彼をたかぶらせ犯罪にまで向かわせるのだった[44]」。しかしながら、このような表象が築くのはひとつの幻想である。「マック〔＝マッコルラン〕と、ひも、売春婦［…］、彼の作品のなかにあふれかえるありとあらゆる種類の堕落者とのあいだには隔たりがあり、それは文学と現実とを分かつ隔たり、詩人の筆が走る白い紙と若い女が闊歩する歩道とを分かつ隔たりなのだ[45]」と、『サン・ヴァンサン通り』の巻頭で明敏にもアンドレ・ビリーは書いている。たとえ、ドルジュレスが『霧の城』で回想するように、モンマルトルでは「ごろつきたちが才人たちと親しく交わっていた[46]」ことが知られているとしても、それはしばしば表面的な関係にとどまっていた。「そういった人間たちは、わたしたちの生活のなかを影のように漂っていた[47]」と、マッコルランはまとめている。しかしながら、新聞やシャンソンや映画によって広められて、そういった数々のイメージは広く共有されることになったのだ。したがってそれは不良たちの指標ともなり、それに照らして彼らは自分の経歴を構想し、望みを限定し、ふるまいを形成した。だからこそ、そういうイメージもきちんとした考察の対象とするべきなのである。

第二の問題点はさらに手ごわく、それらの実践と行動の「犯罪」という特性にかかわるものだ。「犯罪」という形容が示しているのは、おそらく、外から見て押しつけた現実であって、本人たちが実際に感じている現実ではない。犯罪と非行の世界はプロたち（もちろん存在はするが、ごく少数派でしかない）がみずからの意志と責任で加わる集団である以上に、とりわけ弱い普通の人間たち、できそこないの悪党たちから構成されているのである。そこで積み上げられていくのは単純で行き当たりばったりの行為で、たいていが月並みか、あるいはけち臭く、そんなことをするのはぱっとしない人生の偶然に促されてのことだ。そのような行為を「犯罪」と形容するのは現実の歪曲ゆえであり、その歪曲は、たいがいはずっとあいまいな行動を強硬なもの、プロによるものだとみなし、烙印を押していこうとする。したがって、この点でとるべき態度は、そのように男性性として受け取られているもののなかに、犯罪者層の天然の温床である庶民階級の伝統的行動に属するものをより的確に見抜くこと、そしてあわせて、反対に「犯罪」というサブカルチャーに特有の挙動に発するものを把握することである。

1　犯罪？　それとも庶民的？

これまでに挙げてきた特徴の多くは、じっさい、庶民の伝統的な社会生活のあり方に属するものである。村や工場《こうば》や街なかではたいてい、人の値うちと行動は対応している。力と筋肉、武勇伝と肉体的偉業に値うちを認めることは、農村部であれ都市部であれ、労働の世界では普通の態度であり、若者たちがそれを見習おうとすればより過度になるのが一般的だ。昔から農村の若者は、実力行使と悪ふざけの乱暴な文化、反抗とばか騒ぎへの嗜好、どぎついことば遣いに価値を置く[48]。けんか、殴り合い、流血沙汰、さらには大乱闘にいたるまで数知れず、拳や棍棒やナイフで決着がつけられるのだった。集団の理屈、グループの名誉という理屈、縄張りを決めそれを守るという理屈は、犯罪行為における独自性のひとつとしてとらえられがちだが、それ自体は村の伝統的な社会生活に由来するものなのだ[49]。そのような観点から見れば、一九一二年刊行のルイ・ペルゴー『ボタン戦争』の男の子たちの戦争ごっこと、同時代のアルフレッド・マシャールによる作品群『街の叙事詩』のなかで繰り広げられる抗争とのあいだに本質的なちがいはない。「第三共和政下における一少年団の自然的・社会的歴史」である『街の叙事詩』におけるその抗争は、都市の犯罪者予備軍による示威行動とみなせるものだ。もっとも、ブルジョワの子弟たちもひけをとらない。似たような行状は十九世紀の高校でもあり、そこでは暴力行為が、性的なものも含めて、珍しいことではなかった。自分の力をひけらかすこと、他人に対して自分の男性性をかき立ててみせることは、日常的な実践であり、さらには成長過程にあるほとんどの青少年の行動に特徴的な「普遍事象」でさえあるのだ[50]。

女子に対する乱暴についても同様である。田舎の人々は体をぶつけあったり、互いの腕をよじったり、自分の熱い想いを打ち明けるのに小突いたり、あるいは「ひと押し」したりする。長いあいだ抑圧されていた性欲は、ひとたび表に出るとなると暴力的なかたちをとり、家内や農場の女使用人たちがしばしばその犠牲となるのだ。庶民階級にとって女への暴力は長いあいだ当たり前のことであり続け、家庭内での乱暴は習慣となっていた。殴打や強姦はそこでの日常茶飯事だったのだが、それでも十九世紀の終わりにはそういったふるまいは下火になり、とりわけそんな冷血漢《メン・オブ・ブラッド》たちへの寛容が後退する。彼らは、ヴィクトリア朝の道徳が課す男らしさの新たな基準のもとで、しだいに信用を失っていくのだった[51]。その種の暴力は、ときに指摘されるように、南仏の文化のなかに存続している。そもそもが、それは犯罪世界に多くの人材を供給している文化なのだ。「伝統的なひも家業の大物たちは、その大部分が地中海盆地の、そのあいだでは男性の卓越がいまだ生き延びている、屈強な民族の出である」と、アンリ・ドルアン博士は一九三三年の『四つ辻のビーナス』で記している。博士の念頭にあったのはもちろん第一次世界大戦来ピガールとパリの売春を牛耳っていたコルシカ人たちのことだが、その指摘は二十世紀に台頭するさまざまなマフィアにも、また世紀終わりの「ポスト・コロニアル」な移民が生んだ犯罪にもあてはまるものだ。しかし、それこそはほかならぬ「名誉」の社会の特徴のひとつである。その社会では、復讐が男たる者、すなわち父、兄弟、息子といった集団の名や旗印を担う者の行為となるのだ。そこにあるのは、犯罪というよりも、むしろひたすら庶民的な実践である。

同じ価値観を有するがゆえに結びつくということが、さらに、犯罪の世界と、その世界を縮小させる任務を負った世界についてもいえるのではないか。司法警察が、少なくともフランスにおいては、元徒刑囚ヴィドックの主導で誕生し、長いあいだそのもともとの非合法性の刻印をとどめていたことは、思い出しておいてよいだろう。そして、アメリカの推理小説とハリウッドがハードボイルド探偵の姿を、サム・スペードやマイク・ハマー流の「タフガイ」を、広めることになった。それは両義的な主人公で、怪しげで女性蔑視丸出しのその素行は不良たちのそれとほとんど変わらない。価値観まではないにしても、素行の一致はそのようにたしかにあって、警官とごろつきが互いに敬意を払うという伝統を長く培ってきた。「面と向かっているのはもう社会の敵と凶悪犯罪対策のボスではなくて、ふたりの男、誓いのことばの重みを知るふたりのタフな男だった」[52]と、メスリーヌはブルサール警視について書いている。

2　犯罪のサブカルチャー？

庶民の、おそらく極端ではあるが、しかし通常のものにはちがいない規範と実践にまぎれもなく属しているように見える、そのような男らしさが誇示されるとき、そこには「犯罪」的な何が残されるのだろうか。二つの点だけが、真に特異なものとして浮かびあがってくる。

そのうちでもより固有な要素が、売春市場、二十世紀の悪党たちによる表現を用いるなら「尻のパン」、であることは、疑いようがない。その装置がそれがなければ犯罪世界の理解は及ばないほどの経済的重要性をもっていることは、すでに強調した。第一次世界大戦直後の裏社会の勃興は、その時期に植民地やアルゼンチンのエルドラドへの女たちの輸出がもたらした莫大な儲けとは切り離すことができない。人身売買こそが「街のお大尽たち」の巨額資産の出所であり、その金で彼らは肩で風を切って歩き、ラ・ヴァレンヌ＝サン＝チレール〔パリ南東の郊外にある〕に豪華な別荘を建てるのだ。だが、もっとつましい一介のちんぴらとなると、売春は欠かせない日銭である。男すなわち女衒《メック》、男すなわちひも《マック》である社会では、ひとりの女を手放すことは深刻な儲けの損失につながった。サン＝ラザールや救貧院への女の滞在が長引けば、男は経済的な窮地に追い込まれた。さらにそれが別の男が女を「盗んだ」ということになると、名誉の問題も加わって、当然速やかに応酬しなければならない。カスク・ドール事件〔ベルエポック期に「カスク・ドール＝ブロンド・ヘア」と呼ばれる娼婦をめぐって起きた抗争事件〕や、そこまで派手ではなくとも、その後のほかのいくつもの事件が示しているとおりである。

売春という装置は、それが中心的な役割を担う結果として、いくつかのジェンダー上の特異な性格をもたざるをえない。すべての基盤に横たわっているのは不可侵の原則、女は議論の余地なく男の所有物である、という原則である。ただし、その所有関係の条件については交渉可能だ。たとえば、カスク・ドールとごろつきのブションが最初の「所帯」をもったときがそうだった。

> 俺の条件？　へっ！　俺の条件なんて簡単さ！　俺は俺でせっせと働くから、おまえはおまえの仕事に励んで、財布はふたりでひとつだ……。晩になったらおまえが俺に「わたし今日はこんなに稼いだわ」って報告して、俺は目をつぶったまま銭入れを開くんだ。厳しい条件なんて呼べるものじゃない。俺はおまえを信用し、おまえは俺を裏切らないってことだ(53)。

このような均衡関係は、想像がつくように、長くは続かないし、それどころか、職人的な商いの段階からより合理化された売春斡旋業の形態へと目を移してみるなら、そんな均衡は文字どおり考えられないことだ。一度手に入れてしまえば、どんな女も譲渡、交換、売買が可能なのだ。いずれにしても、契約を守らせる手段は殴打である。「ひもの拳が女たちをしつけ、その白い肉の上に刻印を残す(54)」、とシャルル゠ルイ・フィリップは詩的に書いているが、その現実は詩的などではない。女を懲らしめるという典型的な男の行為は、集団的な儀式としても大切なものだった。「おぞましいおちびちゃん」は、「巻きひげ」に「罰を与える」とき、「だち」の全員をその見世物に招待する。「『巻きひげ』を締めあげるのを見られるなんて、その見物のためだったら這ってでもヴィルジュイフに行くぞ」と、別のひもは大喜びだ。「『巻きひげ』イルマはひとりで働こうって腹だったからな。この仕事じゃそんなことは許されねえ(55)」。懲罰は死にいたることもあったが、それはそれで見せしめとなって女たちの服従はいっそう保たれると考えられていた。しかし、傷つけずに痛めつけることを知っているのが良いひもだ。「女たちを従わせるには殴るしかないが、殴った跡をつけてはだめだ。それが何より大事な点だ」。逆に、「よく稼ぐ」、忠実で分をわきまえた女は、「男」を大きくする。そこから繊細なジェンダー上の均衡状態が生まれるのだ。保護と支配の均衡であり、どれだけ殴られてもそれに耐えれば愛情の保証がいくつか与えられるという均衡である。しかし、そこに瀰漫しているのは、男社会が課してくる暴力と権利の否定に向き合う女たちの恐怖にほかならない。

そのような役回りを担わないこと、力による支配を、自分の資質がたとえどうであれ、おろそかにすることは、みずからの権威と影響力の喪失を受け入れることだった。それこそが「船乗り」ペペの運命である。王として君臨するアルジェのカスバで彼は、敬意を欠いた女を「制裁する」のにぐずぐずするのだ。男たちの社会から見ればそんな女が受けて当然の「男の仕打ち」を、なかなか与えようとしないのである。

周りの者たちは彼の仕事での実力をわかっていて、その武勇伝は知れわたり、警察とのいざこざや、中央刑務所に入っていたこと、パリから逃れて来たことなどを知らない者は誰もいない。そう、そういったすべてが彼にまぎれもない威厳を与えているのだが、しかし女たち、とくにイネスに対しては、十分に厳しくしないという過ちを犯したのだ、あまりにも手を差し伸べすぎたのだ。(56)

恋して物憂げになったペペは男であることをやめ、女のせいで一気に失墜へと向かっていくのである。

特性のもうひとつは、刑務所や収容施設の経験に関するものだ。それはこの手の男たちの大部分の人生に、その行程の少なくとも三度の節目にわたって多大な影響を与えている。第一は、感化院、農業矯正院、あるいは「子どもの流刑地」である。これはしばしば決定的な段階となり、そこでその青少年たちは集団的、社会的暴力、そして性的暴力の手ほどきを受けることになる。そして、軍籍登録可能の時期を迎えると彼らのほとんどが配属される軍の「特別部隊」、すなわちアフリカ大隊や懲治隊が、第二の節目だ。最後はもちろん、刑務所や強制労働である。さて、これらの経験のそれぞれが男だけの社会に対して、これまで述べてきた価値体系全体を、おもに身体的力と性的従属の体系を、押しつけることになる。看守たちの監視の目がひとたび眠り込んでしまうと、鉄格子の向こうでは力と支配の表出だと考えられる性を中心にして、つまり「男らしさ中心主義」[57]の周りに、社会生活全体が再組織される。筋肉と並んで権力の主要な道具である性器がジェンダー的関係を再編し、その集団内部で性的な役割を、また同時に社会的な役割も、配分するのである。同性愛は、まちがいなくそのいたるところに介在する。女の不在をその特徴とする集団のなかにあっては、同性愛に単なる必然を、性交渉の暫定的形態あるいは代替形態を、見ることはできるだろう。それはしかし、はるかにそれ以上のものだ。性的欲求を充たすというだけにとどまらず、同性愛は何よりも組織と社会的調整の手段なのである。

なるほど、二つの原則が監獄の生活を律して、まったく齟齬をきたすことがない。第一の原則は、「お国」――パリジャン、サン＝テチエンヌ出身者、コルシカ人、アルジェリア人など――によって部族集団にまとまるという、伝統的なやり方だ。その「自然な」連帯関係に、感化院や別の刑務所で結ばれた関係が加わることもある。第二の原則は、北アフリカの軍徒刑場の文化から輸入された「カイド制」である。カイド〔もともとは北アフリカで警察や司法をとり仕切った地方官のこと。転じてやくざ世界の顔役や親分を指す〕は屈強な「男」で、「一家」に君臨し、その集団全体に支配をいきわたらせることができた。その拳とその筋肉こそが彼の権威が拠って立つ根幹だが、犯罪の「偉業」、受けた過酷な刑罰、大胆さ、お上への反抗、刺青といったほかの要素も彼にオーラをまとわせている。カイドは、とりわけ集団内での性的役割を配分する者である。新しい囚人たちが入ってくるたびに儀式のようにして新参者の運命が決定され、場合によっては集団の改組がなされる。まずは危険分子、警察の犬、たれこみ屋がいないかの確認だ。見つかれば彼らの命運は尽きる。残りは全員が試験にかけられて、男性的美徳を示さなければならない「男」とそれ以外の者とが区別される。それ以外の者とはすなわち、やさ男、小心者であり、人を殴りたいとは思わないか、どうやって殴るのかを知らない者、みずからの男性性を確証することのできない者である。彼らは「かわいこちゃん」、「おちび」、「お稚児さん」、つまり「女役」グループにまとめられ、それからそれをカイドやその右腕、腹心たちで分け合っていく。性的役割が配分されるこの決定的段階がしばしば行き着く先は、個人あるいは集団によるレイプだ。裏社会の大物のひとりジョー・アッティアは、殴り合いを拒んだ若者のことを回想している。その若者は六人の男たちにレイプされて、「痙攣し、血まみれで、腰の立たない状態でうち捨てられた」のだった。翌日、彼は首をくくっているのが見つかった。[58]

はっきりと区別された三つのグループ——崇拝の対象である「男」たち、性的には支配されているが社会的には保護されていて、したがって「自然な」こととして家事に従事する「女」たち、そして、多くの場合同性愛者で、容赦ない性的暴力にさらされるなぶり者たち——で構造化された監獄生活の組織のされ方が、最高潮に達した男らしさに基づいていることは明らかである。そこにはびこる同性愛は異性関係の戯画でしかない。女がいないので何人かの男たちを女性化し、身体的、性的、社会的支配の下で苛むのだ。支配する「男」は、性的に能動的であることで、みずからの男らしさを強固なものにするのである。ジェンダーのヒエラルキーが機能しているさまを、これ以上明確に示すものはないだろう。そのようなシステムの支配と暴力はもちろん過酷をきわめ、支払わなければならない対価はたいていの場合高くつくが、しかしほとんどの囚人が最終的にはそれを受け入れることになる。なぜなら、そのシステムによって築かれる秩序は、それがどれほど強制的なものだとしても、体制による秩序ではないからである。マッコルランが『地の果てを行く』で書いているように、自由に生きるとはみずからの従属を選ぶことなのだ。いずれにしても、ひとたび娑婆に出れば、この男たちの大多数がこぞって、今度は女たちの搾取を始めるのである。

3　除け者

かくして「男」をめぐる神秘体系が形成され、それが「やくざ文化」全体を貫き、育んでいる。その絶対の影にはもちろん数かぎりない変形と多くの適応形が存在しているが、そのいくつかの特徴はけして変わらぬままである。そこでみずからを強く保てない者は、「男」の社会からばっさりと追放されてしまう。「いぬ」がそうだ。卑しい人間である彼らには、裏通りを曲がれば死が待ち構えている。切れ者中の切れ者ならばそういう人間も平気で受け入れるのだが。刑務所から出てきた「コルシカ人」が、自分をたれこんで女を奪った男を探しにいくと、見つけたのは見さげはてた奴で、罵られるがまま、反撃することなく殴り倒されるがままだった。その「たれこみ」ぺぺは、もはや「男」の社会の一員ではなかった。[59]「出来損ない」、発育不全者についても同様である。

> 俗に「流産」と呼ばれていた奴だった［…］。ずるそうな顔つきで、おどおどした目の、粘つく髪がこめかみにべっとりと貼りついている冴えないちんぴらを思い浮かべればいい。晩になると娼婦を引き連れ、夜には暗い四つ辻の角で仲間でたむろしているところを見るような、そんなごろつきのひとりだ。びんた一発でふっ飛んで道の上を転がっていってしまい、天性の犯罪者ということ以外には何の力ももっていない。金の種がないかといつも目を光らせている、アル中家系の哀れな子ども。自分の罠にひっかかる不幸な者を探し

求めている、不吉な夜の鳥。[60]

このような肖像は、たいていの場合、ジャーナリストや警官といった敵意をもった人間たちが出所なのだが、しかし、裏社会においてそういった虚弱で神経質な、男にふさわしい肝の据わりも落ち着きももちあわせていない若い乱暴者が信用されていないことは、皆が知っている。そして除け者として最後に挙げなければならないのは、真性の同性愛者である。監獄体験のとき以外では、彼らは犯罪世界のなかに自分の居場所を見つけることがまずできない。一九八〇年代の半ばからマンチェスターの最大の犯罪集団のボスで、イギリス裏社会の押しも押されもしないゴッドファーザー……でありながらゲイであることを公言していたドミニク・ヌーナンは、まったくもって型破りなのだ。[61] フランスでも、一九六〇年代に、友人ミシューの家で稚児といる姿を迷うことなく人目にさらしたオーベルヴィリエの有名な拳銃強盗のことを思い出すが、そういったことはきわめてまれな例なのである。[62] 犯罪社会の価値体系全体が、同性愛者を侮蔑するようにうながす。女たちは彼らをけなし、あれは「おかま」だと言う。男たちは彼らを唾棄し、またまったく同じようにレズビアンのことも嫌う。レズビアンは女たちをその仕事と従属から引き離してしまうのだ。その倫理的世界にはジェンダー混交のための余地はなく、それは徹底して警戒されている。ある売春宿の主人は、同性愛者を宿に上げるのはよろしくないと評している。「そんなまねをしたら、働いてる女たちに突き上げを食らうからな[63]」。

もちろん、「イエスちゃん」と呼ばれる男娼たちのような場合もある。彼らは嫌悪を催させるが、それでも結局はその役割のなかで受け入れられている。「どうしろって言うんだ……。奴らが必要だっていう連中がいるんだから、いなきゃ困るだろ」。しかしながら、その「ぺてん師」(わかりやすい表現だ)たちにはよいことは何も期待できない。彼らが選んだその道は、社会を支えるジェンダーの価値基準を歪めてしまうものなのだ。

不良たち、本物の、性格においても素行においても男にとどまっていた不良たちのなかには、わたしは幸いなことに寛大な心を見いだすことが多かったし、ときには善良な性向や十分に立派な人間性を見つけもした。第三の性をもつ不良、あの男娼たちにおいては、そのような発見はずっとまれである［…］。あの若い男たちは、自分の美徳のすべてをすっかり失ってしまっているのだ。男娼は、取り返しのつかないほどに堕落している。(64)

彼らは断じて自分たちの場所にとどまらなければならず、けして男たちの世界の秩序を保っている規則をかき乱すようなことがあってはならない。それこそは、フランシス・カルコが一九一四年にやくざ者の社会を舞台に書いた小説、『うずらのイエス』がもつ深い意味のひとつである。クリシーの娼婦ラ・フェルナンドは、彼女の男が逮捕されてから、徐々に生きる当てどをなくしていく。ひとりの「ぺてん師」との関係を契機にゆっくりとした零落が始まり、しまいには完全なる破滅（「いぬ」との同棲生活）にいたるのだった。彼女がその先立ち直ろうと望んだとしたも、もはや遅すぎるだろう。

4　女たちの視線

この勝ち誇る男らしさの主たる犠牲者である女たちは、どのようにしてこのような役割分担に甘んじたのだろうか。「男」の像を造形し称揚するすべての物語は、彼女たちがその規範に同意し、それを深く内化していることを強調する。それはとりわけ「現実派」シャンソンから発せられるメッセージであり、その切々たるメロディーと絞り出すような調子——フレエルやダミアからエディット・ピアフにいたるまで——は、男にいやと言えない幸せな女、自分を支配する「あの人」に満ち足りている女の姿を、現代においても、広めている。「あの人はあたしの稼ぎをもっていってしまうことがある／あの人はあたしを殴ることがある／でもあたしは文句を言いはしない／あの人の力こぶったら／あの人はひものなかの王様／あの人はあたしに必要な男」、とフレエルは歌う。これは有名な歌だが、しかし似た歌がごまんとあるのだ。

フェミニストたちはつとに、売春が下劣であり、女性を従属させることにおいて生身の人間の次元でも象徴の次元でも決定的な役割を果たしていると強く訴えたが、それに対抗するかのように、裏社会はその想像力を十全に発揮して、売春が愛や貞節という「女性的価値」に抵触するものではないと信じ込ませようとする。「ご存知のとおり、女衒と女たちの世界では、お客の存在なんてどうでもいいんですよ[65]」、とフィリベール氏は解説している。殴り殴られるということ自体、自然なこととして受け入れられる日常の光景になるのだ。

哀れなベルトは、穏やかな性格そのままに、泣きながらそんなお仕置きをされるがままになっていた。父のもとを離れたことを彼女は後悔していた。それから少しして、モーリスの友だちも自分の女をぶっているのを見て、彼女は強者の法がこの世界を仕切っている法なのだと理解した。「わたしの男」という表現が含みもつ意味を彼女は知る。「男」は支配者であり、自分が主人だと示すために彼女たちを殴り、しかし危ないときには彼女たちを守ってくれもするのだ[66]。

何人もの女たちがこのような状況を受け入れ、それがゆえに結局ジェンダーの関係は通常からどんどん極端へと向かって、それが暴力と蛮行で押しつけられるようになっていったのだ。法廷でのおびただしい数の例、おびただしい数の陳述が、それらの典型的な犠牲と献身が、そのことを証明してくれるだろう。売春組織という連鎖のなかで不可欠な輪となっている娼家のおかみの存在も、男らしさの徹底的な支配に基づくシステムに女性が能動的に寄与していることを示している。しかしだからといって、そのような、自分の「自然な」運命につねに満足している何人かの女たちについてのありふれた言説と貧民街のきわだった表象とが結びついてできあがる筋書きを、留保なく正しいものとするべきなのだろうか。そのような筋書きが、そこまで過度ではない支配形態を許し正当化するのに都合がよいものであるのは、明らかではないか。自分の運命に同意するというのはおそらくよくある反応なのだろうが、しかし、激しい暴力に直面すれば、それにも限度がある。カスク・ドールがいくら女衒のブションに魅惑され（「ブション！　たくましい男！　彼は何だってできる……」）、さらに強い男全般に惹かれる（「［あの男たちは］わたしをどうだって好きなようにできるのよ。彼らの隣にいると、わたしはべそをかいたり、震えたりするの」）[67]のだとしても、ブションが金をもっともってくるように要求してきたとき、彼女をめった打ちにして鋏で切りつけてきたときには、彼女は逃げ出すのだ。ぶたれ、責められ、交換され、売られた女たちは、恐怖に締めつけられて、おそらく自分たちを単なる商品に変えてしまう「あの人」への愛をいつまでも更新し続けはしなかっただろう。女衒たちにひどい目にあわされたレズビアン、「美しきエレーヌ」はこう叫ぶ。「どいつもこいつも汚くて、げすで、まぬけで、ろくでなし、それが男よ！　奴らはどうしたいかって？　奴らはわたしたちを、わたしたち女を滅ぼしたいのよ、はっきりしてるわ［…］、奴らはみんな、ひとり残らず化け物よ」[68]。

男世界である不良の社会が長いあいだ培ってきたのは、野蛮で、乱暴で、排他的な固有の男性性である。それは生物学的な根拠に還元される男らしさであり、まさに「男らしさ中心主義」で、しばしば力の極端な重視、抗争、そしてもっとも弱い者たち、すなわち男の資格を拒まれた者たちの支配というかたちで表出するのだ。監獄の経験と、犯罪社会の経済における売春の重要性は、その男らしさの実践をますます促進するが、その実践自体は本質的にはなんら「犯罪」ではない。それはむしろ庶民の伝統的挙動に属するものであり、治安の悪さと社会的困難という文脈がそれを拡大し、過激にするのだ。疎外、失業、無権利あるいは無権利だと感じるという状況のなかで、その実践は花開く。そのようなとき人間は、攻撃的な男らしさの肯定に集団的な防衛の手段を見いだすのである。そのような行動が民衆のさまざまな層のなかでももっとも脆弱な少数者のなかに、すなわち階級、「人種」、社会的地位のせいで機会を奪われていて、そしてとりわけ犯罪の危険にみまわれがちである人々のなかに、根強く存在していることは、まだ理解できる。それに対していっそう一筋縄ではいかない問題を提示するのは、そのような実践が見世物となって、ほかの社会的集団を魅惑し続けているということである。

第Ⅲ部

模範、モデル、反モデル

第1章　ファシズムの男らしさ

ジョアン・シャプト
（市川　崇訳）

「野蛮と動物的な力への愛、殺人を犯す権力を保持する軍人への敬愛。野蛮、通過する巨大な戦車の列を前に覚える畏敬の念。野蛮、勝利目前のボクサーに対する熱狂的な叫び。野蛮、彼を応援する群集の叫び。野蛮人ども、イタリアの独裁者に謁見した後、彼らはこの乱暴者の魅力的な微笑みを私の前で褒めそやす。「なんと優しい微笑み」、要するに彼らは皆そう言っているのだ。ああ、強者を前にした彼らの恍惚の表情のなんと女性的なこと」

アルベール・コーエン『君主の麗人』

ひとはしばしばファシズムに、十九世紀を席巻したとされる頽廃と第一次世界大戦の災禍を乗り越え、「新たな人間」(1)を誕生させようとする計画を賢明にも見ようとする。実際には、この新たな人間とは女性であるよりもむしろ男性であることが多かった。「子供、教会、料理」というあまりにも有名な頭韻語法〔原著に挿入されたドイツ語では、Kinder, Kirche, Küche〕が、なんらナチスに固有のものではなく、第三帝国誕生以前にも以後にも同じようにドイツで耳にされたとしても、イタリアとドイツのファシズムは女性や女性らしさに対する尊敬の念が決して高くなかったという点で際立っている。二つのファシズムはどちらも、新たな人類よりもむしろ、新たな男らしさを到来させる計画として定義され得るだろう。

I　排除する

ファシストやナチスは、男を彼らの運動を支える基盤に仕立て上げた。女性とは一個の相対的存在であって、自らの外部にある実体から存在する力を借り受けているということは、一九三四年九月にアドルフ・ヒトラーが、国民社会労働者党女性組織の党員たちに贈った次のような賛辞が見事に表現していることである。「女性の世界とは、夫、家族、子供、家庭に限定されている」。ひとりの女性の存在とは、夫に対してはその日常を快適なものにし、子供たちに対しては身体の発達と躾を引き受けるという務めによって意味あるものとなる。女性は、他者との相関においてのみ存在する。男たちに対しては奉仕することで、幼いものたちに対しては養い、教育することで。それゆえ、第三帝国のある初等教育の教科書が語っているように、女性には、その弱さと不完全性、要するにその存在論的欠損にも拘らず、「寛大」であるべきなのだ。女性とその子宮がなければ、民族[2]もあり得ない、というわけだ。そのうえ、女性の存在とは、まったく内的で閉塞したものであり、それは外部へ向かう投企としての男性の存在の正反対である。男女のカップルにおいて、女性が相対的だとすれば、男性は疑いなく絶対である。男性はあらゆる道徳的価値の源泉であり、ファシズムという現象の本質を体現している。

しかしながら、ファシズムの、あるいはナチズムの男らしさは、結局のところ平凡で伝統的なものである男女の対比だけによって定義されるのではない。イタリアにおいては一九二二年以降、ドイツでは一九三三年以後、男らしさは次のような明瞭で、単純な一連の二項対立によって構築された。男性は女性とは異なり、アーリア人種はユダヤ人ではない。堅固なものは軟弱なものとは異なり、英雄はブルジョワではなく、兵士は商人ではない。

とりわけドイツにおいては、男らしさの定義は、ニュアンスや中間状態、移行などのいかなる意味を許容することもない。混合状態は退けられ、未規定なものは排除される。化学的に純粋な男らしさのみが受け入れられるのである。したがって、男らしさを定義するとはまず、男性の存在から、仮定され、定位された対立物を排除することである。男とは、自らの力で女性的なもの、異種族的なものを排除できるほど、十分に完全で強固でなければならない。

ポール・クローデルを始めとする人びとが行なった、人間の創造的知性におけるアニムスとアニマの相補的二側面〔ユングの心理学では、アニマとは男性の無意識人格における女性的側面、アニムスとは女性の無意識人格における男性的側面とされる〕についての瞑想は、ファシズムやナチズムの世界からは追放されている。この男らしさは、あらゆる女性性をラディカルに排除する。そしてこの排除は、女性性が不可視であることによってはっきりと見分けられる。ナチス義勇軍についての文献に寄せた長い論説において、クラウス・テーヴェライト(3)は、これらの資料のなかで女性はほぼまったく言及されていないと記している。これらの部隊に属した元兵士たちは、彼らの戦友についてしか言及しない。彼らは、女性に対する一切の感情、情愛をそれを隠蔽することで否定する。彼らの愛するものの名は、ドイツ、故郷の村、彼らの馬、彼らの部隊などである。法律上の配偶者を除いて、女性が言及されることは決してない。その配偶者でさえ、あたかも彼女たちは完全に存在することができないとでも言うように、奇妙にも名指されることはないのだ。テーヴェライトが記しているように、女性とは、名を持つことのない「匿名のもの die Namenslose」なのだ。

義勇軍の兵士たちは妥協を知らない強者であり、(手記のなかで) 彼らの伴侶を匿名化することは、あらゆる両義性を排して、そのアイデンティティを純化することに役立つ。女性的なものは彼らの世界とは一切無関係であるとされ、ここでは排除が、抑圧や否認の形をとっている。またテーヴェライトは、自ら記号学者、さらには精神分析家の役割を引き受け、手記を残した元義勇軍兵士たちは、その感情を単に隠蔽しているのではなく、女性的なものに対して真正な嫌悪感を抱いているとも記している。彼らは、液体の流出や、溢れるさまに恐怖や吐き気さえ覚えている。彼らにとって、男は流出を食止めること、臆病への抵抗、分解=腐敗に抗する堅固な実体の極なのである。

ジョナタン・リテルはテーヴェライトの影響を受け、ベルギー人のナチス党員レオン・ドグレルの言動に、乾いたものと湿ったものという対立関係への同種の強迫観念を見出している。『乾いたものと湿ったもの』(4)とは、このレクシスト党の創設者で、後にナチスの武装親衛隊将校となったドグレルについてのリテルの著作タイトルでもある。乾いて、硬質なものは男性を象徴し、湿ったもの、それは女性的なもの(弱さ、経血の流出)、逃げ腰なもの、裏切り者、泥沼(ワイマールの共和国)、押し寄せる波(ボリシェヴィキ、赤色)である。こうした対立は明快であり、称讃に値する男らしさの構築を可能にする。男性とは、流動し変転する世界における安定の基盤なのだ。安定しているがゆえに、男性は信頼に値する。男性は陣営や意見を変えたりせず、忠実であり、裏切らない。男らしさとは不動で、その姿勢を維持するものであり、それは、戦場において隊形を組む場合と同様である。

したがって、ナチ政権下のドイツやファシスト支配下のイタリアにおいては、女性はその存在が排除され、また隠蔽されていた。彼女らは、夫や子供たちのために献身するだけで、完全な市民権を享受してはいなかった。女性が公共空間に姿を現す場合、それは、マージナルな存在として、観客として、あるいは出来事を映し出す鏡としてであった。一九三五年のニュルンベルク党大会を題材とした、ナチス政権下のドイツ社会の記念碑ともいうべき映画作品、レニ・リーフェンシュタール〔一九〇二―二〇〇三。ドイツの女優、映画監督〕の「意志の勝利」（一九三五年）では、女性は総統と向き合い、うっとりとした賛嘆の表情を浮かべる姿としてだけ描かれている。女性たちは総統のカリスマ的魅力が投影される鏡面であり、その魅惑の効果は、観衆の女性たちの感動し、陶然とした表情に読み取ることができるというわけである。映画作品全体を通じて、女性は不在である。党大会とは、専ら男性に関わる出来事なのだ。

　このように女性が排除されているとすれば、それは女性が敵の側に位置するからだ。ナチスのイデオローグや、プロパガンダ担当者にとって、北欧の種族だけが完全に男性的だと言えるのだ。ユダヤ人たちは、仮に男性的力に類似した暴力を発揮することができたとしても、動物的で野卑な、良心や知性を欠いた力、男らしさの属性のひとつである自己抑制を欠いた力を所有しているに過ぎない。ユダヤ人とは、その大半が女性的な存在なのだ。その欲望の対象は不安定で変わり易く、ユダヤ人たちは女性のように、彼らが支配することのできない自然的性質に従っているのだ。彼らはぶざまで脂ぎった身体的外観を持ち、ファシストの男性が意志による、長期にわたる努力で手に入れる美しい筋肉質の肉体とは対照的である。女性的で、したがって弱腰で卑劣な彼らは、北欧人種に正々堂々と闘いを挑もうとはせず、敵を女性化させて籠絡しようとするのだ。北欧人種の男性を打ち負かすために、ユダヤ人はその男らしさを溶解させ、弱体化させる以外の手だてを持たないのだ。このニーチェの『反キリスト者』に遡る北欧人種の去勢というテーマは、『国民社会主義的思想におけるスポーツ』という書物の著者である、スポーツ理論家ブルーノ・マリッツによって一九三四年に再び取りあげられ、反ユダヤ主義的意匠を施されている。このオリンピックのインターナショナリズムと、ヨーロッパの連邦主義に対する厳格な糾弾は、女性らしさ＝インターナショナリズム＝平和主義＝ユダヤ人の陰謀という等式を打ち立てているのだ。

ユダヤ的教義はわが民族の力を破壊した。男らしい力はこの教義の敵であり、教義はこれを怖れている。というのもこの力だけが、ユダヤ人たちによる世界の破壊を妨げることができるからである。国民社会主義はこの挑戦に立ち向かい、女性的で有害なユダヤ主義と闘うのだ。［…］ユダヤ主義は、インターナショナルで平和主義者に仕立て上げることで、男性を軟弱化させようと望んでいる。ユダヤ主義はこの目的のために、何よりもユダヤ的な洗練をもって、スポーツ、つまり闘いを利用しようとする。平和的な闘いが戦争に取って代わるべきであり、スポーツは異なった民族を結びつけ、これら民族を平和的で偉大な行動に相応しい存在にするのだ、と説明することによって、スポーツを利用するのだ。(5)

女性の排除は、女性化の排除を含意する。男性と女性のあいだに、不可侵の不動の分割線を引こうとすることは、あらゆるニュアンスや混合状態の廃棄を意味する。このことは、一九三三年以降(6)のドイツにおける同性愛者の境遇が悲惨なものだったということを明らかにしている。確かに、同性愛者への処罰は、一八七二年に施行された刑法一七五条において既に規定されていた。しかし、この条項が一九三五年には修正され、より厳格なものとなったのだ。成人間の同意に基づく同性愛行為に対して科される最も厳重な刑罰は、六カ月の拘留から五年に延長された。同性愛者への逮捕、訴追などの弾圧は、警察と通常の司法裁判所に委ねられ、一九三五年以降訴追件数はそれ以前の十倍（年間八千件）にも跳ね上がったが、この任務は親衛隊（ＳＳ）の特別部局にも任された。ハインリッヒ・ヒムラーは、一九三六年に第三帝国同性愛、堕胎撲滅中央部局を創設し、告発され、断罪されたすべての同性愛者が調査の対象となった。一九四三年には十万人以上に関するデータを集めたファイルが作成され、これは同性愛者を強制収容所に連行する権限を与えられたゲシュタポが、状況に応じて介入することを可能にするだろう。一九四五年までに約一万人が、こうした措置の対象となったのであり、このうち半数以上が生きて収容所を出ることはなかった。このピンク・トライアングルと呼ばれる胸章の装着を義務づけられた男性同性愛者の死亡率の高さは、複数の歴史家に「ホモコースト」について語るよう促すほどであり、第三帝国が同性愛の問題にどれほど強い嫌悪感をもって対処していたのかを証している。しかし、最も新しい研究によれば、ナチスが一七五条に基づいて第三帝国の領土内（そこからやや拡大され、オーストリア、スデーテン地方、ワルテゴー、アルザス＝ロレーヌ地方）の同性愛者を弾圧したのに対して、占領地における同性愛者には無関心であり、彼らへの対応はその国の住民に委ねられていた。ユダヤ人が世界中至るところで狩り出され、民族として絶滅させられるべきであったのに対し、帝国内の同性愛者のみが、ドイツの国体にとって生物学的に有害と見なされたのだ。(7)

ナチスが同性愛者を嫌悪する理由は複数存在した。西欧の文化、宗教に深く根を張る伝統的な差別意識、ヴィクトリア朝時代の文化に対する偏見と反発、国民の出生率低下を懸念する、殆どパニックに近い恐怖を伴った主張などである。同性愛者は、生物学的異形（というのも、ひとりの男とは、その本性によってひとりの女と性交を行なうべく定められているからだ）の例であることに甘んじることなく、民族から生殖器の正当な使用法を奪い、生殖器を正しい機能から逸らしているというのだ。

しかし、何よりもそして根本的に、男性、女性の同性愛者は性差の混乱、あるいは無差異化を体現するという理由で、有罪だとされるのだ。おそらくこの性の無差異化こそ、同性愛というこの奇妙な情動的、性的現象の原因のひとつなのだ。いずれにせよこのようなものが、一九三七年二月十七日にバート・テルツにおいて、親衛隊全国指導者（Reichsführer-SS）ハインリッヒ・ヒムラーがこの問題についての演説で表明した見解である。「われわれは、われわれの生のあまりにも大掛かりな男性化を目の当たりにしている。われわれは、考えられないものまでを軍組織に組み入れてしまいかねない」とヒムラーは主張する。兵士であることを生まれながらの使命として持つ男たちの生を軍事化することは良いことだとしても、性の混合は警戒すべきであり、女性は女性のままにしておくべきなのである。

私は、娘や婦人たち（とりわけ少女たち）が、兵士のように完璧な装備をして国中を行進するのを目にするのは、悲惨な状況だと思う。それは吐き気を催させる。私は、女性の団体、協会、共同体が、女性としての魅力、威厳、優美さを破壊するような事柄に携わるのを目にするのは、悲惨だと思う。［…］われわれは女性を男性化し、その結果、遂には性差や性の二元性が消え去ってしまうのだ。そうなると、同性愛に至る道は遠くないだろう。

ナチスの上層部の責任者が、軍服の統一性や軍隊の規律の批判をすることは珍しいことだ。女性たちは、そのような統一性や規律の外に置かれるべきだということだ。女性の役割とは、男性を真似ることではない。女性を男性化することは、彼女たちのアイデンティティを混乱させ、彼女たちに男性のような力強さを付与することに行き着き、その結果、ある女性たちはおそらく男性のように振る舞い、愛そうとすることになる。女性の場所、使命は別のところにある。

しかしながら、女性の同性愛にはなんらかの原因があり、それに働きかけることは可能なのだ。女性たちに軍服も装備も持たせず、家庭に連れ戻そう。そうすればこのような倒錯は消え去るだろう。女性とは可塑性に富み、その本性からして男性の影響を受けるものだ。男性と頻繁に接することによって、女性をその習慣や、生物学的使命の正しい道に戻らせることが可能だ。反対に、女性において弱さと迷いであるものが、男性においては倒錯となる。実際、男性の同性愛は説明不可能で醜悪な事柄で在り続ける。ヒムラーは上記の演説において、かつてゲルマン民族は同性愛者を沼に沈める風習を持っていたと主張している。民族の掟に忠実たるべく、親衛隊は祖先の例に倣うだろう。彼らはその部隊から「畸形の生物」を排除するのであり、それらは「ひとびとが引き抜き、山積みにし、燃やす刺草《イラクサ》」のようにして根絶されるだろう。同性愛が異常であるというのは、個人が異性と性行為を行い、生殖をするという自然の摂理に基づく規範に背いているからである。ヒムラーの演説の暴力性とは、親衛隊や突撃隊のようなあらゆる男性の共同体が抱え持つリスクに対応したものである。親衛隊の倫理を築くことになった神話的出来事のひとつとは、一九三四年六月三十日の「長いナイフの夜」であり、このとき親衛隊の幾つかの分遣隊が、突撃隊の主立ったリーダーを殺害したのである。この粛清の理由として持ち出されたのは、イデオロギーに対する背信行為を糾弾するというものだったが、エルンスト・レームや主立った将校たちの（有名な）同性愛も殺害の動機を補足的に説明していた。

したがって、ファシストの男性は生殖のために性行為を行なう。それでは、性行為を行なわないものとは誰か？　司祭や僧侶のいずれかだろうか？　宗教家は、世俗化されていようと敬虔な信者であろうと、同性愛者と同じように、ファシストの男らしさに対立するもうひとつの形象をなしている。なぜなら、彼らもまた生物学的異常を体現しているからだ。彼らが誇示する独身、禁欲は、病理学的な状態以外ではなく、自然に反した背徳的行いを隠すことでしかないのだ。一九三六年春に、あるフランシスコ会修道院に対する裁判が行なわれ、厚生省はこの修道院が見習い修練士に対する強姦の事実を隠していると訴えた。ナチスに統制された報道機関は強い関心をもって事件を取りあげた。教会のいわゆる禁欲的で揺るぎない道徳性とは隠蔽された背徳性以外の何ものでもなく、それは修道士たちを暴力的な同性愛実践へと駆り立てているのだ。繁殖力を欠いているがゆえに寄生的な動物である、禁欲的な宗教家は、その愚かしい教えによって有害な犯罪者としての姿を現す。宗教家たちの淫らな振る舞いは、キリスト教の権威を失墜させ、彼らの伝える禁欲と性的欲望の節制というメッセージの信憑性を損なわせる。親衛隊が刊行する週刊誌『黒色軍団』は、フランシスコ会修道院裁判についての一連の記事のなかに、婚外子の法的権利に関する論文を紛れ込ませ、婚外子も正嫡子と同等に扱われるべきだと主張している。一九四〇年には、戦時下における、少なくとも一時的な一夫多妻制導入の必要性を擁護する論述が見られるようになる。一夫一婦制とは、民族の繁殖を妨げる（ユダヤ）キリスト教的な愚昧の上塗りでないとしたら、一体何であろうか？

したがって、ファシズムの男らしさは、その諸特性のひとつとして自然な性行為の実践を持っている。そして性行為は、祖国、総領〔ドゥーチェ Duce〕、民族、総統〔Führer〕に子孫をもたらすために、頻繁に実践されることが推奨されるのだ。しかし、この頻繁であることを推奨される性行為の実践は、かといって無秩序なものではない。この性的実践は、（男性、女性）という性差によって規定されているばかりか、人種に関する規制を受けている。ファシストの男性は、十分に自己抑制をする力があり、安易な誘惑などには屈せず、自身の生物学的純粋性に相応しくないものを排除する術を心得ているのだ。ファシストの男性は、邪悪な欲望を抑制することができ、民族の優越性を保護し、顕示することができるのだ。ファシストの男性は、自身の情愛を管理、抑制することで、極めて能動的な存在に留まるのだ。

ドイツにおいて、ファシストの男らしさを構成する性的実践は、一九三五年九月のニュルンベルク法〔一九三五年九月十五日に、国家社会主義ドイツ労働者党政権下に制定された二つの法律。「ドイツの血と名誉を守る法」と「帝国市民法」である」によって規定されている。以後、アーリア人種の男性のユダヤ人女性との性交渉は刑法違反であり、その限りで処罰の対象となる。しかし、この法をめぐる新聞雑誌や法律家の解釈は、むしろ反対の性的関係の形式に重点を置いている。この法は、ユダヤ人男性とアーリア人女性のあいだの性行為の可能性を対象としたものだ。法の規定する刑罰は、自らの衝動をコントロールすることができず、ドイツ民族の純血を穢そうとする罪深いユダヤ人を思いとどまらせ、懲らしめるべきなのだ。あたかも法の主要な意図は、劣等人種の攻撃に晒された、受動的でか弱いアーリア人女性を保護することであったかのようだ。

　イタリアにおいては、一九二六年以来、エゴイストで非愛国的だと見なされた振る舞いを抑制するために、独身者が特別な課税の対象となっていたが、一方で、エチオピア帝国内においてエチオピア女性と所帯を持つことは、一九三七年四月十九日付のムッソリーニの署名を持つ政令によって禁止されていた。エチオピア帝国侵略に引き続いて見られた、兵士や入植者たちの原住民との性行為の増大は、一九三八年以降体制が採択する人種差別、反ユダヤ主義への方針転換のはるか以前である一九三六年の夏に総領〔ドゥーチェ〕の怒りを呼び起こした。違反者への刑罰は、一年から五年の懲役刑であった。マリー＝アンヌ・マタール＝ボヌチ[8]はエチオピアにおけるイタリア司法当局による数々の判決を検証し、その判決理由に弱体化した男らしさを断罪することが含まれていたことを明らかにした。エチオピア女性と所帯を持つイタリア人兵士や入植者は、二重の意味で弱さを露呈している。つまりそれは、自分自身に対する弱さであり、同時に民族を弱体化させることでもあるということだ。

　したがって、ファシストの、そしてナチスの求める男らしさとは、あらゆる女性的要素を排除するものである。排除されるのは（ユダヤ人やエチオピア人といった）異種族の女性だけではなく、男性の定義とは両立不可能な弱さと同義と見なされた女性性それ自体が排除されるのだ。より一般的に見るなら、この男らしさは、外部のもの、異種のものを排除するのだ。

異種のものとは、まず何より醜いものだ。ファシスト政権下のイタリアとナチスドイツは、その美しさを讃えながら男らしさを称揚するのだが、この美しさは実際には、完全に同義語反復的な仕方で定義されていた。純粋な民族は美しい、なぜならそれはあらゆる混合を逃れ、同一的であるから、というのだ。この美しさは、高らかに叫ばれ、誇示されていた。ファシズムとナチズムの羞恥心は見せかけに過ぎない。ローマのムッソリーニ・スタジアムであろうと、ドイツで毎年開催される芸術博覧会においてであろうと、制作される彫像には頻繁に裸体が用いられていた。彫像の描く裸体は、長い芸術的伝統に由来し、ポルノどころか単なるエロティシズムと見なされる恐れもなく、男性が手本とすべき美的均整の規準を公共空間に提示することを可能にしていた。こうしたスポーツ選手のような美しい裸体の林立は、圧倒的な美を眺めるもののうちに、健全な競争心を引き起し、彼らの身体を石像の示す均整に近づけるよう促すだろう。

アーリア人種の、またイタリア的な男らしさが、これ見よがしな裸体を通じて誇示されるなら、それに応じて、対立する類型は粉飾され、隠蔽された形で現われる。一九四一年にフリッツ・ヒプラーが監督をした、反ユダヤ主義プロパガンダのための映画作品「永遠のユダヤ人」では、ワルシャワのゲットーに住むユダヤ人男性が、彼らの文化の伝統的諸特徴を纏った姿で描かれている。カフタンと呼ばれるゆったりとした長衣、長い祈祷用の肩掛け、数々の布地の切れ端、豊富な顎髭などの特徴は、身体の上に重ねられ、隠蔽するものである。肌や筋肉は、あたかも見るに耐えないものであるかのように、決して露呈されることはない。それらは夥しい数の布地によって隠され、その布地のエキゾチックな豊かさは、完璧に仕立てられたドイツの軍服のエレガントな簡素さとコントラストをなしている。ゲットーのユダヤ人は、数カ月にわたる食料制限を受け、劣悪な衛生環境に置かれた後に意図的に撮影されているため、脂肪が削げ落ち、筋肉が萎縮した病的なまでに痩せた姿で描かれている。筋肉は、反ユダヤ主義者によるユダヤ人の戯画においては、常に欠落している。一般的に、ユダヤ人の男性は、がに股（つまりスポーツに不向きなもの）、扁平足（兵役を果たすことはできず、したがって市民の務めに背くもの）などが象徴するバランスの悪い骨格を持つ、ぶよぶよした柔弱な特徴の下に描かれる。

こうして、ファシストの男らしさは、均整の取れた、鍛えられた形態の側に見出され、反対類型は、醜く歪んだ形態に属すのだ。理想類型と反対類型の対比は、ドイツにおいてさまざまな媒体を通じて示されていたが、人種についての比較人類学の図版は、一九三七年のミュンヘンにおける頽廃芸術展覧会に展示された。この頽廃芸術展覧会は、ドイツ芸術展覧会の会場の正面の建物で開催され、教育的配慮から、一方の入場券を持つ者は他方への入場をも許可されていた。一方では、丹念に磨かれた大理石像の均整、調和が支配し、他方においては、不均衡が強い印象を与える。飛び出した唇、極端な歯槽前突症、肥大した頭部、ときに痩せ過ぎ、またときに肥満した身体など、異人種の男は、醜さの縮図なのだ。この二つの類型を重ね合わせるというやり方は、一九三八年以降、ナチスドイツから強力な影響を受け、同様の人種差別的政策を採択したとき、ファシスト政権下のイタリアが用いることになる。人種差別主義的な雑誌『人種の擁護 *La Difesa della razza*』の創刊号の表紙では、古代彫刻のギリシャ人の顔立ちとユダヤ的な顔の浅浮き彫り、現代の黒人男性の写真が併置され描かれている。そして人種差別政策のメタファーである剣が、古代彫刻の顔を隣に描かれた邪悪なイメージから切り離している。

反対類型の醜さとは、同様に道徳的醜さでもある。美的な形態とは倫理的特徴以外ではないのだというわけだ。アーリア人やイタリア人の男は、その道徳的美質を表現する（身体的）美を具えている。ナチス政権下に書かれた文献には、北欧人種の男性の持つ道徳的美質が尽きることなく見出される。この男性は、太陽のように輝かしく、寛大で、気前よく、勇敢である。公平無私であり、他者を尊重し、理想に燃え、社会のために身を捧げ、抽象化と一般化の能力を用いて、自らのちっぽけな個別性を乗り越え、社会全体の利益を配慮するまでに身を高めることができる。北欧人種の男性は、子供ではなく、家族、民族、人種に対する責任を自覚している。これに対してユダヤ人は、生来の即物性に捕われている。ユダヤ人は、なによりも金銭に惹き付けられ、知性や観念のやりとりに専心することができない。ユダヤ人は個人の利益に没頭し、陰湿なエゴイズムを本質としている。このエゴイズムによってユダヤ人は、時間のかかる創造や文化の構築よりも、短期的に手に入る個人的な享楽を好むとされる。

要するに、ファシストの、ナチスの男は排除を行なう。女性的なもの、醜いもの、異種のものから身を引きはがすために、ファシストの男性は闘いを通じて自らの男らしさを培うのだ。ファシストやナチスについてイメージを用いて生み出されたあらゆる資料が示している。男性は、自らに対して、物質に対して、他者に対して闘いを繰り広げるのだ。

Ⅱ　蘇らせる

ファシズムが大々的に繰り広げる男らしさの称揚は、人間の精神と身体の明らかな脆さを白日の下に晒した、同時代の歴史的コンテクストと切り離して考えることはできない。第一次世界大戦の戦闘は、人間の身体を引き裂き、打ち砕いたのであり、兵士たちは自らの存在の失墜という現実を突きつけられ、他者たちの身体の極度の脆さを暴く光景を目の当たりにしたのだ。動員された六千万人の兵士たちは、戦争の兵器の破壊的暴力を前にした自らの無力を経験したのだ。銃弾や砲弾によって穴を開けられ、四肢を失い、無人地帯と化した戦場の鉄条網や水たまりの狭間に放擲され、腐敗するままの身体についての物語やイメージは、戦争が残したさまざまな集団的記憶の場のなかに数えられる。オットー・ディクスのデッサンや版画によって記憶に留められた、日常的な死との対峙という状況は、映画によっても再現されている。エーリッヒ＝マリア・レマルク〔一八九八—一九七〇。ドイツの作家〕の作品を題材とし、ルイス・マイルストーン〔一八九五—一九八〇。米国の映画監督〕が監督した一九三一年の映画作品「西部戦線異常なし」は、爆発によって息絶えた肉体に取り残されたかのような、鉄条網を掴む二つの手を描く衝撃的なシークエンスを通じて、一発の砲弾を前にした人間の無力を観客に思い起こさせている。

おそらく、この戦場における無力さという心的外傷が、戦後を通じた男性的身体の体現する生命力の礼賛への触媒として働いたのだろう。経験によって確認された弱さを払拭するために、人びとはスポーツや性や闘いのための強さを称揚したのだ。死のイメージを追い払うために、歴史的出来事を参照しながら、永遠に続くと思われた生を祝福したのである。戦傷者や死者の醜さを忘れさせるために、アーリア人やイタリア人男性の根拠のない美しさが称讃されたのだ。人びとはファシズムやナチズムのなかに、脅威にまでなった近代性の諸現象への不安に満ちた答えをあえて見出そうとしたのだ。男らしさについて言えば、おそらく人びとは、ファシズムやナチズムに、四方から包囲された男らしさの意味についての恐怖に駆られた答えを見ていたのだ。男らしさは、女性の解放や十九世紀に由来するさまざまな文化的変動によってばかりではなく、男性の力を超え、男性を破壊し、無化しさえする、第一次大戦が明らかにした科学技術のもたらす諸現象によっても脅かされていたのだ。戦争は鉄を前にした肉体の否定し難い弱さを明らかにした。確かに、この現象は真新しいものではないが、徴兵と国民総動員によって等しく大衆に共有され、かつてない広がりを見せた。ファシズムとナチズムは、肉体を鉄のように鍛え上げることによってこの弱さを払拭すると約束するのだ。強迫観念を思わせる鉄のメタファーの頻繁な使用は、ほとんど別の解釈を許さないほどだ。ヒトラーがスポーツの実践によって身体を「硬化」させよ、「鉄に等しい」〔stählern〕ものにせよと命じるとき、彼は肉体の脆さと有限性を心的外傷として経験したかつての兵士として語っているのであり、この心的外傷に対し象徴的な形で報復することが求められているのだ。殺人機械の金属の前で、脆く、衰弱した姿を晒した人間は、この機械そのものに似ようとすべきなのだ。

男らしさの歴史的原型への執拗な参照も、こうした文脈に沿って考えるなら、よく理解されよう。第一次世界大戦を通じた人間の脆さの経験は、その規模と持続において未聞のものであった。この暴力の出現を前に、過去のモデルを援用することは安心をもたらした。戦線で殺害された男たちがいる一方で、恒常的な男性の象徴、世代から世代へと受け継がれ、歴史上の出来事を乗り越え伝えられる男らしさの美的、倫理的モデルが存在するのだ。イタリアにおいて、そのモデルとはローマ人である。一九三五年にエチオピアを征服した兵士は、アフリカ属州に配備されたローマ軍団の兵士を蘇らせた。同様に、トラヤヌス〔ローマ皇帝〕の立像の傍らで、兵士たちの戦勝を祝う行進に立ち会うムッソリーニは、ローマ皇帝の系譜を引き継いでいるのだった。こうして、時代の移り変わり、歴史上の取るに足りないアクシデント（ローマ帝国の崩壊、イタリアの分割）にも拘らず、総領〔ドゥーチェ〕がローマ人男性の永続性を肯定することで、イタリアの本質を永遠へと繋ぐ連鎖は完成するのだ。ナチス政権下のドイツにおいても、古代への参照は同じように求められる。現代ドイツの男性は、彫像という芸術的遺産を通じ、民族の美的規準を数千年来保存してきた大理石に肉体を再び与えるのだ。歴史上のさまざまな紆余曲折を超えて、ひとつの美の理想が残存するのであり、それは芸術と生物学的遺伝によって保存されたひとつの潜在性であり、衛生学とスポーツによってこれを蘇らせることが可能なのだ。戦争、それがもたらした戦傷や死があったとしても、永遠の男性性が存在するのであり、その恒久性は時間の経過による零落や消失に抗うのだ。ミュンヘンにミュロン〔紀元前四八〇―四四五。古代ギリシャの彫刻家〕の「円盤投げ」の複製像を迎えた際の演説で、ヒトラーは聴衆に向かって次のように語っている。

あなたがたはこの彫像に、われわれの時代の務めと成し遂げられた偉業を測るための尺度を見出されることだろう。あなたがたは皆、われわれの民族と芸術が、数千年前の批評家たちの視線に耐え得るよう、美と崇高を目指すことができるだろう。〔…〕この会館を訪れたあなたがたは皆、グリュプトテーク（ミュンヘンにある古代彫刻美術館）に足を運び、どれほどかつて人間は美しく、美しい肉体を持っていたのかを理解されるだろう。われわれは、この美しさに比肩するほどに自らを高めなければ、進歩について語ることはできないのだ。(9)

古代ギリシャの競技者が持つ美(10)は、現代のドイツ人男性にこれと競うことを義務づけ、促すのだ。ギリシャ人の祖先と同じ人種に属すドイツ人男性は、芸術作品を通じて後代にまで伝えられた古代の美に、再び肉体を与え、具現化しなければならないのだ。もしそれをなし得るなら、北欧民族の男は数千年を跨ぐことで、直近の歴史上の出来事を超越することができるのだ。第一次世界大戦の大殺戮、その肉体の破壊は結局のところ、数世紀を経て生き続けるこの男らしい石像の前では、ほとんど無意味なのだ。一九三六年にドイツで開催されたオリンピックは、このような現在と永遠の時間の融合を讃えるものだった。それはナチス政権に寵愛されていた芸術家アルノ・ブレッカーが制作した数々の裸体像、そして戦士の裸体像のためのデッサンも同じである。「見張り Der Wächter」と題されたその作品のひとつは、ナチス固有の男らしさの規準をとりわけ見事に表現している。この裸体像は諸文化の特徴の混合によって創られている。戦士の面貌は、同時代の人種分類学によって北欧民族のものと見なされていた諸特徴（硬質で豊富な頭髪、真っすぐな鼻梁、高い頬骨、角張った下顎）を持っている。しかしながら、兵士の纏う襞のついた被服はギリシャの彫像を真似られており、ギリシャの重装歩兵の特徴のひとつである円形の盾も同様である。ところが兵士の持つ剣はローマ軍のものである。このように、たったひとつの浅浮き彫りが、ナチズムの歴史哲学を要約するまでになるのだ。ナチスの男らしさとは、反歴史的な原型であり、古代ギリシャ、古代ローマ、現代のゲルマンの美徳を混ぜ合わせるのだ。ギリシャ人もローマ人もドイツ人も同じひとつの民族に属しているというわけである。

ブレッカーの浅浮き彫りのもうひとつの要素が、見るものに疑問を投げかける。表象された戦士の筋肉は、豊かに発達しており、それどころか肥大している。ブレッカーの彫刻は、ことさら細身で柔軟性に富むギリシャ的男らしさを具えた、繊細な青年像とはほど遠いのだ。ブレッカーの作品においては、すべてが厚みのある、硬直した塊状の様相を示している。美術史家ダニエル・ヴィルドマンは、写真芸術における男性の裸体の表象が一九二〇年代にある変化を遂げたと指摘する。[11] 思春期の青年の肉体は、成人の筋肉質な男らしさの表象へと場を明け渡すのである。それはおそらく、第一次世界大戦で曝け出された男性の肉体の明らかな脆弱さへの反動だったのだ。[12] ブレッカーの彫像は、こうした裸体表象の変容過程の末期に位置づけられる。視線の険しさ、噛み締められた下顎、筋肉の隆起などは、紛れもない力、非の打ち所のない男らしさを表現しているのだ。

他方、こうした筋肉質の肉体の表象は、解剖学の図版から直接に写し取られたかのようだ。その生理学的に完壁なデッサン、正確なシンメトリーは、いかなる個別的存在をも示していない。皮膚の陰影もなく、傷も、体毛も、汗もない。ブレッカーの浅浮き彫りは、特定可能な主体ではなく、ひとつの純粋な理想類型を示しているのだ。筋肉の獲得は、ナルシスティックな個人の自己防衛や自己顕示のためになされるべきではなく、それは民族防衛のための義務なのだ。ブレッカーは、ひとりの個人にのみ帰属する筋肉ではなく、民族全体に相応しい鎧を描いたのだ。

ファシズムとナチズムはこの点について幻想を抱かせることはない。スポーツの実践は個人的な娯楽ではなく、個人の属すグループを改善し、守るための作業なのである。一九三三年のガルミッシュ＝パルテンキルヒェンと一九三六年のベルリンにおけるオリンピック開催に先立ち、ドイツにおけるスポーツ普及のために行なわれた大掛かりなキャンペーンはこの点を強調していた。これは、一九三四年十二月のオリンピック選手代表団の宣言がはっきりと表明していることである。「私は生活上のあらゆる娯楽を顧みず、この唯一の務めのために献身することを誓う。私の身体を鍛錬し、強化し、祖国のために闘うのに相応しくあるために全身全霊を捧げる」[13]と。

スポーツは集団の利益を配慮して行なわれる禁欲的行為である。そこにおいて個人はあらゆる個人的な情熱に関わる要素を断念し、共同体に身を捧げるのであり、彼の身体はそのための道具に過ぎない。

自己超克としてのスポーツは、快楽に対してだけでなく、怠惰や衰弱、失意に打ち勝つことを意味する。スポーツのなかに、男らしさの理想の本質的性格が現われる。極限状態、つまり憔悴、負傷、さらには死に至るまでの自己の投入である。レニ・リーフェンシュタールはその有名な映画作品「オリンピア」において、ドイツ国防軍の将校にしてドイツナショナルチームの乗馬選手を、腕にギプスをした勝者という姿で映し出している。この選手はある競技のさなかに腕を骨折したが、その痛みにも拘らず、棄権せず競技を終えたのである。ドイツオリンピック委員会の委員長であるカール・ディームは、一九三六年に出版された寓話[14]において、ギリシャ兵士フィリッピデスの教訓に富む逸話を語っている。フィリッピデスは、アテネ軍が決定的勝利を収めたばかりのマラソンからアテネまでの四二キロを走破し、アテネに勝利を伝えた後で息絶えたのである。したがって、ドイツにおいてスポーツの普及を目指す責任者たちにとって、本質的なことは参加することではない。命をも顧みず勝たなくてはならないのだ。というのも、もし個人が死んだとしても、彼は共同体のために自らを犠牲にしたのであり、それによって共同体はより強大になるからである。

Ⅲ 闘う

それゆえ、自己超克は他者との闘いのための準備段階に過ぎないことが理解されるだろう。ファシストの、ナチスの男とは、なによりもひとりの兵士なのである。戦場での闘いから最もかけ離れた職種でさえ、軍人の仕事に等しいのだ。哲学者アルフレート・ボイムラー〔一八八七―一九六八。一九三三年にベルリン大学哲学／政治教育学主任に就任〕は、一九三三年五月十日、ベルリン大学におけるその初回講義の際に、軍服姿の突撃隊兵士で溢れる大教室において、知識人や学生は「政治的兵士[15]」なのだと主張する。抽象的で、茫洋としたことに没頭し、世間の出来事から離れ、象牙の塔に閉じこもった学者の姿は乗り越えられたのだ。現代の知識人とは、真理の観想を生業とするのではなく、能動的存在なのだ。その学問研究は、民族と国家のための闘いなのだ。

こうした知的能力と観想に捧げられる生活への侮蔑は、原始的で動物的な暴力の称揚と手を携える。ファシズムとナチズムは、剥き出しの生の実存的基盤への回帰を推奨する。この剥き出しの生とは、第一次世界大戦の塹壕での現実の経験がそれ自体へと凝縮され、ついで語られ、寓話化され、テーマ化されることになったのだ。復員兵たちの証言が記述する経験が今や、理想として掲げられるのだ。攻撃本能が目覚めたのであり、「人間が生まれながらにその血のなかに持っていたもの、原初の人間の躍動、氷河期の人間が石斧を握ったときの仕草[16]」は、異端となった文明人の不幸な退行的振る舞いではもはやないのだ。それは男性を軟弱化し、女性化する文明による疎外に抗して、人間（男性）に自らの自然な存在へと回帰することを可能にするのだ。ペンを取ることは、その行為が闘いの身振りである限りにおいてのみ容認され得るのだ。利害を排した瞑想による芸術のための芸術という発想は、もはや受け入れられない。ペンと書物は今や、隠棲のための逃げ場や愉悦の追求の道具ではなく、武器であるべきなのだ。

こうして、学者たちの共同体とは、尊敬すべき孤独な同業者が形成する審議会などではもはやなく、ボイムラーによれば「男性同盟 Männerbund[17]」、連帯と共闘のために尽くす男性の共同体なのである。「男性同盟」とは、伝統社会における男性の連帯を指し示すために、民族学者によって創られた概念である。概念であった言葉がスローガンになり、まず若者の運動において流行し、次いでナチスの政治運動に取り込まれたのだ。北欧ゲルマン民族は、まず何よりも男たちの連帯組織と見なされ、女性は補足、補助の役割を果たすだけだ。「男性同盟」というモデル、その含みもつテーマを強調することは、塹壕を経験した兵士たちの共同体、連帯と勇気によって築かれる理想の共同体に敬意を評することである。ナチスの男らしさを讃えるボイムラーは、ワイマール共和国を満たしていた女性性に注意を喚起していた。ナチスの雄の共同体（エリアス・カネッティ〔一九〇五―九四。ブルガリアの作家、思想家〕が『群集と権力[18]』において群れと記述していたもの）は、弛緩と懶惰に明け暮れた〔一九二〇年代の〕十年間を越えて、自己抑制と自己犠牲の倫理を新たに鼓吹することで、戦場で発揮された男らしさを回復させるのだ。

かつての、そして来るべき「男性同盟」においてでないとしたら、何処で、どのようにして、新たな、排他的で、攻撃的、闘争的な男らしさが創り出され、培われるというのだろうか。

男らしさは、模範と競合によって培われる。第一次世界大戦の戦没者たち、コバリード〔現在のスロベニアの地方〕やランゲマーク〔ベルギーの地方〕の戦いに参加した兵士たちへ向けて繰り返し捧げられる畏敬の念は、喪の必要性に応えたものだが、同時に教育的役割も果たすのである。市民に追悼される、これら名誉ある死者たちは、彼らの美徳を遺産として遺した。義務に対する献身と死に至るまでの自己犠牲は、新たな人間にとってのエートス〔徳の力〕なのである。

息子たちを父たちに相応しい男にするために、伝統的な教育学の改革者たちは秘策を提案している。ヒトラーは『我が闘争』において、彼が通うことのなかった高校について、軽蔑し切った言葉を記している。あまりにも抽象的な事柄を教え、軟弱なヒューマニズムに浸り切った高校は、性格も意志もない、学んだ知識を繰り返すだけで、何ひとつ創造できない空っぽの頭脳を生産するに過ぎない。「今日高校〔ギムナジウム〕と呼ばれているものは、ギリシャのモデル〔ギュムナシオン、肉体鍛錬の場〕とは似ても似つかない戯画のようなものだ。我が国で実施されている教育においては、健全な精神が持続的に宿ることができるのは健全な肉体だけだということが、完全に忘れられている」[19]。この点においても『我が闘争』のなかに、古代についての幻想が持ち込まれているのを見ることができる。それは、精神の強靭さと肉体の堅固さを教える場を設け、スポーツの役割を強調するために、知的教科の学習時間を削減するという単純な教育改革の大綱を正当化する目的でなされている。

若者が、スポーツや体操などのあらゆる訓練によって自らの身体を鍛える時間が、一日たりと不足してはならない。この点について、われわれの多くの同志によって、あまりにも粗暴で下品だと見なされているあるスポーツをとりわけ忘れるべきではない。それはボクシングである。他のいかなるスポーツもボクシングほど、攻撃的精神を発揮し、瞬間的な決断力を要求し、肉体に鋼鉄のような力と、柔軟性を授けるものはない。[20]

スポーツの実践と言えば、食前の散歩を好むだけだったヒトラーは、ほとんど自らが手本を示すことはなかったが、反対にムッソリーニは、スキー場や麦の刈り入れなど、スポーツや労働の場において半裸を晒すことを躊躇わなかった。総領〔ドゥーチェ〕は、戦争による破壊や、平和時の懶惰とブルジョワ的な柔弱文化、女性たちの解放への要求などに対する勝利を肯定するためにそのがっちりした肉体を公衆の目に見せつけたのだ。一方、ヒトラーはその肉体を人目に晒したことはなく、自らの男らしさの教育的で闘争心を煽る威厳を唯一の象徴的要素を通じてのみ示していた。彼のジャケットに必ずピンで留められていて、第一次世界大戦で発揮された否定し難い勇気という本質的なものを十分に証す、第一級鉄十字勲章〔ナポレオン戦争時にプロイセン国王が制定した勲章〕がそれである。ナチス政権の上層部のなかでは、ラインハルト・ハイドリッヒのみが、スポーツウェアを着て、とりわけフェンシング選手の出立ちで撮影されることを受け入れた。半ズボンとスポーツ選手の着るジャージー姿のヒムラーの写真撮影が何度か試みられたが、失笑を買うことを怖れ、ほとんど一般に公開されることはなかった。[21]

学校教育機関はその伝統的性格を廃棄し、闘争へ向けた競争心の養成を実施する党や国家の諸組織に倣い、「男性同盟」とならねばならなかった。事実、ナチズムやファシズムは、社会現象に適用された亜流のダーウィニズムに基礎を置く教義を持ち、若者を競合させることの積極的意義を強調していた。連帯はもっと後になって、敵を前にしたときに重要なものとなるだろう。戦場での経験を持つまでのあいだ、競争が身体を闘争に備えさせ、精神を強固にするのだ。未来の兵士は現在のスポーツ競技によって育成されねばならず、またこれらの競技は、グループから肉体と精神の最も虚弱なものを排除するという、遊戯的なものとはまったく異なる目的に奉仕するのだ。

これらの原則は、第三帝国の将来のエリートを養成するために創設された学校において、とりわけ厳格に適用された。アドルフ・ヒトラー学園（ヒトラー・ユーゲントに所属）や国家政治教育施設（親衛隊が監督）は、知的教育を人種生物学とドイツ語と歴史に限定することで、『我が闘争』に開陳された諸原理を厳密に遵守していた。この精神に関わる事柄の教育に割かれる時間数の縮小は、キリスト教とヒューマニズムによって崩された肉体と魂の古くからの均衡を回復させることを狙ったものである。[22] 実際、時間の大半は身体教育、軍事教練に充てられ、それは暴言や体罰を浴びせかけることで、自らが命令する以前に、盲目的に服従する術を心得た将校を生み出すためになされる真の特訓なのである。イデオロギー教育や防衛訓練、さらにはときとして、スパルタにおけるヘイロタイ集落処刑部隊の伝統を再現する人間狩り訓練は、[23] 弱者や犠牲者に対する憐憫や感情移入の対極にある断固たる冷酷さを生徒たちに教え込むはずであった。プロイセン時代の軍事教練の伝統が、第一次世界大戦の殺戮の記憶、ナチス流の闘争の称揚、あらゆる形態の弱さ、ヒューマニズム、憐憫への軽蔑によって激化され、剝き出しの暴力の崇拝と実践にまで至ったのだ。そしてそれは、男らしさとサディズムを重ね合わせ、力と暴力を混同し、最も非人間的な命令への機械的服従を美徳に仕立て上げたのだ。[24] 第三帝国のエリート養成学校の若者たちは、あらゆる思考の自律性やヒューマニズムを断念するという対価を支払うことによって、男となるのである。新たな人間とは、自律的な存在ではなく、自らの精神と同様に身体を、民族と第三帝国の防衛のための武器にするものである。新たな人間はそのようにしてのみ、同胞たちと一体となり、男性同盟を築くことができるのであり、その共同体は、暴力の倫理を要請し、その実践を積極的に引き受けることによって鍛え上げられるのである。(25)

Ⅳ　身体を鍛え直し、男たちの共同体を新たに築く

男性同盟という言葉が辿った運命のなかに、第一次世界大戦後のヨーロッパ社会の野蛮化についてジョージ・モッセ〔ドイツ出身の歴史学者。ウィスコンシン大学教授一九一八―九八〕が行なった指摘の補足的裏付けを見ることができるだろう。(26) 四年間も続いた戦いのもたらした戦争文化への適応と、戦場で亡くなった兵士たちへの困難で、ときに不可能な喪の悲しみは、ヨーロッパにおける戦争精神《エートス》（習俗）の残留という現象を引き起こした。これは、〔ドイツのように〕敗北を否定する国々や、〔イタリアのように〕形だけの勝利に異議を唱える国々においてとりわけ顕著であった。これらの国々においては、戦争によって試練にかけられた男らしさは、兵士たちの掲げる旗の下でのみ鍛え直し得るはずだった。

あり得ない敗北や形だけの勝利が引き起こした怨恨〔ルサンチマン〕を利用しようとする政治団体は、我先に准軍事的義勇団を持とうとした。政治運動の「闘士」は、制服を身に着け、武器を携帯していれば一層ミレス＝兵士という語源に近づくのであろう。それらの武器（棍棒、ゴム製の警棒、短刀）は、戦場における殺人兵器にまったく等しいわけではないが、やはり危険なものであり、致命傷を与えかねないものだった。

敗北に終わった、あるいは十分な勝利を得られなかった戦争の後で、政治団体の義勇軍に参加することは、健全な男らしさを取り戻す夢にまで見た機会だった。義勇軍に入ることは、民間にありながら、第一次世界大戦の

従軍兵士のステータスにも比肩しうるイデオロギーと誇りをもたらした。ファシズムとナチズムは、友／敵の対立関係の図式を激化された形で維持しようと絶えず努めた。ボリシェヴィキ、あるいはユダヤ＝ボリシェヴィキの脅威に抗する戦争は続いているのであり、平和は見せかけに過ぎない。民主主義的な偽りの和平交渉は、祖国や民族の敵による統治を助長するために、専ら強者を武装解除することを狙っている。ファシストあるいはナチスの男は、こうした偽善に対して断固として異を唱え、闘士としての威光を享受しながら闘争を継続する。ファシストの黒シャツ隊は、第一次世界大戦中のイタリア突撃隊の威勢の良い、いわばニヒリストなスローガン(「知ったことか！」)を再利用し、これに対しヒトラーの親衛隊であるSSは、彼らの帽子を髑髏マークで飾った。親衛隊の刊行する週刊誌『黒い軍団』はその意味を得意げに解説するだろう。「このシンボルを身に着ける目的は」、髑髏を掲げた男たちがなんら心を動かすことなく、死を迎えたり、与えたりできると示すことで、「敵を怖れさせることである」と言うのだ。徹底抗戦の姿勢を表現している髑髏は、勇気を持って太陽や死を直視できるような完成された男を識別せしめるのであり、また彼に、イデオロギーを引き受けた以上、その対価を支払う覚悟をさせるのである。「打ち勝つか、死ぬかだ。これが闘う男のシンボルである髑髏の意味だ[27]」。このような死を受け入れることや、自己犠牲への心構えは、一九三三年に制作された二つのナチスのプロパガンダ映画大作のなかで描き出され、称揚されている。「ヒトラー青年団の若者クェックス」は、ひとりの貧しい若者の人生についての虚構の物語を映像化している。この若者は、一時期コミュニストの若者たちのグループに参加していたが方向を変え、ヒトラー青年団に入団し、紆余曲折の後、命を落とすのである。「突撃隊の兵士ブラント」は、コミュニストに卑劣なやり方で殺害されたひとりの突撃隊兵士の英雄的な自己犠牲を描いているが、この点は彼より年少のクェックスと同じである。大義への忠誠と禁欲主義がブラントを突き動かしている。それは、以下のような「明日の兵士たち」と題されたヒトラー青年団の歌を歌いながら息絶えるクエックス青年が、死の間際に揺るぎない信念を表明するのと同じである。

われわれの旗は風にはためき、われわれを導く
われわれの旗は新たな時代を告げ、
われわれを永遠へと招く
そうだ！　われわれの党の旗は死を超えて行くのだ

ここでもやはり、死が価値あるものと見なされるとするなら、殺人はさらに高い価値を付与されているのである。究極の男らしさは、模範的な兵士たちによる軍事作戦遂行を通じて、これらの原則が実行に移されるときに達成されるのである。それは例えば、ある親衛隊の将校が、戦場の火の海を前に怖じ気づく部下の兵士たちを前進させ、自らも身を守るために隠れていた塹壕から出て行かざるを得ないようにするために、隊列の最後尾にいる兵士の背後に安全装置を外した手榴弾を故意に転がし、パニックにかられた兵士たちによる迅速な突撃を促す場合がそうである。(28) 自らの死も殺人も恐れない男は、祖先から受け継がれた伝統的な偏見や道徳的教えに対する自由を獲得したことになるのだ。ファシストの、あるいはナチスの男は自由であり、道徳的教訓や、他者による判断から解放されているのだ。彼は、自らその必然性を認めた大義のために進み、闘うのであり、その必然性だけが彼の掟と化したのだ。

われわれは高きものも、低きものも軽蔑する
世界全体がわれわれを断罪しようと、賞賛しようと
勝手にするがよい

武装親衛隊の行進曲である、「悪魔の歌」はこのように主張している。したがって、ファシストの義勇軍に入隊することは、男らしさの証としての価値を持つのだ。ヨーゼフ・ゲッペルスはこのことをよく知っており、公式の行事の際には、ほとんどいつもベルリン大管区指導者〔ガウライター〕の茶色の制服を身につけて姿を見せた。こうすることでゲッペルスは、文学博士号と内反足という二つの要素が彼を遠ざけるかに思われた、ナチス闘士たちの男性同盟へのその参与を見せつけたのである。インテリで、身体に障碍を持つとはいえ、軍服に身を包むゲッペルスは変貌し輝いていたのだ。

同様に、親衛隊の制服を着ることは、大義のために自己を投げ出すという特殊な適性を持っていることを証しているのだ。それは、ただ試されることを待っているかのような勇気と潜在的暴力を示しているのだ。ヒムラーはこのことを十分に意識していたので、黒色軍団の制服が単なる記号と化してしまうことを拒絶した。親衛隊に入隊するのは、(たとえ親衛隊お抱えの仕立屋ユーゴ・ボスのものであろうと) 制服を見せびらかし、黒いクジャクのように気取って歩くためではない。ヒムラーは次のように予告していた。ひとたび平和が戻ったときも、元親衛隊の復員兵たちは、東部の境界である、帝国の最も遠隔の国境線上に住み、対立する国々に抗する要塞線を守るべきであると。「もちろん、親衛隊の黒い制服は平時においても目を引くものであるだろう。したがって、各々の兵士は知るべきである。親衛隊に入ったものは、常に一発の銃弾で打ち倒される可能性があるのだと[29]」。原則

として親衛隊は、かつて突撃隊が被った入隊希望者の殺到を避けようと努めていた。突撃隊は一九二九年以降、新たな入隊者で溢れかえったのだった。ドイツを突然襲った経済危機とその社会的影響は、ナチスの義勇軍の魅力を大いに高めた。暇を持て余し、無為が故に意気阻喪していた失業者や住居を失った市民にとって、突撃隊への入隊は、明確なアイデンティティの獲得という意味を纏った。突撃隊の隊員になるということは、再び男になることを意味した。突撃隊の兵舎に宿泊し、闘争と祝勝を通じ友愛を経験することで、入隊者は再び社会性を取り戻すのだ。リーダーと信念を与えられ、入隊者はその生存に意味を取り戻すのだ。軍服を与えられることで、彼の身体は軍隊に関わるものの持つ威光を帯びることになるのだ。ヴェルサイユ条約締結以降、軍役に携わるものの数が一〇万人に限定された（ドイツという）国において、軍隊に関わる事柄は価値を持つのだが、少数の幸福なもの happy few だけが従軍することができたのである。突撃隊の軍服かと疑うほどの派手な制服は、兵士の共同体、戦場のそれにも似た友愛を取り戻そうとする復員兵たちに魅力のようなものを付与した。その戦場での経験は、時間と共に、敗戦や経済危機を経たのち、男らしさが見事に開花した時代へと変貌していたのだ。最も若いものたちにとって突撃隊に入ることは、男としての成熟や、ソンム〔フランス北部ピカルディ地方を流れるソンム河畔。第一次世界大戦中の最大の戦いが繰り広げられた〕やランゲマルクにおいて闘う事ができなかった悔やみを埋め合わせる威信を手に入れることであった。

このナチスの男性同盟は、レニ・リーフェンシュタールの「意志の勝利」という映画作品の長いシークエンスにおいて、記述され、称讃されている。リーフェンシュタールはその中で、整然と並んだテントに駐留する突撃隊の複数の部隊が、ニュルンベルクの党大会を準備する様子を撮影している。映画監督は、兵士たちの朝の身支度や炊事、子供じみた悪ふざけの様子までをも撮影しており、しかしその陽気さはその後で映し出される、隊長たちを前にした整列の際の硬直した生真面目さ、行進の際の機械のような厳粛さを打ち消しはしない。兵士たちの笑いの絶えない共同生活、義務を遂行するための連帯が前景を占めるこの映画作品は、党の義勇軍組織者にとって、格好の宣伝手段であった。

しかしながら、突撃隊員の大半は安っぽく兵士を演じていたのだ。驚く事に、幾つかの資料の読解は、突撃隊員たちが彼らの行動が、戦闘であるかのように見せかけるために払っていた努力を伝えている。シレジア（現在のポーランド南西部からチェコ北東部）において、大管区の突撃隊の新たな指導者となったエドムント・ハインスは、一九三一年に、隊員たちがより兵士らしく見えるように、背嚢を携帯することを命じている。ナチスの軍事組織の武勲を称讃することを意図した一九三三年のある著作は、シレジア突撃隊員の主たる勇敢な振る舞いを、叙事的で迫力ある言葉で喚起している。つまり「サロンにおける戦闘」という言葉がそれであり、政治集会が開かれている酒場での乱闘のことである。「ヤング案に反対する武力行使の際に、サロンでの戦闘は相次いだ。ビールのジョッキが炸裂し、椅子の脚やテーブルがぶつかる大騒音、軍歌の歌声が反響する窓の振動、こうした事どもは直ぐに、われわれの愛する習慣となった」[30]。意図的に選ばれた言葉は、手榴弾の「炸裂」、砲撃の耳を聾する「大騒音」、マシンガンの「振動」などを想起させる。間違いなく、ここで問題となっているのは、実際の戦闘への参加であり、酔った酒場の常連たちの馬鹿げたいざこざではないのだ。

したがって、敗戦と失業経験の後で、アイデンティティの回復を求めているこれらの男たちにとって、目に見える徴や言葉が大きな意味を持つ。絵画的表象においては、ファシストやナチスの義勇兵は常に、上方に向かって立ち上がるか、前方へと身を投げ出さんとする緊張した姿勢で描かれている。ここに一種の身体的言語によって描かれたものは、誇り、自由、行動などの意味作用を担っている。これらの攻撃性や警戒体制などの表現は、一種の男根の象徴体系に併置される。この男根の象徴体系の重要性は、ナチス党員のように演出効果に強く配慮する人びとにあって、単なる偶然に帰することはできない。腕を上方に高く突き出すファシストやナチスの敬礼は、その最も明確な例であり、一九三七年のベルリン訪問以降ムッソリーニが採用した、膝を曲げずに行進する仕方も同様である。また、党大会の際に、ニュルンベルクの軍事演習場を見下ろすようにスピアーが設置した、空へ向かって聳え、「光のカテドラル〔大聖堂〕」を形成するサーチライトの数々も同じ象徴体系に属している。この同時に支配をも意味する（行進の際に踏み鳴らされる足音、覆い被さり保護するように突き上げられた腕）屹立の象徴性は、ファシストの演説者がイデオロギーの込められたメッセージを音声として発信する際にも見出される。ムッソリーニやヒトラーの演説技法が単なる強い音量の畳み掛けではないとしても、彼らの演説の抑揚の変化は明らかな単調さを示しており、狭い音域をカバーしているに過ぎない。彼らの演説は、抑揚を少しばかり漸進的に強め、また弱めた後、声を限りに吐き出される結論部へと向かうのであり、それはむしろ叫びであり、上方に振り上げられた腕、あるいは単純な身体的暴力を音声へと移し替えたものである。

V　創造する

演説者の姿を考慮することで、われわれは男らしさの最後の変奏に取り組むことになる。男は、戦いやスポーツの領域においてと同様に、文化の領域においても自らを表現し、顕示する。男は、自らと、また他者と闘うのであるが、同様にそれは物質（素材）と格闘することでもあり、その自らの力を開示する行為は創造の行為でもある。生活圏 Lebensraum や帝国領土 imperio の征服、獲得によってであれ、子孫を生むことによってであれ、余すところなく外部や未来に向かっての投企である男らしさは、また新たな作品の着想によっても証明される。かくしてファシズムはいずれも、芸術創造の領域における卓越性を自らに割り当てようとする。ムッソリーニは、中世、ルネサンスを経由し、古代ローマから国家統一に至るまで、一貫して豊かな芸術的遺産に恵まれてきたイタリアの文化的美質を喚起することを決して怠らなかった。フラ・アンジェリコやミケランジェロは民族の誇りであり、また彼らの民族の旺盛な創造（生殖）力によって明らかにする男たちなのである。イタリアの男らしさは美を生み出し、その作品は、ひとつひとつ石を積み上げるようにして、輝かしく力強い文明を打ち立てるのである。このような自文化の過去への参照は、他のあらゆる文明を容赦なく蔑むことを可能にする。あまりにも性急に自らの文化的優越性を顕揚しようとしたナチスドイツでさえ例外ではない。ローマ人たちがギリシャ人と文化的洗練を互角に競い合っていた頃、ゲルマン人は野蛮な混沌状態を這い回っていたというわけだ。

三千年の歴史がわれわれに、アルプス以北から到来した教養を高貴な憐れみをもって眺めることを許すだろう。それは、ローマにはシーザーやウェルギリウスやアウグストゥスがいた時代に、自らの生活を記録することを可能にしたはずの文字さえ持たなかった民族の子孫たちが、後生大事に守っている教養だ。(31)

総領〔ドゥーチェ〕はこの手厳しい言葉を、一九三四年、つまりドイツとの関係が友好的などとは言い難かった時代に発している。けれど、この文化的優越性の意識はその後、ドイツ＝イタリアの関係が再び良好になってからも残存し続けた。

このことを知っていたヒトラーは、イタリア人が偉大な芸術家であるとしたらそれは、彼らの体を流れる北方民族の血のおかげなのだと思いこむことで、自尊心を慰めていた。なんの躊躇いもなく次のように語るヒトラーの目には、文化的豊かさをもたらすべく定められた民族の類型は、アーリア人種を明示していると映るのだ。

人類を、文化の創造者、文化の伝達者、文化の破壊者という三つのカテゴリーに分類することができるとするなら、その場合、アーリア人種だけが第一のカテゴリーの代表者だと見なされ得るだろう。人類による全ての創造物の土台や外壁は、アーリア人種によってもたらされたのだ。アーリア人種は、人類のあらゆる領域における進歩に、強固な礎石と構想を提供している。(32)

アーリア人種だけが、同時に芸術家であり、建築家、大工であるのだ。アーリア人種の遺伝的特質の卓越性は、その知性や想像力の驚異的な豊かさによって、繰り返し証明されている。ひとつの定型表現に従うなら、ドイツはまさに、「詩人や思想家の祖国」であり、次々に多くの天才を育んできたのだ。こうした精神の連続性は、優れた遺伝的特質は裏切ることがない、という生物学の法則によるのだと知らなければ、奇跡だと形容したくなるだろう。

したがって、芸術を政治体制の広告媒体としながら、人民および世界に、北方民族の精神的豊穣を明示することが重要となる。ヒトラーは、もともと芸術家を天職としていた彼自身、ある必要性から政治家になったのだと絶えず繰り返していたが、早くも一九三三年に、ミュンヘンにドイツ芸術会館を創設し、審査員によって厳選された最良の北方民族芸術を体現する作品を集め、毎年大規模な展示会を開催させていた。驚くほど多くの山岳風景や、農村の日常の情景、政治体制の大物のポートレート、古代ギリシャ風の彫像などが毎年、聖別を受け、展示されていたが、これらはほとんど全て男性の芸術家による作品であった。もっとも、文化的創造が断固として男性によるものだということは、ナチスによる文化・芸術上の偉人たちに捧げられた記念式典が証していることであった。芸術においては、シラー、ヘルダーリン、バッハの名が、哲学においては、ショーペンハウアーやニーチェの名が掲げられていた。いかなる女性も、ドイツの文化遺産に占める芸術家としての偉大さという点で、ナチスによって崇敬されることはなかった。それは女性の天職ではないと言うのだろう。生殖と同様に創造は、能動的行為であり、つまり男の仕事であるとされる。たとえゲッペルスやヒトラーが、建築家ポール・ルードヴィッヒ・トゥルーストの寡婦や男性の世界を高揚させるに足る才能を具えているとして、レニ・リーフェンシュタールなどの例外的に秀でた女性の能力を利用することがあったとしても。

芸術は、ヒトラーやムッソリーニがしばしば芸術家に比較されたり、さらには同一視されたりするだけに、一層男性のものだとされるのである。完成された男であるヒトラーやムッソリーニは、男らしさを定義する全ての性質を凝集し、体現している。自らの使命に忠実であろうとし、身を捧げる兵士、闘士である彼らは、現実を創出する生気溢れる天才なのである。国家の設計を行なう建築家たる彼らは、リベラルな個人主義に馴らされた無定形で散逸した大衆という素材から、団結し強力な全体的共同体を掘り出す彫刻家でもあるのだ。さまざまな追従者たちは、これら支配者たちの芸術家としての才能を褒めそやすことを怠らなかったし、フュルトヴェングラーに宛てた手紙の中でゲッペルスが主張しているように、彼ら自身そうした比喩を好んで用いていた。

現代のドイツ政治に形を付与するものであるわれわれは、自らを芸術家のように感じている。そしてわれわれ芸術家には、粗野な大衆を素材として、人民の強固で充実したイメージを形成するという大きな責任が

委ねられているのだ。(33)

全体主義的政治の野心とは、〔デミウルゴス的〕世界創造に関わるものであり、デミウルゴスは現世において芸術家と呼ばれるのである。

ファシストの男は、兵士、芸術家、生殖者であり、可能な全ての様態において力を体現するのである。ファシストの男は、女性たちから徳や美質を奪い取り、彼女たちにその尊厳を主張するためになんら価値あるものを残さないのである。女性たちは相対的に価値を持つだけの生存に、受動的な役割に限定され、これに対して唯一の絶対的存在である男性は、行動の持つあらゆる効用で飾られるのだ。結局のところ、これほど平凡な話はない。ファシズムとナチズムは性差別主義であって、この点についてなんら独創性を持っていない。しかし、男性の栄光に捧げられた讃歌が使い古されたものだとしても、それを肯定する強烈な叫びは驚くべきものである。ファシストの男らしさとは、アイデンティティの回復、再興、修復の務めが深刻で急を要するだけに一層、支配力に溢れ、暴力的であろうとする存在の肯定なのである。十九世紀の社会、経済状況の変化に導かれた文化的動揺のみならず、ヨーロッパにおける男らしさは、第一次世界大戦の帰結とも向き合わねばならなかった。この戦争は、男らしさの価値を引き立てるどころか、むしろ同時代の荒れ狂う「物量戦」を前にしたその無力を証明したのだ。イタリアのファシズムとドイツのナチズムは、戦争とその結末によって強い打撃を受けた国民に補償を約束することに留まりはしなかった。それらは、窮地に追い込まれた男たちに、第一次世界大戦の戦火と殺戮によって傷つけられた男らしさを鍛え直す機会を提供すると語っていたのだ。

第2章　労働者の男らしさ

ティエリー・ピヨン
（市川　崇訳）

労働者の男らしさは、その表象と切り離すことができない。労働や闘争に適した、男らしく、力強い労働者の身体のイメージは、二十世紀前半の政治についての想像世界に大きな影響をもたらしていた。革命闘争に部分的に結びついたこのイメージは、二十世紀末の共産主義諸党の衰退とともに消え去って行く。しかし、ひとつの神話の社会的、政治的構築以前に、労働の経験や、労働者の共同体が紡ぐ人間関係のただなかにおいてこそ、勇気や男らしさの価値は実感されるものである。もし二十世紀前半において、男性的な文化が、自らを肯定し、強化する糧を労働の日常のなかに見出していたとすれば、二十世紀後半はその土台を強く揺るがしたと言えるだろう。男性的なものの行為や言葉を通じた荒々しい表明は、労働形態の変容や社会変革によって大幅にその価値を引き下げられ、アイデンティティ確立の準拠枠としての機能を失ったのである。男らしさの誇示は、大衆的社会階層において消え去ったわけではないとしても、労働の現場においては徐々にその支えを失っている。

I　表象

1　工場労働者を表象する

仕事や労働者の表象は古くから存在するが、十九世紀末にはこの表象が「新たな美学上の企図」(1)に組み込まれる。複数の芸術家に共有されたこの企図は、工場労働者を前景化し、その労働者に、力と筋肉という目立って男性的な属性を備えた男性の一類型の諸特性を付与する。

十九世紀を通じて、労働の諸場面の表象はたいてい農業や手工業に関したものだった。民衆の社会についてのこうした関心を証すものとして意義深いのは、描写の正確さの点で際立った「石割り人夫」を含むギュスターブ・

クールベ〔一八一九―七七。フランス写実主義の画家〕の作品であり、また「樽職人」を例とするジャン＝フランソワ・ミレー〔一八一四―七五。フランス、バルビゾン派の画家〕の作品である。農業と手工業とからなる十九世紀の一時期に特徴的な社会類型のこのような描出は、他の多くの例によって補足されうるだろう。十九世紀の後半になると、近代的社会生活のある側面が、芸術家たちの視線を異なった方向へと引きつけることになる。工業の発達、機械とその生産力の存在が表象の対象となる。一八八〇年にユイスマンス〔ジョリス＝カルル・ユイスマンス。一八四八―一九〇七。フランス、デカダン派の作家〕は、こうした新たな対象を前に始動する芸術創造の企図を素描している。

近代生活の全体が研究されなくてはならない。すべてが一からなされなければならない。手工業や製造業で働く人の労働のすべて、工業の活動が示す近代的熱意のすべて、諸機械の壮麗さのすべて、これらはなお描かれるべきであり、描かれるだろう。真にその名に値する近代派の人びとが、同じ主題を永遠に反復することで弱体化し、ミイラ化しないことに同意するのならば[2]。

こうした呼びかけを待つまでもなく、画家たちは工場や製鉄所の内部、とりわけ火が燃え盛り、光の明暗の戯れが画布に劇的な様相を与えうる場所の描出に専心していた。「鍛冶屋」と呼ばれたフランソワ・ボノメ〔一八〇九―八一。フランスの画家〕の場合がそうであり、フーシャンボーやクルゾの製鉄所を描いた彼の作品は一八六〇―七〇年代に、工場を支える剥き出しの鉄骨、梁、機械、リフトなどを見せる工場建築の壮大さを強調した構図を取り、「実物尊重」のスタイルを打ち出していた。例えば「アンドレの製鉄所」という作品では、労働者たちは勝ち誇った兵士のように描かれているが[3]、同時に作戦の巨大さに圧倒されているかのようだ。ドイツ人画家アドルフ・メンツェルの画布「圧延機（近代の巨人）」（一八七五年）も同様の印象を与えている。

十九世紀末には、共に社会主義者や無政府主義者のグループに近い画家だったマクシミリアン・リュス、コンスタンタン・ムニエの作品が、労働に向けられる視線をさらに変容させる。ピカルディ地方出身のマクシミリアン・リュスは、屋外の情景、パリの建設現場や工場のある風景をとりわけ描こうとし、コンスタンタン・ムニエは、出身地であるベルギーやフランス北部の工業都市、鉱山を中心とした世界の描出に専心した。労働者の姿が何よりもムニエを惹き付ける。とりわけ、存在感をもち、力強くさえある労働者の身体、そしてその身体が伝えるプロレタリアートの威厳の表現である。例えば、「鋳込み」においてムニエは、鍛冶職人の前掛けで身を守り、熱で溶けた鉄を扱う、克明に描かれた筋肉を見せる半裸の労働者を画布の中心に据えている。ムニエにとって重要なのは、情景のリアリズムよりもむしろ、どれも皆全身が描出される男たちの存在感である。しばしば半裸の労働者を画布の中心に置く構図は、同時代の他の多くの作品にも見出される。ギュスターヴ・カイユボットの「床の鉋掛け」（一八七五年）、ポール・シニャックの「取り壊し作業員」（一八九九年）、またマクシミリアン・リュスの「杭打ち人夫」（一九〇二年）などがその例である。しかしムニエの作品は写実主義的というより「人道主義的」であり[4]、プロレタリアの形象を高貴なものにし、製鉄所で働く男たちの生活に寓意的な様相を付与する。それは彼の彫刻作品がより力強く表現していることである。ベルギーのシャルルロワに展示されている「大槌打ち」は、プロレタリアートの形象が従うある図像学的体系の主要な諸特徴を要約している[5]。そこには常に労働者の裸の上半身、盛り上がった筋肉、工具や前掛けといった職業を象徴する要素が回帰するのである。アンヴェールに展示されている「沖仲仕」[6]は、がっちりした体躯をもち誇り高い男のイメージを再録している。やはりブリュッセルに展示されている記念碑的壁画「労働のモニュメント」も同じ理想美の規範に従い構想されている。

ミシェル・ペローは一八八〇年代に広く普及する傾向を見せたフランスにおける労働運動について次のように記している。「労働者の形象は、それまでその存在に無知であった表象世界のなかで影絵のような仕方で増殖し、ついでクローズアップされるまでになった」と。(7) 男性の身体はこうした運動の寓意的な表現として現われた。感情の高揚を伝える身体、表象はこの身体が労働者にとって唯一の元手であり、誇りであり、また資本家に対する唯一の武器であると示しているかのようだ。ヨーロッパの主要諸国において、多くの絵画、版画、彫刻作品が十九世紀末から二十世紀初頭にかけて、こうした男性的なプロレタリアートのイメージを反復することになる。例えばプロレタリアートは、パリのナシオン広場に据えられている、ジュール・ダルーの彫刻「共和国に捧げるモニュメント」に描かれる壮大な場面にも姿を見せている。共和国の立役者を象徴する人物象を運ぶ戦車には「労働」の形象も含まれているが、それは発達した筋肉をもち、肩に金槌を担いだ半裸の男の姿をとっている。ダルーは生涯の終わりに、労働者たちを「プリアポスの紋章」の形に配したモニュメントを構想しさえするだろう。

一八八九年以来探していた労働者に捧げるモニュメントのアイデアをやっと見つけたように思う。全体の配置はプリアポスの紋章に似たものとなるだろう。プリアポスとは、庭園の神であり、生殖の(貧者にとっての揺りかごでも墓石でもある路上の水道栓)、さらには貧者が一生を過ごす牢獄である工場のパイプの象徴でもあるだろう。それは刳り形も装飾もない簡素な形であるべきで、私はもし可能なら、そのモニュメントが主題の含みもつ荘重で圧倒的な様相を纏って欲しいと願う。私にその制作ができるだろうか? 私は歳を取り過ぎている……(8)

ダルーは彼の計画を実現することはなかった。しかし、私たちはプチ・パレに保存されているスケッチによって、先端が丸く膨らみ、根元には手工業、農業、工業に従事する人びとの労働の姿が描かれたこの柱状のモニュメントがどのようなものであり得たのか垣間みることができる。多くの芸術家にとって、煙を吐く巨大な煙突を背景にプロレタリアートの発達した筋肉を強調することは、同様にプロレタリアートの運命をプリアポスの徴の下に位置づけることを意味する。例えば、イラストレーターであるスタンランが二人のジャーナリスト、レオンとモーリス・ボネフの作品「労働者の悲劇的人生」(一九〇八年)[9]のために描いた挿画も同様の手法を用いている。上半身裸の筋肉の発達した労働者が冶金業の大槌を手にしており、背景には工場の煙突が見える。

社会主義者や無政府主義者のイラストレーターにおいては、政治闘争の表象が同様の美学に従っている。風刺的な内容をもつ雑誌『バター皿』の一九〇七年のある号で、イラストレーター、グランジュアンは鉱山のストライキにおける労働者と憲兵たちの激しい対立、睨み合いを描いている。この挿絵は、労働者階級の抵抗や団結力を伝えるために、男らしさについての同様の表現を参照している。労働者は、身体を反り返らせ、顎を突き出し、兵士たちをまっすぐに睨みつけている。イラストレーターは労働者たちの剥き出しの前腕や節くれ立った手の力強さを強調している。極端に大きく描かれたその手は、かぎ爪のように開かれているか、工具、鋤、棒を固く握りしめている。あるいはいくつかの手は拳を握っているが、それらは棍棒のように見える。労働者グループの男性的な力やそこから発せられる抵抗の政治力は、ピラミッドの形に積み重ねられた肉体の構図が強調している。[10]コミュニストの画家、アンドレ・フジュロンによって描かれた一九四八年の作品「国防」にも、労働者の示す同様の男性的矜持、労働者と憲兵の同様の衝突場面が見出される。そこでは、「半裸で筋骨隆々たる鉱夫たちが、輝くヒュドラの形に隊列を組み、陰鬱な抑圧の力であるＣＲＳ〔警察機動隊〕を押し返している。労働者の誇り高く男性的な力が、背後に聳える鉱山の採掘壕の防衛を確実にし、その採掘壕の高い櫓が労働者の挙げられた腕や拳の描く動きの延長線上に位置している」[11] ここには、男らしさについての同じレトリックを用いた二つの表現、ひとつの社会主義的図像学の規範に従った同じ二つの形象が見られる。

2 社会主義の形象——新たな人間

十九世紀末に現われた闘争と労働のこうした新たな表象を我がものとすることで、社会主義の運動は独自の図像学を形成して行く。その図像学は自らの参照対象となる象徴の「男性化」に参与して行く[12]。フリジア帽を被り、赤い旗を半身に纏ったマリアンヌという左翼の伝統的なイメージに、筋肉が発達し、しばしば半裸の男性という形象（それに職業の象徴である工具が結びつき、ときには背景に工場が描かれもする）のもとに、労働者の仕事の誇張されたイメージが取って代わる。モーリス・アギュロンはこの男性的イメージの出現と、革命の女性的アレゴリーの衰退との時期的な一致を強調している[13]。エリック・オブスバウムは、労働と抵抗運動のこれらのイメージの性差別的傾向を問題視している[14]。社会主義運動が男性の支配的形象のもとに労働について与える表象は、女性がもっぱら居住空間に押し込められるような、性差の自然化に基づいている。この性差別的イデオロギーは、十九世紀末から二十世紀初頭の女性の労働の現実からかけ離れているだけでなく[15]、十九世紀末には依然重要だった繊維業、とりわけサービス業、手工業を顧みることなく、労働を力仕事、製鉄業や鉱山労働のセクターに限定するという偏りも併せ持っていた。おそらく大きな発展を遂げつつあり、第一次世界大戦を目前に戦略的重要性をもつセクターとは、そこに働く労働者のストライキが最も強い反響を生むセクターであったのだろう。鉱山や鉄と火の世界とは、これらのイメージ創造に長けた、コンスタンタン・ムニエを始めとする著名な職人たちの世界でもあった。したがって、労働者のイメージを単純化するこうした表象に、力や筋肉、労働と闘争におけるその行使の強い称揚のなかに、ダルーの企てが極限にまで推し進めようとする抽象的総合の一形態を見るべきであろう。

これらの表象は形式上古代彫刻への参照という点で、ソヴィエトに見られることになる労働者を描く絵画的表現の手法を（その唯一のモデルではないとしても）先取りし、予示している。ムニエの彫刻や世紀末に見られた数々の挿絵は、労働者の生きる悲劇的状況を伝えている。これらの作品は、唯一の富として身体を与えられた、半裸の人間の尊厳に光を当て、その人間がおかれた状況の悲惨さ、その闘いの苛酷さと高貴さを強調している。この労働の「新たな演劇化」のうちに、最も貧しいものたちの生活の描出に作品を捧げた、これら芸術家たちの人道主義的意図が表れている。コミュニスト労働者の表象がこれらのイメージと同様に、労働の要求する力と男らしさの同一視という面を持っているとして、コミュニスト労働者の表象はまた他の源泉からも着想を得ていた。ジョージ・L・モッセはその近代における男らしさの研究において、これらの表象の生成過程に第一次世界大戦がもたらした断絶に注意を喚起している[16]。大戦が鍛え上げた勇敢さという理想、人間の勇気、忍耐、攻撃性についてのイデオロギーは、コミュニストたちの戦闘姿勢に階級闘争の場において闘い続けるためのモデルを提供した。規律と道徳性は、資本主義に対する抵抗や労働の価値の称揚へと具現化し、工場は新たな戦場となる。こうした理想から導かれる労働者を描く表象は、一九一七年の十月革命によって増幅され、なによりもまず労働者の闘争や戦闘に臨む姿に力点を置いたものとなるだろう。一例を挙げるなら、ソヴィエト共産党の雑誌『インターナショナル・コミュニスト』の第一号（一九一九年五月一日付）の表紙には[17]、逞しい筋肉を持つ男が世界を包囲する鎖を大槌で打ち砕く様子が描かれている。その肉体の動きや視線の攻撃性は、労働者でありかつ戦士としてのコミュニストの諸特徴を凝縮した形で示し、十九世紀末の絵画作品におけるよりも明確に、暴力的で激昂した印象を伝えている。しかし、スターリン独裁期における労働者の表象は、相変わらず力強く、巨大で屈強であり、健康的な印象を与えるものの、半裸で描かれることは稀である。モスはそこに、たとえ最終的にアレクセイ・スタハノフの特徴を具えた現実の人物に具現されるにせよ、「男性であれ女性であれ、ひとつの抽象的な労働者のイメージ」[18]を提示する意図を読み取っている。一方で国家社会主義は「新たな人間」を象徴化するために、ギリシャ彫刻が従っていた美学的規準に着想を求めている。例えばアルノー・ブレッカーの彫刻作品では、裸体と男らしさはヒトラー体制の力を表現するために結びつけられていた。こうした美学は第二次世界大戦後になって漸く、東ドイツを例とするような共産主義体制に取り入れられるだろう。[19]コミュニストが採択した表象とファシストのそれは形式の点で異なったものであるが、モスは両者の類縁性に注意を喚起している。男らしさはエネルギー、秩序、権力、堅固さを表現し、人物のとるポーズにおいては、視線の廉直さ、高く挙げられた頭部、整った顔立ちなどが強調されている。

フランスにおいては、こうした表象に含まれる多くの特徴が、両大戦間期の映画作品や写真家の作品のなかに見出されていた。フランソワ・コラールがフランスのさまざまな職業を取りあげて作成した資料写真集では、非常に頻繁に男らしさについての同様の表現様式に則って撮影がなされている。[20]「鉄道レールの運搬者」(一九三二年)の写真では、張りつめた筋肉を持ち、シャツの袖を捲り、発達した胸を張った労働者の横顔が、自らの力を確信した労働者の揺るぎない自信を示している。ロンヴィの鉄工所で一九三三年に撮られた溶鉱炉を監視する金属労働者の写真では、広い肩幅、前方に向けられた視線が強調されている。白黒のフィルムが生むコントラストに助けられ、労働者のおかれた状況を叙情的なタッチで描く仕方は映画でも用いられており、それは一九三〇年代に労働者の力を具現するうえで、他の何ものにも増して強い影響力をもった形象、ジャン・ギャバンが演じる人物像にも見られたことである。一九三八年のジャン・ルノワールの作品「獣人」では、ギャバンはコラールの写真におけるように、角張った顎、遠くを見つめる眼、剥き出しの前腕を見せ、自らが操縦する機関車から半身を覗かせている。ギャバンは男らしさのさまざまな表現形態を演じることで、多くの作品を通じて、それら全てを体現するまでになった。キャバレー、兵舎、収容所、工事現場、工房など主立った男性的な空間において、ギャバンは力、自信、男たちや女たちに対する威厳などの男性的特質を凝縮された形で示している。精神的男らしさは、発揮される効力によってと同様にそれを抑制することで、他を圧倒する力を得ているようだ[21]。また別の領域に眼を移すなら、CGT〔労働総同盟〕や共産党からの依頼で制作された政治宣伝のための一九五〇年代の映画作品では、映画監督は労働者の、さらにはその階級の男性的な抵抗の力を称讃するために同様のイメージを使っている。例えばこれらの作品において、炭坑夫は「しばしばひとりで、その立ち姿がフレームに収められ、屈強な上半身には汗が流れている。また炭坑夫は石炭を前に、彼の武器である工具、とりわけピックハンマーと一体化している[22]」。

3 政治的規律――鉄の男

男らしいプロレタリアートのイメージは同様に、身体的属性、道徳的資質、心理的特質が理想化された形で混在するある原型の構築によって生み出されている。社会、政治的な構築過程が、十九世紀を通じて行なわれた労働者の規律化、道徳化の運動に合流する。経営者であろうと、エンジニア、経済学者であろうと、生産体制の効率化と道徳的規律化を切り離して考えることはない。カール・マルクスはその産業資本主義の発展の分析を行なうえで、この両者の結びつきを本質的な問題のひとつと見なしている。産業史を専門とする歴史家も、これらの問題にこだわり続けている。E・P・トムソン、ミシェル・フーコー、その他多くの研究者の著作は、労働者の定住化、その住居の同一地域への集中、身体の育成、労働者の家族の生活習慣を組織化することになるタイムスケジュールの確立などに注目することで、こうした問題の考察の深化に貢献した。肉体の力や生産性、苛酷な身体拘束の承諾、またそれらの精神的価値への変奏でもある勇気、禁欲、誇りなどの男性的美徳への参照は、この規律への配慮と結びついている。この点において、経営者側も社会主義やコミュニストの政治運動も同じイメージの源泉に着想を求めており、自らの職務に身を捧げる労働者という同じイメージを駆使している。ここで坑夫の形象に注目することもできるだろう。この形象は理想化された原型の構築という点で非常に象徴的であり、その構築過程は製鉄工や沖仲仕の場合にも当てはまるだろう。十九世紀前半を通じた製鉄業、冶金業、石炭採掘業の発展、これらセクターにおける労働運動の伝統、工業地帯への人口の集中は、自らのおかれた生活・労働環境を愛し、自己犠牲と勇気などの価値に突き動かされた労働者というイメージの構築に貢献した。

「坑夫を伝説に相応しい労働者に変えるには、長期にわたる説得と指導者による統率が必要である」とブルーノ・マッティは記している[23]。このような企てはかなり早い時期から始まっている。採掘場の技師であるルイ・シモナンが第二帝政期に書いた著作『地下生活、坑夫と採掘場』は、英雄視された坑夫のイメージの構築に寄与している。「炭坑夫は当然のことながら、勇敢で献身的である。彼らは仲間の生命を救うために、常に自らの生命を投げ出す覚悟をしている。私たちはどれほど禁欲的な忍耐力によって、彼らが最も苛酷な試練に耐えるのかを見てきた」。この「規律に従い、エネルギーに溢れた兵士のような労働者」とは、「最も激しい疲労に肉体を慣れさせ、絶えざる危険に立ち向かうことのできた」男なのだ。シモナンは書いている、「洞窟の暗闇のなかで働く、男らしい戦士である彼ら坑夫を讃えよう」と。[24] 戦争の印象から直接に着想を得た、この「神話を通じた労働者の規律化」を、[25] 鉱山採掘を行なう企業は二十世紀初頭まで利用し続けた。労働組合や社会主義者の運動家はこのイメージを専有することになる。こうして、労働者階級全体にとってアイデンティティの拠り所となるひとつのモデルが描き出される。

この坑夫のイメージが一九三〇年代に、アレクセイ・スタハノフの姿を通じてソヴィエトで再利用されたことは、それが労働者階級にとってのモデルとなったことの目立った証拠であろう。一九三五年八月三十日の午後十一時に、ドンバス盆地にあるイルミノ中央炭坑にスタハノフが入っていくとき、彼は国際青少年デーを記念するために、世界最短時間での石炭採掘記録を打ち立てようとしていた。彼に同伴していたのは党組織委員であり、現場監督のペトロフ、炭坑新聞の記者であるミルハイロフである。スタハノフはピックハンマーを携え、八五メートルの厚さを持つ石炭層に挑もうとしている。八月三十一日午前五時に炭坑を出るとき、彼は一〇二トンもの石炭を採掘していた。スタハノフは当時の坑夫ひとりあたりの平均的ノルマの一四倍もの石炭を掘り出した。確かに作業条件は例外的に良好であり、採掘準備、雑益、坑木組みなどの補助、休憩時間などは考慮されていない。しかしここでは、「世界記録」とその政治利用の可能性のみが重要なのだ。「私の打ち立てた記録は、そこから私たちの働く区域、炭坑における労働について実践的な結論が導き出せないとしたら、なんの意味もない記録であっただろう」とスタハノフは語った。[26] 同年十一月、ソヴィエト執行部は「前衛的労働者会議」を開催する。プロパガンダは、企業の管理職、エンジニア、部長、技師らに対置された「労働の英雄」、「スタハノフ運動支持者」たちを讃えることを目指してなされた。彼らは、労働の現場でインタビューを受け、写真に撮られ、映画撮影の対象となり、社会主義的な威光に飾られた。モロトフが一九三五年に語ったように、彼らは「本当の満ち潮のように強大な力となって溢れ出した」[27]。坑道を背にしてピックハンマーを手に作業に集中するスタハノフの写真は、多くの新聞の一面を飾った。誇り高く、また謙虚な労働者の微笑みは、一九三五年十二月十六日の『タイム』誌の一面に取りあげられさえした。スタハノフは労働者のグループの先頭に立ち写真に撮影されるときも、ブロンズの像のモデルとなるときも、権威を揶揄するようなその微笑みを絶やさず、ピックハンマーを手放さない。彼の仕事道具は、ライフルのようにその肩に担がれている。彼の仲間の坑夫たちとスターリンを先頭に行進するときでさえ、スタハノフはピックハンマーを肩に乗せている。そしてスターリンがするように、賛同と敬意の徴としてときに腕を挙げるのである。この「労働者の英雄」は、人びとが讃える男らしさの主要な諸特徴を自身のうえに集約させている。片時も手放さない仕事道具、誇り、勇気、そして闘争心である。

一九三六年に『ユマニテ』が取りあげた『プラウダ』の論説には次のような一文が見られる。「スタハノフ運動は、社会主義の絶大な勝利を鏡のように映し出している」[28]。「労働者の英雄」と共産党との間に、見事な鏡像関係が打ち立てられる。この相互承認の弁証法的運動を、フランス共産党は一九三〇年代以降、過度なまでに利用することになる。肉体の示す抵抗力、その頑健さの理想化、労働者の、とりわけ坑夫の自信は、政治運動のもたらす功徳となるのだ。マルク・ラザールはこの疑い得ない「政治的神話」を詳しく検証している[29]。フランス共産党にとってプロレタリアートは同時に、「相互に連帯し、友愛に満ち、規律を重んじ、男らしく、不屈であり、また断固とし、粘り強く、鷹揚で、決然としている、等々[30]」。プロレタリアートにあっては、力と抵抗、行動と道徳が勝ち誇るのである。一九三〇年代には、フランス共産党書記長となったかつての坑夫、モーリス・トレーズが、彼の代表する階級の美徳であり、また坑夫という職業の美徳でもある高潔と勇気を体現していた。人民戦線の勝利の後、モーリス・サックスはトレーズを讃えた伝記作品のなかで、その特徴を次のように記述している。

「彼はずんぐりして、がっちりとした体格をしている。とても広い肩幅を持ち、その上に載った顔が不断にたたえている表情は、微笑みである」。その姿はまるでスタハノフのようだとでも言いたいのだろうか。「彼の額は広く、語り始めるや、その表情は偉大さを帯びる。声の調子は変化に乏しいのだが、聞くものの心を変化させずにおかず、その声の主をより大きく見せるのだ」[31]。トレーズの手は、「小さく、骨太で」あり、「広い手のひらは幼少期からの手仕事によって形成され」たもので、それは労働者の手であると同時に知識人の手でもあるという特徴を示している。力強さと慎み深さが結合することで、トレーズに特殊な魅力を与えている。トレーズの魅力を記述するために用いられたレトリックは、フランス共産党の操る言説において常套的なものである。一九五〇年には『ユマニテ』が、組合主義者であり、抗独運動の闘士、坑夫でもあったジュール・ボネルを以下のように記述している。「ずんぐりし、小柄でがっしりとした体型を持ち、幾つかの特徴はエネルギー、知性、廉直さを表している。その体全体から抑制された力が伝わってくる」[32]。労働者の英雄と共産党の指導者は、その肉体に彼らの階級への所属の明確な徴を帯びている。彼ら自身が、労働者がそこに自らの姿を認めるよう促される、ある集合的身体の象徴なのである。この労働者の集合的身体においては、手が特別の位置を占める。手は運動を続ける力を、労働における対象とのぶつかり合い、搾取に対する武器を体現している。手は労働において行使される力を象徴すると同時に、握った拳が挙げられるときには、抑圧的支配者に抗して結ばれる連帯をも表現する。そこには、共産党が躊躇うことなく利用する「手の記号学」があるのだ[33]。その記号学は、左翼の政治運動のために用いられる絵画表現の伝統に常に見出されるのだ。一九八〇年代に至るまで、共産党とCGTはこれらのイメージを使い続けるだろう。鎖を引きちぎろうと握りしめる手、剥き出しの前腕、突き上げられた拳、道具や機械に置かれた手、さらには階級の団結の象徴として握り合った男同士の手に至るまで、さまざまな表象が見られる。

Ⅱ　労働者の価値観

労働とその形態の変化に視線を向けるなら、男らしさがどのように参照されてきたかを異なった角度から検証することが出来るだろう。実際、「男であること」は二十世紀を通じ、さまざまに異なった力の使用法に関わっていた。両大戦間期の労働の合理化から、一九五〇―六〇年代の労働形態の社会・技術的変化、また近年の失業の問題に至るまで、労働者にとっての男らしさを評価する条件が変容したのである。その揺れ動く変容の軌跡を辿るために、われわれは労働者の証言、手記、自伝を基に考察を行なう。そのように労働者の語りに耳を傾けることは、男らしさがその表出に際して物語を経由するという事実に重要性を認めることであり、男らしさという価値が実践の領域におけるのと同程度に言葉の領域において誇示されるということを強調することである。

1　「持ちこたえる」

歴史家や社会学者はしばしば次のことを示してきた。労働者の生活文化とは、体力を消費し、肉体を元手として用いる生活文化である[34]。労働と個人の社会化形態に結びついた諸価値が、労働者の家庭において古くから重要性を持っていた。低年齢から始まる労働と個人の生活におけるその重要性、十九世紀末まで見られた複数の労働の兼業、そして専門集団の固定化、一九三〇年代以降の同一職種の世代間継承、これらすべてが努力と勇気という諸価値を軸にした複数の世代に跨がる労働者の連帯を構築した。おそらくここには、美徳を生み出した生活上の必要性を見なくてはならないだろう。実際、労働者の生きる生活状況は、より所得の多い社会階層への上昇の機会をほとんど与えない。企業内での同僚との競合関係は厳しいものである。第二次世界大戦後まで多くの職業において、労働条件、職場の衛生や安全、ポストの序列配分などは、嘆かわしい状況にあった。貨物管理作業の機械化以前には、また労働の合理化の発展（これ自体別種の疲労の原因であるが）の後でさえ、土木作業員、炭坑夫、沖仲仕、金属労働者などの働く多くの業種では、日常的に必要とされる耐久力、筋力などの身体的適性が求められるだろう。したがって、体力の投入、勇気、強靭さなどは、長期にわたり労働者にとっての非常に重要な元手であり続けるだろう。これらの能力は時として、職業上の専門知識と同じほど貴重な資格を労働者に与えるのである。例えば炭坑夫の証言は押しなべて、彼らの労働が苛酷なもので、危険と背中合わせである点を強調している。コンスタン・マルヴァはとりわけ、炭坑で働く男たちの無感覚を記述している。諦めによるものなのか、疲労による感覚の鈍化によるものなのか、「勇気が第一」という信条が、労働者に「持ちこたえる」ことを可能にし、彼らを守っている。それは、両大戦間期にジョルジュ・ナヴェルが、「体力に乏しく、虚弱なものは、長時間労働の苛酷さによって、容赦なく排除される」[35]と語ったように、塩田で働く労働者の場合も同じである。一九五〇年代においてさえ、アルフレッド・パシーニはマルセイユの港湾荷役労働について、男たちは一〇〇キロの重さの袋を頭に載せて運ぶ、と語っている[36]。

小規模な手工業の工房においては、労働が比較的楽で、危険が少ないというわけではない。両大戦間期に靴職人の見習いをしていたルネ・ミショーの自伝小説は、若年労働者に対する日常的暴力に満ちた世界を描き出している。傷や虐待を受けることによって彼は、体力をつける必要を知り、いち早く頑な性格を獲得するよう強いられた。その上、努力を惜しまない姿勢は男たちの世界への帰属を確かなものにするのであり、徒弟の修業にとって今後も最も重要な要素であり続けるだろう。炭坑夫であるルイ・ラングランは、一九三〇年代に初めて炭坑の採掘場に到着した日のことを思い出している。「八歳のころ私は、『早く十三歳になって働きに出たいな』と思っていた。十三歳で炭坑に働きに行くと、日曜に羽目を外すことが許され、年の若い一端《いっぱし》の男と見なされるのだ[37]」。このように仕事に身を捧げる姿勢を、ジャック・トネールは蒸気機関車の時代における優秀な機関士のもつ特質のひとつだと言うだろう。「ボイラーマンはこの信じ難い疲労を乗り越える術を学ばなければならず、最初から厳しく仕事の習熟を目指し、あらゆる自己憐憫を拒まなければならない[38]」。男の世界への参入には、他の方途も存在する。例えばアルコールがそうであり、ジャン＝ピエール・カストランが沖仲仕について語っているように[39]、若年労働者にとって最初の泥酔はイニシエーションの機能を果たしている。

しかし、労働者の荒々しさ、勇敢な素振り、雄々しさなどは、何より労働条件への同意を意味するだろう。先に見た坑夫のコンスタン・マルヴァの働く炭坑では、出来高払いの仕事が労働者相互を競合関係に置くが、それはスタハノフ流のヒロイズムとは何の関係もなく、社会的抑圧の重圧を暴き出している。十分に働いていないとの嫌疑を掛けられたマルヴァは、挑発に応じようとする。「私は怠けていると疑われたが、ちゃんと疑いを晴らして見せた。ただ猛者たちと張り合おうとするあまり、最も力の弱い私の仲間たちを苦しい立場に追い込んでしまった[40]」。労働者たちの証言のなかでしばしば肯定的に捉えられ、道徳的価値の高い資質にまで数えられる頑迷な労働へのこだわりが、こうして男たちを新たな限界への挑戦に駆り立てるが、それは同じだけの危険を冒すことを意味する。上述のナヴェルは、シトロエンに入社した際に彼を捉えた「恐怖」について語り、自分には苛酷な労働に耐える力があるのかと自問するだろう。「一体お前は他の労働者と同じくらい強いのか」と彼は語っている[41]。

2　プロレタリアートの力と暴力

それゆえ、「(制作、変形を目指した) 対象とのぶつかり合いとしての労働が、競合相手に挑戦することや、他者たちとのぶつかり合いという対決のなかにその等価物を見出す」ということが理解される。[42] 自己の力量の誇示や暴力は、第三者である観察者や労働者自身によって語られる、労働者の生活習慣についての言説に頻繁に現われるテーマである。しかし、二十世紀を通じてこの暴力の意味は変化して行く。十九世紀後半のフランス全土を修業のために行脚する職人たちを記述した手記は、非常に暴力的な場面を伝えている。「街中であろうと散策中であろうと、当時毎日見かけられた光景がある。労働者たちが偶然出会い、互いをよく知らず、一面識もなかったとしよう。すると多くの場合、なんの理由もなく、彼らは獰猛な獣のようにお互いに飛びかかり、喧嘩を始めるのである」。[43] 争いに加わったものは、「傷だらけで、血を流す」ことになる。[44] そこまで徹底した形ではないにせよ、十九世紀末のパリの労働者のあいだでは、暴力は彼らのコミュニケーションに染み付いていた。ドゥニ・プーロは一八六二年に、規律に従わない「ご立派な」強情ものについて記している。[45]「彼は言葉で空威張りするのではなく、強く殴りつけるのだ」と。また次のようにも書いている、「労働者階級にあっては、能力と同じくらい腕力がものを言うのだ」と。一目置かれるためには、経験豊富なことや、腕の良い工員だという評判は、「見事な力こぶの見せびらかし」[46] と同じくらい効果的だった。十九世紀末にジャーナリスト、アンリ・レーレは、キャバレーや労働者の住む界隈でアンケートを行い、もめごとを解決するために簡単に殴り合いが起こることに注目している。「十五歳から三十歳までの労働者は殴り合いや、筋肉を鍛える機会を求めている」[47]。レーレはこのぶつかり合うことへの好みを、労働者に固有の性質と見なしている。「屈強な労働者たちは力を愛する。彼らは力を称讃し、崇拝するのだ」[48]。

そこから、身体的特徴を言えばおのずとその価値が明らかな、優れた体格の男が労働者によって好んで描き出されることになる。例えば、「リトンは十八歳の土木作業員で、抜きん出て背が高く、筋肉が盛り上がり、屈強な上半身を持っている[49]」、あるいは、「塩田作業員の険しい顔つき、海風に晒された筋肉[50]」、また、「ヘラクレスのような体格をした男[51]」など。さらにまた、コンスタンタン・ムニエの彫像の特徴を借用しているかのような記述もある。「髪を振り乱した鍛冶屋の粗野なかけ声は、彼が鋳造している鉄のような荒々しさを帯びていた[52]」という具合である。労働者の気性も、乱暴でぶっきらぼう、なにより勇敢だ、といったように身体のイメージに結びつけて描写される。というのも、「痛みにも耐えられない」ような虚弱な男は信頼できず、いくらか男らしさが欠けているからだ[53]。それゆえ、「闘争、喧嘩、力業[54]」などの輝かしい場面、名誉ある闘いについての語りが存在し、それは集団の記憶によって大袈裟に誇張されている。こうして、つるはしの持ち手で武装し、「警官」や「黄色人種」や「卑劣漢」と闘った男たちの武勲が長きにわたって語り継がれることになる。ルネ・ミショーが語る場面はとりわけ意義深い。

若い方のアンリは、互いに殴り合いをしていた集団のなかにひとりの警官が少々迂闊に割って入った日の出来事を、得意げに話した。アンリは突然、この興奮し切った大男と一対一で向き合った。二発の見事なストレートパンチが決まり、相手を瓦礫の山の上に転がらせた劇的な瞬間を語りながら、彼の声は震えていた[55]。

物質と、他者と、警官と対決し、闘う姿勢。これらが身につけなければならず、成し遂げ、あるいは少なくとも手記のなかで伝えようとし、誇張しなければならない素養なのである。

というのも、これらの語りにおいて、劇的効果を狙った誇張が果たす役割を軽視すべきではないからだ。暴力の使用が頻繁に確認されるとしても、それはある形式を伴う儀礼化に従っていることを示しており、労働者の社会を単に激昂のまま暴力が荒れ狂う世界だと信じさせるものではないからである。確かに、二十世紀を通じて男たちの関係は荒々しいものだった。しかし、修業のためにフランス全土を旅した徒弟職人が道中の喧嘩で命を落としたという証言と比較するなら、街中での暴力は沈静化して行くように見える。準拠枠としての力の意味やその使用が価値の低いものになっていったというのではない。しかし、雇用主と労働者の関係を取り巻く社会と法制度の変容（とりわけ労働権）や、職業技能の習熟過程と職場組織内の配置編成の微細な体系化が、突発的暴力を間接的に伝える役割を言葉に付与していったのである。[56] このことは、女性を排除して規定される男性社会の象徴秩序を消し去るものではない。そこでは、勇気、力、無謀さが依拠すべき価値であり続けている。

しかし、他者との力による衝突が直接的なものだとしても、その力は対象を迂回することで効力を発揮することもある。自らの権威を相手に押し付けるためには、しばしば脅すだけで十分なものだ。力の強さを示す体格の良さ、ある種の男たちの「磁力にも似た強い影響力」さえあれば紛争を鎮めることができると、第二次大戦後にジャン・ウリーは振り返っている。[57] 証言が伝えるある状況が、暴力が発現に際して採る迂回の測定を可能にしている。このウリーは、一九五〇年代初頭のある金属業の小規模な会社で起きた、真の力ずくの一騎打ちについて語っている。若手だった彼と年上の工員とのあいだで、地面に金属製の杭を打ち込む競争が始まったのだ。工員全員が見守るなか、ハンマーを振り下ろす速さで相手を圧倒しながら、早く杭を打ち込んだものが勝ちというわけだ。これは激しい闘いではあるが、行使される力の方向がずらされている。狂人のように激昂した二人の男は間接的に対決しているのであり、そこに肉体の接触はない。若者は勝利によって、他の男たちから一目置かれることになる。「半端者が一人前になった」と彼らは言うだろう。仕上げとして、「工場の荒くれ者」とのあいだに何発かの拳の応酬があった後、彼は他の男たちと同等に扱われることになる。[58]「大口を叩くやつ」、経営者に盾突く男、リーダーなどは、「なんであれ性格の弱さが不利を招くような」労働者の世界において、常に求められる存在である。[59]間接的な闘争と精神的に優位に立つこと。ここでは男らしさを競う対決が、実際の暴力と同じほど言葉に依拠しているのだ。

Ⅲ　男らしさという価値の枯渇

1　労働の合理化と男たちの抵抗

二十世紀は、アイデンティティの準拠枠を転覆させるさまざまな急速な変化に見舞われた。「テイラー主義」とは米国の技師フレデリック・ウィンスロウ・テイラーが完成させた原理の名称だが、その経営管理法はこの意味で大きな変化を代表している。確かに、「テイラー主義」はすべての産業セクターに同じように導入されたわけではない。またその方法は、常に発明者であるテイラーの言葉通りに適用されるわけでもなかった。大規模工場においてこの方法が採択されたとはいえ、両大戦間期には依然多かった小規模な工房は適用の範囲外に留まっていた。しかし、作業工程や作業時間について秒単位で行なわれる指令を含むテイラー管理法の原理は、労働者から自主的に作業編成を決定する可能性を大幅に奪った。労働者と仕事とのあいだに工場監督が介在することになり、作業監督もまた作業編成を担当する技師の指令の中継を行なう。この作業監督は、かつて作業班が分担を流動的にしながら自ら編成を行い、昔から受け継がれた経験知に則って労働者間の関係を決定していた時代の「主任」や「下請け作業員」ではもはやない。労働時間の計測、部品の規格化、作業の単純化によって労働は個別化し専門化する。職種に固有の論理は姿を消し、賃金労働者の新たな人事規準が採択され、技能習得過程、専門資格の種別、報酬に応じた契約による組織化が進む。生産性向上の要請に結びついた労働の新たな規律化は、第一次世界大戦開戦時には国家的課題となっていた。一九一四年にヘンリー・フォードが考案し、実用化したベルトコンベアーによるライン生産方式は、フランスでは戦時中に砲弾製造のために導入されたが、一九二〇年代を通じ、自動車製造業において発展した[60]。テイラーの経営管理法とフォーディズムは両大戦間期に結びつき、産業界の状況を一新した。また、新たな身体的・精神的適性を要請することで、労働に関わる新たな習慣を生み出した。

力の使用は、そのアイデンティティ準拠枠としての役割の衰退はあったものの、不必要になったわけではない。しかしこれ以降、労働の新たな組織化は労働者を別様に拘束することになり、したがって、荒々しい体力の投入というよりも注意力の継続的使用による別種の疲労をもたらすことになる。最も繰り返しの多い作業を強いられる労働者にとっては、倦怠が重くのしかかる。一日中同一で反復される単純な動作の単調さに耐えなくてはならない。確かに、求められる作業のリズムは速いので、身体の受ける拘束の度合いは強い（自動車工場における初めての作業速度計測の実施は、ベルリエ社で一九一二年に、ルノー社で一九一三年に労働者のストライキを引き起こしている）。しかし、身体の拘束は、体力というよりも注意力や手先の器用さを求めて行なわれるのだ。体力の投入よりも気力の維持が求められるのだ。ライン生産方式における労働が引き起こす消耗には、「工業疲労」という固有の名称が必要になる。ジョルジュ・フリードマンは、両大戦間期のテイラー管理法が実施される大工場において、この特殊な疲労を観察している[61]。彼は、「細分化された労働」のリズムがどのようにして最も頑健な男たちの神経組織の耐久力を低下させ、不安を引き起こし、フランスでのライン生産方式導入以来心理学者が指摘していた神経、情緒の混乱をもたらすのかを示した[62]。シモーヌ・ヴェイユ〔一九〇九―四三。フランスの哲学者〕が語っていたように、一九三〇年代の工場で必要とされる力とは、思考力の鈍化に抗する力である。「私は、労働者の魂の救済の可能性は、その体質にかかっていると結論したくなる。私には、強壮な体力を持たない労働者たちが、いかにしてある種の絶望の一形態に陥ることを回避できるのかわからない[63]」。

作業時間の効率化という規準は、早々にその真の姿を露にする。労働者が常に応じられるとは限らない目標の達成が、暗黙に要請されるのだ。同時代に工場で働いた経験を持つナヴェルが証言しているように、ライン生産の行なわれる工場では誰もが、実際には到達不可能な記録の達成を要求されるのだ。「時間計測者と作業手順の指導者は労働者と闘っていた[64]」。この状況では、筋力は助けにならない。例えば、自動車製造工場では「溺れる couler」とは労働者にとって、作業が能力の限界を超え、文字通りライン生産のリズムに追い越されてしまい、ついて行けなくなることを意味する。工具整備、機械調整工という最も高い技能を持ち、精度の高い作業を担う労働者たちでさえ、作業編成の合理化の要請に従わざるを得ない。ナヴェルは一九三〇年代にベルリエ社で働くこうした工員たちを記述している。

> 彼らの手は小さな往復運動をしているだけだ。そうやって彼らは非常に精度の高い作業を遂行していた。〔…〕久しく以前から、彼らの仕事は緊張を強いるものではなくなっていた。倦怠が彼らを包む。ただそれは、受け入れられ、慣れっこになった倦怠だ。彼らの誰も、肉体に充実感を取り戻すために土木作業員になろうと望んではいなかった[65]。

テイラー管理法が導入された工場において、多くの従業員にとって、自らのイニシアティヴで作業編成を行なう可能性がなくなったことは、男らしさという価値の暗黙裡の否認をもたらす。それは、管理された特定の作業の遂行に専ら身体能力の使用が限定されるからだけではなく、地味で、短時間になされる反復の多い体力投入のあり方によって、これまでとは異なる疲労が出現したからでもある。

特殊技能を持つ労働者が消え去ったわけではない。多くの産業セクターにおいて、彼らは、少なくとも労働市場が活況で、新たな雇用口が手に入るときには、彼らの技量の正当な評価を求め、経営者に圧力をかける術を心得ていた。例えば、かっとなって、予告もなしに会社を辞めることは、誇り高い行為として認められていた。両大戦間期に工場労働者だったモーリス・アリーヌは、パリ近郊で働く機械整備工たちの振る舞いについて語っている。「何か気に喰わないことがあると、彼らは板金工に向かって、ぞんざいに言ったものだ。『今日までの俺の給与を計算してくれ。道具を片付けて、出て行く用意をするから』と」(66)。靴屋の見習いであったルネ・ミショーも同じような経験をしている。「作業監督のちょっと突飛な思いつきや、私のささやかな自尊心を傷つけるやや唐突な反論に出会うと、私は持ち場を離れたものだ」(67)。テイラー管理法の実施される大規模工場では、労働者の転職は、持ち場放棄や破壊行為と並んで、管理への日常的で執拗な抵抗の実践であった。このような労働者の自律性の主張のひとつとして、「マカダム」と呼ばれる、故意の作業中の怪我があり、これにより労働者は医療保険の適用を受けながら休職することができる。グザヴィエ・シャルパンは、第二次世界大戦以前に働いていた炭坑で、同僚の手を故意に石を使って切り裂いた。それは儀礼のようなエピソードであり、相手の見守るなか、各々が自らの役を演じる、男らしさを誇示する格好の機会である。

一撃は素早く、上手く打ち下ろされた。石に当たって手の肉が裂けた。エクトールは一言も声を上げず、手を振り回している。とても痛そうだ。彼は直ぐに冷静を取り戻し、動き回るのを止めた。彼は指をランプの光に近づけて見ている。血が少し流れている。傷はかなり深く、爪が剥がれている。彼は私を見つめる。少し青ざめているが、落ち着いた様子をしている。その声は動揺の跡を留めていない。「大丈夫だ。これでいいんだ。手当をしてもらう暇はある。手を握ってくれ。お前は本当の男だ。お前にはやれないだろうと思っていたよ(68)」。

両大戦間期に見られ、今なお広く知られているこうした実践のなかに、心理学者が語る「防衛戦略」の現れを読み取るべきだろう(69)。ピエール・ブルデューが言うように、この戦略を通じて、労働力という富しか持たない階級のアイデンティティが肯定されるのだ(70)。しかし、労働がこの力を要請しなくなるとき、この力に支えられていた諸価値も共に衰退するのだ。

2　社会学的、技術的変化——労働者の男らしさという価値の変容

一九五〇年代から一九八〇年代初頭にかけて、労働者階級はその価値観や、価値が依拠する参照対象、その表象を根底から揺るがす幾つもの変化を経験した。男らしさも例外ではない。第二次世界大戦後の復興期に労働者の数は飛躍的に増大したが、それは給与所得者全体に占める労働者給与の低下、労働者階級の一部の無技能化（主として女性や移民から構成される、未熟練工員や雑役労働者数の増大）という代償を支払ってのことであった。一九七〇年代末以降、フランスの産業状況の変化、製鉄業を支える大規模な鉱山の閉鎖などの危機は、労働者の

集団的アイデンティティの基盤を根底から覆すことになる。ひとつの職種、ひとつの地域に根ざした労働者の職業についての誇り、矜持などの価値が、このような変化によって直接影響を受ける。職業選択の流動性、住空間や消費の新たなスタイルの定着は、同業者の伝統的な共同体の解体を促すだろう。第二次世界大戦末期から、労働者の生活水準は上昇し、「消費社会」は彼らと無縁ではなくなり、メディアはそれまで未知であったさまざまな文化的価値への参照を可能にした。しかし、こうした労働者の文化的孤立状態の解消は、一九八〇年代以降の失業者の大幅な増大をも背景としている。こうした社会・文化的変化が漸進的なものであり、労働者のカテゴリーごとに異なった効果を生むものであったとしても、この変化はやはり労働者階級全体の諸価値やその準拠枠の深い変容を証している。

それでも多くの職種において、肉体の力を用いることは相変わらず不可欠であり続ける。例えば、建設現場においては、なにより作業の編成形態の都合上、機械化の発達にも拘らず多くの作業が体力の酷使を必要とする。それは沖仲仕や炭坑夫についても同様である。工場においては、テイラー管理法の導入が男らしさを誇示する労働者の振る舞いを一掃することはなかった。そこでは労働の単調さがエロティックな夢想を呼び覚ますのだ。「夜が更けるにつれ、われわれの妄想もひどくなった」と、一九七〇年代の工場労働を振り返る手記のなかで、シャルリー・ボヤルディジャンは記している。男たちのあいだの対決は象徴的な形で維持される。「そんなちっぽけなものをぶら下げたお前が、女と寝た話しをするんじゃない。俺と同じくらい多くの女と寝たら、お前にも語る資格があるだろう(71)」。このような工場労働の世界では、依然として肉体は、男たちの群れのなかで自らの場を確保するための手段であり続ける。一九八〇年代から一九九〇年代にプジョー社の工場で働いていた工員たちについて、マルセル・デュランは記している。「仲間の工員の睾丸の重さを手のひらで量ることを意図した、機械的でおなじみの動作を忘れるべきではない」と。侮辱への返答として自らの性器を露出してみせる行為も、男性性の誇示と挑発という同様の表現形式に属している。こうした身振りは、男性でフランス国籍を持つこれらの工員にとって、自らを安心させる意味を持つのだろう。「女性や移民のように、自分たちよりも搾取されたものたちがいると知ることは慰めになる」[72]。しかし、こうした状況では自慢話や対決は、労働によって獲得され、価値を与えられた正当性の主張を目指してなされるのではない。このような振る舞いを通じて求められているのは、「精神的な糧」[73]というよりもむしろ倦怠や単調さを逃れることであるだろう。おそらく最も古参の工員たちはなおも、肉体的威厳を示すことに労働の正当性の表現を見ようとするだろう。それは「大口を叩くやつら」と呼ばれる、労働組合の代表を務める工員たちがそうである。オリビエ・シュヴァルツが一九八〇年代のフランス北部の労働者について記述するように、古参の坑夫たちのあいだにも、体力の奢侈な使用、「勇気ある怒り」、「高邁な闘争心」などが残存していた。人びとが進んで引き受ける庭仕事、修理、違法労働などは、「事物と対決するような体力の傾注」という男性的形式のもとに、副業や副収入を得るための手段として昔からあった活動を復活させるだろう[74]。

しかし、その間、工場生産のオートメーション化は工員の労働を変容させて行くだろう。オートメーション化の動きは以前から見られたが、第二次世界大戦後、とりわけ一九六〇年代から一九七〇年代に益々多くの職種に適用されて行く。それによって新たな技能資格が出現する。そして新たな技能資格の出現とともに、自動化された生産工程を監視し、管理する任務を担う新たな労働者が登場する。こうして、その技能資格によってホワイトカラーの技師に近く、もはや肉体労働から解放されたこれらの労働者を指して、「新たな労働者階級」という表現が用いられることになる[75]。このような労働の質の変容は、少なくとも特殊技能を持つ労働者層にとっては、労働が加工する物質との距離が次第に大きくなり、物質との接触がなくなり、パソコンの画面、キーボード、コンソールを使った作業がこれに取って代わることを意味する。ここには、体力の消費が作業を成り立たせることのない、労働の「第三次産業化」の傾向が見られ、それは労働に関する語彙の婉曲語法化が示していることでもある。彼らはもはや労働者ではなく、「オペレーター」、「インストラクター」、「作業協力者」というわけである。そのうえ、工業やサービス業では古くから見られた労働の「女性化」は、今日すべての労働に及んでいる。それは幾つかの職業に関して、「性の転倒」が語られるまでになっている。[76] これに加えて、一九八〇年代以降には、職歴、報酬、今や「専門能力」と呼ばれる技能資格の個別化へ向かう強い傾向が見られる。工場における作業編成の最も近代的な様式が、労働者に発意の余地を与えず作業を縛り付ける。さまざまな規則、工程、絶え間のない作業の管理、作業評価基準、「規格、品質」の重視などは、経験に基づいたノウハウを自由に用いる可能性を狭めてしまう。有期雇用契約の増大、とりわけ臨時雇用は、労働者の団結を困難にする。

他方で、男性労働者間の社交形態は、高校における就学期間の延長、職業教育免状取得や知的労働による社会的地位向上のイメージを享受した若い世代の生活・労働様式によって弱体化される。参照される価値や実践の変化、さらにはより深いところで労働者階級の慣習の変化が生じたのであり、それらが階級統合の媒介としての年長者への同一化を覆す。例えば、病院施設の補修管理を行なう新築の工房では、事務机が仕事台に取って代わり、最年少の労働者は、「昔ながらの男のテリトリー」の構成要素であったヌード写真のポスターを顧みず、より個人的な空間の占有を求める。[77] 若い労働者の身体それ自体が、最年長のものたちの身体と異なって行く。「一見してわかる身体の形態」、身体の手入れ、身振りなど、ピエール・ブルデューが身体的「ヘクシス」と名付けたもの〔社会秩序／界を構成する原理の身体化の産物である「ハビトゥス」とは区別された、持続的に変化する「身体の保ち方」〕が、若者の身体を年長者のそれから明確に区別する。[78] ある工房では、若い工員は、言わば労働者のシンボルである青い作業着を身につけることを拒み、ジーンズとTシャツを着る。[79] 彼らは、それまで労働者の文化の外部と見なされてきた文化、学校生活で受けた社会化に由来する別種の表現様式に則って行動する。言葉は再び、自己表現のより粗暴な様式よりも有効なものと見なされる。ある自動車工場で働く若い組合代表は、「工場ではメガネを外し」、「コンタクトレンズにすべきだ」と「直ぐに理解した」と語っている。「年長の工員」にとってメガネは受け入れ難いものだったのだ。[80] 職場における若者と年長者の対立は、家庭や文化などの他の領域において見られる世代間の断絶を表している。

新たな作業編成形態や、中等教育免状の取得、同業者コミュニティを形成する紐帯の消失などによって、男らしさという価値はその正当性を奪われ、何よりも失業率の増大の影響を受ける。大量な失業者の出現によって、男らしさという価値付与に結びついた主だった空間が労働者から遠のいて行く。それはもちろん仕事場のことだが、カフェや同僚との付き合いなど、仕事場に結びついた社交のあり方のことでもある。こうした「外部への力の放出」が今や、伝統的に女性的なものである「家庭空間への逆流」の動きに晒されている。[81] 逃避、自己否定、[82] 家庭への力の傾注など、男たちの反応はさまざまだが、それらはみな男らしい振る舞いの正当性が基盤としていた社会的役割の転覆を証している。最も若い世代もこうした社会の動きを免れはしない。ある若者たちは、彼らの取得した学位の社会的価値の下落が明らかになって行くのを目にしながら、肉体を用いて働くことを可能にする、[83] 体力という古くからある労働者の元手に頼ることもできない。英国の労働者が置かれた状況について言われてきたように、労働者は「収入の減少によって経済的に追い込まれているだけでなく、肉体という古くからの彼らの唯一の元手によって生き延びることもできない」。[84] こうした労働者にとっての男らしさという価値の弱体化は、彼らを代表する政治運動の領域にも見出される。共産党の影響力の低下、組合組織の瓦解だけでなく、今日抵抗運動の示す対決姿勢までがより間接的なものとなり、指導部による統制のない参加者の自主管理、ひいては抗議行動における暴力の放棄にまで至っている。(85)

3　男らしさの飛び地

おそらく、だからといって闘争心や努力という価値までが完全に消え去ったわけではないようだ。それらの価値は若者たちにおいては、スポーツの実践、とりわけ団体競技という、「男らしさの表現の最後の砦(86)」に改めて見出される。(87)例えばサッカーでは、試合や練習が行なわれるにつれて、男同士の絆が保たれ、また繰り返し生み出される。そこには身体能力の質や好戦性、攻撃性の公共空間における顕示が見られ、力と苦痛に対する忍耐力への評価があり、試合後に選手が浴びるシャワーのように、集団で行なわれる儀礼もあるのだ。これら若者たちの実践する男性間の社交様式には、個人の体力の発散が集団への評価に繋がり、参加者相互の絆の強化に役立つという、かつての男性社会の諸特徴が見出される。

大都市周縁の郊外に建つ「団地」に住む大衆層の若者たちも、行動の伝統的な諸形態を再現している。そこでは暴力と身体能力の高さが、少年たちにとって自らのアイデンティティを得るための参照規準となっているのだ。身体と性格の、雄々しさと精神的威信の非常に旧弊な結びつきは、(88)ここではいまだに有効である。力や権力への評価、社会関係における粗暴さ、さらに冷淡さなどは、身体的、言語的暴力の儀式化された使用が紛争解決や自己主張の正当な形式をなすようなひとつの象徴的世界を描き出す。ダヴィッド・ルプートルは、郊外の低所得者用団地に住む若者たちにおける争いの発生の複雑な形式、それを支える記号体系、規範などを深く検証している。

対立する他者たちの面前では、すべての暴力的身振りが同じ価値を持つわけではない。例えばグループ間の抗争の場合、喧嘩という行為の放埓さにも拘らず、グループ内での自らの役割をわきまえる必要があり、男同士の喧嘩である以上、引っ掻いたり噛んだりという女性的と見なされる攻撃手段に訴えてはならない(89)。したがってそこには、見かけとは裏腹にひとつの複雑な暴力の形式があるのだ。罵りの言葉も論戦のなかで重要な役割を果たす。そこでは「言葉遊びの名人」や「軽口叩き」たちが他を圧倒するのだ(90)。

いずれにせよ、こうした周囲から切り離された男らしさの飛び地はもはや労働の世界にその連続性を見出すことはない。むしろその逆である。不良少年グループの振る舞いは、工房の世界やその規律に適応できない。「団地の若者たち」は、最年長の労働者たちの伝統と近年工場に増えた若い女性工員たちとのあいだで、貧困化し、孤立している。彼ら若者の男らしさは、そこでは「価値を失って」いる(91)。同様に、集団的暴力が発生する際にも、労働の価値への参照は退けられている。例えば二〇〇五年のそれのような最近の「暴動」は(その抗議運動としての性格には、政治的含意が完全に欠けていたわけではないが(92))、一九三〇年代以来労働者階級が参加する労働紛争を長く制御してきた運動の制度的論理とは無縁であった。自分たちのテリトリーへの固執、警察や社会制度に対する憎悪、不当な扱いを受けた経験などが、なによりもこれらの大衆の反抗の理由である。

労働者の男らしさの発現様態は、同時に自らの価値を正当化する言説を掲げることで強められ、維持されてきた。技術の変化と男性社会の絆の弱体化を通じ、今日この言説は労働の世界におけるその正当性を喪失している。この言説はもはや、価値を失ったさまざまな男らしさの実践を支える力を持たない。

第3章　冒険家《アヴァンチュリエ》の男らしさの曖昧さ

シルヴァン・ヴネール
（山口俊洋訳）

一九七〇年代、歌手ルノーは社会の「ツラに」「意地悪な小唄」「を吐きかけていた(1)」。とりわけよく耳にしたのはこのフレーズだ。

俺はいくつもの路《みち》を歩いてきた
俺はいくつもの田舎を見てきた
どこでも人は疑って生きてる
どこでも人は終わりを待ってる。
俺は見たんだ、俺の街が
制服姿の馬鹿どもに占拠されるのを
奴らは男らしくもないくせに
自分を男だと思い込んでいた。

『社会よ、俺はお前に負けない』――それが歌のタイトルだ――は、一九七〇年代の聴衆にはなじみの数々のイメージと戯れていた。まず「路」のイメージがそれだ。このイメージは、ジャック・ケルアックによって新風を吹き込まれ（一九五七年に出版された『路上』は一九六〇年に仏訳が出た）、アメリカの貧乏旅行者向けガイド・ブックを手本に一九七三年に創刊された『ギッド・デュ・ルタール』によって更新されていった。そして次のイメージは、〈六八年五月〉の記憶である。この記憶によって、治安部隊、とりわけ共和国保安機動隊の制服と若者たちの逃避願望との対立が決定的なものになった。当時、若者たちの願望は好んでランボーの

「人生を変える《シャンジェ・ラ・ヴィ》」(2) という詩句になぞらえられていた(この三語はしかも一九七〇年代に前代未聞の当たりをとり、一九八一年の大統領選挙では社会党のスローガンにもなった)。そして最後のイメージが、男らしさという表象の打破である。これ以後、男らしさの表象は、若者や旅の敵と目されていた秩序と結びつけられるようになる。制服だらけの街から逃れたければ、別の場所があった。若者の約束が実現されうる、路という他なる場所だ。若者たちの反抗は、何よりも社会の根底にあった男らしさの基準に対する拒絶を通じてのものだった。

ルノーの歌の一節はしかし、十九世紀末以来、社会離脱と旅行願望を密接に結びつけてきた、より長い歴史の一環をなすものだった。これが本章でとりあげる問題である。『男らしさの歴史』第Ⅲ巻の出発点となる一九二〇年は、この場合、適切な断絶である。この年、ピエール・マッコルランが『完璧なる冒険家の小マニュアル』を出版する。この短い本のなかで作家は、十九世紀から二十世紀への転換期に生じた冒険の表象の危機がフランスに与えた影響を、すべて引き出そうと試みている(3)。ここでわれわれは、男らしさという概念に対する影響を調べる前に、この根本的な変動の歴史を見直すことにしよう。

I 新たなモデル――冒険家《アヴァンチュリエ》

若い人たちのモデルとなるような男らしい人物のなかで、冒険家《アヴァンチュリエ》は意外なことにもっとも新しいもののひとつである。アヴァンチュリエという単語そのものは、たしかに古くからあり、中世末期には戦争の傭兵、近世には盗賊や海賊、そしてアンシャン・レジーム期では宮廷人を指し示してきた。とはいうものの、特進した兵士にしても、海賊にしても、絶対主義のヨーロッパ宮廷の簒奪者にしても、模範とするに値するモデルであったことは一度もない。アヴァンチュリエという言葉は、十四世紀にフランス語に現れて以来、怪しい軽蔑すべき人物を指すものだった。

アヴァンチュリエの四度目にして最後の変身で、西洋人による世界の探検と植民地化という一大ムーヴメントと結びついたその姿が少しずつ認知されるようになってきたのは、ようやく十九世紀も半ばのことである。地球の果てで行なわれた——大衆文化と探検旅行の新たな形態の帰結としての——前代未聞の宣伝が、異郷への夢想をかきたてた。実際、学術的探検や植民地獲得戦争の周辺では、向う見ずで熱情的な人物たちが活躍するようになり、やがてこれに「アヴァンチュリエ」という言葉があてられたのである。アヴァンチュリエとは、冒険心だけを頼みに地球の僻地へと旅立っていったヨーロッパ人を指していた。早くも十九世紀末には、ラドヤード・キップリングやジョゼフ・コンラッドが、浅黒い肌の部族に対して主人として君臨する孤独な白人男という形で、冒険家の理想像を量産していた（「王になろうとした男」、「ロード・ジム」）。二十世紀初頭のフランスでは、このきわめて現代的と思われる作中人物にフランス人があまり魅力を感じなかったことを、何人もの作家が残念がった(4)。ジャック・リヴィエールは、一九一三年の『ヌーヴェル・ルヴュ・フランセーズ』誌のある号で、イギリスの作家たちが提供するモデルから着想を得るよう若い小説家たちに呼びかけている(5)。一九二〇年には、ピエール・マッコルランの『完璧なる冒険家の小マニュアル』が、キプリングやコンラッド、ジャック・ロンドンを引用しつつ、時機到来と評価している。

事実、フランス人が新たなアヴァンチュリエを本当にわが物としたのは、一九二〇年代のことである。まずリヴィエールが第一次大戦前から願っていたように、多くの小説家が、以来ポジティヴな人物とみなされるようになった冒険家を描写するようになった。ピエール・ブノワ、ブレーズ・サンドラール、クロード・ファレール、ジョゼフ・ケッセル、ピエール・マッコルランらは、やがてフランスのコンラッドという称号のもっとも有望な志願者として登場することになる二人の作家、アントワーヌ・ド・サン＝テグジュペリとアンドレ・マルローへとつながっていく。他方、今や高貴なものとなった冒険家のアイデンティティを要求する人物も何人か現れてきた。

そのなかで当時もっとも有名だったのは、おそらくアンリ・ド・モンフレイであろう。一八七九年、ポール・ゴーギャンの友人にして遺言執行人でもあった画家ジョルジュ＝ダニエル・ド・モンフレイの息子として生まれたアンリは、仕事や恋愛の失敗をいくつも経験した後、一九一一年にジブチに上陸した。そこで商売を試みた彼は、まず在外商館に雇われ、ついで一九一三年からは真珠の密売、そして最後に武器やハッシシの密売を手がけた。密売人として紅海で原住民のダウ船を指揮し、正式にイスラム教に改宗してアブ・デルハイを名乗ったモンフレイは、ジブチのフランス植民地社会の周辺で暮らした。彼が一九三〇年にいきなり有名になったのは、ジョゼフ・ケッセルと親交を持ったからだ。特派員だったケッセルは、『ル・マタン』紙の仕事で、世界最後の奴隷市場とおぼしきものについて調べるためにアフリカの角《つの》に来ていた。すでに一九二〇年代末にピエール・テイヤール・ド・シャルダンのエチオピア探検計画を手助けしたことがあったモンフレイは、ケッセルにも同じように協力した。このルポルタージュはフランスの大手新聞が両大戦間に発表したなかでもっとも費用がかかったものとなった。[6] それは『ル・マタン』紙の第一面に、多くの広告を使って何週間にもわたって掲載された。このセンセーションのなかでケッセルは「紅海の冒険家」の伝説を大いに喧伝した。ケッセルはまた、自分の旅行をもとに『四角い帆』という小説も書いたが、その主人公モルドムはモンフレイの文学的転用である。さらにケッセルはモンフレイに〈回想録〉を出版することを勧めた。一九三二年に出版された『紅海の秘密』の第一巻はたちまちベストセラーになる。モンフレイは一九三〇年代を通じて、回想録、エチオピアの伝承、ルポルタージュなど（実際、『パリ＝ソワール』紙は、ムッソリーニのイタリアがエチオピア戦争を引き起こしたとき、モンフレイを記者として雇った）、二〇冊の本を出版した。その名声は絶大だった。一九三五年にはエルジェが、『ファラオの葉巻』のなかでモンフレイをタンタンと並べて描いた。一九三七年にはアリ・ボールが、ファアン・ベローネ制作の平凡な映画「紅海の秘密」でモンフレイを演じた。モンフレイがその最初のひとりとしてかくも堂々と引き受けた冒険家のアイデンティティは、おそらくまだ両義的なものだった。たとえば、エルジェが描いた密売人は、たしかにタンタンを死から救い出しはする。だがタンタンに自分の非合法活動を気づかれるとすぐに裏切ってしまうのである。この作中人物にはまだなんとなくうさん臭いところがある。それでもやはり、二十世紀の冒険家という新たなアヴァンチュリエは、アンリ・ド・モンフレイとともに、その英雄化のプロセスを開始していたのである。

　ヨーロッパ規模でいえば、当時この冒険の栄光を体現していた最良の例が、モンフレイと同時代のイギリス人、トーマス・エドワード・ロレンスである。一九三五年にロレンスが死んだとき、メディアはいっせいに彼を生粋の冒険家と評した。モンフレイは週刊誌『マリアンヌ』に寄せた追悼文のなかで、ロレンスを「素晴らしき冒険家」と呼んだ。モンフレイはこう明言している。「この並はずれた人間について言うべきもっとも奇妙なことは、私は一度も彼に会ったことがないということだ[7]」。「紅海の冒険家」にとって、アラビアの砂漠で自己を実現したロレンスの運命は、自分の運命と似たようなものであった。間違いなくモンフレイは、彼自身とロレンスの二人がともに「並はずれた人間」だったと考えていた。

　ロレンスが生まれたのは、モンフレイより九年後の一八八八年である。十字軍の軍事建築を調査する考古学者として、第一次世界大戦が勃発する何年も前からシリアに滞在していた。ロレンスは当時、英国カイロ参謀本部の地図作成班に少尉として配属されていた。一九一六年六月十日、英国にうながされた首長フサインは、ドイツと同盟したオスマン帝国に対する「アラブの反乱」をメディナから呼びかけた。このときロレンスは、英国アラブ局カイロ支部の秘書ロナルド・ストール卿とともに、交戦中のアラブ軍の指揮官だったフサインの四人の子息と会うためにヒジャーズに送られた。一九一七年一月には、前年暮れの過酷な砂漠の行進の後で意気投合したフサインの第三子、ファイサル首長のもとに派遣された。ファイサルの軍で唯一のイギリス人であり、いつもアラブ人の格好をし、イギリスからの援助金の調達者でもあったロレンスは、すぐにファイサルの特別な助言者となった。ファイサルはロレンスに助けられながら、アラビア半島でゲリラ戦争を率い、トルコの鉄道を何度も襲撃した。ロレンスは一九一七年七月六日、アカバの占拠に参加した。十一月二十日には、彼に深いトラウマを残す戦争体験があった。ダルアー〔シリア南部〕を偵察中に捕虜になり、拷問され、どうやらトルコ軍兵士たちにレイプされたらしい。みずからの戦争を語った『知恵の七柱』には、その日、「私個人の純潔の砦が取り返しのつかないほど汚された[8]」と記されている。

ダマスカス総攻撃の結果、一九一八年九月三十日に占拠された市内に、ファイサルとロレンスはアレンビー将軍の部隊に援護されながら最初に入城を果たした。ロレンスは三日間ダマスカスを統治したが、アレンビーが到着すると辞任した。中近東を英仏の勢力圏に分割するというサイクス＝ピコ協定の存在を一九一七年末まで知らなかったロレンスは、反乱の論理的帰結としての独立アラブ国家の樹立に真摯に取り組んできた。休戦協定後の彼の失望は大きかった。ロレンスはアラブ国家樹立のために公の場で何度も自分の考えを主張した。栄誉を受けることは拒否し、挙句の果てには偽名でＲＡＦ（イギリス空軍）やイギリス戦車隊に志願した。そして再びＲＡＦに復帰する前の一九三五年、オートバイ事故でついに帰らぬ人となる。

大戦直後にロレンスがみずから姿をくらましたことが、「アラビアのロレンス」の伝説をはぐくむのに貢献した。

この伝説はまたたく間に生まれた。一九一八年にアラビアで二度ロレンスと会ったことのあるアメリカ人記者ローウェル・トーマスは、早くも一九一九年九月、ロンドンでロレンスに関する講演を行なっている。この講演をもとにトーマスは『ロレンス大佐の遠征（無人のアラビア　一九一六―一九年）』を著し、一九三三年にフランス語に翻訳された。おそらくローウェル・トーマスがつくり出したイメージは、ロレンスの実際の性格とはかけ離れたものだったろう。ロレンスの書簡からは、彼が自分について書かれた記事に当惑していることがみてとれる。一九二三年七月十七日付のエドマンド・ブランデンに宛てた手紙では、はっきりとこう書いている。「ローウェル・トーマスの話は神話です(9)」。

一九四〇年代初めにロレンスの伝記を書いたアンドレ・マルローは、この神話の形式を尊重しようとした。それが「冒険家の神話(10)」であり、ロレンスが彼自身による物語の公表を断念しただけに、より容易に広まっていった。実際、『知恵の七柱』は、最初は八部しか印刷されず、知人にしか配られなかった。その後さらに百部ほどが印刷されたにすぎない。一九二七年に短縮版が、その翌年にフランス語訳が『砂漠の反乱』というタイトルで出版された。この間ずっと、ロレンスの失踪に勢いを得た形で、非常に突飛な噂が流れた。アビシニアからアフガニスタン、新疆《しんきょう》にいたるまで、反乱が起こったりその胎動が認められたりすると、人々はそれをロレンスの仕業だと考えたのである。

マルローが示唆していたように、のちに何度も取り上げられることになるロレンスの伝説は、二十世紀特有の「冒険家の神話」の構成要素を確認するには良い手段である。簡潔に言うならば、この神話は三つの基本的要素で構成されている。

第一の要素は隔たりである。中世の傭兵やアンシャン・レジーム末期の宮廷人たちは求心力によって動いていたが、それとは反対に、現代の冒険家たちは、昔の盗賊に近いロジックにのっとって、遠心力によって四散する（この盗賊たちも十九世紀後半から次第に英雄視されていったことは偶然ではない）。まるで冒険は、漠たる辺境でなければ不可能だとでもいうかのようだ。この辺境は何よりもヨーロッパからの隔たりによって定義される。アラビアの砂漠は、モンフレイの伝説における外海の呼び声と同じように、ロレンスの伝説が広がっていくために必要なのだ。このことは少なくともあだ名に表わされている。「アラビアのロレンス」から「紅海の冒険家」にいたるまで、現代の冒険の体現者たちは異郷の存在に由来していて、この異郷自体がいっさいの表象システムをともなっている。距離は、気候が厳しく危険な動物が生存する過酷な自然という定義によって示される。この距離は、とりわけ時間的な隔絶感をともなっている。冒険を可能にする空間はまるで過去に位置づけられているかのようだ。ロレンスのラクダやモンフレイのダウ船といった移動手段がその例である。このことはその領土に暮らす民族についても同様である。ヨーロッパの進歩の歩みをたどっていない、浅黒い肌の男たちは、別の時代の信仰と慣習を持っている。何よりも、あの男たちのあいだにいると、冒険家はひとりぼっちに見える。より正確には、モンフレイが見事に両義的な表現で書いているように、冒険家は「敵意ある部族のあいだでひとりぼっち」[11]に見えるのだ。

隔たりとともに、冒険家の神話の第二のモチーフは、詩《ポエジー》である。実際、冒険家の探求には根本的に私欲はない。すでに述べたように[12]、十九世紀の冒険譚のすべての主人公を支えていたのは布教の必要性である。彼らは遠い地で、もっとも男らしいという意味での男になれるような驚くべき冒険を生きてはいたが、そのような冒険を探し求めてはいけなかった。冒険は、布教というより大きな利益（その大半は学問、祖国、宗教の利益であった）の名のもとに行なう必然的な犠牲的行為として受け入れるべきものだった。反対に、現代の冒険家の目的は冒険以外にない。ロレンスは「冒険そのもの」[13]を愛していたと繰り返し言われてきた。モンフレイはそのような探求の英雄を自称していた。その点で、現代の冒険は、一九六〇年代にウラディミール・ジャンケレヴィッチが認めた実存の美学的様式とみなしうる。[14]冒険のための冒険を追い求めることは、みずからの人生をひとつの芸術作品とするための手段だったのだ。

アルチュール・ランボーの栄光がこのことを説明してくれる。周知のように、ランボーは一八七三年、突如として書くことを放棄した。この断筆と同時に始まった旅は次第に遠方に向かい、ヨーロッパを横断してからキプロスを経て、最後はアビシニアにいたる。ランボーの書簡のどこにも、冒険に生きるために旅に出たとは書かれていない（彼の意図は、しばしば注釈者たちが指摘してきたように、それとは反対の金もうけだった）。それでも彼が商売を始めた異郷の環境は、あらゆる解釈を可能にしてくれる。ランボーは武器商人であった――これはたしかだ――ばかりではなく、奴隷商人でもあったという想像さえも。[15]このようにランボーは、その死後、冒険家とみなされるようになり、世界の同じ地域で偉業を成しとげたロレンスやモンフレイのような冒険家たちの名高い親となった。それればかりか、冒険生活のために詩作を放棄したということで、冒険と詩という二つの世界のあいだにある種の等価性があると考えられた。ランボーは、一九二〇年代にシュールレアリストたちがその継承者たることを主張した、あの詩作の革命をもたらした詩人であった。詩《ポエジー》が単に文章の飾りであることを拒み、言葉の境界を探索しようとした。この計画をあきらめたランボーが冒険――世界の境界の探検――に求めたのは、彼の詩が浮かび上がらせていたのと同じ意味にほかならないと、人々は確信していた。一九三〇年代のソルボンヌ大学教授ジャン゠マリー・カレの言葉を借りるならば、理想の冒険家は現実の冒険家になったのだ。[16]現代的な意味での冒険と、ランボーがその意味を一変させた詩とは、同じひとつの探求の異なる二つの目的だったのである。

このような解釈についてアルチュール・ランボー自身がどう思っただろうかということは、このさい問題ではない。この解釈の根底にある——現代的な意味における冒険をはじめとした——諸々のカテゴリーは、彼の時代にはほとんど形成されていなかった。ランボーは、求めずして、後世から顧みてもっとも注目すべき冒険家の体現者となった。地球の遠方に向けて旅立ち、「敵意ある部族のあいだでひとりぼっち」になりながら、冒険によって完全なる自己実現を図り、みずからの運命を再び手につかみ、世界の隠された意味を明らかにしようとした男になった。マルローからサン＝テグジュペリ、エルンスト・ユンガーからユーゴ・プラットまで、のちに冒険そのものの探求を称賛した人たちはみな、その作品のなかでアルチュール・ランボーという人物に重要な位置を与えてきた。ランボーとは、冒険家神話の詩的側面を見事に表わす肖像だったのだ。

最後に、この神話の三つ目のモチーフをなしているのは、ある種のイデオロギーである。十九世紀末以来、冒険家は反逆という絶対的な個人主義を体現してきた。冒険の刹那に完全な自己実現を果たす者は本質的に隠遁者であり、モンフレイの「群衆恐怖[17]」という言葉でとかく定義される（群衆とはブルジョワ、凡人、観光客などのことだ）。フランスで一九二〇年代以降、現代の冒険家が真に到来したときは、第一次大戦の戦闘状況に対する深い嫌悪感が表明されたときでもあった。マッコルランが『完璧なる冒険家の小マニュアル』のなかで終わったばかりの世界大戦について書いているように、「現代の冒険は化学的、爆発的であり、愚かなまでに集団的である[18]」。サンドラールの言う「工場大戦争[19]」に冒険の趣きはまったくない。モンフレイが戦争に参加しなかったことは驚くにはあたらない。ロレンスの伝説が戦争に負うものだとしても、彼が大戦に対しては二重の意味で局外者であったことは認めざるをえない。まず地理的に、アラビアの砂漠は〔ヨーロッパの〕塹壕のぬかるみから遠く離れていた。

次に個人的に、ロレンスは制服の着用や陣形の整った戦争の理論をかたくなに拒んでいた。「不安に駆られてひとり走り去る者よ、万歳！」[20]と、彼は『知恵の七柱』に書いている。二十世紀に冒険家と呼ばれた者は、誰でもこうした賛美と結びつけられるだろう。

　勇気と命を自分以外の他の理想のために役立てることを拒否する、この絶対的な個人主義は、たまたまニーチェ哲学のおかげで二十世紀に流行ったようなところがある。ロンドンからサン＝テグジュペリ、マルローにいたるまで、現代の冒険の神秘を広めてきた作家たちは、たびたびこのドイツ人哲学者に依拠した。ロレンスは『ツァラトゥストラはこう言った』を参考にして『知恵の七柱』を執筆した。それがなぜかは分かる。このニーチェのもっとも有名な作品は、さまざまな旅のイメージを展開し、肉体を賛美し、群衆を激しく非難し、自分の人生を芸術作品とすることを訴えかけ、「目的の奴隷」[21]となることを拒否している。それは現代の冒険の神秘が伝える多くのテーマと一致する作品だったのだ。おそらくニーチェは、冒険家をあからさまに称えたりはしないだろうが、それとは無関係ではない神話をハンマーで築き上げていた。この神話の名前こそ、本書の対象である歴史と無関係ではない、「超人〔超男〕[1]」である。もちろん、すでに多くの注釈を生んできた哲学的発意の正確な意味を説こうというつもりは、われわれにはない。ただ次のことだけは記しておきたい。現代の冒険家の輪郭を描いた二十世紀の作家たちは、頻繁にニーチェを引用することで、現代の冒険家とニーチェ的超人とのあいだに類縁性を確立した。このテーマは、たしかにニーチェの思想を矮小化するものではあったが、冒険家《アヴァンチュリエ》を他の誰よりも優れた人間として定義することには貢献したといえるのである。

Ⅱ　現代の男らしさ？

これからわれわれが検証するのは、この優越性がいかなる点で男らしさの基準の再定義に貢献したかということだ。実際、男らしさには歴史があると考えられて以来、現代の冒険家の到来がその歴史上の重要な瞬間と認識されてきた。T・E・ロレンスの『知恵の七柱』を引き合いに出すジョージ・L・モッセによれば、冒険家の神話は現代の男らしさを生み出すにあたって注目すべき役割を果たしたらしい。モッセが注目するのは、ロレンスの著作の中心人物――アラブ人とイギリス人たち――が、勇敢で大胆不敵で、大きな戦闘に身を投じる「真の男たち」だということだ。そこでは男らしい美徳が冒険心と密接に結びついている。そしてこれらの要素が『知恵の七柱』に成功をもたらしたのではないかというのである[22]。

ところが、冒険心と男らしい美徳との関係の実際は、ジョージ・L・モッセが主張する以上にもっと微妙なものである。このことを理解するためには、おそらく十九世紀後半をその黄金期とする冒険譚の男らしさの伝統と、一九二〇年代以降のフランスで隆盛をきわめた新たな冒険家像が提起する問題とを、できるだけはっきりと区別しておく必要がある。

他稿でも述べたように[23]、昔から旅行に関する文章が称揚してきたのは、冒険は男らしいという意味での男を磨いてくれるという考えだった。ジュール・ヴェルヌをはじめとする十九世紀の冒険譚もまだ強調していたこの伝統を、二十世紀に現代の冒険家が引き継いだ。現代の冒険家とは、ジョゼフ・ケッセルが一九二〇年代に言った「男らしく生きて[24]」きた男たちをもっぱら指すものだった。そのなかで、アンリ・ド・モンフレイは、十九世紀の若者向けの冒険譚の決まり文句を再び引き受けて、青少年たちのためにそのような男らしさを絶やさない教育を要求した。彼は「女中が高校の門まで迎えに来てくれて、警官に守られながら道路を横断し、成年に達するまで保育器のなかで育てられ、兵役を免除され、エリート職という温室に植え替えられて、何もかも守られた、あの可哀そうな子供たち」を憂えた。モンフレイはこんな若者たちを評して簡潔に言い放つ。「男らしい美点はみな死に絶えた(25)」。後になれば、この冒険の男らしい側面を体現した人の例は増えていくことだろう。ジョゼフ・ケッセルからコルト・マルテーゼ〔2〕、エリック・タバリー(26)からインディ・ジョーンズにいたるまで、彼らは円熟した男という冒険家の定義に関わったのである。

現代の女性冒険家《アヴァンチュリエール》の定義は、初めのうちは、表面的にすぎない逆説によって、この男らしい面を強調するものだった。思い出しておくと、すでに十九世紀後半には、「女性の大旅行家」の出現によって、大いなる地平線・水平線はもはや男の占有物ではなくなっていた(27)。もっとも、そのような進展がみられたのはごく限られた範囲だった。「女性の大旅行家」は受け入れられても、「アヴァンチュリエール」は怪しい人物のままだった。そもそも後者は、地球の大街道から遠く離れ、閨房や宮廷の狭い空間に閉じこもって、男の冒険家《アヴァンチュリエ》たちが冒す肉体的な危険とは無縁の誘惑ゲームの女主人なのだ。アヴァンチュリエールとは、二十世紀初頭までは何よりも高級娼婦のことだった。それはポンパドゥール夫人からデュ・バリー夫人まで、アンシャン・レジーム期の人物イメージと結びつけられ、十九世紀になってもハミルトン夫人やローラ・モンテスによって引き継がれていった。「冒険小説で女が占める位置は、テムズ川沿いの小さな船員バーの天井にぶら下っているトビウオの干物と同じでなければならない(28)」。このように書いたピエール・マッコルランは、一九二〇年にはまだ、現代的な意味でのアヴァンチュリエールを想像できなかったようだ。冒険は相変わらず男の問題だった。『知恵の七柱』の短縮版である『砂漠の反乱』の注釈者のひとりは、一九二〇年代末に次のように書いている。「陰翳がいっさい欠けているかのような女性的な要素の欠如、崇拝や優しい情熱の欠如が、男のガサツさに満ちたこの社会の相貌を完成させる」[29]。同様の観点から、南極大陸での孤独な越冬から戻ったリチャード・E・バードは、一九三〇年代末にみずからの偉業の地をこう名指している。「ここは女性が一度も足を踏み入れたことのない唯一の大陸だ」[30]。冒険の舞台は女性を排除した世界だったのである。

それでも早くも一九二〇年代には、ある変化が感じ取られていた。おそらく、少なくとも十九世紀以来、のちに驚くべき女性冒険家の運命として読まれるものが見つかっていた。たとえばあのウィリアム・ピットの姪、へスター・スタンホープがそうだ。彼女は一八一〇年代から一八三九年に亡くなるまで、レバノンの丘陵地帯で風変わりな生活を続けた。パルミラ〔シリア中部の都市遺跡〕の女王とみなされ、東洋の女預言者の役を喜んで引き受けたと語っている。スタンホープ夫人は存命中からかなり知られていた。彼女と会ったことのあるラマルチーヌは、有名な『東方紀行』のなかで夫人を長々と描写している。シャトーブリアン、ネルヴァルにも言及がある。とはいえ、彼らにとってスタンホープ夫人は、結局のところ、この種の他のイギリス人女性より少々目立つ「エキセントリック」な女性でしかなく、決して「女性冒険家」ではなかった。

十九世紀から二十世紀への転換期におけるイザベル・エベラールも同様である。ジュネーヴに移り住んだロシア移民の娘イザベルは、北アフリカで暮らし、一九〇四年にアイン・セフラ〔アルジェリア北西部の町〕で二十七歳の非業の死をとげた。彼女にとってはロチの小説のような生活だった。男装で旅をし、シーディ・マフムードと名乗った。その後、土民騎兵の下士官スリマーン・エフニと結婚したエベラールは、大麻たばこを吸い、反植民地主義思想を表明しながら、アルジェリア入植者たちの目にはスキャンダルと映る生活を送った。この若い女性が書いたテキスト――彼女は初めから自分の体験を文学作品にするつもりだった――のほぼすべてが、第一次世界大戦後に死後出版された[3]。このとき初めて、エベラールは、以後女性冒険家として認知されることになる新たな人物像をきわめて見事に体現したのだった。そしてこのとき同時に、スタンホープ夫人も、一九二〇年に国際連盟が近東に委任状を与えたのに乗じて、フランスで驚くべき死後の名声を得ることになる[4]。ロマン主義時代のエキセントリックな女性が、イザベル・エベラールと同類の女性冒険家として思い出されたのである[31]。

とはいえ、この最初の承認は、マッコルランが『完璧なる冒険家の小マニュアル』で提起した女性蔑視的な文学の定理と真っ向から対立するものではなかった。両大戦間にヘスター・スタンホープやイザベル・エベラールの伝記解説者たちが多用したのは、すでに十九世紀半ばにフィラレート・シャールがスタンホープ夫人の性格を要約していた、「あまりに男っぽすぎる」[32]という言葉だった。イザベル・エベラールの知人男性が、ある日彼女に身体の具合を尋ねたところ、こんな返事が聞こえた。「あら！　何でもないわ（…）あたしにはアレがついてんだから！」。彼は「発言の奔放さと飾り気のなさ」をもってして、ヒロインの女らしさの欠如を強調している[33]。イザベル・エベラールは、その言葉遣いにいたるまで、女性にしては思いがけない男らしさを示していた。しかも彼女自身がそのことを強調していたのだ。「女には私は理解できないわ。彼女たちは私を風変わりな人間と思っているのよ[34]」。

この女性冒険家というジャンルの両義性は、男たちがイザベル・エベラールの容姿に対して下した価値判断からも説明できる。彼女はきれいだった[35]、いやとてもきれいだったらしい[36]。あるいは、「実に醜かった[37]」とも、「救いようがないほどの醜さ[38]」だったともいう。たしかに、若い女性の身体が次第に生活様式の影響を受けていったことは想像できる。とはいえ、これほど異なる判断が、古典的な高級娼婦の類まれなる美しさと、新しい女性冒険家の類まれなる醜さとの間でまず揺れ動いていることを理解しよう。彼女には――イザベル・エベラールの初期の伝記作者のひとりによれば――「女性的な優雅さがまったく[39]」ない。彼女はしょっちゅう男装していたので自分の性的アイデンティティを失ってしまい、「冒険好きなシーディ・マフムード[40]」となる。その女らしさは、冒険という伝統的な男の世界に入り込むことによって消滅する。

以上が一九二〇年代、三〇年代に最初の「女性冒険家《アヴァンチュリエール》」とみなされた女性たちである。彼女たちの生き方は、冒険家の女性化という仮説を非常に不完全な形で説明するものでしかなかった。むしろそれは、どこから見ても普通ではないある特定の女たちが、みずから男らしくなるために行なった奇異な努力のように見えた。この時代にあのジェーン・デューラフォアが死後の栄光に包まれたのは驚くべきことではない。十九世紀末にデューラフォアは、いかに男らしさの規範に適っていたかということで話題になった。二十世紀初頭にはジャック・ロンドンが、ジョーン・ラックランドという作中人物によって、この現代の「アヴァンチュリエール」の文学的モデルを提供した。実際、『冒険好きな女』に登場するのは、「夫を見つける才がないばかりか、ちっとも女らしい感情を持たない女性だった。冒険の趣味だけが彼女の唯一の情熱だった[41]」。女性冒険家になった女たちが冒険家を女性化したというよりも、彼女たち自身が男性化していたのである。

次の時代になるとようやく、男らしい美徳を必ずしも盾にとらなくても現代のアヴァンチュリエールたりえる女性たち――アレクサンドラ・ダヴィッド＝ネール、エマ・マイアール――が現れた。彼女たちは、他者との出会いという旅行の伝統を引き継いで、みずからの遍歴を霊的生活の探求の一環として紹介した。肉体的なリスクの探求をことさら賛美しなかった彼女たちが展開した諸々のテーマは、女らしさ以上のものを表明していたのかもしれない。もっとも、この件については何も確証はない。二〇〇三年に、三人の男性（彼らは出版社によって

「冒険家兼作家」、「文化に興味がある大旅行家」、「コルト・マルテーゼの精神的後継者」として紹介された）が、『冒険心について』というエッセイを出版したのであるが、そこには奇妙なまでに女性がいない。「コルト・マルテーゼの精神的後継者」と呼ばれた従軍記者ジャン＝クロード・ギルベールは、率直にこう書いている。「女性冒険家について語るのは非常に難しい。なぜなら女性冒険家というのは女性であるのに、一般的に男性のものとされている資質が要求される状況に身を置いているからだ」。たしかに彼は続けてこう明言している。「私がこう言うのは愚かにも社会通念に従っているからだ」[42]。それでもやはり、こうした「社会通念」が、結局のところ今日にいたるまで、根強く残り続けているのである。

女性冒険家の男性化と並行してあったのは、一部の男性冒険家の同性愛傾向に対する沈黙である。一九二〇年にマッコルランは、スティーヴンソン、ロンドン、コンラッドらの手本に挑もうとしたフランスの小説家たちに、次のような忠告をしている。「冒険家を同性愛者として描いては決してならない。素行の女々しい奴に勇敢な振舞いなどできないという固定観念を壊さないためにも」[43]。ところで、こうした忠告は、二十世紀に称賛された二人の主たる冒険家たち、アルチュール・ランボーとT・E・ロレンスのまさに現実の生き様と矛盾をきたさざるをえなかった。事実、両大戦間にあっては、アビシニアへ旅立つ以前のランボーとヴェルレーヌの関係は、ランボーの伝説の冒険家的な側面とはまったく性質を異にするものだった。人々は彼の絶え間ない旅立ちや武器の密売のことは覚えていた。奴隷売買と言い出す者までいた。いずれにしても、同性愛関係は忘れられていたのである。ロレンス――その性的嗜好は伝記作者たちのあいだで議論の的になっている[44]――の場合はさらに注目に値する。両大戦間にはダルアーでのレイプ事件に関する言及はなかった。「私個人の純潔の砦が取り返しのつかないほど汚された」あの日のことだ。『砂漠の反乱』はこれに一言も触れていない。

実際には、女々しい性格を表すものすべてが、冒険の世界では問題となる。女性にしても同性愛者にしても同様で、書く行為にしても同じなのだ。たとえばブレーズ・サンドラールは、一九三八年発表の『危険な生』の中で、自分は「危険に対する嗜好」があるので「書斎の人間」ではないと断言している。サンドラールは力説する。

書くという行為は、私の気質とはまったく正反対のものだ。私は部屋の中に閉じこもって執筆するのが恐ろしく苦痛なのだ。そのとき戸外には活気に満ちた人生がある（…）。そして私は素敵な店が軒を連ねる異国情緒あふれる町を思い、まだ知らない僻遠の地に思いをはせるのだ。[45]

こうした執筆活動の拒否はランボー神話の様々な側面の一つである。冒険家になるために、ランボーはあらかじめ詩作を放棄しなければならなかった。[46]これら二つの活動が、すでに見たように、根本的なバランスに由来するものであったならば、それらはまた互いになくてはならない、というのがランボーの伝記解説者たちの考えだ。ところが、この執筆の拒否もまた、男らしさの称揚と一致するのである。ジャン＝フランソワ・ドニオは、その〈回想録〉で語っている。一九五〇年代にサイゴンの飛行部隊にいたときのこと、ドニオがサン＝テグジュペリの名前を出すと、サン＝テグジュペリは模範にはならないと言い聞かされたという。そのもっともな理由は、話し相手のひとりが言った次の言葉に要約されている。『本物』だったら、自分のすることについて書いたりしないさ」[47]。自分で自分の行動を見ることのできる者は本当に行動してはいない、とドニオの仲間たちは思ったのだ。それは冒険家というよりも冒険家を気取っている。冒険家としてのアイデンティティが問題なだけに、その男らしさにも問題がある。ご存知のように、少なくとも十九世紀以来、芸術家は女性化の危険にさらされている。冒険のエクリチュールにはこの危険が少ないかといえば、まったく逆だ。

それは、いっさいのエクリチュールから離れて、身体だけが実際の冒険の体験を語らなければならないからだ。この問題については少し仔細に検討したほうがいいだろう。たしかに、二十世紀の多くの作家たちは、前世紀の図式を再現した。ジョゼフ・ケッセルの『四角い帆』は、モンフレイに同行した紅海のルポルタージュから生まれた小説だが、その主人公フィリップは自分の身体が冒険生活のせいで変化するのを感じる。満天に星がまたたく夜、「歩行と太陽の恐るべき日々、原住民のバターライスと怪しげな水での短い食事」が、彼を形成する。「陽に焼かれた肌の下で、彼の筋肉はより生き生きとし、なめらかだった」[48]。ケッセルは、こうしたプロセスを描写することで、十九世紀の若者向けの冒険文学につきまとう考察を再び見出していた。そのようなモデルが二十世紀には支配的だったことを、逆説的に示す証言が他にもある。一九三二年、ミシェル・レリスは驚いた。レリスは人類学のアフリカ探検を長く続けていたのだが、その探検は、彼自身の身体に、出発前に本で読んで想像していたような影響を何も及ぼさなかったのだ。「私は太った。ぶくぶくして不愉快だ。アフリカから戻るときはやつれてイカした海賊みたいになっているはずだったのに」[49]。さらにレリスが言うには、そうなった理由は何よりも、民族誌学の仕事が思っていた以上に書斎暮らしに近かったためであった。

ブルジョワの肥満とは大違いの太陽の下で日焼けした筋骨たくましい身体は、すでにジュール・ヴェルヌの冒険小説の主人公たちの特徴であり、十九世紀に男らしさのモデルとして仕立て上げられた兵士の特徴でもあった。この傾向は二十世紀に現れた日焼け趣味によってさらに強まった[50]。体毛の誇示は、たとえ様式が変わっても、変わらぬ決まりだった。実際、兵士の英雄っぽい口ひげや、伝道師や探検家のあごひげに対して、無造作に生やしたあごひげや無精ひげが、次第に幅をきかせるようになっていった。それらは男性性を示唆すると同時に、十九世紀から二十世紀への転換期以来、現代の冒険の神秘の中心にあった秩序の拒否を示唆するものだった。二十世紀には、筋肉隆々とし、日焼けして、無精ひげを生やし、まったく軍服を連想させない服装をした、冒険家気取りの男の写真がごまんとある。「スター・ウォーズ」から「インディ・ジョーンズ」まで、ハリソン・フォードのフィルモグラフィだけでもさまざまな例を提供してくれるだろう。

もっとも、身体の表象の次元では、三日剃っていないあごひげの流行よりも注目すべき変化が他にもある。それらの変化は、現代の冒険の神秘の影響下に、男らしい人物たちがこうむったモデルチェンジについて、より雄弁に語ってくれる。実際、二十世紀の冒険家のシルエットは、十九世紀末の兵士の男らしさの典型とはもはやあまり関係がない。あるいはまた、同じベル・エポックの頃、あらゆる反社会分子をその屈強な双肩で支えていたパリのならず者たちで、マスコミに美化されたとはいわないまでもさかんに書きたてられた、あの「アパッシュ族」とも関係はない。(51) 実のところ、驚かされるのは、ランボーやロレンス、モンフレイたちの写真から発せられる貧弱さと明らかな脆弱さである。人々が彼らのものとみなす――時には彼らが要求する――冒険家の人生には、ベル・エポックの軍人や女衒《ぜげん》の表現の特徴である肉体的な力強さは含まれていなかった。問題は他にもあった。二十世紀に大成功を収めた冒険の夢の、その動機そのものである。それは、冒険家の身体を英雄よりも苦行者のそれに近づける、狂おしいまでの意味の探求なのだ。

というのも冒険とは――二十世紀の作家たちがさんざん語ったものだが――、人生の単純さを見出すための見世物じみた禁欲的な回り道にほかならないからだ。死を免れること――それについてはマルローやサン゠テグジュペリが力説した――は、人生に得がたい何かを付与する手段をもたらすことではなく、生きているという単純な事実を新たに満喫できる可能性を与えることである。モンフレイは海で嵐に見舞われた後、こう表明している。「〈生〉を再発見したというあの歓びを味わうためには、自分たちがあの荒れ狂う力の真只中にいることを少しは感じる必要があった」[52]。ケッセルは「肉体が長々と脅威にさらされた後、突然、無傷で救われたときの肉体的な陶酔[53]」を、抒情を込めて呼び覚ましている。ジョゼフ・コンラッドは、「人生は単純であるという教訓をもたらしてくれたがゆえに、計り知れない決定的な[54]」体験をする主人公を描いている。ピーター・フレミングは、マトグロッソ州で、「一杯の水やひとかけらのパンや火の熱といった、きわめて単純で基本的なもの、普段は見過ごされているものから、計り知れない満足を得られる[55]」ことを発見したと、『ブラジル冒険』のなかで断言している。体験はかぎりなく多様なのに対して、実際の冒険から得る訓戒は驚くほどいつも同じである。それは、人生の奇跡をその原初の純粋な形で再び見出すことなのだ。

脂肪であれ筋肉であれ、余分な塊がいっさいないこの冒険家の身体――その最たる長所は耐久力である――は、この理想にかなっている。アンリ・ド・モンフレイがジョゼフ・ケッセル――あまりに屈強で、あまりに大酒飲みで、あまりに粗暴だった――に対して次第に抱くようになった疑念や、T・E・ロレンスの「ビーフを死ぬほど食わせてもらってきた[56]」体育教官たちに対する軽蔑が、一九二〇年代以降の感性の変動を説明してくれる。二十世紀が進むにつれて、この変動は聴衆を獲得していく。一九七〇年代の反体制的なポピュラー・ソングのヒット――「国鉄のサンドイッチみたいに分厚い[57]」ルノーからマキシム・ル・フォレスティエの『落下傘兵』まで――が、この新たなモデルの活力を物語っている。男らしいという意味で男であることには、もはや以前と同じ身体は含まれていない。そして、筋肉の消失がもはや必ずしも男らしさの消失でなくなったのは、二十世紀が偉大な冒険家のモデルを提供したからでもあった。彼らはその苦行者の身体に、かつては運動選手の肩幅を持っていなければ考えられなかったような、大胆不敵さと力強さという美徳を結びつけていたのである。

この変遷はまた別の読み方もできる。二十世紀が称揚する冒険家とは、ある特殊なジャンルの苦行者でしかないわけではない。それは、定義するならば、大人になることを拒否する男でもある。十九世紀の冒険小説が描いていたのはいつも、数々の冒険を経験し、その冒険のおかげ、「男らしかった時」のおかげで、たくましい「鍛えられた」男になり、最後には結婚して社会秩序のなかにみずからの居場所を見出す人物だった（ヴェルヌの主人公のほぼすべてがそうだ）(58)。このようなモデルに対して、二十世紀の冒険家は大人になっても冒険の人生を諦めようとはしない。これ以後、人生は、前述したように、前世紀よりはるかに多くの意味を背負うことになった。やせたドン・キホーテが現代の冒険家の後見人としてよく登場するようになった理由もそこにある。ドン・キホーテもまた、時の大人社会に抗して、冒険に生きるほうを好んだわけだが、その冒険が何よりも子どもを誘惑するにはうってつけの作り話にすぎないことは、分別のある男なら誰でも知っていた。一九四〇年代のホセ・オルテガ・イ・ガセットにならって言うならば、「冒険家たちは、その晩年にいたるまで――愛想がよくてさわやかな――老いた若者という印象をわれわれに抱かせる」(59)。ランボーとロレンスの生き方はその象徴のように思える。さらに以下は、冒険家の神話を正確に定義しようと懸命になっていたアンドレ・マルローの意見である。ロレンスについてマルローはこう書いている。

ロレンスの若さは、彼の伝説のなかでもっとも強力な要素の一つだ。インドまでは、彼のなかには青春があり、彼にはその特質があった。無私無欲、勇気、ロマンチシズムがそれだ。私は青春を成熟の欠如とは呼ばない。無限の生の領域と呼ぶ。その性質をわれわれは、それが死んだときにわれわれに残された郷愁によって、かろうじて知るばかりなのだ。［…］ランボーは天才青年ではない。青春の天才である。ゲーテが成熟の天才であるように。そしてそのような男たちのドラマ――ドラマから最大の名声を得ている者は数多い――とは、青春のドラマである。愛のドラマ、あるいは絶対のドラマだ。無私無欲、勇気、ロマンチシズム。ロレンスの伝説が何よりもまず負っているそういった感情は、青年たちの感情だった。彼のドラマは倫理と政治との軋轢から生まれた大いなる青春のドラマである。彼の悲劇、絶対との対決は、青春の悲劇だ。彼の除隊、あの偽名を使っての兵役志願は、青年たちの信頼を失わず生き続けるために彼が選べる唯一の行為を探し求めて選んだのであろう除隊だった。「酔いどれ船」も地獄の季節も、失踪もアビシニアも、同じひとつの青春である。ランボーが十六であろうと三十五歳であろうと。彼の青春はマルセイユから戻ったときに完了したのかもしれない。だから死によって閉ざされたのだ。(60)

冒険家の身体が、十九世紀の男らしいモデルに似るどころか、苦行者の身体に似ることとさえあったのと同様に、永遠の青年という定義は、冒険家を伝統的な男らしさの表象から遠ざけるものであった。実際、青春とともに浮かんでくるのは、不決断、不確定、不安定、アイデンティティの拒否という一群のイメージであり、それらとは反対のものとして、昔から、男らしさの定義は確立されていたのである。(61)

Ⅲ　旧モデルの存続

このような見出しをつけたものの、男らしさという概念のモデルチェンジの歴史は、現代的アヴァンチュリエが受容されてきたせいで、含みのあるものとならざるをえない。おそらく、少なくともフランスにかぎれば、一九二〇年代がひとつの断絶を示している。二〇年代は、ロレンスをはじめとする絶対的な冒険の探求の体現者たちを認知させてきた。ロレンスは今日まで、そうしたアプローチを標榜する人々にとかく引用されてきた。(62) それでもやはり、十九世紀以来の旧モデルたちは存続していたのである。彼らは現代の冒険の神秘に身を染めながらも、男らしさに対しては別のより古典的な関係を保っていた。

特派員という人物の歴史がこのことをよく説明してくれる。(63) 十九世紀最後の四半世紀に現れ、両大戦間に大活躍した特派員という仕事は、すぐさま冒険と固く結ばれた。まず特派員は遠く、異郷の危険な場所へ、しばしば戦場へと旅立っていた。『ニューヨーク・ヘラルド』紙の仕事で中央アフリカまでリヴィングストンを探しに行ったスタンリーの探検は、たちまち輝かしい先例となった。他方、特派員の受容は煽情主義《センセーショナリズム》の受容でもあった。自社の特派員の冒険を称えることは、新聞社自身の自慢でもあった。とりわけ両大戦間には、特派員の冒険生活を賛美することは、危機に瀕していたマスコミを再興させる良い手段に思われた。『パリ・ソワール』紙の有名社長ジャン・プルヴォが、イタリアに侵攻されたエチオピアにモンフレイを派遣したり、サン＝テグジュペリを内戦のスペインに派遣したりしたのは、冒険家たちに対する大衆読者の熱狂を自分の新聞のために利用するためだった。

これらすべての理由から、その勇気を新聞によってほめたたえられた特派員たちは、円熟した男とみなされるようになった。ジョゼフ・ケッセルは、早くも一九二〇年代に、戯画に描かれるほどに、この特派員の男らしい側面を体現していた。おそらくこの側面は、今日もなお、これらすべての理由から、従軍記者という人物の重要な構成要素だろう。先に引用したジャン＝クロード・ギルベールがその証拠だ。とはいえ、特派員の黄金期を体現するもっとも名高い人物、アルベール・ロンドルが、みずからの男性性を同じように明確にはしていなかったことは認めざるをえない。たしかにロンドルは勇敢だった。落ち着きや冷静さをはじめとする、とかく男らしいと定義される美徳の持ち主だった。この美徳は、昔から女性のヒステリーと対置されてきただけに、なおさら男らしいものだった。とはいえ、ロンドルの伝説を支えているのは、それらの美徳よりも自分の使命に対する誇りの感情である。ロンドルは見つけるのが困難な情報を遠くまで探しに行っただけではなかった。事実——彼がそのなかでペンを握っていた世界の「傷」——を暴露することが、その後の改善につながっていったのである。民間や軍の牢獄について彼が切り出した議論がその例である。まず理想によって、それにみずからを捧げることを受け入れた使命によって動いたアルベール・ロンドルは、他のいかなる目的でもなく冒険そのものに関心があったあの冒険家ではなかった。二十世紀初頭以来、ランボーがその死後にモデルとなり、もっとも多く求められてきた、あの冒険家ではなかったのだ。

記者という人物の歴史は、このように思ったより複雑である。おそらくケッセルからギルベールまでの従軍記者たちは、自分を男らしさのモデルと認めることができただろう。だがそれは、アルベール・ロンドルの栄光が物語っているように、特派員のアイデンティティとは完全に重ね合わせることはできない冒険家のアイデンティティを背負いながらであった。冒険とルポルタージュの間のこのズレは、概して特派員の記事につきものの男らしさの表象が古臭いことを、たしかに説明してはくれる。いずれにしても、それらの表象は、ランボーやロレンスやモンフレイが提供する男のモデルとはかけ離れているのである。

同じ次元の分析は、「新たな冒険家たち」[64]の現象についても提起することができる。この一九八〇年代の流行現象の起源は、実は一九二〇年代にさかのぼる。それは最初の太平洋単独横断航海（アラン・ジェルボー）や自動車耐久テスト（シトロエンの「横断旅行」）、横断飛行（メルモーズからサン＝テグジュペリまで）が現れた時代である。このとき生まれた諸分野は、今日もなお、ヴァンデ・グローヴ世界一周ヨットレースやパリ＝ダカールなどのレース、水泳やウィンドサーフィンによる大洋横断のような、より空想的な個人の挑戦をうながしている。というのも、当時は、かつてあらゆる冒険を可能にしていた空間的条件が消滅してしまったという考えが、はっきりと現れていたのである。大陸内部の冒険の終わりが、地図上から最後の「空白地帯」が消滅したことによって明らかになった。西洋人による地球全体の植民地化は、画一化された社会の到来と、未開人の消滅を予告した。そして最後に、飛行機や自動車とともに世界全体に広がった移動手段の進歩・刷新は、移動の意外性がいずれ決定的に消滅することを意味していた。十九世紀から二十世紀への転換期におけるこの変遷の意識は、「終末の世界」[65]というテーマのヒットとなって現れた。一九二九年にアンリ・ミショーが書いたように、地球は今や土地台帳に記入され、「異国情緒を洗い落とされ」[66]ようとしていたのだ。

当時冒険を求めていた人たちは、冒険が可能となる空間を再び創り出せるような規則を提案した。すなわち現代技術を拒否する（ヨットによる航海）とか、技術の不完全さにともなうリスクを背負う（宇宙制覇の時代を前にしての、初期の長距離飛行や自動車耐久レース）といったものだ。実のところ、そのモデルはすでに登山によって提供されていた。というのも、早くも一八六〇年代にはアルプス山脈の主要な頂は制覇されていたため、登山家たちは初期の登山の偉業を可能にした空間的条件を再び生み出せるようなバリエーションや連続性を探し求めていた。この時代から、ごく最近のウィンドサーフィンによる大西洋横断の試みにいたるまでのあいだに、冒険は、ジャンケレヴィッチがホモ・ルーデンス〔遊ぶ人〕[67]と呼んだ人間の所業となったのである。登記された世界と異国情緒の終焉に直面したこの人間は、まるで遊び感覚で、夢に見た往年の冒険の空間を再び創り上げていたのだ。

この事例には、特派員の場合と同じように、とても異なる二つのモデルがあった。一方では、「ゲームの規則」

が確立されたことで、これらの冒険スポーツを行なう複数の人々のあいだに競争が生まれることが予想された。[68]事実、登山者、船乗り、飛行士、カーレーサーなど、「新たな冒険家たち」は、先人たちの記録を非常に早く打ち破ろうと試みた。だがその一方で、純粋な冒険を信奉する人々は、冒険そのものよりも高尚な使命という概念を抱き、競争という考えはいっさい認めなかった。こうした一線を擁護したのはとりわけ作家たちだ。サンドラールからユーゴ・プラットまで、作家たちが冒険のなかに見たのは、彼らの芸術家としての探求と同じ、意味の探求であり、スポーツ選手の効率とは正反対のものだった。この作家たちのひとり、エルンスト・ユンガーにならって言うならば、「記録という吐き気をもよおさせる臭い[69]」がした途端、もはや冒険の存在を考えることはできなくなるのである。

ところで、これら二つの冒険の概念は、とても異なる二つの男性タイプとなって現れた。一方には、記録を追い求めることを受け入れ、はじめはスポーツに属していた行為を冒険のように見せかけた人々がいた。もう一方には、あらゆるスポーツ的な側面を拒否し、冒険そのものしか追い求めない人々がいて、彼らは冒険を異国への逃避という古いロマン主義的な概念にまで引き下げることをも厭わなかった。単独航海の領域では、これら二つの誘惑のうち、前者をエリック・タバリーが、後者をベルナール・モワテシエが代表し、それぞれ非常に異なる男らしさのイメージを体現している。他にも対照的な人物はいる――たとえばオリヴィエ・ド・ケルソゾンとアントワーヌ――が、彼らはもっと戯画的な例といえるだろう。

登山を除く一九二〇年代以降に現れた冒険スポーツの事例は、われわれを最後の考察に導いてくれるはずである。これらのスポーツを実践することとは、現代の冒険の遊戯的な側面を十分に引き受けている点で、地球という空間の別の表現をたしかにともなっている。現代の冒険の神秘は、すでに述べたように、十九世紀から二十世紀への転換期に、世界の空間が変化したと思われたことに対する、ノスタルジックな反応だった。冒険の探求がよりいっそう差し迫ったものになったのは、現代の冒険の基盤にある逆説によって、地球の変遷が冒険家の近い終焉を暗示しているように思えたからである。この観点からもっとも注目すべきは、言うまでもなくカウボーイの事例である。というのも、北米の牛飼い青年たちが冒険家になったのは、ようやく一八八〇年代以降のことだった。それはまさに、鉄道と有刺鉄線の発達によって、この男たちが「カウボーイ」(70)としての誇りを保っていたところの家畜の「大移動」が不可能になった時代である。西部劇《ウェスタン》が定義上、黄昏の映画ジャンルなのは、消えゆく運命にあるという事実がその伝説の根底にある社会を描いているからだ。したがってカウボーイの男らしさもまた、ただちに廃された世界を表すことになる。カウボーイという人物を通して提示されるモデルは、最初から、今の世界では考えられない男のモデルなのだ。

そのことは、二十世紀が称えたすべての冒険家から、自分は往年の本当の冒険家には及ばない模倣者だと思っている冒険スポーツの実践者にいたるまで、同じだというべきだろう。GPS機能の普及にまつわる批判——たとえば単独ヨットレースの参加者たちのリスクがほぼゼロになると非難されている——は、十九世紀から二十世紀への転換期に「終末の世界」というテーマを生んだ考察を今また繰り返すことでしかない。二十世紀の冒険家を称賛することができないのは、実のところ、地球が真の男を生み出すことのできた時代に対する郷愁があるからなのだ。

この歴史は今日ついに新たな転換点に達しているのかもしれない。冒険スポーツが広く女性——フロランス・アルトー、モード・フォントノワなど——に開放されたことは、たしかに、現在の自然環境保護《エコロジー》に対する関心と結びついて、冒険の新たな捉え方を定義しようとしている。これからの地球の描写は、ジュール・ヴェルヌのみならずサン゠テグジュペリの時代にも支配的だったものとはとても違ったものになる。冒険の環境とは、もはや勇気を奮い起こして知らねばならない無限の世界でも、冒険家たちがその隙間で活躍することのできた文明化途上の世界でもない。人類自身から護らなければならない、完璧に知りつくされた世界、それが冒険の環境なのである。原始の森のイメージは保存すべき庭園のイメージに入れ替わる。自然環境を守りたいという気持ちと、そこから生まれるコミュニティが、家計のデータを世界的規模に押し広げる。冒険家とは、地平線や水平線を目指す男というよりも、地球規模に拡大された公園にいる、少し騒がしい人なのだ。この新たな世界の表象のなかでは、未知の地理と伝統的に結びついてきた男らしさよりも、母性的な側面のほうが勝っている。冒険の女性化の時代が現実に到来する――いったいどのようにして？――、そのための要素はすべてそろっているのである。

訳注

〔1〕ニーチェの「超人 Übermensch」の仏語訳 surhomme は「超男」とも訳せる。

〔2〕イタリア漫画家ユーゴ・プラットが一九六七年から発表した海洋冒険漫画シリーズの主人公。二〇〇二年にフランスでアニメ映画化されている。

〔3〕以下の著作に収められた紀行文が翻訳されている。Isabelle Eberhardt, *Ecrits sur le sable*, Editions Grasset & Fasquelle, 1988〔イザベル・エベラール『砂漠の女』中島ひかる訳、晶文社、一九九〇年〕.

〔4〕一九二〇年八月、第一次世界大戦の戦後処理の一環として、パリ郊外セーヴルで対トルコの講和条約（セーヴル条約）が結ばれた。これによりトルコは大幅に領土を縮小されることになる。中近東地域では、ヒジャーズ（紅海沿岸地方）が独立し、パレスチナ地方はイギリスの委任統治領となり、かつてスタンホープ夫人が暮らしたレバノンを含むシリア地域はフランスの委任統治領になった。

第4章　同性愛の変遷

フロランス・タマーニュ
（岡　健司訳）

長いあいだ、同性と性的関係を持ったり、恋愛関係にあったりする男性は、自らの性行動によってではなく、むしろジェンダー(女性)や性的役割(女役)[1]によって定義された。一八六九年にハンガリー人の作家カーロイ・マリア・ケルトベニー〔一八二四―八二〕によって初めて用いられた「同性愛」という語は、十九世紀中頃から、とくに医学的言説の影響をうけて、しだいに性行動と性的指向によって定義づけられ、「異性愛」[1]に対置される固有の存在として分類されるにいたった。ゲイという語は、アメリカでは十九世紀末から文書や資料に見られるが、ヨーロッパでは一九七〇年代に、同性愛解放運動の流れにのり、ようやく人口に膾炙することになった。ゲイという言葉が用いられたことからは、同性愛者たちが昔ながらの蔑称から距離をとるのと同時に、言葉の二重性によって、いまだ偏見に満ちた社会において、秘密めいた文化を維持しようとしたことが見てとれる。この言葉は、当初は両性に用いられていたものの、女性はレズビアンと自称することを好んだため、やがて男性のみに用いられるようになった。一九九〇年代から、「奇妙な」と同時に「ホモ」という意味も持つ侮辱語「クィア」[2]が、同性愛者たちによって逆に利用されるようになったことは、ゲイカルチャーの一般化における一里塚となったのみならず、二元的な性的アイデンティティ(同性愛/異性愛)の表現を問いなおし、より流動的で不安定なジェンダーとセクシュアリティの概念を広める切っ掛けとなった。今日、LGBT(レズビアン、ゲイ、バイセクシャル、トランスセクシャル)、さらにはLGBTQI(Qはクィア、Iはインターセックス)コミュニティという呼称を選択できること自体に、それまでゲイコミュニティにおいてさえ疎外されていた、バイセクシャルやトランスジェンダーといったグループを、取りこもうとする意図を見ることができる。

ディディエ・エリボン〔一九五三―。フランスの社会学者〕は次のように記している。

自らを男性的だったり、男らしいと好んで考える人々は、「女っぽい」人々を軽蔑したり、時には憎悪の対象としたが、それは同性愛者が自らに付与しようとした表象においてだけではなく、そのイメージを取りまく言説においても、最たる対立点の一つを構成した[2]。

たとえば、派手な装いをして他者との違いを強調するにしても、過度に男らしい自己表現[3]を重視することでステレオタイプの拒否を際立たせるにしても、複数のサインを攪拌することで混乱を広めるにしても、外見をどう装うかというのは、同性愛者のアイデンティティの核心をなしている。なぜなら、このことによって個人的な感受性と同時に、あるグループへの所属を表現することができるからである[4]。しかし、多くのイメージが紋切り型の考えを複雑にしたり、否定したりするのにも関わらず、女らしい「性的倒錯者」というステレオタイプは同性愛者の表象を満たしている。同性愛者は、いまだにしばしば「欠陥のある」男性、男らしさの試験に落第した者として捉えられている。つまり「男である」ためには、同性愛者であると見えないように、またはそうとは分からないように振る舞うことが重要となるのである。「ホモ」、「オカマ」といった侮辱はよく用いられるが、それは男らしさの規範、つまり異性愛者の規範に従うべしという警告として機能しているのである。とはいえ、男性にとって、男性を愛したり、性欲を抱いたり、性的関係を結んだりすることが、R・W・コンネル〔一九四四―。オーストラリアの社会学者〕のいう「ヘゲモニックな男性性」に対する反抗をなしているとしても、すべてのゲイがそのような男性性と断絶関係にあるというわけでも、ジェンダー間の関係の定義について一致した意見を持っているというわけでもない[5]。このような条件下では、男らしさ（本質主義的な見地においては男性に固有と仮定される価値を示す）や男性性（男性というジェンダーを構成している様々なものに関わる）といった概念そのものが、曖昧になりうるのである。ジュディス・バトラー〔一九五六―。アメリカの比較文学者〕が強調するように、「もしもジェンダーとは、ひとが〈なる〉ものであって、もともとそうで〈ある〉わけでないものならば、ジェンダーは一種の〈なること〉――つまり営為」[6]なのである。

1　ジェンダーの反転、両性具有、トランスジェンダー

同性愛者は十九世紀末に男らしさの逆をいくものとして定義された。[7] 同性愛活動家のなかでも、カール・ハインリッヒ・ウルリヒス〔一八二五―九五。ドイツの同性愛活動家〕やマグヌス・ヒルシュフェルト〔一八六八―一九三五。ドイツの医師〕などは、「第三の性」の存在を主張した。すなわち、「性的倒錯者」は「男性の身体に女性の精神」[8]を持つというのである。自らをこのイメージと完全に同一視する男性たちがいる一方で、同性愛サブカルチャーによりよく溶けこむためであったり、または「異性愛者」のパートナーの注意を引くための戦略として、より女性らしい物腰を選ぶものたちもいた。一般の人々にとって、性的倒錯者の人物像はしばしば富裕層や、芸術的ボヘミアンに結びつけられ、オスカー・ワイルド〔一八五四―一九〇〇〕風のデカダンなダンディー像に帰することとなった。このイメージは第一次大戦後もジャン・コクトー〔一八八九―一九六三〕やセシル・ビートン〔一九〇四―八〇。イギリスの写真家〕といった人物によって保たれた。[9] とはいえ、大衆文化においても、「タペット」や「フェアリー」〔前者はフランス語、後者は英語で、いずれも女性的な同性愛の男性を指す俗語〕たちは、化粧や派手なアクセサリーによって、自ら女性的に振る舞っていた。男娼たちは、当時の流行女優の名前を源氏名にして、好んで艶かしいポーズを取り、商売が眼につきやすいようにすると同時に、自らを同性愛者とは考えていないが、彼らの魅力に無関心ともいえないような男性たちの欲情を掻きたてようとした。[10] 中産階級の中でも、クエンティン・クリスプ

〔一九〇八―九九。イギリスの作家〕のような傑出した人たちは、目立ちすぎるからという理由でゲイバーから追い出されたり、さらには通りで襲われたりする危険をおかしても、化粧や女装をして街に出ることを厭わなかった。(11)事実、一九二〇年から三〇年代にかけてのロンドンで、同性愛者の出会いの場を監視する警察官は、保湿クリームや手鏡の所持を、容疑者が同性愛者である証拠として十分だと考えていたのである。そのため、大多数の男性は、少なくても公の場においては、目立たないように気を使い、ジェンダーの規範に完全に従っていた。しかし、ベルリン、パリ（マジックシティー、バル・ドゥ・ラ・モンターニュ・サント＝ジュヌヴィエーヴ）、ロンドン（ハンプステッド・ボール）やニューヨーク（ハーレムのハミルトン・ロッジ・ボール）などにおいて、数多く催された仮面舞踏会は、こうした慣習を気にせずにすむことのできる場所であった。ある一夜、女装した男性たちは男同士で――そして女性たちは女同士で――、集まった興味津々の人々の見守るなか、踊ることができたのである。ゲイシーンの華やかさは、「狂乱の時代」〔一九二〇―二九〕の典型となり、作家（クリストファー・イシャーウッド〔一九〇四―八六〕著、『さらばベルリン』、一九三九年）や画家（オットー・ディクス〔一八九一―一九六九〕、クリスチャン・シャド〔一八九四―一九八二〕）、写真家（ブラッサイ〔一八九九―一九八四〕）によって讃えられた。

両性具有的なファッションは、「ギャルソンヌ」スタイルの女性によって、もっとも知られているが、その男性版も存在し、一九二〇年代における彼らの振舞いは、性別の混乱をきたすこととなった。一九三〇年代には、恐慌の時代において秩序へ立ち戻ることが必要とされたのか、より伝統的な男性ファッションへの回帰が見られた。たとえば、当時のチューリッヒではゲイシーンの「男性化」がおこった。(12)派手な振舞いは完全に消え去ったわけではないが、一九五〇年までは、強い道徳的順応主義の影響のもと、目立たずにいることが良いとされていた。人目につかぬべしという指針は、一般社会のみならず、第二次世界大戦後に生まれたホモファイル運動からも発せられた。改良主義的かつ同化主義的なこの運動は、ゲイとレズビアンが立派な人々であることを強調することで、彼らがよりよく社会に同化できることを期待したのである。フランスにおいては、『アルカディ』誌が、性的指向を「隠さずに」生きることを勧める一方で、サン＝ジェルマン＝デ＝プレ界隈の「女装同性愛者」たちを、同性愛者全体の信用を失墜させるとして糾弾していたのである。[13]

一九七〇年代の革命運動はまずホモファイル運動に異議を唱えた。ゲイとしての誇りは、同性愛者嫌悪的なステレオタイプを拒否すると同時に、クローゼットな文化[3]と自己嫌悪も拒否することを前提としていたのである。フランスでは、女装同性愛者たちが、ＦＨＡＲ（同性愛革命運動）から「我らが兄弟」と賞賛される一方で、「同性愛目付役《ホモ＝フリック》」と「異性愛目付役《エテロ＝フリック》」からの非難を受けていた。[14] アメリカでは、活動家がジェンダーの規範を根本的に問い直していたが、それは髭をはやし、フリルつきのドレスを着て、カウボーイブーツを履くといった、挑発的な組み合わせをする、ジェンダーファックを介して行われた。とはいえ、多くの人にとって、このような実験は、日常生活において行うことは難しかった。また他の人たちは、女らしい振舞いはゲイに対する偏見をより強めるのではないかと考え、新たなアイデンティティの印を作ることを呼びかけた。この運動の初期には、多くのゲイがカウンターカルチャーとしてのヒッピーにならい、長髪にしてベルボトムのジーンズを穿いていた。しかし、彼らはやがて、自分自身を同性愛者として明示することが出来ず、さらには両性具有との疑いを抱かせかねないような、こうした姿をやめ、敢然と男らしい格好をすることを選択した。その結果、二十世紀初頭には「女装同性愛者を演じる」ことが男性パートナーを引き寄せる手段でありえたのに対し、女性的な男性同性愛者のなかには今や「他の男性と出会うために、男らしい男を演じる」[15] 必要性を感じるものもいた。

そうはいっても、女性的な男性同性愛者が消え去ったわけではない。大衆文化においては、「Ｍｒ・レディ、

「Mr・マダム」（一九七八年）から「ペダル・ドゥース」（一九九六年）に至るまで、頻繁に風刺化されたが、こうした女装同性愛者たちは、芸術分野（ジャック・シャゾー〔一九二八―九三。フランスのダンサー〕、エルトン・ジョン〔一九四七―〕）であれ、社会活動（ガゾリーヌや絶えざる贖宥修道女会など[16]）であれ、同性愛文化において独自の地位を占めた。彼らは、パロディや露出趣味や演劇性が混じり合ったキャンプな感受性[〔4〕]を、同性愛カルチャーにもたらしたが、このような様子は、たとえば映画では「ヘアスプレー」（ジョン・ウォーターズ〔一九四六―〕監督、一九九八年）の登場人物ディヴァイン、テレビではドラマ「アブソリュートリー・ファビュラス」（一九九二―二〇〇四年）、演劇ではトニー・クシュナー〔一九五六―。アメリカの劇作家〕の戯曲「エンジェルス・イン・アメリカ」（一九九一年）、またアート（ピエール・エ・ジル、ギルバート&ジョージ）などに見られる。女装同性愛者のより派手な変形ともいえるドラァグクイーンは、もう少し後年にメディア化された（ステファン・エリオット〔一九六三―〕監督、「プリシラ」、一九九四年）。厚底ブーツに突飛なドレス、かつらに極端なメークで、ダイアナ・ロス〔一九四四年―〕やバーブラ・ストライサンド〔一九四二年―〕のようなゲイに人気の有名人を演じる彼らも、一九八〇年代にニューヨークの庶民的な黒人界隈で誕生したのだった。ハウス・ボールは、一九三〇年代のハーレムの仮装舞踏会の雰囲気を再現しようとつとめ、コンクールを開催したりしたが、そこではドラァグクイーンがトップモデルのポーズを取りながら練り歩いたり（ヴォーギング）、または反対にゲットーのギャングになりきって、男らしさのレアリスムを求めるという、二重の意味でのパロディを演じたりした[17]。一九八四年に始まったウィッグストックの祭典では、二〇〇〇年代まで、ニューヨークに当代一のドラァグクイーン（ディー・ライトやル・ポール）とドラァグキングが集り、コンテストや催し物が行われた。

「トランスジェンダー」という語は、ここ二十年ほどクィア活動家に好んで用いられているが、ジェンダーの規範に反するすべての人々を指し、医学・病理学的言説（「性転換症《トランスセクシュアリスム》」）および、凝り固まった二元的なジェンダーの観念（男性／女性）との断絶を示している。「性転換症」の概念は、こうして徐々に「トランスアイデンティティ」に取って代わられてきている。ＭｔＦ《メール・トゥ・フィメール》（男から女へ）やＦｔＭ《フィメール・トゥ・メール》（女から男へ）のトランスセクシャルの場合、ジェンダーアイデンティティと生物学的な性が矛盾しており、性別適合の請求をすることができる。(18)最初の性別適合手術は一九三〇年代になされていたが、精神科医デヴィッド・Ｏ・コールドウェル〔一八九七―一九五九。アメリカの性科学者〕が、「性転換症」を、病理と考えられるケースを指す語として知らしめたのは、一九四九年になってからであった。一九五二年に、性別適合手術によりジョージ・ジョーゲンセンがクリスティーン・ジョーゲンセン〔一九二六―八九〕となったが、これは性別適合手術がメディアによって取り上げられる嚆矢であった。アメリカの心理学者ハリー・ベンジャミン〔一八八五―一九八六〕の研究（『トランスセクシュアル現象』、一九六六年）により、手術を希望する患者の受け入れ要項が策定され、手術への精神科医、心理学者、内分泌専門医、そして外科医の関与が定められた。世論は、明らかにＦｔＭよりもＭｔＦのトランスセクシャルに対して際立った関心を示すが、これは女性の客体物化と同時に、生物学的意味での男性のヘゲモニーを示しているといえる。西洋のほとんどの国では今日、性別適合手術が認められているが、だからといってトランスセクシュアルへの嫌悪が下火になったというわけではなく、それは司法（性の二元的なカテゴリー化）、医学（たとえばフランスにおける性別適合に必要な「トランスセクシャル症候群」認定の拒否、トランスセクシュアルと精神病患者との同一視）、社会（差別、言語的、肉体的な暴力）などの多分野にわたって見られるのである。トランスセクシュアルは、自らの生物学的性別をジェンダーアイデンティティに適合させることを望むがために、異性愛規範性をもたらす者として、ＬＧＢＴコミュニティにおいても批判されることがあった。彼らがジェンダーのステレオタイプ（MtFの場合の過剰な女性性）をより強めるのではないか、というわけである。だからといって、全てのトランスセクシュアルが手術を受けたいと望んでいるわけではなく、彼らは何が男性的で何が女性的かを自分自身で定義づけているのである。異性装《トラヴェスティスム》は一九一〇年に、ヒルシュフェルトによって、異性の服を着ることから性別の変更を望むまでにいたる、ジェンダーを乗り越えようとする行為をまとめて示す語として定義されたが、この点においては、彼らはより広い意味での異性装に含まれると言える。

ジュディス・バトラーによると、異性装者は、各々が関わっているロールプレイングを明るみに出すという点で、典型的な役割を担っているという。「ジェンダーを模倣することで、ドラァグはジェンダーの偶発性だけでなく、ジェンダーそれ自体が模倣の構造を持つことを、明らかにするのである[19]」。その意味では、異性装は、異なるジェンダーを取りこむことではなく、ジェンダーという、身体の表面に刻まれる「様式的な反復行為[20]」によってしか存在しない概念自体のパロディなのである。異性装者は「カテゴリーの危機」を明るみに出し、可能性の幅を広げ、性とジェンダーのアイデンティティを不安定にする性質を持つ。異性装は同性愛とは同一のものではない。同性愛者のなかには異性装を自らの性的アイデンティティを誇示する手段として利用したものもいるが、異性愛者も、一九九四年にティム・バートン〔一九五八―〕によってその生涯が映画化された映画監督エド・ウッド〔一九二四―七八〕のように、部分的（例えば女性用下着の着用）かつ断続的にとはいえ、日常的に異性装を行なっている。もっとも、異性装は謝肉祭や宗教の加入儀式のように、きまった状況下においては容認されており、そこに曖昧さがないわけではない。第二次世界大戦下において、軍隊での演劇は一部の軍人が行なう女装によって成り立っており、女形の俳優は賞賛の的となっていたのである。異性装はまた、大衆文化にも取りこまれることがあった。滑稽なやり方で取りこまれる場合、異性装はまず笑いを獲得するための手段として現れ（ビリー・ワイルダー〔一九〇六―二〇〇二〕監督、「お熱いのがお好き」、一九五九年。シドニー・ポラック〔一九三四―二〇〇八〕監督、「トッツィー」、一九八二年。クリス・コロンバス〔一九五八―〕監督、「ミセス・ダウト」、一九九三年）、劇的なやり方で取りこまれる場合には、しばしば社会規範からの逸脱や暴力と結びつけられた（アルフレッド・ヒッチコック〔一八九九―一九八〇〕監督、「サイコ」、一九六〇年。ニール・ジョーダン〔一九五〇―〕監督、「クライング・ゲーム」、一九九二年）。しかし、同時に異性装者やトランスセクシュアルには、真のカウンターカルチャーとしての潜在性が付与されていた。それは文学（ヒューバート・セルビー・ジュニア〔一九二八―二〇〇四。アメリカの作家〕著、『ブルックリン最終出口』、一九六四年。ゴア・ヴィダル〔一九二五―二〇一二。アメリカの小説家〕著、『マイラ』、一九六八年）、芸術（アンディ・ウォーホール〔一九二八―八七〕のファクトリーにおいて強い影響力を保持した、キャンディー・ダーリング〔一九四四―七四。アメリカの女優〕とホリー・ウッドローン〔一九四六―。アメリカの女優〕）、映画（リチャード・オブライエン〔一九四二―〕監督、「ロッキー・ホラー・ショー」、一九七五年。ジョン・キャメロン・ミッチェル〔一九六三―〕監督、「ショートバス」、二〇〇六年）、ロックンロール（リトル・リチャードからデヴィッド・ボウイやボーイ・ジョージ、アントニー・アンド・ザ・ジョンソンズに至るまで）などの多岐にわたる。[21]

しかし、マージョリー・ガーバー〔一九四四―。ハーバード大学教授〕が指摘するように、異性装者は、女性／男性、同性愛／異性愛という二項対立や、そこに人が見いだそうとする秘めたる動機（規範違反／道具化）を超えて、それ自体が分析されるに値する。[22] ドン・クーリック〔一九六〇―。シカゴ大学教授〕は、ブラジル人の異性装者たちに出会ったが、彼らが自分を女性だとは考えておらず、性転換を忌まわしきこととして拒否する一方で、自身を女性的であるととらえ、そのためホルモン療法やシリコン注入を行なっていることを明らかにしている。彼らは、顧客との性的関係においてしばしばタチの役をするように依頼されるが、他方、自らの恋人とはもっぱらウケとなり、射精をせずにすますことさえある。「彼らは、相手の男性から性別を獲得するのではない。彼らが、そのかわりに獲得するのは、ジェンダーである[23]」。これらの男性のもとで、異性装者たちは自らが女性的であるという信念を強固なものにするのである。したがって、ラテンアメリカ系の異性装者たちは、ジェンダーをかく乱するのではなく、ジェンダーを強化しているのである。ただし、これは性別というよりも、セクシュアリティに関連しているといえる。すなわち、男性ジェンダーは「男」のものであり、性的関係においてはもっぱらタチの役をしなければならず（そのため、相手のペニスには決して触れてはならない）、そうでなければ自身の男性としての身分を失うのである。同時に、女性ジェンダーは「男ではない」者のものであり、そこには、女性、異性装者、同性愛者、そして性的関係においてウケの役をすることを受け入れるあらゆる男性という、様々な見た目のグループが含まれるのである。これらの異性装者にとって、男らしい同性愛者であることは、例えば彼らにフェラチオをしようと望む「異性愛者」の顧客と同様に、女性的なのである。

2　同性愛の男らしさ

十九世紀にはすでに、ジャン＝マルタン・シャルコー〔一八二五―九三。フランスの神経科医〕やヴィクトール・マニャン〔一八三五―一九一六。フランスの精神科医〕のような医師や精神科医が、同性愛者が男らしさの徴候をすべて示すことがありうると指摘していた。フロイト〔一八五六―一九三九〕も同様に「心理的に極度に男らしいことは、性的倒錯と共存しうる[24]」と強調していた。一九四八年には、アメリカ人のセクシュアリティに関するキンゼイ・レポートが、各人を完全な異性愛から完全な同性愛までの段階にそって分類し、同性愛者は明確な徴候により識別可能であるという考えに反駁した。実際、同性愛者の中には、異性愛者と「見なされ」えるものもいた。同性愛者という烙印を前にして、彼らは、個人的な領域と公的な領域を分けることによって、自らの性指向を隠匿することを覚えていたのである。一九七〇年代まで、ゲイサブカルチャーにおいては、出会いや交遊にあたって、巧妙なサインが用いられていた。ジャン・ジュネ〔一九一〇―八六〕の『花のノートルダム』に登場するディヴィーヌは、「仲間の男娼たちには、彼ら独自の隠語があった。隠語は男たちが使うものだ。牡の言葉なのだ」[25]と指摘している。同性愛解放により、より多くの男性、そして女性が、自らのセクシュアリティを白日の下にさらして生きることができるようになったとはいえ、こうした戦略が完全に消え去ったわけではない。用心や、羞恥心や、日和見主義や、隠匿への嗜好や、ロールプレイを好むことなど、さまざまな理由から各々が自己をどのように見せるかを、場所、社会階層、状況などに合わせて、ある程度まで見きわめるのである。

また、男らしい態度を誇示することは、ある種の個人的あるいは集団的アイデンティティへの支持を表明することにもなる。こうして二十世紀初頭には、ギリシアにおける少年愛、男性間の仲間意識、そして労働者の男らしさを、三つの主たる依拠として、男らしい同性愛のモデルが構築された。古代ギリシアは美的感覚と、十八世紀にヴィンケルマン〔一七一七―六八。ドイツの美術史家〕によって再定義された美の理想、そして男性同士の関係の規範、つまりプラトンの『饗宴』を手本とした、単なる官能的な情熱とは異なる「ソクラテス的愛」をもたらした。アンドレ・ジッド〔一八六九―一九五一〕は『コリドン』（一九二四年）において、スパルタやテーバイの神聖隊の例を詳述し、エリート主義かつ男らしい同性愛のモデルを擁護した。そこからの連想により、少年愛は好戦的な気性、勇気、忠誠、英知といった古代の美徳の元に育まれた。この男らしい文化は、男性間の仲間意識を、再生された国民の絆として賞揚した。ドイツでは、アドルフ・ブラント〔一八七四―一九四五。ドイツの作家〕によって一九〇三年に設立された自己協会《ゲマインシャフト・デア・アイゲネン》が、男性的で騎士道的な社会の理想を擁護し、その社会は友情と青少年の美への崇拝に捧げられるべきとされた。自己協会は、女性蔑視、反ユダヤ主義かつ反近代主義を標榜し、マグヌス・ヒルシュフェルトの「第三の性」理論を拒絶した。男性間の友愛という神話は、ハンス・ブリューアー〔一八八八―一九五五。ドイツの哲学者〕によって賞賛された、ワンダーフォーゲルなどの青年運動にも反映されている。そのハンス・ブリューアーはといえば男性同盟《メナーブント》の理論家であり、彼の思想はドイツ義勇軍や突撃隊（ナチの準軍事組織）にも影響を及ぼした。第一次大戦中には、塹壕の戦友愛は男らしい仲間意識として賞揚されたが、それとて同性愛との関わりがなかったわけではない（ロバート・グレーヴス〔一八九五―一九八五。イギリスの作家〕著、『さらば古きものよ』、一九二九年）。両大戦間には、トーマス・エドワード・ロレンス〔一八八八―一九三五。イギリスの軍人〕（アラビアのロレンス）、マンフレート・フォン・リヒトフォーヘン〔一八九二―一九一八。ドイツの将校〕、ジョージ・マロリー〔一八八六―一九二四。イギリスの登山家〕といった、冒険家や、飛行士や登山家が新しいヒーローとして、ホモエロティックなイメージを育んだ。

　とはいえ、男性的な美の崇拝を戦争への魅惑と同一視することはできないだろう。ブルームスベリー・グループ〔二十世紀前半に、イギリスの学者や芸術家が構成した組織〕において、男性同士の愛情を賞賛することは、父権的かつ強権的なブルジョワ社会の諸価値への拒否を象徴しており、それは「中間の性」を擁護し、若い労働者と職人の熱心な崇拝者である、社会主義運動家エドワード・カーペンター〔一八四四―一九二九〕の著作に連なるものであった。男性同士の関係はしばしば年齢や、階級や、人種の障壁を乗りこえたため、既成秩序への脅威と見なされ、革命的なオーラを帯びるまでにいたったのである。こうして作家クリストファー・イシャーウッドは、自らの共産主義への共感を、ソ連が同性愛を合法化した最初の国々の一つであるからだと、後になってから正当化したが、それとともに労働者階級の少年に対して性的な魅力を感じていたためでもあるとしている。[26] ダニエル・ゲラン〔一九〇四―八八。フランスの歴史家、無政府主義者〕やE・M・フォースター〔一八七九―一九七〇。イギリスの小説家〕のような多くの知識人のみならず、中産階級や上流階級出身の男性たちも、肉体労働者に惹かれていることを隠さなかった。こうした労働者たちの肉体的精力と抑制に欠ける様子は、彼らの受けてきた厳格なブルジョワ教育と対照的であった。一九五〇年代から六〇年代には、黒のジャケットとオートバイが同性愛的想像力をかきたてた。レザージャケットはゲイの目印としても機能したが、同時に、異性愛的だが実際にはホモソーシャル的なサブカルチャーへ入り込む鍵としても機能した。こうしたサブカルチャーは、レザージャケットをアイデンティティの印としており、同性愛者の領分と部分的に重なり合っていたのである。潜在的に危険な不良少年に魅了されることは、[27] まじめな『アルカディ』誌上においてさえ見られた。こうして男娼のなかには、ブルジョワ階級の顧客を引きつけるために、サディスティックな男娼という立場を利用するものもいた。こうした男らしい人物像が、多くの性的イメージの素材となったのである。一九二〇年代には、ドイツの同性愛雑誌（『アイゲネ』誌、『インゼル』誌、『フロイントシャフト』誌）が、全裸の金髪碧眼で健康的かつスポーツマンという、理想化されたドイツ青年像を競って複製していたが、この青年像はやがてナチス政権によって、人種的かつ国粋主義的な目的のために用いられることになった。一九五〇年代には、ロラン・カイヨー〔一九〇五―七一。フランスの画家〕、ポール・スマラ〔生没年不詳。フランスの画家〕、ジャン・ブレ〔一九二一―七〇。フランスのイラストレーター〕らによる猥褻なデッサンがひそかに流布していたが、同時にボブ・マイザー〔一九二二―九二。アメリカの写真家〕によるアスレチック・モデル・ギルドの思わせぶりな写真や、『フィジーク』誌に掲載されたジョージ・クエインタンス〔一九〇二―五七。アメリカの同性愛を主題とした芸術家〕のイラストは、ボディビルディングやヌーディスムを口実として、どこにでもいるような青年のたくましい身体を演出していた。ケネス・アンガー〔一九二七―〕監督のアンダーグラウンド映画、「スコピオ・ライジング」（一九六四年）は、同性愛を男性性のエロティシズムかつ男らしい友愛と捉えるものにとって、一つの指標となった。しかし、それまで性嗜好の問題とされていたことが、大衆現象となるには一九七〇年代を待たなければならなかった。男らしさは、異性愛者と思われる他者を、性的欲求を刺激する存在にするのではなく、同性愛の印となったのである。

「クローン」や「マッチョ・ゲイ」などは、自らが「真の」[28]男でありたいと願った。男性優位主義《マチスモ》に基づくことで、アメリカにおいてはラテンアメリカ的文化に、ヨーロッパにおいては地中海的文化に結びついた男性性が形成されることとなった。男性優位主義は、ラテンアメリカの国々において、植民地支配時代に感じられた劣等感への代償行為の一つと解釈されているが、アメリカのゲイたちは、アメリカの異性愛主義的社会において、彼らを標的とする非難への反駁の一つとして、この男性優位主義を再び用いることにしたのである。しかしながら、この「マッチョ」という語は、メキシコにおいては、女性蔑視や男根主義、さらには暴力を想起させる、否定的なニュアンスがあるのに対して、アングロ＝サクソンの国々においては、力や自信そしてセックスアピールを想起させ[29]、より肯定的に解釈された。一方で、「クローン」という語は、一九七〇年代にみられたゲイシーンの明らかな画一化を強調した。この画一化は、まずサンフランシスコとニューヨークのゲイ街ではじまり、ヨーロッパにも生活様式のアメリカ化によってもたらされたのである。

クローンの大半は中産階級出身の若い白人男性だったが、彼らは自らを労働者階級から取り入れた男らしさのモデルと同一視した。彼らの装いには、ジーンズやピッタリとしたTシャツ、コンバットブーツといったアイテムが頻繁に用いられた。クローンのなかには、しばしばボーイハンティングをするにあたって、カウボーイや、バイク乗りや、木こりや、建設作業員といった特定の人物像を演じるものもいた。しかし、クローンは自らのモデルと異なり、機能的な作業服やだらしのない気どりのなさを、綿密に様式化され仕上げられた演出へと変えたのだった。クローンは短髪で、よく整えられた口ひげや顎ひげをたくわえた。彼らの屈強な肉体[30]は、ピッタリとした服により強調され、そこにアクセサリーを加えることでさらにエロティシスムが加味された。こうしたアクセサリーはコード化された意味を持ち、ベルトの穴に通された鍵や、ジーンズの後ろポケットから垂らされたスカーフなどは、性行動や役割における各自の好みを非常に細かく示していたのである。[31] 行動や態度はというと、クローンのスタイルは「マッチョ的」な行為の内面化をとおして表現された。すなわち、大声や、男らしい姿勢（大股開き、腰を突き出す）、愛情表現の完全なる拒否である。人間関係という点では、クローンは自らのパートナーを客体物化する猟色家（トリック）という様相を呈し、彼らのパートナーの中には、ある種の肉体的特徴（サイズクイーン〔大きなペニスにのみ関心を抱くゲイ〕にとってのペニスのサイズ）に帰されてしまうものもあった。スカーフによる象徴の体系化はナンパ技術（クルージング）が、より快楽的なセクシュアリティのために、合理化されたことを示していた。[32] クローンは公共の場（公園、グローリーホール〔5〕つきのトイレ）や半公共の場（バー、クラブ、サウナ、バックルーム〔クラブやバーなどに併設されることのある部屋で、暗闇の中で性行為を行なうことができる〕）での、匿名の出会いを好み、しばしば多くのゲイよりも変化に富んだ性的活動を展開し、そこには、とくにドラッグ（ポッパー）の使用、集団での性行為、さらには通常では見られない性的行動（フィストファッキング〔肛門に手を挿入する性行為〕、尿性愛、ＢＤＳＭ[33]などが含まれる。このような状況においては、「ウケ《ボトム》」のパートナーが、「タチ《トップ》」のパートナーよりも「男性的」でないという捉え方はなされない。反対に、繰り返される過激な挿入行為を耐えることで、ウケは自らの男らしさの証を立てるのである（男らしく我慢する《トゥー・テイク・イット・ライク・ア・マン》）。男社会（軍隊、海軍、暗黒街、監獄、ヘルス・エンジェルス〔アメリカのオートバイクラブ。反体制活動によって知られる〕における特権であった、タトゥーやピアス（時には乳首、ペニス、会陰部などへの過激なものも）は、まずＳＭのサブカルチャーにおいて、芸術的でエロティシズムを煽る一形態として現れ、そのあとに一般へと広まったのである。

外部から見れば、クローンは新たな脅威を体現していた。それは猟色家という脅威であり、その一見したところ抑制のきかない過度の男らしさは、若者にとって、さらには社会全体にとっての危険を意味していた。こうした考え方は、エイズによってより一層強まった。同時にゲイコミュニティにおいても、批判が聞かれるようになった。性解放のシンボルであるかのように賞揚されたものの、クローンの生き方は同性愛サブカルチャーの商品化というプロセスに組み込まれ、それをまず享受したのは裕福な白人男性だった[34]。解放をもたらすどころか、ゲイ運動は新たな排除を生み出しかねなかった。そこでは、女性的過ぎるからとか、身体が十分に屈強でないからとか、老けすぎているからという理由で、新たな美的要件を満たせないものが排除されうるのである。ことにレザー愛好家（ＳＭ）は、同性愛コミュニティの内外において、クローンのなかでも、もっとも否定的な反応を引き起こした。ブーツや制服に魅了されていることで、彼らが、他の過度に男らしいゲイたちと比べても、ファシズムへ共感を抱いているのではないかと疑われたためである。イラストレーターのトム・オブ・フィンランド〔一九二〇―九一〕は、鍛え上げられた上半身と巨大化された性器を持つ、超男性の画集によって知られているが、彼はとくに攻撃の的となった[35]。とはいえ、マッチョ現象はゲイが異性愛規範的な決まりごとへ服従したということにはならない。クローンは異性愛者であると「思われよう」とはしなかったからである。彼らは伝統的な男らしさの印を取り込んで演出したが、まず男性を愛する男性であり、他の男性の欲望の対象であったのである。また、クローンのスタイルを選んだとしても、それは、多くの点で「ジェンダー・パフォーマンス[36]」と考えられるものに対して、意識的であるなしに関わらず、距離を置くことを妨げはしなかった。誇張して演じられることで、過度な男らしさは結局キャンプになったのである。マッチョ・ゲイは男性に変装した男性(37)、つまり「男装者」でしかなく、結局のところ非常にクィアだったのである。

3 暴力と排除

十九世紀から二十世紀にかけて、西洋において同性愛を処罰する法体系のほとんどが、男性同士の「反自然的行為」、特に肛門性交を対象としていた一方で、レズビアンが訴追されることは稀だった。肛門を用いた性的関係への不安は、宗教的(ソドム)のみならず衛生的(エイズによって一層強まった)、精神分析的(「肛門期」)な含意《コノテーション》を帯びていた。ギー・オッケンガム〔一九四六―八八。フランスの作家、同性愛活動家〕は次のように指摘している。「男根のみがアイデンティティを付与するのである。昇華されない肛門の社会的使用は、アイデンティティの消失というリスクを負うことになる。背後からみれば、我々はみな女性なのであり、肛門には両性の違いはないのである(38)」。未成年者との関係にはとくに注意が払われた。というのも、少年愛はしばしば小児性愛と同一視されたからである。同性愛は後天的なものと考えられていたがゆえに、年下の少年と性的関係を持つことは、「若者を堕落させる」一つの形態をなし、民族から男らしい力を奪い去ることで、その未来を脅かすとされていたのである。

一般社会を堕落させる見えざる敵として、同性愛者はつねによそものであった。フランスでは、二十世紀初頭、同性愛は「ドイツの悪徳」とされ、「性的倒錯者」は潜在的な裏切り者とされた。「女性的」でリバーシブル、卑怯でおしゃべりという、彼らの性質に固有と考えられていた欠陥をおしつけられ、同性愛者は、裏表のある立ち回りを好んだがゆえに、国家安全保障に対する大きな脅威とされていたのである。同性愛者は「悪徳のフリーメイソン」や、後には「ゲイ・ロビー」の一翼を担い、陰で行動し、メディアや外国でのビジネス、外交などに過度の影響力を保持していると疑われるのである。こうして、相手の性的指向がどうであれ、同性愛だという非難は、政敵の評判を落とすためによく用いられた。レオン・ブルム〔一八七二―一九五〇。フランスの政治家。一九三六年に成立した人民戦線内閣における首相〕は、一九三〇年代に極右の報道機関によって、女性的な顔つきの風刺画にされ、それは服従や狡猾や卑怯さを思わせる場面に描かれたのである。

同性愛と共産主義のあいだにあると考えられていた関わりも、同様に糾弾された。こうした糾弾は、一九二〇年代には、同性愛に関してソ連が表面上は寛容さを装っていたり、ドイツ共産党が同国において同性愛を処罰の対象から外すことを支持したりしたためにおこり、一九五〇年代には、マッカーシスムの吹き荒れるアメリカでもおこった。しかし、ソ連とそれに続くヨーロッパ各国の共産党は、一九三四年来、同性愛を「ファシスムによる倒錯」として非難していたのである。そのファシスムの側はというと、ハインリヒ・ヒムラー〔一九〇〇―四五。ナチス親衛隊の指導者〕が一九三七年二月十八日に、親衛隊の将校を前にして行なった演説[39]の中で、同性愛を人種の混血による結果とし、同性愛者とユダヤ人とを、両者とも「女性」の側へ追いやられたグループとして、直接関連づけていたのである。とはいっても、そこに二面性がなかったわけではない。ナチスムは、同性愛の男女を迫害しつつも、男らしい若者への賞揚に潜むエロティックな重みは、自らに有利になるように利用したのである。こうして、公然たる同性愛者のエルンスト・レーム〔一八八七―一九三四〕が隊長を務めていた突撃隊が、一九三四年六月の「長いナイフの夜」において、公には「腐敗」を取り除くために、粛正の対象となった一方で、ナチス政権は、アルノ・ブレーカー〔一九〇〇―九一。ドイツの彫刻家〕、ヨーゼフ・トーラク〔一八八九―一九五二。オーストリアに生まれ、ドイツで活躍した彫刻家〕、ゲオルグ・コルベ〔一八七七―一九四七。ドイツの彫刻家〕などの彫像や、レニ・リーフェンシュタール〔一九〇二―二〇〇三〕のプロパガンダ映画（「意志の勝利」、一九三四年。「オリンピア」、一九三六年）や、ハンス・シュタインホフ〔一八八二―一九四五〕の「ヒットラー青年」（一九三三年）のようなアクション映画を通じて、男性の肉体のエロティシズムを利用したのである。(40)

ナチスのケースが特異なものであることは明白であるが、ホモソーシャル文化は、実際のところ、同性愛的欲望が生じえるということに煩わされるのである。男女共学制が導入されるまで、寄宿舎はしばしば同性愛体験の格好の場と考えられた（エルンスト・フォン・ザロモン〔一九〇二―七二。ドイツの作家〕著、『カデット』、一九三三年。ロジェ・ペイルフィット〔一九〇七―二〇〇〇。フランスの作家〕著、『特別な友情』、一九四四年。アンリ・ド・モンテルラン〔一八九五―一九七二。フランスの作家。アカデミー会員〕著、『少年たち』、一九六九年）。今日においても、アメリカの男子学生社交クラブ《フラタニティ》や、ヨーロッパの高等教育機関や大学の中には、ストーム〔新入生などを対象として行なわれる馬鹿騒ぎ〕に性的演出が用いられることもある。同性愛というタブーを犯すことで、グループの絆が深められるのだが、そこでは、同性愛的な欲望が、グループ内部に少なくとも潜在的には存在することが認められると同時に、否定されるのである。同様の二面性はスポーツ界にも見られる。十九世紀来、スポーツは男性性、さらには好戦的な価値観を涵養する場であるかのように捉えられ、スポーツ能力と男らしさはしばしば結びつけられたため、先験的には、同性愛者は規範的な決まりごとが繰りかえされるスポーツ界から除外されているように思われる。学校では、フィールド上や更衣室で、スポーツ競技に失敗したものは「ホモ」と罵られる。そのため多くの若いゲイが、一見したところ敵対的で、そこでは自分のセクシュアリティを隠さなければならないと考えている環境に、入り込むことをためらうのである。(41) 他方では、ある種のスポーツは、運動の質と同時に美的な質に価値をおくため、「女性的」であるとして貶められることもあった。こうして、男性フィギュアスケートは、「男らしい」イメージを構築しようとし、そのためには一部の選手たちにレッテルをはることも辞さなかった。その中には、全米選手権で優勝したジョニー・ウィアー〔一九八四―〕のように、非常にクィアな演技が不快なコメントを呼び起こすことになった選手もいる。一流のスポーツ選手がカミングアウトをすること（飛び込みのオリンピック覇者であるアメリカ人のグレッグ・ローガニス〔一九六〇―〕、ウェールズのラグビー選手ガレス・トーマス〔一九七四―〕）は、それがキャリアの終焉を意味しかねないために（イギリス人サッカー選手のジャスティン・ファシャヌ〔一九六一―一九八〕は一九九八年に自殺した）、稀である。そのため、パリ・ゲイ・サッカークラブやゲイゲームズのような、代替的なクラブチームや競技会が増加したのである。一方で、ラグビー選手が裸体を披露する、「スタジアムの神々」のカレンダーのように、運動選手がますますエロティックになっていることは、スポーツ、ジェンダー、セクシュアリティが複雑な関係を持っていることを物語っている。逞しい肉体のスポーツ選手は同性愛的な幻想を抱かせ（ジョック〔アメリカで、スポーツに堪能な人気者を指す〕）、ボディビルへの情熱を養い（筋肉増強剤を使用するジム・クイーン〔ウエイトトレーニングに勤しむゲイ〕）、同時に集団競技（サッカー、ラグビーや格闘技（ボクシング）は、男性同士の接触、さらには男性的な優しさの発露に価値を見いだすため、ホモエロティックなイメージを保持している。サポーターの側にも同様の二面性が見られる。すなわち、スタンドでは同性愛嫌悪の罵詈雑言が沸き起こる一方で、観客はゲイ讃歌でもある、クイーンの「伝説のチャンピオン」や、グロリア・ゲイナー〔一九四九―〕の「恋のサバイバル」を歌い出すのである。

同性愛への恐怖は、ホモソーシャル文化に浸透している。すなわち、そうとは知らずに同性愛者と接触することと、そして同性愛者と考えられることへの恐怖である。それゆえ、疑いをそらすためにマッチョな振舞いを強調したり、さらには同性愛嫌悪的な暴力を激化させたりするのである。刑務所のケースは、意味深長である。ゲイ文化によって広く神話化されたように（ジャン・ジュネ監督、「愛の唄」、一九五〇年。トッド・ヘインズ〔一九六一―。アメリカの映画監督〕監督、「ポイズン」、一九九一年）、刑務所において同意に基づく同性愛関係が実現することはあるが、セクシュアリティは刑務所内の序列において、自らの居場所を確保したり（アメリカの刑務所におけるジョーカー〔タチをする者〕、パンク〔無理にウケをさせられる者〕、クイーン〔女性的なウケ〕）、ともに拘置されている者を「罰し」たり（「掘り役《ポワントゥール》」）、性的欲求不満を解決するための手段として用いられることもある。こうして、男たちの中には、繰り返されるレイプ行為の後に、「女性的」役割を担わされる者もあった。その一方で、タチ役をする者たちは同性愛者と考えられず、それどころか自らの男らしさを誇示することとなった[42]。男性間レイプは、映画（アラン・パーカー〔一九四四―。イギリスの映画監督〕監督、「ミッドナイト・エクスプレス」、一九七八年）やテレビ（「オズ」、「プリズン・ブレイク」）といったフィクションにおいて取り上げられることはあるが、滅多に告発されることはなく、刑務所内外においてタブーとされたままになっているのである。

このような緊張関係は、軍隊や船舶のように、男性同士のみで、ときには長期間生活をともにしなければならないような場所でも見られる。雑居生活のために生じかねないまぎらわしさを回避するために、「新兵」たちは兵営の共同寝室につくや、性的なからかいの的となるが、これも彼らの男らしさを試す方法なのである。司令官にとって、同性愛関係、特に将校と兵卒との関係を抑圧することは、規律や階級の序列の遵守を維持したり、嫉妬や別離による惨事を避ける必要性から、正当化されるのである。こうして、アメリカ軍は第二次世界大戦中、入隊時に同性愛者を探し出すためのテストを実施した。このテストは、女性的であるかどうかなどという基準に基づいており、信頼のおけるものではなかったが、戦争終末期には、こうして多くのゲイとレズビアンが、不名誉な「同性愛行為による除隊《ブルーディスチャージ》」によって除隊されたのである。アメリカ軍において、一九九三年から二〇一〇年まで施行されていた、「聞くな《ドント・アスク》、言うな《ドント・テル》」という規制は、同性愛について考えたり、口に出したりすることを不可能にしたが、それは同時にパラノイア的妄想を強めることとなった。その一方で、職業軍人の世界は、そこでの出会いの機会をもとめる同性愛者を、つねに魅了した。同時に植民地派遣軍は、本国においてスキャンダルに巻き込まれた男性たちにとって、しばしば避難の場として利用された。さらに、水兵などの軍人は、ゲイの想像において頻繁に表れる人物像である。制服の威光、タトゥーのエロティシズム、異国情緒漂う雰囲気は、しばしば金儲け目当ての誘惑、そして特にはサド・マゾ的な誘惑に、より一層のときめきを引き起こすこととなった（ジャン・ジュネ著、『ブレストの乱暴者』、一九四七年）。軍幹部によって厳しく罰せられたとはいえ、軍隊における売春行為は、十九世紀末に、ロンドン、パリ、トゥーロン、ベルリン、ハンブルクやニューヨークといった、ヨーロッパやアメリカの港湾や大都市において、同性愛サブカルチャーが成立したのと、同時期に生じたのである。

4　結婚、友情、社交性

ゲイサブカルチャーは、当然のことながら、多数派の文化に対する抵抗という観点から考えられていた。しかし、ゲイサブカルチャーはやはりそこから、男性支配といった諸相を模倣したため、ある種のまぎらわしさが生じることとなった。異性愛主義においては同性愛嫌悪と女性蔑視が結びつくことから、ゲイの利益と女性の利益の間に暗黙の一致があり、さらにはフェミニズム闘争と同性愛闘争とが、共通の社会参加であると、しばしば推測された。一九二〇年代のドイツにおける同性愛運動のいくつか、一九七〇年代初頭のゲイ解放戦線とＦＨＡＲ、一九八〇年代以降の対エイズに取り組む諸団体などにおいて、ゲイや、レズビアンやフェミニストは、共同戦線を張った。戦後のフランスにおけるフランソワーズ・ドーボンヌ〔一九二〇―二〇〇五。フランスの作家〕や、共産主義後のルーマニアにおけるヴェラ・クンペアヌ〔生年不明。ルーマニアの社会活動家〕のように、多くの異性愛者の女性が同性愛の闘争のために積極的に参加した。個人間の関係という点では、ある種のゲイと異性愛者の女性のあいだにある特別な絆は、多くの実例に裏付けられている。それは、大衆文化においてよく見られるように、女性のヒロインにすべてを打ち明けられ、感情面でのアドバイスができるゲイの友人といったような（ドラマ「セックス・アンド・ザ・シティー」、「ふたりは友達？ ウィル&グレイス」、映画「ベスト・フレンズ・ウエディング」）友情関係であったり、または、お互いへの魅了であったりする。すなわち、ゲイの側には、しばしば悲劇的な末路を辿ったスター（ジュディー・ガーランド〔一九二二―六九。アメリカの女優、歌手〕、マリリン・モンロー〔一九二六―六二〕、ダリダ〔一九三三―八七。エジプト生まれのフランスの歌手〕）への個人崇拝や同一視が見られるのに対し、女性の側にはゲイのセクシュアリティへの魅了や、ゲイとの同一視（「おこげ」、腐女子《スラシューズ》[43]）などがある。とはいえ、こうした関係が緊張を免れているというわけではない。男性同性愛文化にとっても、女性蔑視や男根中心主義は無縁ではないからである。一九七〇年代におきた、ゲイとレズビアンとの決裂は、攻撃的なまでに男性的と捉えられ、女性特有の要求を聞き入れることのできない文化に対する、レズビアン側の不満をよく表していた。フェミニストとの協調や、さらに先鋭化して、しばしば男女の混在を拒否し、自身が男性蔑視であることを免れなかった、レズビアン分離主義は、ある種のレズビアンの目には、このことが、同性愛者であり女性であると認められる唯一の手段だと映りえたのである。

　女性への愛情、父親になりたいという願望、社会への順応主義、性的指向の隠匿などのように、動機はさまざまであるが、多くのゲイやバイセクシャルは、人生のある時点において、異性愛カップルの関係を持ち、子供を授かったことがある。それにも関わらず、長きにわたって同性愛者に向けられた主たる非難は、種の生産という運命にあらがい、男性としての義務を果たさず、それによって人類を滅亡へ導くというものであった。それに対して、女性との結婚は、長いあいだ男性を同性愛から「治す」手段として考えられてきたが、こうした信仰は、たとえばイギリスのパキスタン系イスラム教徒の家庭のように、ある種の階層においてはいまだに存続している。[44]一九八〇年代以降[45]、同性愛パートナーシップや、同性婚や、同性愛者が親となることに関する議論において、偏見（同性愛と小児愛の同一視）や、宗教的（「婚姻の秘跡」）、人類学的（不可欠な「両性の相違」）、精神分析学的（「子供の利益」）性格をもつ、異性愛主義的論拠などが再び見られたが、このことは、伝統的な男性性の定義をゆるがし、同性愛の男らしさを再定義することに貢献した。男性同性愛者のセクシュアリティは、しばしば不特定多数のパートナー関係と結びつけられたが、同性愛者が両親となっている家庭へのアンケートやルポルタージュによって、ゲイカップルが大衆の目にとって一般的なものと映るようになった。こうした進化は、大衆文化においても見てとれる。テレビドラマは、より頻繁にゲイカップルを配役に組み込み（「シックス・フィート・アンダー」、「デスパレートな妻たち」）、なかには同性愛者の親をユーモラスに扱うことをためらわないものもある（「グリー」）。

同性愛者は今や、他の男性たちのように、親としての役割を要求しているが、同時にその意味は変化してきている。なぜなら彼らは、親としての役割が、生物学的血縁関係に限定されるのではなく、まず子供に対して負う責任と、日々の生活への参加に依拠することを示したからである。こうした論拠は、ゲイコミュニティを超えて反響をよんでいる。[46]実際、このことは一人親家庭や再構成された家庭において、まさに核心的な問題であるといえる。そこでは、親としての役割は、消え去ったり、複数の人々——特に実父と養父——に配分されたりして、大きく変化したのである。ゲイの父子関係は、子供を持ちたいという男性の欲求をより広く知らしめることにもなった。その反響は、「イクメン《ヌーヴォー・ペール》」や、離婚時の監護権をめぐる議論に参加した、マスキュリニスト団体などにも見てとれる。とはいえ、同性結婚と同性愛者が親となることには、ゲイやレズビアンのあいだでも意見が割れている。ある人たちは、同性愛の規範逸脱的な次元への裏切りと捉え、また別の人たちは、同性愛カップルが、家族モデルへのある種の同一化を表し、それによって正当性を獲得するとしても、それは家族モデルの異性愛主義的な基盤を問い直すことで、そのモデル自体を覆すことになるとしている。同性愛カップルは、非常に多くの形態で機能しえるが、平等主義的な様相を呈する傾向にあり、フェミニストによって擁護された共同親権や家事分担という考えを取り入れている。その意味では、同性愛パートナーシップは、家族の定義を塗り替え、そこへ伝統的な血縁関係や姻族関係におさまらない、友情と相互の契約によって結ばれた関係のネットワークを取り込むことに寄与しているのである(47)。

　実際のところ、ゲイの社会生活において友人、とくに同性の友人が非常に重要であることは、異性愛の男らしさのモデルと対照をなしている。大戦間の会員制ジェントルマン・クラブから、酒場やサッカースタジアム、さらに現代の「仲間」うちのパーティにいたるまで、男性間の友愛的な社交の場というのは、つねに設けられていたとはいえ、この男らしさのモデルによれば、結婚した男性は自らの家族に専心することになっていたのである(48)。逆に、友情、特に同性間の友情は、同性愛者の生活の本質をなしている。E・M・フォースターの小説の主人公で、タイトルにもなっているモーリスが、「生涯の友」を探していると認めるときのように、長いあいだ、友人という呼称は、セックスや恋愛のパートナーを婉曲に意味していた。しかし、親密な友人というよりもむしろ、昔の愛人を含む友人のグループが、同性愛の社交生活の中心となっている。多くのゲイにとって、これらの友人は家族の一員であり、さらには機能しない血族関係に取ってかわり、第二の家族を構成することもある。友人のネットワークは、大都市の孤立した男性を迎え入れることを容易にし、現代の同性愛サブカルチャーの確立に中心的な役割を果たした。一九七〇年代には友人グループは、ユートピアのように、平等で権力関係から解放されていると考えられ、ゲイたちにとって代替の社交モデルの一つ、すなわち、夫婦家族モデルと競合し、さらには取ってかわれるような、「無敵のコミュニティ」として推奨されたのである。エイズの流行によって、この支援と相互扶助の機能はより一層明確になり、病人への支援に特化したボランティア（エイド・バディー）などによって、制度化されるまでにいたった。かくして、病人へのケアを通して表現される、信用、愛着、厚情、精神的支えなど、一般的に女性的と考えられている長所が強調されることで、男性性の伝統的な表象が転倒されているのである。

5　ポストモダンの男性性

エイズは、ＨＩＶに感染した男性たちの、男らしさの認識に影響を及ぼした(50)。この病は、肉体を衰弱させ、精神的には過酷で、身体全体と自尊心を害するものと考えられている。コンドームは、性行為時の肉体的感覚を変えることで、不快な経験とされ、性的不能への恐れを引き起こした。この観点からは、全ての男性が同じ問題に直面していたといえるが、このリスクは、誘惑と性的パフォーマンスを結びつける、ゲイカルチャーにおいてはより身近に感じられている。若くて逞しい肉体が重視されるがゆえに、体重や筋肉の減少といった、疾病の症状がみられるＨＩＶ感染者は、自らが不適応であるという感情を強めるのである。スポーツをし、厳格な健康づくりをすることは、二重の役割を果たすこととなった。それはすなわち、病気に打ち勝つことと、性的欲望をそそる存在で居続けることである。実際、エイズによってゲイのセクシュアリティ全体が再定義されることとなった。セーフセックスを強調したことによって、同性愛男性のセクシュアリティにおいて、肛門性交が中心的な位置を占めていることが問い直されたのである。とはいえ、肛門性交がリスクのある行動であると定義されたことには、二面性が残る。なぜなら、このようなレッテルを貼られることで、肛門性交はより欲望をかきたてるものとなるからである。それゆえ、男らしさには、二つの矛盾する見方が相対することとなる。つまり一方では、コンドームを着用することで、責任をもつという選択があり、他方では、ベアバック（コンドームを使わない性関係）のような極限的な行動に価値を見いだしたり、さらには「陽性」の人々への連帯として、自発的に感染をはかったりして、危険を冒すということもある。

エイズ疾病は、同時に自らをどのように見せるかということを再定義する契機にもなった。一九八〇年代初頭には、クローンの生き方が非難され、若いゲイたちは、彼らから距離を置くことに腐心したが、男らしさの規範と決別することはなく、新たなモデルを選んだ。イギリスでは、一九五〇年代のロック文化に着想を得た、ロカビリーやスキンヘッドのサブカルチャーが、若い世代によって取り入れられ、彼らはそこから別のサイン（ドクターマーチン、リーバイス501、フライトジャケット、頭頂部を立ち上げたショートヘアー）を「こしらえ上げ」、新たなイメージを作りだした。[51] 異性愛的と考えられたこれらの若者サブカルチャーは、経済危機のただ中にあって、繁栄するアメリカのノスタルジックかつ理想化された男性性、すなわちマーロン・ブランド〔一九二四―二〇〇四。アメリカの俳優〕やジェームズ・ディーン〔一九三一―五五。アメリカの俳優〕風のアイドルたちにみられる男性性を演出した。こうしたアイドルたちは庶民階層出身だったので、労働者の愛人という幻想をよみがえらせ、自分の欲望の対象に似せた見た目を装う若者たちに、多くの出会いと誘惑のきっかけを与えることとなった。暴力的とされていたり、スキンヘッドの場合のように同性愛嫌悪や人種差別の疑惑が持たれるグループの格好を真似るときには、若いゲイたちは指標をかき乱すという、規範逸脱的なアプローチをとることとなった。ブロンスキ・ビートや、そのボーカルのジミー・ソマーヴィルによって広まった、この「キキ」と言われるスタイルは、しかしながら、ハウス音楽をかけるクラブや流行のバー、SMシーンからクィア活動家まで、さらに一部のレズビアンたちにも取り入れられるというように、形を変えつつ、すぐに新たな順応主義として認められることとなった。やがて、道ばたにたむろしたり都市の近郊に住む若者の流行から着想を得た、ストリート系ファッションが台頭することになったが、これもまた二面性を保持していた。一九八〇年代のレザー文化から生まれた、熊系といわれる人々は、若さや、体毛のなく逞しい身体、そして個性を失ったセックスを拒否し[52]、自らの成熟した年齢、ふくよかで毛深い身体、愛撫、友愛を賞揚した。彼らは、マッチョで疎外的なクローン文化と決別したが、ある種のサイン、特に労働者や木こりと言った服装のサインは取り入れ、より「真性」の男性性に沿うように、新たな意味づけをしようとしていた。しかし、この男性性とて反論を呼ぶものであった。二〇〇〇年代には、ゲイシーンが複数のサブカルチャーに細分化された。これらのサブカルチャーは互いに排他的というわけではなかった。同時に、化学薬品（ヴァイアグラ、「スペシャルK」（ケタイン）、GHB）に刺激され、極限的な性行為は一般化される傾向にあった。

「魔法にかかった時代」（一九七二―八二年〔ミシェル・スピノザ監督の同名の映画による。経口避妊薬が発売された一九七二年から、エイズが発見された一九八二年頃までの十年間を指す〕）は、ゲイポルノの黄金時代であった。アメリカではファルコンスタジオが、チェイス・ハンターのように、男らしく髭をはやしたスターを擁して君臨した。俳優たちは報酬を受け取っていたが、多くは自らの快楽のために出演していた。職業化にともない、ゲイポルノは人間味を失った。多くの俳優は異性愛者で、金銭的理由のためだけに、こうした映画に出演することを受諾するのであった（金の為のゲイ《ゲイ・フォー・ペイ》）[53]。同時に俳優たちの階層化が見られた。すなわち、頂点には「タチ」、さらには「異性愛者」とされたものがおり、下部には「ウケ」とされるものがいた。ただし、ウケの中には真のスターとして認められるものもいた（ジョーイ・ステファノ、ブレント・コリガン）。今日では、より多くの俳優が両方を演じている。インターネットによって、アマチュアビデオが増加し、ポルノの供給量は一気に増加した。かくして、ゲイポルノの指針も、より「身近」なものや、「現実的」な方向へ変化していった。このことは、一人または集団でマスターベーションをしたり、若い「異性愛者」にゲイセックスの快感を手ほどきしたりするビデオを提供しているサイトが、成功を収めていることからも見てとれる。白人の若く逞しい青年が製品の大半を占めているとはいえ、ポルノ業界は多くのニッチ市場を生み出した。アラブ人青年は、長いあいだゲイクラブへの入場を拒否されていたのだが、今やフランスのゲイポルノ界を狂喜させることとなった。彼らは、集合団地をうろつくごろつきのようなスタイルで、自らの男らしさの印を誇張したり（ステュディオ・シテブール、ジャン＝ノエル・ルネ・クレール監督の映画、剃り上げた頭と黒いタトゥーを入れた俳優のフランソワ・サガ）、異国情緒的な想像力を利用したり（ジャン＝ダニエル・カディノ監督、「ハーレム」、一九八四年）した。

　性の構造は、地政学的な変動を反映している。二十世紀初頭において、同性愛は特にアラブおよびアジアの植民地固有の悪徳という烙印を押され、植民地化された人々は女性的であるとされていた。マグレブの青少年たちは、植民地支配に頻出する人物像であり（アンドレ・ジッド著、『一粒の麦もし死なずば』、一九二六年）、こうした人物像はゲイの想像上から完全に消え去ったわけではないが（セバスティアン・リフシッツ〔一九六八―〕監督、「開かれた肉体」、一九九九年）、今では売春ツアーの増加によって、若いアジアの青年像と競合状態にある（フレデリック・ミッテラン〔一九四七—。フランスの作家、政治家〕著、『不道徳な人生』、二〇〇五年)。一九六〇年代には、性欲過剰のアルジェリア人が、「性倒錯」のド・ゴール〔一八九〇—一九七〇〕に売られたフランスを強姦しようとしているイメージを、極右勢力が作り上げた。[54] 一九七〇年代にはFHARの活動家が、「アラブの奴に、オカマを掘られ、ああ誇らしや、またヤろう」[55] という挑発をした。ジャン・ジュネは、ブラックパンサー党や、アルジェリア民族解放戦線や、パレスチナ人への支援を、自らの黒人やアラブ人青年への愛と結びつけた。しかしながら、異人種間の性的関係が散発的に評価されたからといって、白人同性愛者における人種差別や、黒人異性愛者における同性愛嫌悪という現実を覆い隠してよいわけではない。性別ならびにジェンダーの変数は、ここにいたって人種的変数と重なりあったり、食い違ったりするのである。黒人やアラブ人男性は、性的能力のために客体物化されているが、彼らは同時に、自己憎悪や、弄ばれたい、貶められたいという欲望を持つものに、探し求められているのである。アジア人の場合、同性愛は人種的なステレオタイプを強め、その結果アジア人は女性的であったり、変態であったり、脱性化された人となる。[56] 自分が同性愛者であるという意識をもつことは、自民族のコミュニティにおいて同性愛が非難されていたり、白人が多数を占めるゲイコミュニティとは違う基準によって同性愛が定義されていたりする場合、より一層難しい。かくして、今では文化変容によってその表象は変化しつつあるとはいえ、ラテンアメリカ人や、マグレブ人や、アンティル人においては、しばしば「ウケ」役をするものだけが、同性愛者として認識されているのである。

皮肉なことに、今日、同性愛と認識されるサインの中には異性愛者に取り入れられたものもある一方で、男らしさの規範は徐々に乱されているように思われる。この点において若者文化は大きな役割を果たした。すでに、一九五〇年代のイギリスにおいて、工場労働者から生まれたテディー・ボーイは、ゲイの服飾モードを取り入れることで、エスタブリッシュメント階級に対する反抗の印を作り上げた。一九六〇年代からは、モッズやヒッピーが、男性の長髪や、鮮やかな色彩や、花柄プリントを一般化することに貢献したが、彼らとて、しばしば「ホモ」と侮辱されていた。一九七〇年代からは、ディスコ、そして電子音楽のブームによって、ゲイとレズビアンはDJとともに音楽界や流行のクラブ（パラス、ヘヴン、クイーン）の中心的存在となった。今日では、両性具有が青少年サブカルチャーの中心を占めているが、それはアングロ＝サクソン（エモ）や、日本（漫画、ヴィジュアル系）[57]から着想を得ている。ゲイ文化の影響は、ゲイという枠を乗り越えて一般大衆に達している。下着のケースは、この点において意味深い[58]。カルヴァン・クラインの白ブリーフは、ブルース・ウェーバー〔一九四六―。アメリカの写真家〕とハーブ・リッツ〔一九五二―二〇〇二。アメリカの写真家〕による広告によって不朽のものとなり、一九八〇年代にはゲイから熱狂的に好まれる下着となったが、その後、ラッパーから可愛い系男子にいたるまでの若者全般に取り入れられた。男性誌は快活で肌を露にした女性を重視するが（『FHM』誌）、男性読者が同一化できるような、若く逞しい男性をグラビアに掲載することも、もはやためらいなく行なわれている（『メンズヘルス』誌[59]）。女性性の印を利用することで、メトロセクシャルは女性を、そしてしばしば男性をも魅了する。サッカー選手のデイヴィット・ベッカム〔一九七五―〕や、歌手のロビー・ウィリアムス〔一九七四―〕といった異性愛者の有名人は、こうしてゲイの間で人気を博しているのである。

R・W・コンネルが言うように、「ヘゲモニックな男性性に取って代わるものが持続的に存在するということは、ここ四半世紀で不可逆的に実現したことだが、これによって、男性性の戦略は全体にわたって再構成されることとなり、ジェンダーに反旗を翻すことは常に可能となったのである」[60]。しかしながら、この二十年来というもの、ゲイの存在を——レズビアンよりも頻繁に——メディアで目にすることが非常に増えたことは否定できないものの、その日和見主義的な面を考慮に入れる必要がある。すなわち、購買力の高いコミュニティを狙おうという企業の意図、しばしば流行を生み出すゲイカルチャーに対する広告関係者の関心、そして政治的に正しいイメージを作り上げることへの腐心である。「異なるタイプの男性性から取り入れた諸要素を、絶え間なく我がものとすることで、ヘゲモニックな連合体は自らを再構成し、新しい時代の情勢に適応することができる」[61]のである。こうして、相次いで異質な要素を取りこんだことで、男性性の概念自体も絶え間なく再定義されている。とはいえ、異性愛的男性性が、ゲイカルチャーに結びついた要素を我がものとしたことで、男性支配が問い直されたり、同性愛嫌悪の暴力が無くなったりしたわけではない。この点において典型的なのは、映画「ブロークバック・マウンテン」が、ヴェネツィア国際映画祭の金獅子賞に輝き、世界的にヒットしたことである。この男性間の恋愛ストーリーを、ワイオミング州の人里離れた場所に設定することで、アニー・プルー〔一九三五―。アメリカの小説家〕の短編小説を映画化したアン・リー〔一九五四―。台湾出身の映画監督〕は、ウエスタンという殊に男らしいジャンルの規範をかき乱し、そこに暗示されているホモエロティックな側面を白日のもとにさらした。[62]しかし同時に、この映画は時代の動向と共鳴していた。映画の中でジャックが衝動的に殺害されたことは、若きマシュー・シェパード〔一九七六―一九九八〕が一九九八年に、同じワイオミング州で、同性愛を理由に実際に殺害されたことに呼応していたのである。

訳注

〔1〕同性同士が（特に肛門）性交をする際の性的役割について、日本語では挿入する側をしばしば「男役」、

挿入される側を「女役」と称する。同性愛者たちの間では、前者を「タチ」、後者を「ネコ」または「ウケ」、両方を行なうものを「リバ」と呼ぶことが多い。そのため以下では、これらの呼称を用いる。

〔2〕Gayとは、もともと「明るく、楽しい」という意味の形容詞で、同性愛者を指す隠語となった。

〔3〕「押し入れ」を意味するクローゼットは、自らの性的指向を周囲に明かしていない状態を示す隠語である。

〔4〕キャンプとは、スーザン・ソンタグによって提唱された、人工的かつ誇張された表現を愛好する感受性のことである。

〔5〕グローリーホールとは、トイレやセックスクラブの個室間の壁に開けられた穴で、そこにペニスを差し込み、壁の向こう側にいる顔の見えない者が、フェラチオなどの性行為をする。

第5章

植民地および植民地以降《ポストコロニアル》の男らしさ

クリステル・タロー
（芦川智一訳）

男らしさの問題は一九一四年から再び、本国と植民地とで異なるものの、戦争という突発的な状況に大きく左右されることになる。第一次世界大戦は実際に、男らしさを産みだす「工場」であり、かつそれを華々しく示すための特権的な領域であった。これはヨーロッパでさえそうだったが、ほかに、植民地化された地域にさまざまな交戦国が開く戦場においても同様であった。こうしてフランスではこの特異な状況下で——かの有名な「ヤ・ボン・バナニア」〔1〕によって不滅のものとなった——「善良なる黒人《ボン・ノワール》」という人種に特徴づけられた人物像が形作られる。ヘラクレスのような怪力を備えるこの大きな子どもは教え導いてやらなければならないが、それでもその男らしい熱情と雄々しさが適切に用いられ、方向付けられることで、フランスの勝利に貢献することになった。腕力、活力、および——きわめて父権主義的ではあるがそれ以上に肯定的な意味において——「飼いならされた」男らしさをもつこの人物像は国家的なプロパガンダによって称揚されたが、のちに検討することになるように、十九世紀の植民地イデオロギーに由来する古くさいステレオタイプがそこについてまわることで一九二〇年代、および一九三〇年代のフランス社会においては急速に廃れてゆく。

1　フランスにおける男らしさと「人種」（一九二〇—五〇年）

突然、身近なものとなった「他者」についての議論が再び活況を呈するのはふたつの大戦のあいだのことである。戦争になるとすぐに、フランス本国には実際に、インドシナ人、北アフリカ〔マグレブ〕人、アフリカ人たちといった植民地帝国からの最初の労働者の波が押し寄せ、動員によって不足した働き手を補う。また、こうしたうねりのなかで、アルジェリアにおけるメッサリ・ハジや、インドシナにおけるホーチミンといった、植民地化に反対する最初の政治的闘士たち、また、エメ・セゼール、レオポール・セダール・サンゴール、およびレオン・

ゴントラン・ダマスのように、のちにネグリチュードの父となる帝国からの最初の留学生たちもやって来る。彼らがみな、本国の領土に、また休戦ののちの占領地域に駐留し続ける植民地人部隊に属する兵士たちと合流するのだ。男らしさの問題が浮上してくるのはしたがって、こうした混沌とした状況下でのことである。大戦の終結に続く快楽主義の熱狂のなかで、階級、性、および人種を隔てていた障壁に突如として亀裂が生じ、この障壁はより不安定で、より入り乱れた関係にその場を明け渡す。このことが、作家ポール・モランに以下のように言わせるのである。「今日では、風俗のボルシェビスム、肌のコミュニスムというわけだ」(1)。こうした狂乱の年月を徴《しる》しづけるのは、浮かれた祝祭意識と、これまでになかった経験をしようとする欲望として現れる快楽の追求であるが、この欲望が、「他者」にそのすべての場所を準備することになる。「よそ者」、「黒人」、「アラブ人」は、そのような次第で同時に街頭に、仕事の場に、人づきあい、および男女の性的な出会いの場に根を下ろす。彼らの存在はまた同時に、魅惑と反発とを引き起こしながら、想像的なものにも鋭く作用することになる。

一九二〇年代に、黒人レヴューがパリへ到来したことで、実際に植民地のもっとも早い時期における人種にまつわるステレオタイプを具現化する黒人の身体のイメージが蓄積されていった。パリの舞台を席巻したこの黒人アーティストの雑多な一群――このなかにはかの有名なジョゼフィーヌ・バケルの顔もあった――のなかでも、ハビブ・ベングリアの特異な人物像は際立っている(2)。ベングリアはその真の才能にもかかわらず、ナタリー・クートレが示すように、しばしばその「遺伝的な」活力を備えた黒く、筋肉質な身体、白熱するその性的魅力そのものとして描かれる。

彼は、その黒い裸体によって詩を創る［…］。俳優とはその頭脳、あるいは顔で演じるものだ。ベングリア氏はといえば筋肉で演じる。ベングリア氏については以下のように言うことができる。胸が語り、肩甲骨が叫ぶのだと。汗が彼の身体を浸し、そのブロンズ色のトルソをさらに輝かせる［…］。それは自身を彫刻とすることだ。それは肉体のなかに具現化された生命である。それは肉体の勝利である[3]。

ハビブ・ベングリアは、性的なものによって強く性格づけられて、しばしばこのために――同時代のほかの黒人アーティストたちと同様に――性における想像的な優越性そのものとして扱われる。こうして、このアーティストがその性器と緊密に結びつけられていたフォリー・ベルジェール座[4]において、一九二五年にショー『狂乱の一夜』のなかで彼が演じた「ジジ・マブーラ」という登場人物については以下のように語られる。

観衆はもはや彼のなかに黒人を見てはおらず、ただペニスを見る。黒人であることは隠されてしまう。彼はペニスへと姿を変える。彼はペニスである[5]。

このような「器官」を備えているために、「黒人」がさらに、「抑えがたく」、「獣のような」性の力、すべての女たち、とりわけ白人の女たち相手に是が非でも充たさなければならないこの力と同化されるのに驚くことは少しもない。この戦後の数年間に実際に、パリの黒人たちのダンスホールで「慎みのない」親密さをさらけ出す異人種カップルの[6]姿《フィギュール》が体現する、倫理、および人種にまつわる頽廃についての懸念が再燃する[7]。この時期から、とりわけ医学書のなかに、女たちが「〔植民地〕現地人の」、筋肉質で、「獣のような」、男らしさに溢れた身体に「夢中になって」いるという見解が目立つようになる。広範に流布したこうした考えは、しかしながら新奇なものというわけではなかった。というのも、十九世紀末にすでに、たとえばラスナヴェレス医師が以下のように書くことができたのだから。

もっとも男性的なアラブ人は、アンモニア性の臭気をもっていて、これが、特に神経の性質がとても敏感なヨーロッパの女性たちを、ヒステリーにも似た情愛を呼び覚ますほどにとらえるのだ。この臭いは、ご承知のことだろうが、特に精液が身体組織に吸収されることによるものである。エチオピア人の肌を黒くする分泌物は肝臓から供給され、そこから身体の全体に広がってゆく。この分泌物はまた、アラブ人、ムーア人、およびカビリー人において、ヨーロッパ人より豊富である。アラブ人においては胆汁質が支配的であり、このことが彼らを血気盛んで、かつ怒りやすい性格にしているのである。(8)

臭い、筋肉、腕力、活力、性的能力、こうしたものすべてがこぞって「他者」を――望むままに使うことができる――想像的な「性的対象」とし、また「性的動物」ともする。この動物との肉体交渉は、同時に「獣のようで」、「とてつもなく」、「怪物じみた」ものとなるであろうし、そうなることで必然的に例外的なものとなるであろう。このことによって、「黒人」は、しかしまた「アラブ人」も、性をめぐる競いあいのなかに組み込まれることになる。男たちのあいだで、再び必然的に男らしさの在りようである――性器のサイズ、全体としての身体の大きさ、および性の営みと、現実にせよ想像によるにせよ、女たちを性的に喜ばせる能力といったものが、同時に「文明」と男らしさを賭けて争われるのである。

性、および人種の入り混じる状況が引き起こす不安は、そもそも――この時期にはしばしば正当にも――「現地人」が、女たちを伴うことなく、男たちだけで戦闘に従事し、働き、あるいは学ぶためにフランスにやって来たものと見なす精神のなかによりいっそう現れる。二種類の男たち、すなわち本国のフランス人と「現地人」のあいだの男らしさの競いあいは、このときから、こうした状況によって激化するほかない。この状況は、さらに、性と植民地の伝統的な秩序を覆すものだ。すなわち、一八三〇年のアルジェリア征服以来、フランス、およびヨーロッパの男たちのために、特に植民地の統制主義を通じて「現地人」の女たちを独占することで、植民地という場において生じたものの対当《ア・コントラリオ》である。(9) こうした状況下で、現地人たちはある種の「性的捕食者」となり、その「倒錯的な」風俗と「獣のような」本能のために、自発的に、あるいは強制されて白人の女たちを専有するように仕向けられる。シャルル＝アンドレ・ジュリアンはこのことを、植民地モロッコの偉人であるタミ・エル・グラウイについて、以下のように詳述している。

> 彼の自尊心は、ヨーロッパ社会の女性たちを相手に成功したことによってより強化される。この女たちは、ハーレムの単調さを紛らわせ、彼は正当にも〔こうした女たちを〕軽蔑しさえした。(10)

そもそも、シャルル＝アンドレ・ジュリアンに言わせれば、このパシャ〔2〕が、「リドに、そして美しい娘たちのところに二歩で行けるように」とクラリッジに身を落ちつけていたのは周知のことである。こうした状況下で、エマニュエル・ブランシャールが一九五二年の日付をもつ刑事警察の報告書を引用するときに強調するように、法律上の婚姻であるかないかを問わず、異人種のカップルが、本国の行政当局からの中傷にさらされたのは、少しも驚くようなことではない。

相当数の北アフリカ出身の男たちがヨーロッパの女たちと生活を共にするようになった。多くの子どもたちがこうした法律外の結びつきから生まれ、初等クラスには小さな「アブダラ」や「モハメド」が見られるようになっている。ほぼいつでも、こうした同棲生活を受け入れた女たちは、肉体的、あるいは倫理的に蔑まれた。そのなかには地方から出て来た元女中たちが多くいた(11)。

性、および階級のあいだの関係と、人種のあいだの関係が緊密に結びつけられているために、性における異人種間の関係と——植民地の時代にはありふれたものであった——売春が同一視されるのにもはや驚くことはない(12)。こうして、フランスではこのとき、「現地人」の男たちのもとに通う女たちは必然として売春婦なのだと考えられ、またそう描かれるのが一般的であった。そして、こうした女たちは、支配的な女性らしさの規範にかなった「貞淑な女たち」の範疇からは事実上、排除された。しかし、限定的で特異なこの枠組みにおいて、異人種間の関係は、それでもなお、男らしさが賭けられる主要な争点のひとつであった。白人の女を性的に所有すること、いわんやまして、卑しい「商売」であるかのようにこうした女たちに金を払ってそうすることは、実際に、被植民者の男たちが支配関係を転倒させ、「彼らのやり方で」歴史を書きなおすことを可能にする。このことは、この時代のフランス、そしてフランス人にとっては大問題である。そうであるがゆえに本国、および植民地の行政当局は、売春に携わる人々も含めて、——とりわけ需要と供給の法則に結びつけられるもろもろの理由のために、うまくは行かなかったと言わざるをえないが——性について、人種を隔離するある種の措置を執ろうとした。その発想は、もちろん、植民地の秩序の維持という名目のもとで、ただ「現地人」の男たちだけが、性における異人種間の関係から排除されなければならないというものである。こうした状況はとくに、たとえば第二次世界大戦のあいだに、フランス軍が本国に設けた戦地娼館（ＢＭＣ〔= bordels militaires de campagne〕）の運営のなかに見ることができる。

2　第二次世界大戦における売春、性と男らしさ

一九四四年から一九四七年までのあいだ、この主題について本国および占領地域に駐留する北アフリカ人部隊において軍の優先すべき事項はきわめて明白である。

> 私にもたらされたいくつかの兆候から、つつしんで以下のように確信するに至ったことをご報告申し上げます。無秩序と規律の乱れの原因となることが懸念されるあらゆるものを排することで、現地人〔騎〕兵たちを占領任務(13)に適した状態に保つ倫理観を維持するために、いくつかの措置を講じることが急務であります。そのなかでも特に急を要すると思われるのが、ＢＭＣ、およびムーア式カフェを編成、ないし再編成することであります。

一九四五年七月一日に、モロッコ人部隊《タボール》第四部隊を指揮するパルランシュ中佐が、モロッコの現地人部隊《グーム》を統率するギョーム将軍に宛てた書簡にこう記している。(14)ギョーム将軍によれば、「戦闘が終結し、部隊により大きな休息が与えられる」ことで「不十分」になるモロッコタボール群（ＧＴＭ〔= Groupe de Tabors Marocains〕）のためのＢＭＣの要員を増やすように軍当局は促されるはずである。彼にいわせれば、「禁欲的とは言いがたい習俗を

もつベルベル人の出が大部分を占める」現地人〔騎〕兵に「何カ月ものあいだ、完全な禁欲のもとで」生きることを求めるなど問題外なのである。ＢＭＣの要員を増やすことは、その上、「この国において起こりうる性的暴行や、その企てを一時的に抑える最善の手段[15]」であり、そのことでヨーロッパの、ひいてはフランスの威信が守られる。パルランシュ中佐は実際に、「ヨーロッパの女たちをわれわれの現地人〔騎〕兵たちの意のままさせるのは時宜を得ない愚策である」と考えている。共同体をまたいだ売春についての人種にまつわるこうした解釈は、（少なくともそれが白人女性に関わるときには）不意打ちのような仕方でヨーロッパにおけるフランスの植民状況を再び浮かび上がらせるが、軍首脳部と政治家たちには広く共有されていたように思われる。こうした解釈がそもそも、本国の領土に駐留するあらゆる北アフリカ人部隊のためにＢＭＣを設けることを目指す均質で一般化された政策の実現を促すのである。軍（モロッコ駐留軍上級総司令官、チュニジア駐留軍上級司令官、軍参謀本部のアフリカ担当次官）、および政府（首相、国防相）の最上層部に宛てられた、一九四七年五月二十四日付の部外秘の書簡のなかで、陸軍相は、こうした戦地娼館の設置の手順についてその詳細を記している[16]。各地の仲介人のもと、北アフリカの軍司令部の権限で従順な娘たちを雇い入れ、それから、娘たちは〔どこに赴くかが〕明確に記された派遣命令によって、対応する本国の軍管区へと送られるというものである。

　北アフリカ人諸部隊のあいだにおける要員の不均衡――モロッコ人ＢＭＣ二十一箇所（女性二百十五人）、アルジェリア人ＢＭＣ九箇所（女性七五人）に対してチュニジア人ＢＭＣは二箇所のみ（女性十人）――および、（モロッコ人兵士に対してはモロッコ人の売春婦という）国籍を基準として売春を隔離する計画を別にすれば、とりわけ問題となるのは、全体として、部隊の要員に対して従事する娘たちの比率が少ないことである。大部分の場合において、実際に（ひとりの女性に対して百人の男性という）この比率は、売春婦たちが強いられている効率性の問題について十分に正確な理解を与え、また、彼女たちからの搾取の実態をはっきりと明らかにする。「あらゆる現地人部隊の指揮官は、特別な娼館、すなわちその『商品』が現地人の女性であるような娼館が、自らが管轄する駐留地域に設置されることを望んでいる」と、すでに一九三九年六月にベリュイエ大尉は書いていた。(17)軍当局が、従事する「現地人の」娘たちを本国に「輸入」するのは、したがって異論の余地なく、売春婦たちが部隊の男たちにとって、彼らを生まれた土地に結びつける肉体的な縁《よすが》となることで、彼らが「なじみのない環境におかれている」と感じないようにするためである。しかしそれはまた、そしておそらくはとりわけ――ここまでで言われたことと矛盾することはないが――ひと度、彼らが故国に帰ったときに、たとえ売春婦であったとしてもフランス人女性と関係を持ったことを「誇る」ことのないようにするためである。われわれはそこで、一九四〇年代の状況についての報告を読むことを通じて、フランスおよび植民地社会の本質的なふたつの構成要素(本国のフランス人あるいは本国ないしヨーロッパ出身のフランス人と、「現地人」)を隔てている距離を測ることになる。ここから見えてくるのは、とりわけ、軍を対象とした共同体をまたいだ売春が直面する信じがたいほどの対応のちがいである。北アフリカにおいて、またより一般的には植民地空間全体において、売春に従事する「現地人の」娘たちによって、フランス軍兵士たちの性の規律を保つことに関わるときには、その売春は広く普及するが、本国の領土、あるいはフランスの支配下にある占領地域に駐留する植民地の現地人兵士に供されるときには、それは、白人女性、および彼女らが属し、彼女らが構成する社会の真の零落の徴《しるし》となる。(18)

こうした理由で、フランス軍兵士たちは、ある者たちと他の者たちが男として女たちを互いに所有しあうという、男たちによる植民地支配のうちでもっとも関心を引く臨界状況のひとつに光をあてる。仲間のあいだでの「女性の共有」とは、男たちのあいだでは実際にいつでも、対等であることの確認に関わっている。ところで、一九三九年から一九四五年のあいだの戦争〔第二次世界大戦〕は、この非対称性の原則をはっきりとかつてないものにした。[19] たとえば、二〇〇六年にフランスで劇場公開されたラシード・ブーシャレブの監督作品「デイズ・オブ・グローリー」〔3〕では、売春以外の場における性の混交関係の問題が中心的なテーマとして描かれている。モロッコにおいて現地人〔騎〕兵の徴用が行なわれていた一九四三年——これが映画の最初の場面のひとつなのだが——に、本国生まれの士官が、馬上から、彼の前に集められた「現地人」たちに対して、実際に以下のように話す。

諸君ら、山の民《レ・ザイ・トゥセルシェム》がフランス軍におけるもっともすぐれた戦闘員であることをわたしは知っている。諸君らは、ベルベル人のほかのあらゆる部族にまさっていることを示すだろう。今、注意してほしい。敵側の領土において、士官クラスの略奪行為は許される。しかし、女たちに触れてはならない。さもなければ、諸君らは銃殺刑に処されることとなろう。そして、フランスにおいて略奪行為をしてはならない。そこはわれわれの家であり、母なる祖国なのだ。

こうした男たちが一九四三年に従軍して以降、原則的にはそのような次第で、彼らにとっての構造的な不均衡が生じる。まずは、彼らに課されたヨーロッパ人、およびフランス人の女たちと性的、ないし愛情関係をもつことの禁止によって表される不均衡である。しかしながら、フランスおよびヨーロッパの領土の解放の諸条件が、一九四四年九月十七日付の軍の文書が示すように、たちまちこのような禁止の限界を示す。

われわれのうちのイスラム系兵士たちは、あらゆる町や村において、感じのよい多くの娘たちを見出した。

しばしば、かなり進んだものとなるこうした接触は、それに続いた手紙のやり取りが証すように、必ずや北アフリカ出身のイスラム系兵士たちがフランス人女性に対してもっていたイメージを変えることになるであろう。このことにわれわれの威厳は脅かされており、またこうした現地人たちは、北アフリカに戻ってから、容易に手に入る女たちに対する彼らの成功を語ることになるであろうし、彼らの自尊心はより大きくなり、彼らの精神状態はその名残りを強くとどめることになろう。[20]

「デイズ・オブ・グローリー」はまた、登場する男たちのあいだに生じる、しばしばきわめて複雑なものとなるその関係を通じて男らしさの問題に導いてゆく。こうした観点から見ると、この問題をめぐって第二次世界大戦のあいだにまさしく何が行なわれたかを、作品のなかで並行して描かれる事例を通じて理解し、分析するために男たちのあいだの相互作用の三つの型をクローズアップすることができるように思われる。この相互作用の第一のものは、――一九四二年から一九四五年までのあいだに十七万五千人が動員された――アルジェリア生まれのフランス人たちが本国の同胞たちともった関係と関わる。作品のなかで鍵となる多くの場面で、われわれは後者が、いかなる仕方においても、前者を対等には見ていないことを理解する。この状況が、こうしたアルジェリア生まれのフランス人たち――ここでは、マルティネス軍曹という人物によって表現されている――の裡《うち》に二重のフラストレーションを育むことになる。その第一のものは、たとえ彼らの愛国心が疑われることはないにしても、「ほかの者たちと同じく」フランス人と見なされないことへの不満。そして、その延長線上で、多くの者たちの心のなかでアフリカと、またアフリカ人と同一視され、その結果として現地人兵士の地位に追いやられることへの不満である。こうして、このことをきわめて明快に示している場面のひとつで、マルティネス軍曹は、休暇の許可を得て発つ本国生まれの若い兵士と傷つけられたその誇りと威厳を取り戻すために殴り合いを演じる。ふたりの男のあいだの諍《いさか》いは、男らしさの競いあいに勝つマルティネスのことば、および身体的暴力に支配されるが、それは実のところ、こうした状況の直接の産物である。これは、マルティネスが植民地化された世界と同一視されることによって、部下である「現地人」兵士たちに対しても男としての地位を失う危険をおかすことなしには受け入れることができない状況である。

この作品が描く、ここでわれわれの関心を惹きつける二番目の相互作用は、北アフリカの内陸部で雇い入れられた文盲のアルジェリア人であるサイードと、マルティネス軍曹の関係に関わる。父権的と言わないとすれば、とても父性愛的なこの関係は——植民地の状況という観点から見れば明らかにきわめて古典的なものであるが——、しかしながら、作品が進むにつれて絶えず複雑なものとなっていく。極端なまでにお互いに執着し、ある種の同胞意識と明確な共犯関係を共有したままで、何よりもこのふたりは寄り添って、一九四四年十一月にヴォージュ県で死ぬことになる。この「特別な友情」は、にもかかわらず、サイードに対しては問いを投げかけずにおかない。というのも、この友情は、彼ら以外の「現地人」兵士の目から見れば、伝統的な男らしさのもろもろの規範とは相容れないものであるからだ。サイードは実際に、マルティネスの個人的な世話をする。彼はマルティネスの汚れものを洗い、彼にお茶を運ぶ……これらは、兵営の仲間たちからは女のすることと見なされている。サイードは、何より仲間たちから「アイーシャ」というあだ名で呼ばれていた。このことははっきりと、サイードがマルティネスと「自然の摂理に反した」関係をもっているかもしれないということをほのめかしている。これはきわめて重大な告発で、われわれにもそうではないかと思われる。サイードはそこでなお、きわめて暴力的な場面において、仲間のひとりであるメサウードの喉を掻き切ることで、真の男としての地位を取り戻そうとする。彼にとって、そのあとではもはや決して否定されることのないその地位を。

いよいよ、作品を構造づける男同士の相互作用の最後のものとなるのは、アブデルカデル伍長とマルティネス軍曹のあいだのそれである。この関係は北アフリカ系のフランス人とアルジェリアのフランス人を結びつけている古典的な諸規則に従って始まる。マルティネスは、アブデルカデルを叩き上げの兵士にしたもろもろの理由について訝しみ、その戦闘能力について疑念を抱く。しかしながら、アブデルカデル伍長は一九四四年に、モンテ・カッシーノにおいて、その実地訓練が――彼の部下たちの大部分と同様に――最低限のものであるにもかかわらず、見事にその勇猛さを証明してみせた。それから、作品が続くあいだずっと、伍長の男らしさはフランスに対するその忠誠心のなかで、しかしまた――そして、これと結びついているものではあるが――平等主義的な法律至上主義のなかで描かれることになる。彼は、そうすることが可能になる度に――とりわけマルティネスに対して――彼がフランス軍の戦闘員であり、共和国の理想のために戦っていることを思い起こさせる。ヴォージュにおいて、彼がサイードとマルティネスとともにパトロールに出ているときに、マルティネスと伍長を対立させる諍いが起きるが、これは、彼らを対立させる男同士の競争関係の特徴をとても良く示している。ドイツ軍は実際に、彼ら、イスラム系の兵士たちにフランス軍からの離脱を呼びかけるアラビア語のビラを撒くが、これは「アフリカ独立の鐘が鳴り響いた」という一文で終わる。このビラについてどう思うかマルティネスに「腹を割って」問われたアブデルカデルは答える。「ド・ゴール将軍は言いました。われわれは自由への信仰のために戦っていると。そして私についていえば、フランスの傍らでナチズムと戦っているのです」。彼のことば、彼が自らの考えを語るその仕方、そしてマルティネスの瞳のなかで釘づけにされたその眼差しは、彼らのあいだに生じているものについていかなる疑いも起こさせることはない……。このふたりの男のあいだの男らしさの競いあいは何よりも、別の場面に、許しの瞬間にその絶頂を見いだすことになる。そのとき、アブデルカデルは「現地人の」仲間たち——北アフリカ人の狙撃兵と騎兵、セネガル狙撃兵——に対して、自由、平等、博愛の名のもとに熱弁をふるいはじめる。「われわれはフランスの運命を変えようとしているのだ。今こそ、われわれにとっても変化のときである……」。これは、マルティネスの「マグレブ人は命令を下すものではない」という言葉によって遮られる。アブデルカデルは答える。「いつかそうなります、伍長殿。いえ、軍曹殿」。ことばの上での小競り合いはそのとき身体的な決闘と化す。ふたりの男は狂ったように殴りあう。のちに植民地の人々自身によって行われることになる戦闘を予見させる戦いである。

実際に、戦争の灰燼から再生する男たちのフランスに、(21) 一九四四年に起きたティアロワの虐殺、および一九四五年五月に起きたセティフとゲルマのそれによって、また一九四六年のインドシナ戦争の勃発、および一九四七年のマダガスカルでの蜂起によって、アブデルカデル伍長のように植民地の人々が、声高に、そして力強く彼らの男としての地位を要求する男たちの帝国が加わるのである。(22)

3 帝国への回帰——男らしさ、植民地化とナショナリズム

一九二〇年代に始まり、一九五〇年代から六〇年代にかけての脱植民地化に向けた紛争が起こるまでのあいだに、男たちのふたつの社会は実際に、植民地帝国のなかで再び対峙する状態となる。このときから、民間人であるにせよ軍人であるにせよ、ある種の男たちが植民地の統治権力の傍らで第一次世界大戦に続く時代の産物である新たな男らしさのひとつの理想を体現する。一九一四年から一九一八年のあいだの短い小休止ののちに再び、政治的、人種的かつ疫病学的に危険と見なされていた大勢の「現地人」に対するために、征服および平定のため

の兵士とは別の兵士が現れる。すなわち、植民地化に携わる医師たち、とりわけ一九二〇年代から一九五〇年代にかけての「開拓」の時代の、卓越した男らしさをもつ男である。一九一一年にすでに、バテレル医師がその人物像を以下のように描いている。

彼はいつでも変わらぬ若々しい顔つきを示している。年月はそこに、その印を刻むことができなかった。その髪と髭は見事な黒色を保っており、わずかに幾筋かが銀色に染まる。その目は眼鏡の奥で、目を見張るような活力をたたえている。彼が歩くところをご覧あれ、あらゆる湾曲を免れた、そのまっすぐな姿勢を、その軽やかな歩みを、仕事をやり遂げるためのとてつもない勤勉さを。(23)

フランスによる「文明化の使命」は、したがって、ある男の両手のなかにあることになる。この男の本質的な特質は、植民地における諸々の規範のなかでは活力にみちた若さおよび頑健な健康であり、そこに肉体と精神の強さ、男らしさ、愛国心と犠牲の精神が加えられる。かくして、エドゥアール・セラが『モロッコにおける衛生学、医学および外科学、あるいはモロッコにおけるフランスの医療活動』をまとめるとき、彼はわざわざ以下のように書くのである。

医師たちと医療チームは賛歌、あるいは賛辞を引き起こすばかりである。彼らは、倦むことなく働く。計算も、自己愛もなく、ジャン・ジョレスが、「モロッコの平穏なる征服」(24)と呼ぶところのものへの疲れを知らぬ静かな献身をもって。そして、彼らにはそれだけで十分なのである。

これは、リオテ提督が、一九二六年にブリュッセルで開かれた医学デー《ジュールネ・メディカル》における集まりのなかで認めているところのものでもある。

［…］もちろん、植民地の拡大にはその厳しさがある、それはもちろんのこと、非難を免れず、欠陥を免れないが、これに品格を与える何ものかがあるとすれば、それは宣教の使命や使徒の職務にも似た医師の活動である。［…］

一八三〇年から医師たちは実際、植民地化された社会に由来する見えざる敵との真の戦争を遂行する。そもそも、すでにきわめて象徴的にも「植民地との関係における本国の衛生上の防衛」と題された一九〇三年の日付をもつ医学パンフレットのなかで、グランジュクス医師が、軍医は「倦むことのない歩哨であり、決して眠ることもなく、決して疫病という敵のなすがままにはさせない。この歩哨たちは、敵が正体を隠している何らかの仮面の下にそれを見つけ出すのである(25)」と述べていた。軍医にせよ民間の医師にせよ、彼らは十九世紀末においても二十世紀の初頭と同じように、人々がそうあることを夢見たような植民地およびフランスにおける男の原型であり、したがって、同時に海外におけるフランスの植民地事業における宣教の徒でもあり、また殉教者でもあった(26)。そもそも一般的には、すべての植民地当局の人員はフランスの国家、およびその植民地の威信が拠って立つ男らしさの理想を代表するものとみなされている。これは抑圧的でまた強制力をもつひとつの理想であった。というのは原住民〔に適用される〕法 code de l'indigénat が一九一八年に廃止されなかったからで、〔この理想は〕警察官および軍人、とりわけ外人部隊兵とパラシュート兵であるがこの双子の形象によって象徴されていた。植民地化された空間において、世界大戦、一九二〇年代、そしてナショナリズムのはじまりによって揺さぶられた植民地の秩序を再建する役割を負わされて、後者〔外人部隊兵とパラシュート兵〕は独立に至るまで、植民地支配の問題をもっとも顕著に体現するもののひとつとなってゆく。彼らは実際に、フランスによる「文明化の使命」へのすぐれた意識と、植民地化された世界に由来する徐々に急進的なものとなってゆく抵抗に直面して、武力によってしか維持することのできない植民地の秩序の現実のあいだで引き裂かれてゆく。オーギュスタン・ベルナールはゆえに、一九三五年に、『北アフリカの危機』のなかでこう書きえたのである。

われわれの不安、われわれのためらい、われわれの矛盾が、われわれにその威厳を失わせた。もはやフランス人に対する敬意はない。ここで、わたしはリオテ提督の以下のことばを引いておきたい。「命令を下すべき者が命令するように、従うべき者が従うように。」もし現地人たちが、もはやわれわれに従おうとしないのだとすれば、それはもはやわれわれが命令を下すことができないということだ。

この指揮権の危機はしたがって、われわれがよく知るように、男らしさの問題と強く結びついている。というのも、それはまさに政府の、および植民地の分断に集合的に責任があるとされた人々の弱腰と戦うことであるのだから。一九三七年にモロッコを訪れたポール・ラマディエとノゲース将軍は、こうして、敵意にみちた抗議行動の参加者たちによってマラケシュの街に迎えられる。『フィガロ』紙の論説員であった、ウラディミール・ドルメソンは、このときの状況を以下のような表現で要約する。

真実はといえば、イスラム世界全体においてわれわれの威信と威厳が弱体化したということなのだ。これらの群衆の目には、ただひとつのことだけが重要になる。すなわち、力と、触知できる仕方でそれを示すことである。知性によるもっとも妥当と思われる解決さえ弱さを認めることと解釈される。[27]

フランス政府がその植民地、保護領、委任統治領において――一九二一年から一九二六年まで、〔モロッコ北部の山岳地帯である〕リフ地方でアブデルクリム・エル・カタビによって遂行された脱植民地化紛争の先駆けのひとつであった戦争を範として――ときに厳しく問い直されるとすれば、それは、その権力を保持している者たちに対しても同様である。レジス・ヴァルニエの映画「インドシナ」[28]では、主人公であるジャン＝バチスト・ル・グエンは、一九三〇年代の初頭、サイゴンに駐在しており、植民地のフランス人の愚鈍化と堕落をクローズアップする。彼がアヘンの密売に関与していることが疑われるサンパン〔中国、ベトナムの港湾で使われる小舟〕の破壊をめぐってその部下と対立する場面で、ル・グエン中尉は激昂してこう言う。

お前はすでにここに一年いる、シャルル＝アンリ。一年かけて彼らはお前を呆けさせ、砂糖漬けにして、空っぽにした……。お前の目はすでに虚ろに、ここの人間の目に、垢まみれの阿片窟の奥で敷藁に横たわっている男たちの目になっている。あともう少しでこの国はお前を完全にだめにしてしまうだろう。

〔サンパンの〕乗員たちが溺れ死んで終わりになりかねない「フランスの勝利」の取るに足りなさを指摘し、非難する部下に対して、ジャン＝バチスト・ル・グエンは以下のように答える。

わたしは規則に従ったのだ。わたしはお前を甘やかし、寛大に、仁徳を以って接している。お前はわたしの父のようだ。父はいつでも同じことを言っていた。流されるままに生きろと。自分の気性にしたがって生きろと。そして父は、その情熱、その狂気になされるがままになって消えていった……父は周囲に不幸の種を蒔いていた。わたしは決してあの男のようにはならない。わたしは自分を保ちたいのだ……何人もわたしの頭のなかにあるものを奪うことはできないだろう……永遠のアジアにさえそれはできない……

これに対して、ルイ＝フェルディナン・セリーヌは、一九三二年に『夜の果てへの旅』のなかで、フランス領西アフリカにおける男同士のつきあいの場に氷が入ってきたことに、フォール・ゴノ——ブラガマンスの首都で、主人公であるフェルディナン・バルダミュが流れついたところ——の軍人たちの軟弱化、そしてその結果としての植民地化の敗北の責任を帰している。

五時頃になると、アペリティフやリキュールのまわりに軍人たちが増えていった。その値段は、私が着いたころに、ちょうど上がったばかりだった。客たちの代表は、ビストロが〔小グラスの〕パスティスおよびカシスの流通価格を意のままに決めることを禁じる決定を下すように総督に請願しようとしていた。何人かの常連客によれば、われわれの植民地化の事業は、氷のせいで段々と苦痛にみちたものとなっていた。氷が植民地に入ってきたことは事実として、入植者たちが男らしさを失っていくことの徴《しるし》となっていた。今後は、冷えたアペリティフにしゃぶりつくことに慣れて、彼、すなわち入植者は、気候をその意志《ストイシズム》の力のみによって支配することを放棄するにちがいなかった。フェデルブ[4]、スタンレー[5]、マルシャン[6]たちは、ついでに指摘しておけば、何年ものあいだ不平ひとついわずに飲んできたビール、ワイン、そして生温い泥まじりの水をありがたいものとしか考えていなかったのだ。すべてはそこにある。このことこそが、われわれがいかにして植民地を失っていくかを示している[29]。

したがって、ルイ＝フェルディナン・セリーヌにとって、このシステムそれ自身が拠って立つところの男らしさの理想が零落してゆくのを象徴しているのは物質的な快適さである。入植者たちは、植民地の人々と同様に、植民地における生活の至福のために自らを「眠らせるがまま」にしていた。彼らはそこで快楽主義の文化を開発し、それは彼らを怠惰にし、また女性的にもした。彼らは、もろもろの快楽、すなわち人工的、性的な快楽はもちろん[30]、しかしまた太陽の、海岸の、午後の終りのカフェでのアペリティフの、晩のスペクタクルの、その他もろもろの快楽の追求に集中する「植民地的な生活様式《コロニアル・ウェイ・オブ・ライフ》」と引きかえに、「生への戦い」を放棄した。この生活様式は、あるひとつの世界の全体であり、空間と時間を超えたある仕方で、固有の場、固有の規範《コード》、固有の登場人物をもつ。しかしながら、極端なまでに多様化したこの植民地の社会において、断固として男らしさという構成要素が幅を利かせている——何人かの偉大な人物を輩出したピエ・ノワールの世界がその典型で、たとえば「カサブランカの爆撃手」とも呼ばれるマルセル・セルダンは、一九四八年九月二十一日にボクシングのミドル級世界チャンピオンになり、自身も彼に劣らず有名なポピュラー歌手であるエディット・ピアフの恋人であったことでも知られている——。この男らしさは、セリーヌが上手く要約している十九世紀的な男らしさの理想、本国でも植民地においてと同様に消滅の途上にある理想と、また、「進化した」ものとされる、第一次世界大戦のあとの現代的でナショナリズム的な様式に従って再構築される「現地人の」男らしさと、その両方に同時に対立している。男たちのふたつのカテゴリーのあいだにおける男らしさの競いあいは――軍隊において、スポーツクラブにおいて、娼館で彼らが征服しようとする娘たちに対して、西洋風の優雅さがエスカレートしてゆくなかで――、一九二〇年代から一九五〇年代にかけてほぼあらゆるところで多様化してゆく。

こうした競いあいはすぐに、政治的な対立のなかに堆積してゆき、フランツ・ファノンが『地に呪われたる者たち』のなかで巧みに解説しているように、「男たちの別のカテゴリーへのおき換え」[31]に向かうことになる。このおき換えは、まさしく男らしさの理想の名のもとに必要なものとされる。というのも、まずは被植民者の男たちを未成年者や女性たちと同等のものとして扱い、結果として脱男性化する原住民法によって、彼らは男性のカテゴリーからは除外され、これが一九四六年に廃止されたのちも、帝国の多少なりと至るところに見ることのできる下級市民の名のもとにそこから排除されたままである。この男らしさの明確な否定に対して、被植民者たちがふたつの世界大戦のあいだ、またインドシナ戦争のさなかのディエン・ビエン・フーにおいてこれを広く証し立てたにもかかわらず、そして市民階級への上昇と不可分の多額の血の税〔兵役〕を支払ったにもかかわらず、この否定に対する反発は、ホーチミン（ベトナム）、メサリ・ハジ（アルジェリア）、ハビーブ・ブールギバ（チュニジア）、モハメド・ビン・ユセフ（モロッコ）[32]、リュバン・ウム・ニオベ（カメルーン）、セク・トゥーレ（ギニア）といったナショナリズムの偉大な指導者たちの政治行動が明瞭に示しているように、大部分がその男らしさのあり方の上に構築されることになる。彼らのすべてが実際に、それぞれの政治的計画がどのようなものであれ、声、身体、存在感、――綿密に仕上げられた――外見といった驚くべきカリスマ性を備えることで、この時代の「現地人の」あらゆる男らしさを体現している。(33) 何人かのフランスの政治家は、帝国のなかで生じつつある転倒がいかなる性質のものであるかをよく理解していた。こうしてド・ゴール将軍は、一九四九年五月二十九日に行なわれた、インドシナにおいてフランスが遂行している戦争についてのプレスとの会見において以下のように説明する。「インドシナにおいてもっとも優先されることは、そこで軍事情勢を立て直すことである〔…〕。フランスには、男による政治体制が必要である」。これはまた、より婉曲的でないある仕方で、フランスの在チュニジア行政長官であったジャン・ドゥ・オートクロックが、一九五一年に、「チュニジアにおける出来ごと」について、共和国大統領ヴァンサン・オリオールに訴えかけたときに語ったことである。「われわれはこれまで弱く勃起してきました。今や、われわれは固く勃起しなければなりません」。

「固く勃起する」これはまた、少なくとも第二次世界大戦の終結以来、被植民者たちの目指すところでもある。(34) これは以下のことを説明してくれる。つまり、脱植民地化は一九四六年からフランスの植民地帝国で始まったが、これが男らしさを強く示す現象となるということである。たとえば、ディエン・ビエン・フーの戦いにおいては、ベトナム側がザップ将軍〔7〕の手腕、およびベトミン〔ベトナム独立同盟〕の部隊によって勝利を収めたが、しかしそこでは、のちに「盆地の」英雄たちのひとりとなるマルセル・ビジャール中佐をはじめとしたフランス軍兵士の英雄的ともいえる抵抗が、戦闘におけるあらゆる激しい男らしさを示している。このことはもちろん、アルジェリア戦争においては、フランスの側（正規軍、アラブ人現地補充兵《アルキ》と秘密軍事組織ＯＡＳ〔＝Organisation de l'armée secrète〕）でも、アルジェリアの側（民族解放戦線ＦＬＮ〔＝Front de libération nationale〕、アルジェリア国民解放軍ＡＬＮ〔＝Armée de libération nationale〕、および国民解放戦争のキャンプに馳せ参じたフランス人たち）でも同様であった。フランス側には、たとえばジャック・マシュ将軍(35)のような、何人かのまさしく偉大な男性像が現れる。彼はアルジェでの戦闘[36]のあいだ、そしてアルジェにおける暴動〔8〕および公安委員会設立の一日において中心的な役割をはたし、そしてまたアルジェリアにおいて広く用いられていた拷問の使用を正当化した[37]。アルジェリア戦争はしかしながら、参戦したパラシュート兵たちの、軍における男らしさのヒエラルキーには加わらなかった大部分の男たちにとって、つねに語り得ないものにとどまった――それは「名前のない」戦争である。クレール・モース・コポー〔9〕、およびラファエル・ブランシュ〔10〕につづいて、正当なこととしてこう問うことができるほどだ。とりわけ「振りかざした兵器、およびひけらかされた火器」を通じて、軍隊スラングの使用を通じて、しかしまた敵対関係について語ることばに対する過度の性的な性格づけ[38]を通じて、アルジェリア戦争のなかにこれほどまでに現れている、徴兵された、または再徴兵された兵士たちの「男らしさの誇示」は、そこで「まさしく完遂された作戦行動の性質が、日々、問い直す戦士としてのアイデンティティを保証するため」のものではなかったかと[39]。

　アルジェリアの人々についていえば、彼らは、フランス人に劣らず男らしさを示す必要性にはまり込んでいた。ふたつの範列――革命 thaoura のそれと聖戦のそれ djihad――のつぎはぎの上にうち建てられた断絶のイデオロギーの周囲に再構成され、一九五四年に武装蜂起を始めるFLNは、実際に全体として、戦士としての、また男としての価値によって組織され、武装した指揮官 za'ïm の姿によって形象化された戦争の文化の方を向いている[40]。ところで、この指揮官はその暴力性が雄の掟によって価値あるものとされ、また戦争体験によって正当化される、ある意味においてはすぐれて男尊主義的な《マッチョ》男 radjul である。武器に魅入られ、山岳《マキ》ゲリラや都市におけるゲリラの過酷な生活には慣れっこの、どうあろうと拷問を耐え抜き、自らの生を国家の大義に捧げるこの指揮官は、明らかに男らしさの典型的な形象と目された。ムジャヒディーン moudjahidines、あるいはフェダイーン fdayines といった戦闘員の総体にとって、戦争はとりわけ、再生した、ある意味で宗教的な強度において植民活動がしっかりと高揚させていた「攻撃的な」男性性を聖別する。(41)ここで賭けられていることは、したがってまた男らしさの失地回復に属することだ。これは、たとえばアルジェリアの側においては、性器の切除に訴えることを説明してくれるものである。(42)一九五六年に起きたパレストロの戦いはとりわけ、ラファエル・ブランシュがまさしくそのことを詳細に述べているように、人々に強い印象を残した。

召集兵たちが大量に参戦して以来、十九人の若い招集兵が死んだ待ち伏せ事件〔パレストロの戦いを指す〕の報道が、数世代にわたってアルジェリア人と結びつけられた幻想的な表象が現実のなかに錨を下ろすことに一役買った。パレストロの犠牲者たちは性器を切除されていた。彼らに手を下した者たちはつづけて、わざわざその口のなかに生殖器を押し込んだのだった。明らかに、フランス人兵士の男らしさが標的にされ、また愚弄された。この戦争は、独立のために戦闘に加わったアルジェリア人たちにとってはその誇りの再建であり、すなわち、その男らしさの奪還であった。死後のこのような辱めを通じて、彼らはこの戦闘を、男たちのあいだの根源的な対立関係のなかに再び書き込み、フランス人に対して自分たちの規範を課したのである。(43)

そもそもより一般的には、アルジェリア戦争のあいだの性にまつわる問題は、とても不確かなものにとどまる。こうして暴力と戦争が、アルジェリア人の側では、うまく生きられることのなかった、いつでも男たちの誇りと行きすぎた女性の専有の上にうち建てられる民族的なシステムの内部に看取される性的なもののなかに根を下ろす。このことはまた、性の問題――共同体をまたいだ売春と、性の入り混じる状態――が、なぜ再びこの時期から中心的なものとなったかを説明する。というのも、一八三〇年の征服以来、女性たちが植民地化による「汚染」と「零落」からは「保護」しなければならない「敗戦国民の保存庫」[44]と見なされていたからだ。この文脈において、売春宿、および「現地人」にあてがわれた界隈がアルジェリア人たちによって、「従順な娘たち」を通じて共同体全体が零落させられる抑圧と恥辱の場として生きられることは——なぜなら、それらは西洋によって構築されたものと見なされていたからだが——とてもよく理解できる。[45]マルト・リシャール法と呼ばれる一九四六年四月十三日の法律による、本国における売春宿の廃止は、「人種的な条件、および本国の法律が、現地人たちの先祖伝来の習俗を修正することはない以上、売春の問題は、海外の領土においてはフランス本国と同様に見ることはできないであろう[46]」という口実のもとに、北アフリカにおいては完全に適用不能なものと考えられていた。このことは、問題の「民族的な」性格をなお強化する。アルジェリアがこうした娼館や界隈を維持するのは、したがってまさしく「劣った文明状態」の名のもとにおいてである。この状況が、建設の途上にある「国民家族」(oumma wataniya) に対する攻撃であるという感情を養う。植民地という状況から生まれた、ある種の「国家規模の嫉妬」のなかで、「現地人」の従順な売春婦たちは、このときまでは共同体の中間に存在していたわけだが、突然、フランスとの「肉の協働」(hizb franca) のそれと、——ほかの植民地の人々と同じ資格で——植民地のシステムに対する「抵抗」のそれという対立するふたつの形象のあいだで引き裂かれたように見える。

戦争から生まれるアルジェリアは、生きられはしたが、隠されている性的な暴力にトラウマを受けて[47]、実際に、戦闘員も含めた女性たちが全体としてそこからは排除されている同胞のあいだの平等という古いモデルに従って自らのなかへと身を縮こませる。男らしいナショナリズムから男性的な排他的愛国心へ、そして、政治における聖性から公式の厳正主義《ピューリタニスム》へ、われわれはこうして、まさにこの時代が終わろうとするところで、FLNによるポピュリスム的な国家管理主義と、ウラマーのジャコバン的なイスラム主義とが結びついておよぼした影響のもとで、アルジェリア社会の均質化、および増大してゆく画一化に立ち会うことになる。進行するこの「画一化」は、植民地において必然的に問題を生む「出会い」の移りゆきに慎みの帆 sîtr を覆いかけ、また、伝統と現代性のあいだの、閉鎖と開放のあいだの、順応と革新のあいだの、合法のもの halâl と非合法のもの harâm のあいだの「緊張」を、東洋と西洋という古典的な対立として清算し、再び遠ざけることを可能にする。この画一化はまた、植民地部隊の遠征地の戦地娼館に、また、対立を生む性的な混交に至るまで、植民地化によってただちに書き込まれたこうした「現地人」の売春婦たちの恥 'âr[48] の感情、および慎み hashuma の規範《コード》に対する侵犯〔の感情〕を薄めることを可能にする[49]。「フランス人に身を委ねた売女たち[50]」はしたがって、アルジェリアの村々 mechtas の掃討作戦のあいだに暴行された女たち、および精神的、肉体的かつ性的に拷問された女性戦闘員たちと同様に、いずれも男たちが認めることのない、植民地の境界の両側における性的暴力の犠牲者であり、こうして都合のよいことに秘密と記憶の忘却のなかに消え去ってゆくのである。

　このあらかじめ決まっていたかのような消失は、同時にアルジェリアにおいては、——ナショナリストで、アラブ的で、かつイスラム的な——「現代的な」男が現れてくるだけに、そもそも必然的なものとされる。その横柄な男らしさは再生のひとつの徴《しるし》である。これは、メルザク・アルーアシュが一九七六年に監督した、独立アルジェリアの最初の傑作映画のひとつである「オマール・ガトラト」*Omar Gatlato-gatlato al rujala*〔11〕——翻訳するなら単純に「よりマッチョになればきみは死ぬ」**Plus macho tu meurs** ——が示すところのものである。この再生が独立アルジェリアにおいて、しかしまた、アルジェリア移民の世界において女性の地位と彼女らの状況の全般的な改善に、とりわけその性の解放[51]に関して、導き、創りだしたものはつまらないほどに明白である。一九八四年の家族法の導入[52]、および、「悪しき習俗」（sayi'at el 'ahlaaq）という基準にしたがって標的にされた女性たちの殺害によって特徴づけられている第二次アルジェリア戦争はその顕著な例である。マグレブの移民出身の若いフランス人女性たちの状況[53]については、数年来、フランスにおいてメディアに多く取り上げられているが、それは、学校教育および職業教育の制度整備面での現実の進展にもかかわらず、なおも多くの場合、処女性と非イスラムの男との結婚に関する二重のタブーに囲いこまれたままでいる[54]。違法な——いいかえれば婚姻外の——性の在りよう、および共同体や宗教をまたいだ混交状態はしたがって、マグレブ移民出身のフランス人女性たちが出会うことになる困難と暴力性の中心にある。これは、われわれが次にそのことを示そうとしているように、全くもって男たちのもつ男らしさに関わる困難と暴力性なのだ。

4　「肉体労働者」から「郊外のゴロツキ」へ——「危険」で幻想的な男らしさ（一九六〇—二〇〇九年）

第二次世界大戦の終結以来、フランスにおいては時とともに一九二〇年から一九三〇年の被植民者のイメージに、栄光の三十年代の経済的発展の本質的原動力である、肉体労働者、「働く男」のネオ・プロレタリアのイメージが重ね合わせられる。それは専門的な技能をもたない労働者で、したがって——アブデルマレク・サヤドがその著書『二重の不在[55]』のなかで指摘しているように——不可視で交換可能な労働力であり、その生存と労働の条件はしばしばとても不安定で、かつ非人間的なものである。実際にここでは、すべてがこぞってこうした男たちを「零落した」「貧しくされた」形の男らしさに再び投げ込んでいる。彼らは、肉体——そして、野性的で筋肉が生み出す力、鉱山、建設、造船、あるいは自動車産業の仕事において、自らの身体から彼らが引き出すことのできる力——そのものとされるが、また、しばしば女らしさと結びつけられる清掃の仕事にも追いやられる。したがって、男としてのアイデンティティのある種の混乱が現れ、――労働者向けの安宿に、また、大都市周辺の貧民街に住むことによる――「浮浪者化」と、大部分の男たちがそのなかで生きている「性にまつわる悲惨」によってそれはさらに強調される。性の問題は実際に、独身者や単身で来た者には鋭くのしかかる。性における人種的な隔離の必要性を深く刻印されたフランス社会においては、こうした男たちの性――エマニュエル・ブランシャールが示しているように[56]、他方では警察によって高度に管理されていた――はしばしば、(同性愛者であるにせよ、そうでないにせよ) さまざまな理由 (金、性的欲求、遊び……) で売春をする、社会から落伍した、あるいは職のない若者たちとの違法な関係へと追いやられる。たとえば、レジス・ルブナン[57]がある若い「職業男娼」の証言を引いているが、これは、一九七〇年代におけるアラブ人の客の重要性を示している。

よく知られた映画館があります、マジェンタ大通りですが［…］「ル・ルクソール」です［…］アラブ人だけですね［…］彼らは二十から三十フランを払います。［…］扉が閉まると、彼らはキスをするのです、ほら。そいつらが出てきて、別の男が入っていってまた始める［…］それから、私のことでいえば、狂ったみたいにそれを楽しみましたよ。［…］それは私に快楽をもたらしました。［…］それから、もうひとつ別の映画館「ル・ボスフォール」もあります。たしか、レピュブリークとサン・マルタンのあいだですが［…］それから、サウナにも行きました。といってもそれほどしゃれたところじゃありません［…］そのなかでは「ル・ヴォルテール」ですね。そんなわけであそこではとてもうまく行くのです。多くのアラブ人たちが来ます、特に土曜日には。それで、扉の前に列ができるのです[58]。

ここでは、しかしながら社会的な役割の転倒が、フランス当局に対して問題を投げかけずにはいない。「というのもアラブの男たち――彼らは「能動的な」ものとして描き出される――が性的な関係の主体となり、一方で若いフランス人の男たちが、「女性的な」役割を負い、全体として受動的で、従属的になるからだ」。このことはきわめて明確に性の秩序、および植民地と植民地以降《ポスト・コロニアル》の秩序とは矛盾する。それは、一九六二年、またアルジェリア戦争の終結ののちに、植民地の最初の時期のそれに等しい民族主義的で、かつ同性愛を嫌悪するステレオタイプの上に打ち建てられた秩序である。というのも、この状況において問いを投げかけるのは、われわれにはよく分かっていることだが、性的な嗜好性の問題というより（そもそも、たとえ彼らがほかの多くの男たちと性的な関係をもっているとしても、こうした労働者の大部分が「ゲイ」として定義できるわけではない）、むしろ社会的な性《ジェンダー》の問題である。誰が――貫通という行為を通じてその男らしさを華々しく示す――男なのか、誰が女か。

アラブの男たちを超男性的な男に、また、フランス人の若者の汚染源と推定される存在にしているこうした問題のある状況にひとつの解決をもたらそうとして、フランス当局はジェンダーの規則に適合する違法な性関係を特権化した。従来からある女たちによる売春が、――とりわけ、しかし、そうでなければならないというわけではないが、かつて植民地化された場所出身の女たちによって供給されるときには――広く奨励されたのはこのためである。これは以下のことを説明してくれる。すなわち、とりわけ一九四六年の娼館の閉鎖ののち、――本国においても旧植民地においても、その数はごくわずかと推定されるが[59]、異人種カップルの関係の発展を避けようという、また、その性的な欲求を統御するために女たちが手に入らないのであれば別の男たちに「屈する」ような「性的に管理できない」と見なされた男たちを適切に導こうという恒常的な懸念のもとで――、パリの労働者階級が集まる界隈における違法な娼館、および逢引き宿が容認され続けるのである。「金の雫《グット・ドール》」界隈のちょいの間〔傍点は訳者による〕がそのよい例で、シャペル大通り八番の「花籠《パニエ・フルーリ》」、シャペル大通り百六番の「寡婦ボネの店」、バルベス大通り七十四番の「カルメラ」、シャルボニエール通りとシャルトル通りの交差点の「ラ・シャルボ」などは、一九四〇年代の終わりから一九八〇年代まで、その役割をはたすのを止めることはないであろう。まさしく、「金の雫」の「売春工場」のひとつである「花籠」においては、ヴェロニク・ウィレマンが強調するように、性関係は厳密に最小限に還元される。

客たちは金持ちというわけではない。労働者、（とりわけ四人部隊の）兵士、移民たちはセックスのために列をなす。混雑する日には、順番待ちの列は歩道まで続く。「手早く済んで高くつかない」。客は次々と入れ替わる。ズボンの前はとっくに開いている。カーテンの後ろで娘たちはものものしくふるまう。性交が終わる度に、彼女たちは商売道具のテーブルに広げた蝋引きの布の上で、スポンジでひと拭いする。愛の営みは厳密に最小限のものに還元される。前戯は一切存在せず、男たちは三分から五分でことを済ませる。ある者たちにしてみれば、興奮がこんなものでは達する機会もない。浮かれた騒ぎはないし、貫通もない。すべてのことが、階段の踏み板の上であまりにも素早く過ぎ去った。[60]

したがってここに、われわれの考えでは、十九世紀の創設者たる三枚続きの絵画、すなわち「労働者の階級、有害な階級、淫蕩な階級」が力強く具体的な姿を現す。その民族的な起源のために「遺伝的な」ものとして表される「性における貧しさ」そのものとされ、また差別的で、人間性を否定し、去勢されるのではないかというおそれを引き起こす社会的かつ経済的な状況に封じ込められて、「労働する男たち」は、その上、身じろぎもせずに彼らになされた諸条件を受け入れることを強いられる。

この袋小路から抜け出すために、こうした男たちは時とともに、その男としてのアイデンティティを、とりわけ一九七〇年代に行われた闘争を通じて再建しようとすることになる。すなわち、一九七二年のディアブル島における一般工員の反階級蜂起、一九七三年の反民族主義ゼネスト、一九七二年から一九七四年にかけての、マルスラン・フォンタネ通達に対する反対運動、一九七四年から一九八〇年にかけてのソナコトラ寮における家賃不払い運動(61)などである。これらは、彼らの生存、および労働条件を改善することを目的とするものであるが、しかしまた組合活動における、かつ政治的なものとしての「労働者としての誇り」を取り戻すことを目指しており、これには、彼らのまったき人間としての再興が賭けられている。こうした労働者としての、また移民としての男らしさ——これはそもそも、フランス(62)、およびヨーロッパ(63)の社会においては更新された幻想の投影を受けたものであるが——は、一九六〇年代の終わりから、郊外という特異な地域に、そして団地という特定の住居形態に凝集することになる。

このような新たな文脈において、——一九七四年の労働者の移民の終結、反復的な経済危機、大量失業、そして国民戦線の台頭を背景として——一九七〇年代に、移民出身の若いフランス人の最初の世代が現れる。この「界隈《カルチエ》の若者たち」、この時期以来こう呼ばれているわけだが、彼らは、しばしば生き、考え、存在することの在りようについて、彼らに先行する世代、労働のために移民《シ》《バ》《ニ》《ス》した人々に対して敵意をもつ。モグニス・H・アバダラが示すように、「彼らは、工場のリズムによって統御される社会の秩序に対してある種の軽蔑を示し、抜け目のなさ、見かけ、夜遊びを基本とする生の在りようを開発する」(64)。フランス人および移民の、こうした「地帯《ゾーン》」

の若者たちのただなかで、「犯罪的」で戦闘的な、ある種の男らしさの文化が進展してゆくことになり、これは、経済、政治、民族、性について排他的なひとつの社会に対抗してうち建てられ、界隈における安全上の秩序を再建することや、〔街の〕中心で身元および人相を管理することを課されている警官によってひとつの特殊領域として提示される。この急進的な若者たちは一九八三年に、いまだ過激化してはいないものの、平等と反民族主義を掲げて歩み出す。成功したものは多くなかったが。大部分が植民地の時代に生まれた人種主義的なステレオタイプの永続化と結びつく権利の統合の挫折の上で、この運動は次の世代においてなお強硬になってゆく。

一九九〇年代のはじめから、都市における暴力という問題が、難しいとされる界隈に顕著に現れてくる。現実のものであり、同時に妄想上のものでもあるこの暴力のただなかに、――「ならず者ども」の人物造形によって体現される――ひとつの男らしさの文化があり、〔これは〕一九九五年に劇場公開されたマチュー・カソヴィッツの監督作品「憎しみ」*La Haine*[12]ではもっぱら「攻撃的」なものとして示される。こうして、若者たちの非行行為（スプレーによる落書き《グラフィティ》、盗み、自動車への放火、校内での暴力）と結びついて生み出される不安定さ、また、「ギャング」に象徴されるある種の「反乱の文化」という繰り返される主題が不可能な統合のそれへと移行してゆく。この議論のなかで、「アラブ人少年」[65]の極度に人種主義的、また性的に性格づけられた人物像が形をなし、これは、このときからフランス社会における暴力性の極致 summum をその身を以って体現する。たとえば（特にラップを通じて）[66]ことばの面で、あるいは（二〇〇五年十月と十一月の暴動が示すように）都市の問題として、また（地下酒場で起きる集団暴行、[67]「輪姦」の問題、界隈における若い女性の殺害、[68]こうした若者たちの極度に異性愛的な性格を示すとされる同性《ホモ》愛嫌いの暴力[69]といった）性的な面において。この男らしさの文化は、「社会の始源状態、および習俗の暴力性」、「性における野性」、また「宗教的な幻想」と結びつき、[70]「古代的」で「野蛮」なものとして示される男同士の社会づきあいのなかに差し入れられて、第一次世界大戦とともに着手されたこの長きにわたる歩みの円環を閉じる。

こうして、二〇〇〇年代のポスト植民地におけるフランスの「ゴロツキ」たちはしたがって、政治家、メディア、世論に従えば、植民地時代の「現地人」たちの遺産の堂々たる継承者ということになるだろう。両者の肖像の同質性に鑑みると、実際に、この男らしさのイメージの永続性には驚嘆するほかない。このイメージは、統合してゆく社会においては否定的なものと考えられているが、しかししばしばまた一定の数の若者たちによって誇らしげに追求され、――またいつでも、恒常的に「過剰」であるか「ごく少数の」その「ほかの」男たち、十九世紀の終わりから、すぐれて「文明的な」男を示すと見なされている「正しい」男らしさからはしたがって排除されてきた男たちを非合法なものとし、〔不適格者の〕烙印を押すために用いられてきたものなのである。

訳注

〔1〕「バナニアおいちい」の意。バナニアはフランスではよく知られたバナナ・フレーバーのココア飲料。ラベルにセネガル狙撃兵のイラストとともにこの文言が書き込まれている。フランスにおけるセネガル狙撃兵のイメージは、ここに見られるように身の丈は大きいがやや知力には劣る気のいい男たち、まさに「大きな子ども」である。一方で吉澤英樹氏のご教示によれば、交戦国であるドイツのメディアに表象として現れる彼らは、きわめて獰猛で残忍な野蛮人として描かれる。バカリ・ジャロ『善意の力』(一九二六年)はセネガル狙撃兵として実際にフランス本国で従軍したセネガル人男性の手記であり、いわゆるネグリチュードを相対化する可能性を秘めているという。

〔2〕オスマン・トルコ帝国の軍司令官の敬称。タミ・エル・グラウイはマラケシュの太守として有名であった。

〔3〕原題は「現地人たち *Indigènes*」。日本では劇場未公開だがＤＶＤで発売された。監督名はラシッド・ブシャー

ルと表記されるのが一般的なようである。

〔4〕Louis Léon César Faidherbe　一八一八―八九。セネガル総督を務めたフランス植民地行政官。

〔5〕Henry Morton Stanley　一八四一―一九〇四。アメリカの探検家・ジャーナリスト。リヴィングストンの救出、ナイル川の水源、コンゴ川の流路を発見したことなどで知られる。

〔6〕Jean-Baptiste Marchand　一八六三―一九三四。フランスの軍人。セネガル、上ナイル地方、コートジボワール内地の探検に参加。

〔7〕二〇一三年十月、ヴォー・グエン・ザップ将軍の訃報が伝えられた。享年一〇二歳。まさに本章の訳出を進めていたときで、訳者にとっても印象深いことであった。

〔8〕一九六一年一月、マシュ将軍の更迭に端を発した暴動。「バリケードの一週間」。

〔9〕歴史家。ＣＮＲＳ研究員。アルジェリア戦争、および戦争における暴力の研究を専門とする。近著に、*La source. Mémoires d'un massacre : Oudjehane, 11 mai 1956* (Payot, 2013)；*Algérie, 20 août 1955. Insurrection, répression, massacres* (Payot, 2013)。

〔10〕歴史家。ルーアン大学教授。植民地における暴力の研究を専門とする。近著に、*Viols en temps de guerre* (avec Fabrice Virgili et al.) (Payot, 2011)；*Prisonniers du FLN* (Payot, 2014)。

〔11〕日本未公開。映画祭（国際交流基金アフリカ映画祭、一九八四―八五年）で上演された記録があるのみ。二〇一三年にドバイ国際映画祭が選出した「一〇〇本の偉大なアラブ映画」のなかの一本に選ばれた。

〔12〕「カフェ・オ・レ」*Métisse*（一九九三年）につづく監督第二作。パリ郊外《バンリュー》を舞台に人種差別の問題を描く。カソヴィッツはこのとき二十七歳。カンヌ国際映画祭監督賞、ヨーロッパ映画賞新人賞などを受賞。

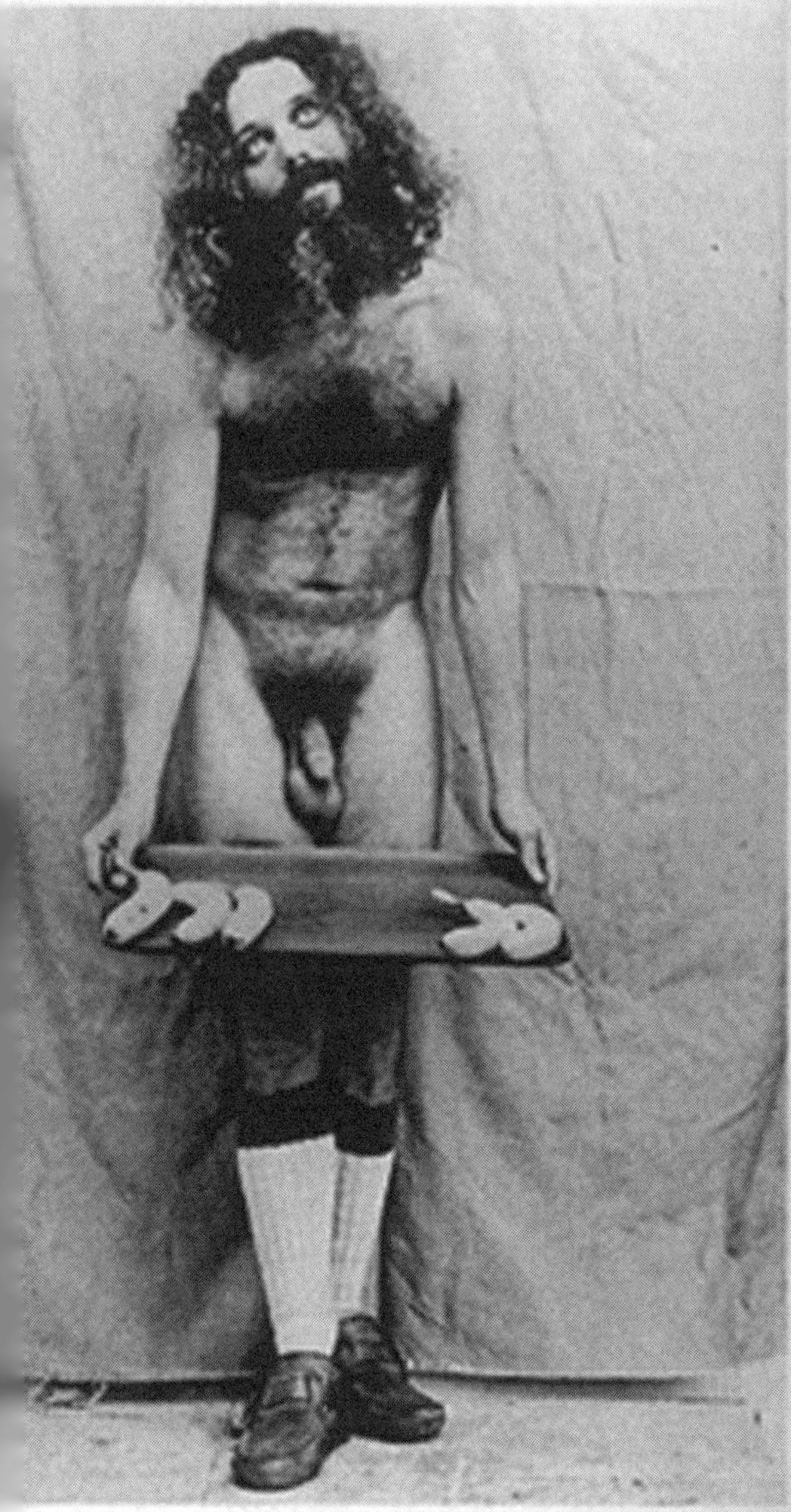

y Bananas. 1972. Photograph by Linda Nochlin

第Ⅳ部

イマージュ、ミラージュ、ファンタスム

Buy My Apples, from a late-19th century popular French magazine. Courtesy Linda Nochlin

第1章　露出——裸にされた男らしさ

ブルーノ・ナシム・アブドラル（下澤和義訳）

十八世紀の中葉、ジャック・ラコンブ〔一七二四―一八一一。フランスの弁護士、文人〕による美術辞典では、「アカデミー」Académieという項目のもとに、マザランがフランスに設立した組織のことを、冒頭から長々と説明している。[1] 一方、「アカデミー」académiesという語が、「いっさい服を着ず、体の輪郭が見えるようにして、何よりもモデルに即して素描される、頭・腕・手などの部分に付けられた名称」[1]を意味するようになったのは、二次的なことにすぎないし、その場合この語は複数形に置かれている。[2]「アカデミー」Académieとは、裸体にもとづきながらも、頭部、腕、手というように、慎み深く細かに分けて素描を実践する場のことなのであった。だが、それから五十年を経ずして書かれたワトレ〔一七一八―八六。フランスの美術批評家〕による記念碑的な辞書では、そうした記載の優先順位が逆になっている。「芸術家の言葉でアカデミー*académie*といわれるのは、デッサンや絵画や彫刻による生きたモデルの模倣のことである。［…］芸術の巨匠たちは、裸の人間を配して、ある姿勢をとらせ、多かれ少なかれ苦しくなるぐらい長時間、不動にさせておく」[2]。ついにアカデミーAcadémieは、みずからが独占している至高の訓練と同一視されるまでにいたっている。それはもはや細分化されておらず、ワトレが明記しているように、モデルである裸の人間の「人体の全体」へ拡張された素描による模倣のことを指すのである。

ところが、裸になった人間は、人類として自然界の頂点にあるとき――言い換えると、直立した状態ということだが、それは人間が直立の姿勢によって動物界で区別されるからだ――、その生殖器は必然的に体の中心にあるように見えてしまい、「組織」と「芸術的実践」という二重の意味でアカデミーがその保証かつ最高度の表現となっている造形的・審美的な秩序そのものを、局部的にくつがえしてしまうことになる。

二十世紀の初頭に、フロイトはそのいくつかの著書で、スキャンダルとならざるをえない言明をのべた。彼は人間の、かつ男性の優秀さを示す姿勢――直立した姿勢――から必然的に生じた文明が、そうした姿勢ゆえに局部を隠すよう求めていることを明らかにしたのである。フロイトは「文化における不安」という論文のある脚注のなかで、「人類の直立」によって（動物の行動において根本的な）嗅覚的刺戟の人間的な価値が低下したことを説明しているが、彼はそこで「男は直立歩行をしようと決めたが、それまで隠されていた生殖器は、直立歩行によって、目に見える格好になり、防護の必要が生じる。そのため、恥の感情が起こるのである」[3]と記している。この指摘には面食らわせられる。というのも、男性という人類の半分しか、その指摘の内容の正しさを立証していないからである。女性が直立しているとき、その外陰部は恥骨部のふくらみと陰毛で見えなくなる。直立の姿勢によって露出されるのは、男の性器だけなのだ。「四つ足」の姿勢であれば、性器の大部分は腿のかげに隠される。この指摘は、フロイトのもうひとつの奇妙な美学的指摘とも関連づけられるべきである。その指摘によれば、男あるいは女の性器は、美しいとは判断されえず、もっぱら刺戟的とだけ判断されうるというのだ[4]。

このように二十世紀初頭において、ジャンルとしての裸体の素描の優位をずっと支えてきた芸術的制度が終わりを迎えつつあったときに、フロイトはその根本的な問題を指摘したことになる。男の体には、その局所かつ中心に美しからざるものが存在しているのだ。美しくありえないもの、隠しておくべきと思われるもの、それは明らかに性器のことにほかならない。文化的・心理学的・道徳的といったどんな考察よりもさきに、まずつぎのような問いを提起することができる。すなわち、男性の裸体という古典的表象のもっとも高尚な表現でさえ、部分的に隠されているか、あるいはそれが生殖のためのものであることを露見されて品位が落ちているかのどちらかだというパラドクス、古典的表象を構成しているこの美学的パラドクスを造形表現上のバネにつくりかえているものはいったい何なのか、という問いである。というのも、美術史の一部分は、裸の男性が雄々しい栄光に包まれて立つところを正面から、だがしかし、男性の器官は見せずに示すという問題を予防するための手段と見なしてもよいくらいだからである。

I　裸体画

「一七六五年の官展《サロン》」という美術時評を結ぶにさいし、彫刻術に割り当てられた箇所において、ディドロは彫刻というものは石や金属で出来ているのだから、当然のことながら非常に冷いものだと判断している。それゆえ、彫刻は剥き出しの性器を公然と表象してよいのだが、絵画は色彩のせいで官能的な芸術なのだから、より一層ひかえめでなければならないというわけである。とはいえ、彫刻という貞節な芸術は、通常は女を恥毛のない状態で表象しながら、男の体毛は様式化して保持しているという点で、やはり性器の正確な再現においては、自然なままのモデルを遠ざけている。この点に関しては複数の理由がある。まず、男というものは女より多毛である。彫刻は、毛の生えたトルソーをたいがい回避しようとするにせよ、なくてはならない所に、何らかの第二次性徴を示すもの残している。だが、なかんずく直立している女の（性器ではなくて）恥骨部は芸術に好かれていて、その反対に、ぐんにゃりしたペニスの曖昧な形態のほうは嫌われている。

［芸術は］あなたにこの輪郭の美を、この曲がりくねる線の魅力を、鼠蹊部から始まり、下へ下へとさがっていったかと思うと、入れ替わりに上へあがっていって、もういっぽう鼠蹊部にまで達している、この長く、なだらかで、軽やかな曲りくねりを気づかせてくれるだろう。芸術はあなたに、このかぎりなく快い線の道のりが、その中間におかれた茂みでさえぎられているらしいことを語ってくれるだろう。すなわち、このぽ

つんと離れた茂みは、何物とも結びついておらず、女における汚点となっているが、いっぽう男においては、この自然の着物の一種、乳房の上のかなり濃い影が、脇腹の上や、腹の上では、実のところ薄くなっていき、少ないながらも残り続けて、途切れることなくつながって、生殖器のまわりに、さらにまたびっしりと、ふさふさに、豊かに生え出しているということを。芸術はあなたに、むきだしになった細い腸のような、かなり気持ちの悪いかたちをした虫のような、あの男の陰部を見せてくれるだろう。(5)

この引用箇所で語り手となっているのは、自らの選択を正当化しようとしている芸術そのものである。これほどまでに芸術は、性器の外観と芸術にとって本質的と思われる何物かとのこうした差異のなかで戯れているのだ。実際、古典主義的な美学を構造化している素描と色彩の葛藤は、まさしくこの部位において再定義されている。女性の恥骨部は、素描、線、自然な道筋であり、たんにカーブしているだけではなく、蛇のように曲がりくねっている。とはいえ、その毛の茂みは、同時に染みと色彩であるような次元に属している。したがって、ディドロが影という概念のもとに叙述している男性の恥骨部は、これとは異なった性質を備えている。擦筆画の技法が色彩の効果を模倣することによって、素描に色がなくても済むようにし、本来は素描のものであり理性に属している正確性を何ら補充せずにいるのに応じて、影の概念のほうは素描に、しかも、素描の実践の優越性に属している。というのも、高尚にして理性的な素描は、きまって男性側のものと考えられており、それと対立する位置にある色彩は、見かけだけの、享楽的な、感情的なものなので、女性側のものと考えられているからである。それから百年のちのシャルル・ブラン〔一八一三—八二。フランスの美術批評家〕も、彼の著書『芸術と素描の法則』のなかで、「素描は芸術の男性であり、色彩は芸術の女性である」と断言することができるだろう。そのうえ彼は、つぎのようにはっきりと述べている。「色彩に対する素描の優位は、自然の法則自体のなかに記されている。たしかに自然は、事物が、それを彩色しているものによってではなく、それを素描しているものによって、われわれに認識されるよう望んだのである」(6)。

ところで、女性の鼠蹊部からもう片方の鼠蹊部へと弧を描いてゆく優美な曲線のほうが、自然によって提供された立派なモデルであるのにたいし、男の陰毛がつくる濃い影の擦筆の下でうごめく不快な蛆虫は、素描には属していないというか、属しそこなっている。それは素描の領域には属さないか、もしくは、かろうじて属しているにすぎない。というのは、それはほとんど不定形であり、その形はそれほど変化しやすく、やわらかで、ぶらぶらしているのにたいし、素描とは輪郭線であり、限界であり、定義、決定したもの、確実なもの、堅固なもの、変化しないものの次元に所属しているからである。周囲の状況によって縮んだり膨らんだりする海綿体でできた、陰茎と睾丸とからなるこの器官全体は、ディドロによれば、美の規則が制定されている領域を免れるものである。フロイトはディドロとはまったく違う遠回しの(もっと道徳的な)表現をもちいて自分の考えを述べていたが、この点ではディドロもフロイトと同意見なのだ。啓蒙時代の哲学者は、『絵画論』の始めのほうの頁からこの点に関する説明をしている。

子供の姿はほとんど戯画である。老人の姿もまた同様だと言える。子供はこれから成長しようとしている、形の定まらない流体的な塊である。老人もまた形の定まらない塊だが、干からびて、収縮し、無に帰そうとしている。まさにこのふたつの年代の中間、すなわち、成熟した青年期の始めから、壮年期の終わりまでの時期だけが、芸術家が線の純粋さ、つまり、その厳密な正確さに従う時期、やや多く poco più とか、やや少なくpoco menoということや、線を内に向けたり外に向けたりということが、欠点ともなれば美しさともなる時期なのである。(7)

おそらく極端な寒さや激しい怖れの場合を除けば、男性の生殖器は「老人」というよりむしろ「子供」に近いということなのだろう。いずれにせよ男性の生殖器は、このモデル——そこにおいては自然は素描の男性的秩序を免れているがゆえに美への要求を放棄している——の性質を受け継いでいる。こうした事情から分かるのは、男性器の表象が回避されたのは、当初は道徳的な理由からではなく、芸術のシステムそのものに内在しているという理由からだということである。この回避は全面的なものではないが、広範囲におよんでおり(本論ではその例外におもに頁を割いている)、消去、様式化、置き換えという三つの手法を借りて伝統的に行われている。

消去というのは、ときにきわめて正確な、正面向きの裸体描写に、性器がないような場合を指す。性器があるべき場所に素描が示しているのは空白か、あるいは膨らんでさえいない、控えめに広がった一種の貝殻のようなもの、あるいは、陰茎ではなくて漠然としてもの、陰茎にかわる曖昧なものの図形的な記号か、木炭・インク・紅殻チョークによってぞんざいに描かれたコンマのようなものである。生殖器のこうした消去の規範に関しては、クレール・バルビヨン〔一九六〇年生まれ。フランスの美術史家〕が人体のカノン〔古代ギリシアの建築・彫刻術における比例の原理〕の記述に当てた著書を参照するのが有益である。(8) バルビヨンが紹介している模範的な資料におおまかに限定するなら、たとえばシャルル＝ポール・ベレー〔一八二六—一九〇〇。フランスの画家〕が一八九〇年に発表した『人体の比例』という著書には、レオナルド・ダ・ヴィンチによる「ウィトルウィウスの人体図」への注解がふくまれている。背景を真四角に区切った上に、オリジナルの素描よりも単純化された(両手と両足だけの)男性像が、より筋肉質に描かれている。だが、レオナルド・ダ・ヴィンチが性器や恥骨部を様式化して描いていた場所には、何かしらその人物の巻き毛を思わせる殴り描きのようなものしか見られない。同様に、ジェラール・オドラン[9]〔一六四〇―一七〇三。フランスの彫版師〕の主著で、美術や人類学に大きな影響を与えた、『古代の最も美しい人物像に関して計測された人体比例』も、とくに「ラオコーン」とファルネーゼ宮の「ヘラクレス」の寸法を挙げているが、おそらくそれらの「恥部」を覆っていたと思われる、[10]もりあがった葡萄の葉すら再現されていない(今日ではそれらの彫像は何も身に着けていない)。同書の版画では、足の指まで一本ずつ、表面の筋肉も一つひとつ、背骨から膝までの距離や、鼠蹊部の皺から臍までの距離が採寸されているのに、性器の位置には空白しか存在しないのである。さらに、ジョムベール〔一七一二―八四。フランスの作家・出版業者〕の著書『素描を習得するための方法』のコシャン〔一七一五―九〇。フランスの挿絵画家〕による版画では、線影がつけられた卵の形をしている。[11]ほとんど型にはまっているこうした性器の省略は、美術解剖学や写生による描写の著作群においては逆説的である。もっとも、自然界における男根は身体の比例に従っていないという事実によって、この省略を正当化してみたいという考えがわくかもしれない。とはいえそれは、確実に再現されている他の諸器官(鼻、耳、……)についても当てはまる。とりわけ、美術解剖学や学術的な裸体画は、理想のカノンの番人たる古代美術の教訓と、自然界の教訓とのあいだで、適切なバランスを取ろうとしている。描写的、経験的な次元は、つねに規範上の目的を伴っているのだ。それゆえ、陰茎の正しい寸法や、その均整のとれた比例が、それらの概論に含まれていても、理論的には何ら差支えないはずである。だが、そのような叙述はまったく存在しない。なぜなら、反=描写としての陰茎には、可能となるような正しい比例がないからである。陰茎は欠落によってしか、あるいは、後述するように、過剰によってしか、表象可能にならないように思われるのだ。

というわけで、陰茎を表象する第二の古典的方法は、むろん比例であるが、ただしそれは偽りの比例である。ここで問題になっているのは、十八世紀の最後の四半世紀から十九世紀のあいだに、着実に確認しなおされたカノンのことである。それは、ギリシアの慣例どおり、陰茎を小さめにしている。[12] ヴィンケルマン〔一七一七—六八。独の考古学者・美術史家。新古典主義を提唱した〕がヨーロッパ全土に、カトルメール・ド・クインシー〔一七五五—一八四九。仏の考古学者・美術評論家〕がフランスにもたらしたのは、古代のモデル——裸の英雄、布をまとったミューズや女神たちは除いて——の完璧さを大いに好むような方向への転換だけではない。フランス大革命の前後にまたがる時期に、彼らが同性愛者のかなり新しい形式を解放したために、全裸の美少年やほとんど性器を隠されていない成年男子といった人物像が増加するのである。[13] 前者の身長、すなわち、子供ではない思春期の青少年たちの身長は、未成年としての外観と矛盾しているし、新古典主義の美学が命ずるような、非常に正確な手法でデッサンされたり描かれたりした、少年の性器とも矛盾している。ジロデ＝トリオゾン〔一七六七—一八二四。フランス新古典主義の画家〕の描く「エンデュミオン」[14] は巨漢であり、二十歳ぐらいか、おそらくはそれよりわずかに若いかもしれない。[3] エンデュミオンは横向きに寝そべり、観客のほうを向いてまどろんでいる。それゆえ、そのような姿勢で腿の端に届くか届かないかの小さな陰茎が、月光のつくる影の中に縮こまった子供サイズの陰嚢を見せているのは、いやでも無視するわけにはいかない。また他の画家の絵では、ほとんど女性的に見える美しさをたたえたケファロス[4]が雲の上で裸のまま眠り込んでいて、そこにエオスが訪れる場面が題材になっている。[15] 雲からわいた微妙な靄が、ケファロスの性器のほうへ立ち昇っているが、じつによく透けて見えるため、これはほぼ何も隠していないと言ってよい。さらにジャン＝バティスト・ルニョー〔一七五四—一八二九。フランスの画家〕の「自由あるいは死」[16] では、大きな羽根をひろげた共和主義者の天使は、横向きに寝てはおらず、絵を見る者のほうへ向かって飛び立ち、手を差し伸べている。とはいえ、天使の陰茎は、エンデュミオンやケファロスの場合と同じく、わざと鼠蹊部に位置している。しかも、恥毛の無い恥骨部の下方に、そのようにさらけ出された彼の生殖器全体は、こう言ってよければ、さらにもっとつつましいサイズをしている。

しかしながら、正面向きの裸体が、絵画として可能になるのは、つぎのような二重の条件下においてだけである。それは、陰茎の「ギリシア風」の様式化と、モデルの雑種形成という形式である。雑種形成の形式というのは、若い成人の身体が、子供からはその未成年らしさを、そして女性からはその顔立ちの繊細さと優美な巻き毛とを、あわせて受け継いでいるという意味である。たとえば、物語が一人前の男――英雄や神々――を必要とする場合、芸術家は陰茎を隠しながらも、それを思い起こさせるような対象をもってその代わりにするよりほかに解決策がない。こうした戦略素の規範的な手本を、ユーモアまじりに提供してくれているのが、アルブレヒト・デューラーの「男たちの入浴」(一四九六年)という版画である。画面の左を見ると、一人の男が立っていて、湧水の出る柱にひじをついているが、その蛇口の形状は、横から見た子供の陰茎のようになっており、それが隠しているものの軸線に正確に沿って描かれている。このようなイメージの遊びは、庶民的な主題に関する世俗の版画の文脈では、ルネサンス期にもまだ可能であったが、古典主義的な趣味からは排斥され、歴史画にはふさわしからぬものと判断された。そのため置き換えという方法は、あらかじめ画家が時間をかけて熟慮したものでなければうまくいかない。置き換えがしばしば招いてしまう視覚的な失敗こそ、その証拠にほかならない。たとえば「テルモピュライのレオニダス」(17)の裸体は、あらゆる予備的な素描の上に描かれているが、その性器を覆い隠しているのは、剣ではなくて鞘のほうである。その見かけの平凡さにもかかわらず、ダヴィッドによって選ばれた解決法は、二重の描きそこないとして機能している。その理由はまず、鞘の形と向きが象徴的なファロスを想起させるからである。つぎにとりわけ、鞘——ラテン語の vagina——は、逆説的な意味でしか、この想起に適していないからである。それから一世紀のちに、マルセル・デュシャンは、この型取りと型押しによる性器の造形的な定義を、もはや描きそこないに乗じてではなく、分析をつうじて再び見い出すことになるだろう。実際、「大ガラス」の下側の部分、つまり「彼女の独身者たちによって裸にされた花嫁、さえも」の下半分のために構想された、「九つの雄の鋳型」（一九一五年）は、それぞれなりに陰茎の鞘——「膣」vaginae——の形をしており（隠語は、*le* moule ではない、*la* moule という、この鋳型の女性形をとどめている）、その一方で、まったく同様に隠語的で、陰茎によく似た「オブジェ・ダール」（一九五一年）は、突起した形によって、膣内の導管を表している。新古典主義的な置き換えのぎこちなさは、そのような作品を愛好する現代人もまた見逃してはいない。アビガイル・ソロモン＝ゴドー〔一九四七年生まれ。カリフォルニア大学名誉教授。専門はフェミニズム理論、十九世紀フランス美術〕が想起しているのは、イポリット・フランドラン〔一八〇九—六四。フランスの画家〕の「父から認められたテーセウス」[18]に向けられた批判である。この画家は英雄の裸の姿を描いているが、濃い毛でおおわれたその恥骨部はテーブルの背後に位置しており、そのテーブルの上には陰茎と鑑賞者のあいだに肉の塊がどっかり乗せられて視線をさえぎっている。「テーセウスの性器を隠すために使われた骨付きあばら肉の料理は〔…〕すこぶる滑稽な思い付きであり、ひどく醜悪な配置の手法である」[19]。このフランドランの描きそこないは——表象の領域から抑圧された性器は、その描きそこないのせいで、肉屋で売っているような一切れの肉の生々しい形に逆戻りしているのだが——、アトリエにいるモデルが役を演ずるよう命じられたさい、そのカノン的な姿勢のまま静止した体の中央部にあって、秘められていると同時に不安定で、理念に還元することができないという、あの肉の避けがたい現実が帯びていたであろう特徴、しつこく心につきまとう特徴を如実に表している。

芸術的な美のカノンに還元できないとともに、古典主義的な配置の密かな源泉である、男性器のこの過剰な現前を、素描や絵画は回避という手法によってしか示していないが、この現前をあらわにするのが写真である。早くも一八五四年、写真崇拝の取締役にして写真の先駆者であるウージェーヌ・デュリュー〔一八〇〇―七四。フランスの写真家。写真協会の理事長を務めた〕は、友人のドラクロワが紹介してくれた男性モデルの裸体をダゲレオタイプの感光板に定着している。写真機を操作したのはデュリュー、伝統にしたがって小道具とともにモデルを配したのはドラクロワである。何枚もの写真に写っているのは、みな同じひとりの男である。ドラクロワが「ボヘミアン」[20]と呼ぶその男は、口ひげをはやし、筋骨たくましい体つきをしており、全裸で写真にうつっていることもある。左の腿にややかたむいた黒っぽい性器を、そのようにあからさまにすることで、その男のもっている人間性や、金をもらうために服を脱いだ縁日の演芸のレスラーか元兵士という不安定な社会的境遇、彼という人間のなかの脆さが、アカデミーの秩序のもとに不意に露呈されるや、その秩序はたちまち歪み始める。ドラクロワはその原因を、芸術的慣習のなかへリアルな陰茎が侵入したという、逆説的でスキャンダラスな事態のせいにしていないとしても、芸術的秩序が破壊されたことは即座に理解している。一八五三年に最初の撮影会をしたときからドラクロワは、それらの写真には「貧しい素性で、並外れた［原文のまま］陰部をして、あまり心地よい印象を与えない」モデルたちが写っていると書き記していた。だが、そのような陰部は品がないので、「イタリア派の傑作とみなされている」[21]マルク・アントワーヌ（マルカントニオ・ライモンディ〔一四八〇―一五三四。イタリアの銅版画家〕、ラファエロの協力者）の版画でさえ、不快をもよおさせる。しかしまた、そのような陰部には、この芸術家を魅きつける力もあった。それから二年後の一八五五年十月五日付の日記で、ドラクロワはこう書いている。「私は裸の男たちを写したこれらの写真を、熱心に疲れもしらずに見つめている。これは素晴らしい詩だ。

この人体によって私は読むことを学ぶ。その光景は、三文文士の作り話よりも、ずっと多くのことを私に語っている[22]」。

写真は表象のアカデミー的な――あるいは古典主義的な――装置全体の中心において、陰茎を文字どおり裸にする。しかも、古びて、猥褻で、魅惑的なこの装置が、モダニズムによって拒まれながら、二十世紀前半をつうじてずっと存続するのは、写真によってなのである。二十世紀の初め、タオルミーナに居を定めたヴィルヘルム・フォン・グレーデン男爵〔一八五六―一九三一。青少年のヌード写真で知られるドイツの写真家〕は、「アルカディア風の場面」と彼が名付けた写真を専門としていた。アルカディアという着想じたい、その当時アカデミー的な想像世界に属するものだ。その写真は、思春期の未成年や若い青年に、裸で正面向きのポーズを取らせ、彼のシチリアの別荘にある、無国籍風の地中海的な舞台装置か、あるいは海辺で、たいがい作業場の小道具、たとえばペプロス〔古代ギリシアの女性が着用していた長衣〕、葡萄の枝、虎の毛皮、ギリシアの壺、鳥笛、羊飼いの道具とともに撮影されている。そのポーズ、装飾品、背景は、数世紀にわたる裸体画の死にかけている伝統を細部にいたるまで尊重し、何ひとつ付け足していない。グレーデンはそうした裸体写真で助成金を受け[23]、イタリアの公教育省から金メダルさえ授かっている。とはいえ、そうした映像を性器が描かれない伝統的な裸体画の写真ヴァージョンと見なそうとする慣例にひびが入るには、さして時間はかからなかった。グレーデンが一九三一年に亡くなると、一九三三年には彼の受遺者に対して猥褻な写真の保持・流布・販売に関する訴訟が起こされるのである。芸術かポルノグラフィか？　官庁にとっては、そうした映像が芸術作品と見なされてはならないとする根拠は、まさしくモデルたちの男性器のサイズであった。おそらくその理由は、性器のサイズが古代ギリシアのカノンに違反しているからというよりも、そのサイズが欲望の物語――そのなかでは芸術作品は崩壊する――の目印となっているからだろう。グレーデンが「このうえなく発達した男根をそなえた農民や若者たちを、タオルミーナの領地で探したのは、彼らの生殖器をはっきりと見せる目的で、全裸にして肖像写真を撮るためであった[24]」。

しかしながら、このグレーデンの死後の裁判で、陰茎の写真の明白さに関し、猥褻性が言及されうることは、それほど驚くに値しない。驚くべきは、ファシズムの渦中の時期にあって、法的機関がためらいを見せたことのほうである。司法は不起訴の結論を下したのだ。それは、この男性器の部分において、欲望の自動化されたメカニズムとは別の要素が賭けられている、ということである。これは何かもっと人を惑乱させかねないものであり、ポルノグラフィや商業的エロティシズムが確実に予想できるようなフェティシストの次元からは逃れ去るものである。すなわち、モデルたちの生きいきとした（ということは、いずれ死すべき）アイデンティティ、彼らが男として持っている還元不可能な特異性のことだ。ロラン・バルトがあの「地方出身のジゴロたち」に、「（もし彼らの誰かが今なお生きているとしたら、許していただきたい、ジゴロというのは蔑称ではない）」と言及しているとき、彼は明らかにこの点で間違っていない。作家が括弧内で語りかけているこの写真の男が、まだ生きているという可能性。その可能性を、シチリア人の若者たちの陰茎は、その陰茎じたいにおいて、最終的にディドロが正しいことを証明しながら、芸術的な美のカノンの次元から逃れ去り、眼差しをとらえるものによって根拠づけている。「はっきりと見える陰茎の包皮は、膨らんでいるが、もはや様式化されてはいない。言い換えれば、細くなったり、縮こめられたりしていない。割礼を施されていないのだ。目に見えることは、これだけである[25]」。

Ⅱ　外観的な特徴

地方出身のジゴロの膨らんだ包皮。これは、顔の外観（ぶあつい唇や、濃い眉……）とおなじくらい特徴的な外観だが、バルトはそれを庶民的な、ときには危険な、社会環境に結びつけている。そのような身分に、ブルジョワジーは悦楽と恐怖を見い出すことができた。「私の愛する者たちは裕福な階級ではない／かれらは労働者、場末の住人、田舎者だ」[26]。ところで、生殖器の外見が、少なくとも人相のまったく別の細部とともに当人の心理学的・社会的な環境と呼応し合っているという考えは、グレーデンやヴェルレーヌの時代から二十世紀半ばまで、医学と犯罪学の分野で厳密な思索の対象とされていたのである[27]。

十九世紀に広く信じられていた変質説は、獲得形質の遺伝という公準に支えられている。その理論が遺伝に関する考察を深めるにつれて、変質は生殖に関する問題に帰されるようになり、その問題は、生殖器官が変質性の過程によって優先的に影響を被るにちがいないという仮説のほうへ理論を導いていく。しかも、一八九二年に『犯罪人類学年報』でエミール・ローラン博士〔一八六一―一九〇四。フランスの医師〕が指摘しているように、陰茎の異常をよそおうことはできないからである。それゆえ、生殖器の形態の研究は、監獄でとくに推奨されたが、それは軽犯罪者たちが変質者だからであり、彼らが仮病を使っていても、何よりそのペニスの状態を見れば、ぐうの音も出せなくなるからだ。

性的発達が衰えたため生殖に適さない女っぽい若い泥棒という、十九世紀末に特有の軽犯罪者の人物像は、そこから医学的に構成されてきたのである。

監獄では、子供っぽい者や、女っぽい者をよく見かける。そうした男たちは、たとえ十八歳や二十歳であっても、十四、五歳に見える。背は小さく、痩せて、手足はほっそりとして、顔にはひげがなく、恥骨にも毛がなくて、陰茎や睾丸は子供のそれのようであり、声はかん高い。彼らはことのほか若々しく、その正確な年齢は見分けられないように思われる。(28)

したがって、個人の陰茎の「肖像」は、彼の顔の肖像を補うもの、あるいはその代理物にさえなれる。そして、顔の肖像と同じく、犯罪を生む変質性の諸指標を示しうるのである。

私はとりわけ注目すべき被験者をひとり見つけたが、その陰茎は長さ二センチ、円周は七センチしかなかった。勃起中は、その長さは五、六センチに伸びた。亀頭はハシバミの実のように小さく、めくることのできる退化した包皮ですっかり覆われていた。(29)

とはいえ、特異な事例だけでは、臨床的な実体を決定するには十分ではない。疫病分類学の記載は、いったん統計的な頻度の確認をへて行われている。

結局、別の乳房肥大症の男性においては、陰茎は短く、ほとんど嵩張っていなかったが、先端は棍棒状に膨らんでいた。

このような異常は、実のところ、変質的な犯罪者たちにおいてはかなり頻繁に見られるものである。それは、ここに再現された図表が示すような、陰茎に比べた亀頭の過度の発達によって構成されている。(30)

この「棍棒状」ないしは「鐘の舌状」の陰茎という問題は、二十世紀初頭に多数の軽犯罪者たちにおいて観察され、法医学者たちに強い印象を与えたようである。そこにはすでに、法医学の分野における代表的な著作、アンブロワーズ・タルデュー〔一八一八—七九。フランスの医師〕の『風俗犯罪に関する法医学的研究』〔「風俗犯罪」とは強姦・猥褻・売春あっせん・姦通・重婚などを指す〕におけるような記述が見い出される。実証主義者としてのタルデューは、影響や痕跡の点から証拠を研究している。証拠というのは、陰茎によって貫かれた肉体に、陰茎が残す痕跡のことである。それゆえ、タルデューが何よりも関心を抱いているのは同性愛である。なぜなら、その場合の違法性は、異性間での強姦のような、正常な性欲の逸脱した行使には存していないからである。同性愛の場合、非難されるべきは性欲それ自体なのだ。かくして、負傷を与える側の身体の形態にその傷の病因を求めるという演繹的な推論には、生殖器を違法なしかたで行使する傾向は生殖器の形態に認められるという、根本的な理屈がつけくわえられる。そのため、受け身の男色行為が肛門部にもたらす明々白々たる傷痕は、能動的かつ受動的な同性愛者のペニスの特殊な形態に対応しているというわけである。(31)

恐れることなく私は、男色者におけるペニスの形態は、常にではないにせよ、少なくともきわめてしばしば、何らかの特徴を有していると断言するものである。私はこの器官の形や寸法がどれほど変化に富んでいるか知っており、可能なかぎり誤りの原因を避けるために、ここ数年というもの、自分に託された病院の業務に配置されたすべての男性たちを、そのような視点から検査してきた。[32]

これに続いて、ペニスの形態上の分類が、「何らかの意味において過剰な」二つの傾向、すなわち、「非常にか細い」ペニスと、「非常に太いペニス」とを両極として示されるとともに、たとえば以下のような、すこぶる正確でかつ比喩に富んだ記述が添えられている。

ペニスが非常に太い場合、つけ根から先端へ細くなっているのは、もはやその器官全体ではない。低部で締め付けられ、ある種の動物の鼻づらを思わせるように、ときどき度外れなまでに伸びているのは、亀頭なのである。[33]

動物との比較が持ち出されてはいるが、タルデューの臨床医学が官能的=美学的な考察にはまり込むことは決してない。もっとも十九世紀末になると、ローランが「パリの監獄の常連」と呼ぶ人びと、犯罪者、泥棒、ひも、男娼、すなわち労働者階級のたいていの落伍者たちに関して、驚くべき通俗的な著書を出版している。この法医学者は、そうした事柄に好奇心をもっている読者に、自分の知識を理解させられる傑出した専門家の愉快な語り口をよそおっている。——しかも彼が、暴動を起こすならず者たちに雄々しい栄光を取り戻させている箇所は、すこぶる無邪気とさえ言える。

前章で私は、売春婦のヒモに、驚くほど筋肉りゅうりゅうとしたタイプがふたつあることをお見せした。彼らの睾丸と陰茎もやはり感嘆に値するもので、体の他の部分に見合っていた。私はもうひとりのヒモを見たことがあるが、彼は四十五歳とはいえ、その生殖器の素晴らしさのおかげで、まだまだ娘たちを喜ばせることができた。彼の陰茎は柔らかい状態で長さは十三センチ、亀頭の円周は十二センチあった。「これほどりっぱな器官をお持ちで、さぞ鼻が高いでしょう！」と私は彼に言った。彼は「ああ、こいつがなけりゃ、とっくの昔に飢え死にしてるでしょうな！」と皮肉交じりに答えた。(34)

素晴らしい、感嘆する、りっぱな器官、とローランは書いている。その美学的な文脈は、アカデミズムの文脈だ。しかし、その趣味判断のほうは、それを使うことを推定してのものである。「りっぱな」陰茎は、か細くもなければ、「キノデスム」——古代ギリシアの運動選手が包皮を閉じるのに結んでいた革紐——によって閉じられてもおらず、ぼってりしているのだ。

ヒモの男にしてみれば、重要なのは自分の商売道具である。だが、男性器の外見、とくに陰茎のサイズと、社会的ないしは人種的決定因子とのあいだに結ばれたこの絆は、ブルジョワジーのエロティックな想像世界——ブルジョワジー自身はそこから閉め出されているのだが——を活発に動かすバネのひとつになる。医師や弁護士や教師の大きな陰茎、などというものはめったにない。労働階級と植民地の原住民こそ、こうした陰茎の性質に割り当てる人員の無尽蔵な供給源である。この点を納得してもらうには、『ザ・ローテンバーグ・コレクション』(35)の名のもとに知られている写真集〔一九七〇年代にアメリカ人の古物商マーク・ローテンバーグが蒐集した、一八六〇—一九六〇年代のポルノ写真、約九万五千枚を指す〕をひもといてみるだけでよい。同書の男性が全裸でないときは、彼らが——ズボンをおろし、勃起している——扮しているのは、配達夫や召使（制帽、襟なし）、ボーイや郵便局員（制服）

であり、上流社会の常客（燕尾服、オペラハット）であることは、はるかに少ない。この資料のなかでは、男性の性器はつねに目につくところにあり、うまく画面におさめられていて、完全に丸見えなのだ。こうした映像がいかなる形態の欲望に向けられたものであるか、といった問題をわざわざ議論するつもりはない。写真のシーンは（ほとんど）つねに異性愛的であるが、しかし、期待されている視覚的快楽の一部は、「まぢかに見るおちんちんは……兵隊の、徒弟の」などなどといった俗謡によって（もう少し後の時代に）想起させられる社会的好奇心に応えることにある。これは社会的好奇心、といっていいだろうか。多くの時代をつうじ慣習のせいで隠されてきたものの正確な外観を発見する遊び、という意味ではおそらくそうだろう。だが、好奇心という語を、びっくりさせられる可能性という意味に解するとしたら、そうではない。事実、これらの映像は、人種差別や社会的偏見（そこに彩りをそえているのは、同書の場合には、賞賛だが）につきもののありふれた主題を継続している。それは、「りっぱな一物の」アラブ人・黒人・プロレタリアという主題である。特筆されるべきは、驚くほど閉じた仲間内の世界にきまって結びつけられている二つの職業、聖職者と船乗りである。

淫乱でたっぷりと恩恵に浴している修道士や司祭のイメージは、中世から一九二〇年代におけるその写真によるヴァージョンにいたるまで、キリスト教世界に脈々と受け継がれてきた。修道士たちの性的な盛んさは、ラブレーによれば、周知のことであり、「僧院の、鐘楼の暗がりだけは、子供の授かる、産屋かな」[36]と言われるほどだった。さらに、男根のような鐘楼のイメージは、すこぶる含蓄深いものであり、ミハイル・バフチンはそれを、誇張された突起と穴のかたちをした、グロテスクな身体のモデルのひとつと見なすこともできた。[37]サドのジュスティーヌを隠者の住処に閉じ込めている極悪非道の修道士たちのなかには、「手足がヘラクレスのようにたくましい」者もいれば、「巨人のごとき能力を授かった」[38]者もいるし、「おそろしいほど器官が成長した」者もいる。

さらにこの系譜は、十九世紀末に有名な艶歌のなかで体つきを描写されているカマレの司祭にまでつづく。[5] 両大戦間の写真集でもやはり、円い帽子をかぶったひげづらの司祭が、ローマふうの法衣のボタンをふたつ外し、長いペニスをひきずり出してシスターのやわらかそうな唇に向かってそそり立たせている。粗布の法服をだらしなく着た太鼓腹の修道士が、角頭巾の修道女をずんぐりしたペニスでさまざまな姿勢をしてからかっている写真もある。[39] 必要なものをすべてそなえた聖職者のこのイメージのなかに見い出さねばならないのは、おそらく秩序転覆——カトリックの聖職者は貞潔の請願を立てていると見なされているからだ——と、父としてつくられた人物像に対する敬意との混合物だろう。この童貞と父性のあいだの二律背反、世界の基盤となる、キリスト的な二律背反は、ローマ・カトリックにのみ属し、その聖職者にしか関わらない。淫蕩な写真のなかには、自分の雄々しいアトリビュート〔「正義の女神」の天秤のように擬人像が持つ道具で、その属性を表す〕を気前よく見せているようなプロテスタントの牧師はいないし、ギリシア正教の司祭もユダヤ教のラビもいない。

このきわめて古い人物像は、西洋社会の世俗化につれて、二十世紀半ばごろには姿を消していく。その時期はまた、過ぎ去った世紀の文学やイメージのなかには前例のなかった、ひとつの現代的なクリシェが大流行をみる時期でもある。若く、ほっそりした、とても男らしい、ゲイむきの、水兵という人物像のことだ。ジュネの小説『ブレストの乱暴者』(一九四七年)の主人公でクレルという美しい殺人者の水兵は、性的な両義性をそなえている。彼があらがいがたく魅きつけられるのはまず売春宿の主人、そのつぎはポリ公で、ふたりとも男らしく腕っぷしの強い人物である。クレルにはもちろん先輩のような存在がいる。船に乗せられたビリー・バッド(メルヴィル)やジェームズ・ウェイト(コンラッド)、あるいは、港々をうろついている男である(マッコルラン)。[6] だが、ジュネは主人公とその仲間たちのペニスそのものを、文学における新たな中心に据えている。ジュネの小説のためにコクトーが挿絵を描いており、ジュネの描写しているような、享楽的で、荒々しくも女らしさを秘めた、創作上の人物たちの、髪や巻き毛、たくましい首、広い肩、ずっしりした陰嚢、膨張した長いペニスを、彼は流麗にして明晰な線で描き出している。ただし、コクトーはこのジャンルの創始者というわけではない。一九三〇年代から、アメリカ合衆国ではチャールズ・デムス〔一八八三―一九三五。アメリカのプレシジョニズムの水彩画家〕が水兵たちの出会いを水彩画の連作で描いている。そのうち一枚は、絵の舞台が男子用の共同便所だ。画面を見ると、ふたりの水夫が、前当てのついたズボンと、短い制服の上着を着て、膨らんではいるがまだ柔らかいおたがいのペニスを比べているところであり、かたやその奥では、別のふたりが並んで放尿している。また別の水彩画では、舞台は海辺である。画面中央にいる水兵は、ブーツと水兵帽しか身につけていない。砂浜に腰をおろした彼は、仲間がブリーフから引き出したずんぐりした器官を見ながら勃起している。彼らの後ろでは、三人目の端役が服を脱いでいる。パーヴェル・チェリチフ〔一八九八―一九五七。ロシアで生まれ欧米で活躍したシュルレアリスム画家〕がアクアチントで描く水兵は、臍のうえに制服をかけて眠っているが、ズボンを膝まで下ろしている。その勃起した陰茎は、この版画を出版したジョナサン・ワインバーグの注記によれば、並外れた大きさにもかかわらず、ファロス的な力強さというよりむしろ傷つきやすさの記号のように思われる。[40] おそらくワインバーグの言うことは正しい。体をゆする歩きかた、襟に飾り紐のある制服、ふさつきのベレー帽――一九四〇年代はまだブルジョワの子弟もこの帽子をかぶっていた――、そしておそらくは、彼らがたむろしていた港や海といった場所のせいもあって、水夫たちは、永遠に青春期にある、男でありかつ女であるような、曖昧な中間地帯に閉じ込められているのだ。彼らのたくましい男性器は、聖母マリアの色である青と白のあまりにもおしゃれな制服と好対照をなしている。[41] 一九六〇年代からは水兵は、玄人むけの芸術の世界をはなれて、同性愛のエロティックな図像のありふれた主題となっていく。「ボディビル」のアメリカの雑誌『フィジック・ピクトリアル』（一九六二年）誌上では、ズボンをおろしたまま、船をつなぐ柱にもたれて眠りこけている水兵の姿が、初期のヌード写真のなかに見つかる。いっぽうトム・オブ・フィンランド〔一九二〇—九一。本名トウコ・ラウクゾネン。フィンランド生まれの挿絵画家〕というイラストレーターが、アメリカの専門誌に寄せている絵では、乗組員全員が互いの巨大な性器をじろじろと見比べている。

カトリックの司祭、水兵、職人、植民地の黒人やアラブ人、さらにその後は、ボディビルで鍛えたカリフォルニアのポルノ俳優。こうした男らしさの性的人物像には、元型的な器官がさずけられている。その器官は膨張していたり直立したりしているが、いずれの場合も誇張気味であり、またおそらくは、猥褻なイメージの生産が職人的段階から産業的段階へと進化するにつれて、しだいに「個性」をなくしている。これは、性器の外観が、法医学の謹直な学術的領域においても——軽犯罪者の退化したペニスの外観——、エロティックでポルノ的な図像の淫蕩な領域においても——（現実の、ないしは想像上の）モデルたちの職業的なペニスの外観——、ひとまとめに統計学的、集団的な様式によって考えられているということである。統計上の理想的な真理と、それぞれの個体性の経験とのこうした葛藤が、はからずもまた面白おかしく示されている図版が、一九六〇年代のアメリカにある。読者を楽しませるためにそこに示されているのは、五つの顔と五つの性器のクローズアップである。どのペニスがどの顔に対応しているかというクイズなのだ。このように、（顔の）肖像画と（ペニスの）肖像画の等価性は、明確に定められている。ただし、その五人のティーンエイジャーは、一九六〇年代におけるアメリカ人らしさの一般的なコードのもとでは、めいめいの外観の特徴が区別しにくい。——彼らは全員これでもかというくらいエルビス・プレスリーやジェイムズ・ディーンに似ているし、彼らの陰茎はどれも割礼され、長細く、半分ほど勃起しており、互いによく似かよっていて、奇妙なくらい同一の社会的・歴史的決定にしたがっている。それはちょうど、一九二〇年代にシチリア人の「若者《ラガッツィ》」の性器が存在していたように、ベトナム戦争の時代の軟弱男《トゥインクス》の性器となっているのだ。

とはいえ、全身を描いた肖像画や自画像もないわけではない。そうした作品では、数こそ少ないが、性器が顔の真似をして、歴史や社会的身分に応じてではなく、あくまでも個々人に応じて、その外観を受け入れている。アメリカのアーティスト、ウィン・チェンバレン〔一九二七―二〇一四。ミネソタ生まれの画家・映画作家〕の二部作、「詩人たち（着衣の）」と詩人たち（裸の）」（一九六四年）は、この点では、ひとつの流派のケースをあらわしている。事実、一枚目のパネルにチェンバレンが描いたのは友人の作家たちで、(42) そのうち三人はベンチに座り、四人目は彼らの後ろの真ん中に立って、どことなく学級写真のように集まっている。微笑みを浮かべた彼らは、四人ともみな同じようなありふれた服装をしている。誰もがワイシャツにネクタイをしめ、青っぽいズボンをはいているので、顔立ちや髪の色・長さを見てようやく区別がつく。二枚目のパネルは彼らをほとんど同じアングルから描いているが、全員が裸である。今度は、一枚目における顔と同様、彼らの生殖器でも同じようにして（恥毛の色・形、陰茎のサイズ・傾き、包皮のふち、あるいは割礼）一人ひとりを見分けることができる。

これほどユーモラスではなく、人間性にさらなる不安を抱いているルシアン・フロイド〔一九二二―二〇一一。イギリスの画家。祖父は精神分析家のジークムント・フロイト〕の作品にも、裸の男たちが数多く登場する。それが提供しているのは、モデルの生殖器の特異な外観に関わる絵画的な問いかけの多彩な例である。彼が描くリー・バウリー〔一九六一―一九九四。オーストラリア人のパフォーマー。ロンドンのアート・ファッションシーンで活動〕は、パフォーマーやダンディとしてしばしば仮装していたときの突飛な衣装は身に着けていない。裸で、はげで、脂肪肥り、肉欲にあふれ、性器はぼってりとして、睾丸の垂れ下がった姿をさらしている。フロイドはバウリーを襞のある布のかかった壇に立たせ、アトリエの天窓の真上からくる光をあてて描いている。——人物モデルの完璧なまでの裸体画《アカデミー》であるが、パルナソス山やホメロスの英雄たちからはほど遠い、あまりにも人間的すぎる作品である。さらにフロイドは、バウリーが汚れた洗濯物の山の上に寝そべり、片足をシーツのないベッドのマットレスに乗せ、もう片足を床に置いた姿も描いている。休息中の性器は腿に垂れさがり、陰嚢や、その延長にあって向こう側に割れ目をつくっている最も秘められた部分をさらけ出したかっこうのままだ。

これら裸の男性の性的な肖像画は、二十世紀も含めて稀な存在であり、事実上、伝統のなかには前例がない。記憶と盛装の芸術としての肖像画の社会的文脈は、このような肖像画とは関わりをもちにくい。そのかわり、歴史的な先例は特異だとしても、裸体の自画像というジャンルは、その素晴らしい起源をデューラーの自画像（一五〇五年）にまでさかのぼる。デューラーは三十四歳前後のときに、ほぼ正面から自分の姿を描いている。彼は左手を背後にまわし、右の腿をいくぶん前に出している。面持ちはやつれ、髪は細紐のようなもので後ろに束ねており、髭はうすい。探るようなその目つきだけでなく、顔の表情全体のせいで、鏡に映っているらしい対象としての身体にたいしても、同じく、画家が自分の身体について保持している内的な像にたいしても、その観察ぶりは注意深く、緊張に満ち、ほとんど不安めいたものとなっている。ずんぐりとした陰茎のほとんど彫刻的とも言える描写力——インクと白のハイライトで造形された——が働いているのは、これらふたつの映像、すなわち、鏡による身体像と、視線よりも触覚によって心の奥底から認識されるような、内面から想像される身体像との合流点においてである。その亀頭は包皮の鞘の下にはっきりと描かれており、垂れ下がった陰嚢は玉袋のしなやかな組織によって解剖学的にほぼ正しく包まれた睾丸のいびつな卵型をしている。

視覚的であるのと同じぐらい触覚的でもある映像として、デューラーの裸の自画像は、それを生み出した自我についての内密な経験を含んではいるものの、その経験の内実まで解き明かしてくれるものではない。自分の性器の体系的な肖像に連結された、自分のセクシュアリティに関する芸術家本人による分析は、クラフト＝エビングとフロイトの時代に、彼らの都市ウィーンで、ただし彼らの知らないところで、エゴン・シーレの仕事のなかに生まれている。セピア・インクで描かれた一九一〇年の自画像は、人物の姿勢や、探究心の強さ――鑑賞者のほうを向いているように見える眼差しが語りかけているのは、鑑賞者にではなく、画家自身と鏡に対してなのである――によっても、脚を膝まで描いて性器の存在を強調している枠取りによっても、デューラーの自画像を思い出させる。性器の描写に使われているインクは、体の他の部分にくらべるとずっと濃くて暗めである。尿道口、亀頭、陰嚢は、太い筆の線でくっきりと描かれている。デューラーと同じく、つるつるした胸は、あごや口のひげの毛と、恥骨の上のきわめて細い毛を際立たせている。そのようにしてシーレは、陰茎の上や、脇の下にある毛のしげみ、胸の中央の細い線といった、自分の体毛の素描を描き留めているのである。もう一枚の一九一〇年の（おそらくは）自画像は、デューラー的なモデルとは断絶している。彩色されたその水彩画は、今度は脚の下方で切れてはおらず、胸の上半身で、したがって顔のところで切れている。絵の男は青色のスツールに座り、腕は背中にまわし、痩せた体をねじまげている。鼠蹊部の鮮やかな緑の皺の中央にある、彼のバラ色とオレンジ色をした性器は、さきのクロッキーほど正確には描写されていない。だが、その土ふまずは、下の方へまさしく二倍も足をねじっているので、グリューネワルトやホルバインにおけるキリストの足の拘縮を思わせずにはおかない。表象の中心にあるこの作品の真の主題は、享楽と生殖の器官であり、苦悩と道徳性の原則として示されている。ちょうど理論的な次元でその主題にあたるものを担うことになるのが、バタイユの作品におけるセクシュアリテだろう。

息づまるほどの不安は、成年期にはかくも激しかった欲望と死の刃が、時間の効果をめぐる瞑想のなかで、その切っ先が鈍くなれば、もしかしたらおさまるかもしれない。デューラーは五十七歳のとき、シーレは二十八歳のときに亡くなっており、ジョン・コープランズ〔一九二〇―二〇〇三。イギリスの写真家〕が自らの仕事を開始した年齢には達していなかった。コープランズは六十歳代のとき、自分の顔を除く、足、手、こぶし、膝、胴体、尻など、身体のあらゆる断片をモノクロで接写している。「自画像六たび」(一九八六年)は、一種の三部作だが、胸から始まって両腿の中央にいたるあの部分、つまり、臍、腹、恥骨、性器に割り当てられている。苔のように体毛がはえ、上腹肉は収縮し、しわくちゃな陰嚢はふくらんで、その真ん中には、どんぐりの実に似たむき出しの亀頭があり、アーティストの性器は、それが表している生の消耗によって、ほかでもない彼自身のものであるが、それと同時に、動物界や植物界といったほかの領域とも接近している。そこは、たえず形を変えながらつねに生きいきとしている自然が、自然を活気づけている生き物たちの老衰や死によって強化されるような領域である。生まれて、老いて、死んで、次の世代をなすように定められている人間の性的な条件と、その性器の肉体的な運命は、これらの映像のなかで重なりあっているのだが、いっぽうで外見上の類似は、そこでは回折現象を引き起こしている。すなわち、絶対的な特異性(この瞬間だけにおける、このただひとりの男の、このただひとつの性器)と、相異、ないしは有機体の果てしない変身(昆虫、節くれだった木、苔むした石)とのあいだで、類似は屈折しているのである。

コープランズの性器は、彼を悩ませ狼狽させる自然にもともと属しているが、それは老いつつある男の性器であり、アーティスト自身の所有物としての性器である。その自己同一性に影響を及ぼすような混乱は何も起きていない。いっぽう、マシュー・バーニー〔一九六七年生まれ。アメリカのコンテンポラリー・アートを代表する作家〕の短編映画「ホイスト」(二〇〇七年)で、最初の長い固定ショットを占め続けているあの器官に関しては、もはや事情はまったく同じというわけにはいかない。黒光りしている無脊椎動物、海藻かナメクジのような肉が、ぴくぴく動き、みじろぎする。そして非常に緩慢に膨張し、ふくれあがり、息をしているような泡と地衣とからなる砂地のような場所で、ぴんと張りつめる。三分後にその大きくなった物体が最後にびくっと跳ね上がったときになって、観客はようやくそれが男性の陰茎だとわかる。その意味するところはつまり、映画の中でその性器の持ち主である存在がほんとうに人間だというわけではなく、むしろ機械とのハイブリッドであり、巨大な巻き上げ(ホイスト)の装置のせいでひどく苦しめられている肉であるということである。人間を自然とではなく機械と交わらせる異種交配は、しだいに不可能ではなくなっており、そこから生まれるのは、見違えるほど変わってしまった陰茎であるが、それでもやはりそれは、なだめられ、傷つきやすく、ついで勃起させられる一個の性器なのである。機械の人間的な基《ラジカル》というわけだ。

それでは、人間と神との異種交配からは、いったい何が生まれるのだろうか。

Ⅲ　ファロスとペニス

「キリストのセクシュアリティ[43]」に関するその有名な著書の中で、レオ・スタインバーグ〔一九二〇―二〇一一。アメリカの美術史家・評論家〕は、数が少なくて、それまで顧みられたことがなく、十六世紀の最初の三分の一にかなり正確に時期が限定される図像に注意をむけさせている。その図像が示してみせるのは、苦しみの「人」、拷問されるキリスト、磔にされる神、性器のあるところで勃起の力と見なすべきものによってふくらんでいる腰布《ペリゾニウム》である。この突飛なイメージは、明らかに瀆神的であり、キリスト教図像学はそれをただちに放棄した。しかしながら、そのイメージは、他のところでは分離されていたファロス〔怒張した男根の表象〕とペニス〔器官としての陰茎〕の結合を「子」という位格において認めるような、キリスト論の高度な概念に対応しているのである。ファロスの象徴は、世界のいたるところで最古の時代から証明されているように思われる。それに割り当てられた諸価値は——、豊饒、蘇り、復活、保護、力強さなどであるが——、男性の陰茎に結びつけられた決定論——色欲、暴力、死すべき運命——からはきわめて遠く離れている。受難のなかで最も痛ましい瞬間におけるキリストの勃起が意味しているのは、「復活」、死に対する勝利である。この意味においてキリストの勃起は、ファロス的な諸価値を神業のようにして引き受けているのだ。とはいえ、それは人間の陰茎の勃起であって、人体において陰茎が位置している場所で起こるのであり、古代の男根像のように取り外されていたり振りかざされていたりはしない。ペニスの勃起は、キリストにおける神の「人間化」と呼ばれるものを示している。それは、「父」が「子」においておのれを人間《オム》となした、すなわちまさしく、死と苦しみには屈するが性的欲望には屈しないような（女でも神でもない）男《オム》となした、という顕現である。このようにして、瀕死のイエスは不死であると同時に死すべき存在となり、無感動であると同時に情熱的となり、ファロスとペニスにたいしてともに、勝ち誇ると同時に従属する存在となる。このようなものが視覚的には人間＝神の建立された陰茎であり、その表象がきわめて稀であることにかわりはないが、通常のペニスとは異なった存在なのである。これと同じように、マシュー・バーニーの創造的なイマジネーションによる人間＝機械（ホイスト）の陰茎もまた通常のペニスとは異なっている。それは一枚の膨らんだ布地であるが、それを膨らませているのは肉であるとともに、だがまた神の息吹きでもありうるだろう。

もしかすると、イエスの場合を別にすれば、ファロスの力は人間の力ではないのかもしれない。前者は普遍的で冷静であるが、後者はただ男性的で情熱に突き動かされているだけだからだ。とはいえ、古代の男根像はまさしくペニスにほかならない。多くの場合は巨大だが、ときには危険をそらす護符として持ち歩けるサイズに縮小されることもある。お互いに男たちは、ファロスの卓越した象徴的秩序へ自分が生まれつき参加していることを、自分の解剖学上の性器から推論する。これが「ファロクラシー」〔男性優位の政治支配〕と呼ばれるものだ。建築家のジャン＝ジャック・ルクー〔一七五七―一八二六。フランスの新古典主義の建築家〕は、十八世紀末にこの同一化の視覚的ヴァージョンを二枚の図版で描いている。一枚目は、「バッカス神の淫奔な姿勢」と題されている。それは男性の下腹部と休んでいる性器を示しており、「あいにくなことに動かない手足」、「高貴なる部位、生殖の器官」、「睾丸」といった記載が書き込まれている。二枚目は「プリアポス神」(7)である。素描の記載のひとつによれば、陰茎には「その役目を果たす直立した恐るべき部分」と書き添えられている。これらの非常に正確な解剖学的な図版は、その守護神となる神々に関連付けられており、まるで男の性器はバッカスとプリアポスのファロスであるかのようだ。ところが、三枚目の図版は、嵌頓包茎のせいで痛ましくも変形したペニスを示しており、画面に山羊の尻がちらりとのぞいていることから、それがサテュロスのものであることがわかるが、それだけであの階層秩序を乱すには十分である。バッカス祭の神話的な人物像が、勃起を妨げられているかもしれないのだ！　以後、十九世紀美術は、この推論をときには肯定もしたが、もっと頻繁に批判してきた。あるときは、男性のペニスの地位をファロスの威厳へと高め――それはしばしば、その高慢な肉体に屈辱を与えるためでもある――、またあるときは、ファロスをペニスの地位にまで引き下げてきたのである。

二十世紀は、懐疑的ではないがシニカルかつ幻滅した時代になっていくだろう。男性器と形態が同一かどうかに合わせてファロス的象徴の表象を抑えるには、もはや羞恥心も神聖さも大した働きをなさない。そのうえ、事実アーティストたちは直立した陰茎を、一九〇〇年以前の四千年間をつうじてよりも、この百年足らずのうちに、より多く造形し、描き、撮影してきたのである。ただし、そうした陰茎が勝ち誇っていることは滅多にない。この確認から除外しておくべき例は、コンスタンティン・ブランクーシの「青年のトルソー」（一九一七―二二年）である。一本の木製（後に大理石製のヴァージョンもある）の柱身が直立しており、その底部に別の二本のもっと短い柱が、山の形に置かれている。むろん、題名が示しているように、その彫刻は両腿のつけ根からのトルソーをあらわしている。だが、同時にその作品にファロス的象徴を認めずにおくことは、その作品がデロス島のファロス像と酷似していて、その引用とも言えるほどであるためいっそう困難である。明らかにブランクーシは、身体を抽象にまで純化することによって「青年」の男らしさを偉大化し、それを身体‐ファロスとして直立した状態で、また、そのモデルであるデロス島の像――こちらは今では廃墟であるが――のように頭部を欠いた状態で、純粋な男性原理としてほめたたえようとしていたのだ。このように、二十世紀美術におけるファロスの肯定という稀有な瞬間において、彼の作品は、全面的とはいかないまでも、すでにメランコリーをひそかに含むものとして、過去の栄光と同一視される。そうした考古学的な参照には頼らず、ロバート・メイプルソープのいつくかの写真は、独自のしかたで陰茎の崇高化を行っている。とりわけ、『ザ・ブラック・ブック』に収録された黒人男性たちのヌードの場合がそうだ。たとえば、そのなかの一枚では、ジミー・フリーマンというモデルがうずくまり、足を軸にして両腕を交差させ、両肩のあいだの頭には椀の形をした白い帽子をかぶっている。そのようにして腿の水平線とふくらはぎの斜線からできた三角形に内接しているのは、建築の要素と同じくらい力強く抽象的な、男性の性器の垂直線である。「ポリエステルのスーツの男」のズボンのチャックからは、長いペニスが飛び出ている。けれども、（身体の中央にあたる三分の一の部分だけを切り取っている）トリミングによって、性器の異様なサイズによって、またとりわけ、生きている人間の上皮よりも、むしろ精巧にできたなめし皮を思わせるその肌の肌理と黒い光沢によって、むきだしの性器は性欲から切り離され、普遍的な象徴にまで高められている。ただし、象徴とはいっても、象徴体系は伴っていない。メイプルソープの写真は、それをアメリカのクィア運動の歴史に連れ戻さないという立場を取るなら、個々の映像の美学的完成のなかに全面的に吸収されるがままになるからだ。

アンドレス・セラーノ〔一九五〇年生まれ。アメリカの写真家〕の連作、「セックスの歴史」（一九九六年）は、おそらくファロスの優越性を是認してはいないだろう。その連作では、性器がありとあらゆる形をとりつつ絶対的な存在になっている。エナメルのような極彩色ときわだった厳密さゆえに、ブロンズィーノ〔一五〇三―七二。マニエリスム期のイタリアの画家。代表作に「愛の勝利の寓意」〕の肖像画を思わせるその写真映像の完璧さも、また、モデルたちを彼らのセクシュアリティの、イコンのような、またそれゆえ無時間的なポーズに固定しようとする決定も、君主制という意味であの絶対主義を打ち立てるのにおそらく貢献している。セラーノの映像は宗教画さながら硬直しているせいで、その不活動ぶりは性的欲望そのものと好対照をなしている。性的欲望とは、動き、興奮、乱れであり、もっと最近の言い方をするなら、衝動だからである。これらの写真の画面に見られる男性器が、どんな状態にあっても、陰茎よりはむしろファロスに、肉体的な性器よりはむしろ象徴的な性器に属しているのは、以上のような意味においてである。とはいえ、それは象徴というより、フェティッシュに近い。そしてこの次元においては、空や海とほとんど一体化した背景にたいし、ファロスは真横に、あるいは真っ直ぐに勃起しようが、悲しげなピエロのような人物の開いたチャックから垂れ下がっていようが、変わらぬ「これ性《エセイテ》」〔個体をその個体たらしめるもの〕のうちに固定され、欲望を失い、侮辱されている。このように「セックス」をフェティッシュの衰えることなき永続性に合わせることは（セラーノにおいては、勃起は性的快感や行為後のしぼんだ状態に先立つものではなく、無気力な陰茎は決して欲望を抱くことがあってはならないように見える）、たしかにファロスのフェティッシュ化にまで到達している。たとえば、「マスター・オブ・ペイン」[44]では、暗闇をバックにしたひとりの男が、両腕を背中でしばられ、両乳首と亀頭にそれぞれ通した三個のリングを細縄で結ばれて、ペニスを引っ張り上げられている。彼は睾丸には枷をはめられており、その顔には何とも言えない引きつった笑いが浮かんでいる。

自由であるにせよ、縛られているにせよ、『セックスの歴史』のペニスは、この「歴史《イストワール》＝物語」が——ファロスを守るためでも批判するためでもなく——ファロスのイデオロギー的秩序に同意していないという意味で、象徴としてではなくフェティッシュとしてファロス的なのである。言い換えると、アンドレス・セラーノの性器の歴史《イストワール》＝物語は、もろもろの性器どうしの戦いの歴史《イストワール》＝物語ではないのだ。侮辱されたもうひとつのファロス、ルイーズ・ブルジョワ〔一九一一—二〇一〇年。フランス人の彫刻家〕の「小娘」[45]のファロスはといえば、また事情がことなっている。それはラテックス製のペニスで、燻製の肉のように褐色であり、むきだしにされた（保護する袋のない）二個の玉の上に立てられ、皮をむかれているように見える。一九八二年のメイプルソープによるポートレートでは、その彫刻はアーティスト自身の腕に抱えられているが、そうでないときは画廊の天井から亀頭に紐をかけて吊られている。まるで貯蔵して少しだけ腐らせて味を出したり、燻製にしたりするジビエのように垂れ下がっているのである。ブルジョワは、男性の繊細さとそれを守る必要性を表現しようとしたかったようにも思われる。(46) 念のためにそう言っておこう《ドンタクト》。いずれにしても、彼女はバッカス祭の巫女のようにふるまっている。ペニスは去勢され、皮をはがれ、吊り下げられ、その名を嘲弄される。ペニスがそのような取扱いを受けるのは、ひとえにそれがファロスの器官だからである。ちょうど斬首された国王の首が、権力の頭《かしら》であるのと同じだ。とはいえ、そのような作品としての「小娘」は、一七四一年にライデンで解剖学者ヨハネス・ラドミラル〔一六九九―一七七三。オランダの印刷業者・画家〕が出版した『人間のペニスの肖像』と密接な（おそらくは意図せざる）類似を呈している。その器官は蠟の注入によって整えられ、「そのあらゆる部分が実物どおりに眺められるような視点から配置され」ており、そうやって展示されることで人間の生殖に関する科学的探究が容易になるようつくられていた。それゆえ、ラドミラルの版画はルイーズ・ブルジョワの彫刻の逆にあたるものだ。後者は去勢されたファロスを人形ないしは戦利品にする。前者はペニスを自然の驚異にするのであり、その内臓脱出《エヴィセラシオン》は生殖の神秘さを追い払うのに貢献するいっぽうで、学者にペニスの完全性を明らかにしている。かたや権威を失墜した神であり、かたや男らしい肖像なのである。

　ファロスにたいする愚弄は、一九七〇年代には、フェミニズムの芸術に欠かせない図像となる。一九七四年十一月、リンダ・ベングリス〔一九四一年生まれ。アメリカ人のフェミニズム・アーティスト〕は『アートフォーラム』誌に差し込み広告として彼女自身の写真を掲載した。アーティストは白い「蝶」の形をしたフレームのサングラスで目をおおい、わずかに唇をあけ、裸体で、腰をかすかにくねらせている。つまり、彼女は男性誌のピンナップガールに扮しているわけだが、自分の性器にプラスチックの張形をつけている点だけが違っている。そのイメージは、それじたい複雑なものである。ポーズはプロのそれだが、小さな胸とショートカットの女性という体つきはそのポーズにそぐわない。下腹部に巨大なペニスを見せびらかしているような男性にならった身振りは、挑発的であると同時にマッチョである。張形もまた、言葉の本来の意味でアンビヴァレントである。というのも、それにはふたつ亀頭があって、一方はアーティストの膣にさしこまれ（それゆえアーティストは「女性」の状態で」貫通されている）、他方はアーティストの前方に直立している（それゆえ彼女は「男のように」それでオナニーをしている）。そのイメージは、低俗だと判断され、アメリカのアート界や、女性がポルノグラフィの演技をすることを認めないフェミニストたちに一種のスキャンダルを引き起こした。(47) その写真が雑誌の資金源となる広告のページを非難していることを、みごとに誰もが不適切だと思ったのである。いずれにせよ、ファロスがひび割れた、グロテスクな、言ってみれば、頭も尾もない〔「首尾一貫しない」の意の熟語〕、漠然と嫌らしい陰茎として提示されるとき、ファロスを持つべきだという男性の主張はこっけいに思われる。

それに先立つこと二年前、すでに美術史家のリンダ・ノックリン〔一九三一年生まれ。アメリカのフェミニズム美術理論の代表者〕は、ポルノとまではいかないが、すくなくとも淫蕩なイメージの領域を当て込んで、イメージとその生産者つまりアーティストたちがなしているファロクラシーの体制を証明しようとしていた。(48) 愛想のよさそうな若い娘がひとり、黒いストッキングしか身につけず、お盆を差し出して「わたしのリンゴを買ってください」と言っている十九世紀フランスのいかがわしい写真を、ノックリンはからかう意図でわざと剽窃している。ノックリンはひとりの男性の写真を撮影しているのだが、彼も靴下だけの姿で、長髪、ひげをはやし、毛深く、大きなキンタマをして、お盆を持っている。いわく、「わたしのバナナを買ってください」。造形上の成功にもかかわらず、ノックリンの戦略の論証的な有効性は短期間だったようである。そこで重要になっていたのは、厳格に異性愛的かつ男性的なモデルにしたがって美術史を編制している眼差しの、非対称的で、ベクトル化された政体——ファロスは見つめるが、自らの権威のおかげでファロスは見つめ返されることから保護されており、眼差しの対象である女性は視覚に従属させられている——を、ピンナップの男性の突飛さをつうじて証明してみせることであった。おそらくわれわれは今日、もはやそのような状況にはいないだろう。とはいえ、オスマンの外交官ハリル・ベイ〔一八三一―七九。トルコの外交官。絵画蒐集家〕が自分の楽しみのためにクールベに描かせたのは、たしかに男ではなく女の性器であった。これにたいして、ノックリンとベングリスの直系に位置しているオルラン〔一九四七年生まれ。フランスのアーティスト〕は男女のバランスを回復している。「世界の起源」〔女性器のアップを描いたクールベの油彩画〕と対になる作品として、彼女は「戦争の起源」（一九八九年）を制作しているのだ。ふっくらとした陰嚢の上にむとんちゃくにペニスを立たせているその男は、ひらいた脚をクールベのモデルから借りているし、へその上まできているシーツもほとんどそうだと言えよう。しかしながら、十九世紀の巨匠の作品に伝統的に冠せられている礼儀正しいタイトルは、世界から戦争へと転倒されている。男らしさのアトリビュートとしてのファロスは（オルランが示しているように、仔細に眺めてみると、それほど立派というわけではないが）、破壊の原理なのである。さらに最近のこととしては、一九七〇年代にパフォーマンス——その最中に観客の暴力は抑圧から解放される手段を見出していた——で知られていたマリナ・アブラモヴィッチ〔一九四六年ベオグラード（旧ユーゴスラビア）生まれ。ニューヨーク在住のアーティスト〕が、「バルカン・エロティック・エピック」（二〇〇五年）というおもしろい短編映画を撮影している。この映画は、バルカン半島の民衆に伝わる儀式についての調査のパロディである。男と女は、各自の性器にしたがって自然界に懇願する。女たちは裸の胸を動かし、青麦への雨乞いをし、男たちは種蒔きに先だって、大地を自分たちの精液で肥沃にする。映画のラストシーンが見せるのは、民族衣装を着た男たちが、立ってズボンの前びらきからペニスを出すところである。最初はファロスが堂々と膨張しているが、多少なりとも速く、あるいはゆっくりと、それは頭を下げ、雄々しい戦争のノスタルジックな合唱曲が響くあいだに、徐々に垂れ下がっていく。

これらのフェミニズム的な作品にあっては、女性のアーティストたちはファロス・ペニスにたいする制裁と憐憫のあいだで意見が分かれているように見える。ファロス的な権威をわがものにしようとする男どもの野望は正されるに値するが、男どもの性的快感、苦しみ、さらには死のために操られるペニスは、じつに脆弱に思われる。最近の一連の作品は、男性の性器を、またそれによって男らしさを示すことに熱心である。男性の性器は、男らしさの器官であり、同時に、男らしさの象徴でもあるが、それほど尊大ではなく、もしかするとまさにそれゆえに、もっと傷つきにくい象徴かもしれない。そうした作品から以下のような仮説も立てられる。すなわち、男はファロスの秩序をまぬがれることもできるのであり、男のペニスは、彼の男らしさのなかに潜り込んでいる女性的な部分のために証言するという逆説的な役目を、そうした作品において引き受けている、という仮説である。

長いあいだ、自慰には道徳や衛生の上での汚名が結びつけられてきたせいで[49]、その行為は恥ずべき、享楽的な、孤独の、そしてとりわけ秘密のものとされている。二十世紀の初頭でもなお、医者と教育者は自慰を禁止するという点で意見の一致を見ている。フロイトはそれほど厳格ではないにせよ、神経症患者らの病歴のなかでもとくに症候的な要素として、臨床記録のページに定期的にその事実を書きつけている。一九一一年の日付があるシーレの自画像の大胆さは、この尺度から判断しなければならない。その絵では、黒い上着を広げた画家が裸になり、片手では陰茎を、もう片手では陰嚢をそれぞれ撫でている——そのため、自己愛的な行動には疑いがないとしても、撫でさする手によって覆い隠された生殖器官は、正確には、鑑賞者の目から見ることはできない。だが、その大胆さは、自己自身にたいする屈託のなさと愛情の瞬間に、男性の性的快楽の中心にいると同時に、自己の統禦、他者の征服、愛撫や弛緩にたいする軽蔑といった男性的価値そのものから遠ざかっている自らの姿をさらけ出している点にある。彼の真に転倒的な力は、自慰の実践にたいする医学的・宗教的な非難を生きのびて、一九七〇―八〇年代にはアメリカのアンダーグラウンド・カルチャーにおいて一種の紋切型になるまでにいたっている。自慰をしている肖像画や自画像は、ずうずうしさや、風紀・羞恥さらには衛生にたいする敢然たる挑戦や、自己への性的な愛情がいりまじった前代未聞の混合から、その転倒的な力を引き出している。たとえば、「ブービー」は、片手にタバコを持って、チャックから出ているぼってりした陰茎を三本の指でつかみ、困惑した眼差しで、唇から舌をのぞかせて、ラリー・クラーク〔一九四三年生まれ。アメリカの映画監督・写真家〕のカメラのレンズにむかって挨拶をしている（一九七八年）。いくぶん男娼っぽく見えるその青年は、勇ましくもみじめな玉砕の戦法で、自らの商品を示している〔写真ではズボンのチャックを開けて男根を見せている〕。デヴィッド・ヴォイナロヴィッチ〔一九五四―九二。アメリカの画家・写真家。代表作に写真集『ニューヨークのランボー』〕は、エイズが同性愛のコミュニティから多くの命を奪っていた時期における、クィア・ムーヴメントのニューヨーク版ランボーといった存在であるが、椅子にすわり、立ったペニスを右手でにぎりしめている自分のヌードを写真に撮っている（一九八一年）。ナン・ゴールディン（一九八〇年）は、彼女の恋人ボビーが裸で地面にひざまづき、彼自身のものに専念しているようすを撮影している。(50) その数年後、(51) 一九九三年に、ヨーロッパでのこととはいえ、アメリカの教訓に依存している美学において、ヴォルフガンク・ティルマンス〔一九六八年生まれ。ドイツの写真家〕は、タイル張りの床に寝そべったひとりの男を写真に撮っている。彼は防水したパトガス〔仏の靴メーカー名〕の靴底の下に顔をうずめて、そのざらざらした肌触りを楽しんでいるように見えるが、その亀頭は手でおさえつけられて充血している。男らしさの誇示はこの写真でも、つねに武装解除するような、ときには従属を要求しさえするような性的快感への同意と連帯している。

シルヴィー・ブロシェ〔一九五三年生まれ。フランスのアーティスト〕は、一九九七年に「パリスの審判」という短編映画を撮影した。そのワンシーン・ワンショットが九分間つづくあいだに、ひとりの男性がアーティストのカメラのまえでだんだん服を脱ぐことによって、男性としての拘束をはずし、父としての権威を忌避し（パンツを脱ぐとき、「父親というのは期待外れなものだ」と彼はすすり泣きながらつぶやいている）、しまいには女らしさの部分を引き受ける。男性はまず床の上にくずおれ、「おれにはできない、おれにはできない」とうめく。それからゆっくりと立ち上がり、しぶしぶと辛そうに一枚ずつ服を脱ぐ。ズボンを踝までおろすと、彼は泣きだし、恥ずかしさに打ちのめされたようにうつむいてしまう。裸になった彼が手を性器にはこび、やさしく慎重に愛撫しようとするときになって初めて、彼はやっとカメラのほうのアーティストの視線と思い切って向かいあおうとする。この物語におけるパリスとは誰のことなのか。アーティストである。彼女は立場を逆転させて、羊飼い〔パリスを指す〕が女神たちを見たように、男に自分の前で裸になってもらうのだ。ただし、彼女は審判をしない。男のほうもまた立場が逆転し、そこでは威厳が不意にその帯域を変えてしまう。威厳とは父の専有物であった。服を着たまま、裸体に審判をくだす男の専有物であった。その威厳がもろくなり、傷つきやすくなるのは、あらたに厳しくなった眼差しと、ペニスをなぐさめたのち、ファロス的秩序の不変性をもはや完全には信じていない子のアトリビュートとも言うべきカメラにそのペニスを差し出す、極度にみすぼらしい手との驚くべき結合のせいである。おそらくこの作品の力強さは、それが映画の漸進的な性質を使っていることから生じているのだ。すなわち、九分間のうちに観客は、ひとりの男が全能性を放棄し、自らを不純物のまじった、しかし新しい存在として再び基礎づけるのを目にするのである。だが、とりわけここでわれわれの関心を引くのはブロシェの戦略だ。彼女にとって、それはモデルの秘められた女性らしさをまさしく男性の性器の場所に、また、眼差しと愛撫の触覚との交差点に位置付けることに存している。

ここ数年来、男の解剖学的な性器と、象徴的な性器と、アイデンティティとの諸関係の複雑性が再発見されている。芸術家たちはこの再発見にとって決定的な役目を果たしているが、おそらくそれは表象の概念自体がそこで賭けられているようなあの問いが、もう長いこと芸術家たちにとりついているからにちがいない。ほぼ一五一三年から一五一四年にかけて、レオナルド・ダ・ヴィンチは「受肉せる天使」という（現代の）題名で今日知られている一枚の素描を描いている。そこに見られる人物は、ルーヴル美術館のたいそう女性的な「洗礼者聖ヨハネ」の風貌にきわめて近い。彼は裸だが、胴体の上の透きとおったヴェールは女性の乳房の下書きを目立たせている。けれども、その男性の性器は力に満ちた勃起の状態で立っているのである。ダニエル・アラス〔一九四四―二〇〇三。フランスの美術史家。専門はイタリア・ルネサンス〕は、(52) どれほどこの素描が芸術家の秘められた欲望に、彼の才能のバネに対応しているかということを示してみせた。レオナルドの欲望というのは、原初の人間、天地創造のアダムのような最初の両性具有者、とはいえ、逆に、セクシュアリティをまぬがれているような人間を再び見い出したいという欲望だ。しかしながら、うちに秘めた幻想の洗練のかなたで、ひさしく忘れられていたそのイメージは、男らしさの器官そのものに関わるアンビバレンスの象徴となっている。レオナルドは、彼の解剖学の手稿では男性のその器官を他から切り離して強調し、その持ち主の生命とは独立した固有の生命を授けていたのだった。

陰茎について。

これは人間の知性とさまざまな関係を持っているが、ときにはそれ自体の知性を有することがある。それを興奮させようと欲する意志にもかかわらず、意固地になり、好き勝手にふるまい、ときには人間の許可もなく、あるいは人間の知らぬまにさえ、動き回っている。眠っていようが目覚めていようが、陰茎は自らの衝動にしかしたがわない。〔…〕それゆえ、この存在はしばしば、人間のものとは違う生命と知性とを持っているように思われるし、祭司がするように盛大に飾り立てて展示せねばならぬものを、たえず覆ったり隠したりしようとしながら、陰茎に名前をつけたり、それをひけらかしたりすることを恥ずかしいと思うのは、人間の間違いであるように思われる。(53)

訳注

〔1〕いわゆる「アカデミー・フランセーズ」はリシュリューによって一六三五年に設立されたが、ここで言及されているのは、彼の後継者マザランが一六四八年に設立した「王立絵画・彫刻アカデミー」(Académie royale de peinture et de sculpture)のこと。

〔2〕普通名詞としての小文字で始まる「アカデミー」(académie)には、タブロー画とは独立した裸体画の習作、ないしはそのモデルという意味がある。かつては、訳注〔1〕の「絵画アカデミー」でしか裸体モデルは使えなかった。

〔3〕ギリシア神話に登場する羊飼いの美少年。月の女神セレネは彼に恋をしたため、彼が老いることのないようゼウスに頼んで彼に永遠の眠りを与えたとされる。

〔4〕ギリシア神話のヘルメス神の子でプロクリスの夫。曙の女神エオスに恋人としてさらわれたが、妻を恋慕してやまなかったので、女神のもとから故国に帰された。

〔5〕「カマレの娘」の曲名で知られるフランスの俗謡。「カマレの司祭はきんたまぶらさげてる/そのうえに座ると/そいつは尻んなか/奴はおっ立てる〔…〕」という歌詞は、風刺詩人ローラン・タイヤード(一

八五四—一九一九）の作とされる。
〔6〕ビリー・バッドは、アメリカの小説家ハーマン・メルヴィルの遺作で、同名の海洋小説の主人公（一九二四年刊）。ジェームズ・ウェイトは、ジョゼフ・コンラッドの小説『ナーシサス号の黒人』（一八九七年）の主人公の黒人水夫。ピエール・マッコルラン（一八八二—一九七〇）はフランスの小説家。代表作の『霧の波止場』（一九三八年）は、マルセル・カルネ監督の同名の映画の原作。
〔7〕ギリシア神話でディオニューソスとアプロディーテーの間に生まれた豊穣多産の神。果樹園や農園の守護神ともされる。巨大な男根をもって象徴され、しばしばイチジクの木に勃起した男根を刻み、朱を塗った神像が立てられた。ギリシア・ローマの詩人たちはプリアポスに呼びかける卑猥な内容の詩を多数つくったが、現存するものとしては、アウグストゥス帝の時代のラテン語による詩集『プリアペイア』が主要な作品である。
〔8〕ギリシア神話のトロイアの王子。山に捨てられて羊飼いに育てられた。最も美しい女神の誉れをめぐるヘラ、アテナ、アフロディテ三人の女神の争いの審判をゼウスに命じられる。

第2章

映写――スクリーンにおける男らしさ

アントワーヌ・ド・ベック
（下澤和義訳）

スクリーンにおける男らしさは、映画からもぎとられた一連のフェティシズム的な断片のように見える。男らしさのしるしは、女らしさとペアになる官能的なフェティッシュのかたちをとって、映画愛好家《シネフィル》の精神に刻印を残しているのだ。手始めに、数ある象徴のなかから、そのひとつをとりあげてみよう。一九五〇年代以降の数々のハリウッド映画における、アンダーシャツ[1]もしくはTシャツである。この下着は、男性的なイコンのレパートリーのなかで、女性の部屋着一式における「シュミーズ」にあたる役割を果たしている。すなわち、検閲ないしは羞恥心の規則を（偽善的に）尊重しつつも欲望にその効果を発揮させる裸の体と、服を着ている体とのあいだをつなぐ推移《トランジシオン》という役割である。こうしたシャツを堂々と身につけていた男の体の例はいくつもある。たとえばクラーク・ゲーブルだ。彼のイメージは、この男らしい露出の形式ときわめて密接に結びついている。そのため、フランク・キャプラの「ある夜の出来事」（一九三四年）では、彼は気兼ねなく上半身裸になり、不意にクローデット・コルベール〔一九〇三―九六。フランス出身、ハリウッドで活躍した女優。同作ではヒロインの令嬢役〕のまえに現れて、その大胆な行動で彼女を仰天させてもいいのである。ハンフリー・ボガートと切り離せないのは、「アフリカの女王」〔ジョン・ヒューストン監督。一九五一年〕で面倒にまきこまれる主人公が着ていた、艱難辛苦のせいで汚れた木綿の布切れだ。同じようにヨーロッパ映画でも、たとえば一九四三年のヴィスコンティの「郵便配達は二度ベルを鳴らす」のなかで、マッシモ・ジロッティ〔一九一八―二〇〇三。イタリアの俳優〕がアンダーシャツを身につけていた。いっぽうジェームズ・ディーンが着ているのは、染みひとつないTシャツである。それは、自然な投げやりさと、鷹揚な男らしさと、反抗的な余裕とのあいだで保たれた、いまだかつてなかった美の記号である。アンダーシャツを二通りの仕方で使っているのは、マーロン・ブランドだ。彼は一九五一年のエリア・カザンの「欲望という名の電車」では、湿っぽい汗ばんだTシャツを、ベネデク〔ラズロ・ベネディク。一九一八―二〇〇三。ハンガリー出身、ハリウッドで活躍した映画監督）の「乱暴者」（一九五三年）では、皮のジャケットの下に白い清潔なTシャツを着ている。しまいにはアンダーシャツは、一九八二年のファスビンダー監督の「ケレル」（原作ジャン・ジュネ）において、いたるところに存在する欲望の狂った指標のように増殖することで、雄々しいホモ・エロティシズムの象徴となり、ひとつの頂点を極めるにいたっている。

いったい何がアンダーシャツにおける「男らしさを生み出している」のだろうか。第二の肌のような白い下着の布にぴっちり包まれて、浮き上がって見える腕の筋肉のせいだろうか。深い襟ぐりで女性の胸があらわになるように、男性の体が、不意に透けて見えたり、すきまや裂け目からかいま見えたりするせいだろうか。肩の位置に浮かび出て、裸体と着衣との緊張を非常に正確にくっきりと示す「サスペンダーの効果」のためだろうか。

けれども、このような欲望の自律自足したゲームは、ここで止めておこう。男らしさを押しつけてくるのも、また、男らしさを、シネフィルによってエロス化された断片への単なるフェティシズムから離岸させるのも、男らしさの歴史化された表象だからである。ある身体が映画の影響力のおかげで社会現象になると、身体はさらに強く知覚されるようになり、万人の、各人の経験するところとなって、結晶化する力、一社会の期待、恐れ、価値を語るような力を手に入れる。身体はその（男性的な）強さと（「脱男性化」という）弱さによって、集合的自我の表象を生み出す能力を身につけ、ある歴史的な時期と社会的な空間のプンクトゥム[1]になるのだ。

たとえば、私が思い出すのは、一九八〇年代の初めに映画館で流す広告としてつくられた、一本のコマーシャルフィルムのことである。それは炭酸水のペリエを賛美する広告だった。[2] 画面に映し出されるのは、あの有名な形をしたガラス瓶だ。その瓶が女性の手でなやましげに愛撫され、とんでもない大きさにふくれあがると、挙句の果て《イン・フィーネ》に、みごとな噴水をぶちまけるのであった。そこに男らしさの象徴を見てとるのは、もちろんむずかしくない。だが、この表象に社会的領域における真の力を与えているのは、明々白々と言ってもよいほど念入りに作り込まれた映像ではなく、表象の受容のほうなのである。その明白さは観客にショックを与えた。そして、この短いコマーシャルフィルムは、映画館での流通から早々に撤退した。なぜなら、これほどあからさまに炭酸飲料の性的特徴を打ち出すことは、当時となっては通用しないように見えたし、また、ペリエも下品で男尊女卑で落ち目になったものだなどと思われたら、製品そのものの商業的なキャリアにそむくことになりかねなかったからである。フェミニストたちの十年近くにおよぶ権利主張のため、集団表象が男女関係について抱くことのできるイメージ、すなわち、男性の雄壮化されたあらゆるイメージがその一点に収斂するような連節点は、すでに変化を遂げていたのであった。

　こうした状況のせいで、もうひとつのきわめてフランス的な――「おふらんすらしい《フランシュイヤルド》」とまでは言わずにおくが――イメージも、同時期にその権威を失墜した。そのイメージとは、一九七〇年代から一九八〇年代への曲がり目かけて、「ベベル」[2] ことジャン＝ポール・ベルモンドによって示された、映画における男性的なヒロイズムのイメージのことである。このヌーヴェル・ヴァーグ畑の俳優は、それ以外の分野の映画にも幅広く出演しているが、一九七四年にアラン・レネの映画〔『薔薇のスタヴィスキー』〕に出演したときは、そのスタヴィスキーという役の「複雑な」演技のせいで、華々しい失敗をしでかしている。そのときからベルモンドは、もう相矛盾した性格の役を演じるのはやめて、自分はのびのびとして感情表現の豊かな、つねに有能で扇情的な男らしさを引き受け、積極的なヒーローになりきろう、と決心する。このヒーローにとっては、映画からまたつぎの映画へと、「刑事《でか》」と「ならずもの」[3] のあいだを、いつも広い心をもち、災難をまねくユーモアや派手なスタントを演じながら、行ったり来たりすることが、残された唯一の選択肢となる。いつも年度初めの十月、もっとも大量の映画が封切られる時期がくると、ベルモンドは、その年ごとの流行りの役のなかで、「矯正できない男」、「道化師」、「パクり屋」、「プロフェッショナル」、「アウトサイダー」、「孤独者」などを、十年間のうちにつぎつぎと演じている。[4]それらの役は、繰り返し反復される一義的なイメージのなかへと、ベルモンドを閉じ込める。それは、男らしい苦みばしった表情のまま、「永久となった」日焼けとともに永遠に固まった顔、観客の目をじっとのぞきこむような眼差し、ベルトに差した大口径の銃をすばやく抜き取り、年輩とはいえ体は健康で、実演《ライヴ》をトレードマークとし、スタントに慣れている人物を、ミディアム・ショットによって写したイメージである。観客はこのようなベルモンド像を愛した。ただ、ベルモンドは自分の永遠に変わらぬ男らしさを観客に強く印象づけ、観客を安心させたため、やがて観客は彼に飽きてしまった。このベルモンド像の有効期限が切れたのは、年齢の限界のせいではない。それよりも、男らしいヒーローのある種の表象が耐えがたいものとなり、社会の人びとの目にはあまりにもカリカチュアめいて見えたせいで、承認されなくなったことのほうが大きい。築き上げられたものが、ついに崩れ去る時期がきたのだ。だが、そうした形成と崩壊の時期が合わさって、男らしさの集団表象の関係を明るみに出したのである。

スクリーンに現れては消える男らしさのタイプの登場人物をもうひとつ、これとよく似たようなやりかたで研究することができるように思われる。ハリウッド的なレスキュアー rescuer という人物像のことである。この人物がヨーロッパでほとんど知られていないのは、その脚色に欠かせない社会的、想像的環境がヨーロッパには見当たらないからである。レスキュアーというのは文字どおり「救助する人」のことだ。彼は奇跡をもたらす人物であるが、一般には有罪者で、罪を犯したことがあり、社会の底辺にいる存在である。レスキュアーは絶望的なケースに介入し、失われた大義をいっそう好み、人びとを救うことによって同時に自分自身も救われるが、そのいっぽうでは権力者たちの腐敗や、権力の座にあるエスタブリッシュメントの告発も行う。[3] このレスキュアーを体現する代表的な俳優は二人いる。「荒野の七人」、「タワーリング・インフェルノ」、「ハンター」におけるスティーヴ・マックイーンと、「ジャガーノート」（一九七四年）では爆弾の動作を停止させ、「カサンドラ・クロス」（一九七五年）では伝染病をくいとめ、暴走列車を使われていない鉄橋へと導いたかと思うと、シャチの攻撃から港を守る（「オルカ」、一九七九年）、リチャード・ハリス（一九三〇―二〇〇二。アイルランド出身の俳優。「孤独の報酬」から「ハリー・ポッター」シリーズまで幅広く活躍）である。災害映画の流行は、一九七〇年代から一九八〇年代に、ついで、二〇〇一年九月十一日前後に、「つねにもっと」の論理にしたがって、自然の破壊力や、人間たちの狂気や、テロリストや宇宙人による脅威を十倍に増加させた。だが、その流行は、これらの男らしいヒーローの終焉を意味していた。なぜなら、まさに、もはや彼らの男らしさだけでは、世界と、荒れ狂うその表象とを、物語の蝶番のなかへはめ込むには不十分だったからである。再び秩序を回復させ、アメリカを救うには、あまりにも古典的すぎる意味で男らしいのではなく、もっと強力な、別のヒーローを（再び）考案する必要があった。たとえば、突然変異的な能力を持ったスーパー・ヒーロー、比類なく高性能なマン・マシーン、アメリカ国家の愛国主義的な復活を体現する、非の打ち所のない、技術的に完成の域に達した兵士である。

たとえ男らしさというものが、ごらんのように、スクリーンにおける多くのジャンル、とりわけ大衆映画のようなジャンルの、不可欠な、しかし、それぞれ微妙に異なった属性であるとしても、男らしさは映画的なヒーローの表象の不変的な要素というわけではない。本論では、男らしさを、映画の起源から現代のスクリーンの諸表象まで、社会的な想像世界の変遷する構築物として理解することを試みてみたい。

I　初期映画における男らしさの誇示

生まれながらにして映画には、筋肉隆々の、勃起した身体がそなわっている。男性の運動選手による身体の誇示は、初期映画の主要な演目のひとつである。エジソン、マイブリッジ、マレー、メリエスにおいて、男らしい体形は模範として撮影され提示されている。たとえば、レスラー、ボクサー、陸上選手、ダンサー、ランナー、競歩の選手や、運動している筋肉、活力にあふれる身体がそうである。この身体は、サーカスや旅芸人のエキシビション、寄席演芸や音楽喫茶の出し物を経由して、映画に流れ着いたのだ。身体のこの表象は、たちまち映画という装置の中心をしめるにいたった。この男性の雄々しさという現象に当てられた典型的なフィルムもあれば、スポーツのイベントを専門に記録し撮影した小規模な映画会社もある。たとえば、フォセアという映画会社〔一九一六年にマルセイユで設立〕は、ボクシングが専門だった。有名なのは、とりわけフランスを代表する英雄カルパンティエが、ニールと闘った試合である。[5] オーベールという映画会社は、一九二四年にパリで開催されたオリンピックを撮っている。カストールとラルマン〔両者ともアジャンス・ジェネラル・シネマトグラフィック社のプロデューサー〕は、山岳映画が専門だった。その代表作は、モンブランやマッターホルンへの遠征を撮った映画だ。ツェルマット〔マッターホルン山麓の村〕のガイドをしていた、「氷上のオオカミ」ことハーマン・ペレンによる、「頂上の征服をめざして」や、ルネ・モローの「映画のキャラバン」がそれだ。ほかの映画会社のなかには、思い切って初期のポルノ映画の制作に乗り出したケースもあった。数分間の短編は、ほとんどきまってベル・エポックの売春宿で上映され、待合室となった閨房で酒のつまみがわりにされた。それらのフィルムのいくつかは、「イヴェットの水浴び」や「妻の就寝」のように、女性によるストリップものだが、それ以外にも、性交中の男らしさをひけらかした、ビット神父主演、ウィル・B・ハード監督（彼は一九一五年に最初のアメリカ・ポルノ映画「ア・フリー・ライド」を撮影している）のようなフィルムもある。エロティックなシュルレアリスム映画の賛美者であるアド・キルーは、一九一〇年代初頭のかなり特殊な歴史的な一本、「美しき宿屋」のことをのつぎのように描写している。

> ひとりの勇敢な、ひげづらの銃士が現れる。腹をすかせた彼は、とある田舎風の旅館の扉をたたく。「もう食べるものは何もないよ」と宿屋の主人が答える。幸いにも、愛想のよい給仕娘がいたおかげで、銃士がズボンをおろすや、彼には愛らしい食事が供されるだろう……。[4]

ほら吹きの兵隊で、ひげづらをして、気性は荒く、体格がよい。これが映画に配備される「ポルノ男優」のステレオタイプであり、映画の優れて男らしいクリシェである。俳優はワン・シーンにつき二五〇フランを支払われ、ときにはかつらで変装したり、偽名を使ったりした。フィルムそのものは、曖昧宿のマーケットで取り引きされ、一万二千フランまで値が付いたものもある。

だが、まちがいなくもっとも男らしいジャンルはといえば、イタリアの怪力男 forzuto である。これは、歌姫《ディーヴァ》による女性スターのシステムとペアになる存在だ。[5] この運動選手＝曲芸師的なヒーローが登場してきたのは、二本の歴史ものの映画からである。すなわち、エンリコ・ガッツォーニ監督による一九一三年の「何処へ行く《クオ・ヴァディス》」と、ジョヴァンニ・パストローネ〔本名である。監督名はピエロ・フォスコ〕による一九一四年の「カビリア」〔原作は後出のダンヌンツィオ」である。このヒーローはきわめていちじるしい発展を遂げたため、一時はそれ自体でひとつのジャンルとなった。怪力男という登場人物（腕力が強く、巨人で、ヘラクレスのようにたくましい、プロレスラーや剣闘士）が、ひとつの映画のタイプとなったのである。怪力男においては、男らしい偉業が映画的記録の対象そのものなのだ。「何処へ行く」では、ブルート・カステラーニ〔一八八八―一九三二。イタリアの俳優〕がウルサス役を、「カビリア」では、バルトロメオ・パガーノ〔一八七八―一九四七。イタリアの俳優〕がマチスト役を演じている。驚くべき身長と体重を誇る、これら二匹の銀幕の獣たちのあとにも、ただちにほかの獣たちがあらわれた（サンソーヌ役のルチアーノ・アルベルティーニ、アジャックス役のカルロ・アルディーニ、セッタ役のドミニコ・マリア・ガンビーノ）。彼らは十五年の間、アルプスのむこう側の国の映画で、主要な男性スターとなった存在である。彼らは自分の筋肉を働かせ、なみはずれた重さの荷物を背負ったり、同時に何人もの端役を担ぎ上げたりする。闘技場では野獣どもをにらみつけ、自分の男性的な力強さだけで撃退してしまう。兵隊・群衆・民衆・剣闘士たちのリーダーとして幅をきかせ、最後は、優雅な歌姫のヒロインを、麦わらかなにかのように軽々と持ち上げる。「カビリア」は、スクリーンにおける男らしさの窃視という点で、さらに大きな意味を持っている。この映画は、もと湾岸労働者だったバルトロメオ・パガーノの筋肉を、光線の巧みな働きによって、彫像のように彫り上げてみせ、ヒーローのゆったりした長衣《トーガ》の着こなしや、豹の毛皮を結んで腹にまくような妙技のおかげで、許容範囲の最大限にまで彼を裸にさせているのだ。パガーノは海に突き出た岩の上に、腕組みをして立ち、力こぶをふくらませる。彼は自分の体つきが、アクションによっていっそう引き立つさまを眺める。彼の歩きかたをますます男らしく見せるのは、最後はジョヴァンニ・パストローネのおかげで可能になったカメラの動き、つまり荷車に乗せたトラヴェリング撮影である。ここでは、半神ヘラクレスの古い異名であるマチストは、ローマ時代における闘技者の身体の古典的理想を参照源としながら、十九世紀末イタリアの体操場で生まれた「体育」をスクリーンへ引き継ぐことによって、新しい映画的イメージの強い影響力をもった体形となっている。

怪力男に特有な男らしさの民族的、歴史的、イデオロギー的、政治的な決定は、一九一〇年代末と一九二〇年代の、ナショナリスト、ついで、ファシストのイタリアにおける、怪力男の人気を説明するのに欠かせない要素である。怪力男が文化的に正当な存在と認められるのは、ガブリエル・ダンヌンツィオの神話に関する「アルディーティ」[6]たちの作品をつうじてである。「マルケ州という勇敢な故郷から解き放たれた」〈マチスト〉の神話をふたたび捏造し、怪力男がいわばその映画的、大衆的な活用形になっている「超人」の情熱的な美徳を歌いあげているのは、その未来派の詩人自身ではないだろうか。モニカ・ダラスタ〔ボローニャ大学の映画学教授〕は、はてしなく繰り返される〈マチスト〉の軍事的な殊勲と、第一次世界大戦中のダンヌンツィオの冒険とが、数々の点で接近していることを強調した。[6] 同様に、〈マチスト〉のたくましい腕によって懸命に掲げられた偉大な物語、古代ローマの物語、その栄光と力は、彼の体だけではなくイタリアのナショナリストの文化のなかにも刻まれている。その文化は、一九一一年から一二年にかけてのリビア戦争によって蘇り、未回収の土地を勝ち取り(ここでもまたダンヌンツィオとフィウメのエピソードである)[7]、さらにイタリアが世界大戦へと突入することによって、ヘゲモニー的なイデオロギーとして展開される。ここでは、「ラテン世界」の更新されたレトリックが、映画の怪力男によって大衆的ジャンルへと変形された筋骨たくましい身体への崇拝に付随している。また同じく確かなのは、ムッソリーニのイメージが、「善良な巨人」としての〈マチスト〉のイメージをやすやすと真似していること、一時は統領《ドゥーチェ》が男らしい怪力男のイメージを伴っていたが、ついで、無声映画の運動選手たちがもはやトーキーの観客に少しも受けいれられなくなると、その寿命を引き延ばしながら、怪力男のアルター・エゴを気取っていることである。ファシストの集会やムッソリーニの演説は、起源となる映画のイタリア的怪力男の男らしい演技を、イスティトゥート・ルーチェ〔ムッソリーニが一九二四年に設立した映画研究所〕の制作によるニュース映画を経由して、トーキーへ翻案したものにほかならないのではないか。

とはいえ、モニカ・ダラスタは、イタリア的な怪力男の「アウラ」に関わる限界を強調している〔ムッソリーニにもそのような限界があったと考えられる……〕。最初の〈マチスト〉のいちばん有名なバルトロメオ・バガーノは、もちろんはったり屋だが、庶民的で、体格はとてつもなく立派であり、一時代のイデオロギー的文脈を体現していた。だが、彼にはスターになるためのアウラが欠けていた。彼には国民的英雄としての素質も扇情的な男らしさもあったが、初期の映画界における世界的なスターとしての輝きがなかったのだ。——しかも彼の人気は、イタリアの国境の彼方には及んでいない。数あるスターたちのなかで、その偉業、その神話的な容姿、その体現している感傷的な異国風の物語によって、最高に男らしいスターはというと、まちがいなくルドルフ・ヴァレンチノであった。この「愛人たちの貴公子」は、八年間という短いキャリアにもかかわらず、いまなお生ける神話である。一九二六年に、三十一歳で彼のキャリアに終止符が打たれたのは、そのとき受けた外科手術が失敗したためだ。映画界の男らしい人間たちもまた、はかない存在であり、ときには病弱なこともあるが、いずれにせよ彼らは心を引き裂かれ、憂いに満ちた人物である。この点は、彼らがハリウッドの脚本や全世界のスクリーンのなかで、マチストらしい誘惑をするのにとって無駄というわけではない。幸運をもとめて合衆国に移民してきた青年は、しばしニューヨークの社交界でダンサーとして細々と暮らしていたが、その後ハリウッドへ転身し、エキストラとしてデビューする。カール・レムリ〔一八六七—一九三九年、ユニヴァーサル映画の設立者〕の目にとまった彼は、一九一八年にユニヴァーサル・スタジオで、ルドルフォ・デ・ヴァレンティーナという芸名でデビューし、すぐさまラテンの恋人[8]という流行の役どころを演じることになった。彼はまず女性スター、メイ・マレーの相手役ロドルフとなり（たとえば「可愛い小悪魔」〔ロバート・Z・レナード監督、一九一九年のサイレント・喜劇映画〕）、ついでルドルフ・ヴァレンチノとなる。彼の演じる人物像はそれ以降、定着される。そして、つぎはその人物像が誘惑者のタイプを固定し、彼の死後もなお長きにわたって、そのイメージを引きずることになる。彼の神話は、数えきれない映像、肖像写真、証言、伝記的なジャンルの映画などによって例示され、広められていく。最初はメトロ〔・ゴールドウィン・メイヤー〕、つぎはパラマウント、最後はユナイテッド・アーティストへと移籍を重ねながら、彼は三本の主演作で世界的な成功をおさめる。レックス・イングラム監督の「黙示録の四騎士」、フレッド・ニブロ監督の「血と砂」、ジョージ・フィッツモーリス監督の「熱砂の舞」である。これはライバル同士のスタジオに不和を持ち込むことになった。三社は、週に三百ドルから四百ドルという、当時としては夢のような給料を持ちかけて、彼の争奪戦をしたのである。

　ヴァレンチノの特性は、彼を栄光の座にみちびくとともに、男らしさの尺度を規定している。たとえば、がっしりした骨格の長い鼻、肉付きのよい横顔、隈どりのメーキャップで際立たせられた陰鬱な眼差し、濃く描かれた眉、整髪料によって艶のでた髪、こみかめにはたまにほつれ毛もある。彼の体はつねに緊張を保っており、胸はまっすぐにきりっとして、たいてい顎は上げている。だが、性的な暗示や表象、ことに裸のシーンなどは絶対に見せたことがない。ヴァレンチノという存在は、高潔な規範と同盟によってつくりあげられた、検閲制度の産物でもある。その規範と同盟がしぶしぶ彼を許可しているのは、彼がみだらでもなければ、攻撃的でもなく、秩序を破壊するおそれもないからである。とりわけ彼は、アラブ、スペイン、ラテン系といった、自分の演じる登場人物によっても、またアラブの貴公子の長い衣や被りもの、帯具、毛皮などをまとった外見によっても、エキゾチズムを体現している……。一九二〇年代における女性たちのアイドルとしてのヴァレンチノは、筋肉によって畏敬の念を起こさせた英雄の模範というよりも、むしろ洗練され、磨きぬかれ、さらに思慮分別までそなえているような男らしさのクリシェなのであって、世の男たちを嫉妬させ、そのせいで男たちから煙たがられ、嘲笑され、軽蔑を受けることになるのである。

Ⅱ　遠国における男らしさ

男らしい英雄は、エキゾチズムを好む。アフリカの神話、植民地の冒険、ジャングルの野蛮、南海の彼方といったものはすべて、彼の混血の体に、ぴりっとした味を添えるスパイスである。「黒い肌をしたローマ人」の〈マチスト〉でさえ、想像力を開放するような、この野蛮の名残りを有している。無声映画はエキゾチックな魅力をたっぷりと利用したのであり、無声映画がその白人のヒーローたちに提供していた男らしさにおいては、植民地以外の土地はこれっぽっちも魅力ではなかった。これは、魅惑的な身体の表象のなかに存在していたふたつの確信が、当時はまだ禁止事項となっていなかったということである。ひとつめは、白色人種はコンプレックスを抱くことなく世界を統率していたという確信、そしてふたつめは、植民地化は絶対に正当に見えていたという確信である。底意も罪の意識もなく、おそろしいほど無邪気なかたちをとったエキゾチズムを愛する白人男性が、ありていに言うと、未開の世界のリーダーとなってキャンプをしていたのであり、まさしくそれによって彼は自分をさも男らしく見せているのである。一九一二年、エドガー・ライス・バロウズ〔一八七五―一九五〇。アメリカの冒険・SF小説家〕は、このタブーなき総合の権化ともいうべき人物を創造する。猿たちのターザン〔原作のタイトル Tarzan of the Apes の仏訳〕、「偉大なる白人の野蛮人」[7]、幻想の転移によってアフリカのジャングルの王となった、グレイストーク卿のことである。バロウズが捏造した寓話は、単なる大衆小説の枠組みをたちまち乗り越える。ターザンはその強烈な魅力によって、世界的なヒーローに変身する。異国の香りによって、彼は観客を夢想させる。その活気あふれる体、慎み深い裸、動物をあやつる名人芸によって、彼は観客を引きつける。弱きものたちを助け、ジャングルの厳しい掟から守るべく、彼は天と地のあいだを優雅に動き回る。この意味において、彼は聖杯を探す中世の騎士の純粋さを身に帯びている。だが、彼の戦いは宗教的なものではない。彼は自然なのだ。彼の唯一の武器は、裸である。コンプレックスもマチスムも伴わない、さわやかな裸である。ターザン、それは性器なき男らしさであり、純粋な美的対象である。心をそそるこの身体への欲望を女たちがあらわにすればするほど、このエロティックな対象はますます軽蔑をしめすようになる。バロウズは高潔で力強い英雄をまざまざと描いている。だが、性器をおおい隠しても、その存在は抹消されない。ターザンの体においては、エロティシズムは隠されている。とはいえ、エロティシズムは、たしかに存在している。それを覆い隠す豹の毛皮の貞節なパンツの下に、昇華されたかたちで存在しているのだ。オパールの都には、ラーという偉大な巫女がいて、退化した野蛮人たちのあいだで暮らしている。この華麗な女の悪魔は、ターザンを殺そうとするとき、手足を縛られた彼を自分の寝室に連れてこさせ、誘惑しようとする。

彼女は彼の素肌をなでて、彼の額、目、唇に、熱烈な口づけをあびせた。彼女は自分の体を彼に重ねあわせた。それは、彼女が彼のために準備している恐ろしい運命から、彼を守ろうとしているかのようだった。身を震わせつつ、彼女は自分の愛を受け入れるよう彼に乞うた。数時間のあいだ、炎の神の婢は、そのようにして自分の燃えるような情熱のとりこになったままだったが、しまいには睡魔に負けた。そして、彼女自ら苦しめて殺してやると言い放ったその男の横で、眠りに落ちたのである。いっぽうターザンは、心静かなまま、いささかも悪意を持つことなく、ラーの腕のなかで穏やかに眠っていた。(8)

男らしい強さは、この白人の男が猿のようであり、その裸体が自然で、性器が平静で、その男が決して悪意を抱かないだけに、ますます男らしいものになっている。「そういったことには私は興味がない」は、彼のキャッチフレーズなのだ。ある日ターザンが、友情にみちた聡明なパートナー、ジェーン・ポーターとの純粋にプラトニックな結婚を、性交によってまっとうしていたなどという証拠は何もないし、とりわけチータなどは知るよしもないことである。(9) 周知のように、映画界はターザンを愛している。第一作が出たのが一九一八年、主役にはエルモ・リンカーン〔一八八九―一九五二。アメリカの俳優〕が扮したが、これを皮切りに四年間で五本の映画がシリーズでつくられている。シリーズの第二弾は、フランク・メリル〔一八九三―一九六六。アメリカの体操選手・俳優〕主演で一九二八年に始まり、四年間に十六本のエピソードを撮ってひと区切りとなった。そのつぎのシリーズがもっとも有名になったのは、ジョニー・ワイズミュラーという俳優のおかげである。このアメリカ人は一九二四年のパリと、一九二八年のアムステルダムにおけるオリンピックで、五たび水泳競技のチャンピオンになっている。一九三二年から一九四九年にかけて、彼は長編のトーキーを十三本、世に出しているが、そのうちの何本かはこの類人猿を素手でナチスに立ち向かわせることになるだろう。

ターザンとは、体を使った技を披露すること、筋肉を使いこなすことの模範であり、ハリウッドが下り坂にさしかかっていた一九二〇年代に本数の増えつつあったジャンル、つまり冒険映画の数々の作品において、英雄の力量をはかる基本的な尺度なのである。飼いならされたこの男らしさのソフト・ヴァージョンには、特権的な体現者が何人か存在している。(9) たとえば、勇敢だったりコミカルだったりする決闘の演技が得意な、「飛び跳ねる」ダグラス・フェアバンクスや、ロビン・フッドとして矢を引く技においても、海賊船のデッキでも、さらにはアメリカの西部へ向かう馬上でも悠々としている、タスマニア出身のエロール・フリン、そして彼らのあとは、タイロン・パワーとスチュワート・グレンジャーが、旅人のように気楽で優雅な冒険物語の英雄という神話を不朽のものにしている。(10) 冒険映画を最初に特徴づけているのは、まさにヒロイズムの理想型である。それは、ミシェル・ムーレ〔一九三五年生まれ。フランスの作家・映画評論家〕が『スクリーン』誌の一九五八年一月号で、以下のように完璧に定義しているようなヒロイズムである。

強靭な男たち、鮮烈で美しいアクション、単純な心理と道徳、たくましい純血の身体、再び見い出された無垢を良きものと感じるエキゾチズムの香り。というのも、重要なのは、魂の深淵に降りることや、ふるまいを定義することではなくて、しかるべく生命を奪うすべを知っている者のために生命がとっておく、優雅さ、高貴さ、高揚、偉大さの能力を、聡明な対決をつうじてあらわすことだからである。

善良な子どものような男らしさをそなえたこのヒロイズムが、同じように着想を与えている風景のなかでは、「植民地映画」という大戦間のもうひとつの重要なジャンルも進展をとげている。たとえば、一九〇〇年から一九六〇年までのあいだに撮影された植民地映画は、フランス映画だけでも約四百本を数えるが、そのうちの大部分は一九二〇年代と一九三〇年代をつうじて制作されており、たしかにそれ自体で一個のジャンルを成している。

植民地映画がそうしたジャンルとして観客から特定されるのは、その英雄や状況、価値や言説、植民地に向けて投影されたフランスの大衆的表象、そして（ほとんど）逆に、つまり、フランスの欲望に沿って投影された異郷の植民地の表象によってである。[10] 明らかに、このフランス側の欲望のなかでは、入植者の人物像と、現地人の人物像が決定的に重要である。後者は映画そのものと共に誕生した、というか、より正確には、誕生したときからすでに映画のなかに移動している。一八九六年、リュミエール兄弟によって派遣された映画技師たちが伝えているアフリカのイメージは……ブローニュの森にしつらえられた動物園だった。技師たちはその園内に建てられた「ニグロの村落」を撮影したのである。たとえば、「ニグロたちの水浴」や、「雑役につくニグロたち」といった短編映画は、野蛮だが無垢な、よく遊びよく働く、善良なる野蛮人というステレオタイプを描いている。この人物像には、男らしい力強さが欠けているどころか、まったくその逆である。ひとたび現地におもむいたとしても、この記録映画的な視線は、たとえ理想化された現地人像を提示しているにせよ、真の意味では変化することはない。モロッコにおけるガブリエル・ヴェールも（「パゴダの前で奥方たちの厘銭を集める安南人の子ら」、一九〇〇年）、カンボジアにおけるレオン・ビュジも（彼は一九〇九年から一九一一年までの間、アルベール・カーンのために働いていた）[11]、それほど優越感をもってエキゾチックな風景を撮影しているわけではない。しかし、それはまったく同じように教条主義的な、規範化された景色でもある。現地人の役割は固定され、入植者に依存した状態におかれている。そのため現地人の解放が可能になるのは、入植者たちによる比喩的表現の枠のなかだけである。現地人は、見かけ、頑丈さ、敏捷さ、体力によって、植民事業にふさわしい文明化のための労働に参加している。ところが、ひとたびその映画のジャンルが確立されるや、現地人の態度は厳格に指定をうける。たとえば、献身的な召使として登場するときは、善良なる野蛮人であるが、否定的な人物として登場するときは（ジュリアン・デュヴィヴィエ監督の「望郷」)、ずる賢い人間や野蛮人に随しているのである。植民地の享楽的でしかも性的な魅力は、何よりも女性の登場人物たち、たとえば、白人と黒人の混血女性《ムラート》、混血の女、島の娘、砂漠の姫君、このジャンルを植民地化している宿命的なアルジェ女のためにとっておかれる。彼女たちは、きまって入植者たちに誘惑されるか、彼らを誘惑するかのいずれかなのだ。その反対のシチュエーション、つまり現地人の男性が自分の男らしい魅力に白人女性を従わせるという光景は、決して見られないだろう。アブダルカデル・ベナリが書いているように、「結婚の国境は乗り越えられないままになっている」(11)。現地人の男性の男らしさは、善良なる野蛮人の、すなわち、子供っぽい思春期前の男らしさにとどまり続けることを余儀なくされている。

　そのかわり、植民地は「貧しい白人」の特権的な冒険の地であり、本国の首都では将来がなかった人間にとって、天啓、再生、贖罪の空間である。植民地を闊歩しながら、彼は権力と（性的なものも含めて）体力を手にするのだ。これが、一九三五年のジュリアン・デュヴィヴィエ監督による「地の果てを行く」の筋の背景である。この作品では、ジャン・ギャバンが外人部隊の英雄的な男らしさを彼なりに背負っている。ある殺人者がパリを逃れ、外人部隊に志願する。彼はモロッコで酒場の踊り子アイシャ・ラ・スラウィへの愛にめざめるが、リーフ山地〔モロッコ北部の地名〕の部署を守るという不可能な任務の遠征中に、彼の仲間たちとともに命を落とす。この映画は、その民族研究と冒険のエキゾチズムから、植民地映画のプロトタイプとして重要視されている。さらに、この熱砂の物語における悲劇的な英雄としてのジャン・ギャバン。彼は冒険好きの男であり、海外に逃れて原住民の反乱と接する危険のさなかに、もうひとつの威厳、外人部隊の名誉のきまりという威厳を見い出す。だが、その異国の世界は、たえず不運と死の徴のもとにおかれており、それがこの世界に病的な、暗い、硫黄のような、誘惑の力を授け、植民地的想像力の、やはり魅力的な隠れた一面をなしている。入植者の男らしさが二重なのは、再生と死を結びつけることで、それがよりいっそう強力になるからである。ルノワール監督は「ル・ブレッド」〔北アフリカの内陸地方〕（一九二九年）で、新生活の獲得と自由とが歩みをそろえているような冒険の場をつくりだしているが、その同じ地域を舞台にデュヴィヴィエが見せているのは、息がつまるような狭苦しい植民地の世界である。ただしそこは、貧しい白人たちが掟を定め、自分たちの郷愁、暴力、征服、悲劇的な文明を押しつける世界でもあるのだ。「地の果てを行く」は成功をおさめた結果、外人部隊についての映画のモデルと見なされ、一九三〇年代半ばには、植民地映画の下位のジャンルを生み出す。たとえば、ジャック・フェデー〔一八八五―一九四八。フランスの映画監督〕の「外人部隊」や、ジャン・ヴァレ〔一八九九―一九七九年。仏の映画監督〕の「名を持たぬ男たち」などである。

だが、こうした植民者の英雄を大々的に売り出したのは、一九二一年六月から大成功を収めたジャック・フェデーの「女郎蜘蛛」〔一九二一年。原題の *L'Atlantide* は「アトランティス」の意。仏領アルジェリアでロケされた〕であった。巨大な予算を使った同作は、「フレンチ・スタイル」を歓迎する記事や、アメリカのプロダクションと張りあえる大スペクタクル映画を歓迎する記事が、洪水のように書かれるきっかけとなった。ここでは植民地領は、自らのスタイルと大胆不敵さを世界中に押しつけることによって、海外進出をなしとげられそうな国が、野心を実現するための場としてもちいられている。こうした貧しい白人の英雄の原型は、一九三六年にマルセル・レルビエ〔一八九〇―一九七九。フランスの映画監督〕の「新しい人間」のなかで、アリ・ボール〔一八八〇―一九四三。フランスの俳優〕によって浮き彫りにされている。ずんぐりして武骨だが、雄牛のように強く、際立った男性らしさがほとんど怪物的とも言えるアリ・ボールが同作で演じているのは、アメデ・ブーロンという役である。ブーロンは、植民地の冒険への呼びかけに引きつけられた実業家だ。彼は首都における無一文の状態から出発し、植民地でひと財産を築くあれらの人物たち（たとえばセヴェンヌ山地〔フランス南部の中央高地に属する〕の出身の貧しい人物）の特徴をすこぶる明確にそなえている。彼らは「新しい人間《オム》〔＝男性〕」であり、社会的に高い地位へ昇ろうとするが、粗野で、怒りっぽく、貪欲な性格の持ち主である。ブーロン役のアリ・ボール、彼こそは植民地におけるガリア人そのものなのだ。

Ⅲ　西部人――築きあげ、壊された男らしさ

この〔西部劇という〕映画ジャンルだけが、西洋的想像力への浸透力や、英雄的な人物像の永続力と多様性によって、男らしさの表象に、その可能性をまるごとすべて提供している。なぜなら、熱狂しやすく、勝ち誇っていた、初期の西部人 westerner から、コンプレックスをかかえ、打ちのめされ、メランコリックな性格になった、このジャンルの凋落期の西部人へと移るあいだに、その男らしさは、それでもなお暴力的であろうとしながら、すっかり変わりはてているからである。英雄のいない西部劇というものはない。この命題から生まれてくるのが、西部劇というジャンルを支える構造であり、同様に、このジャンルの威信や魅力である。われわれのいる世界は、元型《アーキタイプ》〔後出のユングによる心理学用語。人類共通の普遍的無意識が産出する表象。「アニマ―アニムス」、「太母」など〕と象徴に満ちた世界であり、その世界のかなめ石にあたるのが、ヒロイズムである。カール・ユングは、「英雄とは、人間の生涯の理想のタイプであり、そのうえ、自我の元型《アーキタイプ》である」(12)と書いている。西部人であるということ、それは模範的な人間になることをつうじて、自己を肯定することである。馬、拳銃、カウボーイハット、擦り切れた服を、映画のあいだずっと肌身はなさず持っていること、これこそ、わたしたちのヒーローが、自分の周りの現

実、単純で善悪二元的な現実を支配するのに欠かせないもの、最低限かつ十分なものを持っているということである。だが、西部人が自分のものとして持っている身体は、はたしてどんな身体か。それは、彼の道徳と体質的に同じである。彼の身体はアクションむけにできているが、悲劇的な宿命を背負わされている。西部という土地にふさわしく鍛えられているが、自身だけで完結しているのだ。出会い（良いのも悪いのも）にも適しているが、どこか自己を絶対的に閉ざしているところがある。体力や才能にあふれているが、その身体は死のために捧げられている。以上のことから、その身体は、一枚岩でできた記念碑のような、孤高の男らしさを帯びている。その身体は、優れてこの世界の男性原理であり、その男らしさは、自分の表象、イメージが、男性的な側に傾いている古典的な俳優たちによって体現されている。ゲイリー・クーパー、ジョン・ウェイン、ランドルフ・スコット、ロバート・ミッチャム、リチャード・ウィドマーク、バート・ランカスター……。[12] アメリカ人の哲学者ロバート・ウォーショー〔一九一七—五五。アメリカの作家・映画評論家〕が、西部劇についてかくも屈託なく述べているとおり、「西部は、文明の恩恵が奪われているが、そこは男が男であり、女が女であるような土地である」[13]。行動する男、馬上の闘技者、ほとんど人間＝ケンタウロスとして、肉体的な力を元手に生活し（彼は野生の獣を飼いならす）、牙をむく自然のなかでは自分の頑丈さをたよりに、決闘のさいには自分の抜け目なさによって、サバイバルする「西部人」には、ひとつの使命がある。堕落した文明人と戦うこと、礎となった名誉の掟に背いた者ども（卑怯者、強欲な者、盗人、裏切者）に、法の外で、罰を与えることである。ウォーショーは続けて述べている、「彼が守るのは、とりわけ自らのイメージの純潔さである。彼が不死身になるのは、自らのありかたを定義し、その定義のとおりであり続けるべく、彼が戦いを挑むからである」。男の身体は、西部人についての、還元不可能なこの定義の核心に位置している。それは、彼の諸価値（肩幅、身長、歩き方、実直さ、重々しさ、寡黙、抑制された暴力、飼いならされた力）、また、彼の所持物（拳銃、馬、帽子、ネッカチーフ、ジーンズは、自然の猛威から身体を守りつつ、同時に、身体をゆったりとくつろがせている）、さらには、彼の禁忌（決してセックスについては語らない、むやみに暴力を振るわない、微笑みもしないし、衰弱もしない、――その一方で酒を飲み、自然に敢然と立ち向かう）にも関わっている。西部劇のヒーローが持っている男らしさは、押しが強くて重々しい、屈強で抑制された男らしさ、野外の全空間におよぶことも、必要とあらば死を与えることもできる男らしさである。彼は半神の身体のような特質を持つと同時に、アメリカの普通の男の哲学に特有な、はにかむことの価値と行動への信頼を体現している。古典的ヴァージョンにおける男らしさのこの特殊なタイプは、――トム・ミックス、ウイリアム・S・ハート、テックス・リッター、ジョー・ハーマンたちによるジャンルの起源から、一九五〇年代にもっとも完成されたその開花にいたるまで――、西部劇をその頂点にいたらしめたアンソニー・マンが、「澄んだ目をした男たちの時代[14]」と呼んだものにまさしく対応している。[13]

スクリーンに見られるあの男らしさの頂点。その範囲をもっとも的確に定めている瞬間がひとつある。決闘の瞬間である。[15] 対峙関係や対等な武器という、その状況。鍛えあげ訓練した体という、その身体に体現されたもの。相互に凝視しあっている自我《エゴ》の威嚇的な敵対関係という、決闘の典礼。さまざまな効果、運動、ショットの性質、音楽を使って対決を際立たせる映画の演出。死を与えるには、かならず拳銃を使うというその弾道学。さらには、それが産みだすあらゆる精神分析的な解釈――拳銃からの連想／性器／死は、もっとも明白なものである、というのも、つねに重要なのは、弾のなかへ投影されている彼の力強さのおかげで、他者の身体を貫通することなのだから――。以上の諸点によって、決闘とはスクリーンにおける男らしい身体の決定的瞬間のひとつなのだ。ふたりの男が向かい合い、動かずに、互いの目を見つめあう。両腕は体のわきに垂らし、手は銃のそばで、今にもそれを抜こうとしている。銃はまだ、腰に革帯で下げたフォルダーのなかだ。時が止まったように感じられるが、ふたりはじりっ、じりっと近づいていく。一歩ずつ、沈黙のなかを。と、不意に何かのしぐさが起こりかけ、それが最初のささいな合図となって、眼差しが光り、さっと手が動く。銃がきらめき、火を吹く。敵どうしのうち、ひとりの運命がつきる(ときには、相撃ちのこともある……)。これが西部劇の制度、最後の審判であり、真実が、いわば神明裁判〔熱湯に手を入れても火傷しない者などを無罪とした中世の神判〕の判決が明らかになる試練なのだ。このような敵対関係のなかで、西部人の闘争的な男らしさは激しさをます。「駅馬車」(ジョン・ウェイン)、「昼下がりの決斗」(ジョエル・マクリー、ランドルフ・スコット)、「ベラクルス」(ゲイリー・クーパーがバート・ランカスターを殺す)、「西部の人」(これもクーパー)、「七人の無頼漢」(ランドルフ・スコットがリー・マーヴィンを倒す)、「胸に輝く星」(アンソニー・パーキンス)、「必殺の一弾」(ラッセル・クロフォード)、「赤い河」(ジョン・ウェイン対モンティ・クリフト)、「ウエスタン」(チャールズ・ブロンソンがヘンリー・フォンダを殺す)。これらはいずれも決闘を中心に構成された映画であり、決闘が男たちの叙事詩であるがゆえに、彼らの真の姿をまざまざと示している。

しかし、西部劇の本質をゆるがして、現代的な西部劇に最大の貢献をし、それとともに、すっかり刷新された男らしさのヴィジョンを押し出して、男らしさの歴史にも最大の貢献をしたのは、純粋でタフな古典的西部人の対極にある、傷つきやすく、弱々しい、当惑させられた、曖昧なヒーローの発明であった[16]。すでに一九四六年から、キング・ヴィダー監督の「白昼の決斗」は、ヒーロー的存在を二人の敵対する兄弟に二重化している。ヒーローは、アプリオリに、善意の人(ジョゼフ・コットン)と、悪意の人(グレゴリー・ペック)とに分裂しているが、もはやそこに確実性はない。なぜなら、これらの価値は変更できるからだ。その一年後、同じ脚本家のナイヴン・ブッシュ〔一九〇三―九一。アメリカの小説家。「郵便配達は二度ベルを鳴らす」の脚本などを担当〕は、ラオール・ウォルシュ監督の撮った「追跡」において、またもやそのヒーローの権威を失墜させている。この映画で、ロバート・ミッチャムが演じる若き西部人、苦しめられている私生児が求めるのは、そのヒーローの地位をはっきり定義することよりも、自らの曖昧なアイデンティティをふたたび見い出すことのほうである。ミッチャムはここでは、もはや男らしい要素を、つまり、決闘という試練からその勝利者を生み出す真なるものをいっさい持っていないし、彼のヒーローとしての能力も、その幼年時代の心的外傷が明らかになるにつれて減じていく。

同じこの原理にしたがって、ロバート・ミッチャム、リチャード・ウィドマーク、カーク・ダグラスは、陽性から陰性へ、純粋から不純へ、光としての男らしさから影としての男らしさへと二重化した、最初のヒーローとなる。というのも、彼らはその体や顔に、そのような二重の外観(力強そうだが、人を不安にさせる)と、二重の精神(彼らには秘密や不快感がよく似あう)を帯びているからである。彼らは自分の過去にしばられ、強迫観念にとらわれていることも多く、世間から外れてアウトサイダーたちとつきあっている。風貌はどちらかというと攻撃的で、神経質な性格をして、苦悩を抱えており、その内面には、暗闇と遺恨の地帯があまりにも大きく広がっているため、人を安心させる陽性のヒーローを晴れ晴れと演じることができない。彼らは痛ましい思い出(去ってしまった女性、皆殺しにされた家族)に心をむしばまれ、酒におぼれ、皆の前で恥をかき(「リオ・ブラボー」のディーン・マーチンは、痰壺のなかのコインを拾わなければならないし、「リバティ・バランスを撃った男」のジェームズ・スチュアートは、食堂の皿洗いとして扱われる)、最後まで個人的な悲劇の道をたどる。

一九五〇年代、ついで六〇年代以降の映画でも、権威を失墜した西部人たちの姿が目にとまる。

繰り返し登場するたび、これらの西部劇の新しいヒーローたちが戦う相手は、伝統的な敵だけではない。ヒーロー自身が絶望し、心に傷を負っているため、ときには酒びたりになり、たいていは体力が衰え、少なくとも傷つきやすくなっているという意味で、彼らは自分自身とも戦うのである。「果てしなき蒼空」のカーク・ダグラスは、酒をあおって指を切断し、「リオ・ブラボー」のウォルター・ブレナンが演じる人物は片足しかなく、「明日なき追撃」のジェームズ・ステイシーは身体障害者、「ララミーから来た男」のジェームズ・スチュアートは片手を怪我しており、「ロンリーマン」には盲者、「欲望の谷」や「白昼の決斗」には、不具者の姿が見られ、ジョン・ウェインは、ドン・シーゲルの「ラスト・シューティスト」では癌をわずらい、また「ガン・ホーク」のヒーローも壊疽にかかる。[14]西部劇のような「肉体的」な世界では、身体のどんな潜在力の低下も、明白な弱さの記号であり、その人物の余命そのものをちぢめかねないのだ。

だが逆に、このようなハンディキャップが、男らしさの痕跡を取り去ることはない。ハンディキャップは、その痕跡を示すことによって、それを変形する。西部人は、強さと体力においては失うものを、誘惑的な魅力と人間的な深みにおいて勝ち得るのだ。純粋さの岸から去ることによって、人間らしさを手にするのである。ジェームズ・スチュアートはまちがいなく、古典的な西部人の押しの強い男らしさを「男性的な感動」の一形式へ変容させた、アンチヒーローの典型である。こめかみには白髪もまじっているし、演技は極端に神経質、背は高いが痩せていて、猛威をふるう暴力に立ち向かうには、見たところ頼りなく、弱々しそうで、判断力も曇ったり妨げられることがある。このようなスチュアートは、クーパー、スコット、マクリー〔ジョエル・マクリー。一九〇五―九〇。「死の谷」（R・ウォルシュ監督）などで主演〕、ウェインたちの演じた、頑強で、自分に自信をもち、何事にも動じない男というカノンからはほど遠い。スチュアートは、アンソニー・マン、デルマー・デイヴィス〔一九〇四―七七。アメリカの映画監督。「折れた矢」（一九五〇年）でスチュアートを主演に起用〕、ジョン・フォードといった、ヒーローのこの現代的な傷つきやすさの演出を得意とする監督たちのもとで、自分の演技を開花させる。そして、初期の西部人のいくぶん幼稚な男らしさを、男性的な洗練へと導くのだが、そこにはあいかわらず人を引きつける魅力がある。

しかし、まもなくすると、西部劇のヒーローは、自らの死とジャンルじたいの消滅を演じ始めることにより、老衰、退廃という意味においてもう一段階先へ進んでいく。そのようなヒーローは、「黄昏の騎士」や「黄昏のヒーロー」、あるいは、「死のカウボーイ」と呼ばれている。[17] 一九六二年、サム・ペキンパーは、「昼下がりの決斗」において、西部人の超古典的な代表者である二人、ランドルフ・スコットとジョエル・マクリーをそのようにして組み合わせ、白髪あたまで、髭は剃り残したまま、生きのびる手口に関してはほとんどなりふりかまわず、ふたりに秋の西部をさまよわせている。彼らは文字通り、西部劇という連作群《シクル》の終わりを体現している。ペキンパーはここで、「西部劇の終わり」という、ひとつのサブジャンルの基礎を築いているのであり、年老いて頼りないヒーローの肉体上で、そのサブジャンルを示しているのだ。しばしばペキンパーの映画には、盛りを過ぎた男優たちの、深いしわが刻まれたあれらの顔——だが、彼ら自身が演じる登場人物の、悪趣味な安物の服装やぼろ家のなかから、ふたたびよみがえったような顔であり、それだけにますます美しい——が再び見い出されるだろう。たとえば、「ワイルドバンチ」におけるウィリアム・ホールデンやロバート・ライアンがそうだ。ただし、この映画での暴力は、それをくりひろげるヒーローにたいし、どんな人間性も否定しているため、激しさがひと目盛りぶん増している。同様に、フォード（「シャイアン」）、ホークス（「エル・ドラド」、「リオ・ブラボー」）、ウェイン（「ラスト・シューティスト」）らの後期の西部劇は、一九六〇年代に、そのジャンルが黄昏の時期にさしかかったことを証拠づけている。それらのヒーローたちは、老いて、疲労し、病いをかかえているが、そのありさまはデュマが書くことのできた『二十年後』〔三銃士たちの後日談。一八四五年刊〕のようなものだ。その作品でデュマは、三銃士の伝説を引き伸ばし完成しようとしながらも、最終的にはそれを神話化しているのである。クリント・イーストウッドの孤独で苦悩主義的な才能は、その名残りをとどめることになるだろう。「ペイルライダー」（一八九五年）、ついで「許されざる者」（一九九二年）において、彼は西部人をその終焉へといたらしめる。神話のなかで石と化したかのように、あるいは、まるで落馬したかのように、乾いて、こわばり、年老いた、彼の身体は、アクションと暴力のあと、幽霊たちの世界に戻っていく幻のごとく、不意に消えてしまう。依然として彼は男らしい。ただ、それは死の男らしさなのだ。つまり、降伏する瞬間をたえず遠くへ押しやりながら、颯爽とし続けている、死に瀕した老人の男らしさなのである。

Ⅳ　反逆的な美――歴史と対峙する男らしさ

映画における「男らしい美」とは何かということは、一九五五年から一九五六年にかけて、フランソワ・トリュフォーが男優たちについて、とくにジェームズ・ディーンについて書いた文章を読めば、きわめて正確に理解できる。そしてまた、男らしい美が、女好きの青年にさえもたらしうる、センセーショナルな効果のことも理解できる。なぜなら、トリュフォーにとって、男優は映画によって高揚させられた自らの美をつうじて、自由をつかもうとする一個の身体となり、稲妻のように大空を走る純粋なエネルギーの運動、受肉した官能的な観念へと変身するからである。その現前は、心を奪う恍惚のひとつの形式である。映画を見るということは、文字通り、男優によって拉致されること、彼の美によって魅了されること、彼の翼にまもられて遠くへ運び去られること、社会的なものの外へ連れ出され、男性的な庇護のもとにおかれること、ボガート、スチュアート、クーパー、フォンダ、グラント、ディーンといった、あの「素晴らしき兄貴たち」の魅力によって恋に落ちることを意味しているのだ。

スクリーンに現れるこうした美と、そこに漂う反逆者のアウラは、一九五〇年代の若きフランス人の映画愛好者《シネフィル》にしてみれば、まずアメリカ的なものとして感じられる。それは一個の絶対的な公準でさえある。男性スターにはフランス人もなることもできるし、ギャバン、フレネー〔ピエール・フレネー。一八九七―一九七五。フランスの俳優〕、フィリップ、モンタン、といったフランス人のスターたちを土台にして、国民的な映画も築き上げられている。だが、女性スターのグラマーな魅力とまったく同じように、スターの男らしさとはハリウッド的なものなのだ。スクリーンに残される身体的な印象や、あの純粋な現前という高揚の形式を介して現れる、魅力的な気取りのなさは、フランスやヨーロッパの俳優の演技の演劇的伝統の対極にある映画、すなわち、ハリウッドの俳優による抑えた演技（アンダープレイング）としっかり結びついたアメリカ映画のなかでしか見られないものである。かくして、一九五〇年代におけるフランス人のシネフィルの文章には、フランス人の男優にたいする極端な嫌味にみちた批判が見られる。スクリーンにおけるフランス人の男優の存在は、誘惑者としてはあまりにも芝居がかっていると判断されているのだ。そのありかたはひどく演劇的であるため、滑稽で、弱々しく、気取っていて、男らしいアウラを奪いさられている。このような拒絶にあった主要な犠牲者は、ジェラール・フィリップである。この役者は、劇場の舞台では、ロマンティックな、夢見がちの青年、同時代に巻き込まれた青年を体現しているが、それと同じくらい、映画の世界では、ジェームズ・ディーンやマーロン・ブランドといった現代の男性美と対立していることが明らかなのだ。トリュフォーが書いているジェラール・フィリップは、以下のとおりである。

現代の俳優の一番悪い癖は、自分が台本を理解しているのを見せたがることである。俳優の喉をしめたらどんなに楽しいかを想像するには、フィリップによる詩の朗読を聴くという経験が必要だ。[18]

反対に、ハリウッドの若い二人組、ディーンとブランドは美によるあの反抗を独力で体現している。彼らの美は、新しい男性性の第一の記号のように見える。ジェームズ・ディーンは、もし一九五五年九月三十日の悲運な事故による死と明らかに結びつけられているとすれば、エドガール・モラン〔一九二一年生まれ。フランスの社会学者〕による一九五七年の著書、『スター』の表現にあるように、それだけますます彼は、「二十世紀の半神」である。モランによれば、それは、「現代の神話となるための映画的スペクタクルから生じる夢の残酷さ」であり、「われわれのいわゆる合理的な社会において、神話を、さらには魔術を、体現すること」[19]なのだ。ジェームズ・ディーンは、スクリーンでの存在感によって、公のものとなった彼の生活によって、伝統的な役者の枠を乗り越えている。ディーンは、その日常性をもとにつくりあげられた理想のキャラクターという点で他から区別されるような、「非＝職業的俳優」とでもいうべき存在であり、この意味でひとつの元型《アーキタイプ》をなしている。ディーンはたちまち自分の役の人物になり、たえまなく、私生活のなかですら、なりきっているのである。彼は自己自身の役割を演じる。神話は彼の身体そのものに書き込まれているのであり、これで必要かつ十分なのだ。彼は映画における美であるとともに、映画における反抗、「システム」に対する、大人たちのアメリカに対する反抗でもある。そうしたものすべてを、彼は全世界のために同時に体現している。これこそ彼の「孤児」としての美質、たえまない矛盾と不確かさとしての青春期の美点である。ディーンは革新を行ったわけではない。ファッションと身体に関わる規則の総体を結晶化させ、規範化したのだ。そのおかげで、ひとつの世代層が、「生きることの怒り fureur de vivre」〔「理由なき反抗」の仏訳タイトル〕のヒーローを、そして「理由なき反抗」のヒーローを模倣することによって自己肯定ができたのである。彼のなかで男らしさが形成されるのは、まさしく美と反抗が連節されることによってである。そのことをトリュフォーは、このヒーローの死に際して、自らの言い方でつぎのように表している。

ジェームズ・ディーンにあっては、若さは反逆的な美のなかに再び見い出される。だが、それはよく言われるような、暴力、サディズム、熱狂、暗さ、ペシミズム、残酷さといった理由からではなく、それよりもほかの理由、もっとずっと単純で日常的な理由によっている。すなわち、もろもろの感情への恥じらい、たえまない気まぐれ、世間の道徳とは無縁の、それでいてもっと厳しい道徳的な純粋さ、つねに青春につきものの試練への好み、自らが社会の「外に」いると感じることで抱く陶酔や高慢や後悔、社会に溶け込むことへの拒絶と欲望、そして最後に、あるがままの世界の受け入れあるいは拒絶……。(20)

欧米社会にとって、ジェームズ・ディーンとは、男の通過儀礼の形式、選ばれ、賞賛され、夢見られているだけでなく、呪われた、不幸な形式なのである。生きるとは、死の危険を冒すことなのだ。同じ時期にマーロン・ブランドが体現しているのもまた、この死の危険、可能性は大きいが体力によって制御されている危険である。彼は自分のオートバイ——西部人にとっての馬と同じく、このうえなく男らしい彼の持ち物——の後に非業の死の軌跡をのこしていく。「エンジンの響きを立てる大天使」、「自らの理由なき反逆の怒りを、オートバイによる冒険をつうじてしか表現することができない、現実の青春の想像的表現」とモランは書いている。[21] ブランドはこの機械化されたスピードと一心同体である。——彼の革のブルゾンもそうだ。それは、西部人にとってのジーンズと拳銃のように、彼の男らしさを補うパノプリ〔子供向けにつくられたおもちゃの制服一式〕なのだ。誇張され、水増しされていると同時に、はっとするような彼の美しさは、来る日も来る日も極端な危険に立ち向かうことによって、自己を肯定したいというあの欲求に呼応している。彼の深遠な宿命は、リスク、他者、死に対して、社会的、人間的な順応主義に対して、英雄的に闘うことである。一九五三年から一九五五年にかけて、「乱暴者」と「波止場」で、ヒーローの苦しみ、悩みごと、神経症を独占しているのは、ブランドにほかならない。かつてヒーローを脅かしていた外部の悪は、これからは彼の人格や身体の内部にある以上、もはや彼は、穏やかで、社交的な、純化されたヒーロー、第二次世界大戦の、冷戦期のヒーローではないし、古典的な西部劇のヒーローでもない。「彼は矛盾そのものの渦中にあって、無力さ、熱望、絶望的な探求を生きている」と、エドガール・モランは自分の本の結論で述べている。それゆえ、ディーンとブランドは、その登場のしかたをつうじて美しく反逆的なのであり、神話的なスターであると同時に、問題を喚起しうるスターなのである。

ここでは男らしさは、社会やそのしきたり、権力をもった大人たち、歴史と「かつての」世界とに向けて弾をこめた武器である。そのような道具と化した美を強調しているのはやはり、一九五〇年代というあの男らしい美の黄金時代における、ハリウッド映画の逆説的な子孫たち、ヌーヴェル・ヴァーグの若いフランス人映画監督たちである。彼らは自分たちのヒーローを、ディーンとブランドの二人をモデルにして組み立てた。もっとも、そのモデルは「ヨーロッパ化」されている。すなわち、歴史の試練と、黒胆汁の気質〔古来この体液は、脾臓から出て憂鬱・悲哀の情を生むとされた〕に耐えられるように、磨きをかけられたのである。「メランコリックなジェームズ・

ディーン」、これがヌーヴェル・ヴァーグのヒーロー、ベルモンドからジェラール・ブラン、トランティニャンから、ロネにいたるヒーロー像である。[15] それでもなお、彼らが超＝男性性というタイプ、混乱の男らしさを体現していることにかわりはない。[22] かくして、もの憂い気分につつまれ、政治的、審美的、実存的であると同じく、肉体的なヒーローを、じかに例示しているようなヌーヴェル・ヴァーグの映画は、約半ダースにのぼる。そのさまは、軽騎兵〔後出のR・ニミエの戦争小説『青い軽騎兵』（一九五〇年）における虚無的な青年像が含意されている〕のようだが絶望した、シニカルにして陰鬱な肖像が、列をなしている陳列室のようだ。そこにかなり的確にその特色が描き出されているのは、右翼のアナーキズムのスタイル、つまり、挑発的で子供じみたあの政治的姿勢の、撞着語法のスタイルである。これはアンシャン・レジームの「赤い短靴」〔十七世紀の貴族たちが履いていた靴で、上品で洗練されたシンボルとされた〕、総裁政府時代のめかし屋《ミュスカダン》〔仏革命の当時（一七九五―九九）粋がっていた王政主義者を指す〕、ロマン主義のダンディである。要するに、メランコリックな男らしさの、スタイル化された肯定なのだ。

　たとえば、「勝手にしやがれ」に登場するパルヴレスコという人物がそうだ。オルリー空港でパトリシアがインタビューしようとするこの作家は（ジャン＝ピエール・メルヴィルによって演じられており）、黒縁の眼鏡をかけ、謎かけのような話しかたをする。『候補者』という著書の作者パルヴレスコは、もはや愛しか信じてはいないが、愛をエロティシズムと区別もしておらず、「心の底から悲観主義者」としてふるまっている。彼はフランスを「知性の国」として崇拝しており、パトリシアからの質問に答えて、彼の人生でもっとも大きな野心を最後に打ち明ける。「不滅の存在になって、それから死ぬことだ」。つぎつぎと繰り出される、隙だらけの三段論法や、互いに矛盾しあっているぞんざいな主張は、軽騎兵のスタイル、体だけでなく言葉によっても示されるような男らしさのスタイルを、かなり正確にカバーしている。アメリカ的な男らしいヒーローとは反対に、この不幸な超＝男性性は、ヨーロッパでは、言語による誘惑の特性なのである。一九五八年にクロード・シャブロルが撮った第二作、「いとこ同士」もまた、肉体かつ言葉の軽騎兵をしめしてみせる。ジャン＝クロード・ブリアリによって、活気と投げやりさをまぜながら演じられている、派手派手しい人物ポールのことである。突発的に絶望にかられることによって、めりはりのついたブリアリの急転回する妙技は、俳優の演技に転写された「右翼青年」のスタイルと言えるものに十分ふさわしい。彼のなかではすべてがスタイルと意味をなしている。たとえば、火器やチェスのトロフィーに対する過度の好み。優雅な小侯爵といった身だしなみのいい外見。コンバーチブルのスポーツカーでパリを走り抜け、カルチェ・ラタンのクラブまで出かけると、そのパーティでは、カウンターのまわりに腰かけた娘たちが、彼の到着を大歓迎して、うれしそうにくすくす笑う。ついで、当意即妙の返答や、凝った文章をつくる彼の話術。「ぼくは労働の虚しさというものの生きた偶像さ」。最後に、そしてとりわけ、退廃への愛着。深夜に酒でやつれた仲間たちのパーティを闊歩して、ぐったりした彼らの体を無造作にまたぎながら、いわく。「ここはバビロンだ、ここはバビロンだよ……」。ジャン＝リュック・ゴダールの「小さな兵隊」に出てくるブルーノ・フォレスティエ（ミシェル・シュボール〔一九三五年生まれ。フランスの俳優〕によって演じられた）もまたそれなりに、以下のようないくつかの点において、男らしさの模範となっている。まず、浅黒くて、いかがわしいその容姿。彼はちょっとしたならず者、若い伊達男、極右のだめ兵隊である。つぎに、攻撃的で、女性を誘惑するマチズム。とても若くてかわいい女性におよぼすその魅力は、彼が女性たちに対して抱く、至高の、絶対的な軽蔑、催眠術のような効果のある軽蔑に、本質的に集約される。最後に、彼の混乱や憂鬱の基盤となっている、矛盾した性格によって。左翼を愛する右翼の男であり、革命的な思想家や、反植民地主義の思想家によって魅了された、白人の優越性のイデオローグである彼は、行動を崇拝しつつも、それを実行にうつすには無能のままである。彼は歴史の敗者であり、彼の名誉はスタイルで身を滅ぼすことに存しているのだ。

だが、ヌーヴェル・ヴァーグのもっとも美しい軽騎兵的なヒーロー、テロリストめいた投げやりはしないが、アルコール中毒による放浪をかさね、悲劇的な宿命を背負い、病的な魅力をたたえ、万事を優雅にこなすヒーローは、まちがいなくアラン・ルロワだ。それは、ピエール・ドリュ・ラ・ロシェルの原作にもとづいて、ルイ・マルによって一九六三年に撮られた映画、「鬼火」のなかで、モーリス・ロネが演じた不幸な男である。アランは不幸である。これは一個の公準だ。彼はものを書くが、何にもまして、書いた文を消してしまう。彼はアル中の治療のため四カ月まえからヴェルサイユの療養所に入院しているが、ときおりそこを抜け出しては、夜中にパリをさまよい、自分の悲しげな美しさと、打ちひしがれた魅力で女たちを引っかけては腕に抱く。彼もまた、男らしいダンディズムに不可欠な属性をいくつか有している。たとえば、彼は武器、女、死、文学を愛しており、ずれた時間のなかで生きている。その時間のなかでは、アランが「指揮をとった」り「軍隊にいた」りした過去、行動、快楽への陶酔、歴史の与える衝撃、植民地での冒険といったものをつうじ彼が真の意味で生きていた過去を前にして、現在の時間は青ざめた顔をしている。これからは、生活とともに思想も、行動とともに創作も、すべてが崩れさる。アラン・ルロワは自殺を決意する。それで彼は、ロジェ・ニミエの『青い軽騎兵』や『悲しき子供たち』の苦くてアイロニカルなひきつった笑い、「文明世界の終わりには二十歳に達しているはず[16]」のあの世代を、再発見するのである。生真面目な精神に対抗し、政治参加《アンガジェ》した知識人らと対峙した、これがヌーヴェル・ヴァーグのヒーローである。自らの時代における当事者となりえないこの無力さが、彼の男らしさそのもの、反逆するダンディの男らしさを築いている。

もうひとり別のヒーローが存在する。その身体が政治的な諷刺の役をつとめているヒーロー、それはブルース・

リーだ。事実、カンフーのポーズとして振り付けられたその男らしさが体現しているのは、ひとつの反逆の形式、スクリーンにおける西洋人男性の支配に対する第三世界の反逆の形式である。[23] ブルース・リーとして頭角を現すまえは、彼は一九六七年に、「グリーン・ホーネット」〔監督ノーマン・フォスター、主演バン・ウィリアムズ〕のマスクをつけた正義の味方、カトーの役をつとめている。それから、「ドラゴン危機一髪」や「ドラゴン怒りの鉄拳」などでスターの座につく。最後は、一九七三年に三十三歳で死去したことによって、彼は決定的な神話となる。かつての非西洋の映画は、その反逆的な自己同一化を、ローカルな男らしさとして浪費するばかりで、世界的なヒーローをつくりだすにはいたらなかった。エジプト映画のおかげでアラブ世界の領主にふさわしいヒーローとなった、サラーフ＝アッディーンしかり、〔17〕ボリウッドのミュージカル・コメディで舞い踊る、ビロードの瞳をして、香をたきしめた半神たちしかり……。だが、ブルース・リーは、重労働にあえぐ貧しい人びとによって崇拝されてきた。その受容の幅広さは、香港だけでなく、移民系の観客が大量につめかける、大通りやバルベス〔パリの十八区の通り〕の映画館にまで、アフリカのビデオカセットから、「シネマ・ビス」〔18〕のプログラムにまで及んでいる。その理由は、要するに彼が、よそ者の格闘家に、男としての誇りを与えていたからである。これは、エキゾチックな身体を飼いならしてきた、五十年におよぶ植民地支配に対する復讐なのだ。

「小龍」〔リーの本名は「李小龍」〕、すなわち、国際的な熱烈な崇拝の対象、四本の長編映画と、驚くほど強い信念をもって戦われた多くの武術の闘いにおけるスターは、しかしながら出生も旅券もアメリカ人であり、長いあいだロサンジェルスで生活のためにカンフーを教えることを生業としていた。「グリーン・ホーネット」は、まだまだアメリカ的な映画であるが、ブルース・リーは一九七一年に香港へロケに来たことをきっかけに、彼自身の言葉によるなら「世界でもっとも偉大な中国人のスター」になる。つねに素手で戦う傑出した闘士、ドラゴンの比類なきカリスマが、自らの存在を示すのは、その動作の速さ、正確さ、跳躍によって、彼の放つ電光石火の強烈な突きでめりはりのつけられた移動によってである。一九七一年の「ドラゴン危機一髪」で使われた有名な「宙を舞うテクニック」は、彼の名をとどろかせ、いちばんおとなしい観客たちさえ興奮させた。彼のテクニックをつうじて観客たちは、神の正義が人間のかたちをとったようなものだ、という夢想を抱いたかもしれない。彼の演じる人物は、「ドラゴン怒りの鉄拳」のチェン・チェンから、正義の味方となる。彼は裏切り者、堕落した者、権力者、腐敗した者に罰を与える。だが、彼は悲劇的な人間でもある。最後には自分が殺されるからだ。彼は自分の暴力のつけを払うのである。過剰な暴力をつうじて、暴力の虚しさを証明するのである。徳にあふれるこのような円環こそ、彼が本物であるという証拠だ。チェン・チェンは純粋な人間である、なぜなら彼は最後に死ぬのだから……。

ブルース・リーは、また同様に、そして何よりも、白人と戦う。彼のもっとも有名な戦いは、「ドラゴンへの道」のエンディングである。はりつめた全身の筋肉、急旋回する動作。彼が対決する相手は、視野が狭く自惚れている西洋の男性ヒーローの原型、チャック・ノリスだ。この白人の怪物と向かい合う、ドラゴンの稠密さとその身体の抑制ぶりは、観客に感銘を与え魅惑する。ブルース・リーが体現しているのは、か弱き者、小さき者の反抗である。それは、アメリカの勢力に対し第三世界の貧民たちによって挑まれる非対称的な戦いに、スクリーンをつうじてヒーローを提供する一種の先鋭化した男らしさであり、また、さまざまな戦う身体の練度を混ぜ合わせることによって強さに転ずる弱さへの賛辞である。

ランボーもまた、彼なりの逆説的な流儀で、マージナルな、反逆的な、男らしいヒーローだといえる。[24] ランボーという人物は、『一人だけの軍隊』という小説によって誕生した。一九七五年にベトナム戦争が終結した直後、デヴィッド・マレル〔一九四三年生まれ。アメリカの冒険小説家〕という退役軍人によって書かれたこの小説は、とにもかくにも男性的である。マレルがその物語でまざまざと描き出している人物像は、単純だが、まっすぐに生きる人間であり、愛国精神を持ち、生まれはアリゾナというアメリカの大自然、母はナバホ族、父はドイツ人――両方とも敗北した民族である――、正義心につきまとわれ、周囲が自分に敬意を払わないせいで偏執狂になっている男だ。ジョン・ランボーはベトナム戦争の英雄なのだ。彼は何個も勲章をもらい、勇気があり、肩を並べる者のいない兵士なのであって、たびたび負傷して捕虜となり、北ベトナムの陣営で拷問されたこともあるが、脱走してまた軍隊に戻り、それから一九七三年九月に復員している。明らかに彼は、自分がアメリカ政府から、軍隊の階層秩序から、そして、戦争や参戦した兵士たちに非難の矛先を向けるようになった世論から、見捨てられたという感情を抱いている。国に帰ってもしっくり行かず、ジョン・ランボーは侮辱されたような気持ちになる。彼が兵役に志願したことは、否定や抗議の的とはならないまでも、すっかり忘れ去られているのだ。これが退役軍人というものであり、当時は同様の者たちが何千人となく存在した。だが、ランボーは反乱を起こし、彼の戦争を始める。彼は戦争を、ベトナムのジャングルからアメリカのど真ん中へ移す。マキ〔第二次世界大戦中の対独抵抗組織〕のように潜伏活動を行い、ふたたび野生の自然を発見し、自分を追うアメリカ軍と、筋肉、器用さ、狡知によって戦う。男らしさは、アメリカと、少なくとも公的なアメリカと敵対する。これはエリートの権力に対する人民の身体の反抗である。その反抗は、シルヴェスター・スタローンによって彫刻のようにつくりあげられた、男らしい野生的な形姿に体現されている。自分を捕まえようとする二百人以上もの兵隊たちに、彼はたった独りで抵抗する。これは、アメリカの中央の権力、連邦の勢力、彼のなかに主戦論者を見るような左派の世論に対する、復讐の形式なのである。

おそらく、アメリカにとってそれは、もっとも重い意味を持った英雄的な身体だろう。このヒーローがスクリーンにデビューしたのは、テッド・コッチェフ監督の「ランボー」が公開された、一九八二年六月二十二日のことである。このときランボーは歴史を刻んだのだ。つまり、アメリカはコンプレックスをとりのぞかれ、またプリミティブな状態に戻り、自らの好戦的な面、攻撃的な男らしさを引き受けて、自らの帝国主義的な罪状と、唯一の軍事的敗北とを清算しようとするのである。ランボーは、ある意味では、アンチ・ジェームズ・ボンドである。ランボーは他国や第三世界とは戦わないし、共産圏とさえ戦わない。これは、冷戦期のヒーローである007とは正反対だ。スタローンは逆に、カンフーとブルース・リーから、戦闘方法と筋肉質の体型を借り受けている。もっとも、彼の場合は、ボディビルダーよろしく、筋肉で体がぱんぱんである。ランボーは文明と戦う。すなわち、あまりにも礼儀正しくて筋萎縮症にかかったようなアメリカと戦うのだ。その反対に、エージェント007は、仕立ての良いスーツのような、幻想化した、人を安心させる男らしさを身につけている。それは、スパイ小説や誘惑のコードにもとづいて改訂された旧式の礼儀作法によって制御されている、古き伝統の英国風の身体、というステレオタイプである。教養のある快楽主義者としてのボンドは、宮廷式恋愛の騎士の冷戦期ヴァージョンであり、彼の体は洒脱な男らしさの体である。(25)

　その反対に、ランボー＝スタローンが、レーガン大統領の在任していた一九八〇年代のアメリカ――ランボーが、事実にもかかわらず、というかむしろ、彼が反抗的な周縁部から行動を起こしているがゆえに、物語が進むにつれてきわめてすみやかに体現していくことになるアメリカ――に投影するのは、ベトナム軍の兵役になおも重くのしかかっていたタブー、あの汚れた戦争の意図的な忘却である。この映画では、それは一転して、力や、むきだしの正義や、自己防衛や、個人のイニシアティヴといったものを、罪悪感なしで肯定することへと変貌している。突然、ベトナム戦争の退役軍人も、往時のある種の好戦的な映画における第二次世界大戦の兵隊たちのように、力強さを取り戻し、アメリカ的な愛国主義の価値を担うことができるのだ。そして彼は、もはやその価値を信じなくなった人びと、平和主義の軍人だろうが、揉め事から身を引きたいと思っている政治家だろうが、アメリカの恥ずべきイメージを忘れたがっている市民だろうが、そうした人びとの眼前にその価値をつきつけて、誇り高らかに肯定できるのである。

ランボーは、一九八五年と一九八八年に撮られた二本の物語のなかでも、彼の冒険を続けている。彼は初作の商業的成功を利用しているが、それと同時に、自らの男性的でナショナリストという態度決定を戯画化している。「ランボー／怒りの脱出」では、彼はアメリカの世論にひどいショックを与えている噂を信じ、使命を帯びてベトナムに発つ。ジャングルで捕虜になっているアメリカ兵たちを見つけ出し、救出するためである。つぎの「ランボー3／怒りのアフガン」では、彼はアフガニスタンへ放たれ、かつての上司のゆくえを捜索する。そして、たったひとりで、ソ連の軍隊の一部を壊滅させるのである。かくして、この人物は、戦争を国外の国境地帯に再び輸出する。そのような地帯では、再認識されたアメリカの誇りの名のもとに戦争を率いることは、いっそうたやすい。アメリカ国内で荒療治をしていた野生の闘士は、たとえ彼自身が依然として中央政府にとっては制御不能な扱いにくい存在で、骨の髄まで個人主義的であるとしても、今後は世界のすみずみまで支配の旗をかかげるリーダーとなる。このようにランボーは、アメリカを、すなわち、自らに利するように冷戦が終了した時期に取り戻されたパワーを、ロナルド・レーガン（大統領の在任期間は、一九八一年から一九八九年）の二重の権限によって体現された自信を、自意識に伴わせているのだ。以上は、イスラム主義者のテロが再びアメリカの自信を掘り崩すまえのことである。それゆえ、ランボーとは、ふたつの不快感のあいだ、ふたつの懐疑のあいだに挟まれたアメリカである。彼が登場したのは、アメリカの支配が失墜した後であり、ワールド・トレード・センターの超高層ビルが瓦解する前であった。再び見い出されたアメリカのパワーを信じさせるために、彼が男らしい筋肉にものを言わせるのは、この両時期のはざまにおいてだったのだ。

V　まだ勃起している、とはいえ悲しげに……

おそらくランボーは、肩から斜めにかけた負い革で、攻撃的な自分の男らしさを背負うと同時に、筋肉を緊張させて弓を備え、戦闘方法だけでなく自分の身体も野生化した原始主義の方向に退行させているヒーロー、これほどまでに攻撃的な男らしさを引き受けているヒーローの最後の一人なのだ。というのもランボーは、たとえ大衆的な人気をたもっているとしても、愛されるヒーローではないからである。ポリティカル・コレクトネス、マイノリティに向けられるべき尊敬、寛容の価値といったものが勝ち誇るアメリカでは、彼はその粗悪な態度や原始的な外見のせいで、耐え難い存在となっている。シルヴェスター・スタローン本人さえ、ランボーのことを好いてはいない。彼はつねにランボーよりロッキーのほうを好んでいる。なぜなら、彼が演じたふたりの筋肉質のヒーローのうち、ロッキーは彼の被造物であり、アマチュア・ボクサーとしての彼の経験から生まれた自伝的人物だからである。ロッキーがより受け入れられやすい人物でいられるのは、その人物像が敗北のロマンティックな美徳を身にまとい、自らの勇気と体の持久力によって世界中から尊敬を集めているからである。一九七六年の春に公開された、ジョン・G・アヴィルドセン監督の映画、「ロッキー」は、シルヴェスター・スタローンが主演をつとめ、アメリカや世界中で大成功をおさめ、十二億ドルの収益をあげている。これは、ヘビー級世界チャンピオンに一度だけ挑戦するチャンスを与えられ、観客を熱狂させるロッキー・バルボアという二流のボクサーの物語であると同時に、しかしまた、その筋書きを入れ子構造に持つ映画の性質そのものなのだ。それは、格上に勝負を挑む若輩者であり、最後に勝利する敗者である。というのも「ロッキー」が撮られたのは、アメリカ映画の規模からすると、非常に低予算で、当初は誰もその成功を信じてはおらず、情熱のある——だが当時はほとんど信用のなかった——俳優によって、懸命に担われたフィルムとしてだからである。その俳優というのがスタローンにほかならない。「ロッキー」は二十八日間で撮影され、アクションの効率の良さと、B級の大げさな芝居仕立てとによって、手荒に編集されており、映画における「男らしい」仕事の見本である、ロバート・ワイズ[19]のボクシング映画の死闘という意味を与えられた、素性の良くない映画である。この無頼漢めいた側面は、大手プロダクションと自分のパワーを確信しているヒーローとから築き上げられたハリウッド映画界のなかでも、はっきりと異彩を放っている。ならずものスタローンは、闘いではみごとな負けっぷりを見せ、文字どおり何発も叩きのめされながら、あの殉死をつうじて蘇り、一発で映画界の貴族になった。スタローンがロッキーの体のおかげで前面に出している男らしさは、やさぐれてはいるが、しかし、くじけず勇敢に耐え忍ぶという性格であるだけに、いっそう勇敢かつ崇高である。それは、じっと「我慢する」男らしさである[26]。マーティン・スコセッシはこの種の男らしさに無関心ではいられなかった。彼がそれから四年後の「レイジング・ブル」で、ジェイク・ラモッタに扮するロバート・デ・ニーロに、演技指導をしたときの方針は、男らしさというものは、敗北と痛手から生まれてくるのであれば、また、十字架のキリストの苦しみから想を得ているのであれば、それだけますます美しさを増すという精神にもとづいていた。

この「挫折した」男らしさは、アメリカ映画にしっかり定着したステレオタイプ、すなわち、私立探偵の不幸な美しさ、フィルム・ノワールのたえず阻まれる男らしさを、独自のしかたでくりかえしている。私立探偵が美しいのは、彼が挫折するからである。そのために、ボガートからイーストウッドへ続くこのジャンルの英雄的な人物像は、忘れられないほど鮮烈に観客の脳裏に刻印されている。ボガートは、すでに死んだ者のような催眠状態での存在感、スクリーンを動き回る屍体のような魅力を持っている。フランソワ・トリュフォーはこの点について、以下のように書いていた。

髭は朝のうちに剃ったのに、もう伸び始めているし、眉はこめかみへ寄せて、瞼は半開きで、これから無罪を証明しようとしているのか、あるいは、やり込めようとしているのか、手を差し出し、ハンフリー・ボガートは、人びとのいる法廷のほうへ進み出る。その歩みは、マックス・スタイナーの旋律によって拍子を刻まれている［…］。歩いては話し、話しては歩く。これが彼の仕事だ。通りを横切りながら、彼は自分の手の届くところにあるものに何でも触れていく。柱、手すり、子供の頭、彼の行く先には道しるべがたくさんある。彼はアメリカン・ライフの現実に見事に適応し、それに密着している。だが、それはスクリーン上で生き、苦しみ、そして死ぬ、一個の身体だ。せりふを言おうとして口を開くたびに、ふぞろいな歯並びがのぞく。彼のあごのひきつるさまが、いやおうなく思い出させるのは、陽気な屍体の冷笑や、微笑みながら消え去ろうとしている、悲しげな男の最後の表情である。その響きは墓の彼方からとどくのであり、それはまさしく死の微笑みである。(27)

死はここでは、俳優の止揚不可能な絶対性という形式を、身をもって体現したものである。

三十五年前から、イーストウッドの体や顔は、寡黙で気難しく正しい男、孤独なカウボーイ、トラブル・メーカーのハリー刑事（「ダーティー・ハリー」〔監督ドン・シーゲル。一九七一年〕）と一体化し、ますます分かちがたくなっている。スタローン同様、イーストウッドも、彼のお気に入りの刑事や彼が西部劇で演じた賞金稼ぎが使う、手っ取り早い方法のせいで、強権的な極右のもっとも吐き気をもよおさせるイデオロギーと長いあいだ結びつけられてきた。(28) 彼のひきつったあごは、「眼には眼を」の掟、自己防衛、都会のジャングルや未開の西部でのサバイバルというきわめて政治的な男らしさと、しっくり釣り合いがとれていた。そのあごは、いささかもたるんだことはなかった。だが、クリント・イーストウッドのイメージは、この巨匠、正当なシネアストが世間で認められるにつれて変化した。それ以降は、同じ平静さ、同じ気難しさ、同じ眼差しが、傷ついて老いた戦士の人間らしさと結びついている。しかし、変わることのなかったその男らしさは、ヒロイズムの別の表象との交差を起こした。それは、つねにその肩にのしかかり、歩みを重くしているように見える、底知れない憂鬱によって刻印を押された男という表象、彼を孤立させながらも観客すべてに親しみを持たせる、繰り返される失敗や秘められた心の傷と不可分だと見なされる登場人物の表象のことである。ボガートはスクリーン上で男らしさを使うときの深みのある動きを、わが身をもって表していた。その動きをイーストウッドは、彼固有の「抑えた演技」の才能によって確実なものにしている。死、敗北、淡々とした悲しみがかたちづくる宝石箱のなかでは、傷ついたあの男らしさが輝いているのだ。

映画的ヒーローは、このような変遷をつうじて、両義性、矛盾、両面価値、すなわち、憂鬱症におちいるが、その変遷の果てには、反対に、コンプレックスのない筋肉質の現代的人物へと転じる。この現代的人物は、幻想化されたフィクションのなかへ逃げ込まねばならない。幻想のなかでは、マシーンや、ヒーローらしさのエスカレートや、どこででも限りなく発揮される性的パワーといった、巧妙な手口を使うことができるからである。このような人物こそ、拘束のない男らしさを、以後これ見よがしに身にまとうファンタジーの登場人物たちである。スーパー・ヒーローも、半分ロボットで半分は人間のサイボーグも、ポルノ映画の男優も、彼らはみな、筋肉をつねに隆起させて行動する仲間なのだ。

一九七九年、スーパーマンがスクリーンめがけて飛び立つ。その映画館は、合衆国では七百、全世界をつうじては数千もあるが、となるとそれは、映画史上いちばん愛されている映画である。胸には金色でふちどりした「S」の字、体にぴったりした青のボディスーツ、真紅のマント、赤いボトムズを身につけ、超人的な能力を持ったヒーローを演じたのは、クリストファー・リーヴである。市民としてのスーパーマンは、どうやらニューヨークにあたるらしい、メトロポリスという架空の都市の、日刊紙『デイリー・プラネット』の新聞社で、一九三三年からさえない一介の記者をしているにすぎない。一九三八年、スーパーマンは『アクション・コミックス・マガジン』のイラスト・ページに漫画として登場する。そして、たちまちアメリカで人気者としての勝利を得るのである。当時アメリカは、やがて始まった戦争のため、大勢の敵に囲まれ、苦境に立たされていた。無名の新聞記者は定期的にスーパーマンに変身し、惑星クリプトンとその発達した文明の最後の子孫である彼は、その優れた能力をいかして人類を、なかんづくアメリカを救うのだ。身体面では、彼は「サムソンやヘラクレスなどの、神話のありとあらゆる英雄の混合」[29]である。精神面では、彼は「アメリカン・ドリームにもとづいた、真実と正義のために」[30]戦う。フィクション映画としての彼は、なによりも特殊効果によって生まれた存在である。それゆえ、彼は一九七〇年代末におけるハリウッド映画の、反論の余地のない優位を体現しており、匹敵するもののない技術の新しさと、競争相手のいない資金力という恩恵に浴している。髪の毛はつねにきっちりと揃え、均整のとれた顔立ちに、角ばったあご、がっしりとした肩幅、型どりしたような肉づきの、クリストファー・リーヴは、全能なるアメリカ映画の真にポジティヴなヒーローである。だが、作りものにすぎない以上、彼は愛国的な夢にすぎず、超人の代用品でしかない。スーパー・ヒーローとしての彼には、外観しか人間的なところがなく、彼の男らしさも、いわば「クリプトン化」されてしまっている。

それから十年後、この超強力な新しいアメリカ映画に合流するのは、バットマンである。ただ――これは示唆的なことだが――バットマンがコミックの図版から出発して、その旅をなしとげたのは、ティム・バートンの後押しがあったからだ。若くて詩人肌で、秩序破壊的なこの映画作家は、バットマンが滑稽な存在になり、その男らしさが疑問視されるようになるまでやめなかった。バートンは嬉々としてその役を、マイケル・キートン〔一九五一年生まれ。アメリカの俳優。バートン監督の「ビートルジュース」にも出演〕にゆだねる。この貧弱な俳優は、上下のつなぎを着ているときは、ひどく窮屈そうだが、その服が鎧に変わると、その衣装はやたらに大きすぎて、バーゲンで買ったスーパー・ヒーローの衣装セットのように、超・超Lサイズなのだ。一九八九年と一九九二年に撮られた「バットマン」と「バットマン・リターンズ」という、あの二本の映画に漂っている辛辣な精神は、アメリカの愛国的な演説と良心にたいする、最良の解毒薬である。(31) 結局、そうした武装やいくつかのアイデア商品を取り払ってしまえば、このバットマンは、暗く、憂鬱で、自分の館に身を隠しているアンチ・ヒーロー、女性や同朋たちをなおざりにしている孤独者の性格をそっくり備えている。自分を倒そうとするジョーカー、ペンギン男、キャット・ウーマンの陽気さに、ただひとりで立ち向かう彼は、悲しき怪物である。スーパー・ヒーローとは、疲れるものなのだ。

そうこうするうちに、一九八五年、またひとり、新しい被造物がハリウッド的な風景のなかに登場する。人間の顔と体を持ち（有名な《I'll be back》、「また来るぜ」もふくめて、いくつかのせりふをたどたどしく話す、アーノルド・シュワルツェネッガーが人間らしいというのであればだが）、ハーレー・ダヴィッドソンで走り回り、わが身を守るようにプログラムしたジョンという少年にとって敵となりうる相手は誰だろうと、軽機関銃で皆殺しにする、ターミネーターである。これはサイバネティクスの生命体であり、筋肉組織の下にある骨格は金属製だ。しかも、その肉体は、ミスター・ユニヴァース、過度に鍛えた運動選手、男性ホルモン剤を投与したボディ・ビルダーの筋肉でできている。だが、ここでもまた、男らしさは超人の罠にはまっているように見える。機械とは、はたして男らしくなりうるものなのだろうか？　機械には、苦しみ、憂鬱、死が欠けているではないか。ジェームズ・キャメロンの映画では、ひとつの、たったひとつのショットだけが、すなわち、「ターミネーター」と「ターミネーター2」の最初のイメージが、この概念的な身体に人間の肉体を与えることによって、それを救っている。それはターミネーターが出現するシーンだ。一糸まとわぬ姿をした彼、筋肉質のアダムのようである。だが、それは彼自身の冒険の始まりにおける、最初の日の姿でもある。そのあとは、機械の性質がまた前面に出てくるせいで、この最初の男らしさは、消え去ってしまう。死ぬことや消滅することのできないこのロボットによって、飲み込まれてしまうのだ。

ターミネーターは童貞であり、これはポルノ男優たちとは逆である。だが、男優たちの強さそのものを彼ら自身のなかで最後に打ち消すのは、やはり同じような男らしさのエスカレートである。ターミネーターとしてのポルノ映画のヒーローたちは、殺すよりはむしろ勃起する機械、ピストルを抜くよりは性交する機械のように見える。しかし、彼らもターミネーターと同じ「金属の骨格」を持っている。ポルノ男優たちのペニスは、それが骨に見えるほど、立ったままであることを余儀なくされていると、人びとから信じられているのだ。今日のポルノは、ハリウッドのプロダクションのなかでも、いちばん採算のとれる企画の枠のひとつとなった。ポルノ映画が、念入りに閉ざした広大なゲットーの内部で提示するのは、あの生殖器の運動競技だ。それは勃起した性器だけをとりあげて、クローズアップで映しながら、その男らしさをまごうかたなき絶対的存在に変容させる。すなわち、純粋に表象的なごまかしに、たえず繰り返される行為のなかに捉われた身体という幻想に変容させるのである。だが、そのような変容をつうじて、この運動競技は実際には男らしさをまるごと廃棄しているのだ。(32) まさしくこの瞬間、スクリーンの男らしいヒーローは消えうせる。彼の表象は、身体が永遠の牢獄に閉じ込められうるのと同じように、永続する享楽を無理強いされるのだ。逆説的ながら、派手な射精のたびに反復されるこの享楽は、誤まって理解された男らしさとして、映画をつうじ、また映画から映画へと垂れ流される、虚しい流出となるのである。ポルノ男優は、勃起して享楽を味わう機械と化すのだから、ポルノ映画ではそのオーガズムのヒーローから、男らしい威厳がとりのぞかれてしまう。男優たちの身体は、生殖器のハイパーリアリズムのなかにはまり込んでいるにもかかわらず、彼らはもはや見かけ倒しの存在でしかない。彼らは満たされた性器の国の巧妙なごまかしにすぎないのだ。それとは反対に、スクリーンにおける男らしさとは、これは何度繰り返してもたりないように、社会組織の内部で働いている死と同じで、自らの苦しみの聖痕を帯びた模範的な身体のうえに、その苦しみに見惚れる共同体の名において投影されている集団表象なのである。

訳注

〔1〕「プンクトゥム」punctum というラテン語（「刺し傷」「小さな穴」）は、批評家ロラン・バルトが「明るい部屋」（一九八〇年）でもちいた用語。写真において文化的関心の対象となる要素、すなわち「ストゥディ

ウム」studium（「勉学」）にたいし、「プンクトゥム」は見る者個人を情動的に「突き刺す」ような対象を意味している。ちなみに「明るい部屋」では、その第一部で、写真の人物の身体的な細部や装身具が、その第二部では、被写体の実在に関わる「時間」そのものが、「プンクトゥム」と呼ばれているが、本文では特に前者の意味において、この用語を使っていると思われる。

〔2〕この約一分間の仏語CFは、ネットでは現時点（二〇一五年九月三十日に参照）で、下記のサイトから閲覧が可能である。

http://www.youtube.com/watch?v=ms3XjSfCael

http://www.youtube.com/watch?v=foXEns6wIKc

また、このカルト的な作品は、つぎのDVDにも収録されている。ジャン・クリスチャン・ブーヴィエ監修、「DVDで楽しむ!!　世界のCMフェスティバル　第三部」、学習研究社、二〇〇三年。同DVDの解説によれば、キャッチ・コピーの《Perrier, c'est fou》（「ペリエってスゴい」）は一九七〇年代に一世を風靡したという。

〔3〕「デカ」と「ならずもの」というのは、仏語圏の読者を前提として、ベルモンドの主演映画「警部」（ジョルジュ・ロートネル監督。一九七九年）の原題が、「デカ、あるいは、ならず者」*Flic ou voyou* であることをふまえていると思われる。

〔4〕本文で列挙されている役はここでも、ベルモンドの主演映画の仏語タイトルを念頭においている。「矯正できない男」incorrigible は、「ベルモンドの怪盗二十面相」（一九七五年）、「道化師」guignolo は「ジャン=ポール・ベルモンドの道化師／ドロボー・ピエロ」（一九八〇年）、「パクり屋」alpagueur は「危険を買う男」（一九七六年）、「プロフェッショナル」は同名の映画（一九八一年）、「アウトサイダー」marginal は「パリ警視J」（一九八三年）の、それぞれ原題に使われている語である。

〔5〕ジョルジュ・カルパンティエ（一八九四―一九七五）は、「蘭の男」の異名をもつ、フランスのライトヘビー・ヘビー級ボクサー。一九二一年のジャック・デンプシーとの試合が有名。マルセル・ニール（一八九五―一九五六）も、フランスのヘビー級ボクサー。カルパンティエとの試合は、一九二三年五月六日にパリのベロドローム・スタジアムで行われ、カルパンティエが八ラウンド目でノックアウト勝ちしている。

〔6〕「アルディーティ」Arditi とは、一九一七年にイタリアで組織された精鋭の突撃隊。成員は特別に訓練された命知らずの兵士で、独特な黒シャツの制服とフェズ帽を着用した。一九一八年には国家組織に組織され、« Associazione fra gli Arditi d'Italia » と改名。一九一九年の半ばまでには約二千人の若者が所属した。ムッソリーニはこの突撃隊を気に入り、第一次大戦後にはこれを母体にしたファシストの組織 « Squadristi » を設立、これがいわゆる「黒シャツ隊」と呼ばれるようになった。

〔7〕「未償還の」をあらわすイタリア語の形容詞「イッレデント」irredento から。イタリア王国は一八六一年に成立したが、国土のうちには外国の支配下におかれたイタリア人居住地域が残った。そうした未回収地域（トレンティノ、トリエステ、ダルマツィア等）のイタリアへの併合を求める運動および思想は「イレデンティズモ」と呼ばれる。この運動は第一次大戦をつうじて、イタリアの領土拡張要求を正当化する帝国主義的な論理に転換していったが、イタリアの参戦を決めたロンドン条約や、戦後のフィウメ市（Fiume はユーゴスラビアの都市リエカのイタリア名）の占領にはその例を見ることができる。本文にある「挿話」とは、一九一九年九月一二日から詩人ダンヌンツィオの率いる義勇軍が同市に入り、一年余にわたって占領した事件を指す。

〔8〕アメリカ映画のなかで、ラテン系出身の異国的な魅力をいかしたタイプの男優を指す言葉。代表的な俳優に、アントニオ・モレーノ（一八八七―一九六七年、スペイン出身）や、ラモン・ナヴァーロ（一八九九―一九六八、メキシコ出身）などがいる。

〔9〕「ジェーン・ポーター」Jane Porter はバロウズによる小説中のヒロインの名。原作では第二巻で、ターザンとのあいだに、息子が生まれている。なお、「類人猿ターザン」（一九三二年）以降の一連の映画で、モーリン・オサリヴァンが演じた同じヒロインの役名は、「ジェーン・パーカー」Jane Parker に変更されている。また、映画「類人猿ターザン」に登場している「チータ」という名のチンパンジーは、原作の物語には出てこない。

〔10〕ダグラス・フェアバンクス（一八八三―一九三九）は、アメリカの俳優。「奇傑ゾロ」や「ロビン・フッド」など、剣戟映画のヒーローとして活躍した。戦前の日本でも人気を博しており、名前は「ドーグラス」と表記されていた。

エロール・フリン（一九〇九―五九）は、オーストラリアの俳優。本文で言及されているのはそれぞれ、「ロビンフッドの冒険」（一九三八年）、「海賊ブラッド」（一九三五年）、「カンサス騎兵隊」（一九四八年）と思われる。

タイロン・パワー（一九一四―五八）は、アイルランド出身で、アメリカで活躍した俳優。「シカゴ」、「スエズ」、「怪傑ゾロ」などで二枚目俳優の地位を確立したが、心筋梗塞のため四十八歳で他界した。

スチュワート・グレンジャー（一九一三―九三）は、イギリスの俳優。「シーザーとクレオパトラ」、「血闘」のような史劇や、「キング・ソロモン」、「ゼンダ城の虜」のような冒険活劇で、デボラ・カーなど美人女優たちの相手役をつとめた。

〔11〕ガブリエル・ヴェール（一八七一―一九三六）は、フランスの映画監督・上映技師。リュミエール・カタログに収められている彼のフィルモグラフィは、蓮實重彦編『リュミエール元年――ガブリエル・ヴェールと映画の歴史』（筑摩書房、一九九五年、一四〇―一四四頁）を参照のこと。ヴェールは確かに二十世紀初頭にモロッコを訪れているが、本文で撮影例として挙げられているフィルムは、タイトルから明らかなように、ヴェールが世紀末にインドシナで撮影した約四〇秒のモノクロ・サイレントフィルムである。ネットでは現時点で（二〇一五年十月に参照）、下記のアドレスから閲覧が可能である（作品番号 1274）。内容は、西洋人の婦人がふたり、施しのためにばらまいている硬貨を、現地人の子らが拾い集めるという、植民地主義的な光景になっている。

http://www.criticalcommons.org/Members/kfortmueller/clips/indochine-enfants-annamites-ramassant-des-sepeques/view

レオン・ビュジは（一八七四―一九五一）は、当初フランス軍の主計として、当時のインドシナおよびトンキンに勤務したが、一九二〇年代から写真家として東南アジアで活躍した人物。

アルベール・カーン（一八六〇―一九四〇）は、フランスの実業家・銀行家。同名の建築家（一八六九―一九四二）とは別人。一九〇八年から約二〇年間にわたり、私財を投じて世界各地へ写真家を派遣（前出のビュジはこの企画に協力していた）、「地球映像資料館」Les Archives de la Planète を設立した。

〔12〕ゲイリー・クーパー（一九〇一―六一）は、アメリカの俳優。「ヨーク軍曹」と「真昼の決闘」で二度、

アカデミー主演男優賞を受賞した名優。

ジョン・ウェイン（一九〇七―七九）は、アメリカの俳優。「駅馬車」、「黄色いリボン」、「捜索者」など、ジョン・フォード監督の西部劇に多数出演している、象徴的存在である。

ランドルフ・スコット（一八九八―一九八七）は、アメリカの俳優。「砂漠の遺産」、「決闘コマンチ砦」、「昼下がりの決斗」など。長身と美貌をいかして、西部劇のスターとなった。

ロバート・ミッチャム（一九一七―九七）は、アメリカの俳優。「帰らざる河」「エル・ドラド」「リオ・ロボ」など。独特の眼差しで「スリーピング・アイ」の異名をとった。

リチャード・ウィドマーク（一九一四―二〇〇八）は、アメリカの俳優。「ゴーストタウンの決斗」「アラモ」「シャイアン」などの西部劇のほかに、ギャング映画の非情な殺し屋役など。

バート・ランカスター（一九一三―九四）はアメリカの映画俳優。「地上より永遠に」「ベラクルス」「OK牧場の決闘」など。「エルマー・ガントリー／魅せられた男」でアカデミー主演男優賞。

〔13〕トム・ミックス（一八八〇―一九四〇）は、アメリカの俳優。両大戦間にフォックス西部劇などのサイレントを中心に、出演は二百本を越える。テキサス・レンジャーやU・S・マーシャルの職歴があり、米西戦争でも勲功を立てるなど、乗馬や投げ縄、射撃は本職だったが、演技は素人で、派手なカウボーイ衣装に身を包み、愛馬トニーを駆って悪人を倒すといった、軽快な活劇が身上であった。「天下無敵」（監督リン・F・レイノルズ）ほか。
ウィリアム・S・ハート（一八六四―一九四六）は、アメリカの俳優、映画監督。演劇界から一九一四年に映画入り、一九二〇年代前半まで、西部劇のスターとして人気を集めたが、単調な衣装や殺陣のため、しだいに前出のトム・ミックスに花形の座をとってかわられた。「地獄の迎火」（監督・主演ウィリアム・S・ハート）ほか。

テックス・リッター（一九〇五―七四）は、アメリカのカントリー・ミュージックの歌手・映画俳優。一九三〇年代半ばから一九六〇年代にかけて活躍。「テキサスの無法者」（監督エルマー・クリフトン）、「必殺の連発銃」（監督フレッド・F・シアーズ）などに出演。歌手としては「真昼の決闘」（監督フレッド・ジンネマン）の主題歌が有名。

ジョー・ハーマン（一八八三―一九七四）は、フランスの俳優・映画監督。二十世紀初頭に、ジャン・デュランとともに「フレンチ・ウエスタン」を創始したとされる。「カウボーイの友情」「死のレイルウェイ」（ともにジャン・デュラン監督）ほか。

アンソニー・マン（一九〇六―六七）はアメリカの映画監督。ジェームズ・スチュアートと組んだ「ウィンチェスター銃'73」「ララミーから来た男」などの西部劇を中心に、一九五〇年代に活躍した。

〔14〕「果てしなき蒼空」（監督ハワード・ホークス。一九五二）では、ジム役のカーク・ダグラスが、怪我をした指の切断をせまられ、景気づけに酒をあおるシーンがある。

「リオ・ブラボー」（監督ハワード・ホークス。一九五九）で、ウォルター・ブレナンが演じるのは、スタンピイという老人の役。個性的な容貌のブレナンは、アカデミー助演男優賞を三回受賞した名バイ・プレイヤーである。

「明日なき追撃」（監督カーク・ダグラス。一九七五）に、ハロルド・ヘルマン役で出演したジェームズ・ステイシー（一九三六年生まれ。アメリカの俳優）は、その二年前のオートバイ事故で実際に左腕と左足を失っている。

「ララミーから来た男」（監督アンソニー・マン。一九五五）で、ジェームズ・スチュアートが演じる主役のウィルは、地主の息子デイヴに掌を撃ち抜かれてしまう。

「ロンリーマン」（監督ヘンリー・レヴィン。一九五七）の主演、ジャック・パランスが演じるジェイコブ・ウェイドは、十数年ぶりに故郷に帰ってきたガンマンだが、老いて視力が衰え、敵の銃弾に倒れる。

「欲望の谷」（監督ルドルフ・マテ。一九五五）では、エドワード・G・ロビンソンの演じる牧場主ウィルキンスンが、南北戦争で脚を撃たれたという設定になっている。

「白昼の決斗」（監督キング・ヴィダー。一九四五）のヒロインである孤児（ジェニファー・ジョーンズ）をひきとった、牧場主マカレンス（ライオネル・バリモア）は足が不自由である。

「ラスト・シューティスト」（監督ドン・シーゲル。一九七六）のヒーロー、ブックスはかつての名ガンマンだが、冒頭で医師からガンの悪化を告げられる。主演のジョン・ウェイン自身も、一九六四年に肺がんで片肺を切除している。彼は七九年に胃がんで他界し、本作が遺作となった。

「ガン・ホーク」（監督エドワード・ルドウィグ。一九六三年）の主人公を演じたのはロリー・カルホーン（一九二二―九九。アメリカの俳優）。題名の「ガン・ホーク」とは早射ちのガンマンである主人公マッデンの仇名。彼は父の敵を射殺するが、保安官に追われ負傷し、仲間のいる谷へ逃げ込むが、そこで死を待つ身となる。

〔15〕ジェラール・ブラン（一九三〇―二〇〇〇）は、フランスの俳優。「美しきセルジュ」、「いとこ同志」などに出演。

ジャン＝ルイ・トランティニャン（一九三〇年生まれ）は、フランスの俳優。「素直な悪女」、「男と女」、「暗殺の森」など主演多数。

モーリス・ロネ（一九二七―八三）は、フランスの俳優。代表作に「死刑台のエレベーター」、「鬼火」。「太陽がいっぱい」で、アラン・ドロンに殺される友人の役をつとめている。

〔16〕引用の出典箇所は、ミニエの小説『青い軽騎兵』の冒頭をなす、サンデールの以下のような語りから。「長いあいだ、おれは人目にとまることもなく自分は何とかやっていると思っていた。おれは、文明世界の終わりには二十歳に達しているはずの、あの幸福な世代のひとりだった」。語り手は、最初はレジスタンスに、ついで反レジスタンス勢力に参加し、その後は正規のフランス軍に入って、第十六軽騎兵部隊の一員となった青年である。なお同書には邦訳がある（田代葆訳、国書刊行会、シリーズ「1945：もうひとつのフランス　8」、一九八九年）。

〔17〕サラーフ＝アッディーンはエジプトのアイユーブ朝の創始者（在位、一一六九―九三）。「サラディン」はそのラテン語名。シリア・メソポタミアを征服し、エルサレムを回復。度重なる十字軍との激闘における人道主義的態度は、西欧社会にも感銘を与えたといわれる。その生涯をテーマとしたエジプト映画には、たとえばユースフ・シャヒーン監督（一九二六―二〇〇八）の、「ナースィル・サラーフッディーン」（主演アフマド・マズハル。一九六三）がある。

〔18〕「ビス」は「再び」「二度」の意味。低予算で撮られる紋切型の大衆向け映画で、B級映画や、Zムーヴィー、ホラー、冒険、ファンタジー、SF、エロティシズムなどのいわゆる「ジャンルもの」を含む。

〔19〕ロバート・ワイズ（一九一四―二〇〇五）は、アメリカの映画監督・プロデューサー。「ウエスト・サ

イド物語」や「サウンド・オブ・ミュージック」でアカデミー賞を受賞。「罠」（主演ロバート・ライアン。一九四九年）では、盛りをすぎた年輩のボクサーが八百長試合を命じられるが、妻と共に新たな生活に向けて立ち上がる物語を描いている（四ラウンドの試合のプロセスをそのまま撮影している）。

第3章

文明のなかの巨漢
――男らしさの神話と筋肉の力――

ジャン＝ジャック・クルティーヌ
（岑村　傑訳）

ジークムント・フロイトはよく、「ジェンダー」の問題を無視して、いかにも十九世紀のブルジョワ階級の男らしく、男性支配はもうおしまいだと思わせたといって責められる。われわれとしては安心して、そんな非難は時代錯誤だと主張できるだろうし、あるいはむしろ彼はつねにそうしたわけではないと指摘してもよい。というのも、『文化への不安』のなかの長い注で、この精神分析学の創始者は、「偉大な文化的獲得」である火の征服の起源について次のような考察をするにいたっているのだ。

まるで火の前に立つたびに、ある子どもじみた欲求をその機会に満たすのが原始人の習慣になったかのように、ことは運んだのかもしれない。小便を飛ばして火を消したいという欲求である。放尿による消火——リリパット国のガリヴァーやラブレーのガルガンチュアといった、のちに現れる巨人の子どもたちも再びその方法に頼っている——は、男性との一種の性的行為に、男性能力を気持ちよく発揮できる同性愛的ないわば「槍試合」に、相通ずるものだった。そして、最初にその快感をあきらめて火を消さずにいた者が、それをもち帰って自分のために使うことができたのだ［…］。そうすると、その偉大な文化的獲得は、ひとつの欲動の断念を埋め合わせるものということになるだろう。そしてまた、捕らえられ家の炉で燃え続けるその火の守り役としては、その身体の作りがあだとなって火を消すという誘惑に負けることが許されない、女が選ばれたのだろう。(1)

I　ペニスの黄昏？

フロイトの著作に見られるもろもろの人類学的見解と同じように、この話にも用心して、ひとつの寓話として理解しなければならない。その教えるところは明らかである。ある定住社会の経済的基盤（炉）と男性支配（家庭という空間での火の管理を女たちに充てがうこと）は、男性能力の子どもじみた一形態の放棄を前提とする、というのだ。まずは、立ってより遠くに、より勢いよく、より長いあいだ小便をする快楽をあきらめること。フロイトの結論は、したがって、逆説的である。男性権力の行使の起源に、全能の表出ではなく、むしろ断念の必要性が見いだされることとなる。

この寓話のこだまは現代の西洋社会からも、弱く、ずいぶんとちがう響き方になってしまってはいるが、たしかにわれわれの耳に聞こえてくる。そこでも男らしさの認知は、きっぱりと二つに割れたままなのだ。男性のアイデンティティは危機に瀕して脆く不安定になっている、という考えが広まる一方で、男らしさの映像、誇示、ひけらかしが激増しているのである。

たとえば、文学において現代の男の条件を仔細に研究した者たちに目を向けてみよう。すると、フィリップ・ロスの作品などはひとつ残らず、アメリカの男らしさが現代において味わっている幻滅の、不断の記録だとみなすことができるだろう。

股のあいだの、かつては膀胱の括約筋の制御装置を備えた完璧な性器、たくましい大人の男の性器があったその場所に、いまではしわくちゃの肉でできた蛇口しかぶら下げていないひとりの男。かつて固くそそり立つ生殖器だったそれが、いまはもうホースの端っこでしかなく、たまに畑からはみ出ているのを見かけるような代物、なんのためにあるのかさっぱりわからないホースの切れ端で、ときどき吹き出してもいきなりつっかえつっかえになりながら、すっかり用なしの水を吐いている、思い出した誰かがバルブのコックをもうひとひねりして、この薄汚れた役目にけりをつけるその日まで(2)……

『ポートノイの不満』〔一九六九年〕のいかがわしい若者たちに始まり、『アメリカン・パストラル』〔一九九七年〕での大人となってつかんだ栄光とそれに続く悲劇的な転落を経て、前立腺手術の苦痛のなかで最終的に瓦解してしまう男性性を描いたのちの小説群にいたるまで、ロスの作品において辿られたそれぞれの年代での男らしさは、ゴルゴタの丘を登る途中の留《りゅう》〔キリストが十字架を負ってゴルゴタの丘を登るときに立ち止まった十四の地点〕のごときものだ。そこでの奇蹟の寿命は短く――「完全に帰ってきた、男らしい男が復活した！　ただし、男らしさなど存在せず、もう束の間の希望しか残されていないのだが(3)」――、そして避けがたい結末が訪れる。「もし自伝を書かなければならない日が来たとしたら、彼はそのタイトルを『ある男の身体の生と死』にするだろう(4)」。男らしさは断念の対象ではなく、喪の対象なのである。大西洋を渡った反対側〔＝ヨーロッパ〕の文学のなかを探してみても、慰められることはない。過去を当たろうが――「男らしさがあり、そして男らしさの腐臭がある、その数千年におよぶ占有と、虚栄と、喪失への恐れとともに(5)」――、現在を見ようが――「熊がうじゃうじゃといた過去の時代であったら、男らしさはそれだけがもつかけがえのない役割を果たすことができたのかもしれない。しかし、この数世紀来、男たちは明らかにもうまったくの役立たずだったのだ(6)」――、無駄である。男の帝国に入りし者は一切の希望を捨てよ……。

西洋においてペニスが黄昏を迎えているというこの感覚は、しかしながら、それとは反対だと思われる事態、すなわちペニスが日々、執拗に、いたるところで称揚されているという事態と、併存している。抑鬱状態が基盤としてあって、それを払いのけるために躁的な儀式が執りおこなわれているという構図だ。忍び寄る自己のデフレーションに、継続的な身体のインフレーションが、男らしさの誇張が、西洋の身体の歴史において前代未聞の超男性性を見るからにまとった巨大な筋肉の瘤が、呼応しているのである。これから素描するのは、その逆説の歴史人類学である。ヨーロッパと北アメリカの双方に目を配りながら、そのような男らしさの誇示、ひけらかしのイメージと実践の、しかし同時にそこにともなう不安の、系譜を追う。

Ⅱ　模造の文化

では、今日のアメリカ社会について考察してみよう。そこで男らしい筋肉がみずからのメッカとしたのは、ロサンゼルスの海に沿って長く伸びた街のひとつ、ヴェニスである。ジョギングや自転車やローラースケートやサーフィンをする活動的なヤッピーたちが好奇心にかられてその前にむらがる柵の向こうでは、筋肉で膨れあがった肉体が「パンピング・アイアン〔ボディビルダーが筋肉を盛り上げること。アーノルド・シュワルツェネッガーが出演するドキュメンタリー映画のタイトルにもなった（一九七七年、邦題「アーノルド・シュワルツェネッガーの鋼鉄の男」）〕」に打ち込んでいる。ここはカリフォルニア、マッスル・ビーチ、観光客がカメラを構え、ボディビルダーはポーズをとる。しかし誤解は禁物だ。柵で囲われていることが動物園の檻を連想させ、隆起する肉体がかつての縁日の怪力男たちを思い起こさせるとしても、この筋肉の陳列は、安手のフリーク・ショーが社会の外れで生き延びた残滓ではない。ボディビルディングは、中流階級が、大げさにではあるが、礼賛している筋肉の文化にしっかりと属している。この場所の歴史は、現代アメリカにおいて男性が勤しむ身づくろいに超男性化された肉体というモデルが徐々に浸透していく歴史と重なり、その縮図となっている。(7) マッスル・ビーチは一九三〇年代の不況のさなかに開設され、すぐに、失業にみまわれた男たちに対して肉体労働に似た気晴らしを提供した。ジムとは、つまるところ、機械＝マシーンに極度に集中し、動作の機械的な規則性にこのうえなく縛られるという点で、工場と共通する特性をもつものなのだ。そこで展開されるのはスポーツとしての訓練なのだから、いまだピューリタニズムの羞恥心を有するアメリカにあって、男性のなかば裸体を人目にさらすことも正当化される。その身体はたちまちグラフ雑誌の写真となり、拡散して、羞恥心をなしくずしに蝕んでいく。そのときそこに、男らしさの写真という一ジャンルが誕生する。筋肉たくましい男が燦々と日の降り注ぐ砂浜をバックに微笑み、ことによるとその肩に喜色満面の若い女を載せているのだ。そして一九五〇年代になると、マッスル・ビーチは筋肉と映画が邂逅するのに避けては通れない約束の地となり、最初の黄金時代が到来した。ハリウッドのスタジオには毎日、数えきれないほどのスペクタル史劇の撮影に必要な古代ローマ兵や剣闘士の一群が供給され、また最初の男性スターたちが、スティーヴ・リーヴスを筆頭に、ミスター・ユニヴァース〔ボディビルのコンテスト〕の表彰台からまっすぐにスクリーンへと向かっていく。こうして映画は、マッスル・ビーチの肉体の彫刻が生んだ男らしい筋肉のステレオタイプを大衆の映像文化に浸透させることに貢献する。さらにはマッスル・ビーチ自体が映画の題材となり、(8) そのバーベルとプーリー〔滑車を利用したトレーニング機械〕と汗と唸り声の世界を不滅のものにして、それをコピーしたフランチャイズ店の続出を招くにいたる。(9) 一九七〇年代には、マッスル・ビーチは第二次黄金時代を迎えて、その住人たち、もっとも有名なのはアーノルド・シュワルツェネッガーだが、彼らを男らしさの世界大使の地位にまで押し上げた。それは、過度に肥大し、場合によっては戦争に荷担させられる男らしさである。第二次冷戦の脅威が迫って銀幕にも映り込み、ロナルド・レーガンが演説を締めくくるのに、「ランボーの精神に背かなければ、今度はわれわれが勝つ」とのたまうことのできる時勢だった。筋肉は愛国者なのである。がしかし、その男らしさのモデルの普及の歴史は、比較的早々に厳密にアメリカに限られたものであることをやめ、国際的映画産業が決定的な要因となって、世界規模の歴史に組み込まれることになる[10]――それは、マルセル・モースがすでに一九三〇年代の初めに、身体的ハビトゥスの国境を越えた伝達に関して看破していた事態だ。超男性性は現代アメリカにおいて身体文化の中心要素となり、さらには世界的な視覚文化の中心要素ともなったのである。それはその視覚文化のひとつの症候としての意味をもち、その文化を限度ぎりぎりまで文字どおり肥大させて、呈示している。

というのも、筋肉はいたるところにあるのだ。筋肉はずいぶんと前にスタジアムの囲いやリングのロープの外へと飛び出してしまった。いまでは映画のスクリーンやテレビ画面のなかを、わがもの顔でのし歩いている[11]。それはもはや一方の性の特権でも、その性のもうひとつの性に対する支配のしるしでもない。一九七〇年代に初めてボディビルディング界の一流に仲間入りする女たちが登場し、以降その数は増していった[12]。筋肉への権利の要求が大衆化して、ボディビルディングの実践は普及の傾向にあり、肉体のたくましさは、絶え間なく憑かれたようにあらゆる場所で繰り返されるスペクタクルとして、ひけらかされている。

そのスペクタクルはまずは街なかにある[13]。歩いているほかの人々に混じっていても、ボディビルダーたちはその歩き姿でひと目でわかる。腕を開き、頭を首にめり込ませ、胸をふくらませて、ぎこちなく足を進め、機械仕掛けのように体を揺らしているのだ。実践が独自の「歩行理論」、信奉者たちのあいだではウォークと呼ばれるそれを生んだのだった。というのも、男らしい男は歩くのではない。みずからの身体を運ぶのだ。肥満者の仕方とはちがう。やはりアメリカの雑踏ならではの存在である肥満者が引きずっている体躯は重い荷物のようなもので、当人にとっては邪魔であり、烙印である。ボディビルダーの身体はそれとは逆に、視界において重さを徹底的に有効利用すること、視界を筋肉の塊で満たすことをもくろむ。量塊の効果と機械的な移動の相乗作用で「圧倒」しよう、他者の視線に強く働きかけよう、というのだ。筋肉が目印となる。筋肉は、都会における顔の匿名性のなかにあって男性の身体を可視化させる出色の手法のひとつであり、群衆のなかにおける男らしさのハビトゥスのサインにほかならない。

ボディービルダーたちによく会うのは、スーパーマーケットの栄養補助食品売場のあたりや、たくさんのジムがひしめく界隈であり、あるいは本屋でボディビル専門誌をめくっているところを見たりもする。しかし、男らしい筋肉はゲットーで生きているわけではない。テレビや映画では、一九八〇年代以降、筋肉のショーは一般的なものになった。ケーブル・テレビの専門チャンネルや、ときには全国ネットまでもが、ボディビルディングの大会をレギュラー番組にした。それにしても奇妙な見世物である。ぱんぱんにふくれ、人工的に肌を焼き、入念に脱毛をしてたっぷりと油を塗った男たちの身体が、女性のミス・コンテストを思わせる作法にしたがって舞台の上に並ぶのだ。筋肉の装いに性が覆い隠された、突然変異の女たち。ポーズも変わっている。古代ギリシャ彫刻を甦らせようと考えている一方で、屹立する桁外れの巨体は古代彫刻家の技巧を侮辱するかのようなのである。その異様な筋肉の塊は純然たる飾り物で、走るにしても投げるにしても役には立たず、したがって、スポーツの論理において筋肉を運動に結びつける一切のものと断絶している。その重々しい舞いは息をのむ対決だが、接触も暴力もないイメージの果たし合い、まさに外見のみの剣戟であって、男らしさをその起源、その戦いという試練から分かち、そこに現出するのは模造品なのである。

こう見てくると、どうしても現在の男らしさの運命に思いをいたさないわけにはいかない。歴史的に、男らしさはつねに、力のイメージと同様に力の行使に結びつけられてきた。それは狩猟や戦闘に起源をもつが、その起源の延長線上にあることがほかの何よりも明らかな今日のスポーツ競技は、きわめて激しいものだ。ラグビーやアメリカン・フットボール、諸武術、ボクシングなどである。ボクシングについては、ジョイス・キャロル・オーツはこう書きえた。「ボクシング、それは男のためのもの、それは男について語るもの、それは男そのものだ。失われた男らしさという宗教、失われているがゆえにいっそう野蛮なその宗教の称揚なのだ[14]」。そのような「男のなかにある雄の[15]」称揚に足を運ぶ熱狂的な信者が絶えることはなく、男らしい暴力の「悲劇芝居[16]」はあいかわらずスポーツの競技場に満ちている。しかしながら、二十世紀を通じて、男らしさのイメージのみの崇拝がその宗教とは徐々に袂を分かち、乖離は決定的になるばかりなのだ。そのイメージの崇拝によって模造品の文化が生まれた。本稿でわれわれの関心となるのは、ひとえにその文化である。それは今日男らしさの伝統の根本基盤を二重化するために、大衆スペクタクルのなかでそれらのひとつひとつをパロディ化する。たとえばボディビルディングのコンテストでは力のパロディが、テレビで大人気のプロレスでは戦いのパロディが、「チッペンデール」「ラスベガスの男性ストリップ・ショー」の露出ショーでは誘惑のパロディが、実入りのいい産業であるポルノ映画では精力絶倫のパロディが、展開されるのだ。課題は、それがなぜなのか、を理解することである。

Ⅲ　教養小説、父性の探究

それにしても、この男らしさの大がかりなショーにおける逆説と過剰を前にして何よりも驚くべきことは、西洋全体において、さらにはおそらく西洋の枠さえ越えて、そのことにこれほどまでに人が驚かなくなっているという事実だろう。というのも、視線はしだいにこの俗悪な筋肉に慣れてきてしまったのだ。ボディビルディングとそこから派生するスペクタクルは男性イメージをめぐる視覚文化の一形態にすぎず、その文化の起源はずっと古くて、徐々に定着してきたあと、一九八〇年代から、あらたな性質をまとうとともに爆発的に勢力を伸ばした。その発現事例はおびただしい数におよび、ここで詳しく見ることはできないが、たとえば胸筋があふれる広告のなかの世界やメディアで絶えず流されるスポーツ、あるいは子どもたちのおもちゃや漫画コミックス[17]、身体の文化に特化した、何誌もあってそれぞれ発行部数も多い雑誌、またさらにはその身体文化に後押しされる「ゲイ」の美学もそうだ。そして最後に挙げるべきは、大衆からの絶大な支持を得たアーノルド・シュワルツェネッガーである。彼のおかげをもって筋肉はハリウッドで至上の栄光を知り、ついで政治においても認められたのだった。

最近になると、超男性性は文学にも登場を果たした。それはたんに、二十世紀の早くに刊行された、ユージン・サンドウやチャールズ・アトラスといった往年の屈強な男たちが書いた男らしさの指南書（『わたしはいかにして筋肉トレーニングのおかげで人生で成功を収めたか』、『わたしは九七リーヴルのやせっぽちだった』等々）の類の、無骨で古くさい文学のことをいうのではない。いまや小説が超男性性から題材を取るようになっているのであり[18]、そしてサム・ファッセルの自伝的物語によって初めてわれわれは、ウエイトリフティングに転身したひとりの知識人の告白を手にする。そこではボディビルディングを発見するまでの再現、その実践の詳述、それが有する男にふさわしい合理性と必然性の分析がなされ、その体験の宗教的ともいえる強烈さと、そして結局はそれに幻滅を覚えるにいたった経緯が語られている。[19] しかし、仔細に読めば気づくのだが、その物語は昔から存在するあるジャンルの現代における変奏でしかないのだ。男の成長を語る教養小説のなかで、筋肉の構築が中心的な役割を担うようになったのである。アメリカのビルドゥングスロマンにおける感情教育の座を、身体教育が奪おうとしている。そこで繰り返されるのは、わずかな点を除けば違いのない、同じシナリオである。すべての始まりとして父性の不全という設定――不在の父、無関心の父、あるいは粗暴な父――があり、それが若者を、男の血統の連鎖に欠けているその環〔＝父〕を見つける前段として、男らしい自制の模範を探求することへと駆りたてる。成熟した男の経験が――さもなければ共同体の友愛の情熱が――、それを彼に伝えることができるだろう。かくして、老練なコーチと義兄弟にはさまれて、男らしさは獲得されるのだ。女を排した男系のなかに男らしさの手本を探す血統的追求を原則とし続ける、その大昔からの文学的モデルは、近年めざましい隆盛を迎えた。おそらく、男らしさのなにがしかが見失われてしまったという感覚がそれをうながしているのだろう。小説のなかに受け継がれているのにくわえ、[20] 現在そのモデルは、漫画という文学（『ドラゴン・ボール』）や世界的な青少年向け文学（『ハリー・ポッター』）によって、地球規模で流布するにいたっている。さらにそれはいまや、ハリウッドの映画制作のメインストリームにおいて、移民層出身の若者が男らしい暴力に近づくのを（「グラン・トリノ」）、あるいは若い女性でさえそうするのを（「ミリオンダラー・ベイビー」）、目ざとく取りしきろうとしている。アメリカ全体、そしてアメリカとともに西洋の文化全体が、父性の果てのない探求に乗りだしているようなのだ。

Ⅳ　人工器官と増進

ボディビルディングは、なるほど、男らしい外見の文化がもっとも派手なかたちで表れたものである。しかしながら、男らしさを単なる理想、あるいはその理想のスペクタクルの社会における唯一の表象だと考えるのは、誤りだろう。男らしさは、イデオロギー的構造がすべからくそうであるように、物質的な基盤の上に立っている。それはひとつの産業によって産み出され、ひとつの市場として組織されて、大衆の実践全体に散布されているのである。

それがゆえに、一九八〇年代以降、筋肉の市場と、身体の手入れのための財とサービスの消費との、急激な発展が見られるのだ。種々雑多な経済活動をおこなう複数の帝国的大企業が筋肉トレーニングの器具も栄養補助食品も製造し、さらには体型と健康とダイエットと身体開発の専門誌を出版するなどして、その鉄とビタミンと汗の新市場を制覇したのだった。(21) 自宅での筋肉トレーニングが大衆的な活動となったことは、トレーニング器具市場の爆発的な膨張が示しているとおりである。(22) だが同時に、トレーニング器具は変化しつつあった。かつてのダンベル、バーベルや単なる力学的器械は、電子技術をぞんぶんに駆使した器具にすこしずつとって替わられようとしていたのだ。その汗のテクノロジーは筋肉の塑造に費やされる時間を増大させ、またその塑造の性質を変えもした。こうしてとりどりの人工器官が進歩を遂げ、以来外見を男らしくする際には不可欠のものとなっている。トレーニング器械は身近になった。苦楽をともにしてくれるそれらの器械は、「友」のように励まし、心理的に支え、不調に陥りそうなときには忠告してくれる。それは家のなかの装飾の一部に変身することさえ可能になって、何の変哲もない家具であるかのように十分に目につくところに置かれて――かつてダンベルは隠れるように戸棚の奥にしまわれていたのに――、現行の身体規範への信奉を表明し、共通の身体文化における連帯の証左となる。筋肉はひとつの生活様式であり、そして男らしいイメージ作りは刻々の努力、すなわちピューリタン的「勤行」の倫理の復活である。

しかし、器械はさらにそれ以上のことをする。いまやそれは身体の機能にじかに接続されているのである。トレーニング器具は人体組織に、その拍動、そのリズムに耳を傾け、それを即座に数量単位で表そうとする。男らしい筋肉の精錬では点検が、標準との比較が可能であって、男らしさの増加は計算でき、身体の量塊の増大は累積できるのだ。そのことは、アメリカ西海岸のジムで主流として実践されていることを人類学的にほんとうにざっと観察してみるだけでも、すぐに明らかになる。映った自分の姿を無限に増殖させる何枚もの鏡にとり囲まれ、筋肉を発達させるためにはなくてはならないトレーニング器械という人工器官につながれて、男らしい体格を追求する主体は、機械をめぐる想像世界を自分のうちに取りこむにいたるのだ。そうすることによって、主体は自身の身体を自分の外部にある器具であるかのように知覚し、扱うようになるのである。それを筋肉でできたひとつひとつの歯車に分解し、押したり引いたりのリズミカルな反復運動を課し、器械から器械へとわたり歩く決められたコースから外れることを許さず、さまざまな努力と汗の業を延々と繰り返させる。そこにジムというものの不気味な異様さがある。ジムのなかで身体はときに機械と区別がつかなくなってしまい、そこで盛りあがっていく筋肉と、そこで追い求められる男らしさは、ロボットのそれであるかのように見えるのだ。

アーノルド・シュワルツェネッガーはある日、『ロサンゼルス・タイムズ』の記者にこう語っていた。「わたしはアメリカに来たとき、スーパーマーケット一軒一軒の前にジムを建てることを夢見ていたんだ」。移民たちの夢のなかにはときに、いやはや、予想を大きく超えて実現にいたるものがある。だがシュワルツェネッガーのこの夢は、成功しておかしくない強みをもっているのだ。男らしい身体の現代ならではの製造をしかるべき場所に、すなわち大衆消費社会のなかに置こうというのだから。

V　男らしさの強迫、不能の妄想

消費社会における身体の実践と表象はじっさい、流体や物質やエネルギーを制御して取りこみ、行きわたらせ、排出するための多様な戦略に貫かれている。その戦略によって、個人それぞれが自分の身体の管理者となり、男ひとりひとりが自身のイメージにおける男らしさの責任者となる。ボディビルディングや、ボディビルディングと時を同じくして成長した、それに多かれ少なかれ似通った実践——ジョギング、エアロビクス、低カロリー・ダイエット、さらにはかつてないほどに発展した美容整形など[23]——、そういった一九八〇年代以降に盛んになった身体管理技術すべての根底にあるのは、身体の外装についてのある強迫観念である。すべすべで、艶やかで、みずみずしく、ほっそりとして、若々しいことへの偏愛が、ほとんどいたるところに広まったのだ。そしてそれと表裏一体だったのが、見るからにだらけていたり、しわしわだったり、たるんでいたり、よれよれだったり、しなびていたり、あつぼったかったり、やわだったり、ゆるんでいたりするものに対する不安である。体の上に表れた老いのしるしをせっせと消していかなければならない。死の予兆を否定することにいそしむのだ。

われわれがここで問題にしている超男性性の文化においては、そのような現代的な諸形態をとった自己への配慮は、筋肉の鎧を山のように隆起させ、極度に緊張させたいという欲望と、それと背中合わせの、透けるような肌を手に入れたいという欲望とに従っている。その文化における男性の身体の理想的なイメージは持続勃起とエコルシェ〔皮膚が剝かれて、筋肉組織があらわにされている、美術、解剖学用の人体標本〕とのあいだで揺れているのであり、無皮膚‐自我が筋肉という筋肉を怒張させているという状態なのだ。したがって、男性の筋肉発達の市場が合成テストステロン〔テストステロンは男性ホルモンのなかでももっとも作用が強い〕ならびにその誘導体の市場と緊密に連関し、それらの男性ホルモン作用蛋白同化ステロイド〔筋肉増強剤として使用される〕の社会的地位向上を検討させることになるのも、驚くにはあたるまい。男らしさにとってそれは奇跡の療法となったのだろう。体は若返り、性活動は刺激され、筋肉の量塊と性能が増大する。だがとりわけ重要なのは、あたかも病であるかのように老いが治療されるということだ。加齢の自然な表徴を男性ホルモンの低下だと診断する混同によって、それは可能になる。老化とはひとつの疾患なのだ。年齢、不能、死との戦いが男らしさにとっての強迫観念となる。

パームスプリングスの長寿医療研究所の上に日が昇ろうというときに、もうボブ・ジョーンズという名の上半身裸の患者がリトルサンバーナディーノ山脈の勾配を攻めている。それぞれの手にステッキをもち、いかにもボディビルダーという上半身に汗をしたたらせた驚異の七十歳は、目に入る植毛を振り払いながら飛ぶように頂上目指して駆け上がっていく。医学の監視下で鍛錬する彼の新しい人生が帰着したのは、老いと死の強迫観念だった。「誰であれ、きちんと動く体なくして威厳ある死を迎えることはできない」、と彼は言う。驚くなかれ、その威厳には金がかかる。ジョーンズは自身の再生のために六万ドルを投資したのだ。それでも、この新米ボディビルダーが、最期の時がほんとうに訪れたとき、死の現実を直視してどうふるまうかは想像することがむずかしい[24]。

さしあたり、元気いっぱいで死にたいというのは逆説ではないかなどと気にすることなく、彼は自分に最適の仕方で「総合ホルモン補充療法」を受けている。研究所の所長はこう断言している。「老化は病気であり、ホルモンの力でそれを治療することは可能なのだ[25]」。いまや男らしさは、錠剤あるいは注射液として、自由に販売されているのである。

現代の超男性性の深層には、このような死の否定、このような往時へのノスタルジー、このような人生の盛りを再び生きたいという情熱が刻まれている[26]。そのありようはさまざまだ。個人においては、先にフィリップ・ロスが表明していたように、人生の秋にあってかつて自分がそうだった男から失われた若さと力を惜しむ。そして集団では、永久に過ぎ去りし男らしさの時代を懐かしむのだ。男たちがまだ「本物の男」だった時代、歴史的契機に応じて風俗の退廃、教育の弛緩、父性の破綻、母性の専横、性や階級の平等が——あるいはそれらがいっぺんに——到来して永遠の男らしさを損なってしまう前の時代のことである。このような二つの嘆きがひとつのものでしかないことは、すぐにわかる。集団的歴史を理解するのに、そこに生物学的老いという個的側面を投影しているのであって、それこそが男らしさを脱歴史化する重大な操作なのだ。だから男らしさは男性の不動の本性だと考えられ、だからまた男らしさはいつの時代にあっても必ず危機に瀕していて、だから結局、男らしさは終わりなき喪の対象であり続けるのである。

ここにであらためて、男らしさの歴史を編む必要性に納得させられる。本巻の導入とした問いのひとつに、われわれはたち戻ることになる。男らしさの歴史をたどることは、歴史の消失の歴史をたどることなのだ。ピエール・ブルデューと彼に先駆けたフェミニストたちの仕事が男性支配の再生産を可能にする諸条件の核心に据えた、

「脱歴史化の歴史的作用」(27)の歴史である。その歴史をたどろうというのなら、視点を変え、ほんの少し目をずらさなければならない。男らしさの歴史を見つめるなら、それに注ぐまなざしをごくわずかでも変容させるようにして、見つめなければならない。

男らしさはたいてい、力の表明、支配の永続として理解される。それは誤りではないが、ただし、ある根源的な事実、人類学的本質にかかわる事実の帰結をそこに見ることをよしとすれば、だ。男らしさにおいて重要なのは、能力の行使であると同時に、不能の妄想だ、という事実である。不能の亡霊が男らしい外形、実践、自己主張にとり憑いている。したがって、初めに権力とともに恐怖があることになるだろう。権力へと反転する恐れであり、支配の諸形態のなか、粗野にも攻撃的にもなりえ、ときには人の命を奪うことさえありうるその諸形態のなかで、否定される妄想である。

その根源的な妄想――かつての種の存続をかけた戦いにおける敗北の妄想、そして戦争における敗北の妄想、今日においてはスポーツにおける敗北の妄想、精神的挫折、卑屈さの妄想、性行為でのへまや役立たずの妄想――、男性が人生の初期と終期に体験する不能によってふくらんだその妄想こそが、歴史的時間と生物学的時間を混同させ、男らしさの壮年を、現在のように衰える前の男らしさの盛りを、追い求めるように促す。われわれの社会はいまだ男らしいものなのか、男らしい男は絶滅危惧種ではないのか。生物学的時間における妄想を歴史的時間に投影するときにこそ、このような疑問が惹起される。それがゆえに、そのようにして、男らしさという理想は歴史の消去によってのみ無傷のまま保持されうるのだ。ここにいたって、この第Ⅲ巻の冒頭で現代の男らしさに投げかけられた問いのひとつにたち帰ることができる。現代の男らしさは危機に瀕しているのか。男らしさはつねに、必然的に、危機に瀕しているのである。歴史の現実が不能を否定するこの力の理想に異議を唱えようとするたびに、現実の歴史が男らしさの前提となる男性の力を不安定にする諸要素を懐胎するたびに、つまりは恒常的に、それは危機にさらされているのだ。したがって危機は慢性的であり、これからもそうであり続けるだろう。

Ⅵ　系譜――最初に筋肉があった

そのために男らしさはつねに系譜への妄想を抱かざるをえず――旧世界と新世界におけるそのいくつかの例を結論で挙げようと思う――、かつては存在し、以来霧消あるいは衰弱してしまった男らしい力、ふたたび甦らせるにしくはないだろうその力の探求に、とり憑かれる。それは偶発的な歴史的事実などではまったくなくて、男の本性をめぐる言説の形成原理として男らしさを成り立たせている構造的要因である。これから見るように、古いヨーロッパでも新しいアメリカでも、歴史のなかでその様相は変容するとはいえ、たしかにそうなのだ。だが、それ以外の地、古い家父長制支配の称揚の延長線上にある言説が根を張り枝を伸ばしたあらゆる場所でも、それは現実であり続けている。マッチョはメキシコの庶民街で発明されたが、そのひとつであるサント・ドミンゴ地区の奥では、今日、「マチスモはうちなる成分として懐古を含んでおり、生まれるのが遅すぎたという気持ちを抱く男たちによって培われている」[28]。男らしさの支配の基盤自体に、したがって、不能への強い恐れがあり、ほかの何にもましてそれが男性の心を三つの探求へと向かわせるのである。失われたと思われている全能の果てしない追求、その全能を身体そのもののなかで、筋肉や性器で体現することの追求、そしてそれができない場合には、その見せかけを差し出してくれる代替物の追求、である。

ということはすなわち、男らしさのなかに男の本性を見る言説、現代の男らしさのイメージに、かつての権能の記憶をはっきりと看取できると考える言説、そしてそうすることで一方の性が他方の性によって支配されることを正当化する言説、そういった言説は、クロード・レヴィ=ストロースによって神話の言説のものとされた特徴のすべてをもちあわせている。[29] 神話と同じように男らしさは「つねに過ぎ去ったできごとに結びつく、『創世以前は』に、あるいは『太古の昔には』に、いずれにしても『ずっと前から』に」。[30] たとえば古きヨーロッパのことを振り返ってみよう。フランスにおける体育の草分けのひとりであるエドモン・デボネが、二十世紀始めの数十年間において、「嘆かわしいまでに無能で、筋肉トレーニングに打ちこむことをないがしろにする」群衆、「不動という毒に犯された」群衆を「再生させる」必要性を歴史的に根拠づけようとするとき、[31] 彼の筆によって原始的な男らしさが想起されるのは、しごく当然のことだ。

人類の始まりにおいては、知性よりも力が大切であった。長は部族のなかでいちばんに頑健な者［…］、巣穴の熊との戦いに勝利する者［…］でなければならなかった。石器時代には、旅をしている二つの集団が出会うと全員の目が、長が誰かを知ろうと、一行のまんなかの四角に切り出された木の幹で組まれた御輿の上に、もっとも大きく、横幅があって、盛りあがった筋肉、膨らんだ胸、覇気に満ちた重々しい顔をもった男を探したものだった。[32]

初めに筋肉ありき、筋肉あるところに権威あり。これが男らしさの福音書の最初の一節である。デボネが断固として非難する「書斎の男たち」の不能に対する治療法は懐古的なもので、それは、原始時代の狩人、古代の軍、中世の武勲、近代の兵士といった模範の系譜のなかから見いだされなければならない。というのも、男らしさの伝説には、自身が語ることを可逆的な時間のなかに組み込むという、神話の言説のもうひとつの特徴がはっきりと表れているのだ。「これらのできごとは時間の流れのなかのある瞬間に起きると見なされるが、じつは恒久的な構造を形成している。それは、同時に過去とも、現在とも、未来ともかかわる構造である」[33]。男らしさは時代をもたない。戦士の魂は時を横断するのだし、男らしいままでいることができた身体、あるいは懸命にまた男らしくなろうとする身体は、絶えて消えてしまったと考えられていた能力のひとつひとつを呼び覚まし、よみがえらせているのだ。二十世紀初めのあるレスラーを次のように評するのは、やはりデボネである。「アポロン、人間の力の王［…］。その完璧な体形とユスティニアヌス朝風のマスクをした顔は、古代ローマの剣闘士を思わせる。アポロンはフランス人であり、エロー県マルシラルグに生まれていたのだ」[34]。かたやパリの闘技場に熱心に観戦に通っていたジュール・ヴァレスも、この男らしさの血統をつむぐ貴族的なノスタルジーを見抜いていた。「ヴィニュロンがフランスの力のもっとも輝かしい代表者のひとりであることにかわりはない。いったいどれほど強力な神の恩恵があれば、この場末に生まれた男が古代の闘技場の英雄と見まごうばかりになるのか」[35]。

名状しがたい男らしさを根拠に、古代の英雄がパリのプロレタリアに転生する。そこに提示されるのは、男らしさの伝説の核心にある、その伝説の継承の問題である。それは二段階でなされる、というのが答えだ。まず、男らしい男が自分で自分を産む。たとえば、屈強で、有名なジムを経営し、二十世紀初めのパリで筋肉増強法を発明したトリアは、自身のヘラクレスのような体格をみずから産み出すことができた。

ほら、先生がいらした。手を止めて［…］見てごらん。なぜ彼の英雄のような力強さは、わたしたちの退廃をあざ笑っているかのようなのだろう。並ぶ者のいないアスリートで、現代のヘラクレスであるトリア先生こそ、ご自身の方法の正当なる息子だからだ［…］。トリア先生は自分自身を開発して、筋肉を文字どおり怒張させ、肉体を鍛えあげたのだ。(36)

そして次に、「あれほど巨大なバーベルを、それは彼だけができる芸当なのだが、両腕を伸ばして頭上にもち上げる」現代のヘラクレスの「ひどく感動的な」姿を目の当たりにした「五十人の生徒たちは、その先生の朗々と響く声」に集合をかけられて、「彼の号令に従う［…］。教師から生徒へと電流が流れる。先生の権能が分裂し、流れ出て、各人のうちで神秘的な声がこう命令する。『歩け！　歩け！』(37)……」

血統への強迫観念、時間の可逆性、時代の横断、身体的権能の――すぐに勃起のドラマツルギーとしてひけらかされる――分娩、なかば奇跡のようにおこなわれるその権能の伝承。男らしさの神話は、男による男の出産という妄想的な理論を打ち出す。悠久の昔から存在し、しかし全き現代性を有しているその伝説が、西洋の文化空間において拠って立つ人類学的基盤は広大である――いや、文化商品が世界的に拡散する現代においては、西洋の枠を超えているのはまちがいない。「アルカイックな支配モデル」という装置の不可欠な要素であるその伝説は、分娩の特権、つまり同類ではありながら同時に自分たちとは異なる身体を産み出すという「不可解な能力」を女に与える、「途方もなく、しかし根拠のない」(38)その独占権に、異議を申し立てようとする。男もまたほかの男たちを、より正確にいうと男たちのもっとも男性的な部分を、あるいは男のなかで男を形成しているものを、すなわち男らしさを、産むことができるというのだ。女はなるほど男の子を産むことができるが、ならばその横で男は男らしい男を再生産するだろう。ジョイス・キャロル・オーツはそのことを、男による男らしさの製造所であり続けてきたボクシングについて鋭く直観していた。「みずからの価値を築くべく男が男と闘うそこからは完全に女が排除されているが、それは出産という女の体験から男が完全に排除されているのと同じことである。おそらく、その二つのあいだには何らかの関連があるのではないか(39)」。

英雄譚に似て構造的な塑性のきわめて高いその神話は、歴史的、文化的なあらゆる異同に応じて形を変えることができた。それを確認するには、デボネが旧世界ヨーロッパの中流階級に筋肉トレーニングを奨励している、まさにその時期の新世界にふたたび目を転じてみればよいだろう。当時のアメリカでも同じように、西部開拓《フロンティア》という歴史的体験が終結するなかで、定住生活ゆえの新しい病理、すなわち会社勤めでの過労、都会生活のストレス、アメリカ型神経症《アメリカン・ナーヴァスネス》といったものと戦う必要性が意識されているのである。かくして、ヨーロッパの大都市同様、都会で数多くのジムの建設が始まるが、それらは、推進者たちの発想によれば、精神的にも身体的にも退廃した大都市空間に浮かぶ人間再生の健全の小島なのだ。そして、あちらと同じくこちらでも、血統の探求が倦むことなく繰り返される。その探求は歴史的形式をとりながら、ただし、ピューリタンの社会にさまざまに適応している。男らしさの発揚がフランスにおいてはおうおうにして土着と国防の趣をとどめているのに対し、アメリカ人たちはそれを契機にして、筋肉的キリスト教の信者が仕掛けた十字軍に自分がおおいに共感していることを示そうというのだ。十九世紀初めにイギリスで生まれたその宗教運動は、十九世紀後半の数々の宗教的復興のひとつとしてアメリカにふたたび現れる。その「信条」は？　徳性は宗教的信仰の問題であると同時に筋肉の形態の問題であり、最良のキリスト教徒たるもの男らしい身体をもつ義務を負っている、というのである(40)。それこそまさに最初の、もっとも有名なキリスト教徒〔＝キリスト〕が説いた教訓ではないか、と。男らしさは永遠にみずからの理想をみずからの起源に求め続けるのだ。そして二十世紀に移るころには、かなり多くの教会のうちから、キリストに何よりも行動の人を、大胆で恐いもの知らずの霊的アスリートを、見ようとする声がぞくぞくとあがった。この筋肉と健康の十字軍はキリスト教青年会といった組織によって、またアメリカの霊的再生は生活様式の改革を通して果たされると主張するすべての人々によって、しっかりと受け継がれていった。「イエス・キリストは癒やす人だった。彼こそが体育の最初の信奉者となったからだ。わたしの教えは最初の予言者たちの教えである。彼らが生きたようにわたしは生きる。世界をその生活様式へと改心させることがわたしの義務である[41]」。この、少しあとにバーナー・マクファデンが唱えることになる、男らしさに照らした聖書の再読のなかに、筋肉的キリスト教の決定的で持続的な影響がじつに明瞭に言い表されている。マクファデンは二十世紀に入ってボディビルディングの福音史家となる人物で、信奉者たちから「体育の父にして健康の使徒」と呼ばれた、アメリカにおける大々的な汗の牧会の草分けのひとりである。キリストが、男らしさの父として、いくつかの特権を有していたことを認めなければならない。その身体は死すべきものだとしても年齢による男らしさの減退は免れており、不死だとしたら模範を永遠に届けてくれる身体であって、そこに無原罪のお宿りの完全な男性版を見ることもできるのだ。

Ⅶ　男らしさの亡霊——分裂、化身

「政治的イデオロギー以上に神話的思考に似ているものはない[42]」と、クロード・レヴィ゠ストロースは付言している。男らしさの神話の現代における展開を見るにつけ、彼は正しい。血統への強迫観念は弱まるどころか、世紀全体を貫いている。

ぴんと立った完璧なその体は、ローマの最強の剣闘士さながらの筋肉に覆われていたが、ギリシャの神のゆるやかで入り組んだ曲線も帯びていて、ひと目で、とてつもない力としなやかさと敏捷さをみごとなまでに併せもっていることがわかった。(43)

一九一四年にエドガー・ライス・バロウズが創り出した「類猿人ターザン」は、このように血統が満載の姿でジェーンの前に現れる。一九四〇年まで、まずは漫画で、つづいて小説で発表されたターザンの二六巻の冒険と数多くの映画を生んだのは、都市社会が退廃しているという意識と、西部開拓《フロンティア》の消失によって男らしさからそれを育んだ未開世界が奪われたあとにアメリカを席巻した、狩猟文学への関心だった。しかしながら、それにとどまらず、その成功によってターザンは、退化による男性性をもった男らしさの初めての世界的な偶像となった。未開世界に立ち向かうのに必要なものを備え、みずからのうちに原始人を再発見できたがゆえに、その偶像は「男らしさ回復」運動の持続的な、二十世紀全体を横断する流れを起こすことになる。それに棹さすのが、青少年のための多かれ少なかれ軍隊式の組織、スポーツ・ハンティング、「サバイバル」競技、詩人のロバート・ブライが代表を務めた「男性解放《マスキュリニスト》」運動(44)、あるいはさらに、「あなたのなかに眠る都会の戦士を発見します」と謳うマンカインド・プロジェクトの入門セミナーなど(45)である。

血統への強迫観念が同じく男性性の視覚文化にも行きわたっていることは、驚くにはあたらない。世紀変わり目の屈強な男たち、ジョージ・ウィンドシップやユージン・サンドウは、その先駆けだった。古代式のポーズやギリシャ、ローマ風の装身具といった、はるか昔日のヨーロッパにいた力の貴族の視覚的記憶が、民主主義の世の筋肉に戦士としての認証を与え続けていたのだ(46)。両大戦間期のヘラクレスであるチャールズ・アトラスは、まだイタリアからやってきた貧しくひ弱な男にすぎなかったころ、ブルックリン美術館の古代彫刻の筋肉をじっと見つめながら自分の進むべき道の啓示を得たらしい。[47]その点で、アメリカにおける筋肉と成功の伝説群《サーガ》のうちでも、アトラスの物語ほど典型的なものはない。ボディビルディングへの回心のおかげで彼は、そして彼に続くほかの男たちも、富を手にすることになり、アメリカでは筋肉が金を生むことが証明されるのだ。しかしとりわけチャールズ・アトラスの身体は、現代的な意味における広告物となった初めての男性の肉体である。というのも、それは現代の男らしさの逆説のひとつなのだ。戦闘経験の減少、さらにはその消失、またそれと表裏一体で進んだ筋肉の能力にまつわるイメージの集積、流通、商品化が、男らしさの幻想を生むにいたったのである。その幻想は、男らしさのために歴史の坩堝を提供してきた蛮行や戦争という起源、実践から遠ざかり、やがて徐々に決定的に袂を分かっていくことで、イメージの王国において自律した立場を手に入れたのだ。かくして、スクリーン上の仮想の世界における「男らしさの亡霊」の栄華と、武力紛争における現実の男らしさの逆境とのあいだには、トラウマとなるほどの隔絶が穿たれたのだった。ランボーは、奇妙なことに、九・一一には現れなかったのである。

そのような力をめぐる夢に、今日の男らしさは大きく依拠している。たとえば、バーナー・「ボディ・ラヴ」・マクファデンは一八九九年に、筋肉増強専門の初の大衆誌で、二十世紀前半に男性の身体の栄光を謳うメディア帝国の礎石となった『体育《フィジカル・カルチャー》』を創刊したが、その論説はこうたたみかけていた。「一〇〇%、男たれ！ 弱さは罪だ。罪人になるべからず！」[48]しかしながら、このような強硬な言辞には、強い性の突然の弱体化に直面しているがゆえの、漠とした不安を感じとらずにはいられない。このスローガンは告白である。二十世紀初めに男性の理想像に備わる筋肉の塊が発達し、さらに肥大し続けていくという事態が、男女それぞれの地位の名目的な均衡回復を、そして世紀を通じて始まる両性の関係の激変を、暗に否認するものでもあるということを、告白しているのだ。

レヴィ＝ストロースは続ける。「神話の目的は、何らかの矛盾を解消するための論理的モデルを提供することである」[49]。間髪入れずにこう言うことが可能だろう。男らしさの神話は、全能への欲求と男性が知る不能という現実との解消できない矛盾を、ひたすら解消しようとするものである、と。ジョー・シャスターとジェローム・シーゲルはそのことを完璧に理解したうえで、一九三八年に、愛国的なスーパー・ヒーローの長い系譜の第一号であるスーパーマンを創作し、今日まで文句のつけようのない成功を収めている[50]。周りを見てみれば男性の力の化身だらけで、ぴっちりしたコスチュームに身を包み、マスクで顔を隠して、お決まりの超能力を駆使している。しかし彼らは皆、経済不況の、官僚主義による圧迫の、戦争への邁進の、落とし子である。さらにはその誰もがトリックスターで、あのアメリカの守護者に変身する内気で冴えない新聞記者のように、二つの顔をもつ男なのだ。解消できない男らしさのジレンマの、空想による解消が、そこにはある。

そのことを、ボディビルディングの人類学は明快に物語って不足がない。男性が覚えるおのれの脆弱さと不安定さの感覚、また過ぎ去った屈辱の記憶、それらがしばしば引き金となって筋肉は氾濫し始め、そこではまさに漫画の住人である男性の全能の化身[51]が手本とされるようになるのだ。なぜなら、化身たちを取り込もうとすることは、この筋肉の探求に特徴的な、そしていくつかの点で悲劇的でも滑稽でもある、運命なのである。

彼はまるで人体解剖図だった。肌はライスペーパーのように透明で、その薄膜を通して束になって走る脈管、静脈、動脈が見えた。体脂肪はひどく削げ落ちているので、肌の下で一本一本の筋繊維がびくっと震え、動くのがわかった。(52)

今日男らしさは自分のあるべき姿を探しているが、このような身体の権能の夢を追求し続けるなら、その先に袋小路が待ち受けていることははっきりしている。ここでは、それを本稿の出発点としたように、フロイトの忠告を拝聴するにとどめよう。いつまでも喪の悲しみに暮れずに、みずから断ち切ったほうがよい。

(49) Claude Lévi-Strauss, *L'Anthropologie structurale*, t. I, *op. cit.*, p. 254.

(50) この点についてはとくに以下を参照。Claude Forest (dir.), *Du héros aux super-héros. Mutations cinématographiques*, Paris, Presses de la Sorbonne nouvelle, 2009. また次の小説は印象的である。Michael Chabon, *The Extraordinary Adventures of Kavalier and Clay*, New York, Picador, 2000.

(51) アレン・M・クラインが「マンガの男性性《コミック・ブック・マスキュリニティ》」と名づけているものにほかならない。

(52) Sam Fussell, *Muscle*, *op. cit.*

Angeles, University of California Press, p. 227. また以下も参照。Americo Paredes, « The United States, Mexico, and Machismo », *Journal of the Folklore Institute*, vol. VIII, n° 1, p. 17-37.

(29) Claude Lévi-Strauss, *L'Anthropologie structurale*, t. I, Paris, Plon, 1963. 神話としての男性性については、とくに以下を参照。Joseph H. Pleck, The Myth of Masculinity, Cambridge (Mass.), MIT Press, 1981.

(30) Claude Lévi-Strauss, *L'Anthropologie structurale*, t. I, *op. cit.*, p. 231〔クロード・レヴィ＝ストロース『構造人類学』荒川幾男他訳、みすず書房、1972年〕.

(31) Edmond Desbonnet, *Les Rois de la force. Histoire de tous les hommes forts depuis les temps anciens jusqu'à nos jours*, Paris, Berger-Levrault (Librairie athlétique), 1911, p. 10.

(32) *Ibid.*, p. VII.

(33) Claude Lévi-Strauss, *L'Anthropologie structurale*, t. I, *op. cit.*, p. 231.

(34) Edmond Desbonnet, *Les Rois de la force*, *op. cit.*

(35) Jules Vallès, *La Rue*, *Œuvres complètes* [1866], Paris, Livre Club Diderot, 1969, t. I, p. 479.

(36) Edmond Desbonnet, *Les Rois de la force*, *op. cit.*, p. 64.

(37) *Ibid.*

(38) Françoise Héritier, *Hommes, femmes. La construction de la différance*, Paris, Le Pommier / Cité des Sciences et de l'Industrie, 2005, p. 38 et 39.

(39) Joyce Carol Oates, *On Boxing*, *op. cit.*

(40) 筋肉的キリスト教についての詳細な研究としては、以下を参照。Clifford Putney, *Muscular Christianity. Manhood and Sports in Protestant America, 1880-1920*, Cambridge (Mass.), Harvard University Press, 2001 ; Bruce Haley, *The Healthy Body*, in *Victorian Literature*, Cambridge (Mass.), Harvard University Press, 1978 ; Donald Mrozek, *Sport & American Mentality, 1880-1910*, Knoxville, University of Tennessee Press, 1983.

(41) 以下に引用されているバーナー・マクファデンのことば。Robert Ernst, *Weakness is a crime. The Life of Bernarr Mac Fadden*, New-York, Syracuse University Press, 1990.

(42) Claude Lévi-Strauss, *L'Anthropologie structurale*, t. I, *op. cit.*, p. 231.

(43) Edgar Rice Burroughs, *Tarzan of the Apes* [1914]. 以下に引用。John Pettegrew, *Brutes in Suits. Male Sensibility in America. 1890-1920*, Baltimore, The Johns Hopkins University Press, 2007, p. 81. ターザンについては、以下を参照。Pascal Dibie (dir.), *Tarzan !*, Paris, Somogy/Quai Branly, 2009.

(44) Robert Bly, *Iron John. A Book about Men*, New York, Da Capo Press, 1990〔ロバート・ブライ『グリム童話の正しい読み方　『鉄のハンス』が教える生き方の処方箋』野中ともよ訳、集英社文庫、1999年〕.

(45) 以下のサイトを参照。<http://mkpef.mkp.org/>〔現在は閉鎖〕

(46) イメージの記憶と系譜については、以下を参照。Jean-Jacques Courtine, *Déchiffrer le corps. Penser avec Foucault*, Grenoble, Jérôme Millon, 2011.

(47) 以下を参照。Charles Gaines and George Butler, *Yours in Perfect Manhood. Charles Atlas*, New York, Simon and Schuster, 1982.

(48) 以下を参照。Robert Ernst, *Weakness is a crime*, *op. cit.*

(19) Sam Fussell, *Muscle. The Confession of an Unlikely Bodybuilder*, New-York, Poseidon Press, 1991.

(20) たとえば以下を参照。André Dubus III, *Townie*, New York, Norton, 2011. また象徴的なのは、フィリップ・ロスが最近、一連の男の犯罪を巡る小説を中断して、*Indignation*（New York, HMH, 2008）では成長譚に回帰していることだ。それは、非道な父親の暴虐に屈しているひとりの若者が経験を積んで大人へといたる物語である。

(21) アメリカの、さらには世界のボディビルディングを支配している企業グループのひとつに、ウイダー・グループがある。もともとは使い走りをしていた男が、筋肉に対する情熱から金を生むことに才覚を発揮して基礎を築いたこのグループは、すでに1990年代の初めには、従業員2000名以上、年商3億ドル以上までになっていた。ジョー・ウイダーは垂涎の的である称号（ミスター・オリンピア）を争う大会を創設、主催しており、また136カ国に支部をもつ国際ボディビルディング連盟の創設者でもある。ウイダー・グループは、栄養食品の生産、筋肉トレーニング器具の製造、ジムの経営、大部数誌に数えられる雑誌（『マッスル・アンド・フィットネス』、『シェイプ』、『フレックス』、『メンズ・フィットネス』、『モクシー』など）の刊行をおこなっている。以下を参照。Allen M. Klein, *Little Big Men*, *op. cit.*, p. 81-107.

(22) 筋肉トレーニング機器は、1980年代においてもっとも大きな消費の伸びを見たもののひとつである。1989年12月31日付『ロサンゼルス・タイムズ』紙の以下の記事を参照。« 1980s Shoppers Charged into a Brave New World of Goods ».

(23) 美容整形外科は、1980年代、身体の中身と外見を改良する新技術の登場とともに、爆発的に発展した。顧客としては男性が大幅に増えた。アメリカで登録している美容整形医の5人に1人はロサンゼルスに居住している。美容整形の文化については、とくに以下を参照。Virginia L. Blum, *Flesh Wounds. The Culture of Cosmetic Surgery*, Berkeley, University of California Press, 2003.

(24) John Hoberman, *Testosterone Dreams. Rejuvenation, Aphrodisia, Doping*, Berkeley / Los Angeles, California University Press, 2005.

(25) *Ibid.* 同種の別の研究所としてはアメリカ老化防止《アンチエイジング》協会がある。大半は医師である11000人のメンバーから成り、伝道師さながらに男性更年期との戦いを率先している。

(26) これについての広範な分析は、ナルシシズムを現代的自我に特有のものとして研究する伝統のなかでおこなわれている。とくに以下を参照。Christopher Lasch, *The Culture of Narcissism*, New York, W. W. Norton, 1979（仏訳 *La Culture du narcissisme*, Paris, Robert Laffont, 1981）〔クリストファー・ラッシュ『ナルシシズムの時代』石川弘義訳、ナツメ社、1981年〕.「この老いと死に対する非理性的な恐れは、現代社会における自我の支配的な構造タイプであるナルシス的自我の出現と緊密に結びついている」（仏訳 p. 126）。

(27) Pierre Bourdieu, *La Domination masculine*, Paris, Seuil, 1998, p. 114〔ピエール・ブルデュー『男性支配』坂本さやか他訳、藤原書店、2017年〕.

(28) Matthew C. Gutmann, *The Meanings of Macho. Being a Man in Mexico City*, Berkeley/Los

(6) Michel Houellebecq, *Les Particules élémentaires*, Paris, Flammarion, 1998, p. 165〔ミシェル・ウェルベック『素粒子』野崎歓訳、ちくま文庫、2006年〕.

(7) とくに以下を参照。Maria Matzer Rose, *Muscle Beach*, New York, St Martin's Press, 2001.

(8) George Butler et Robert Fiore, *Pumping Iron*, 1975〔ジョージ・バトラーとロバート・フィオレによるドキュメンタリー映画「鋼鉄の男」〕.

(9) マッスル・ビーチの歴史の原点だとされ、「鋼鉄の男」の舞台ともなっているゴールド・ジムは、その勢力を広げ、80年代にはフランチャイズ組織となって、今日ではアメリカの42州と30カ国で650店舗を展開している。アメリカのボディビルディングとその人気ぶり、そのジムについての詳細な人類学としては、以下が重要な文献である。Allen M. Klein, *Little Big Men. Bodybuilding Subculture & Gender Construction*, Albany, SUNY Press, 1993.

(10) 国際的映画の「第一の波」については、以下を参照。Vanessa Schwartz, *It's So French ! Paris-Hollywood, & the Making of a Cosmopolitan Film Culture*, Chicago, Chicago University Press, 2007. 肥大した筋肉は、ランボー・シリーズやターミネーター・シリーズなどが世界中で上映された、国際的映画の第二の波で重要な役割を果たした。

(11) とくに以下のドキュメンタリー映画を参照。Chris Bell, *Bigger, Stronger, Faster*, 2008.

(12) とくに以下を参照。M. R. Low, *Women of Steel. Female Body-Builders & the Struggle for Self-Definition*, New York, NYU Press, 1998. フランスについては以下がある。P. Roussel & J. Griffet, « Le muscle au service de la beauté. La métamorphose des femmes culturistes », *Recherches féministes*, vol. XVII, n° 1, 2004, p. 143-172.

(13) 以下の考察はアメリカにおけるボディビルディングの歴史に関する先行研究(Jean-Jacques Courtine, « Les stakhanovistes du narcissisme : *body-building* et puritanisme ostentatoire dans la culture américaine du corps », *Communications*, n° 54, mars 1993, p. 225-251)の延長線上にあり、それと重なっている部分がいくつかある。そこにはまた、筆者が西海岸のサンタモニカやサンタバーバラのジムに足繁く通ったことも反映されている。それはそれなり長期にわたる実体験に基づいた考察をする機会となった。

(14) Joyce Carol Oates, *On Boxing*, New York, Dolphin/Doubleday, 1987.

(15) *Id.*, « Rape & the Boxing Ring », in George Kimball & John Schulian (dir.), *At the Fights. Americain Writers on Boxing*, New York, Literary Classics of the United States, 2011, p. 393.

(16) *Ibid.*

(17) きわめて重要な役割を果たしているおもちゃや漫画コミックスについては、とくに以下を参照。Lyn Mikel Brown, Sharon Lamb et Mark Tappan, *Packaging Boyhood. Saving Our Sons from Superheroes, Slackers & Other Media Stereotypes*, New York, St Martin's Press, 2009.

(18) たとえば以下がある。Harry Crews, *Body*, New-York, Poseidon Press, 1990. また次はみごとな中編小説である。Donald Ray Pollock, « Discipline », *Knockemstiff*, New-York, Anchor Books, 2008.

(15) 以下の見出し語の記事を参照。 Louis Simonsi, « Duel », in Raymond Bellour (dir.), *Le Western*, Paris, Gallimard, « Tel », 1993, p. 137-140.

(16) Georges-Albert Astre, Albert-Patrick Hoarau, *Univers du western*, *op. cit.*, « Plus dure sera la chute » ; Christian Viviani, *Le Western*, Paris, Henri Veyrier, 1982, « Les hommes blessés », p. 153-166.

(17) Christian Viviani, *Le Western*, *op. cit.*, « Les cavaliers du crépuscule », p. 123-132.

(18) *Les Cahiers du cinéma*, n° 55, janvier 1956.

(19) Edgar Morin, *Les Stars*, rééd., Paris, Galilée, 1984, version illustrée, p. 64〔エドガール・モラン『スター』渡辺淳訳、法政大学出版局、「りぶらりあ選書」、1976年〕.

(20) *Arts*, 26 septembre 1956.

(21) Edgar Morin, *Les Stars*, *op. cit.*, p. 76.

(22) Antoine de Baecque, *L'Histoire-caméra*, Paris, Gallimard, 2008, p. 157-168.

(23) Christophe Champclaux, *Tigres et dragons. Les arts martiaux au cinéma*, Paris, G. Trédaniel, 2000, p. 16-50.

(24) Michel Jacquet, *Nuit américaine sur le Viêt-Nam. Le cinéma américain et la « sale guerre »*, Le Chaufour, Anovi, 2009, « Le syndrome Rambo : le cinéma contre l'histoire », p. 49-57.

(25) Alain Brassart, « James Bond : une virilité fantasmée rassurante », in Françoise Hache-Bissette, Fabien Boully, Vincent Chenille (dir.), *James Bond (2) 007. Anatomie d'un mythe populaire*, Paris, Belin, 2007, p. 88-96.

(26) Jean-Baptiste Thoret, *Le Cinéma américain des années 70*, Paris, Cahiers du cinéma, 2006, « Lénergie », p. 101-119.

(27) *Les Cahiers du cinéma*, n ° 52, novembre 1955.

(28) Michèle Weinberger, *Clint Eastwood*, Paris, Rivages « Cinéma », 1989, p. 7-17.

(29) *Le Point*, 29 janvier 1979.

(30) *Télérama*, 31 janvier 1979.

(31) Antoine de Baecque, *Tim Burton*, Paris, Cahiers du cinéma, 20035, p. 46-61.

(32) BarthélemyAmengual, « Du cinéma porno comme rédemption de la réalité physique », *Cinéma d'aujourd'hui*, n°4, hiver 1975, repris in Barthélemy Amengual, *Du réalisme au cinéma*, Paris, Nathan, 1997, p. 847-857 ; Philippe Rouyer, « Pornographie (1) », et Konrad Maquestieau, « Pornographie (2) », in Alain Bergala, Jacques Déniel, Patrick Leboutte (dir.), *Une encyclopédie du nu au cinéma*, *op. cit.*, p. 299-302.

第3章　文明のなかの巨漢——男らしさの神話と筋肉の力

(1) S. Freud, *Malaise dans la civilisation* [1929], Paris, PUF, 1971, p. 38〔フロイト『幻想の未来／文化への不満』中山元訳、光文社古典新訳文庫、2007年〕.

(2) Philip Roth, *Exit Ghost*, New York, Houghton Mifflin Co, 2010, p. 109 (筆者による仏訳).

(3) *Ibid.*, p. 103.

(4) *Id.*, *Everyman*, London, Jonathan Cape, 2006, p. 52 (筆者による仏訳).

(5) Romain Gary, *Au-delà de cette limite, votre ticket n'est plus valable*, Paris, Gallimard, coll. Folio, 1975, p. 37.

(44) A. Serrano, *A History of Sex*, Groningen, Museumeilan, 1996, chap. ix, planche 48.

(45) 1968年。ロンドン、テート・モダン・ミュージアム所蔵。

(46) M.-L. Bernadac et J. Storsve, *Louise Bourgeois*, Paris, Centre Pompidou, 2008, p. 150.

(47) 同作品の反響に関しては、ネット上で以下のサイトを参照。R. Meyer, *Bone of Contention* : <http://www.thefreelibrary.com>（2011年2月16日現在）.

(48) L. Nochlin, « Érotisme et images du féminin dans l'art du xixe siècle », *Femmes, art et pouvoir. Et autres essais*, trad. O. Bonis, Nîmes, Jacqueline Chambon, 1993, p. 190-199. La photo y figure.

(49) A. Corbin, « La rencontre des corps », *op. cit.*, p. 162 *passim*〔アラン・コルバン、前掲書〕.

(50) N. Goldin, *Bobby mastrubating*（1980）, *Ballad of Sexual Dependency*, à partir de 1978（diaporama projeté pour la première fois en Europe, à Arles, en 1987）.

(51) W. Tilmanns, *Stiefelknecht*, 1993.

(52) D. Arasse, *Léonard de Vinci*, Paris, Hazan, 1997, p. 468 *passim*.

(53) L. de Vinci, *Carnets*, trad. L. Servicien, Paris, Gallimard, « Tel », 1989, t. I, p. 128.

第2章　映 写——スクリーンにおける男らしさ

(1) 以下の見事な論文をご一読いただきたい。Éric de Kuyper, « Maillot de corps », in Alain Bergala, Jacques Déniel, PatrickLeboutte（dir.）, *Une encyclopédie du nu au cinéma*, Crisnée / Dunkerque, Yellow now / Studio 43, 1991, p. 227-228.

(2) Jacques Zimmer, « Les canons de la virilité », *Le cinéma fait sa pub*, Paris, Edilig, 1987, p. 91-96.

(3) François Pelletier, *Imaginaires du cinématographe*, Paris, Klincksieck, 1983, p. 58-59.

(4) Jacques Zimmer（dir.）, *Le Cinéma X*, Paris, La Musardine, 2002, « D'entrée de jeu : les débuts d'une production », p. 46-49.

(5) イタリアの怪力男 forzuto に関しては、以下の模範的な研究を参照。Monica Dall'Asta, *Un cinéma musclé. Le surhomme dans le cinéma muet italien*（*1913-1926*）, Crisnée, Yellow now, 1992.

(6) *Ibid.*, p. 36-45, ainsi que dans l'introduction par Antonio Costa, p. 11-17.

(7) ターザン、その創造、映画における翻案、その歴史と神話については、つぎの文献に匹敵するものはない。Francis Lacassin, *Tarzan*, Paris, 10 / 18, 1971.

(8) 以下に引用。Lacassin, *ibid.*, p. 144（« Le chant des sirènes »）.

(9) Patrick Brion, *Le Cinéma d'aventure*, Paris, De La Martinière, 1995.

(10) Abdelkader Benali, *Le Cinéma colonial au Maghreb*, Paris, Cerf, 1998.

(11) *Ibid.*, p. 154.

(12) Carl Jung, *Métamorphose de l'âme et ses symboles*, Genève, Librairie de l'université, 1953, p. 643〔C・G・ユング『変容の象徴——精神分裂病の前駆症状〈上〉』野村美紀子訳、ちくま学芸文庫、1992年〕.

(13) Robert Warshow, *The Immediate Experience*, New York, Simon & Schuster, 1956, p. 7.

(14) 以下に引用。 Georges-Albert Astre, Albert-Patrick Hoarau, *Univers du western*, Paris, Seghers, 1973, p. 116.

(22) *Ibid.*, p. 550.

(23) M. Falzone del Barbarò *et al.*, *Le fotografie di von Gloeden*, Milan, Longanesi, 1980, p. 24.

(24) *Ibid.*, p. 28.

(25) R. Barthes, *L'Obvie et l'Obtus*, Paris, Seuil, 1982, p. 179-180〔ロラン・バルト「ヴィルヘルム・フォン・グレーデン」『美術論集——アルチン・ボルドからポップ・アートまで』所収、沢崎浩平訳、みすず書房、1986年〕.

(26) P. Verlaine, *Mille e tre*, *Hombre*, Paris, Régine Desforges, 1977, p. 103.

(27) 筆者はこの考察を以前の研究で展開したことがある。Bruno Nassim Aboudrar, « Images honteuses, parties honteuses », in M. Gagnebin et J. Milly, *Les Images honteuses*, Seyssel, Champ Vallon, 2006, p. 50 *passim*.

(28) E. Laurent, « Observations sur quelques anomalies de la verge chez les dégénérés criminels », *Archives de l'anthropologie criminelle et des sciences pénales*, n° 7, 1882, p. 27.

(29) *Ibid.*, p. 30.

(30) *Ibid.*, p. 30.

(31) A. Corbin, « La rencontre des corps », in Alain Corbin (dir.), *Histoire du corps*, t. II, *De la Révolution à la Grande Guerre*, Paris, Seuil, 2005, p. 183〔アラン・コルバン「身体の遭遇」『身体の歴史II　19世紀　フランス革命から第一次世界大戦まで』所収、小倉孝誠訳、藤原書店、2010年〕.

(32) A. Tardieu, *Études médico-légales sur les attentats aux mœurs*, Paris, J.-B. Ballières, 1873, p. 240.

(33) *Ibid.*, p. 241.

(34) E. Laurent, *Les Habitués des prisons de Paris*, Paris, Masson, 1890, p. 363.

(35) *The Rotenberg Collection. Forbidden erotica*, Cologne, Taschen, 2000.

(36) F. Rabelais, *Gargantua*, Paris, Seuil, « L'Intégrale », 1973, p. 175〔ラブレー『ガルガンチュア』第45章、宮下志朗訳、ちくま学芸文庫、2005年〕.

(37) M. Bakhtine, *L'Œuvre de François Rabelais et la Culture populaire au Moyen Âge et sous la Renaissance*, trad. A. Robel, Paris, Gallimard, « Tel », 1982, p. 309〔ミハイル・バフチン『フランソワ・ラブレーの作品と中世・ルネサンスの民衆文化』ミハイル・バフチン全著作第7巻、杉里直人訳、水声社、2007年〕.

(38) D. A. F. de Sade, *Justine*, Paris, Le Livre de poche, 1973, p. 159 et 163.

(39) *The Rotenberg Collection*, *op. cit.*, p. 131-133.

(40) J. Weinberg, *Male Desire, the Homoerotic in American Art*, New York, Abrams, 2004, p. 91.

(41) L'édition de Paul Morihien du roman de Genet illustré par Cocteau paraît « sous le manteau », les aquarelles de Demuth ou de Tatlichew sont réservées à l'usage de leur collectionneur.

(42) ここで問題になっているのは、フランク・オハラ、ジョー・ブレイナード、ジョゼフ・ル・シュアー、フランク・リマたちのことである。J. Weinberg, *Male Desire*, *op. cit.*, p. 125.

(43) L. Steinberg, *La Sexualité du Christ dans l'art de la Renaissance et son refoulement moderne*, trad. J.-L. Houdebine, Paris, Gallimard, 1987, p. 105 *passim*.

(4) *Id.*, *Trois Essais sur la théorie sexuelle*, trad. Ph. Koeppel, Paris, Gallimard, 1987, p. 67 note 1 ; cf. H. Damisch, *Le Jugement de Pâris*, Paris, Flammarion, 1992, p. 17〔「性理論のための三篇」『フロイト全集6』所収、渡邉俊之訳、岩波書店、2009年〕.

(5) D. Diderot, *Salon de 1765*, Paris, Hermann, 1984, p. 283.

(6) Ch. Blanc, *Grammaire des arts du dessin* [1867], Paris, École nationale supérieure des Beaux-Arts, 2000, p. 53.

(7) D. Diderot, *Essais sur la peinture* [1759], Paris, Hermann, 1984, p. 13〔ディドロ『絵画について』佐々木健一訳、岩波文庫、2005年〕.

(8) Cl. Barbillon, *Les Canons du corps humain au XIXe siècle*, Paris, Odile Jacob, 2004.

(9) Cl・バルビヨンは以下の1801年のジュベール版を刊行している。Gérard Audran, *Les Proportions du corps humain mesurées sur les plus belles figures de l'Antiquité*, Paris, Joubert, 1801, p. 46, 47 et 138. ただし、同版はこの点では初版（Paris, Gérard Audran, 1683）とは異同がない。

(10) ジャン・クーザン著『描写の技芸』*L'Art de dessiner* の1821年版は、ファルネーゼ宮の「ヘラクレス」の裸体を掲載しているが、そのペニスはオリジナルと比べると目に見えて縮小されている。

(11) Ch.-A. Jombert, *Méthode pour apprendre le dessin*, Paris, 1755, planches 39, 43, 44 et 45.

(12) 古代ギリシア美術が小さな性器を好む傾向は、道徳的、美学的、心理学的な諸々の理由を組み合わせていたようである。『雲』〔紀元前423年の喜劇〕において、アリストパネスはいかにも古代らしいしかたで、このアトリビュートを、〈正義〉が勧める良き教育の結果として紹介している。すなわち、年長者への尊敬、礼儀、一定の数の掟への服従といったものが、ついには美しい身体をつくりあげるのである。「もしおまえが、私の言うように、おまえの賢さを使えば、おまえの胸はがっしりとして、顔色は明るくなり、肩幅は広く、舌は短く、尻は肉づきがよくなり、ペニスは小さくなるだろう」。その反対に、遊蕩は陰茎を醜く発達させるとされる。Aristophane, *Les Nuées*, trad. Talbot, Paris, A. Lemerre, 1897, p. 214. アリストテレスによれば、ペニスが小さいということは、精液の通路が短く、したがって、それが冷却されにくいため、子だくさんを保証するという。

(13) この現象に関しては、以下を見よ。A. Solomon-Godeau, *Male Trouble. A crisis in representation*, Londres, Thames and Hudson, 1997.

(14) 1793年、ルーヴル美術館所蔵。

(15) ピエール・ナルシス・ゲラン作、「エオスとケファロス」*Aurore et Céphale*、1810年、ルーヴル美術館所蔵。

(16) 1795年、ハンブルク美術館所蔵。

(17) ダヴィッド作、「テルモピュライのレオニダス」*Léonidas aux Thermopyles*、1814年、ルーヴル美術館所蔵。

(18) 1832年、パリ、エコール・デ・ボザール所蔵。

(19) 以下に引用。A. Solomon-Godeau, *Male Trouble*, *op. cit.*, p. 224.

(20) S. Aubenas, « Les albums de nus d'Eugène Delacroix », in Ch. Leribault (dir.), *Delacroix et la photographie*, Paris, Musée du Louvre / Le Passage, 2008, p. 33.

(21) E. Delacroix, *Journal*, Paris, Plon, 1996, p. 350.

« Des Algériens dans le Paris gay (années 1950-1960). Frontières raciales et sexualités entre hommes sous le regard policier » (à paraître).

(63) 特にライナー・ヴェルナー・ファスビンダーのとても美しい以下の映画作品を参照のこと。*Tous les autres s'appellent Ali* (1974年). 男らしさの問題との関係におけるこの作品の網羅的な分析については以下を参照のこと。Christelle Taraud, *Sexes et colonies, op. cit.*

(64) Mogniss H. Abdallah, *J'y suis, j'y reste, op. cit.*, p. 56.

(65) Nacira Guénif-Souilamas et Éric Macé, *Les Féministes et le Garçon arabe*, Paris, L'Aube, 2004 ; et Christelle Hamel, « Le "mélange des genres" : une question d'honneur. Étude des rapports sociaux de sexe chez de jeunes Maghrébins de France », *AWAL. Cahiers d'études berbères*, nº19, 1999, Éditions de la Maison des sciences de l'homme, p. 19-32.

(66) ラップについての根本的に異なる分析については以下を参照のこと。Lina Ayenew et Christelle Taraud, *Rap et négritude en France dans les années 2000. Une étude comparée de l'œuvre de Léopold Sedar Senghor et des chansons d'Abd El Malik et de Kerry James* (近刊).

(67) Christelle Hamel, « "Faire tourner les meufs". Les viols collectifs: discours des médias et des agresseurs », *Gradhiva*, nº 33, 2003, p. 85-92 ; Samira Belil, *Dans l'enfer des tournantes*, Paris, Gallimard, « Folio », 2003 ; et Laurent Mucchielli, *Le Scandale des tournantes. Dérives médiatiques, contre-enquête sociologique*, Paris, La Découverte, « Sur le vif », 2005.

(68) ヴィトリー・シュール・セーヌ県で2002年10月に生きたまま焼き殺されたソアヌ・ベンジアヌのそれが典型で、またその残忍な死が、2003年に特にファデラ・アマラによって創設される l'association Ni putes, ni soumises を誕生させることになる。

(69) Christelle Hamel, « "Questions d'honneur" : l'homosexualité en milieu maghrébin », in Rose-Marie Lagrave (dir.), *Dissemblances. Jeux et enjeux du genre*, Paris, L'Harmattan, 2002, p. 37-50 ; Brahim Naït Balk, *Un homo dans la cité,* Paris, Calmann-Lévy, 2009; et Franck Chaumont, *Homo-ghetto. Gays et lesbiennes dans les cités. Les clandestins de la République*, Paris, Le Cherche-Midi, 2009.

(70) 1995年のパリにおけるテロリストたちの攻撃のあいだに、かくしてフランスを脅かしかねないあらゆる種類の「ひげ面の男たち」〔イスラム教徒を指す〕の橋頭堡であるカレド・ケルカルの像が浮上する。

第IV部　イマージュ、ミラージュ、ファンタスム

第1章　露 出——裸にされた男らしさ

(1) J. L [acombe], *Dictionnaire portatif des beaux-arts*, Paris, Veuve Estienne et fils, 1752, p. 11.

(2) Cl. Watelet et P. Ch Levesque, *Encyclopédie méthodique. Beaux-Arts*, Paris, Panckoucke, 1788-91, t. I.

(3) S. Freud, *Malaise dans la culture*, trad. P. Cotet *et al.*, Paris, PUF, « Quadrige », 1998, p. 42〔「文化の中の居心地悪さ」『フロイト全集20』所収、高田珠樹訳、岩波書店、2011年〕.

支配関係の反転である）についても同様の問題がある。この問題については以下を参照のこと。Christelle Taraud, *La Prostitution coloniale...*, *op. cit.*, p. 351-355.

(51) アルジェリアにおいては、女性に対して行なわれていた性についての管理をゆるめることはなかった。この問題については以下を参照のこと。Y. Bettahar, « La sexualité au Maghreb entre ordre social et morale religieuse », *Bastidiana*, n°27-28, juillet-décembre 1999 ; et Iman Hayef, « Le célibat des femmes en Algérie », in Fanny Colonna et Zakya Daoud (dir.), *Être marginal au Maghreb*, Paris, CNRS Éditions, 1993, p. 251-258.

(52) 1984年にアルジェリア国民議会において採択された家族法は、独立以来検討されていたものである。これは第31条において以下のように定める。「イスラム女性は非イスラムの男性と結婚することはできない」。この問題については以下を読まれたい。Nourredine Saadi, *La Femme et la Loi en Algérie*, Alger, Éditions Bouchène, 1991.

(53) この問題については特に以下を参照のこと。Nacira Guénif Souilamas, *Des « beurettes » aux descendantes d'immigrants nord-africains*, Paris, Grasset, 2000.

(54) S. Tersigni, « La virginité des filles et l'honneur maghrébin dans le contexte français », *Hommes & migrations*, « Vies de familles », n° 1232, juillet-août 2001, p. 34-40 ; H. Mounir, « Quand les femmes maghrébines remettent en question la place des hommes », *Hommes & migrations* n° 1245, septembre-octobre 2003, p. 102-111.

(55) Abdelmalek Sayad, *La Double Absence. Des illusions de l'émigré aux souffrances de l'immigré*, Paris, Seuil, « Liber », 1999.

(56) Emmanuel Blanchard, « Le mauvais genre des Algériens... », *op. cit.*

(57) Régis Revenin, « Jalons pour une histoire (culturelle et sociale) de la prostitution masculine juvénile dans la France des "Trente Glorieuses" », in Christine Machiels et Éric Pierre (dir.), *Revue d'histoire de l'enfance « irrégulière »*, « La prostitution des mineur(e)s au XXe siècle », n° 10, octobre 2008, p. 90-91.

(58) Jean-Luc Hennig, *Les Garçons de passe. Enquête sur la prostitution masculine*, Paris, Éditions Libres-Hallier, 1978, p. 128-130 (entretien avec un prostitué), cité *ibid.*, p. 91.

(59) この問題については詳細な研究が存在しないが、しかしながら、「進化した」人々やナショナリスムの指導者たちのあいだに、たとえば、ブレーズ・ディアグムとマリー・オデット・ヴィランや、メッサリ・ハジとエミリー・ビュスカンのような人種ちがいのカップルの存在が確認されていることを記しておく。

(60) Véronique Willemin, *La Mondaine. Histoire et archives de la police des mœurs*, Paris, Hoëbeke, 2009, p. 282.

(61) こうした闘争の全容については以下を参照のこと。Mogniss H. Abdallah, *J'y suis, j'y reste. Les luttes de l'immigration en France depuis les années 1970*, Paris, Réflex, 2000.

(62) この問題については、たとえば Front homosexuel d'action révolutionnaire (FHAR) の刊行物、特に以下を参照のこと。« Les Arabes et nous », *L'Antinorme*, n° 2, février-mars 1973 ; Todd Sheppard, « Le Front homosexuel d'action révolutionnaire (1971-1974) et ses représentations du "Maghrébin" », journée d'études « Féminisme, sexualité et (post)-colonialisme » Paris, École normale supérieure, 3 février 2006 ; et Emmanuel Blanchard,

femmes et société, nº 20, 2004, <http://clio.revues.org/index1408.html>. 以下も参照のこと。Claire Mauss-Copeaux, *À travers le viseur*, *op. cit.*

(40) 同じ過程がまた、イヴリーヌ・アカードがその著書（*Des femmes, des hommes, la guerre*, Paris, Côté Femmes Éditions, 1993.）のなかで巧みに示しているように、レバノン戦争のあいだにも見いだされる。

(41) とりわけ、征服の後の人々の象徴的な「去勢」の主題、および植民地の問題を解決する彼らの「能力のなさ」の主題を通じて。この問題については以下を参照のこと。Christelle Taraud, « La virilité en situation coloniale, de la fin du XVIIIe siècle à la Grande Guerre », in Alain Corbin（dir.）, *Histoire de la virilité*, t. II, *Le Triomphe de la virilité. Le XIXe siècle*, Paris, Seuil, 2011, p. 331-347〔クリステル・タロ「十八世紀終わりから第一次世界大戦までの植民地状況における男らしさ」『男らしさの歴史』第Ⅱ巻、小倉孝誠監訳、藤原書店、2017年〕.

(42) かくして、かつてのアルジェリアの召集兵だったジャン＝ピエール・ギアールはきわめて感動的なインタビューのなかで軍の病院で出会ったこれらの人々について語る。そこに、彼は戦闘によって傷を負ったためにいたのだが、男たちはもう帰りたくないと思っていた。それは、彼らがその男たる所以を切除されていたからだ。「彼らは慰めようのない奴らと呼ばれていました。」témoignages d'anciens Français appelés en Algérie, INA, 30 septembre 1991, 7 minutes 4 secondes.

(43) Raphaëlle Branche, « La masculinité à l'épreuve de la guerre sans nom », *op. cit.*

(44) Daniel Rivet, *Le Maghreb à l'épreuve de la colonisation*, Paris, Hachette, 2002, p. 302.

(45) 1956年に、FLN はそもそもきわめて象徴的に、「植民地主義のために零落したアルジェリア人の身体、および精神面の健康を保つ」ことへの懸念のなかで、「アルコール、売春、およびその斡旋行為を禁じる」ことを決める。カスバにおいて、FLN の法を軽機関銃で支配させることを課せられたのは、彼自身、かつては売春斡旋業者だったアリ・ラ・ポワントである。この問題については特に以下を参照のこと。Christelle Taraud, « Les yaouleds... », *op. cit.* ; et le film de Gillo Pontecorvo, *La Bataille d'Alger*, 1965. 附言すれば、この命令をないがしろにした者たちは、しばしば身体をひどく傷つけられた。特に鼻を切り落とされた。

(46) Maurice Lepoil, *Faut-il abolir la prostitution ? Critique objective de la loi du 13 avril 1946*, Alger, V. Heintz, 1947, p. 53.

(47) 解放戦争のあいだにフランス軍兵士によって行なわれたアルジェリア人女性に対する暴行については、たとえばアルジェリアにおいては、近年のフランスのメディアによる探求にもかかわらずほとんど言及されることがない。以下を参照のこと。Valérie Gaget et Philippe Jasselin, « Viol. Le dernier tabou de la guerre d'Algérie », « Envoyé spécial », 2001.

(48) Arirat は「売春婦」prostituée を意味する。これは、arara「恥をなす」faire honte に由来する。売春婦は「恥ずべき女」なのである。

(49) « El Zahara el Istimaria »「植民地部隊兵の売春」。転じて「売春」と「植民地化」のあいだに同義性が生じる。

(50)「現地人の男たち」との人種ちがいの性的関係のなかにあるヨーロッパ人の売春婦（それが売春婦であるとしても、白人の女と「寝る」という行為に含まれるのこと。Christelle Taraud, *Sexes et colonies. Virilité, « homosexualité » et tourisme sexuel eu Maghreb à l'époque coloniale*, Paris, Payot, 2010.

(31) Frantz Fanon, *Les Damnés de la terre*, Paris, François Maspero, 1961.

(32) 1953年9月4日、週刊誌『パリ』がスルタン、モハメド・ベン・ユセフの廃位の姿を掲載する。「植民地の男らしさ」の証拠として「男ひとりが目覚めたところを武装した兵士たちに捕らえられて」。「宦官たちは女たちの居所に押し込められる。「アフリカは統治するものとして男たちを要求する男たちの土地である。」Camille Aymard, *Paris*, 4 septembre 1953.

(33) この問題については以下の美しい書物を参照のこと。Omar Carlier et de Raphaëlle Nollez-Goldbach (dir.), *Le Corps du leader. Construction et représentation dans les pays du Sud*, Paris, L'Harmattan, 2008.

(34) アルジェリア人作家ブーアレム・サンサルが著書『がらんどうの木に夢中の子ども』*L'Enfant fou de l'arbre creux* (Paris, Gallimard, 2000, p. 104) で示すように、植民地化はまさに「貫通」の行為であった。「あなた方は一世紀半にわたってわれわれのカマを掘ってきた、そして手をポケットのなかに入れて、あなた方はわれわれになぜ斜めに歩くのかと問うているのです」。

(35) しかしまた、1961年にOASのデルタ特別攻撃隊を創設したロジェ・ドグルドルも同様である。

(36) アルジェにおける沿岸における戦闘のすぐれて男性的な性格については以下を参照のこと。Christelle Taraud, « Les yaouleds : entre marginalisation sociale et sédition politique. Retour sur une catégorie hybride de la casbah d'Alger dans les années 1930-1960 », in Christine Machiels et Eric Pierre (dir.), *Revue d'histoire de l'enfance « irrégulière »*, « La prostitution des mineur(e)s au XXe siècle », nº 10, octobre 2008, p. 59-74.

(37) かくして、マシュは2000年6月21日の「ル・モンド紙」のインタビューで明かす。「拷問の原則は受け入れられていました。こうした行為は、間違いなく非難すべきものですが、文民政府当局によって容認され、すなわち命じられており、完全によく知られたことでした。彼はまたこれに加えて以下のように語る。「わたしは拷問がアルジェリアにおいては一般的であったと語り、また認めました。[…] 別のやり方するべきだったかもしれませんし、わたしが考えるのはとりわけそのことです。しかし、それではどのように？　わたしには分かりません。それを探し、見つけようとするべきだったかもしれない。しかし残念なことにうまく行きませんでした、サランも、アラールも、わたしも、誰ひとりとして」。

(38) フィリップ・ラブロはセリーヌ以前に同様に、兵士の集団の「死の童貞」に言及している。アラン・マネヴィはこの語を以下のように説明する。「誰ひとり [...] 手つかずではない。[...] 言いたいことは、誰もがすでに意識の上ではいくつもの人生をもっているっていうことだ」。ジャン＝ジャック・セルバン＝シュレーバーは、詳細に、誰も「気をつけろよ。お前、自殺しちまいかねないぞ。」と言うことはなく、毎日何度も繰り返して言うのが、「気をつけろ。金玉を切り落としちまうぞ。」であると言う。*Claire Mauss-Copeaux, À travers le viseur. Algérie 1955-1962*, Lyon, Aedelsa, 2003, p. 92.

(39) Raphaëlle Branche, « La masculinité à l'épreuve de la guerre sans nom », *Clio. Histoire,*

(15) 附言すれば、植民地帝国出身の兵士たちの性に関する、極度に人種によって性格づけられたこうした見方はまた、拡張されてアメリカ軍の黒人兵にも結びつけられた。この問題については以下を参照のこと。Robert J. Lilly, *La Face cachée des G. I. Les viols commis par des soldats américains en France, en Angleterre et en Allemagne pendant la Seconde Guerre mondiale*, Paris, Payot, 2004.

(16) SHAT, Armée d'Afrique, cote 6T312, EMAT, 1erbureau, minutiers « Départs secrets », 2 janvier1947-24 février 1948.

(17) Capitaine Berruyer, « La situation morale du soldat marocain en France », 15 juin 1939, CHEAAM, p. 6-7.

(18) この問題については以下を参照のこと。Christelle Taraud, « Auprès de ma blonde... Posséder sexuellement une femme blanche... », *La prostitution coloniale..., op. cit.*, p. 351-355.

(19) ジャン・イブ・ル・ナウルが示しているように、そもそも世界大戦がその基礎を築いた。« Du paternalisme à l'émeute raciste », in Driss El Yazami, Yvan Gastaud et Naïma Yahi (dir.), *Générations. Cent ans d'histoire culturelle des Maghrébins en France*, Paris, Gallimard, 2009, p. 49-55.

(20) 3e DIA, état-major, bureau, rapport technique AMM, 17 septembre 1944, Affaires militaires musulmanes, rapports mensuels sur l'état d'esprit des militaires musulmans, contrôle postal, cité par Belkhacem Recham, *Les Musulmans algériens dans l'armée française* (*1919-1962*), Paris, L'Harmattan, 1996, p. 272-273.

(21) この表現は以下より借りたものである。Fabrice Virgili, *La France virile. Des femmes tondues à la libération*, Paris, Payot, 2000.

(22) 附言すれば、後者がアブデルカデルという名を、すなわちアルジェリア征服期における最初のフランスへの抵抗の闘士の名をもつことはもちろん意味のないことではない。

(23) *Bulletin médical de l'Algérie*, 25 février 1911, cité par Charlotte-Ann Legg, « "Médecine de colonisation" in Algeria, 1870-1914 : Gender, Professional Frontiers and Patient Experiences », séminaire de Christelle Taraud et Françoise Gaspard, « Le genre en situation coloniale et post-coloniale », Paris, New York University, 2009.

(24) Anonyme, *Hygiène, médecine et chirurgie au Maroc ou l'Œuvre médicale française au Maroc*, Casablanca, Éditions de l'Afrique du Nord, avril 1937.

(25) Dr Granjux, *Défense sanitaire de la métropole dans ses rapports avec la colonie*, Paris, Imprimerie typographique Jean Gainche, 1903, p. 8, cité par Charlotte-Ann Legg, « "Médecine de colonisation" in Algeria, 1870-1914... », *op. cit.*

(26) 同様の考え方によって、教師もまた——なかば同じ男らしさのモデルに従って——「文明化の使命」の熱意あふれる擁護者となる。

(27) Wladimir d'Ormesson, *Le Figaro*, 27 septembre 1937.

(28) レジス・ヴァルニエ監督のフランス映画（1992年）。物語は1930年2月、イエンバイの駐留部隊の蜂起の後から始まる。

(29) Louis-Ferdinand Céline, *Voyage au bout de la nuit*, Paris, Gallimard, « Folio », 1952, p. 167-168.

(30) 最初の性を目的とする観光旅行先としての植民地空間については以下を参照

(60) R. W. Connell, *Masculinities, op. cit.*, p. 219.

(61) Demetrakis Z. Demetriou, « Connell's Concept of Hegemonic Masculinity : A Critique », *Theory and Society*, vol. XXX, n°3, juin 2001, p. 348.

(62) 例えば、ハワード・ホークス監督、モンゴメリー・クリフトとジョン・アイアランドが出演した、「赤い河」（1948年）を見よ。

第5章　植民地および植民地以降《ポストコロニアル》の男らしさ

(1) 引用は以下による。Christine Bard, *Les Femmes dans la société française au XXe siècle*, Paris, Armand Colin, 2001, p. 122.

(2) Nathalie Coutelet, « Habib Benglia, le "nègrérotique" du spectacle français », *Genre, sexualité et société*, n° 1, printemps 2009, <http://gss.revues.org/index688.html>.

(3) René Wisner, « Théâtre de l'Odéon », 11 novembre 1923, cité *ibid.*

(4) Louis Lemarchand, « Super revue à grand spectacle », mise en scène de Pierre Fréjol, le 22 mai 1925, cité *ibid.*

(5) Emin Tanfer, « Monstres et phénomènes de foire : les numéros d'attraction de Coney Island et les eugénistes de Long Island（1910-1935）», in Nicolas Bancel, Pascal Blanchard, Gilles Boetsch, Éric Deroo, Sandrine Lemaire（dir.）, *Zoos humains. De la Vénus hottentote aux reality shows*, Paris, La Découverte, « Textes à l'appui. Histoire contemporaine », 2002, p. 184.

(6) 征服期のアルジェリアにおける異人種カップルの問題については以下を参照のこと。Christelle Taraud, « Prendre femme dans les colonies », *L'Histoire*, n° 340, mars 2009, p. 70-75.

(7) 被植民者の男――その身体、習俗、男としての性――は1931年の植民地博覧会が明瞭に示しているように見世物《スペクタクル》となった。

(8) J. Lasneveres, *De l'impossibilité de fonder des colonies européennes en Algérie*, Paris, Thunot, 1866, p. 64-65. 引用は以下による。Olivier Le Cour Grandmaison, *Coloniser. Exterminer. Sur la guerre et l'État colonial*, Paris, Fayard, 2005, p. 64-65.

(9) この問題については以下を参照のこと。Christelle Taraud, *La Prostitution coloniale. Algérie, Tunisie, Maroc, 1830-1962*, Paris, Payot, 2003.

(10) Charles-André Julien, *Le Maroc face aux impérialismes, Paris*, 1978, Jeune Afrique, p. 224.

(11) Synthèse de la direction de la PJ à partir d'un questionnaire envoyé à tous les commissaires du départment de la Seine le 25 mars 1952, non daté, APP HA 7. Cité par Emmanuel Blanchard « Encadrer des "citoyens diminués". La police des Algériens en région parisienne, 1944-1962 », thèse université de Dijion, 2008, p. 428.

(12) この問題については以下を参照のこと。Christelle Taraud, « Genre, classe et "race" en contexte colonial et post-colonial : une approche par la mixité sexuelle », in Pascale Bonnemère et Irène Théry（dir.）, *Ce que le genre fait aux personnes*, Paris, Éditions de l'EHESS, 2008, p. 157-171.

(13) 資料はそのことを特定していないがおそらくドイツでのことを指す。

(14) SHAT（Service historique de l'armée de terre）, Armée d'Afrique, Série H, Algérie, corps d'armée d'Oran（CAO）, sous-série 1H1263, cote 3, « Enquête sur la répression du proxénétisme ».

恐らく実際よりも少なく見積もられていると思われる。
(43)「腐女子」(スラシューズ)とは、同性愛関係にある男性登場人物を描くファン・フィクションや、ボーイズラブ(女性によって描かれたゲイをテーマにした漫画)を愛好する読者や、作者や、イラストレーターの女性(大半は異性愛者だが、中には無性愛者、バイセクシャル、レズビアンもいる)を指す。
(44) 以下を見よ。Asifa Siraj, « On Being Homosexual and Muslim : Conflicts and Challenges », in Lahoucine Ouzgane (dir.), *Islamic Masculinities,* Londres/New York, Zed Books, 2006, p. 203-216.
(45) オランダは、1989年に同性愛者のパートナーシップを認めたヨーロッパ初の国である。
(46) 父親としての役割は、過去の異性愛関係や、養子縁組や、代理母や、パートナーに子供がいる場合に共同して親としての責任を持つことにより生じる。そして、父親としての役割は、一人でも、パートナーと共同でも、母性との関わりがあっても無くても、実感されるものである。
(47) 以下を見よ。Jeffrey Weeks, Brian Heaphy, Catherine Donovan, *Same-sex Intimacies. Families of Choice and Other Life Experiments*, Londres, Routledge, 2001.
(48) Peter M. Nardi, « That's what friends are for. Friends as family in the gay and lesbian community », in Ken Plummer (dir.), *Modern Homosexualities. Fragments of Lesbian and Gay Experience*, Londres/New York, Routledge, 1992, p. 108-120.
(49) Peter Nardi, *Gay Men's Friendships. Invincible Communities,* Chicago, The University of Chicago Press, 1999.
(50) Tim Edwards, « The Aids Dialectics. Awareness, Identity, Death and Sexual Politics », Ken Plummer (dir.), *Modern Homosexualities, op. cit.*, p. 151-159.
(51) 以下を見よ。Shaun Cole, *« Don We Know Our Gay Apparel »*, *op. cit.*, p. 169-181.
(52) ベアー(熊)という名の由来は、ある種の男性が、セックスのみならず情愛を求めていることを示すために、シャツのポケットに熊の縫いぐるみを入れていたことだと言われる。以下を見よ。Peter Hennen, « Bear Bodies, Bear Masculinity : Recuperation, Resistance, or Retreat ? », *Gender and Society*, vol. XIX, n°1, février 2005, p. 25-43 ; et Shaun Cole, *« Don We Know Our Gay Apparel »*, *op. cit.*, p. 125-126.
(53) John R. Burger, *One-Handed Histories. The Eroto-Politics of Gay Male Video Pornography*, New York, Londres/Norwood, The Haworth Press, 1995.
(54) Todd Shepard, « L'extrême droite et "Mai 68". Une obsession d'Algérie et de virilité », *Clio*, n°29, 2009, p. 44.
(55) *Tout*, n°12, 23 avril 1971, p. 8.
(56) Shinhee Han, « Asian American Gay Men's (Dis)claim on Masculinity », in Peter Nardi (dir.), *Gay Masculinities, op. cit.*, p. 206-223.
(57) エモーショナルという意味のエモは、ハードコア・パンクから派生した音楽ジャンルである。ヴィジュアル系は日本のロック音楽の様式の一つで、グループの外見を非常に重視する。
(58) Shaun Cole, *« Don We Know Our Gay Apparel »*, *op. cit.*, p. 131-139.
(59) Tim Edwards, *Cultures of Masculinity*, Londres/New York, Routledge, 2006, p. 36-43.

(26) Christopher Isherwood, *Christopher and his Kind*, Londres, Methuen, 1977.

(27)「黒レザー」グループの中には、「ホモ狩り」を行なうものもあった。他方、男娼の中には、客の金品をかすめ取るものもいた。以下を見よ。John Rechy, *Cité de la nuit* [1963], Paris, Gallimard, 1993.

(28) 以下を見よ。Martin P. Levine, dans *Gay Macho. The Life and Death of the Homosexual Clone*, New York, New York University Press, 1998. この箇所では、2009年6月18-20日に、リヨンのENS-LSHにて、アンヌ=マリー・ソーンによって主催されたコロキウム「男性と男性性の歴史」において、筆者が行なった発表「1970年代のフランスにおけるゲイ・マッチョ」を部分的に用いている。

(29) 以下を見よ。Alfredo Mirandé, « "Macho": Contemporary Conceptions », Theodore F. Cohen (dir.), *Men and Masculinity. A Text Reader*, Belmont, Wadsworth, 2001, p. 42-52.

(30) ウエイトトレーニングへの情熱は、異性愛者に対する苛烈な反応、つまり長年にわたり恥ずべき者とされてきた肉体に対する再評価と解釈することができる。そして、当然のことながら、他者を魅了する戦略としても解釈することができる。

(31) 左側に鍵やスカーフがつけられている場合、それはその人がタチで、右側の場合はウケであることを意味していた。色に関するコードは、性的嗜好を見分けるために使われた。

(32) こうした愛情表現の拒否は、トリックにしかあてはまらず、多くの男性は長続きのする関係を望んでいると表明していた。

(33) BDSMはボンデージ、ディシプリン、サディズム、マゾシズムを纏めた略称である。

(34) 以下を見よ。Michael Pollak, « L'homosexualité masculine, ou le bonheur dans le ghetto ? » [1982], in Michael Pollak, *Une identité blessée*, Paris, Métailié, 1993.

(35) トム・オブ・フィンランドは、ファシズム的な美的感覚への傾倒を、大戦下で過ごした青少年時代に、ベルリンやヘルシンキで、ナチスの将校と知り合い、性的関係を持ったからであると説明していた。

(36) 以下を見よ。Judith Butler, *Trouble dans le genre*, *op. cit.*

(37) 以下を見よ。Mark Simpson, *Male Impersonators. Men Performing Masculinity*, Londres, Cassell, 1994.

(38) Guy Hocquenghem, *Le Désir homosexuel* [1972], Paris, Fayard, 2000, p. 103-104〔ギィー・オッケンガム『ホモセクシュアルな欲望』関修訳、学陽書房、1993年〕.

(39) Heinrich Himmler, *Discours secrets*, Paris, Gallimard, 1978.

(40) 以下を見よ。Klaus Theweleit, *Male Fantasies* [1977], Minneapolis, The University of Minnesota Press, 1987-1989, 2 vol〔クラウス・テーヴェライト『男たちの妄想』田村和彦訳、法政大学出版局、叢書ウニベルシタス652・653、1999年、2004年〕.

(41) 以下を見よ。Sylvain Ferez, *Le Corps homosexuel en-jeu*, Nancy, Presse universitaire de Nancy, 2007.

(42) Don Sabo, Terry A. Kupers, Willie London (dir.), *Prison Masculinities*, Philadelphie, Temple University Press, 2001, p. 111-117. フランスとアメリカの場合、性的暴力の被害にあっている受刑者の数は、10から30%と推定されているが、こうした数字は

Paris, Fayard, 2006.

(9) 以下を見よ。Florence Tamagne, *Histoire de l'homosexualité en Europe. Paris, Londres, Berlin. 1919-1939*, Paris, Seuil, 2000.

(10) 以下を見よ。George Chauncey, *Gay New York 1890 -1940* [1994], Paris, Fayard, 2003.

(11) Quentin Crisp, *The Naked Civil-Servant* [1968], Londres, Fontana, 1986.

(12) 以下を見よ。Thierry Delessert, « "Les homosexuels sont un danger absolu". Homosexualité masculine en Suisse durant la Seconde Guerre mondiale », thèse de doctorat en sciences politiques, université de Lausanne, 2010.

(13) 以下を見よ。Julian Jackson, *Arcadie. La vie homosexuelle en France de l'après-guerre à la dépénalisation*, Paris, Autrement, 2009.

(14) FHAR, *Rapport contre la normalité*, Paris, Champ libre, 1971, p. 11 et 14.

(15) Jean-Yves Le Talec, *Folles de France. Repenser l'homosexualité masculine*, Paris, La Découverte, 2008, p. 289.「芸術的」女装同性愛者と「活動家的」女装同性愛者との区別については、同書における区別をそのまま借用した。

(16) ガゾリーヌは、FHARから派生した、女性と女装同性愛者からなるグループで、独創的な活動で知られた。絶えざる贖宥修道女会は、1979年にサンフランシスコで創設された、急進的な女装同性愛者の運動で、エイズとの戦いに取り組んだ。彼らは、修道女の衣装と、髭や、白塗りや、諸々のキャンプなアクセサリーを結びつけることで、ジェンダーファックを行なっている。

(17) 以下を見よ。Shaun Cole, *« Don We Now Our Gay Apparel », op. cit.*, p. 52. 1990年にマドンナは、「ヴォーグ」において、ヴォーギングに敬意を表しており、その伝説的なヴィデオはデヴィッド・フィンチャー監督によって撮影された。

(18) 以下を見よ。Richard Ekins et Dave King, « Transgendering, Men, and Masculinities », in Michael S. Kimmel, Jeff Hearn, R. W. Connell, *Handbook of Studies on Men and Masculinities*, Thousand Oaks/Londres, Sage, 2005, p. 379-393.

(19) Judith Butler, *Trouble dans le genre*, *op. cit.*, p. 261. 強調は原著による。

(20) *Ibid.*, p. 265.

(21) 以下を見よ。Sheila Whiteley, Jennifer Ryanga (dir.), *Queering the Popular Pitch*, New York/Londres, Routledge, 2006.

(22) Marjorie Garber, *Vested Interests. Cross-Dressing and Cultural Anxiety*, New York, Harper Perennial, 1993.

(23) Don Kulick, « A Man in the House. The Boyfriends of Brazilian Travesti Prostitutues », in Robert J. Corber, Stephen Valocchi (dir.), *Queer Studies. An Interdisciplinary Reader*, Oxford, Blackwell Publishing, 2003, p. 237.

(24) Sigmund Freud, *Trois Essais sur la théorie de la sexualité* [1905], Paris, Gallimard, 1987, p. 47〔ジークムント・フロイト『症例「ドーラ」——性理論三篇：1901-06年』渡邊俊之〔ほか〕訳、岩波書店、2009年〕.

(25) Jean Genet, *Notre-Dame-des-Fleurs* [1948], Paris, Gallimard, « Folio », 1988, p. 64. 訳文は、中条省平氏のものによった〔ジャン・ジュネ『花のノートルダム』中条省平訳、光文社、古典新訳文庫、2010年〕。

(61) 青春の表象については以下を見よ。Agnès Thiercé, *Histoire de l'adolescence. 1850-1914*, Paris, Belin, 1999.

(62) たとえば以下を見よ。Gérard Chaliand, Patrice Franceschi, Jean-Claude Guilbert, *De l'esprit d'aventure*, *op. cit.* 彼らもドン・キホーテに対する讃嘆の念を表明している。

(63) 以下を見よ。Marc Martin, *Les Grands Reporters. Les débuts du journalisme moderne*, Paris, Louis Audibert, 2005 ; Myriam Boucharenc, *L'Ecrivain-Reporter au cœur des années trente*, *op. cit.*

(64) 以下を見よ。Jean-Didier Urbain, *L'Idiot du voyage. Histoires de touristes*, Paris, Plon, 1991.

(65) Gilles Palsky, « Un monde couvert, un monde fini », in I. Poutrin (dir.), *Le XIXe siècle. Science, politique et tradition*, Paris, Berger-Levrault, 1995, p. 131-145.

(66) Henri Michaux, *Ecuador* [1929], Paris, Gallimard, « L'Imaginaire », 1990, p. 35 〔『アンリ・ミショー全集 3』小海永二訳、青土社、1987年、所収〕.

(67) Vladimir Jankélévitch, *L'Aventure, l'Ennui, le Sérieux*, *op. cit.*

(68) Paul Yonnet, *Systèmes des sports*, Paris, Gallimard, 1998.

(69) Ernst Jünger, *Le Cœur aventureux* [1929], Paris, Gallimard, « L'Imaginaire », 1995, p. 36.

(70) Philippe Jacquin, *Le Cow-Boy. Un Américain entre le mythe et l'histoire*, Paris, Albin Michel, 1992.

第4章　同性愛の変遷

(1) 以下を見よ。Jonathan Katz, *The Invention of Heterosexuality*, New York, Dutton Books/Penguin, 1995 ; Louis Georges Tin, *L'Invention de la culture hétérosexuelle*, Paris, Autrement, 2008. 本章では、男性同性愛者のみを取り上げる。レズビアンと男らしさの関わりについては、本書のクリスティーヌ・バール「女性の鏡にうつる男らしさ」を見よ。

(2) Didier Éribon, *Réflexion sur la question gay*, Paris, Fayard, 1999, p. 13.

(3) Evrin Goffman, *La Mise en scène de la vie quotidienne*, t. I, *La Présentation de soi*, Paris, Minuit, 1973 〔E・ゴッフマン『行為と演技——日常生活における自己呈示』石黒毅訳、誠信書房、1974年〕.

(4) Shaun Cole, *« Don We Now Our Gay Apparel », Gay Men's Dress in the Twentieth Century*, Oxford/New York, Berg, 2000, p. 1-13.

(5) 以下を見よ。R. W. Connell, *Masculinities* [1995], Cambridge, Polity Press, 2005 ; et Peter Nardi (dir.), *Gay Masculinities*, Thousand Oaks, Sage, 2000, p. 1-11.

(6) Judith Butler, *Trouble dans le genre* [1990], Paris, La Découverte, 2005, p. 224 〔ジュディス・バトラー『ジェンダー・トラブル——フェミニズムとアイデンティティの攪乱』竹村和子訳、青土社、1999年〕。以下、同書からの訳文については、邦訳を参照して、一部語句の変更を施した。

(7) 以下を見よ。George L. Mosse, *L'Image de l'homme. L'invention de la virilité moderne*, Paris, Abbeville, 1997 〔ジョージ・L・モッセ『男のイメージ——男性性の創造と近代社会』細谷実・小玉亮子・海妻径子訳、作品社、2005年〕.

(8) 以下を見よ。Laure Murat, *La Loi du genre. Une histoire culturelle du « troisième sexe »*,

731.

(37) Robert Randau, *Isabelle Eberhardt, op. cit.*, p. 39.

(38) 以下に引用されたジャン・ロードの言葉。Robert Randau, *Isabelle Eberhardt, op. cit.*, p. 191.

(39) René-Louis Doyon, "Infortunes et ivresse d'une errante », in Isabelle Eberhardt, *Au pays des sables*, Paris, Sorlot, 1944, p. 16.

(40) Marthe Gouvion, « Isabelle Eberhardt : sur une morte », *Errihala*, mars-avril 1935, p. 74.

(41) Jack London, *L'Aventureuse* [1911], trad. P. Gruyer et L. Postif, Paris, 10 / 18, 1982, p. 239.

(42) Gérard Chaliand, Patrice Franceschi, Jean-Claude Guilbert, *De l'esprit d'aventure*, Paris, Arthaud, 2003, p. 216.

(43) Pierre Mac Orlan, *Petit Manuel du parfait aventurier, op. cit.*, p. 67.

(44) Jerremy Wilson, *Lawrence d'Arabie. La biographie autorisée de T. E. Lawrence*, trad. M. Larès et J.-F. Moisan, Paris, Denoël, 1994, p. 504.

(45) Blaise Cendrars, *La Vie dangereuse*, Paris, Grasset, 1938, p. 223.

(46) Sylvain Venayre, « Ecriture poétique et mystique de l'aventure : le silence d'Arthur Rimbaud (1880-1940) », in Sophie Linon-Chipon, Véronique Magri-Mourgues, Sarga Moussa (dir.), *Poésie et voyage. De l'énoncé viatique à l'énoncé poétique*, actes du 12e colloque international du Centre de recherche sur la littérature des voyages, Château de La Napoule, Éditions La Mancha, 2002, p. 237-250.

(47) Jean-François Deniau, *Mémoires de sept vies*, t. I, *Les Temps aventureux*, Paris, Plon, 1994, p. 39.

(48) Joseph Kessel, *Fortune carrée* [1931], Paris, Pocket, 1966, p. 147 et 277.

(49) Michel Leiris, *L'Afrique fantôme* [1934], Paris, Gallimard, « Tel », 1981, p. 260.

(50) Pascal Ory, *L'Invention du bronzage. Essai d'une histoire culturelle*, Paris, Complexe, 2008.

(51) とくに以下の頁を見よ。Dominique Kalifa, *L'Encre et le Sang. Récits de crimes et société à la Belle Epoque*, Paris, Fayard, 1995, p. 152-161.

(52) Henry de Monfreid, *Les Secrets de la mer Rouge* [1932], Paris, Hachette, 1952, p. 87.

(53) Joseph Kessel, *Fortune carrée, op. cit.*, p. 87.

(54) Joseph Conrad, *Un paria des îles* [1896], trad. G. Jean-Aubry et A. Bordeaux, *Œuvres*, t. I, Paris, Gallimard, « Bibliothèque de la Pléiade », 1982, p. 351.

(55) Peter Fleming, *Un aventurier au Brésil. Au fond du Mato Grosso sur les traces du colonel Fawcett* [1933], trad. I. Chapman, Paris, Phébus, 1990, p. 213.

(56) T. E. Lawrence, *La Matrice*, trad. R. Étiemble, Paris, Gallimard, 1955, p. 51.

(57) ルノーの曲 "Marche à l'ombre〔日陰を歩きな〕" (2006年) の歌詞の一節。

(58) Sylvain Venayre, « Les motifs du retour dans les *Voyages extraordinaires*. Étude des fins de romans de Jules Verne », in Ch. Reffait et A. Schaffner (dir.), *Jules Verne ou les Inventions romanesques*, Amiens, Encrage université, 2007, p. 219-232.

(59) José Ortega y Gasset, Postface [1943], *Les Aventures du Capitàn Contreras*, trad. M. Pomès, Paris, Viviane Hamy, 1990, p. 45.

(60) André Malraux, *Le Démon de l'absolu, op. cit.*, p. 1301.

(10) André Malraux, *Le Démon de l'absolu, Œuvres complètes*, t. II, Paris, Gallimard, « Bibliothèque de la Pléiade », 1996, p. 819-840.

(11) Henry de Monfreid, *Mes vies d'aventures. Le Feu de Saint-Elme*, Paris, Robert Laffont, 1973, p. 12.

(12) 以下を見よ。Sylvain Venayre, « Les valeurs viriles du voyage », in Alain Colbin (dir.), *Histoire de la virilité*, t. II, *Le Triomphe de la virilité*, Paris, Seuil, 2011, p. 307-330.

(13) Robert Graves, *Lawrence et les Arabes*, trad. J. Roussel, Paris, Gallimard, 1933, p. 39.

(14) Vladimir Jankélévitch, *L'Aventure, l'Ennui, le Sérieux*, Paris, Aubier, 1963, p. 30.

(15) 以下を見よ。Enid Starkie, *Rimbaud en Abyssinie*, Paris, Grasset, 1938.

(16) Jean-Marie Carré, *La Vie aventureuse de Jean-Arthur Rimbaud*, Paris, Plon, 1926.

(17) Henry de Monfreid, *Mes vies d'aventures*, *op. cit.*, p. 27.

(18) Pierre Mac Orlan, *Petit Manuel du parfait aventurier*, Paris, Éditions de la Sirène, 1920, p. 65.

(19) Blaise Cendrars, *La Main coupée* [1946], Paris, Gallimard, « Folio », 1975, p. 197.

(20) T. E. Lawrence, *Les Sept Piliers de la sagesse*, *op. cit.*, p. 166.

(21) Friedrich Nietzsche, *Ainsi parlait Zarathoustra*, trad., M. Robert, Paris, 10 / 18, 1985, p. 156.

(22) George L. Mosse, *L'Image de l'homme. L'invention de la virilité moderne*, trad. M. Hechter, Paris, Abbeville, 1997, p. 117-122.

(23) Sylvain Venayre, « Les valeurs viriles du voyage », *op. cit.*

(24) Joseph Kessel, *Vent de sable* [1929], Paris, Gallimard, 1996, p. 222.

(25) Henry de Monfreid, *La Croisière du haschich* [1933], *Aventures en mer Rouge*, t. II, Paris, Grasset, 1989, p. 137.

(26) フランスの海洋冒険家〔1931-1998〕。オスター（単独大西洋横断ヨット・レース）で二度優勝した（1964、76年）ほか、数々のレース・タイトルを持つ。

(27) 以下を見よ。Sylvain Venayre, « Les valeurs viriles du voyage », *op. cit.*

(28) Pierre Mac Orlan, *Petit Manuel du parfait aventurier*, *op. cit.*, p. 36.

(29) Louis Gillet, « Comment fut inventé l'emir Feyçal », *Revue des deux mondes*, 15 juillet 1927, p. 447.

(30) Richard E. Byrd, *Seul. Premier hivernage en solitaire dans l'Antarctique* [1938], trad. H. Muller, Paris, Phébus, 1996, p. 124.

(31) とりわけ以下を見よ。Pierre Benoit, *La Châtelaine du Liban*, Paris, Albin Michel, 1924 ; Paule Henry-Bordeaux, *La Circé du désert. Lady Stanhope en Orient*, Paris, Plon, 1924.

(32) Philarète Chasles, « Lady Stanhope », *Revue des deux mondes*, 1er septembre 1845, p. 905.

(33) 以下に引用。Robert Randau, *Isabelle Eberhardt. Notes et souvenirs*, Paris, Charlot, 1945, p. 191.

(34) Isabelle Eberhardt, *Sud oranais, Ecrits sur le sable. Œuvres complètes*, t. I ; Paris, Grasset, 1990, p. 266.

(35) Victor Barrucand, « Notes sur la vie et les œuvres d'Isabelle Eberhardt », in Isabelle Eberhardt, *Dans l'ombre chaude de l'Islam*, Paris, Fasquelle, 1906, p. 324.

(36) Albert de Pouvourville, « Isabelle Eberhardt », *Mercure de France*, janvier-février 1914, p.

(84) Dominique Memmi, « La recomposition du masculin dans les classes populaires : une issue à la domination sociale ? », *Le Mouvement social*, n° 198, janvier-mars 2002, p. 151-154, p. 153.

(85) Isabelle Sommier, « Virilité et culture ouvrière : pour une lecture des actions spectaculaires de la CGT », *Cultures & Conflits*, n° 9-10, printemps-été 1993, p. 341-366 ; Dominique Memmi, « Le corps protestataire aujourd'hui : une économie de la menace et de la présence », *Sociétés contemporaines*, n° 31, 1998, p. 87-106.

(86) Christian Pocciello, « Les défis de la légéreté », *Esprit*, n° 11, 1993, p. 49-53, cité in Nicolas Renahy, *Les Gars du coin, op. cit.*, p. 98.

(87) こうした実践については以下を参照。 Nicolas Renahy, *Les Gars du coin, op. cit.*, p. 97-99.

(88) Pascal Duret, *Les Jeunes et l'Identité masculine*, Paris, PUF, 1999 ; David Lepoutre, *Cœur de banlieue. Codes, rites et langages*, Paris, Odile Jacob, 2001.

(89) David Lepoutre, *Cœur de banlieue, op. cit.*

(90) *Ibid.*, p. 350.

(91) Stéphane Beaud, Michel Pialoux, « Jeunes ouvrier（e）s à l'usine. Notes de recherche sur la concurrence garçons / filles et sur la remise en cause de la masculinité ouvrière », *Travail, Genre et Sociétés*, n° 8, novembre 2002, p. 88.

(92) Michel Kokoreff, Odile Steinauer, Pierre Barron, « Les émeutes urbaines à l'épreuve des situations locales », *Sociologies*, juillet 2007.

第3章　冒険家《アヴァンチュリエ》の男らしさの曖昧さ

(1)「だがそのあいだに俺は歌う／そして お前のツラに吐きかけてやる／この悪意ある小唄を／お前はそれを肘掛け椅子に座って聴くのさ」（ルノー『社会よ、俺はお前に負けない』）。

(2)『狂気の処女』Ｉ。

(3) われわれはここでは、以下の拙著の結論をいくつか再び取り上げることになろう。*La Gloire de l'aventure. Genèse d'une mystique moderne.* 1850-1940, Paris, Aubier, 2002. 以下も見よ。*id., Rêves d'aventures. 1800-1940*, Paris, De La Martinière, 2006.

(4) 冒険と現代性〔モダニズム〕の関係については以下を見よ。Georg Simmel, *Philosophie de la modernité*, trad. J.-L. Vieillard, Baron, Paris, Payot, 1989, p. 305-325.

(5) Jacques Rivière, « Le Roman d'aventure », *Nouvelle Revue Française*, mai-juillet 1913, t. I, p. 748-765 et 914-932, et t. II, p. 56-77.

(6) Myriam Boucharenc, *L'Écrivain-Reporter au cœur des années trente*, Lille, Presses universitaires du Septentrion, 2004, p. 183-200.

(7) Henry de Monfreid, « Le colonel Lawrence », *Marianne*, 29 mai 1935.

(8) T. E. Lawrence, *Les Sept Piliers de la sagesse*, trad. J. Rosenthal, Paris, Robert Laffont, « Bouquins », 1992, p. 406〔T・E・ロレンス『完全版 知恵の七柱』（全5巻）田隅恒生訳、平凡社、2008-2009年〕.

(9) 以下に引用。T. E. Lawrence, *Œuvres complètes*, t. I, trad. I. Hagueneau, M. Larès et Th. Lauriol, Paris, Robert Laffont, « Bouquins », 1992, p. 674.

子訳、藤原書店、2010年〕.

（62）Thierry Pillon, *Georges Friedmann. Problèmes humains du machinisme industriel. Les débuts de la sociologie du travail*, Paris, Ellipses, 2009.

（63）Simone Weil, *La Condition ouvrière*, Paris, Gallimard, 1951, p. 68〔シモーヌ・ヴェイユ「労働の条件」『労働と人生についての省察』所収、田辺保・黒木義典訳、勁草書房、1986年〕.

（64）Georges Navel, *Travaux, op. cit.*, p. 64.

（65）*Ibid.*, p. 71-72.

（66）Maurice Aline, *Quand j'étais ouvrier. 1930-1948*, Rennes, Éditions Ouest-France, 2003, p. 114.

（67）René Michaud, *J'avais vingt ans*…, *op. cit.*, p. 94.

（68）Xavier Charpin, *L'Adieu différé*［1968］, Saint-Étienne, Le Hénnaff, 1981, p. 61-62.

（69）Christophe Dejours, *Travail, usure mentale. De la psychopathologie à la psychodynamique du travail*, Bayard éditions, 1980.

（70）Pierre Bourdieu, *La Distinction. Critique sociale du jugement*, Paris, Minuit, 1979, p. 447〔ピエール・ブルデュー『ディスタンクシオン――社会的判断力批判』石井洋二郎訳、藤原書店、1990年〕.

（71）Charly Boyadjian, *La Nuit des machines*, Paris, Les Presses d'aujourd'hui, 1978, p. 70.

（72）Marcel Durand, *Grain de sable sous le capot. Résistance et contre-culture ouvrière. Les chaînes de montage de Peugeot*（*1972-2003*）, Paris, Agone, 2006, p. 84-85.

（73）Olivier Schwartz, *Le Monde privé des ouvriers, op. cit.*, p. 290.

（74）*Ibid.*, ; Florence Weber, *Le Travail d'à côté. Une ethnographie des perceptions*, Paris, INRA / Éditions de l'EHESS, 1989.

（75）Pierre Belleville, *Une nouvelle classe ouvrière*, Paris, Julliard, 1963 ; Serge Mallet, *La Nouvelle Classe ouvrière*, Paris, Seuil, 1963.

（76）Danièle Kerkoat, Yvonne Guichard-Claudic, Alain Vilbrot（dir.）, *L'Inversion du genre. Quand les métiers masculins se conjuguent au féminin et réciproquement*, Rennes, Presses universitaires de Rennes, 2008.

（77）Anne Monjaret, « Images érotiques dans les ateliers masculins hospitaliers : virilité et / ou corporatisme en crise », *Mouvements*, n° 31, janvier-février 2004, p. 30-35.

（78）Pierre Bourdieu, « Remarques provisoires sur la perception sociale des corps », *Actes de la recherche en sciences sociales*, n° 14, 1977.

（79）Nicolas Renahy, *Les Gars du coin*, Paris, La Découverte, 2010, p. 160.

（80）Stéphane Beaud, Michel Pialoux, *Retour sur la condition ouvrière. Enquête aux usines Peugeot de Sochaux-Montbéliard*, Paris, Fayard, 1999, p. 332.

（81）Olivier Schwartz, *Le Monde privé des ouvriers, op. cit.*, p. 83.

（82）パスカル・ジュムールが提示する物語を参照しよう。Pascale Jamoulle, *Des hommes sur le fil. La construction de l'identité masculine en milieux* précaires, Paris, La Découverte, 2005.

（83）Gérad Mauger, « La reproduction des milieux populaires "en crise" », *Ville-École-Intégration*, n° 113, juin 1998, p. 6-15.

(39) Jean-Pierre Castelain, *Manière de vivre, manière de boire. Alcool et sociabilité sur le port*, Paris, Imago, 1989.
(40) Constant Malva, « Ma nuit au jour le jour », *Paroles de mineurs* [1937], Paris, Omnibus, 2007, p. 107.
(41) Georges Navel, *Travaux*, *op. cit.*, p. 100.
(42) Olivier Schwartz, *Le Monde privé des ouvriers*, *op. cit.* p. 294.
(43) Toussain Guillaumou, *Les Confessions d'un compagnon* [1863], Paris, Jacques Grancher éditeur, 1996, p. 39.
(44) *Ibid.*, p. 38.
(45) Denis Poulot, *Le Sublime ou le Travailleur comme il est en 1870, et ce qu'il peut être* [1869], Paris, François Maspero, 1980, p. 196-198.
(46) *Ibid.*, p. 195.
(47) Henry Leyret, *En plein faubourg. Notations d'un mastroquet sur les mœurs ouvrières* [1895], Paris, Les Nuits rouges, 2000, p. 54.
(48) *Ibid.*, p. 53.
(49) René Michaud, *J'avais vingt ans. Un jeune ouvrier au début du siècle*, Paris, Éditions syndicalistes, 1967, p. 71.
(50) Georges Navel, *Travaux*, *op. cit.*, p. 144-145.
(51) J.-B. Dumay, *Mémoire d'un militant ouvrier du Creusot* (*1841-1905*), Grenoble, Cenomane, 1976 ; Yves Lequin, *Histoire des Français, XIX*[e] *XX*[e] *siècle*, Paris, Armand Colin, 1983, p. 427.
(52) Hyacinthe Dubreuil, *J'ai fini ma journée*, Paris, Librairie du compagnonnage, 1971, p. 52-53.
(53) Constant Malva, « Ma nuit au jour le jour », *op. cit.*, p. 488.
(54) Henry Leyret, *En plein faubourg*…, *op. cit.*, p. 53.
(55) René Michaud, *J'avais vingt ans*…, *op. cit.*, p. 71-72.
(56) Anne-Marie Sohn, « *Sois un homme* ! » *La construction de la masculinité au XIX*[e] *siècle*, Paris, Seuil, 2009.
(57) Jean Oury, *Les Prolos*, Paris, Denoël, 1973, p. 38.
(58) *Ibid.*, p. 30-33.
(59) *Ibid.*, p. 84.
(60) Aimée Moutet, *Les Logiques de l'entreprise. La rationalisation dans l'industrie française de l'entre-deux-guerres*, Paris, Éditions de l'EHESS, 1997 ; et Yves Cohen, *Organiser à l'aube du taylorisme. La pratique d'Ernest Mattern chez Peugeot* (*1906-1919*), Besançon, Presses universitaires de Franche-Comté, 2001.
(61) Georges Friedmann, *Problèmes humains du machinisme industriel*, Paris, Gallimard, 1946; Patrick Fridenson, « Un tournant taylorien de la société française », *Annales ESC*, n° 5, septembre-octobre 1987, p. 1031-1060. 疲労の知覚については、アラン・コルバンの以下の文献を参照のこと。 Alain Corbin, « La fatigue, le repos et la conquête du temps », in Alain Corbin (dir.), *L'Avènement des loisirs. 1850-1960*, Paris, Aubier, 1995, p. 276-301〔アラン・コルバン『レジャーの誕生』第8章「疲労、休息、時間の征服」渡辺響

1994, p. 181.

(22) E. Caron, M. Ionascu, M. Richaoux, « Le cheminot, le mineur et le paysan », in R. Odin (dir.), *L'Âge d'or du documentaire. Europe, années cinquante*, t. I, Paris, L'Harmattan, 1998, p. 95. ゾラの小説『ジェルミナル』の最初の映画化は1913年に遡る。以下を参照。Tangui Perron, « Nitrate et gueules noires, ou le film minier », *Positif*, n° 393, novembre 1993, p. 24-30.

(23) Évelyne Desbois, Yves Jeanneau, Bruno Mattei, *La Foi des charbonniers. Les mineurs dans la Bataille du charbon 1845-1947*, Paris, Éditions de la Maison des sciences de l'homme, 1986, p. 91.

(24) Louis Simonin, cité in Bruno Mattei, *Rebelle, rebelle* ! *Révoltes et mythes du mineur. 1830-1946*, Seyssel, Champ Vallon, 1987, p. 262.

(25) *Ibid.*, p. 264. このような坑夫のイメージの兵士への重ね合わせの形態に加えて、19世紀を通じ、天然資源採掘により社会の財源を支える一種の保証金庫、信用金庫を準備する役割を坑夫が果たしていたことを指摘すべきである。

(26) Stakhanov, in Albert Pasquier, « Le stakhanovisme. L'organisation du travail en URSS », thèse, université de Caen, 1937, p. 29.

(27) *L'Humanité*, 20 novembre 1935, p. 3.

(28) *L'Humanité*, 1er mars 1936, p. 3.

(29) この点については、マルク・ラザールの重要な論文を参考にされたい。Marc Lazar, « Damné de la terre… », *op. cit.*, p. 1071-1096. *Id.*, *Le Communisme. Une passion française*, Paris, Perrin, 2005.

(30) *Id.*, « Damné de la terre… », *op. cit.*, p. 1083. 労働者の世界を表象する政治的ポスターについては以下を参照。*Le monde ouvrier s'affiche. Un siècle de combat social*, Paris, Nouveau Monde Éditions, 2008.

(31) Cité par Annette Wieviorka, *Maurice et Jeannette. Biographie du couple Thorez*, Paris, Fayard, 2010, p. 242-243.

(32) *L'Humanité*, 1950, cité in Marc Lazar, « Damné de la terre… », *op. cit.*, p. 1084.

(33) Jacqueline Mer, *Le Parti de Maurice Thorez ou le Bonheur communiste français*, Paris, Payot, 1977, cité *ibid.*, p. 197.

(34) ジョルジュ・バタイユから着想を得た「消費の概念」については, Olivier Schwartz, *Le Monde privé des ouvriers*, Paris, PUF, 1990.

(35) Georges Navel, *Travaux* [1945], Paris, Gallimard, 1994, p. 147.

(36) Alfred Pacini, Dominique Pons (dir.), *Docker à Marseille*, Paris, Payot, 1996, p. 65. 沖仲仕の仕事については、ミシェル・ピジュネの重要な研究を参照されたい。Michel Pigenet, « À propos des représentations et des rapports sociaux sexués : identité professionnelle et masculinité chez les dockers français (xixe-xxe siècle) », *Le Mouvement social*, n° 198, janvier-mars 2002, p. 55-74.

(37) Louis Lengrand, Maria Craipeau, *Louis Lengrand, mineur du Nord*, Paris, Seuil, 1974, p. 20.

(38) Jacques Tonnaire, *La Vapeur. Souvenir d'un mécano de locomotive (1932-1950)*, Paris, Jean-Claude Lattès, 1982, p. 51.

第2章　労働者の男らしさ

(1) Marc Le Bot, « Peinture et machinisme », *Annales*, n° 1, janvier-février 1967.

(2) Joris-Karl Huysmans, *Écrits sur l'art*, Paris, Flammarion, « GF », 2008, p. 130-131.

(3) Marie-Laure Griffaton, *François Bonhommé. Peintre témoin de la vie industrielle au XIXe siècle*, Metz, Serpenoise, 1996.

(4) Marc Le Bot, « Peinture et machinisme », *op. cit.*, p. 11.

(5) Maurice Agulhon, « Propos sur l'allégorie politique », *Actes de la recherche en sciences sociales*, 1979, vol. XXVIII, n° 1, p. 27-32, p. 31.

(6) パトリック・モディアノは『血統』という自伝小説において、港湾労働者だった曾祖父をこう記述している。 Patrick Modiano, *Un pedigree,* (Paris, Gallimard, 2005) : « Il avait posé pour la statue du docker, faite par Constantin Meunier et que l'on voit devant l'hôtel de ville d'Anvers »〔「彼はコンスタンタン・ムニエの制作した港湾労働者像のモデルとなった。この像はアンヴェールの市庁舎の前に見ることができる」〕, p. 7-8.

(7) Michelle Perrot, *Les Ouvriers en grève*, Paris, Mouton, 1974, p. 32 ; cité par Gérard Noiriel, *Les Ouvriers dans la société française, XIXe-XXe siècle*, Paris, Seuil, 1986, p. 107-108.

(8) Maurice Agulhon, « Propos sur l'allégorie politique », *op. cit.*, p. 31.

(9) Léon et Maurice Bonneff, *La Vie tragique des travailleurs* [1908], Paris, J. Rouff, 1984.

(10) Élisabeth et Michel Dixmier, *L'Assiette au beurre. Revue satirique illustrée (1901-1912)*, Paris, F. Maspero, 1974, p. 128.

(11) Marc Lazar, « Damné de la terre et homme de marbre. L'ouvrier dans l'imaginaire du PCF du milieu des années trente à la fin des années cinquante », *Annales ESC*, n° 5, septembre-octobre 1990, p. 1071-1096, p. 1082.

(12) Eric Hobsbawm, « Sexe, symboles, vêtements », *Actes de la recherche en sciences sociales*, vol. XXIII, septembre 1978, p. 2-18.

(13) Maurice Agulhon, « Propos sur l'allégorie politique », *op. cit.*

(14) Eric Hobsbawm, « Sexe, symboles, vêtements », *op. cit.*

(15) 例えば、19世紀末にパリで縫製の仕事をしていたマルグリット・オドゥの自伝を参考にすることができる。 Marguerite Audoux, *L'Atelier de Marie-Claire* [1920], Paris, Grasset, 2008.

(16) George L. Mosse, *L'Image de l'homme. L'invention de la virilité moderne*, Paris, Pocket, 1997.

(17) 表紙の絵はボリス・クストディエフの手による。この雑誌はジノヴィエフの指導のもと、モスクワにおいて、ロシア語、英語、フランス語、ドイツ語で1919年5月1日に創刊号が出版された。 Cf. David King, *Sous le signe de l'Étoile rouge, une histoire visuelle de l'Union soviétique*, Paris, Gallimard, 2009, p. 120.

(18) George L. Mosse, *L'Image de l'homme*, *op. cit.*, p. 148.

(19) *Ibid.*, p. 148.

(20) François Kolar (dir.), *Le Visage de la France. La France travaille*, Paris, Horizons de France, 1932-1934.

(21) Claude Gauteur, Ginette Vincendeau, *Jean Gabin. Anatomie d'un mythe*, Paris, Nathan,

(15) Alfred Bäumler, « Antrittsvorlesung in Berlin », 10 mai 1933, *Männerbund und Wissenschaft*, Berlin, Jünker und Dünnhaupt, 1943.

(16) Ernst Jünger, *La Guerre comme expérience intérieure* [*Der Kampf als inneres Erlebnis*, 1922], Paris, Christian Bourgois, 1997, p. 59.

(17) Sven Reichardt, « Das Geschlecht der Gewalt : Bilder und Rhetorik der Männlichkeit », *Faschistische Kampfbünde. Gewalt und Gemeinschaft im italienischen Squadrismus und in der deutschen SA*, Cologne, Böhlau, 2002, p. 660-695.

(18) Elias Canetti, *Masse et puissance* [*Masse und Macht*], Paris, Gallimard, 1966. カネッティは、ナチスのプロパガンダ機関によって懐柔され、煽動される民衆の受動性を、力強く、暴力的で断固としたエリートたちの群れの能動性に対置している〔エリアス・カネッティ『群集と権力』上・下、岩田行一訳、法政大学出版、1970年〕。

(19) Adolf Hitler, *Mein Kampf*, Munich, Franz Eher Verlag, 1925, p. 276〔アドルフ・ヒトラー『わが闘争』平野一郎他訳、角川書店、1973年〕.

(20) *Ibid.*, p. 454.

(21) Cf. Paula Diehl (dir.), *Körper im Nationalsozialismus. Bilder und Praxen*, Munich / Paderborn, 2006 ; Paula Diehl, *Macht–Mythos–Utopie. Die Körperbilder der SS-Männer*, Berlin, Akademie-Verlag, 2005.

(22) Cf. Johann Chapoutot, *Le National-Socialisme et l'Antiquité*, Paris, PUF, 2008.

(23) このテーマ、そして狩りと戦争の関係というテーマについては以下を参照のこと。cf. Pierre Vidal-Naquet, *Le Chasseur noir. Formes de pensée et formes de société dans le monde grec*, Paris, Maspero, 1981 ; et Christian Ingrao, *Les Chasseurs noirs. La brigade Dirlewanger*, Paris, Perrin, 2006.

(24) Harald Scholtz, *Erziehung und Unterricht unterm Hakenkreuz*, Göttingen, Vandenhoeck und Ruprecht, 1985.

(25) Sven Reichardt, *Faschistische Kampfbünde*, *op. cit.*

(26) George L. Mosse, *De la Grande Guerre au totalitarisme. La brutalisation des sociétés européennes*, Paris, Hachette, 1999.

(27) *Das Schwarze Korps*, 2 décembre 1937, p. 2.

(28) Cf. Jean-Luc Leleu, *La Waffen-SS*, Paris, Perrin, 2009, p. 543.

(29) Heinrich Himmler, *Rede des Reichsführers SS in Charkow*, avril 1943, BABL NS 19 / 4010, fol. 142.

(30) Klaus Gundelach, Leander von Volkmann *et al.*, *Vom Kampf und Sieg der schlesischen SA. Ein Ehrenbuch* – Herausgegeben von der SA-Gruppe Schlesien, Breslau, 1933, p. 58.

(31) Benito Mussolini, cité in Ernst Nolte, *Der Faschismus in seiner Epoche. Die Action Française, der italienische Faschismus, der Nationalsozialismus*, Munich, Piper, 1963, p. 584, note 399.

(32) Adolf Hitler, *Mein Kampf*, *op. cit.*, p. 318.

(33) Éric Michaud, *Un art de l'éternité. L'image et le temps du national-socialisme*, Paris, Gallimard, « Le Temps des images », 1996.

Paris, Seuil, 2009.
(51) Martin J. Wiener, *Men of Blood. Violence, Manliness and Criminal Justice in Victorian England*, Cambridge, Cambridge University Press, 2004.

第III部　模範、モデル、反モデル

第1章　ファシズムの男らしさ

(1) Marie-Anne Matard-Bonucci, Pierre Milza (dir.), *L'Homme nouveau dans l'Europe fasciste (1922-1945). Entre dictature et totalitarisme*, Paris, Fayard, 2004.
(2) Claudia Koonz, *The Nazi Conscience*, Cambridge (Mass.), Harvard University Press, 2003, p. 147.
(3) Klaus Theweleit, *Männerphantasien*, t. I, *Frauen, Fluten, Körper, Geschichte*, Francfort-sur-le-Main, Stroemfeld / Roter Stern, 1977.
(4) Jonathan Littell, *Le Sec et l'Humide*, Paris, Gallimard, 2008.
(5) Bruno Malitz, *Die Leibesübungen in der nationalsozialistischen Idee*, NS Bibliothek, Heft 46, Munich, 1934, p. 43-45.
(6) Burkhard Jellonnek, *Homosexuelle unter dem Hakenkreuz. Die Verfolgung von Homosexuellen im Dritten Reich*, Paderborn, Schöningh, 1990 ; *id.*, *Nationalsozialistischer Terror gegen Homosexuelle. Verdrängt und ungesühnt*, Paderborn, Schöningh, 2002.
(7) Régis Schlagdenhauffen, *Triangle rose. La persécution des homosexuels nazis et sa mémoire*, Paris, Autrement, 2011.
(8) Marie-Anne Matard-Bonucci, « Italian Fascism's Ethiopian Conquest and the Dream of a Prescribed Sexuality », in Dagmar Herzog (dir.), *Brutality and Desire. War and Sexuality in Europe's Twentieth Century*, Basingstoke, Palgrave Macmillan, p. 91-108.
(9) Adolf Hitler, *Discours d'ouverture de la Grande Exposition de l'art allemand de 1938*, Munich, 1938.
(10) Cf. Gunnar Brands, « Zwischen Island und Athen. Griechische Kunst im Spiegel des Nationalsozialismus », in Bazon Brock (dir.), *Kunst auf Befehl* ?, Munich, Klinkhardt und Biermann Verlag, 1990 ; Birgit Bressa, « Nachleben der Antike. Klassische Bilder des Körpers in der NS-Skulptur Arno Brekers », thèse, université de Tübingen, 2001.
(11) Daniel Wildmann, *Begehrte Körper. Konstruktion und Inszenierung des « arischen Menschenkörpers » im Dritten Reich*, Würzburg, Königshausen und Neumann, 1998.
(12) Luc Capdevilla, « L'identité masculine et les fatigues de la guerre (1914-1945) », in *Vingtième Siècle. Revue d'histoire*, n° 75, juillet-septembre 2002, p. 97-108. 以下の論考も示唆に富む。Klaus Wolbert, *Die Nackten und die Toten des Dritten Reiches. Folgen einer politischen Geschichte des Körpers in der Plastik des Deutschen Faschismus*, Giessen, Anabas, 1982 ; *id.*, « Die figurative NS-Plastik », in *Faszination und Gewalt. Zur politischen Ästhetik des Nationalsozialismus*, Nuremberg, W. Tümmels Verlag, 1992, p. 217-222.
(13) David C. Large, *Nazi Games. The Olympics of 1936*, Londres, WW Norton and Company, 2007.
(14) Carl Diem, *Wir haben gesiegt. Eine Erzählung aus dem Altertum*, 1936.

ケテル『梅毒の歴史』寺田光德訳、藤原書店、1996年〕

(23) Nicole Loraux, « Blessures de virilité », *Le Genre humain*, n° 10, 1984, p. 39-56.

(24) アーミテージ・トレイルの小説（*Scarface*, New York, Clode, v. 1930）とその自由な翻案であるホークスの同名映画（1932年）〔邦題「暗黒街の顔役」〕の主人公は、顔に傷跡のあるギャング、トニー・カモンテ。

(25) Jacques Delarue et Robert Giraud, *Les Tatouages du « Milieu »*, Paris, La Roulotte, 1950, p. 18.

(26) Jérôme Pierrat et Éric Guillon, *Les Vrais, les Durs, les Tatoués. Le tatouage à Biribi*, Clichy, Éditions Larivière, 2004 ; Dominique Kalifa, *Biribi. Les bagnes coloniaux de l'armée française*, Paris, Perrin, 2009.

(27) Jean Graven, *L'Argot et le Tatouage des criminels. Étude de criminologie sociale*, Neuchâtel, La Baconnière, 1962.

(28) Dr A. Baer, « Le tatouage des criminels », *Archives d'anthropologie criminelle*, 1895, p. 117.

(29) Joseph Dimier, *Un régulier chez les Joyeux. Histoire vraie*, Paris, Grasset, 1928, p. 87.

(30) 以下で用いられている表現。Maurice Frot et Jean-Baptiste Buisson, *Le Dernier Mandrin*, Paris, Grasset, 1977, p. 151.

(31) Paul Perret, *À Biribi. Comment j'ai passé trois ans sous la trique des chaouchs*, Paris, Éditions des Reportages populaires, 1924, p. 241.

(32) Joseph Dimier, *Un régulier chez les Joyeux*, *op. cit.*, p. 86.

(33) Alexandre Lacassagne, *Les Tatouages. Étude anthropologique et médico-légale*, Paris, Baillière et fils, 1881.

(34) Joseph Dimier, *Un régulier chez les Joyeux*, *op. cit.*, p. 85.

(35) Maurice Frot et Jean-Baptiste Buisson, *Le Dernier Mandrin*, *op. cit.*, p. 150.

(36) René Jude, *Les Dégénérés dans les bataillons d'Afrique*, Vannes, Le Beau, 1907, p. 41.

(37) Paul Perret, *À Biribi*, *op. cit.*, p. 184.

(38) Charles-Louis Philippe, *Bubu de Montparnasse*, *op. cit.*, p. 69-70.

(39) Francis Carco et André Picard, *Mon homme*, Paris, Ferenczi, 1921.

(40) Pierre Mac Orlan, *Bob bataillonnaire*, Paris, Albin Michel, 1919, p. 15.

(41) Marcel Montarron, *Ciel de cafard*, Paris, Gallimard, 1932, p. 7.

(42) Pierre Mac Orlan, *La Bandera*, Paris, Gallimard, 1931, p. 82.

(43) *Id.*, *Le Bataillon de la mauvaise chance. Un civil chez les Joyeux* [1933], Paris, Cercle du bibliophile, 1970, p. 13 et 44.

(44) *Ibid.*, p. 18.

(45) André Billy, « Pierre Mac Orlan », in Pierre Mac Orlan, *La Rue Saint-Vincent*, Paris, Éditions du Capitole, 1928, p. 51.

(46) Roland Dorgelès, *Le Château des brouillards*, Paris, Albin Michel, 1932, p. 41.

(47) Pierre Mac Orlan, *La Rue Saint-Vincent*, *op. cit.*, p. 114.

(48) Jean-Claude Farcy, *La Jeunesse rurale dans la France du XIXe siècle*, Paris, Christian, 2004.

(49) François Ploux, *Guerres paysannes en Quercy. Violences, conciliations et répression pénale dans les campagnes du Lot (1810-1860)*, Paris, La Boutique de l'histoire, 2002.

(50) Anne-Marie Sohn, « *Sois un homme !* » *La construction de la masculinité au XIXe siècle*,

p. 62. この主題に関する主要な著作として以下も見よ。 C. Pociello, *Le Rugby ou la Guerre des styles*, Paris, Métailié, 1983.

第5章　犯罪者の男らしさ？

(1) イタリアの医師チェザーレ・ロンブローゾはこの表現を、犯罪人類学に道を開く名高い著作のタイトル（*L'Uomo delinquante*）にしている。

(2) Nicolas D. Dobelbower, « Univers carcéral et sexualité masculine sous la Restauration », in Régis Revenin（dir.）, *Hommes et Masculinité de 1789 à nos jours*, Paris, Autrement, 2007.

(3) Sylvain Rappaport, « Les femmes et la chaîne des forçats : l'impossible absence », *Revue d'histoire moderne et contemporaine*, vol. IV, n° 55, 2008, p. 34-56.

(4) Cesare Lombroso et Guglielmo Ferrero, *La Femme criminelle et la Prostituée*, Paris, Félix Alcan, 1896, p. 28.

(5) Francis de Miomandre, *Le Greluchon sentimental*, Paris, Ferenczi, 1938.

(6) Jean Lorrain, *La Maison Philibert*, Paris, Librairie universelle, 1904.

(7) André Rauch, *Boxe. Violence du XXe siècle*, Paris, Aubier, 1992.

(8) *J. O., Chambre, Documents*, 1911, annexe n° 748, p. 157.

(9) 以下に引用。Louis Chevalier, *Montmartre du plaisir et du crime*, Paris, Robert Laffont, 1980, p. 29〔ルイ・シュヴァリエ『歓楽と犯罪のモンマルトル』河盛好蔵他訳、文藝春秋、1986年〕.

(10) Charles-Louis Philippe, *Bubu de Montparnasse* [1901], Paris, LGF, « Le Livre de poche », 1947, p. 65〔シャルル＝ルイ・フィリップ『ビュビュ・ド・モンパルナス』淀野隆三訳、岩波文庫、1953年〕.

(11) Roberto da Matta, *Carnavals, bandits et héros. Ambiguïtés de la société brésilienne*, Paris, Seuil, 1983.

(12) Michel du Coglay, *Chez les mauvais garçons. Choses vues*, Paris, Éditions Raoul Saillard, 1937.

(13) Géo London, *Deux Mois avec les bandits de Chicago*, Paris, Éditions des Portiques, 1930.

(14) Marcel Petit, « Où se cachent les malfaiteurs », *Détective*, n° 18, 28 février 1929.

(15) Jacques Mesrine, *L'Instinct de mort*, Paris, Jean-Claude Lattès, 1977.

(16) Thierry Chatbi, *À ceux qui se croient libres. Thierry Chatbi, 1955-2006*, lettres, dessins et témoignages recueillis par Nadia Menenger, Montreuil, L'Insomniaque, 2009, p. 24.

(17) Jérôme Pierrat, *Une histoire du Milieu. Grand banditisme et haute pègre en France de 1850 à nos jours*, Paris, Denoël, 2003.

(18) Michel du Coglay, *Chez les mauvais garçons*, *op. cit.*, p. 123.

(19) Ashelbé, *Pépé le Moko*, Paris, AID, 1931, p. 163. ならびにジュリアン・デュヴィヴィエ監督による1937年の同名の映画〔邦題「望郷」〕。

(20) Albert Londres, *Le Chemin de Buenos Aires*（*la traite des Blanches*）, Paris, Albin Michel, 1927, p. 393.

(21) Laure Dubesset, « L'institution des maquerelles », master d'histoire, université Paris I, 2009.

(22) Claude Quétel, *Le Mal de Naples. Histoire de la syphilis*, Paris, Seghers, 1986.〔クロード・

(122) *Vogue*, février 1958, p. 62-63.
(123) « Métrosexuels, les hommes d'apprêt », *Libération*, 5 septembre 2003.
(124) Enquête Euro RSCG. 以下に引用。*Elle*, 17 novembre 2003.
(125) É. Badinter, *XY*, *op. cit.*, p. 218.
(126) *Ibid.*, p. 210.
(127) とりわけ以下を見よ。A. Aledda, « Ethics and Sport in a Changing Society », Congress of Panathon International, Anvers, 22-24 novembre 2007, Milan, Franco Angeli, 2008.
(128) H. Garcia, « Rugby français : l'an 1 » (1958), in *L'Équipe. Cinquante ans de sport*, *op. cit.*, t. I, p. 195.
(129) 以下を見よ。*Les Pratiques sportives en France*, *op. cit.*, p. 12.
(130) C. Pociello, « Les Éléments contre la matière, sportifs glisseurs et sportifs rugueux », *Esprit*, février 1982, p. 30.
(131) M. Feldenkrais, *La Conscience du corps* [1967], Paris, Robert Laffont, 1971, p. 57.
(132) *L'Équipe-magazine*, « Sport et techno », 8 mai 1993, p. 38.
(133) 以下を見よ。A. Loret, « Ne voir dans ces pratiques qu'une mode passagère... serait une profonde méprise », *Concevoir le sport pour un nouveau siècle*, Voiron, Presses universitaires du sport, 2004. p. 58.
(134) 以 下 を 見 よ。A. Loret et A.-M. Waser (dir.), *Glisse urbaine, l'esprit roller. Liberté, apesanteur, tolérance*, Paris, Autrement, 2001.
(135) F. de Singly, « Les habits neufs de la domination masculine », *Esprit*, novembre 1993, p. 61.
(136) F. Dubet et D. Martucelli, *Dans quelle société vivons-nous ?*, Paris, Seuil, 1998, p. 204.
(137) *Les Pratiques sportives en France*, *op. cit.*, p. 31.
(138) *L'Équipe. Cinquante ans de sport*, *op. cit.*, t. II, p. 397.
(139) *Ibid.*, p. 406.
(140) *Ibid.*, p. 638.
(141) *Ibid.*, p. 608.
(142) *Ibid.*, p. 423.
(143) 本章 I -3「なぜ『再生』なのか」を見よ。
(144) D. Douillet, *L'Âme du conquérant*, Paris, Robert Laffont, 2009. 以下に引用。*Le Nouvel Observateur*, 19-25 novembre 2009.
(145) 以下を見よ。les sites Web « Boxe au féminin ».
(146) N. Tauziat, *Les Dessous du tennis féminin*, Paris, J'ai lu, 2000, p. 36.
(147) *L'Équipe*, 3 décembre 1987.
(148) A. Davisse et C. Louveau, *Sports, école, société. La différence des sexes*, *op. cit.*, p. 121.
(149) C. Carrier, *Le Champion, sa vie, sa mort. Psychanalyse de l'exploit*, Paris, Bayard, 2002, p. 169.
(150) *Drop*, 13 juin 1985.
(151) S. Darbon, *Rugby mode de vie. Ethnographie d'un club, Saint-Vincent-de-Tyrosse*, Paris, Jean-Michel Place, 1995, p. 143.
(152) S. Darbon (dir.), *Rugby d'ici. Une manière d'être au monde*, Paris, Autrement, 1999,

(94) 以下を見よ。« Mlle Morris », *Le Miroir des sports*, 24 décembre 1924.
(95) 以下を見よ。T. Terret (dir.), *Sport et genre*, Paris, L'Harmattan, 2005, 4 vol.
(96) M. Boigey, *Manuel scientifique d'éducation physique*, Paris, Payot, 1923, p. 153.
(97) *Le Miroir des sports*, 28 janvier 1925.
(98) R. Jeudon, « Les gymnastiques féminines », in M. Labbé (dir.), *Traité d'éducation physique*, Paris, Gaston Doin, 1930, t. II, p. 575.
(99) *Le Miroir des sports*, 22 octobre 1935.
(100) *La Vie au grand air*, 4 mars 1920.
(101) *La Vie au grand air*, 14 février 1920.
(102) 以下を見よ。A. Drevon, *Alice Milliat*, *op. cit.*, p. 67.
(103) G. de la Freté, « L'éducation physique et sportive de la femme », *Encyclopédie des sports*, *op. cit.* t. II, p. 416.
(104) H. de Montherlant, *Les Olympiques* (1924), *Romans*, Paris, Gallimard, « Bibliothèque de la Pléiade », 1959, p. 281.
(105) *Ibid.*, p. 280.
(106) I. Théry, « Les impasses de l'éternel féminin », *Le Débat*, mai-août 1998, p. 174.
(107) S. Agacinski, « L'universel masculin ou la femme effacée », *Le Débat*, mai-août 1998, p. 152.
(108) 以下の決定的な分析を見よ。P. Duret, *L'Héroïsme sportif*, Paris, PUF, 1993, p. 83-98.
(109) *Ibid.*, p. 89.
(110) 以下を見よ。« Les suffragettes du biathlon », *Le Monde*, 8 janvier 1985.
(111) 女子バイアスロン・フランス代表コーチであるC・ヴァッサーロのインタビューを見よ。C. Vassalo, « interview », *Eurosport TV*, 12 mars 2008.
(112) *L'Équipe*, 4 août 1984. 以下も見よ。*L'Équipe, Les jeux Olympiques*, *op. cit.*, t. II, p. 421.
(113) *Ibid.*, t. II, p. 506, 609, 467, 528 et 458.
(114) *L'Équipe. Cinquante ans de sport, 1945-1995*, Paris, L'Équipe, 1995, t. II, p. 598.
(115) フロランス・アルトーについては、以下を見よ。Michèle Métoudi, « Les femmes dans l'héroïsme sportif », *Esprit*, « Maculin / Féminin », novembre 1993.
(116) H. Murakami, *Autoportrait de l'auteur en coureur de fond* [2007], Paris, Belfond, 2009〔村上春樹『走ることについて語るときに僕の語ること』文春文庫、2009年〕.
(117) M. Tournier, « Entretien », *Anthologie de la littérature sportive présentée par l'Association des écrivains sportifs*, Biarritz, Atlantica, 2006, p. 510.
(118) 以下を見よ。I. Queval, « Le registre des modèles s'ouvre », *Le Sport. Petit abécédaire philosophique*, Paris, Larousse, 2009, p. 187.
(119) 女性による力の所有、あるいは、より正確には武器の所有については、以下も見よ。G. Pruvost, *Profession, policier sexe féminin*, Paris, Éd. de la Maison des sciences de l'homme, 2007.
(120) « Là où ça fait mâle », *Libération*, 21 août 2003.
(121) É. Badinter, *XY. De l'identité masculine*, Paris, Odile Jacob, 1992, p. 219〔エリザベート・バダンテール『XY——男とはなにか』上村くにこ・饗庭千代子訳、筑摩書房、1997年〕.

nouveau" du fascisme, réflexion sur une expérience de révolution anthropologique », in M.-A. Matard-Bonucci et P. Milza (dir.), *L'Homme nouveau dans l'Europe fasciste (1922-1945). Entre dictature et totalitarisme*, Paris, Fayard, 2004, p. 49.

(67) 以下を見よ。A. Nacu, « Le corps sous contrôle : aperçus du sport soviétique », *Revue Regards sur l'Est*, 1er janvier 2002.

(68) 以下を見よ。C. Lefort, « L'image du corps et le totalitarisme », *L'Invention démocratique. Les limites de la domination totalitaire*, Paris, Fayard, 1981, p. 159〔クロード・ルフォール『民主主義の発明　全体主義の限界』渡名喜庸哲・太田悠介・平田周・赤羽悠訳、勁草書房、2017年〕.

(69) G. Bottai, *Diario, 1935-1944*, *ibid.*, p. 61.

(70) A. Turati, préface de la brochure du Parti national fasciste, *Campo sportive del littorio*, Rome, 1928. 以下に引用。D. Bolz, *Les Arènes totalitaires. Hitler, Mussolini et les jeux du stade*, Paris, CNRS éditions, 2008, p. 108.

(71) L. Riefenstahl, *Olympiad* (*Les Dieux du stade*), 1936.

(72) B. J. Zavrel, *Arno Breker. The Divine Beauty in Art*, New York, West Art Pub, 1986.

(73) G. L. Mosse, *L'Image de l'homme, op. cit.*, p. 199.

(74) P. de Coubertin, « Discours pour la clôture des jeux Olympiques de Berlin » (1936), in N. Müller (dir.), *Textes choisis, op. cit.*, t. II, p. 305.

(75) *Le Miroir des sports*, 17 septembre 1924.

(76) *Ibid.*, 1er octobre 1924.

(77) *Ibid.*, 19 novembre 1924.

(78) A. Thooris, *La Vie par le stade*, Paris, Amédée Legrand, 1924, p. 116-117.

(79) *Ibid.*, p. 135-150.

(80) 以下を見よ。J. Prévost, « Nous changeons de statue », *Plaisir des sports*, Paris, Gallimard, 1925, p. 57.

(81) *L'Auto*, 15 juillet 1923.

(82) *L'Auto*, 18 juillet 1923.

(83) *Encyclopédie de la jeunesse*, Paris, 1919, t. VI, p. 25.

(84) J. Airdey, « Le tennis », *Encyclopédie des sports*, Paris, Librairie de France, 1924, t. II, p. 25.

(85) A. Obey, *L'Orgue du stade*, Paris, Gallimard, 1924, p. 68.

(86) P. Valéry, *Monsieur Teste*, Paris, G. Crès, 1927〔ポール・ヴァレリー『ムッシュー・テスト』清水徹訳、岩波文庫、2004年〕. 以下に引用。G. Prouteau, *Anthologie des textes sportifs de la littérature, op. cit.*, p. 372.

(87) *La Vie au grand air*, 1920, p. 14.

(88) L. Dubech, *Où va le sport ?*, Paris, Alexis Redier, 1930.

(89) *L'Auto*, 28 juillet 1935.

(90) *Le Miroir des sports*, 1er septembre 1935.

(91) *L'Auto*, 2 mai 1938.

(92) 1920年代の女子スポーツに関する主題については、以下を見よ。A. Drevon, *Alice Milliat. La pasionaria du sport féminin*, Paris, Vuibert, 2005.

(93) *Encyclopédie de la jeunesse, op. cit.*, t. VI, p. 41.

(41) P. Adam, *La Morale des sports, op. cit.*, p. 32.
(42) *La Vie au grand air*, 1904, p. 39.
(43) *La Vie au grand air*, 1900, p. 523-524.
(44) *La Vie au grand air*, 1906, p. 387.
(45) 以下を見よ。D. Pick, *Faces of Degeneration, a European Disorder, 1848-1918*, Cambridge, Cambridge University Press, 1989.
(46) P. Buchez, « Le traité des dégénérescences de B. A. Morel », *Annales médico-psychologiques*, 1857, p. 456.
(47) J. Michelet, *L'Amour*, Paris, Hachette, 1858, t. II, p. 124〔ジュール・ミシュレ『愛』森井真訳、中公文庫、2007年〕.
(48) A. Floupette, *Les Déliquesences, poèmes décadents*, Paris, L. Vanier, 1885. 以下も見よ。M. Dufaud, « Décadent », *Dictionnaire fin de siècle*, Paris, Scali, 2008.
(49) M. de Fleury, *Introduction à la médecine de l'esprit*, Paris, Félix Alcan, 1898, p. 212.
(50) A. Proust et G. Ballet, *Hygiène du neurasthénique*, Paris, Masson, 1900, p. 11.
(51) 以下を見よ。G. L. Mosse, *L'Image de l'homme. L'Invention de la virilité moderne*［1996］, Paris, Pocket, 1997〔ジョージ・L・モッセ『男のイメージ――男性性の創造と近代社会』細谷実・小玉亮子・海妻径子訳、作品社、2005年〕. 著者はこの男らしさに、時代遅れであると同時に新たなイメージを与えている。「当時生じていた男性的なモデルの硬化については、この文脈のなかで、社会をめぐる現実の、あるいは想定される腐敗に対する応答として理解されるべきだ」(p.112)。
(52) P. Adam, *La Morale des sports, op. cit.*, p. 12.
(53) C. Fleurigand, *Jeux, sports et grands matchs*, Paris, Firmin-Didot, 1903, p. 5.
(54) J.-J. Jusserand, *Les Sports et Jeux d'exercice dans l'ancienne France*, Paris, Plon, 1901, p. 5〔ジャン＝ジュール・ジュスラン『スポーツと遊戯の歴史』守能信次訳、駿河台出版社、2006年〕.
(55) H. Bergson, *Le Gaulois littéraire*, 12 juin 1912. 以下に引用。P. Charreton, *Les Fêtes du corps, op. cit.*, p. 19.
(56) P. de Coubertin, *Essais de psychologie sportive, op. cit.*, p. 124.
(57) *Ibid.*, p. 122.
(58) *Ibid.*, p. 127.
(59) *Ibid.*, p. 130.
(60) A. Jarry, *Le Surmâle*［1902］, Paris, Viviane Hamy, 2006, p. 72〔ジャリ『超男性』澁澤龍彦訳、白水社、1975年〕.
(61) *Ibid.*, p. 209.
(62) T. Bernard, *Nicolas Bergère*, Paris, P. Ollendorff, 1911. 以下に引用。G. Prouteau, *Anthologie des textes sportifs de la littérature, op. cit.*, p. 99.
(63) P. Mac Orlan, *La Clique du Café Brebis*, Paris, La Renaissance du livre, 1918. 以下に引用。G. Prouteau, *Anthologie des textes sportifs de la littérature, op. cit.*, p. 279.
(64) P. de Coubertin, *Essais de psychologie sportive, op. cit.*, p. 152.
(65) 注（5）を見よ。
(66) B. Mussolini, *Discours de l'ascension*, 26 mai 1927. 以下に引用。E. Gentile, « L'"homme

下に引用。G. Prouteau, *Anthologie des textes sportifs de la littérature*, Paris, éd. Défense de la France, 1948, p. 89.

(12) M. Maeterlinck, *Éloge de la boxe*, Paris, Fasquelle, 1907. 以下に引用。G. Prouteau, *Anthologie des textes sportifs de la littérature*, *op. cit.*, p. 284.

(13) *La Vie au grand air*, 1900, p. 281.

(14) *Ibid.*, p. 811.

(15) 以下を見よ。*L'Équipe. Les Jeux Olympiques, 1896-1996*, Lausanne, Musée olympique, 2000, t. I, p. 69.

(16) *L'Auto*, 4 juillet 1904.

(17) *L'Auto*, 8 juillet 1909.

(18) *L'Auto*, 4 juillet 1907.

(19) *La Vie au grand air*, 1905, p. 1008.

(20) 1900年の『野外生活』誌に掲載されたレスリングについてのさまざまな記事を見よ。

(21) *La Vie au grand air*, 1900, p. 667.

(22) *La Vie au grand air*, 1905, p. 939.

(23) *La Vie au grand air*, 1905, p. 855.

(24) P. de Coubertin, « Les assises philosophiques de l'Olympisme moderne », *Le Sport suisse*, 7 août, 1935.

(25) *Id.*, *Essais de psychologie sportive*, *op. cit.*, p. 135.

(26) H. Didon, *L'Éducation présente*, Paris, Plon, 1898, p. 375.

(27) P. Adam, *La Morale des sports*, Paris, 1907, p. 7.

(28) P. de Coubertin, *Essais de psychologie sportive*, *op. cit.*, p. 105.

(29) 以下を見よ。P. Adam, *La Morale des sports*, *op. cit.*, p. 432-436.

(30) とりわけ以下を見よ。G. Demenÿ, *Éducation et harmonie des mouvements*, Paris, 1911.

(31) *Pour bien faire du sport*, Paris, Pierre Lafitte, « Femina bibliothèque », 1912.

(32) 以下を見よ。P. Arnaud et T. Terret (dir.), *Histoire du sport féminin*, L'Harmattan, 1898, 2 vol. 以下も見よ。R. J. Park « Sport, Gender and Society in a Transatlantic Victorian Perspective », *The British Journal of Sport History*, mai 1985.

(33) 以下を見よ。P. de Coubertin, texte de 1913. 以下に引用。A. Davisse et C. Louveau, *Sports, école, société. La différence des sexes*, Joinville-le-Pont, Actio, 1991, p. 57.

(34) この主題に関してはクーベルタンの以下の主要テキストを見よ。P. de Coubertin, « Méfiance féministe » (1928), in N. Müller (dir.), *Textes choisis*, Zurich, Weidman, 1986, t. I, p. 479-480.

(35) J. Héricourt, *L'Hygiène moderne*, Paris, Flammarion, 1919, p. 66.

(36) *Whitely Health Exerciser*, Publicité, *La Vie au grand air*, 1900, p. 673.

(37) « Les statuettes athlétiques de Richer », *La Vie au grand air*, 1900, p. 766-767.

(38) 以下を見よ。F. Demier, « La République impériale », *La France du XIXe siècle, 1814-1914*, Paris, Seuil, 2000, p. 465.

(39) P. Adam, *La Morale des sports*, *op. cit.*, p. 7.

(40) P. de Coubertin, *Essais de psychologie sportive*, *op. cit.*, p. 196.

comme un homme, être une femme », *Actes de la recherche en sciences sociales*, « Pratiques martiales et sport de combat », n° 179, septembre 2009, p. 84.

(71) Sandra G. Harding, *The Science Question in Feminism*, Ithaca, Cornell University Press, 1986, p. 53. 以下に引用。Joshua S. Goldstein, *War and Gender*, *op. cit.*, p. 41.

(72) Maria Botchkareva, *Ma vie de soldat*, *op. cit.*, p. 185.

(73) *Ibid.*, p. 31.

(74) *Ibid.*, p. 49.

(75) Brigitte Friang, *Regarde-toi qui meurs. Une femme dans la guerre*, Paris, Robert Laffont, 1970, p. 424.

(76) Orna Sasson-Levy, *Identities in Uniform. Masculinities and Feminities in the Israeli Military*, Jerusalem, Hebrew University Magnes Press, 2006. 以下は同書の書評。Gil Mihaely, « Tsahal, l'école des "vrais hommes" ? Citoyenneté et virilité dans l'armée israélienne », *La Vie des idées*, n° 21, avril 2007, p. 3.

(77) Mary Douglas, *De la souillure. Essai sur les notions de pollution et de tabou* [1967], Paris, Maspero, 1981, p. 132〔メアリ・ダグラス『汚穢と禁忌』塚本利明訳、ちくま学芸文庫、2009年〕.

(78) Luc Capdevila, François Rouquet, Fabrice Virgili et Danièle Voldman, *Hommes et femmes dans la France en guerre (1914-1945)*, Paris, Payot, 2003, p. 293.

(79) George L. Mosse, *L'Image de l'homme*, *op. cit.*, p. 192-194.

(80) *Ibid.*, p. 194.

第4章　スポーツの男らしさ

(1) 以下を見よ。*Encyclopédie des Sports*, Paris, Académie des sports, 1924, t. I, p. 97.

(2) « Athletics », in B. H. Peek et F. G. Aflato (dir.), *Encyclopaedia of Sports*, Londres, 1897.

(3) « Cross country, Running », *ibid.*

(4) « High jumping », *ibid.*

(5) P. de Coubertin, *Essais de psychologie sportive* [1913], Grenoble, Jérôme Millon, 1992, p. 151.

(6) Ministère des Sports et Institut National de Sport et de l'Éducation physique, *Les Pratiques sportives en France*, Paris, INSEP, 2002, p. 9.

(7) 以下を見よ。R. Holt, *Sport and the British, a Modern History*, Oxford, Clarendon Press, 1989. 以下も見よ。P. Clastres et C. Méadel (dir.), *La Fabrique des sports*, Paris, Nouveau Monde éditions, 2008.

(8) P. Morand, *Venises*, Paris, Gallimard, 1971. 以下に引用。P. Charreton, *Les Fêtes du corps*, Saint-Étienne, CIEREC, 1985, p. 17〔ピエール・シャールトン『フランス文学とスポーツ——1870-1970』三好郁朗訳、法政大学出版局、1989年〕.

(9) P. Mac Orlan, *Masques sur mesure*, Paris, Gallimard, 1937. 以下に引用。P. Charreton, *Les Fêtes du corps*, *op. cit.*, p. 40.

(10) J. de Pierrefeu, *Paterne ou l'Ennemi du sport*, Paris, 1929. 以下に引用。P. Charreton, *Les Fêtes du corps*, *op. cit.*, p. 18.

(11) 以下を見よ。Jean Bouin et sa « foulée virile », M. Berger et Jean Bouin, texte inédit. 以

groupe Rochambeau », *Genre et Histoire*, n° 3, automne 2008.

(56) Martin Van Creveld, *Tsahal. Histoire critique de la force israélienne de défense,* Monaco, Éditions du Rocher, 1998.

(57) イスラエル人女性の最初の作戦参加は、2006年のレバノン侵攻を待たねばならない。Ilaria Simonetti, « Le service militaire et la condition des femmes en Israël. Quelques éléments de réflexion », *Bulletin du Centre de recherche français de Jérusalem*, n° 17, 2006, p. 78-95).

(58) 象徴的な面でいえば、人目をひくべつな裂け目が関係しているのは、近年の西洋の軍隊における同性愛者の取り込みだ。1980年代には1500人の男女が同性愛を理由にアメリカ軍から除籍されたが、1993年には「尋ねない、語らない」の原則が適応されている。だがこの原則は結局、オバマ政権下で宙吊りにされたばかりだ。NATO 軍にみる寛容さはさまざまだが、すべてが明らかにしているように思われるのは、西洋の軍隊制度における同性愛嫌悪の後退傾向である。以下に引用。Joshua S. Goldstein, *War and Gender*, *op. cit.*, p. 376 sq..

(59) Mattie E. Treadwell, *United States Army in World War II. Special Studies. The Women's Army Corps*, Washington, Office of the Chief of Military History, Dept of the Army, p. 25. 以下に引用。Joshua S. Goldstein, *War and Gender*, *op. cit.*, p. 283.

(60) Linda Bird Francke, *Ground Zero. The Gender War in the Military*, New York, Simon et Schuster, 1997, p. 23. 以下に引用。Joshua S. Goldstein, *War and Gender*, *op. cit.*, p. 283.

(61) Cynthia H. Enloe, *Does Khaki Becomes You ? The Militarization of Women's Life*, Boston, South End Press, 1983, p. 153-154. 以下に引用。Joshua S. Goldstein, *War and Gender*, *op. cit.*, p. 283.

(62) 以下に引用。Joshua S. Goldstein, *War and Gender*, *op. cit.*, p. 101.

(63) *Ibid.*, p. 10.

(64) *Ibid.*

(65) この現象はとりわけ東部戦線で顕著だった。そこでは、1941年6月以降おおくのソヴィエト人女性たちが武器を携えていた。この点については、以下を見よ。Svetlana Alexievitch, *La guerre n'a pas un visage de femme*, Paris, Presses de la Renaissance, 2004〔スヴェトラーナ・アレクシエーヴィチ『戦争は女の顔をしていない』三浦みどり訳、群像社、2008年〕.

(66) Studs Terkel, *Chacun sa guerre*, Paris, La Découverte, 1986, p. 324.

(67) Svetlana Alexievitch, *La guerre n'a pas un visage de femme*, *op. cit.*, p. 154. 反対にこの著者が怒りを表すのは、1945年のソ連の勝利のすべてが男性のものとされ、女性兵士から奪われたことである。

(68) *Le Monde*, 18-19 juin 2000, p. 11.

(69) Richard Holmes, *Acts of War. The Behavior of Men in Battle*, New York, Free Press, 1985, p. 104.

(70) この問題は、ボクシングクラブ（すくなくとも「ハード」だといわれるボクシングをおこなうよう促すクラブ）への女性参加に関するケースと非常にちかい言葉で語られている。「そこにおける多様な社会性は、男たちのたえざる統制によって特徴づけられている」。Christine Mennesson et Jean-Paul Clément, « Boxer

Rouquet, Fabrice Virgili et Danièle Voldman [dir.], *Amours, guerres et sexualité. 1914-1945*, Paris, Gallimard / BDIC Musée de l'Armée, 2007, p. 140.

(44) この点については、アメリカ人犯罪学者ロバート・J・リリーの著作を参照できる。Robert J. Lilly, *La Face cachée des G. I. Les viols commis par les soldats américains en France, en Angleterre et en Allemagne pendant la Seconde Guerre mondiale*, Paris, Payot, 2003. 射程は限られているが、より興味深いのは次の著作だ。Alice Kaplan, *L'Interprète. Dans les traces d'une cour martiale américaine, Bretagne, 1944*, Paris, Gallimard, 2007.

(45) Antony Beevor, *La Chute de Berlin*, *op. cit.*

(46) Susan Brownmiller, *Le Viol*, Paris, Stock, 1976, p. 81〔スーザン・ブラウンミラー『レイプ・踏みにじられた意思』幾島幸子訳、勁草書房、2000年〕.

(47) Fabrice Virigili, *La France « virile ». Des femmes tondues à la Libération*, Paris, Payot, 2000, p. 281.

(48) Anonyme, *Une femme à Berlin. Journal, 20 avril-22 juin 1945* [2002], Paris, Gallimard, 2006, p. 111.

(49) ここではフランソワーズ・エリティエの著作に送ろう。「男性によって男性の側から評価されるのは、みずからの自由意志で血を流し、命を危険に晒し、他者の命を奪うことができるという点だろう。女性は自分の身体から血が流れ出るのを『眺める』。そして、必ずしも望まないままに、あるいは防ぐことができずに、生を与えることができる（そしてときにはその営みによって死亡する）のだ。恐らくはこのちがいのなかにこそ、起源に接ぎ木された象徴的な作用のいっさいが両性間の関係に働くさいの、本源的な原動力があるのではないか」。Françoise Héritier, *Masculin-Féminin. La pensée de la différence*, Paris, Odile Jacob, 1996, p. 234-235. この問題については、膨大な英米文学作品を概括的にまとめた次の書物がある。Joshua S. Goldstein, *War and Gender*, *op. cit.*

(50) *Ibid.*

(51) Martin Van Creveld, *Les Femmes et la Guerre*, Monaco, Éditions du Rocher, 2002.

(52) Margaret R. Higonnet, *Lines of Fire. Women Writers of World War I*, New York, Plume, 1999.

(53) その人生がわれわれの知るところとなったのは、アメリカ人ジャーナリスト、アイザック・ドン・レヴィンによって編まれ、次のようなタイトルで発表された自伝的な物語のおかげである。*Yashka. My Life as Peasant, Exile and Soldier*, New York, Frederick A. Stokes, 1919. ここでは以下のフランス語訳を用いる。Yashka (Maria Botchkareva), *Ma vie de soldat. Souvenirs de la guerre, de la Révolution, de la terreur en Russie* (*1914-1918*), Paris, Plon, s. d. [1934?].

(54) ヒトラーがかなり遅れて実験的な編成を許可した女性の戦闘部隊と、それにつづいた男女混合のゲリラ組織は例外だが、いずれも一度として戦地に展開されることはなかった。Joshua S. Goldstein, *War and Gender*, *op. cit.*, p. 72.

(55) 自由フランスにおいても同様だった。この点については以下を見よ。Luc Capdevila, « La mobilisation des femmes dans la France combattante, 1940-1945 », *Clio*, n°12, décembre 2000, p. 57-80 ; et Élodie Jauneau, « Des femmes dans la France combattante pendant la Seconde Guerre mondiale : le corps des volontaires françaises et le

(30) Joshua S. Goldstein, *War and Gender. How Gender Shapes the War System and Vice Versa*, Cambridge, Cambridge University Press, 2001, p. 334.

(31) *Ibid.*, p. 354-355.

(32) この主題に関しては、1981年に14歳で少年兵士となり、のちに作家となったユセフ・バッジの驚くべき証言を見よ。Yussef Bazzi, *Yasser Arafat m'a regardé et m'a souri. Journal d'un combattant*, Paris, Verticales, 2007.

(33) Anthony Swofford, *Jarhead. A Marine's Chronicle of the Gulf War and Other Battles*, New York / Londres / Toronto / Sydney, Scribner, 2003〔アンソニー・スオフォード『ジャーヘッド――アメリカ海兵隊員の告白』中谷和男訳、アスペクト、2003年〕.

(34) Catherine A. MacKinnon, « Turning Rape into Pornography : Postmodern Genocide », in Alexandra Stiglmayer (dir.), *Mass Rape. The War against Women in Bosnia-Herzegovina*, Lincoln, University of Nebraska Press, 1994, p. 73-81.

(35) Jean-Louis Margolin, *L'Armée de l'Empereur. Violences et crimes du Japon en guerre, 1937-1945*, Paris, Armand Colin, 2007.

(36) John Horne et Alan Kramer, *German Atrocities, 1914. A History of a Denial*, New Haven, Yale University Press, 2001 ; Stéphane Audoin-Rouzeau, *L'Enfant de l'ennemi 1914-1918. Viol, avortement, infanticide pendant la Grande Guerre*, Paris, Aubier, 1995. より全般的な強姦については、以下を見よ。Georges Vigarello, *Histoire du viol. XVI*[e]*-XX*[e] *siècle*, Paris, Seuil, 1998〔ジョルジュ・ヴィガレロ『強姦の歴史』藤田真利子訳、作品社、1999年〕.

(37) Bruno Cabanes, *La Victoire endeuillée. La Sortie de guerre des soldats français (1914-1918)*, Paris, Seuil, 2004.

(38) Tommaso Baris, « Le corps expéditionnaire français en Italie : violence des "libérateurs" durant l'été 1944 », *Vingtième Siècle. Revue d'histoire*, n° 93, janvier-mars 2007, p. 47-61.

(39) 以下を見よ。la communication de Regina Mühlhaüser, « Coerced Undressing, Sexual Torture, Rape and Sexual Enslavement : Different Forms of Sexual Violence during the German War and Occupation in the Soviet Union (1941-1945) », lors du colloque « Les viols en temps de guerre : une histoire à écrire », Institut historique allemand, 11-13 mai 2009 (actes à paraître).

(40) Paul Pasteur, « Violences et viols des vainqueurs : les femmes à Vienne et en Basse-Autriche, avril-août 1945 », *Guerres mondiales et conflits contemporains*, n° 198, 2000, p. 123-136.

(41) Antony Beevor, *La Chute de Berlin*, Paris, De Fallois, 2002〔アントニー・ビーヴァー『ベルリン終戦日記――ある女性の記録』山本浩司訳、白水社、2008年〕.

(42) Véronique Nahoum-Grappe, « La cruauté extrême en ex-Yougoslavie », *Esprit*, n° 190, mars-avril 1993, p. 64-75, et « L'usage politique de la cruauté : l'épuration ethnique (ex-Yougoslavie, 1991-1995), in Françoise Héritier (dir.), *De la violence. Séminaire de Françoise Héritier*, Paris, Odile Jacob, 2005, p. 273-323.

(43) 戦時下の強姦を撮影したものとして知られる数少ない写真のなかで言及したいのは、ひとりのドイツ兵が所持していた一枚で、1945年6月から7月にかけてグラン・パレで展示された写真だ。そこに映っているのは、ドイツ兵の集団が、はしゃぎながら力ずくで女性の両足をカメラに向けて広げている様子だ。François

(15) 以下を見よ。le chapitre de Johann Chapouteau, « Virilité fasciste », p. 277-301〔本巻第Ⅲ部第1章「ファシズムの男らしさ」〕.

(16) George L. Mosse, *L'Image de l'homme*, *op. cit.*, p. 132.

(17) Général Bigeard, sergent-chef Flament, *Aucune bête au monde...*, Paris, Éditions de la Pensée moderne, 1959（ページ番号がふられていないため、以下の引用に関しては正確な出典を挙げていない）. 本書の存在を教えてくれたマリー・ショミノに感謝する。（Marie Chominot, « Guerre des images, guerre sans images ? Pratiques et usages de la photographie pendant la guerre d'indépendance algérienne, 1954-1962 », thèse, université Paris VIII, 2008）.

(18) Général Bigeard, sergent-chef Flament, *Aucune bête au monde...*, *op. cit.*

(19) Dominique de La Motte, *De l'autre côté de l'eau. Indochine, 1950-1952*, Paris, Tallandier, 2009.

(20) Stéphane Audoin-Rouzeau, *La Guerre au XXe siècle*, t. I, *L'Expérience combattante*, Paris, La Documentation photographique, 2004, p. 25.

(21) Larry Burrows, « South of the DMZ, Vietnam, 1966 », in Horst Faas et Tim Page, *Requiem*, *op. cit.*, p. 176-177（航空避難地点に負傷者を集める以前の、救急センターの光景をおさめた写真）.

(22) Odile Roynette, *« Bons pour le service ». L'expérience de la caserne en France à la fin du XIXe siècle*, Paris, Belin, 2000.

(23) Raphaëlle Branche, « La masculinité à l'épreuve de la guerre sans nom », *Clio*, n°20, 2004, p. 111-122.

(24) « Ça c'est mon fusil / Ça c'est mon pétard / Y en a un pour tuer / L'autre pour s'marrer ».

(25) もっとも、徴兵制の廃止までフランスの新兵たちが教わっていたように、武器は女性でもあった。彼らは戦場で、野営地で、演習で、武器といっしょに寝ていたのではなかっただろうか？

(26) 以下に引用。Lieutenant-Colonel Dave Grossman, *On Killing. The Psychological Cost of Learning to Kill in War and Society*, New York / Londres / Boston, Back Bay Books, 1995, p. 136〔デーヴ・グロスマン『戦争における「殺し」の心理学』安原和見訳、ちくま学芸文庫、2004年〕.

(27) *Ibid.* しかし、単純化には注意せねばならない。この唖然とするような比較がどれほど明快にみえようとも、身体的な、そしてとりわけ性的な自己卑下を忘れてはならない。それは軍隊経験が生じさせうるものでもある。ポール・フュッセルはつぎのように書く。「憎しみと恐怖によって培われた堕落への衝動は、軍隊にしかふさわしくないように思われる」（Paul Fussell, *À la guerre*, *op. cit.*, p. 129.）。フュッセルはまた、次の点をみごとに強調している。すなわち、アメリカが第二次世界大戦とベトナム戦争を経験するなかで、兵士たちの語彙全体が（猥褻さとスカトロジー全般に浸されたように）fuckingという語に感染したのは、勝利を収めた男らしさをくりかえし表明するというよりは、重くのしかかる軍の命令をひっくり返そうとする絶え間ない試みなのだ。

(28) Christian Ingrao, *Les Chasseurs noirs. La brigade Dirlewanger*, Paris, Perrin, 2006, p. 182.

(29) Michael Bilton et Kevin Sim, *Four Hours in My Laï*, New York, Penguin Books, 1992.

(31) Paul Gravett, *Manga. Soixante ans de bande dessinée japonaise*, Monaco, Éditions du Rocher, 2005 ; Jean-Marie Bouissou, *Manga. Histoire et univers de la bande dessinée japonaise*, Arles, Philippe Piquier, 2010.

(32) Dan Kiley, *Le Syndrome de Peter Pan*, Paris, Odile Jacob, 1996〔ダン・カイリー『ピーター・パンシンドローム――なぜ、彼らは大人になれないのか』小此木啓吾訳、祥伝社、1984年〕; Monique Chassagnol, Nathalie Prince et Isabelle Canti, *Peter Pan. Figure mythique*, Paris, Autrement, 2010.

(33) Rocco Quaglia, « *Il Piccolo Principe* » *di Saint Exupery. Un bambino senza padre*, Roma, Armando, 2001.

第3章　軍隊と戦争――男らしさの規範にはしる裂け目？

(1) George L. Mosse, *L'Image de l'homme. L'Invention de la virilité moderne*［1996］, Paris, Abbeville, 1997, p. 59〔ジョージ・L・モッセ『男のイメージ――男性性の創造と近代社会』細谷実・小玉亮子・海妻径子訳、作品社、2005年〕.

(2) 以下を見よ。« La Grande Guerre et l'histoire de la virilité », in Alain Corbin (dir.), *Histoire de la virilité*, t. II, *Le Triomphe de la virilité. Le XIXe siècle*, Paris, Seuil, 2011, p. 403-410〔「第一次世界大戦と男らしさの歴史」『男らしさの歴史』第Ⅱ巻、小倉孝誠監訳、藤原書店、2017年〕.

(3) *Ibid.*

(4) Marcel Mauss, *Manuel d'ethnographie*, Paris, Payot, 1947, p. 6.

(5) 本書第Ⅱ巻結論を参照。« La Grande Guerre et l'histoire de la virilité », *op. cit.*

(6) Mark Grosset et Nicolas Werth, *Les Années Staline*, Paris, Éditions du Chêne, 2007, p. 192.

(7) Henri Huet, « Near An Thi, Vietnam 1966 », in Horst Faas et Tim Page (dir.), *Requiem, by the Photographers Who Died in Vietnam and Indochina*, New York, Random House, 1997, p. 148-149（ベトコンの砲火に14時間さらされた兵士の写真）および p. 130-131（作戦の一日を過ごしたのちの無線通信士たちの姿）〔ホースト・ファース、ティム・ペイジ編『レクイエム――ヴェトナム・カンボジア・ラオスの戦場に散った報道カメラマン遺作集』大空博訳、集英社、1997年〕.

(8) この有名なルポルタージュは、1965年4月16日付『ライフ』誌に、以下のタイトルで発表された。« One Ride with Yankee Papa 13 ».（Larry Burrows, *Vietnam*, Paris, Flammarion, 2002, p. 100-123）.

(9) Paul Fussell, *À la Guerre. Psychologie et comportements pendant la Seconde Guerre mondiale*, Paris, Seuil, 1992, p. 379〔ポール・ファッセル『誰にも書けなかった戦争の現実』宮崎尊訳、草思社、1997年〕.

(10) Philippe Caputo, *Le Bruit de la guerre*, Paris, Atla, 1979, p. 131-132.

(11) George L. Mosse, *L'Image de l'homme*, *op. cit.*, p. 85.

(12) *Ibid.*, p. 159.

(13) 1925年国家ファシスト党の党大会におけるムッソリーニの発言。以下に引用。Johann Chapoutot, *L'Âge des dictatures, 1919-1945. Fascismes et régimes autoritaires en Europe de l'Ouest*（*1919-1945*）, Paris, PUF, 2008, p. 179.

(14) *Ibid.*, p. 178.

(dir.), *Tarzan !*, Paris, Somogy, 2009.

(14) Jonathan Auerbach, *Male Call. Becoming Jack London*, Durham / Londres, Duke University Press, 1996.

(15) 1954年のある法律は「民族的偏見」を、2010年のある法律は「男尊女卑的偏見」を加えている。

(16) Après les travaux pionniers d'Annie Baron-Carvais, cf. Jean-Paul Gabilliet, *Des comics et des hommes...*, *op. cit*.

(17) Edward Portnoy, Didier Pasamonik et Anne Hélène Hoog, *De Superman au Chat du rabbin. Bande dessinée et mémoires juives*, Paris, Musée d'art et d'histoire du judaïsme, 2007.

(18) *The Scouter*, novembre 1936.

(19) Pascal Ory, « "Signe de piste" : Le pays perdu de la chevalerie », *op. cit.*, p. 73-81.

(20) Cf. le recueil posthume : Guy de Larigaudie, *Le Beau Jeu de ma vie*, Paris, Seuil, 1947, rééd., Saint-Vincent–sur-Oust, Elor, 1998.

(21) Serge Dalens, *Le Prince Éric*, Paris, Éditions Alsatia, 1940, p. 181.

(22) Humphrey Carpenter, *J. R. R. Tolkien, une biographie*, rééd., Paris, Pocket, 2004〔ハンフリー・カーペンター『J・R・R・トールキン——或る伝記』菅原啓州訳、評論社、2002年〕; Jane Chance (dir.), *Tolkien and the Invention of Myth*, Lexington, University Press of Kentucky, 2004.

(23) Rafik Djoumi, *George Lucas. L'homme derrière le mythe*, Paris, Absolum, 2005 ; Joseph Campbell, *Le Héros aux mille et un visages*, Paris, Oxus, 2010〔ジョゼフ・キャンベル『千の顔をもつ英雄』平田武靖・浅輪幸夫・伊藤治雄・春日恒男・高橋進訳、人文書院、2004年〕.

(24) Gilbert Meilaender, *The Taste of the Other. The Social and Ethical Thought of C. S. Lewis*, Grand Rapids, William B. Eerdmans, 1998.

(25) Suzanne Fendler et Ulrike Horstmann (dir.), *Images of Masculinity in Fantasy Fiction*, Lewiston, Edwin Mellen Press, 2003.

(26) Kelly Boyd, *Manliness and the Boys'Story Paper in Britain. A Cultural History*, 1855-1940, Basingstoke, Pal-grave Macmillan, 2003.

(27) Jean-Marie Apostolidès, *Tintin et le Mythe du surenfant*, Bruxelles, Moulinsart, 2003 ; Benoît Peeters, *Lire Tintin. Les bijoux ravis*, Paris, Les Impressions nouvelles, 2007.

(28) Nicolas Rouvière, *Astérix ou les Lumières de la civilisation*, Paris, PUF.

(29) Michel Pierre, *Corto Maltese. Mémoires*, Paris, Casterman, 1998 ; Olivier Delettre, *Nouveau Modèle héroïque ou anti-héros. Corto Maltese*, Nantes, Petit Véhicule, 2005.

(30) Isabelle Smadja, « *Harry Potter* ». *Les raisons d'un succès*, Paris, PUF, 2002〔イザベル・スマジャ『ハリー・ポッターのワンダーランド——神話・伝説の解けない魔法』藤野邦夫訳、誠文堂新光社、2002年〕; Benoît Virole, *L'Enchantement « Harry Potter ». La psychologie de l'enfant nouveau*, Paris, Hachette, 2002〔ブノワ・ヴィロル『ハリー・ポッターのふしぎな魔法』藤野邦夫訳、広済堂出版、2001年〕; Ruthann Mayes-Elma, *Females and Harry Potter. Not All that Empowering*, Lanham, Rowman and Littlefield, 2006 ; Isabelle Cani, *Harry Potter ou l'Anti-Peter Pan. Pour en finir avec la magie de l'enfance*, Paris, Fayard, 2007.

273-274.

(59) Jon Swain, « Masculinities in Education », *op. cit.*, p. 217 ; Pierre Coslin, *La Socialisation de l'adolescent*, Paris, Armand Colin, 2007, p. 52-55.

(60) Ronan Chastellier, *Marketing jeune*, Paris, Pearson Education France, 2003, p. 49-60.

(61) C. J. Pascoe, *Dude You're a Fag. Masculinity and Sexuality in High School*, Berkeley / Los Angeles, University of California Press, 2007 ; Michael Kimmel, *Guyland. The Perilous World Where Boys Become Men*, New York, Harper Collins, 2008.

(62) Thomas Johansson, *The Transformation of Sexuality. Gender and Identity in Contemporary Youth Culture*, Aldershot, Ashgate, 2007, p. 73-76.

第2章　描かれた男らしさと青少年文学

(1) Thierry Crépin et Thierry Groensteen (dir.), *On tue à chaque page ! La loi de 1949 sur les publications destinées à la jeunesse*, Paris, Éd. du Temps, 1999.

(2) Jean-Paul Gabilliet, *Des comics et des hommes. Histoire culturelle des comic books aux États-Unis*, Nantes, Éd. du Temps, 2004.

(3) Ludivine Bantigny et Ivan Jablonka (dir.), *Jeunesse oblige. Histoire des jeunes en France. XIXe-XXIe siècle*, Paris, PUF, 2009.

(4) Thierry Martens, « *Le Journal de Spirou* ». *1938-1988. Cinquante ans d'histoire (s)*, Marcinelle, Dupuis, 1988 ; Alain Lerman, *Histoire du journal* « *Tintin* », Grenoble, Glénat, 1979.

(5) Pascal Ory, « "Signe de piste" : le pays perdu de la chevalerie », *Revue des livres pour enfants*, n° 134-135, automne 1990, p. 73-81 ; Alain Gout et Alain Jamot, *Pierre Joubert.* « *Signe de piste* », t. I, 1937-1955, Sens, Delahaye, 2005.

(6) François Rivière, J. M. Barrie, *Le garçon qui ne voulait pas grandir*, Paris, Calmann-Lévy, 2005.

(7) Antoine de Baecque, *Tim Burton*, Paris, Les Cahiers du cinéma, 2e éd., 2007.

(8) Justine Cassell et Henry Jenkins (dir.), *From Barbie to Mortal Kombat. Gender and Computer Games*, Cambridge, MIT Press, 1998 ; Lucien King (dir.), *Game on. The History and Culture of Videogames*, New York, Universe Publishing, 2002 ; Élisabeth Fichez et Jacques Noyer (dir.), *Construction sociale de l'univers des jeux vidéo*, Villeneuve d'Ascq, Éditions du conseil scientifique de l'université Charles-de-Gaulle Lille 3, 2001.

(9) Alex Mucchielli, *Les Jeux de rôle*, Paris, PUF, « Que sais-je ? », 2e éd., 1990.

(10) Jean-Marie Seca, *Vocations rock. L'état acide et l'esprit des minorités rock*, Paris, Méridiens / Klincksieck, 1988 ; Anne Benetello (dir.), *Le Rock. Aspects esthétiques, culturels et sociaux*, Paris, CNRS éditions, 1994 ; Bertrand Ricard, *Rites, code et culture rock. Un art de vivre communautaire*, Paris / Montréal, L'Harmattan, 2000.

(11) Pascal Ory, *Goscinny ou la Liberté d'en rire*, Paris, Perrin, 2007.

(12) Elizabeth Bell et al. (dir.), *From Mouseto Mermaid. The Politicsof Film, Gender, and Culture*, Bloomington, Indiana University Press, 1995 ; Alexandre Bohas, *Disney. Un capitalisme mondial du rêve*, Paris, L'Harmattan, 2010.

(13) Francis Lacassin, « *Tarzan* » *ou le Chevalier crispé*, Paris, H. Veyrier, 1982 ; Pascal Dibie

oblige. Histoire des jeunes en France, XIXe-XXe siècle, Paris, PUF, 2009, p. 215-217.
(38) Pierre Jakez Hélias, *Le Cheval d'orgueil*, *op. cit.*, p. 445.
(39) Odile Roynette, *« Bons pour le service ». L'expérience de la caserne en France à la fin du XIXe siècle*, Paris, Belin, 2000, p. 192.
(40) Michel Bozon, *Les Conscrits*, Paris, Berger-Levrault, 1981, p. 35-36 et 43.
(41) Georges Falconnet et Nadine Lefaucheur, *La Fabrication des mâles*, *op. cit.*, p. 65.
(42) Dr Benjamin Spock, *Comment soigner et éduquer son enfant*, Verviers, Éditions Gérard & Cie, « Marabout », 1960, p. 327, rééd., Paris, France Loisirs, 1980, p. 383-384〔ベンジャミン・スポック『スポック博士の育児書』暮らしの手帖翻訳グループ訳、暮しの手帖社、1966年、改訂版、1976年〕.
(43) *Id.*, *Enfants et Parents d'aujourd'hui*, Paris, France Loisirs, 1977, p. 251-252.
(44) F. Hurstel et G. Delaisi de Parseval, « Mon fils ma bataille », in Jean Delumeau et Daniel Roche (dir.), *Histoire des pères et de la paternité*, Paris, Larousse, 2000, p. 402-404.
(45) A. Percheron, « Le domestique et le politique. Types de familles, modèles d'éducation et transmission des systèmes de normes et d'attitudes entre parents et enfants », *Revue française de science politique*, vol. XXXV, n° 5, 1985, p. 840-891.
(46) Évelyne Sullerot, *La Crise de la famille*, Paris, Fayard, « Pluriel », 1997, p. 191.
(47) Sandrine Vincent, *Le Jouet et ses usages sociaux*, Paris, La Dispute, 2001, p. 118-12 ; *Contre les jouets sexistes*, Paris, L'Échappée, 2007, p. 41-57.
(48) Gilbert Andrieu, *L'Éducation physique au XXe siècle. Une histoire des pratiques*, Paris, Actio, 1997, p. 44-48.
(49) Jon Swain, « Masculinities in Education », in Michael S. Kimmel, Jeff Hearn, R. W. Connell (dir.), *Handbook of Studies on Men and Masculinities*, Londres, Sage, 2005, p. 215-216 ; Christine Guionnet et Érik Neveu, *Féminins-Masculins*, *op. cit.*, p. 53.
(50) Christine Guionnet et Érik Neveu, *Féminins-Masculins*, *op. cit.*, p. 56-58.
(51) 国立統計経済研究所による。
(52) Eugène-Jean Duval, *Regards sur la conscription. 1790-1997*, Paris, Fondation pour les études de défense, 1997, p. 127 et 270.
(53) Christophe Gracieux, « Jeunesse et service militaire en France... », *op. cit.*, p. 217.
(54) Olivier Galland, « Adolescence et post-adolescence... », *op. cit.*, p. 71-76 ; *id.*, « Entrer dans la vie adulte », *Économie et statistiques*, n° 337-338, juillet-août 2000, p. 13-36 ; Martine Segalen, *Sociologie de la famille*, Paris, Armand Colin, 2006, p. 89〔マルチーヌ・セガレーヌ『家族の歴史人類学』片岡陽子ほか訳、新評論、1987年〕.
(55) Gérard Mauger, *Les Bandes, le Milieu et la Bohème populaire. Études de sociologie de la déviance des jeunes des classes populaires (1975-2005)*, Paris, Belin, 2006, p. 20-21.
(56) *Ibid.*, p. 10.
(57) Stéphane Beaud et Michel Pialoux (dir.), *Violences urbaines, violence sociale. Genèse des nouvelles classes dangereuses*, Paris, Fayard, 2003, p. 235 ; Horia Kebabza et Daniel Welzer-Lang, *« Jeunes filles et garçons des quartiers ». Une approche des injonctions de genre*, Toulouse, université Toulouse Le Mirail, 2003.
(58) *Ibid.* ; Isabelle Clair, *Les Jeunes et l'Amour dans les cités*, Paris, Armand Colin, 2008, p.

(19) George L. Mosse, *L'Image de l'homme. L'invention de la virilité moderne*, Paris, Abbeville, 1997.

(20) Lucette Heller-Goldenberg, « Histoire des auberges de jeunesse en France des origines à la Libération, 1929-1945 », thèse de doctorat d'État, université de Nice, 1985, t. I, p. 345.

(21) Michel Lacroix, *De la beauté comme violence. L'esthétique du fascisme français, 1919-1939*, Montréal, Presses de l'université de Montréal, 2004, p. 156-157 ; André Rauch, *Histoire du premier sexe*［2004］, Paris, Hachette littératures, 2006, p. 349-356.

(22) Christophe Pécout, *Les Chantiers de la jeunesse et la revitalisation physique et morale de la jeunesse française*（*1940-1944*）, Paris, L'Harmattan, 2007, p. 33.

(23) 以下に引用。Maurice Crubellier, *L'Enfance et la Jeunesse dans la société française, 1800-1950*, Paris, Armand Colin, 1979, p. 258.

(24) Béatrice Compagnon et Anne Thévenin, *L'École et la Société française*, Bruxelles, Complexe, 1995, p. 71 ; François Grèzes-Rueff et Jean Leduc, *Histoire des élèves en France. De l'Ancien Régime à nos jours*, Paris, Armand Colin, 2007, p. 21-27.

(25) François Mayeur, *Histoire de l'enseignement et de l'éducation en France*［1981］, t. III, Paris Perrin, « Tempus », 2004, p. 537-538.

(26) François Grèzes-Rueff et Jean Leduc, *Histoire des élèves en France*, *op. cit.*, p. 198-199.

(27) Étiemble, *L'Enfant de chœur*, Paris, Gallimard, 1937〔エチアンブル『聖歌隊の少年』小西茂也訳、新潮社、1953年〕.

(28) Charles Wagner, *Jeunesse*, Paris, Fischbacher, 1892, p. 341-342.

(29) Edmond Goblot, *La Barrière et le Niveau. Étude sociologique sur la bourgeoisie française moderne*, Paris, Félix Alcan, 1925, p. 55 et 57.

(30) Charles Wagner, *Jeunesse*, *op. cit.*, p. 343-344.

(31) Pierre Arnaud（dir.）, *Les Athlètes de la République. Gymnasitque, sport et idéologie républicaine, 1870-1914*, Paris, L'Harmattan, 1998.

(32) Fabien Groeniger, *Sport, religion et nation. La Fédération des patronages de France d'une guerre mondiale à l'autre*, Paris, L'Harmattan, 2004.

(33) Pierre Arnaud, « Les rapports du sport et de l'éducation physique en France depuis la fin du XIXe siècle », in Pierre Arnaud, Jean-Paul Clément et Michel Herr（dir.）, *Éducation physique et sport en France, 1920-1980*, Paris, AFRAPS, 1995, p. 257.

(34) Jean-Louis Gay-Lescot, « Éducation physique et sports scolaires durant l'entre-deux-guerres（1919-1939）: des textes à la réalité », in Jacques Gleyse（dir.）, *L'Éducation physique au XXe siècle. Approches historique et culturelle*, Paris, Vigot, 1999, p. 59-68.

(35) Olivier Galland, « Adolescence et post-adolescence : la prolongation de la jeunesse », in Gérard Mauger, René Bendit et Christian von Wolffersdorff（dir.）, *Jeunesse et société. Perspectives de la recherche en France et en Allemagne*, Paris, Armand Colin, 1994, p. 71.

(36) Georges Navel, *Travaux*［1945］, Paris, Stock, rééd. Paris, Gallimard, « Folio », 1979, p. 23 et 44-45 ; Marthe Perrier, *Le XXe siècle des enfants en Normandie*, Condé-sur-Noireau, Charles Corlet, 2000, p. 59.

(37) Christophe Gracieux, « Jeunesse et service militaire en France dans les années 1960 et 1970. Le déclin d'un rite de passage », in Ludivine Bantigny et Ivan Jablonka（dir.）, *Jeunesse*

第II部　男らしさの製造所

第1章　ひとは男らしく生まれるのではない、男らしくなるのだ

(1) Simonde de Beauvoir, *Tout compte fait*, Paris, Gallimard, 1972, p. 497〔シモーヌ・ド・ボーヴォワール『決算のとき』朝吹三吉、二宮フサ訳、紀伊國屋書店、1973-1974年〕.

(2) Georges Falconnet et Nadine Lefaucheur, *La Fabrication des mâles*, Paris, Seuil, 1975 ; Élisabeth Badinter, *XY. De l'identité masculine*, Paris, Odile Jacob, 1992〔エリザベート・バダンテール『XY——男とは何か』上村くにこ・饗庭千代子訳、筑摩書房、1997年〕.

(3) こうしたさまざまな研究の総括としては、以下を見よ。Christine Guionnet et Érik Neveu, *Féminins-Masculins. Sociologie du genre*, Paris, Armand Colin, 2005.

(4) Patricia Mercader et Laurence Tain (dir.), *L'Éternel masculin*, Lyon, Presses universitaires de Lyon, « Cahiers Masculin / Féminin », 2003, p. 5-6.

(5) Sylvie Schweitzer, *Les femmes ont toujours travaillé. Une histoire de leurs métiers. XIX*[e] *et XX*[e] *siècles*, Paris, Odile Jacob, 2002, p. 77 et 90.

(6) Zella Luria, « Genre et étiquetage : l'effet Pirandello », in Évelyne Sullerot et Odette Thibault (dir.), *Le Fait féminin*, Paris, Fayard, 1978, p. 237-238〔シュルロ、チボー編『女性とは何か』西川祐子・天羽すぎ子・宇野賀津子訳、人文書院、1983年〕; Elena Gianini Belotti, *Du côté des petites filles*, Paris, Éditions des femmes, 1973.

(7) Pierre Jakez Hélias, *Le Cheval d'orgueil. Mémoires d'un Breton du pays bigouden*, Paris, Plon, « Terre humaine », 1975, p. 67-68.

(8) Léo Clarétie, *Les Jouets. Histoire, fabrication*, Le Lavandou, Éditions du Layet, 1982, p. 286 ; Stéphane Audoin-Rouzeau, *La Guerre des enfants, 1914-1918. Essai d'histoire culturelle*, Paris, Armand Colin, 1993, p. 46 ; Claude Duneton, *Au plaisir des jouets. 150 ans de catalogues*, Paris, Hoëbeke, 2005, p. 56.

(9) Claude Duneton, *Au plaisir des jouets*, *op. cit.*, p. 70-72.

(10) Antoine Prost, *Histoire de l'enseignement et de l'éducation en France* [1981], t. IV, Paris, Perrin, « Tempus », 2004, p. 115.

(11) William F. Whyte, *Street Corner Society. La structure sociale d'un quartier italo-américain* [1943], Paris, La Découverte, 1996〔W・F・ホワイト『ストリート・コーナー・ソサエティ』奥田道大・有里典三訳、有斐閣、2000年〕, 以下に引用。Christine Guionnet et Érik Neveu, *Féminins-Masculin*, *op. cit.*, p. 40.

(12) Ephraïm Grenadou, *Grenadou, paysan français* [1966], Paris, Rombaldi, 1980, p. 57-58.

(13) Daniel Fabre, « Faire la jeunesse au village », in Giovanni Levi et Jean-Claude Schmitt (dir.), *Histoire des jeunes en Occident*, t. II, Paris, Seuil, 1996, p. 51-83.

(14) Ephraïm Grenadou, *Grenadou, paysan français*, *op. cit.*, p. 52.

(15) Clifford Putney, *Muscular Christianity. Manhood and Sports in Protestant America, 1880-1920*, Cambridge (Mass.), Harvard University Press, 2001.

(16) Nicolas Benoît, *Les Éclaireurs de France*, Paris, Journal des voyages, 1911, p. 6.

(17) Agnès Thiercé, *Histoire de l'adolescence (1850-1914)*, Paris, Belin, 1999, p. 212-214 et 251-252.

(18) Pierre Bovet, *Le Génie de Baden-Powell*, Neuchâtel/Genève, Forum, 1921.

(84) Sally Robinson, *Marked Men. White Masculinity in Crisis*, New York, Columbia University Press, 2000, p. 10.

(85) Jeff Hearn et Keith Pringle, *European Perspectives on Men and Masculinities...*, *op. cit.*, p. 4.

(86) *Ibid.* これも状況の一側面にすぎない。以下を見よ。Ben Wadham, « Global Men's Health and the Crisis of Western Masculinity », in Bob Pease et Keith Pringle (dir.), *A Man's World ? Changing Men's Practices in a Globalized World*, Londres, Zed Books, 2001, p. 69-72.

(87) Karen Harvey et Alexandra Shepard, « What Have Historians Done with Masculinity ?... », *op. cit.*, p. 279.

(88) Rebecca Frieman et Dan Healey, « Conclusions », in Barbara Evans Clements, Rebecca Friedman et Dan Healey (dir.), *Russian Masculinities in History and Culture*, Basingstoke, Palgrave Macmillan, 2002, p. 229.

(89) Christopher E. Forth, *Masculinity in the Modern West. Gender, Civilization and the Body*, Basingstoke, Palgrave Macmillan, 2008. カム・ルイは、中国においても、全体的に似通った男性性のいわゆる振動があることを論証した。男性の伝統が、身体的美点 (wu)〔ウー=武〕と同時に、精神的な美点や公徳心 (wen)〔ウェン=文〕をも包含しているのである。ほとんど常に、wu と wen の均衡が奨励されているのだが——時代によっては、どちらか一方の美点がより求められた——、西洋との違いはと言えば、両者とも男らしさとして考えられている点である。Kam Louie, *Theorizing Chinese Masculinity. Society and Gender in China*, Cambridge, Cambridge University Press, 2002.

(90)「ジェンダーは、人種と社会階級との交差点に見出される——のみならず人種と社会階級とともに相互に作用する——とありきたりに言うことができるが、さらにつけ加えるなら、国籍、あるいは世界における位置と常なる相互作用があるとも言えよう。(R. W. Connell, Masculinities, *op. cit.*, p. 75). また、以下を見よ。R. W. Connell, « Masculinities and Globalisation », *Men and Masculinities*, vol. I, n° 1, p. 16.

(91) Michèle Cohen, « Manliness, Effeminacy, and the French : Gender and the Construction of the National Character in xviiith-Century England », in Tim Hitchcock et Michèle Cohen (dir.), *English Masculinities. 1660-1800*, Londres, Longman, 1999, p. 44-61.

(92) Élisabeth Badinter, *XY*, *op. cit.*, p. 37.

(93) Christopher E. Forth, *Masculinity in the Modern West...*, *op. cit.*, p. 10-11.

(94) Melanie Philipps, *The Sex-Change Society. Feminised Britain and the Neutered Male*, Londres, The Social Market Foundation, 1999 ; Éric Zemmour, Le Premier Sexe, Paris, Denoël, 2006.

(95) Anthony Synnott, *Rethinking Men. Heroes, Villains and Victims*, Londres, Ashgate, 2009.

(96) Sally Robinson, « Pedagogy of the Opaque : Teaching Masculinity Studies », in Judith Kegan Gardiner (dir.), *Masculinity Studies and Feminist Theory*, New York, Columbia University Press, 2002, p. 147-148.

XIXth-Century », in Susan Mendus et John Rendall (dir.), *Sexuality and Subordination : Interdisciplinary Studies in Gender in the XIXth-Century*, Londres, Routledge, 1989, p. 89-127. p. 122に引用。

(68) Ashis Nandy, *The Intimate Enemy. Loss and Recovery of Self under Colonialism*, Delhi, Oxford University Press, 1983.

(69) Mrinalini Sinha, *Colonial Masculinity. "The Manly Englishman" and "The Effeminate Bengali" in the Late XIXth-Century*, Manchester, Manchester University Press, 1995.

(70) Revathi Krishnaswamy, *Effeminism. The Economy of Colonial Desire*, Ann Arbor, University of Michigan Press, 1998, p. 6.

(71) Indira Chowdhury, *The Frail Hero and Virile History. Gender and the Politics of Culture in Colonial Bengal*, Delhi, Oxford University Press, 1998, p. 22-24.

(72) 当該分野に関するサンダー・ギルマンの数ある著作のなかでも、とくに以下を明記しておく。*Difference and Pathology. Stereotypes of Sexuality, Race, and Madness*, Ithaca, Cornell University Press. The Jew's Body, New York, Routledge, 1991〔サンダー・ギルマン『ユダヤ人の身体』管啓次郎訳、青土社、1997年〕.

(73) George L. Mosse, *The Image of Man*, *op. cit.*

(74) Daniel Boyarin, *Unheroic Conduct. The Rise of Heterosexuality and the Invention of the Jewish Man*, Berkeley, University of California Press, 1997, p. 72.

(75) Todd Presner, *Muscular Judaism. The Jewish Body and the Politics of Regeneration*, New York, Routledge, 2007.

(76) Phillip Brian Harper, *Are We Not Men ? Masculine Anxiety and the Problem of African-American Identity*, New York, Oxford University Press, p. x.

(77) bell hooks, *We Real Cool. Black Men and Masculinity*, New York, Routledge, 2004, p. 48.

(78) 一例として、以下を見よ。Barbara Ehrenreich, *The Hearts of Men. American Dream and the Flight from Responsibility*, New York, Anchor Books, 1983 ; Arthur Schlesinger, « The Crisis of American Masculinity » [1958], *The Politics of Hope*, Boston, Houghton Mifflin Co., 1962〔アーサー・シュレンジンジャー『希望の政治――現実政策の理論的解明(上・下)』嘉治真三訳、時事通信社、1966年〕.

(79) Élisabeth Badinter, *XY. De l'identité masculine*, Paris, Odile Jacob, 1992 ; Michael S. Kimmel, *The History of Men. Essays on the History of American and British Masculinities*, Albany, SUNY Press, 2005, p. 42-45.

(80) Peter N. Stearns, *Be a Man !*, *op. cit.*, p. 1.

(81) Jo Ann McNamara, « The Herrenfrage : The Restructuring of the Gender System, 1050-1150 », in Clare A. Lees (dir.), *Medieval Masculinities. Regarding Men in the Middle Ages*, Minneapolis, University of Minnesota Press, 1994, p. 3-29.

(82) James Davidson, *Courtesans and Fishcakes. The Consuming Passions of Classical Athens*, New York, Harper Perennial, 1997 ; Andrew Dalby, *Empire of Pleasures. Luxuries and Indulgence in the Roman World*, New York, Routledge, 2000.

(83) 一例として、以下を見よ。Gail Bederman, *Manliness and Civilization...*, *op. cit.*, p. 11. Judith A. Allen, « Men Interminably in Crisis ? Historians on Masculinity, Sexual Boundaries, and Manhood », *Radical History Review*, n° 82, hiver 2002, p. 191-207.

(48) John Tosh, « Hegemonic Masculinity and the History of gender », in Stefan Dudink, Karen Hagemann et John Tosh (dir.), *Masculinities in Politics and War. Gendering Modern Society*, Manchester, Manchester University Press, 2004, p. 41-58. p. 56に引用．

(49) Robert A. Nye, « Locating Masculinity : Some Recent Work on Men », *Signs*, vol. XXX, n° 3, 2005, p. 1937-1962, p. 1939.

(50) Mrinalini Sinha, « Giving Masculinity a History : Some Contributions from the Historiography of Colonial India », *Gender and History*, vol. XI, n° 3, novembre 1999, p. 445-460. p. 449 に引用。

(51) Michael Kimmel, *Manhood in America...*, *op. cit.*, p. 5.

(52) Lynn Segal, Slow Motion. *Changing Masculinities, Changing Men*, Londres, Virago, 1990, p. 114.

(53) Susan Bordo, *The Flight to Objectivity. Essays on Cartesianism and Culture*, Albany, SUNY Press, 1987.

(54) Carole Pateman, *The Sexual Contract*, Stanford, Stanford University Press, 1988.

(55) Jean Bethke Elshtain, *Public Man, Private Woman. Women in Social and Political Thought*, Princeton, Princeton University Press, 1981, p. 142.

(56) Klaus Theweleit, *Male Fantasies*, Minneapolis, University of Minnesota Press, 1989, 2 vol〔クラウス・テーヴェライト『男たちの妄想』第2巻、田村和彦訳、法政大学出版局、2004年〕.

(57) *Ibid.*, t. II, p. 13.

(58) 以下を見よ。Martha Nussbaum, *Hiding from Humanity. Disgust, Shame and the Law*, Princeton, Princeton University Press, 2004〔マーサ・ヌスバウム『感情と法――現代アメリカ社会の政治的リベラリズム』河野哲也監訳、慶應義塾大学出版会、2010年〕.

(59) Susan Jeffords, *The Remasculinization of America. Gender and the Vietnam War*, Bloomington, Indiana University Press, 1989.

(60) R. W. Connell, *Masculinities*, *op. cit.*, p. 71.

(61) Judith Butler, « Melancholy / Gender / Refused Identification », in Maurice Berger, Brian Willis et Simon Watson (dir.), *Constructing Masculinity*, New York, Routledge, 1995, p. 21-36.

(62) Michel Foucault, *Histoire de la sexualité*, t. I, *La Volonté de savoir*, Paris, Gallimard, 1976, p. 59〔ミッシェル・フーコー『知への意志　性の歴史 1』渡辺守章訳、新潮社、1986年〕.

(63) David Halperin, *One Hundred Years of Homosexuality*, New York, Routledge, 1990〔デイヴィッド・ハルプリン『同性愛の百年間――ギリシャ的愛について』石塚浩司訳、法政大学出版局、1995年〕.

(64) George Chauncey, *Gay New York. Gender, Urban Culture and the Making of the Gay Male World, 1890-1940*, New York, Basic Books, 1994.

(65) Stephen M. Whitehead, *Men and Masculinities...*, *op. cit.*, p. 74.

(66) Edward Saïd, *Orientalism*, New York, Vintage, 1978, p. 311〔エドワード・サイード『オリエンタリズム』今沢紀子訳、平凡社、1986年、平凡社ライブラリー、1993年〕.

(67) Joanne de Groot, « "Sex" and "Race" : The Construction of Language and Image in the

〔ジョーン・W・スコット『ジェンダーと歴史学』荻野美穂訳、平凡社、増補新版、2004年〕.

(33) スコットの論考が与えた影響に関しては、以下を見よ。Joanne Meyerowitz, « A History of "Gender" », *American Historical Review*, vol. CXIII, n° 5, décembre 2008, p. 1422-1430.

(34) この点に関しては、とくに以下を見よ。Robert A. Nye, *Masculinity and Male Codes of Honor in Modern France*, Princeton, Princeton University Press, 1993.

(35) Gail Bederman, *Manliness and Civilization. A Cultural History of Gender and Race in the United States, 1880-1917*, Chicago, University of Chicago Press, p. 18-19.

(36) 一例として、以下を見よ。Martin Crotty, *Making the Australian Male. Middle-Class Masculinity, 1870-1920*, Melbourne, Melbourne University Press, 2001.

(37) John Tosh, *A Man's Place. Masculinity and the Middle-Class Home in Victorian England*, New Haven, Yale University Press, 1999.

(38) John Tosh, *A Man's Place*, *op. cit.*, p. 111-112 ; Karen Downing, « The Gentleman Boxer : Boxing, Manners and Masculinity in XVIIIth-Century England », *Men and Masculinities*, vol. XII, n° 3, avril 2010, p. 328-352.

(39) John Tosh, *Manliness and Masculinities in XIXth-Century Britain*, Londres, Pearson Longman, 2005, p. 72.

(40) George L. Mosse, *The Image of Man. The Creation of Modern Masculinity*, Oxford, Oxford University Press, 1996〔ジョージ・L・モッセ『男のイメージ——男性性の創造と近代社会』細谷実、海妻径子訳、作品社、2005年〕.

(41) Christopher E. Forth et Bertrand Taithe, « Introduction : French Manhood in the Modern World », in *Id.* (dir.), *French Masculinities. History, Culture and Politics*, Basingstoke, Palgrave Macmillan, 2007, p. 5-6.

(42) Anne-Marie Sohn, *« Sois un homme ! ». La construction de la masculinité au XIXe siècle*, Paris, Seuil, 2009, p. 11.

(43) Jennifer Travis, *Wounded Hearts. Masculinity, Law and Literature in American Culture*, Chapel Hill, University of North Carolina Press, 2005.

(44) 以下を見よ。 Martin Francis, « The Domestication of the Male ? Recent Research on XIX and XXth-Century British Masculinity », *The Historical Journal*, vol. XLV, n° 3, 2002, p. 637-652 ; et « A Flight from Commitment ? Domesticity, Adventure and the Masculine Imaginary in Britain after the 2nd World War », *Gender and History*, vol. XIX, n° 1, avril 2007, p. 163-185.

(45) Sofia Aboim, *Plural Masculinities*, *op. cit.*, p. 35.

(46) Karen Harvey et Alexandra Shepard, « What Have Historians Done with Masculinity ? Reflections on Five Centuries of British History, circa 1500-1950 », *Journal of British Studies*, vol. 44, avril 2005, p. 274-280. p. 275に 引用。

(47) Toby L. Ditz, « The New Men's history and the Peculiar Absence of Gendered Power : Some Remedies from Early American Gender History », *Gender and History*, vol. XVI, n° 1, avril 2004, p. 1-35, p. 2. 以下の議論も見よ。Laura Lee Downs, *Writing Gender History*, Londres, Hodder Arnold, 2004, p. 73-74.

(11) *Ibid.*, p. 77.

(12) *Ibid.*, p. 79, 82.

(13) Demetrakis Z. Demetriou, « Connell's Concept of Hegemonic Masculinity : A Critique », *Theory and Society*, vol. XXX, 2001, p. 337-361 ; Stephen M. Whitehead, *Men and Masculinities, op. cit.*, p. 92-93. 包括的研究および批判に対する回答については、以下を見よ。 R. W. Connell et James W. Messerschmidt, « Hegemonic Masculinity : Rethinking the Concept », *Gender and Society*, vol. XIX, n°6, décembre 2005, p. 829-859.

(14) Stephen M. Whitehead, *Men and Masculinities, op. cit.*, p. 95.

(15) Jeff Hearn, « From Hegemonic Masculinity to the Hegemony of Men », *Feminist Theory*, vol. V, n° 1, avril 2004, p. 49-72. p. 59に 引用。

(16) François Cusset, *French Theory. Foucault, Derrida, Deleuze et Cie, et les mutations de la vie intellectuelle aux États-Unis*, Paris, La Découverte, 2003〔フランソワ・キュセ『フレンチ・セオリー――アメリカにおけるフランス現代思想』桑田光平他訳、NTT 出版、2010年〕.

(17) Jana Sawicki, *Disciplining Foucault. Feminism, Power and the Body*, New York, Routledge, 1991; David M. Halpern, Saint Foucault. Towards a Gay Hagiography, Oxford, Oxford University Press, 1995.

(18) Judith Butler, *Gender Trouble*, New York, Routledge, 1990, p. 7, 25〔ジュディス・バトラー『ジェンダー・トラブル――フェミニズムとアイデンティティの攪乱』竹村和子訳、青土社、1999年〕.

(19) Robert A. Nye, « How Sex Became Gender », *Psychoanalysis and History*, vol. XII, juillet 2010, p. 195-209.

(20) Judith Halberstam, *Female Masculinity*, Durham, Duke University Press, 1998.

(21) R. W. Connell, *Masculinities…*, *op. cit.*, p. 71.

(22) Todd W. Reeser, *Masculinities in Theory : An Introduction*, Oxford, Wiley / Blackwell, 2010, p. 14.

(23) Stephen M. Whitehead, *Men and Masculinities…*, *op. cit.*, p. 100.

(24) Chris Haywood et Màirtin Mac an Ghaill, *Men and Masculinities…*, *op. cit.*, p. 5.

(25) Sofia Aboim, *Plural Masculinities…*, *op. cit.*, p. 3.

(26) Natalie Zemon Davis, « Women's History in Transition : The European Case », *Feminist Studies*, vol. III, n° 3-4, 1976, p. 83-103. p. 90に 引用。

(27) Peter N. Stearns, *Be a Man ! Males in Modern Society*, New York, Holmes and Meier, 1979, p. 5, 7.

(28) *Ibid.*, p. 60.

(29) E. Anthony Rotundo, *American Manhood. Transformations in Masculinity from the Revolution to the Modern Era*, New York, Basic Books, 1993.

(30) Michael Kimmel, *Manhood in America…*, *op. cit.*

(31) John Tosh, « What Should Historians do with Masculinity ? Reflections on XIXth-Century Britain », *History Workshop Journal*, vol. XXXVIII, n° 1, 1994, p. 179-202.

(32) Joan Wallach Scott, « Gender : A Useful Category of Historical Analysis » (1986), repris in *Gender and the Politics of History*, New York, Columbia University Press, 1988, p. 42

(65) Beatriz Preciado, Testo Junkie. *Sexe, drogue et biopolitique*, Paris, Grasset, 2008, p. 319.
(66) *Ibid.*, p. 348.
(67) *Ibid.*, p. 21.
(68) *Ibid.*, p. 347.
(69) Kate Bornstein, *Gender Outlaw. On Men, Women, and the Rest of Us*, New York, Vintage Books, 1994, p. 245〔ケイト・ボーンスタイン『隠されたジェンダー』筒井真樹子訳、新水社、2007年〕.
(70) 以下を参照。Christine Bard, *Les Garçonnes. Modes et fantasmes des Années folles*, Paris, Flammarion, 1998 ; Mary Louise Roberts, *Civilization without Sexes. Reconstructing Gender in Postwar France, 1917-1927*, Chicago, The University of Chicago Press, 1994.
(71) Dominique Bourque, « Être ou ne pas être subversives ? », *Genre, sexualité et société*, n° 1, printemps 2009, 〈http://gss.revues.org/index962.html〉.
(72) アメリカで2004-2009年に放送されたテレビドラマ。上流階級の子女であり、流行に敏感で、全体において女性的、または非常に女性的なレズビアン、バイセクシュアルの女性たちを描く群像劇であり、舞台はロサンゼルス（ハリウッド西部）に設定されている。
(73) Jules Falquet, « Rompre le tabou de l'hétérosexualité, en finir avec la différence des sexes : les apports du lesbianisme comme mouvement social et théorie politique », *Genre, sensualité et société*, n° 1, printemps 2009, 〈http://gss.revues.org/index705.html〉
(74) Virginia Wolf, *Une chambre à soi, op. cit.*, p. 55.

第5章　英語圏の男性性と男らしさ

(1) John Pettegrew, *Brutes in Suits. Male Sensibility in America, 1890-1920*, Baltimore, Johns Hopkins University Press, 2007, p. 6.
(2) Bryce Traister, « Academic Viagra : the Rise of American Masculinity Studies », *American Quarterly*, vol. LII, n° 2, juin 2000, p. 274-304. p. 280に引用。
(3) Chris Haywood et Màirtin Mac an Ghaill, *Men and Masculinities. Theory, Research and Social Practice*, Buckingham, Open University, 2003, p. 4-5, 9.
(4) Jeff Hearn et Keith Pringle, *European Perspectives on Men and Masculinities. National and Transnational Approaches*, Basingstoke, Palgrave Macmillan, 2006.
(5) Sofia Aboim, *Plural Masculinities. The Remaking of the Self in Private Life*, Surrey, Ashgate, 2010, p. 27-28.
(6) Stephen M. Whitehead, *Men and Masculinities. Key Themes and New Directions*, Cambridge, Polity Press, 2002, p. 87-89.
(7) Michael Kimmel, *Manhood in America. A Cultural History*, Oxford, Oxford University Press, 2e éd., 2006.
(8) Joseph H. Pleck, *The Myth of Masculinity*, Cambridge (Mass.), MIT Press, 1981.
(9) Michael Kimmel, *Manhood in America..., op. cit.*, p. 188-189 ; Joseph Pleck, « The Theory of Male Sex-Role Identity », in Harry Brod (dir.), *The Making of Masculinities. The New Men's Studies*, Boston, Allen and Unwin, 1987, p. 19-38.
(10) R. W. Connell, *Masculinities*, Sydney, Allen and Unwin, 1995, p. 71.

(46) Louise Malette, Marie Chalouth (dir.), *Polytechnique. 6 décembre*, Montréal, Les Éditions du Remue-Ménage, 1990, p. 97.

(47) ケベックの性科学者イヴォン・ダレールによる著作の表題『男、そして男であることの誇り』が、これをよく示している。Yvon Dallaire, *Homme et fier de l'être*, Québec, Option Santé, 2001.

(48) Mélissa Blais, Francis Dupuis-Déri, *Le Mouvement masculiniste au Québec. L'antifeminisme démasqué*, Montréal, Les Éditions du Remue-Ménage, 2008, introduction.

(49) 以下を参照。Claude Lesselier, Fiammetta Venner, *L'Extrême Droite et les femmes*, Villeurbanne, Golias, 1997.

(50) Nicole-Claude Mathieu, *L'Anatomie politique. Catégorisations et idéologies du sexe*, Paris, Côté femmes, 1991.

(51) « La Contrainte à l'hétérosexualité », *Nouvelles Questions féministes*, n° 1, 1981.

(52) Monique Wittig, *The Straight Mind and Other Essays*, Boston, Beacon Press et Hemel Hempstead, Harvester Wheatsheaf, 1992 (*La Pensée straight*, Paris, Balland, 2001, rééd., Paris, Amsterdam, 2007).

(53) 以下を参照。Christine Bard et Nicole Pellegrin (dir.), « Femmes travesties. Un "mauvais" genre », *Clio, Histoire, femmes et sociétés*, n° 10, 1999 ; Sylvie Steinberg, *La Confusion des sexes. Le travestissement de la Renaissance à la Révolution*, Paris, Fayard, 2001.

(54) Diana Souhami, *The Trials of Radclyffe Hall*, New York / Londres / Toronto / Sydney / Auckland, Doubleday, 1999.

(55) 以下を参照。アメリカにおける背景についてはJoan Nestle (dir.), *The Persistant Desire. A Femme-Butch Reader*, Boston, Alyson Publications, 1992 ; Lily Burana, Roxxie Linnea Due (dir.), *Dagger. On Butch Women*, Pitsburg/San Francisco, Cleis Pres, 1994 ; Sally R. Munt (dir.), *Butch/Femme. Inside Lesbian Gender*, Londres/Washington, Cassel, 1998 ; フランスの背景についてはChristine Lemoine, Ingrid Renard (dir.), *Attirances. Lesbiennes fem/Lesbiennes butch*, Paris, Éditions gaies et lesbiennes, 2001.

(56) Dorothy Allison, *Peau, Essai*, traduit de l'américain, Paris, Balland, 1999, p. 128.

(57) Gayle Rubin, Judith Butler, *Marché au sexe*, traduit de l'américain, Paris, EPEL, 2001.

(58) 以下を参照。Les documentaires : Jennie Livingston, *Paris Is Burning*, 1990 ; et Gabriel Bauer, *Venus Boyz*, 2002.

(59) 以下を参照。Marie-Hélène Bourcier, *Queer Zones. Politiques des identités sexuelles, des représentations et des savoirs*, Paris, Balland, 2001, また Sexpolitiques, *Queer Zones 2*, Paris, La Fabrique, 2005 ; さらには *id.*, avec Pascale Molinier (dir.), *Cahiers du genre*, « Les Fleurs du mâle. Masculinité sans hommes ? », n° 45, 2008.

(60) Beatriz Preciado, *Manifeste contra-sexuel*, trad. M.-H. Bourcier, Paris, Balland, 2000.

(61) Judith Halberstam, Del LaGrace Volcano, *The Drag King Book*, New York, Serpent's Tail, 1999 ; Judith Halberstam, *Female Masculinity*, Durham, Duke University Press, 1998.

(62) Del LaGrace Volcano, *Sublimes Mutations*, Tübingen, Konkursbuchverlag, 2002.

(63) Pat Califia, *Le Mouvement transgenre. Changer de sexe*, trad. P. Ythier, Paris, EPEL, 2003.

(64) Maximilian Wolf Valerio, *The Testosterone Files. My Hormonal and Social Transformation from FEMALE to Male*, Emeryville, Seal Presse, 2006.

(21) 以下に引用。Carmen Domingo, *Histoire politique des femmes espagnoles. De la IIème République à la fin du franquisme*, Rennes, PUR, 2008, p. 149.

(22) 以下に引用。Victoria de Grazia, « Le patriarcat fasciste - Mussolini et les Italiennes - 1920-1940 », in Françoise Thébaud (dir.), *Histoire des femmes en Occident*, Paris, Plon, t. V, 1992, p. 124.

(23) Giornale della donna, 15 août-1er septembre 1930, 以下に引用。Denise Detragiache, « De la "mamma" à la "nouvelle Italienne"... », *op. cit.*, p. 148.

(24) María Rosa Urraca Pastor, *Memoria de una enfermera*, Barcelone, Juventud, 1939, 以下に引用。Carmen Domingo, *Histoire...*, *op. cit.*, p. 107.

(25)「この意味で、他者中心主義の女性は彼女の関心と野心の中心を、彼女自身の内部にではなく、彼女が愛し、愛されたいと望む人物のうちに置くのである。つまりは夫、子供たち、父親、恋人といったような人々のうちに」、Gina Lombroso, *L'Âme de la femme*, trad. de l'italien par François Le Hénaff, Paris, Payot, rééd., 1947, p. 22.

(26) *Ibid.*, p. 29.

(27) Michèle Le Doeuff, *L'Étude et le Rouet. Des femmes, de la philosophie, etc.*, Paris, Seuil, 1989.

(28) Simone de Beauvoir, *Le Deuxième Sexe*, *op. cit.*, t. I, p. 82.

(29) *Ibid.*, p. 91.

(30) *Ibid.*, p. 394.

(31) *Le Deuxième Sexe...*, *op. cit.*, t. II, p. 9.

(32) Cécile Brunschvicg, « Onze novembre », *La Française*, 11 novembre 1933.

(33) « Militant antimilitarisme », *Choisir*, mars-avril 1979; « Triste armée ! », *Choisir*, juin-juillet 1981.

(34) Clara Malraux, *Le Bruit de nos pas*, t. I. Paris, Grasset, 1992. P. 151.

(35) « Les femmes soldats », *La Française*, 5 octobre 1935.

(36) この黄体化的抗アンドロゲンは今日、女性の多毛症、前立腺癌の治療また性欲の軽減のために処方される。

(37) Simone de Beauvoir, *Le Deuxième Sexe...*, *op. cit.*, t. II, p. 96.

(38) « Guerre et paix version », *Chosir*, n° 39, janvier-février 1979.

(39) Danielle Le Bricquir, Odette Thibault, *Féminisme et pacifisme. Même combat*, Paris, Les Lettres libres, 1985, p. 30.

(40) Nancy Huston, « On ne naît pas homme », *Le Monde*, 16 mai 2009.

(41) Moïra Sauvage, *Les Aventures de ce fabuleux vagin*, Paris, Calmann-Lévy, 2008.

(42) Alice Schwarzer, *La petite Différence et ses Grandes Conséquences*, trad. de l'allemand, Paris, Édition des femmes, 1977, p. 262 et 267〔アリス・シュヴァルツァー『性の深層――小さな相違と大きな結果』寺崎あきこ訳、亜紀書房、1979年〕.

(43) *Ibid.*, p. 300.

(44) Benoîte Groult, *Ainsi soit-elle*, Paris, Grasset, 1975, p. 191.

(45) マリー=フランソワーズ・ハンス、ジル・ラプージュによるリュス・イリガライへのインタビューによる。Marie-Françoise Hans, Gilles Lapouge, *Les Femmes, la pornographie*, l'érotisme, Paris, Seuil, 1978, p. 55.

(3) Marcelle Capy, *Des hommes passèrent*, Paris, Édition du Tambourin, 1930, p. 189.

(4) Simone de Beauvoir, *Le Deuxième Sexe*, Paris, Gallimard, 1949, rééd., « Folio », 1976, t. I, *Les Faits et les Mythes*, p. 257.〔シモーヌ・ド・ボーヴォワール『決定版第二の性〈1〉事実と神話』井上たか子・木村信子訳、新潮社、1997年〕.

(5) Françoise d'Eaubonne, *Mémoires irréductibles de l'entre-deux-guerres à l'an 2000*, Paris, Dagorno, 2001, p. 101.

(6) *La Donna fascista*, 18 décembre 1939, 以下に引用。Denise Detragiache, « De la "mamma" à la "nouvelle Italienne" : la presse des femmes fascistes de 1930 à 1942 », in Rita Thalmann (dir), *La Tentation nationaliste. 1914-1945*, Paris, Tierce, 1920, p. 150.

(7) Jean-Paul Sartre, « Qu'est-ce qu'un collaborateur ? », 1945, 以下に引用。Tony Judt, *Un passé imparfait. Les intellectuels en France 1944-1956*, Paris, Fayard, 1992, p. 64.

(8) Nicole Gabriel, « Un corps à corps avec l'Histoire : les féministes allemandes face au passé nazi », in Rita Thalmann (dir.), *Femmes et fascismes*, Paris, Tierce, 1986, p. 226.

(9) Virginia Wolf, *Une chambre à soi*, *op. cit.*, p. 154.

(10) Adolf Hitler, *Mein Kampf*, Munich, Franz Eher Verlag, 1925, t. II, p. 455, 以下に引用。Rita Thalmann, *Être femme sous le IIIème Reich*, Paris, Robert Laffont, 1982, p. 73.〔アドルフ・ヒトラー『わが闘争』上・下、平野一郎・将積茂訳、角川文庫、1973年、2001年改版〕.

(11) リタ・タルマンは、『わが闘争』においては、「女性は常に生物学的な女〔Weib〕と呼ばれる。この古風で生物学的用語は、通常の使用において、婦人〔Frau〕とは反対に、多かれ少なかれ軽蔑的な語となった」と記している (*Être femme...*, *op. cit.*, p. 66)。

(12) 以下に引用。Claudia Koonz, *Les Mères-patrie du IIIème Reich. Les femmes et le nazisme*, traduit de l'américain, Paris, Lieu commun, 1989, p. 237.

(13) Rita Thalmann, *Être femme...*, *op. cit.*, p. 65.

(14) 以下に引用。*ibid.*, p. 72.

(15) Guida Diehl, *Die deutsche Frau u der Nationalsozialismus*, 1932, 以下に引用。*Ibid.*, p. 73.

(16) フランソワーズ・テボーによる表現。Françoise Thébaud, in Georges Duby, Michelle Perrot (dir.), *Histoire des femmes en Occident*, t. V, Françoise Thébaud (dir.), *Le XXème Siècle*, Paris, Plon, 1992.

(17) Rita Thalmann, « Les femmes, les fascismes et l'antifascisme dans l'Europe des années 1930-1940 », Jacques Fijalkow (dir.), *Les femmes dans les années quarante*, Paris Édition de Paris Max Chaleil, 2004, p. 17.

(18) クローディア・クーンズによるインタビューから。Claudia Koonz, *Les mères-patrie...*, *op. cit.*, p. 43.

(19) 生存圏。女性たちにとっては、「社会的空間であり、そこにおいて女性たちは集合し、あらゆる世代とあらゆる階級が一体となって、愛と調和の世界をよみがえらせる」(Claudia Koonz, *Les Mères-patrie...*, *op. cit.*, p. 43)。

(20) Karine Windaus-Walser, « La "grâce de la naissance féminine" : un bilan », Liliane Kandel, *Féminisme et nazisme*, Paris, Odile Jacob, 2004, p. 225-235.

tondues à la Libération, Paris, Payot, 2000.

(52) Joseph Levy-Valensi, *Les Crimes passionnels*, *op. cit.*, p. 65.

(53) Benoîte Groult, « Préface », in Susan Brownmiller, *Le Viol*, Paris, Stock, 1976, p. 12〔スーザン・ブラウンミラー『レイプ・踏みにじられた意思』幾島幸子訳、勁草書房、2000年〕.

(54) アンヌ＝マリー・クリヴァン、マリー＝テレーズ・キュヴリエ、ジゼル・アリミである。

(55) Corine Briche, « La souffrance de la jeune fille violée : de la barbarie de l'acte... au poids de l'indifférence et de la suspicion », *Pensée plurielle*, n° 8, février 2004, p. 69-80.

(56) Marcela Iacub, *Le crime était presque sexuel*, Paris, EPEL, 2000, p. 39.

(57) Dominique Fougeyrollas-Schwebel, Helena Hirata et Danièle Senotier, « La violence, les mots, le corps », *Cahiers du genre*, n° 35, 2003, p. 57.

(58) Daniel Welzer-Lang, *Les Hommes violents*, *op. cit.*, p. 34.

(59) Marie-Victoire Louis, *Le Droit de cuissage : France, 1860-1930*, Paris, L'Atelier, 1994.

(60) Elizabeth Brown, Dominique Fougeyrollas-Schwebel et Maryse Jaspard, « Les paroxysmes de la conciliation. Violence au travail et violence du conjoint », *Travail, genre et société*, n° 8, février 2002, p. 149-165.

(61) Marie-Victoire Louis, « Harcèlement sexuel et domination masculine », in Christine Bard (dir.), *Un siècle d'antiféminisme*, Paris, Fayard, 1999, p. 401-416.

(62) Jean-Claude Lauret et Raymond Lasierra, *La Torture propre*, Paris, Grasset, 1975.

(63) 3e conférence ministérielle européenne pour l'égalité entre les femmes et les hommes (Rome, 21-22 octobre 1993).

(64) Plate-forme d'action, 以下に引用。Maryse Jaspard, « Les violences conjugales en Europe », *op. cit.*, p. 249.

(65) Maryse Jaspard, Élizabeth Brown et Stéphanie Condon, « Les violences envers les femmes en France. Une enquête nationale », Paris, ministère du Travail, 2003.

(66) スタンリー・キューブリックの1971年公開の映画「時計じかけのオレンジ」もまた、この現象の存続を示している。

(67) Laurent Mucchielli, « Approche sociologique de la violence sexuelle. Le cas des viols collectifs », *Stress et Trauma*, n° 8, 2008, p. 243-252.

(68) *Ibid.*, p. 247.

(69) Christine Castellain-Meunier, *Les Hommes aujourd'hui. Virilité et identité*, Paris, Acropole, 1988, p. 84-85, 以下に引用。Daniel Welzer-Lang, *Les Hommes violents*, *op. cit.*, p. 122.

(70) 国立犯罪監視局 Observatoire national de la délinquance の統計報告書 *Grand Angle*, n° 14, juillet 2008の表題。

第4章　女性の鏡にうつる男らしさ

(1) Virginia Wolf, *A Room of One's Own*, Londres, The Hogarth Press, 1929, *Une chambre à soi*, traduit de l'anglais par Clara Malraux, Robert Martin, 1951, Paris, Denoël, 1977, 1992, p. 54〔ヴァージニア・ウルフ『自分だけの部屋』川本静子訳、みすず書房、1999年〕.

(2) *Ibid.*, p. 54.

(24) Danier Welzer-Lang, *Les Hommes violents*, *op. cit.*, p. 128.

(25) Édouard Peisson, *Une femme*, Paris, Grasset, 1934, p. 67. 今日ではいささか忘れ去られているが、「プロレタリア作家」グループの一員だったエドゥアール・ペッソンは、1930年代には多作な作家だった。

(26) Brigade criminelle, A-1949/2, C…, mars 1949, Paris, archives de la Préfecture de police.

(27) Archives de la Préfecture de police, C^{B} 36/36 : main courante du commissariat de Barbès, 1er septembre 1934-13 juillet 1935, n° 886, 1er juin 1935, Aff[re]. « Violences légères ».

(28) Direction de la police judiciaire, bulletin de condamnation, A-1934/3, M…, 53, rue de Belleville, Paris, archives de la Préfecture de police.

(29) Maryse Jaspard, « Les violences conjugales en Europe », in Christine Ockrent et Sandrine Treiner (dir.), *Le Livre noir de la condition des femmes*, Paris, XO Éditions, 2006, p. 245.

(30) Paul Voivenel, *Du timide au satyre*, Paris, Librairie des Champs-Élysées, 1933, p. 7.

(31) Daniel Lagache, *La Jalousie amoureuse*, *op. cit.*, t. II, p. 252-257.

(32) *Ibid.*, p. 55.

(33) *Ibid.*, p. 247.

(34) Daniel Welzer-Lang, *Les Hommes violents*, *op. cit.*, p. 210.

(35) Émile Garçon, *Code pénal annoté*, t. II, Paris, Sirey, éd. mise à jour, 1952.

(36) Joseph Levy-Valensi, *Les Crimes passionnels*, *op. cit.*, p. 19.

(37) Enrico Ferri, 以下に引用。*Ibid.*, p. 56.

(38) *Ibid.*

(39) *Ibid.*, p. 50.

(40) Daniel Lagache, *La Jalousie amoureuse*, *op. cit.*, t. I, p. 295.

(41) Direction générale de la police nationale, « Étude nationale sur les morts violentes au sein du couple - Année 2008 », Paris, ministère de l'Intérieur, 2009, p. 19.

(42) Brigade criminelle, A-1928/12, T…, Paris, archives de la Préfecture de police.

(43) Brigade criminelle, A-1944/4, D…, Bobigny, archives de la Préfecture de police.

(44) « Drame de la séparation », *L'Aurore*, 5 novembre 1962, 以下に引用。Issam Sleiman, « Le crime passionnel », thèse de droit, faculté de Paris, 1964, p. 213.

(45) Direction générale de la police nationale, « Étude nationale sur les morts violentes au sein du couple… », p. 19.

(46) Brigade criminelle, A-1944/2, B…, 1er février 1944, Paris, archives de la Préfecture de police.

(47) Brigade criminelle, A-1949/2, C…, audition de la mère du meurtrier, 6 avril 1949, Paris, archives de la Préfecture de police.

(48) Daniel Lagache, *La Jalousie amoureuse…*, *op. cit.*, t. II, p. 246.

(49) 濃硫酸の使用は、最近のものではまったくない。Gustave Macé, *La Police criminelle. Femmes criminelles*, Paris, Fasquelle, 1904, p. 8.

(50) Archives de la Préfecture de police, C^{B} 36/36 : main courante du commisariat de Barbès, 1er septembre 1934-13 juillet 1935, n° 272, 15 février 1935, « Coups et blessures ayant entraîné la mort sans intention de la donner ».

(51) この点については、以下を見よ。Fabrice Virgili, *La France « virile »*. *Des femmes*

第3章　不安な男らしさ、暴力的な男らしさ

(1) Anne-Marie Sohn, *« Sois un homme ! ». La construction de la masculinité au XIXe siècle*, Paris, Seuil, 2009, p. 389 *sq*.

(2) *L'Aurore*, 27 janvier 1962.

(3) 幼年期との対比も可能である。親による折檻は1804年の民法に記載されており、長いあいだ子供のしつけに不可欠であるとみなされていた。親権の失効を可能にした1889年の法律以降、しつけは法律の視点から減少し、最終的には1970年に消滅した。

(4) Daniel Welzer-Lang, *Les Hommes violents*, Paris, Payot, 1991, p. 157.

(5) 離婚の場合、1884年のナケ法。1975年の法律が相互の同意を導入。姦通については、1975年の法律が違法性を消滅させる。強姦と強制猥褻の場合、1980年の法律。

(6) Daniel Welzer-Lang, *Les Hommes violents*, *op. cit.*, p. 75.

(7) Victoria Vanneau, « Maris battus, Histoire d'une interversion des rôles conjugaux », *Ethnologie française*, avril 2006, p. 699.

(8) Daniel Lagache, *La Jalousie amoureuse. Psychologie descriptive et psychanalytique*, t. II, *La Jalousie vécue*, Paris, PUF, 1947, p. 118.

(9) Joseph Levy-Valensi, *Les Crimes passionnels*, rapport au congrès de médecine légales, Paris, J.-B. Baillière, avril 1931.

(10) Luc Capdevila, François Rouquet, Fabrice Virgili et Danièle Voldman, *Hommes et femmes dans la France en guerre* (*1914-1945*), Paris, Payot, 2003.

(11) Florence Vatin, « Évolution historique d'une pratique : le passage de l'adultère à l'infidélité », *Sociétés*, n° 75, janvier 2002, p. 91-98.

(12) Géo London, « La soudaine colère d'un mari cacochyme... et complaisant », *Les Grands Procès de l'année 1930*, Paris, Les Éditions de France, p. 163-167.

(13) Daniel Lagache, *La Jalousie amoureuse*, *op. cit.*, t. II, p. 93.

(14) Brigade criminelle, A-1939/4, Di C..., 17 juin 1939, Bondy, archives de la Préfecture de police.

(15) *Ibid.*

(16) Antoine Prost, « Frontières et espaces du privé », in Antoine Prost et Gérard Vincent (dir.), *Histoire de la vie privée*, t. V, Paris, Seuil, 1987, p. 78.

(17) 1938年以降、既婚女性はもはや民法上の無能力者ではなく、夫の許可なしにパスポートを取得し銀行口座を開くことができたものの、夫は居住地の決定、ある職業に従事することへの反対、父権の行使といった特権を維持していた。

(18) Daniel Lagache, *La Jalousie amoureuse*, *op. cit.*, t. I : « Les états de la jalousie et le problème de la conscience morbide », p. 265.

(19) *L'Aurore*, 22 mai 1962.

(20) Irène Nemirovsky, *Deux*, Paris, Albin Michel, 1939, p. 137.

(21) Daniel Lagache, *La Jalousie amoureuse*, *op. cit.*, t. II, p. 119.

(22) Brigade criminelle, A-1920/15, M..., 8 octobre 1920, archives de la Préfecture de police.

(23) Georges Simenon, *Le Coup de vague*, Paris, Gallimard, 1939.

ている。

(54) とりわけ以下を見よ。Lesley A. Hall, *Hidden Anxieties*, *op. cit.*, chap. VI.

(55) Dr Brennus, *L'Acte bref. Traité de l'incontinence spasmodique, suivi d'une étude par le docteur Caufeynon sur l'érection fugitive, l'aspermatisme et les noueurs d'aiguillette*, Paris, A. Hal, 1907, p. 91 et 107.

(56) 年齢による不能に効果を発揮する再生療法、若返り療法という非常に広大な主題をここで扱うことはできない。そうした療法には、たとえば、1920年代におけるシュタイナッハのワゼクトミー〔断種手術〕、あるいは戦後では、アスラン博士のノボカイン、ニーハンス博士の生細胞療法などがある。

(57) たとえば Marc Bonnard, *Sexualité masculine. Grandeurs et défaillances*, Paris, Ellipses, 1996.

(58) Arsène d'Arsonval, *Note sur la préparation de l'extrait testiculaire concentré. Extrait des Archives de physiologie*, Paris, Masson, 1893, p. 3.

(59) 以下を見よ。Angus Mac Laren, *Impotence*, *op. cit.*

(60) Serge Voronoff, *Greffe des glandes endocrines. La méthode, la technique, les résultats*, Paris, Doin, 1939, p. 11.

(61) *Ibid.*, p. 207.

(62) 以下を見よ。Isabelle Renaudet, « Le singe est l'avenir de l'homme. Chirurgie et greffes de revitalisation humaine à travers l'œuvre du docteur Louis Dartigues », *Rives nord Méditerranéennes* (à paraître).

(63) Louis Dartigues, *Le Renouvellement de l'organisme*, Paris, Doin, 1928, p. 144.

(64) *Ibid.*

(65) *Ibid.*, p. 172.

(66) Paul Niehans, *Vingt Ans de transplantation de glandes endocrines* (*août 1927-1947*), Berne, Hans Huberne, 1948, p. 18.

(67) Mariot-Max Palazzoli, *L'Impuissance sexuelle chez l'homme*, Paris, Masson, 1935, p. 236.

(68) Pierre Bondil, *La Dysfonction érectile*, Montrouge, John Libbey Eurotext, 2003.

(69) Marc Bonnard et Michel Schouman, *Histoires du pénis. Le sexe de l'homme vu au travers de la médecine, la psychologie, la mythologie, l'histoire, l'ethnologie et l'art*, Monaco, Éditions du Rocher, 1999, p. 107-108.

(70) この表現は1989年に認められた。

(71) Marc Bonnard et Michel Schouman, *Histoires du pénis*, *op. cit.*, p. 51.

(72) Kevin Mc Kenna. 以下に引用。François Giuliano, *Viagra. Le sexe sur ordonnance* ?, Paris, First, 1998, p. 19-20.

(73) Michel Bozon et Nathalie Bajos, « La sexualité à l'épreuve de la medicalisation : le Viagra », *Actes de la recherche en sciences sociales*, vol. CXXVIII, n°1, 1999, p. 34-37.

(74) 以下に引用。Alain Giami, « De l'impuissance à la dysfonction érectile.Destins de la medicalisation de la sexualité », in Didier Fassin et Dominique Memmi (dir.), *Le Gouvernement des corps*, Paris, EHESS, 2004, p. 82.

(75) この表現は以下のものより借用した。Michel Bozon et Nathalie Bajos, « La sexualité à l'épreuve... », *op. cit.*

半数以上がポルノ映画を見ていることになっている。

(38) Anne-Claire Rebreyend, *Intimités amoureuses*, *op. cit.* これらのデータを扱うのはむずかしい。私たちは貴重な照明となるものをいくつも有しているのだが、しかしそれらの明かりは局所的で、連続性と均質性を欠いている。たとえば以下のようなものである。イギリスにおいて、マリー・ストープス（Marie Stopes）が1918年に『既婚者の愛』（*Married Love*）を刊行したのち彼女に宛てて送られた手紙（これは以下のものによって分析されている。Lesley A. Hall, *Hidden Anxieties. Male Sexuality 1900-1950*, Cambridge, Polity Press, 1991）。1960年代のフランスにおけるメニー・グレゴワールの聴取者たちの手紙（Marie-Véronique Gauthier, *Le Cœur et le Corps. Du masculin dans les années 60*, Paris, Imago, 1999）。1970年代のアメリカにおけるハイトの質問表に対する回答（Shere Hite, *Le Rapport Hite sur les hommes*, *op. cit.*）。

(39) この表現は以下のものによる。John H. Gagnon, *Les Scripts de la sexualité. Essai sur les origines culturelles du désir*, Paris, Payot, 2009. この種の台本の原型に関しては、以下の研究を見よ。D. Welzer-Lang, *Nouvelles Aproches des hommes et du masculin*, Toulouse, PUM, 2000 あるいは M. Bozon, *Sociologie de la sexualité*, Paris, Armand Colin, 2009.

(40) Shere Hite, *Rapport Hite sur les hommes*, *op. cit.*, p. 411.

(41) フランスで、こうした特性に関する専門のサイトがインターネット上でオープンしたのは2003年である。

(42) André Béjin, « L'éjaculation prématurée selon les médecins et sexologues français de 1830 à 1960 », *Sexologies*, vol. XVI, juillet-septembre 2007, p. 195-202.

(43) 引き抜きという避妊のテクニックのために必要だったセルフ・コントロールが、その内容を変化させたことに注意しなければならない。問題なのは、パートナーをオーガズムまで導くよう持続させることなのである。

(44) すでにシモン・レポート〔註（29）を見よ〕が1972年に12分という平均値を公表していた。最新の商業的な範例としては、2006-2007年に、ある避妊用具メーカーが性的充足に関して行なった調査がある。これは26カ国、26000人を対象に質問表によって行なわれた。その結果は出版物やネットをとおして広く伝わった。

(45) たとえば、1935年から1951年にかけて、毎夜30回もの行為に及ぶなどという数字は、男性の性的問題に関するマリオ＝マックス・パラゾッリ（Mariot-Max Palazzoli）の著作からは消え去った。

(46) この種の不安に関しては、以下を見よ。Angus Mac Laren, *Impotence. A Cultural History*, Chicago, University of Chicago Press, 2007, chap. IX.

(47) Shere Hite, *Le Rapport Hite sur les hommes*, *op. cit.*, p. 377.

(48) マリー・ストープスに関しては、以下を見よ。Angus Mac Laren, *Impotence*, *op. cit.*, chap. VIII.

(49) Georges Abraham, *Sexologie clinique*, *op. cit.*, p. 82.

(50) 以下に引用。Lesley A. Hall, *Hidden Anxieties*, *op. cit.*, p. 104（翻訳は引用者）.

(51) 以下に引用。Shere Hite, *Le Rapport Hite sur les hommes*, *op. cit.*, p. 574.

(52) 以下に引用。Marie-Véronique Gauthier, *Le Cœur et le Corps*, *op. cit*, p. 178.

(53) Human Sexual Inadequacy（Boston, Little, Brown and Co., 1970）のなかで使用された表現。ハイト・レポートのなかでは、男たちは喜んで仕事（job）について語っ

(17) 以下に引用。Shere Hite, *Le Rapport Hite sur les hommes, op. cit.*, p. 406.

(18) フランスでは、性科学者の3分の2以上が医師である。20世紀における性科学の歴史については、以下を見よ。P. Brenot, *Histoire de la sexologie*, Paris, L'Esprit du temps, 2006.

(19) Alain Corbin, *L'Harmonie des plaisirs*, Paris, Perrin, 2008〔アラン・コルバン『快楽の歴史』尾河直哉訳、藤原書店、2011年〕.

(20) Edmund Bergler, *Psychopathologie sexuelle* [1950], Payot, 1969, p. 21.

(21) *Ibid.*, p. 74.

(22) Pierre Vachet, *Connaissance de la vie sexuelle* [1930], Fontenay, Vivre d'abord, 2e éd., 1949, p. 144-147.

(23) Mariot Max Palazzoli, *Les Déficiences génitales*, Paris, Masson, 1951, p. 193.

(24) こうしたアプローチを拒絶する精神分析家たちもいる。たとえば、以下を見よ。E. Bergler, *Psychopathologie sexuelle, op. cit.* このなかでは、キンゼイ・レポートは「愚劣」と評されている。

(25) Maurice Landry, *Les Déficiences sexuelles masculines et la frigidité*, Paris, Maloine, 1966, p. 18.

(26) Georges Abraham, *Sexologie clinique*, Paris, Doin, 1967, p. 124.

(27) Henri Bricaire et Jacqueline Dreyfus-Moreau, *Les Impuissances sexuelles et leur traitement, op. cit.*, p. 5.

(28) フランスにおける最初の講義は、1973年、ヴァンセンヌにおいてミシェル・メニャン博士によって開講された。

(29) たとえば *Rapport sur le comportement sexuel des Français*, publié par le Dr Pierre Simon *et al.* (Paris, Julliard, 1972). これは2626個のテーマを扱っている。

(30) Georges Valensin, *Chroniques sexuelles*, Paris, Julliard, 1986, p. 219.

(31) たとえば、フランスに関しては Gérard Zwang もしくは Gilbert Tordjman の書物を見よ。

(32) マスターズ&ジョンソンの治療は2週間を要し、およそ2500ドルかかった。

(33) André Béjin, « Crépuscule des psychanalystes, matin des sexologues », *Communications*, n°35, 1982, p. 198-224.

(34) 女性パーソナリティのかたわらで、とりわけ重要な役割を果たしていたのは、マスターズ&ジョンソンのフランス語版の翻訳者であるメニャン博士だった。

(35) M・グレゴワールに対しもっとも頻繁に問われた質問のなかには、「規範となる正常性」に関するものが挙げられる。以下を見よ。Anne-Claire Rebreyend, *Intimités amoureuses. France 1920-1975*, Toulouse, Presses universitaires du Mirail, 2008, p. 186.

(36) Dominique Cardon, « Droit au plaisir et devoir d'orgasme dans l'émission de Ménie Grégoire », *Le Temps des médias*, n°1, 2003, p. 77-94 ; Sylvie Chaperon, « Contester normes et savoirs sur la sexualité », in Éliane Gubin *et al.*, *Le Siècle des féminismes*, Paris, Éd. de l'Atelier, 2004, p. 333-346.

(37) ブランディーヌ・クリーゲルの報告によれば、11歳児の二人にひとりがポルノの媒体に接したことがあるらしい。さらに1992年には、25歳から49歳の男性の

(59) J. Cournut, *Pourquoi les hommes ont peur des femmes*, *op. cit.*, p. 49.

第2章　医学と向かいあう男らしさ

(1) Jean Fauconney, *Histoire de l'homme au point de vue sexuel* (*Physiologie du mâle*), *son développement, ses organes dans la virilité et leurs fonctions, sa puissance procréatrice, l'homme dans le mariage, ses aberrations sexuelles, ses folies amoureuses, anomalies du sexe et du fruit de la génération*, Paris, Société parisienne d'édition, 1903, p. 27.

(2) Jean Carnot, *Au service de l'amour* [1938], Paris, Beaulieu, s. d.

(3) Louis Dartigues, *Le Renouvellement de l'organisme*, Paris, Doin, 1928, p. 239.

(4) たとえば大戦間期に観察された、腎機能の異常による女性の過剰な男性化という現象を参照のこと。

(5) たとえば以下を見よ。Henri Bricaire et Jacqueline Dreyfus-Moreau, *Les Impuissances sexuelles et leur traitement*, Paris, Flammarion, 1964, p. 37.

(6) 1970年代の進化心理学は青少年の好戦的行動を男性ホルモンの流入によって説明しようとしていたが、その後、年少の男児の方がより年長の思春期の男児以上に争いを好むことが判明した。

(7) もちろん、その基盤となるのは去勢の処罰的な価値と、予想される優生学的影響力である。フランスに関しては、たとえば以下のものを見よ。Servier, « La peine de mort remplacée par la castration », *Archives d'anthropologie criminelle*, mars-avril 1901, ou Viaud-Conand, « Castrons les Apaches », *Chronique médicale*, 15 avril 1909.

(8) たとえばオーストリアのシュタイナッハ（Steinach）やスペインのマラノン（Maranon）。

(9) Delphine Gardey et Ilana Löwy (dir.), *Les Sciences et la Fabrication du masculin et du féminin*, Amsterdam, Éditions des Archives contemporaines, 2000.

(10) Jean Fauconney, *Histoire de l'homme au point de vue sexuel...*, *op. cit.*, p. 29.

(11) Éric Vilain, *L'Inutile Adam*, Paris, Médialogue, 1996.

(12) 他の遺伝子の支配下におけるホルモン受容性の問題はいまだ開拓されていない興味深い道筋である。たとえば以下を見よ。C. Kraus, « La bicatégorisation par sexe à l'épreuve de la science », in Delphine Gardey et Ilana Löwy (dir.), *Les Sciences et la Fabrication du masculin et du féminin*, *op. cit.*, ou Joëlle Wiels, « La différence des sexes : une chimère résistante », in Catherine Vidal (dir.), *Féminin masculin. Mythes et idéologies*, Paris, Belin, 2006.

(13) おそらくこのような決定が下されるもとになったのは、メディアが「プレス兄弟」と揶揄した姉妹（障害競走と投擲競技のスペシャリストだったソ連の二人の陸上競技選手）の事例であるが、その最初の犠牲者となったのは、グルノーブル冬季五輪におけるスキー選手エリカ・シュネッガーである。

(14) Émile Galtier-Boissière, *Larousse médical*, Paris, Larousse, 1925, p. 456.

(15) 以下に引用。Shere Hite, *Le Rapport Hite sur les hommes* [1981], Paris, Robert Laffont, 1983, p. 99.

(16) Marcel Rouet, *Virilité et puissance sexuelle* [1971], Puget-sur-Argens, B. P. Livres, 1990, p. 108.

『自由からの逃走』日高六郎訳、東京創元社、1951年〕.

(39) Max Horkheimer, « Autorité et famille », p. 297.

(40) 同じ時代にヴィルヘルム・ライヒもまた、権威主義的な父権制家族における個人の「性格的構造の感情的基盤」や、性格の構造や、性格的側面を理解し解読するのを可能にしてくれるのは家族の状況であるという事実を強調していた(*Psychologie de masse du fascisme*, *op. cit.*)。

(41) ファシストのパーソナリティは権威主義的パーソナリティの戯画的な特殊形態としてあらわれるとも言えるだろう。

(42) Sigmund Freud, « Le Moi et le Ça » [1923], *Essais de psychanalyse*, Paris, Payot, « Petite Bibliothèque Payot », 1997〔フロイト『自我とエス』〕.

(43) *Ibid.*, p. 262-263.

(44) *Id.*, *La Naissance de la psychanalyse* [1950], Paris, PUF, 1956, rééd., 2002 : « Esquisse d'une psychologie scientifique » [1895], « L'expérience de satisfaction », p. 336〔フロイト『心理学草案』〕.

(45) Adam Phillips, « L'impuissance de Freud », *Penser / Rêver*, n°15, printemps 2009, p. 23.

(46) *Ibid.*, p. 23.

(47) Sigmund Freud, *L'Avenir d'une illusion* [1927], Paris, PUF 1980, p. 43〔フロイト『幻想の未来』〕, 以下に引用。Adam Philips, « L'impuissance de Freud », *op. cit.*, p. 25.

(48) *Ibid.*

(49) *Ibid.*, p. 18.

(50) Adam Phillips, « L'impuissance de Freud », *op. cit.*, p. 26.

(51) Pierre Bourdieu, *La Domination masculine*, *op. cit.*, p. 75.

(52) 以下を見よ。Jean Cournut, *Pourquoi les hommes ont peur des femmes* [2001], Paris, PUF, 2006.

(53) Françoise Héritier (dir.), *Hommes, femmes. La construction de la différence*, *op. cit.*, p. 13. ライヒがまったく異なる文脈において強調していたこともまた参照すべきである。その文脈とは支配の文脈であり、「社会的生産手段の所有者によって抑圧されている階級」の「隷属」の文脈であるが、そのような「隷属が直接的な暴力によって実現することはきわめてまれであり、むしろ所有者たちの主要な武器は、被抑圧者に対して彼らが有するイデオロギーの力なのである」(p. 46)。

(54) *Ibid.*, p. 180.

(55) *Ibid.*, p. 182-183.

(56) 調停と保護が衰退したため、従属はいまや中心的な社会問題になった。弱者と強者の格差は著しく増大し、強者はますます強くなるのに対し、弱者はますます数を増し、ますますもろくなっている。

(57) Claudine Haroche, « L'individu dans l'illimitation des sociétés contemporaines » in Annette Ruelle (dir.), *L'Émergence de l'individu entre formes substantielles et droits essentiels*, Bruxelles, Facultés universitaires Saint-Louis, Bruxelles, 2010.

(58) Donald Winnicott, *Jeu et réalité. L'espace potentiel* [1971], Paris, Gallimard, « Folio », 1975, « Post-scriptum », p. 269〔ドナルド・ウィニコット『遊ぶことと現実』橋本雅雄訳、岩崎学術出版社、2000年〕.

(25) Walter Lacqueur, *Young Germany. A History of the German Youth Movement* [1962], New Brunswick/Londres, Transaction Books, 1984 ; Peter Gay, *La Culture de la haine. Hypocrisies et fantasmes de la bourgeoisie de Victoria à Freud* [1993], Paris, Plon, 1997; *Id., Le Suicide d'une République. Weimar, 1918-1933* [1968], Paris, Gallimard, « Tel », 1995〔ピーター・ゲイ『ワイマール文化』亀嶋庸一訳、みすず書房、1999年〕.

(26) Walter Lacqueur, *Young Germany, op. cit.*, p. VII.

(27) *Ibid.*

(28) Peter Gay, *La Culture de la haine, op. cit.*, p. 107. また以下を見よ。George. L. Mosse, *L'Image de l'homme. L'invention de la virilité moderne* [1996], Paris, Abbeville, 1997.

(29) *Ibid.*, p. 121-123.

(30) *Ibid.*, p. 107.

(31) Elias Canetti, *Masse et puissance*, Paris, Gallimard, 1960〔エリアス・カネッティ『群集と権力』岩田行一訳、法政大学出版局、1971年〕; また以下を見よ。Serge Moscovici, *La Société contre nature*, Paris, 10 / 18, 1972〔セルジュ・モスコヴィッシ『自然と社会のエコロジー』久女博、原幸雄訳、法政大学出版局、1984年〕; Eugène Enriquez, *De la horde à l'État. Essai de psychanalyse du lien social*, Paris, Gallimard, 1983.

(32) freicorps とは、第一次大戦後、労働者蜂起の鎮圧にむかった武装集団である。後にそれらはナチズムの最初の兵士を形づくることになる。これらの問題に関しては、以下を見よ。Klaus Theweleit, *Male Fantasies* [1977], Minneapolis, University of Minnesota Press, 1987〔クラウス・テーヴェライト『男たちの妄想』田村和彦訳、法政大学出版局、1999年〕.

(33) Klaus Theweleit, « Postface (2007) », in Jonathan Littell, *Le Sec et l'Humide. Une brève incursion en territoire fasciste*, Paris, L'Arbalète / Gallimard, 2008, p. 118 ; *id., Male Fantasies, op. cit.*, t. I, p. 220-221.

(34) *Id.*, « Postface », *op. cit.*, p. 122.

(35) *Ibid.*, p. 123, p. 130. テーヴェライトの仮説によれば、暴力をとおしてあらわになるような「男性−兵士の身体『の』普遍的構造」というものが存在しており、その種の暴力を「ユーラシア−アメリカのものであれ、日本のものであれ、イスラムのものであれ、男らしさの文化のなかに見ることができる」(p. 123)。

(36) *Ibid.*, p. 117. 以下を見よ。Wilhelm Reich, *La Psychologie de masse du fascisme* [1933], Paris, Payot, 1998〔ヴィルヘルム・ライヒ『ファシズムの大衆心理』平田武靖訳、せりか書房、1986年〕. ミヒャエル・ハネケの映画「白いリボン」(2009) はこうした雰囲気を完璧に表現している。

(37) Françoise Héritier (dir.), *Hommes, femmes, La construction de la différence, op. cit.*

(38) Max Horkheimer, « Autorité et famille » [1936], *Théorie traditionnelle et théorie critique* [1970], Paris, Gallimard, « Tel », 1974. ここで問題となっているような明白な機能を有する家族が出現した日付は「宗教改革と絶対王政の時代」であるとホルクハイマーは正確に述べているが、彼はさらにこう指摘する。この種の家族は「自由主義の時代にいたるまで」追い求められており、その際には「権威主義的教育のなかで新たな契機があらわれる」のが見られる (p. 288, p. 289)。また以下を見よ。Erich Fromm, *La Peur de la liberté* [1941], Lyon, Parangon, 2010〔エーリッヒ・フロム

(2) *Ibid.*, p. 45-46.

(3) アルカイックな形態に関しては、以下を見よ。Lewis H. Morgan, *La Société archaique* [1877], Paris, Éditions Anthropos, 1971〔L・H・モルガン『古代社会』青山道夫訳、岩波書店、1958年〕.

(4) とりわけ力能、権能の表象に関しては、Claudine Haroche, *L'Avenir du sensible*（Paris, PUF, 2008, chap. I:« Se gouverner, gouverner les autres » における帝王学の理論書の伝統を参照のこと。

(5) ここでは西洋社会における男性支配のみを論じる。

(6) Maurice Halbwachs, « Conscience individuelle et esprit collectif » [1938], *Classes sociales et morphologie*, Paris, Minuit, 1972, p. 160-161.

(7) Cornelius Castoriadis, *La Montée de l'insignifiance*, Paris, Seuil, 1996.

(8) Marcel Mauss, *Sociologie et anthropologie* [1950], Paris, PUF, 2004〔マルセル・モース『社会学と人類学』有地亨・伊藤昌司・山口俊夫訳、弘文堂、1973年〕. より最近のものとしては Carlo Ginzburg, « Signes, Traces, Pistes. Essai pour un paradigm de l'indice » [1979], repris in *Morphologie et histoire*, Paris, Aubier, 1989.

(9) Émile Durkheim, *Les Règles de la méthode sociologique* [1894], Paris, Flammarion, « GF », 1988, p. 95 et 97〔エミール・デュルケーム『社会学的方法の規準』宮島喬訳、岩波書店、1978年〕.

(10) Max Weber, *Économie et société* [1956], Paris, Pocket, « Agora », 1995, t. I, « Les catégories de la sociologie », p. 28-29〔マックス・ヴェーバー『社会学の根本概念』清水幾太郎訳、岩波書店、1972年〕.

(11) Sigmund Freud, *Malaise dans la civilization*, Paris, PUF, 1989, p. 66〔フロイト『文明への不満』〕. これこそまさしく、ハラスメントという問題に関して、今日、法制が直面している困難である。

(12) Marie-France Irigoyen, *Le Harcèlement moral. La violence perverse au quotidien* [1998], Paris, Syros, 2009 ; Brigitte Grésy, *Petit Traité contre le sexisme ordinaire*, Paris, Albin Michel, 2009.

(13) Pierre Bourdieu, *La Domination masculine* [1998], Paris, Seuil, 2002, p. 84〔ピエール・ブルデュー『男性支配』坂本さやか・坂本浩也訳、藤原書店、2017年〕.

(14) Brigitte Grésy, *Petit Traité*..., *op. cit.*, p. 27-28.

(15) *Ibid.*, p. 28.

(16) *Ibid.*, p. 31.

(17) *Ibid.*

(18) *Ibid.*, p. 41.

(19) *Ibid.*, p. 45.

(20) *Ibid.*, p. 50.

(21) Max Weber, *Le Savant et le Politique* [1919], Paris, Plon, 1959, p. 95-96.

(22) *Id.*, *Économie et Société* [1921], Paris, Plon, 1971, rééd., Pocket, « Agora », 1995, t. II, chap. IV « Les relations communautaires ethniques », p. 124.

(23) *Id.*, *Le Savant et le Politique*, *op. cit.*, p. 96.

(24) *Id.*, *Économie et société*, *op. cit.*, p. 127.

原 注

第Ⅲ巻序文――かなわぬ男らしさ

(1) Arthur Schlesinger, « The Crisis of American Masculinity » [1958], *The Politics of Hope*, Boston, Houghton Mifflin Co, 1962 (*Esquire*, novembre 1958からの再掲) 〔アーサー・シュレシンガー『希望の政治』嘉治真三訳、時事通信社、1966年〕.

(2) *Masculin-Féminin. La pensée de la différence*, Paris, Odile Jacob, 1996 ; *Masculin-Féminin II. Dissoudre la hiérarchie*, Paris, Odile Jacob, 2002〔フランソワーズ・エリチエ『序列を解体する』井上たか子他訳、明石書店、2016年〕.

(3)「覇権主義的男性性」の概念は、本書が扱う「男らしさ」が意味するものと近い。以下を参照。R. W. Connell, *Masculinities*, Berkeley / Los Angeles, University of California Press, 1995.

(4) Françoise Héritier, « Introduction », *Hommes, femmes. La construction de la différence*, Paris, Le Pommier/ Cité des sciences et de l'industrie, 2005, p. 30.

(5) Pierre Bourdieu, *La Domination masculine*, Paris, Seuil, 1998〔ピエール・ブルデュー『男性支配』坂本さやか・坂本浩也訳、藤原書店、2017年〕.

(6) この点については、クリストファー・フォースによる本書の論考と、同者の以下を参照。Christopher Forth, *Masculinities in the Modern West*, New York, Palgrave Macmillan, 2008.

(7) これらの問題については、フランスに関してはとくに以下を参照。André Rauch, *Histoire du premier sexe. De la Révolution à nos jours*, Paris, Hachette littératures, 2006. また以下もある。Christopher Forth et Bertrand Taithe, *French Masculinities. History, Culture & Politics*, New York, Palgrave Macmillan, 2007 ; Judith Surkis, *Sexing the Citizen. Morality & Masculinity in France*, Ithaca, Cornell University Press, 2006.

(8) この点については以下を参照。George L. Mosse, *L'Image de l'homme. L'invention de la virilité moderne*, Paris, Abbeville, 1997〔ジョージ・L・モッセ『男のイメージ』細谷実他訳、作品社、2005年〕.

(9) Judith Butler, *Trouble dans le genre. Le féminisme et la subversion de l'identité*, Paris, La Découverte, 2005〔ジュディス・バトラー『ジェンダー・トラブル』竹村和子訳、青土社、1999年〕.

(10) Pierre Bourdieu, *La Domination masculine*, *op. cit.*, p. 75-76.

第Ⅰ部　男性支配の起源、変容、瓦解

第1章　男らしさの人類学――無力にたいする恐怖

(1) Françoise Héritier, (dir.), *Hommes, femmes. La construction de la différence*, Paris, Le Pommier/Cité des sciences et de l'industrie, 2005. 特にその序文 (chap. I, « Théorie anthropologique de l'évolution »), (chap. XI, « Construction d'un autre modèle du rapport des sexes. Peut-on le fonder sur l'absence de hiérarchie ? »).

監訳者解説

岑村　傑

はるか古代ギリシャ・ローマから説き起こされた『男らしさの歴史』は、ついに二十世紀、二十一世紀へといたる本第Ⅲ巻をもって、ひとまずはその幕を閉じることになる。ひとまず、というのは、『男らしさの歴史』が完結したとしても、男らしさの歴史そのものはこれから先も続いていくにちがいないからだ。第Ⅰ巻に付された副題は「男らしさの創出」で、第Ⅱ巻は「男らしさの勝利」だった。男らしさは誕生し、栄華をきわめ、そしてその後はたして必衰の道をたどるのだが、しかしながら、それは衰えても、絶えて滅びはしない。第Ⅲ巻の副題は「男らしさの死」でも「最期」でもなく、「男らしさの危機?」であり、しかもそれは疑問符つきの「危機」である。本巻で確認されるのはたしかに、現代において傷つき、窮し、悶える男らしさにほかならない。だが同時にそこに浮かび上がってくるのは、それでも男らしさが、悪あがきでは済まないほどにしぶとく、命脈をつないでいるさまではないだろうか。

そのような構図にしたがって各章を、それぞれの内容を思い切ってまとめながら、配置してみよう。

二十世紀においても、男らしい男を再生産し、男らしさの永続化に貢献する、前世紀以上に強力な装置が日常に遍在していた。一九七〇年代になるまで父権の支配化にあった家族はその典型だろう。男らしさは父から息子へと受け継がれ、あるいは家に準ずる学校では教師が生徒に、先輩が後輩に授け、また職場では熟練工が見習いへと伝えていく（第Ⅱ部第1章）。軍隊も、そこで訓練を積むのは徴兵された一般男子が主なのだから、けして日常から隔絶した場所ではない。たとえば銃器を男根に、発射を射精に見立てて「一発ぶちかます」とあけすけに言う、男らしい心性とふるまいを、兵役が終わると男たちは普段の生活に持ち帰ってくるのだ（第Ⅱ部第3章）。犯罪の世界となると、なるほど通常の社会の外に存在しているが、それだけにそこでは男らしさが高い純度で保たれている。犯罪学の開祖ロンブローゾは、犯罪は男の特性であり、犯罪を犯す女はじつは男に近いと主張した。裏世界の男は、本質的に犯罪を犯すことのできない女を徹底的に侮蔑して、せいぜい売春に精を出して自分のために稼いでくれる金づるとしか見なさないのである（第Ⅱ部第5章）。

それら現実の装置や場を、虚構が補完する。青少年向けの読み物や漫画の主人公は、多くが清く、正しく、たくましい男子だ。タンタンしかり、ハリー・ポッターしかり、あるいは日本の漫画に目を向けてみるならば、鉄腕アトムもロボットであるという宿命に苦しみながら成長していくのだから、人間よりもよほど人間らしい存在として、読む少年たちに範を示している（第Ⅱ部第2章）。もちろん、十九世紀の終わりに誕生して二十世紀に躍進した映画の貢献も、忘れることはできないだろう。ジャン・ギャバンやジョン・ウェインを始めとして、強きに逆らい弱きを救う男を演じて男らしさの代名詞となる俳優たちは引きも切らない。かたや、ターザンに発するいわば超男性の系譜も、ランボー、バットマン、ターミネーター、さらには「スター・ウォーズ」のダース・ベイダーにいたるまで、脈々と続いている（第Ⅳ部第2章）。

制度による教化と虚構による感化が協働して、男らしい男のカテゴリーが形成される。未開の辺地へと向かう冒険家がそうだろう。学術的発見などの功名にはやっていた先駆者たちと比べると、二十世紀前半の冒険家は冒険のために冒険に身を投じ、自己の可能性の探究のみを目的として、むしろ苦行者に似ているようだ（第Ⅲ部第3章）。植民地に向かう冒険者が男らしいならば、反対に植民地からやってくる現地人たちもまた男らしい。宗主国の男たちは、厳しい環境を生き抜いてきた被植民地の男たちに屈強さで太刀打ちできるはずがないと考え、彼らの精力に女たちもこぞってなびくのではないかと怖じ気づく（第Ⅲ部第5章）。そういえばターザンもジャングルで育ったのだったが、都会にあってそのたくましい身体、とりわけその見かけを受け継ごうとひたすらトレーニングに勤しむ者もいる。美しく盛り上がる筋肉や張り切って小麦色に照る肌を誇示する巨漢、すなわちボディビルダーである（第Ⅳ部第3章）。そして、ファシストたちもやはり均整のとれた偉丈夫であることを理想とし、しかもそのように男らしくあることを核にして民族的優位の神話を捏造しようとした。それはつまり男らしくないものすべてを排斥するということであり、かくしてナチスは女を愛せない同性愛者を処罰し、ユダヤ人を女だとして排斥したのである（第Ⅲ部第1章）。

しかしながら、そのように世を闊歩する男らしさに、いたるところから不審の声があがる。

まずもって、科学技術の発展がおおきい。すでに二十世紀の初めに、第一次世界大戦を戦う兵士を近代兵器がぼろ布のように引き裂くとき、堅牢な男らしい身体という幻想もまた粉微塵に砕かれたのだった。

戦争という異常でなくても、たとえば日々の労働の場に目を向けてみれば、そこでは技術革新が男らしい身体の活躍の機会を奪っている。合理化が労働のあり方を一変させ、かつて細腕では成り立たなかった仕事も、いまでは機械のボタンを押す指の力があれば十分にこなせるようになったのだ（第Ⅲ部第2章）。そもそも、男らしさの前提である男について、医学的研究が進めば進むほど、それが女とは峻別できるものではないということが明らかにされていく。遺伝子学において、染色体の構成がXY型であれば男、XX型ならば女になると結論された時点では、それは男女差の絶対性を補強するばかりだったが、二十世紀末になって染色体の組み合わせがはるかに多様であることがわかると、その絶対は揺らいでしまう。また生理学の領域では、ホルモン分泌のバランスが性的特徴の身体的発現を左右することが解明される。男と女の差はしたがって諸要因の程度の差にすぎず、両者は連続する存在なのだ（第Ⅰ部第2章）。

男らしさの失墜を導く第二の現象は、もうひとつの科学、すなわち人文諸科学によって男らしさに分析的視線が注がれたことにある。一九七〇年代以降のフェミニズム運動の展開、ジェンダー研究の深化、男性学の創出などを概観するだけでも、男らしさがその神話性と神話であるがゆえの威光を保持していられるはずもないことは、容易に了解できる（第Ⅰ部第4章、第5章）。文化的、社会的に自明であるとされてきたことについて、なぜ自明なのかという問いがひとたび発せられてしまえば、もはやそれは自明ではなく、その相対化は止まるところを知らない。この『男らしさの歴史』自体、もちろん、その奔流に棹さすものである。

さて、そのような技術と言説による男らしさの弱体化に促された面はあるだろうが、興味深いことにむしろそれを先導するようにして、さまざまな身体的実践においても男らしさの境界が無効とされていった。

「スポーツは男らしさの象徴そのものとしてあらわれる」と断言したのは、近代オリンピックの父クーベルタンにほかならない。女は根本的にスポーツに不適格だと考えていたクーベルタンが二十世紀を通じて果たされた女子スポーツの浸透ぶりを見たら、どれほど驚嘆するだろうか。しかも現代の選手に求められるのは、たしかに男のほうが優位ではあるのだろう筋力の開発にかまけることではなく、肉体的差異に関係のない神経反応を磨くことなのだ（第Ⅱ部第4章）。しかし、男女の区分の攪乱という点では、スポーツ選手よりも同性愛者たちのほうが上をいくだろう。十九世紀末の、男性の身体に女性の精神を宿した存在という同性愛者の捉え方は、じつは心身の男女の別を前提にしたものでしかないし、同性愛という言葉からして種々多様な性愛の実践にはるかにとり残されている。では、近年のようにＬＧＢＴやクィアと呼べば追いつくことになるのかといえば、そうでもあるまい。科学によるものにしろ理論によるものにしろ、呼称をつけるとは囲い込み区別することだが、そこに閉じ込められることを拒絶して、ただひたすらに自分の生きられる性、生きたい性を生きる者たちがいる（第Ⅲ部第4章）。

ことほどさように、二十世紀から現在にかけての男らしさは粉砕され、分析され、脱神話化されている。だがしかし、かく男らしさは死滅してしまったのだ、と結ぶことはとうていできない。男による女への身体的あるいは精神的な暴力は、強姦、家庭内暴力、職場でのハラスメントといったかたちで変わらず猛威をふるっているからだ（第Ⅰ部第3章）。しかも、猛威であるにもかかわらず、それはあからさまに目に見えない、より陰険な嵐へと、変容しているのではないか。それはつまり、男らしさが危機に瀕していればこそ、男らしくなることへの不安が男をいっそう締めつけて、いびつな男らしさの発現へと駆り立てているということではないのか。「男らしさの支配と手を切ることはできるのだろうか」という問いは、女はもちろん男も、まだしばらくは発し続けなければならない問いである（第Ⅰ部第1章）。いや、しばらく、どころではないのかもしれない。レオナルド・ダ・ヴィンチは、ペニスは「人間のものとは違う生命」をもつと記している。古典的裸像でまさに恥部として申し訳程度に描かれるにしても、フェミニズム芸術で愚弄の対象として扱われるにしても、ペニスはつねにそこに存在してきた（第Ⅳ部第1章）。人間の干渉を容易には受けつけない生命によってペニスが、ファルスが、男らしさが、これから先もつねにそこに存在するのではないかと考えることは、けして杞憂だとは思えない。

以上、目次の順ではなく、再構成しての内容紹介である。二十世紀から二十一世紀にかけての男らしさという統一主題があり、全四部にまとめられてもいるが、十八章それぞれは独立したものとして読みうる。それぞれを独立したものとして読み、しかし他の章との共鳴に耳を澄ませ、そうするうちに立ち上がってくる、ひょっとしたら自分だけがはっきりと聞き分けられる主旋律を追うことが、このような著作を繙く醍醐味だろう。

監訳者として本巻を通読しながら何度も頭に浮かんできたのは、十七世紀フランスのモラリスト、ラ・ロシュフーコーの箴言である。「本当の恋は幽霊のようなものである。出た出たとみんなで騒ぐが、実際に見た人間はめったにいない」。「恋」に換えていろいろと別のものも入れてみたくなる警句だが、まさに「男らしさ」でもしっくりするのではないか。原著監修者たちによる全巻共通の序文にあるように、元来の男らしさが、力強さ、徳の高さ、自信、成熟、支配力、精力のすべてを兼ね備えた完成を指すとするならば、そのように男らしい男など、とりわけ現代においては、おそらくどこにもいまい。「本当の男らしさ」も「幽霊のようなもの」であるにちがいない。しかし幽霊であるだけに、それはもう死ぬことはなく、そして容易に祓えもせず、執拗にわたしたちにとり憑いている。

本巻の表紙としてアンリ・ルソーの「フットボールをする男たち」を選んだのも、そのことと無縁ではない。ルソーが格別男らしさを描いた画家だというわけではないが、しかしこの絵にかぎるなら、二十世紀以降の男らしさのありようを、一九〇八年の作だから先取りしてということになるが、はしなくも活写しているようなのだ。口髭を蓄えたいかにも男らしい男たちがボール遊びに興じている様はどこかしら滑稽で、その無表情ははっきりと不気味である。想像力をたくましくするならば、横縞模様の風変わりな衣装は囚人服にも見えてくる。時代遅れの滑稽な遺物のようになりながらそれでも幽霊さながら不気味に漂う男らしさという永遠の牢獄に、男たちは囚われているのかもしれない。

ところで、本巻原著の表紙に用いられているのは、クリント・イーストウッド扮するダーティ・ハリーことハリー・キャラハン刑事が腰を落とし、口を真一文字に結び、視線を標的に据え、銃を構えている姿だ。これもまた本巻の内容にみごとにかなう選択ではないか。それはイーストウッドが、西部劇のガンマンや一匹狼の刑事を演じてきた、男らしい俳優、男らしさの俳優であるから、というだけではない。とりわけ監督としてのイーストウッドが、「戦闘的」フェミニストにさえ、「マスキュリンな善の理想を持ち上げるあらゆる支えが混乱に陥ったときに良き男性であるとはどういうことかについて現実にもがいている、数少ない男性の一人」だと言わせうる存在だからだ（ドゥルシラ・コーネル『イーストウッドの男たち』吉良貴之ほか訳、御茶の水書房、二〇一一年)。「許されざる者」(一九九二年)でも、「ミスティック・リバー」(二〇〇三年)でも、「グラン・トリノ」(二〇〇八年)でも、「イーストウッドの男たち」はすでに癒やしがたい悔恨を抱えて登場し、その悔恨を克服あるいは代償する契機が訪れるかと思いきや、それはさらに悔恨を重ねることにいたるばかりである。かつての快刀乱麻を断つ男らしさがいまでは幽霊でしかないことが、容赦なく描かれているのだといってよい。しかし、それらの映画を観たわたしたちの心を占めるのは、絶望感ではない。もちろん希望ではないのだろう。それは、絶望と希望のあいだにあって、人がそれでも生に立ち向かうのを後押ししてくれる何かだ。私見では、それは、わがもの顔に権勢を誇る男らしさといじけて隠微に立ち回る男らしさのあいだにあって、男らしさの彼岸へとわたしたちを誘う何かでもあるのではないか。

監訳者としては、彫心鏤骨の訳稿を仕上げてくださった訳者の皆さんに、訳者代表としては、長丁場となった仕事に根気よくつきそっていただいた藤原書店編集担当の小枝冬実さんに、心から感謝申し上げます。ありがとうございました。

高橋博美（たかはし・ひろみ）　［第Ⅰ部第5章］

1973年神奈川県生。東京都立大学人文科学研究科博士課程満期退学（レンヌ第一大学哲学博士）。フランス・レンヌ第二大学常勤講師。20世紀の日本女性史、20世紀のフランス思想。著書に『フランス現代作家と絵画』（共編著、水声社）、訳書に『反ユダヤ主義の歴史』（J・ポリアコフ著、共訳、筑摩書房）。

谷口博史（たにぐち・ひろし）　［第Ⅰ部第1章、第2章］

1962年長崎県生。東京都立大学大学院人文科学研究科博士課程単位取得退学。中央大学法学部准教授。20世紀フランス文学。著書に『フランス現代作家と絵画』（共著、水声社、2009年）、訳書にフィリップ・ラクー=ラバルト『虚構の音楽』（未來社）、モーリス・ブランショ『私についてこなかった男』（書肆心水）、ジャック・デリダ『エクリチュールと差異』（共訳、法政大学出版局）など。

西野絢子（にしのあやこ）　［第Ⅱ部第2章］

1978年東京都生。パリ第4大学ソルボンヌ博士課程修了（文学博士）。慶應義塾大学文学部フランス文学専攻助教。20世紀フランス演劇、日仏文化交流。著書に、*Paul Claudel, le nô et la synthèse des arts*（Paris, Classiques Garnier）、*La Fleur cachée du Nô*（共著、Paris, Honoré Champion）など。

三浦直希（みうら・なおき）　［第Ⅰ部第3章、第Ⅱ部第1章］

1970年山形県生。2003年東京都立大学人文科学研究科博士課程修了。慶應義塾大学ほか非常勤講師。20世紀フランス思想、ユダヤ思想。著書に『フランス現代作家と絵画』（共著、水声社）、訳書に『レヴィナス著作集』（共訳、法政大学出版局）、ボルタンスキー／シャペロ『資本主義の新たな精神』（共訳、ナカニシヤ出版）など。

山口俊洋（やまぐち・としひろ）　［第Ⅲ部第3章］

1968年東京都生。東京都立大学人文科学研究科博士課程単位取得退学。20世紀フランス文学、映画。訳書に『アイルランド』（共訳、白水社）、『フェリーニ』（祥伝社）、『ドゴール』（共訳、祥伝社）、『思考する動物たち』（共訳、出版館ブック・クラブ）、『マリリン・モンロー最後の年』（中央公論新社）など。

監訳者紹介

岑村傑（みねむら・すぐる）　　［第Ⅲ巻序文、第Ⅱ部第 5 章、第Ⅳ部第 3 章、監訳者解説］

1967 年長野県生。パリ第 4 大学文学博士。慶應義塾大学文学部教授。19 世紀後半から 20 世紀前半のフランス文学。著書に『フランス現代作家と絵画』（共編著、水声社）、訳書にジュネ『公然たる敵』（共訳、月曜社）など。

訳者紹介

芦川智一（あしかわ・ともかず）　［第Ⅲ部第 5 章］

1967 年東京都生。東京都立大学大学院人文科学研究科博士課程満期退学。成城大学共通教育センター非常勤講師。20 世紀フランス文学研究。著書に『フランス現代作家と絵画』（共著、水声社）。主要論文に ‹ La genèse de *L'Amant* comme fiction–selon le fonds Marguerite Duras d'IMEC ›（『国際マルグリット・デュラス学会紀要第 38 号』）

市川崇（いちかわ・たかし）　［第Ⅲ部第 1 章、第 2 章］

1962 年大阪府生。パリ第 7 大学博士。慶應義塾大学文学部教授。現代フランス文学と思想。著書に『ユートピアの文学世界』（共著、慶應義塾大学出版）。訳書にアラン・バディウ『コミュニズムの仮説』（水声社）、アラン・バディウ、ジャック・ランシエール他『人民とはなにか』（以文社）など。

岡健司（おか・けんじ）　［第Ⅲ部第 4 章］

1978 年大阪府生。プロヴァンス大学博士課程修了（文学博士）。20 世紀フランス文学、不条理演劇。著書に『フランス現代作家と絵画』（共著、水声社）、*Lire, jouer Ionesco*（共著、Les Solitaires Intempestifs）など。

小倉孝誠（おぐら・こうせい）　［日本の読者へ、序文］

1956 年生。1987 年、パリ第 4 大学文学博士。1988 年、東京大学大学院博士課程中退。慶應義塾大学教授。専門は近代フランスの文学と文化史。著書に『身体の文化史』（中央公論新社）、『犯罪者の自伝を読む』（平凡社）、『愛の情景』（中央公論新社）、『革命と反動の図像学』（白水社）など。また訳書にコルバン『音の風景』（藤原書店）、フローベール『紋切型辞典』（岩波文庫）などがある。

小黒昌文（おぐろ・まさふみ）　［第Ⅱ部第 3 章、第 4 章］

1974 年東京都生。京都大学大学院文学研究科博士課程修了（文学博士）。駒澤大学総合教育研究部准教授。20 世紀フランス文学。著書に『プルースト 芸術と土地』（名古屋大学出版会）、訳書にフィリップ・フォレスト『シュレーディンガーの猫を追って』（共訳、河出書房新社）など。

下澤和義（しもざわ・かずよし）　［第Ⅳ部第 1 章、第 2 章］

1960 年長野県生。東京都立大学人文科学研究科博士課程単位取得退学。専修大学教授。20 世紀フランス文学・思想。著書に『学芸の還流——東 - 西をめぐる翻訳・映像・思想』（共著、専修大学出版局）。訳書に『現代社会の神話』（R・バルト著、みすず書房）など。

鈴木彩士子（すずき・さとこ）　［第Ⅰ部第 4 章］

1975 年埼玉県生。東京都立大学大学院人文科学研究科修士課程修了。専攻、二十世紀フランス文学。著書に『フランス現代作家と絵画』（共著、水声社）がある。

アントワーヌ・ド・ベック（Antoine de Baecque）　［第Ⅳ部第2章］

パリ第10（ナンテール）大学映画史教授。おもな研究対象は、ヌーヴェル・ヴァーグ（『ヌーヴェル・ヴァーグ。若者たちの肖像』（2008年）、『フランソワ・トリュフォー』（2001年）、『ゴダール伝記』（2010年））、シネフィル、映画批評、また映画と歴史の関係（『歴史=キャメラ』（2008年））。レオ・シェール社の映画監督事典（トリュフォー、ピアラ、ユスターシュ）シリーズとメルキュール・ド・フランス社の「見出された時」シリーズの監修を務める。パリ市企画の展覧会（『ハリウッドが見たパリ』）に携わり、『映画思想事典』（2012年）にも寄稿している。

ステファヌ・オードワン=ルゾー（Stéphane Audoin-Rouzeau）　［第Ⅱ部第3章］

社会科学高等研究院の研究指導員、「第一次世界大戦史の国際研究センター」所長。主要な専門分野は第一次世界大戦の歴史で、多くの著作を刊行。そのうちの一冊が、アネット・ベッケールとの共著『1914-1918年、戦争の再発見』（2000年）である。現在はとりわけ、戦場における暴力の問題を中心として、近代の戦争に関する歴史人類学に取り組んでいる。近著として『闘う。近代戦争（19-21世紀）の歴史人類学』（2008年）、『武器と肉体。1914-1918年における三つの死のオブジェ』（2009年）がある。

ジョルジュ・ヴィガレロ（Georges Vigarello）　［第Ⅱ部第4章］

→監修者紹介を参照。

ドミニク・カリファ（Dominique Kalifa）　［第Ⅱ部第5章］

パリ第1（パンテオン=ソルボンヌ）大学歴史学教授。犯罪と犯罪の表象の歴史を専門とする。おもな著作に『インクと血』（1995年）、『私立探偵の誕生』（2000年）、『ビリビ。フランス軍の植民地流刑地』（2009年）、『どん底。ある想像の歴史』（2013年）。

ジョアン・シャプト（Johann Chapoutot）　［第Ⅲ部第1章］

グルノーブル第2大学准教授、フランス大学研究院会員で、現代ドイツ史研究者。ナチズムの政治・文化史を専門とし、著作に『国家社会主義と古代』（2008年）、『ワイマールの殺人』（2010年）。

ティエリー・ピヨン（Thierry Pillon）　［第Ⅲ部第2章］

エヴリー=ヴァル=デソンヌ大学社会学准教授。労働を専門とし、働く身体の表象の歴史を研究している。著作に『フリードマン。産業の機械化における人間の問題。労働人類学の始まり』（2009年）、『労働人類学概論』（フランソワ・ヴァタンとの共著、2003年、第2版2007年）。

シルヴァン・ヴネール（Sylvain Venayre）　［第Ⅲ部第3章］

パリ第1（パンテオン=ソルボンヌ）大学准教授。旅の歴史、空間と時間の表象史を研究対象とする。主著は『冒険の栄光。近代の神話の起源、1850-1940年』（2002年）。

フロランス・タマーニュ（Florence Tamagne）　［第Ⅲ部第4章］

リール第3大学准教授。同性愛の歴史の専門家で、おもな著作に『ヨーロッパにおける同性愛の歴史。ベルリン、ロンドン、パリ。1919-1939年』（2000年）、『悪い性？　同性愛の表象の歴史』（2001年）。現在は、フランス、イギリス、ドイツの1950年代から1970年代にかけてのロックと若者と政治の関係を研究している。

クリステル・タロー（Christelle Taraud）　［第Ⅲ部第5章］

ニューヨーク大学とコロンビア大学のパリ・コースで教鞭を執る。19世紀史研究センター（パリ第1大学、パリ第4大学）のメンバー。『植民地の売買春。アルジェリア、チュニジア、モロッコ、1830-1962年』（2003年）、『性と植民地。マグレブ地方における男らしさ、「同性愛」、セックスツアー（1830-1962）』（2012年）など、多くの著作がある。

ブルーノ・ナシム・アブドラル（Bruno Nassim Abdrar）　［第Ⅳ部第1章］

パリ第3（ソルボンヌ・ヌーヴェル）大学美学・芸術理論教授。とくに、復活したキリストの図像学とムスリムのヴェールの視覚的衝撃という二つの主題について研究を進め、いくつもの論考を発表している。おもな著作に『狂人を見る』（1999年）、『もう美術館には行かない』（2000年）があり、2009年には小説『この世』（2010年サンゴール賞）を発表している。

著者紹介

ジャン=ジャック・クルティーヌ（Jean-Jacques Courtine）　［序文、第IV部第3章］

→編者紹介を参照。

クロディーヌ・アロッシュ（Claudine Haroche）　［第I部第1章］

社会学者、人類学者。CNRSの研究主任、CNPqの準研究員。生と感覚の様態の変容と、加速化と恒常的変化に直面する現代社会における個人について研究を進める。著作に『感覚の未来』（2008年）、『可視性の猛威』（ニコル・オーベールとの共編、2011年）。

アンヌ・キャロル（Anne Carol）　［第I部第2章］

エクス=マルセイユ第1大学現代史教授、フランス大学研究院会員。研究対象は医学史で、『フランスにおける優生学の歴史』（1995年）、『19-20世紀の医者と死』（2004年）、『断頭台の生理学。ギロチンの医学史』（2012年）などの著作がある。また現在は、19世紀の死体の社会・文化史を集中的に研究している。

ファブリス・ヴィルジリ（Fabrice Virgili）　［第I部第3章］

CNRS-IRICE（パリ第1大学）の研究主任。専門は両世界大戦におけるジェンダーの関係。おもな著作に『「男らしい」フランス。パリ解放で髪を刈られた女たち』（2004年）、『愛、戦争、性。1914-1945年』（2007年）、『敵に生まれること。第二次世界大戦時フランス人とドイツ人の両親から生まれた子どもたち』（2009年）、『ギャルソンヌと殺人者。狂乱の時代のパリ、ルイーズと女装の脱走兵ポールの物語』（ダニエル・ヴォルドマンとの共著、2011年）。

クリスティーヌ・バール（Christine Bard）　［第I部第4章］

アンジェ大学現代史教授、CERHIOメンバー、パリ政治学院歴史センター員。女性とジェンダーの政治・社会・文化史を研究している。著作に『マリアンヌの娘たち』（1995年）、『ギャルソンヌ』（1998年）、『20世紀フランス社会における女たち』（2001年）、『スカートが煽るもの』（2010年）、『パンタロンの政治史』（2010年）。

クリストファー・E・フォース（Christopher E. Forth）　［第I部第5章］

カンザス大学（アメリカ）文化史教授。ジェンダーと身体について、『ドレフュス事件とフランスの男らしさの危機』（2004年）、『近代西洋の男らしさ。ジェンダー、文明、身体』（2008年）など多くの著作があり、またベルトラン・テイトと共同で、シリーズ『フランスの男らしさ。歴史、文化、政治』（2007年）の監修にあたる。現在リアクション・ブックス社のために西洋における「脂」の文化史を準備中。

アルノー・ボーベロー（Arnaud Baubérot）　［第II部第1章］

パリ第12（クレテイユ）大学歴史学准教授。研究対象は、若者の動向の歴史と、近代フランスにおける自然との関係の歴史。おもな著作に『ナチュリスムの歴史』（2004年）、『都会嫌い。19-20世紀における都市嫌悪』（フロランス・ブリヨンとの共編、2009年）、『政治における相続。政治的血統、一族、継承（ドイツ、フランス、イタリア、19-21世紀）』（リュドヴィーヌ・バンティニーとの共著、2011年）。

パスカル・オリー（Pascal Ory）　［第II部第2章］

パリ第1（パンテオン=ソルボンヌ）大学歴史学教授。社会科学高等研究院とパリ政治学院でも教鞭をとる。現代西洋社会の文化・政治史について、次の4つを軸に研究している。文化と社会の関係（『美しき幻想。人民戦線下の文化と政治』（1994年））、国民のアイデンティティ（『対独協力者』（1985年））、現代の神話（『ゴッシニー。笑う自由』（2007年））、身体の歴史（『日焼けの発明』（2008年））。

監修者紹介

アラン・コルバン（Alain Corbin）　［日本の読者へ、序文］

1936年フランス・オルヌ県生。カーン大学卒業後、歴史の教授資格取得（1959年）。リモージュのリセで教えた後、トゥールのフランソワ・ラブレー大学教授として現代史を担当（1972-1986）。1987年よりパリ第1大学（パンテオン=ソルボンヌ）教授として、モーリス・アギュロンの跡を継いで19世紀史の講座を担当。著書に『娼婦』（1978年、邦訳、1991年、新版2010年）『においの歴史』（1982年、邦訳、新評論1998年、新版1990年）『浜辺の誕生』（1988年、邦訳、1992年）『音の風景』（1994年、邦訳、1997年）『記録を残さなかった男の歴史』（1998年、邦訳、1999年）『快楽の歴史』（2008年、邦訳、2011年）など（いずれも藤原書店）。監修した『身体の歴史』（全3巻）のうち『II——19世紀　フランス革命から第1次世界大戦まで』（藤原書店）を編集。

ジャン=ジャック・クルティーヌ（Jean-Jacques Courtine）　［第III巻序文］

→編者紹介を参照。

ジョルジュ・ヴィガレロ（Georges Vigarello）　［序文］［第II部第4章］

1941年モナコ生。パリ第5大学教授、社会科学高等研究院局長。身体表象にかんする著作があるが、とりわけ『矯正された身体』（1978年）『清潔（きれい）になる「私」——身体管理の文化史』（1985年、邦訳、同文館出版、1994年）『健全と不健全——中世以前の健康と改善』（1993年）『強姦の歴史』（1998年、邦訳、作品社、1999年）『スポーツ熱』（2000年）『古代競技からスポーツ・ショウまで』（2002年）『美人の歴史』（2004年、邦訳、藤原書店、2012年）『太目の変容。肥満の歴史』（2010年）監修した『身体の歴史』（全3巻）のうち『I——16-18世紀　ルネサンスから啓蒙時代まで』（藤原書店）を編集。

第Ⅲ巻　編者紹介

ジャン゠ジャック・クルティーヌ（Jean-Jacques Courtine）　［序文］［第Ⅳ部第3章］

1946年アルジェ（アルジェリア）生。15年間アメリカ合衆国で、とりわけサンタ・バーバラのカリフォルニア大学で教える。パリ第3大学（新ソルボンヌ）文化人類学教授を経て名誉教授。言語学・スピーチ分析、身体の歴史人類学。著書に『政治スピーチの分析』（1981年）『表情の歴史――16世紀から19世紀初頭まで、おのれの感情を表出し隠蔽すること』（クロディーヌ・クロッシュと共著、1988年初版、1994年再版）。現在は奇形人間の見せ物について研究し、エルネスト・マルタンの『奇形の歴史』（1880年）を復刊（2002年）、また以下の著作を準備中。『奇形の黄昏――16世紀から20世紀までの学者、見物人、野次馬』（スイユ社より刊行予定）。監修した『身体の歴史』（全3巻）のうち『Ⅲ――20世紀　まなざしの変容』（藤原書店）を編集。

男《おとこ》らしさの歴史《れきし》　Ⅲ　（全3巻）

男《おとこ》らしさの危機《きき》？――20-21世紀《せいき》　〈第3回配本〉

2017年9月10日　初版第1刷発行©

監訳者　岑村　傑

発行者　藤原良雄

発行所　株式会社　藤原書店

〒162-0041　東京都新宿区早稲田鶴巻町523

電話　03（5272）0301

FAX　03（5272）0450

振替　00160-4-17013

info@fujiwara-shoten.co.jp

印刷・製本　中央精版印刷

落丁本・乱丁本はお取替えいたします　Printed in Japan

定価はカバーに表示してあります　ISBN978-4-86578-131-1

我々の「身体」は歴史の産物である

HISTOIRE DU CORPS

身体の歴史（全三巻）

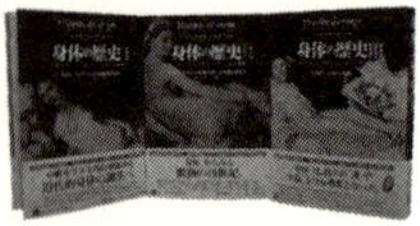

A・コルバン＋J‐J・クルティーヌ＋G・ヴィガレロ監修

小倉孝誠・鷲見洋一・岑村傑監訳

第47回日本翻訳出版文化賞受賞　　Ａ５上製　カラー口絵16～48頁　**各6800円**

自然と文化が遭遇する場としての「身体」は、社会の歴史的変容の根幹と、臓器移植、美容整形など今日的問題の中心に存在し、歴史と現在を知る上で、最も重要な主題である。16世紀ルネサンス期から現代までの身体のあり方を明らかにする身体史の集大成！

第Ⅰ巻　16-18世紀　ルネサンスから啓蒙時代まで

ジョルジュ・ヴィガレロ編（鷲見洋一監訳）

中世キリスト教の身体から「近代的身体」の誕生へ。宗教、民衆生活、性生活、競技、解剖学における、人々の「身体」への飽くなき関心を明かす！

656頁　カラー口絵48頁　（2010年3月刊）　◇978-4-89434-732-8

第Ⅱ巻　19世紀　フランス革命から第一次世界大戦まで

アラン・コルバン編（小倉孝誠監訳）

臨床=解剖学的な医学の発達、麻酔の発明、肉体関係をめぐる想像力の形成、性科学の誕生、体操とスポーツの発展、産業革命は何をもたらしたか？

504頁　カラー口絵32頁　（2010年6月刊）　◇978-4-89434-747-2

第Ⅲ巻　20世紀　まなざしの変容

ジャン＝ジャック・クルティーヌ編（岑村傑監訳）

ヴァーチャルな身体が増殖し、血液や臓器が交換され、機械的なものと有機的なものの境界線が曖昧になる時代にあって、「私の身体」はつねに「私の身体」なのか。

624頁　カラー口絵16頁　（2010年9月刊）　◇978-4-89434-759-5

身体史の集大成の書、名著『身体の歴史』入門

身体はどう変わってきたか

（16世紀から現代まで）

A・コルバン

小倉孝誠／鷲見洋一／岑村傑

医学が身体の構造と病をどう捉えてきたか、身体とセクシュアリティー、絵画・彫刻・演劇・ダンスなどアートによって表現される身体、矯正や美容整形、身体作法やスポーツなど鍛えられ訓練される身体――身体の変容を総合的に捉える初の試み。

四六上製　三二〇頁　二六〇〇円　**図版多数**

（二〇一四年一二月刊）　◇978-4-89434-999-5